Mali :
l'État inachevé

Collection « Études africaines »
dirigée par Denis Pryen et son équipe

Forte de plus de mille titres publiés à ce jour, la collection « Études africaines » fait peau neuve. Elle présentera toujours les essais généraux qui ont fait son succès, mais se déclinera désormais également par séries thématiques : droit, économie, politique, sociologie, etc.

Dernières parutions

Dominique OBA et Hilaire Kevin NZOUSSI, *Histoire de la République du Congo de 1958 à 2017*, 2022.
Saliou dit Baba DIALLO, *Vieillir en migration. Le cas des Soninké,* 2022.
Jean-Luc MOUTHOU, Hilarion Bagel MIZHAIRE, *Pointe-Noire, Dynamique spatiale et équipements urbains au Congo*, 2022.
Benjamin N. LAWRANCE, *Les Éwé sous le joug français. Le colonialisme périurbain au Togo (1900-1960)*, 2022.
Justo BOLEKIA BOLEKA, *Repenser la francophonie en Afrique*, 2022.
Zacharie BAENDA FIMBO, *Diplomaties africaines et crises politiques congolaises, De Nelson Mandela au Clergé catholique national*, 2022.
Yves-Junior Manzanza Lumingu, Bill Augustin Mikambu Lutondo et Placide Ponzo B. Kabamba (dir.), *Intellectuels et responsabilité sociale, Mélanges en l'honneur du Professeur Ignace Matensi Takikangu*, 2022
Jacques EVOUNA et Tony Onguene Mete, *L'état verbal. De la grammaire du verbe à la conjugaison en contexte camerounais plurilingue*, 2022.
Ngoy-Ndouba KAMATANDA, Kayamba TSHITSHI NDOUBA, *Constitutions et transition démocratique en R.D. Congo (1990-2006)*, 2022.
Albert MBAN, *Manuel de gestion des documents administratifs et des archives*, 2022.
Arthur et Marius VIDO, *Regards des Européens sur les Africains entre les XVIIe et XXe siècles. 360 citations pour une contribution à l'étude de l'histoire du Sud-Bénin,* 2022.
François Xavier Noah EDZIMBI, *La Russie face aux Occidentaux en Afrique centrale*, 2022.
Federica BURINI, *Cartographie participative et aménagement du territoire en Afrique subsaharienne*, 2022.
Abbé Nestor SALUMU NDALIBANDU, *La philosophie au service de la société en Afrique, Le cas de la RDC*, 2022.
Abbé Nestor SALUMU NDALIBANDU, *La responsabilité sociale du philosophe face à la guerre en Afrique, Enjeux et perspectives*, 2022.
Gilbert GERMAIN, *Non à un plan Marshall pour l'Afrique subsaharienne*, 2022.
Azza BCHIR, *La tragédie de la performativité*, 2022.

Mohamed Ousmane Keita

Mali :
l'État inachevé

Préface de Pascal Richard

L'Harmattan

5-7, rue de l'Ecole-Polytechnique, 75005 Paris
http://www.editions-harmattan.fr
ISBN : 978-2-14-028648-3
EAN : 9782140286483

« Nous n'avons encore un État que de nom, alors que nous l'avons perdu depuis longtemps. »
Cicéron[1]

[1] Traduction faite de : *rem publicam verbo retinemus, re ipsa vero iam pridem amisimus*, dans : N. BOBBIO, *L'État et la démocratie internationale*, Traduction de N. GIOVANNINI, P. MAGNETTE, J. VOGEL, Éditions Complexe, Collection Mario Telo, Bruxelles, 2001, p. 268.

Préface

C'est un privilège pour l'auteur de cette préface de pouvoir présenter, en quelques lignes, la recherche de M. KEITA. Il est parfois ainsi nécessaire de rendre justice à certaines analyses qui, du fait de la nature singulière des contraintes universitaires, passent en dessous des « radars académiques ». La lecture de ce travail a été l'occasion d'une surprise particulièrement bienvenue : la thématique semblait classique (et finalement assez convenue). Elle semblait appeler une énième thèse sur les mutations constitutionnelles dans les pays africains sous la contrainte des paradigmes de la pensée constitutionnelle occidentale... La recherche de M. KEITA dépasse ce préjugé et offre un regard sur « l'État inachevé au Mali » qui conjugue l'originalité et la subtilité. Elle associe ainsi la rigueur de l'analyse juridique à une qualité devenue très rare dans le champ académique : la résistance au conformisme de la pensée.

La grande qualité de la thèse de M. KEITA réside dans sa capacité à résister à un certain nombre de facilités. Le « doute fondateur » que l'auteur revendique – et ceci dès l'entame de sa recherche – lui permet d'exprimer des positions qui sont rares et précieuses. Cette résistance est la marque de l'intellectuel véritable et non seulement du technicien du droit : la précision du langage et la volonté de résister à la facilité du terme le plus ordinaire démontrent ainsi la tension d'une pensée critique sérieuse et authentique [on connaît, à ce titre, la belle formule de Bachelard selon laquelle « une pensée que l'on n'arrive pas à préciser est une pensée quotidienne »]. La pensée de M. KEITA n'est jamais ordinaire ni commune.

Loin de se contenter d'une simple adhésion à des croyances partagées (qui s'apparentent à des habitudes in sues) il s'attache à questionner ce qui, de nos jours, se présente trop souvent sous la forme de « signifiants vides »[2].

[2] En effet, certains termes font dans le discours juridique, trop souvent, l'objet d'une forme de « fétichisme ». Certains signifiants (et parmi les plus influents du champ sémantique des juristes) sont ainsi acceptés comme « allant de soi ». L'ordinaire d'une pratique fait malheureusement l'économie de la réflexion sur son usage (cette pensée qui cesse alors d'être réflexive se transforme en habitudes – et parfois en « mauvaises habitudes » pour les juristes). Ces « signifiants vides » se présentent dès lors comme comportant beaucoup de « connotation » et bien peu de « dénotation ». Ces derniers semblent avoir du « sens » pour

« L'État », la « démocratie », la « justice », « l'État de droit » sont, de la sorte, trop souvent inscrits dans une relation où ce qu'ils gagnent en « sens » pour certains (dans les discours politiques et juridiques) se réalise au détriment de la référence et de la signification pour tous.[3]

C'est dans cette tension critique que se présente la dynamique de la recherche : d'une part par l'entremise de la résistance développée par l'auteur à l'ordinaire importé des vérités véhiculées par ces termes et, d'autre part, dans l'impérative nécessité de lier les concepts juridiques à une vérité plus vivante et plus contemporaine (qui serait inhérente à la « forme de vie » présente au Mali).

I – C'est donc, en premier lieu, à une résistance envers la force de ce conformisme (et à l'ordinaire de ces vérités) que M. KEITA s'attache dans sa riche et très consistante thèse.

La première résistance est donc celle qui est exprimée à l'égard de la pression tenant à l'usage des concepts juridiques importés : à l'hétéronomie et à cette vérité induite par une grammaire juridique qui s'imposerait à l'État malien.

Cette résistance implique quelques remarques sur notre usage du terme de vérité. Certes, on sait depuis KANT que la vérité ne s'élabore plus en référence à la chose « en soi »[4]. La vérité dans cette perspective kantienne ne serait alors que schématique et conceptuelle. Cependant, la vérité n'a pas totalement perdu son objet elle a simplement changé son objet. Le diagnostic de KANT qui portait sur la tragédie de la « raison »[5] est ainsi aujourd'hui dépassé par le « tournant linguistique » de l'épistémologie et par ses développements contemporains.

La vérité se révèle alors être « sémantique ». La vérité n'était plus le rapport de la pensée à la chose « en soi », mais le rapport d'un « méta langage » qui présente les conditions de vérité des énoncés d'un autre langage. Transposé dans le domaine juridique il s'agit ainsi de comprendre que le discours sur le droit implique un certain rapport de vérité avec le discours du droit lui-même. L'apport de M. KEITA à cette situation réside dans la prise de conscience selon laquelle ce système sémantique (développé de manière

---

ceux qui les utilisent ils ne comportement donc pas de signification réelle : ils ne dénotent rien « précisément » (on retrouve là la distinction allemande classique entre *Sinn* et *Bedeutung*).

[3] Ce qui est alors partagé s'apparente à un simple « malentendu » chacun pouvant (sur la base offerte par la pauvreté de ces signifiants) attacher à ceux-ci sa propre culture, ses valeurs et son histoire... Paradoxalement, la *vérité* de ces « signifiants vides » est, cependant, très régulièrement conviée afin de permettre à diverses assertions juridiques de gagner en force et en *effectivité*. Au sens de ce qui agit sur nous wirkt, de ce qui agit effectivement *wirksam*, de ce dont l'action est réelle *wirklich. Dans cette perspective Wirklichkeit* indique le caractère substantiel de la cause de cette action réelle qu'on nomme réalité.

[4] Que la connaissance se présente alors comme la représentation de l'objet de la pensée et qu'une intuition de la chose sans les concepts permettant son entendement est une intuition aveugle.

[5] Celle-ci serait nécessairement conduite à outrepasser le domaine du savoir possible pour échouer sur les écueils des apories.

canonique par TARSKI dans les années 30) implique dorénavant un ultérieur développement tout aussi essentiel.

La relation n'est plus seulement une traduction d'un langage vers un autre langage : il ne s'agit plus seulement d'exprimer et de traduire (dans les termes et selon la syntaxe du droit constitutionnel occidental) le droit malien ; il convient désormais également et surtout de l'appréhender comme l'expression d'une « forme de vie ».

On le comprend, la recherche de droit constitutionnel de M. KEITA se situe alors à la croisée d'une réflexion qui intègre plusieurs approches théoriques : il s'agit d'appréhender la norme comme un outil inhérent à la « métrologie » (cette science de la mesure selon la présentation classique du professeur AMSELEK qui est abondamment cité dans cet ouvrage) et de s'attacher, également, aux apports de la philosophie du langage (sous ces deux aspects : celui du « Cercle de Vienne » et de la philosophie du langage ordinaire).

M. KEITA, avec talent, ancre ainsi sa réflexion dans la pratique et le terreau malien, et forge et utilise un appareil conceptuel et scientifique parfaitement pertinent et cohérent au regard de la tâche complexe qu'il se donne à accomplir (ce que démontre dans cette recherche la richesse des prolégomènes).

Dans cette perspective, M. KEITA nous conduit sur des chemins riches et littéralement passionnants. Nous traversons des langues, des territoires et des cultures... Il parvient avec talent à nous rendre accessibles ceux-ci sans jamais céder à la facilité d'une pensée qui ferait de l'autre soit un alter ego soit une altérité radicale... la différence culturelle est ainsi toujours parfaitement traduite par le sens de la mesure et la précision chère à l'auteur.

La généalogie des concepts (cette « archéologie des concepts » pour reprendre la pertinente et élégante formule de l'auteur au doux parfum de vitalisme nietzschéen) qui se trouve mobilisée dans cette recherche est *a priori* un peu déstabilisante pour le lecteur français (comme l'est toujours l'altérité), mais elle apparaît très vite comme parfaitement cohérente au regard du bénéfice recherché par l'auteur.

Cette clarification conceptuelle offre ainsi de comprendre que la pensée juridique est toujours pour M. KEITA nécessairement située. Ignorer cette réalité serait, pour lui, condamner nos analyses à ne se développer que dans une perspective purement tautologique. On le comprend, cet écueil a été parfaitement appréhendé et contourné par l'auteur.

Avec cette thèse on n'échappera donc pas au réel de la situation malienne. La dynamique de la thèse est, à ce titre, d'une certaine manière hégélienne et s'attache pleinement à poser la question de l'effectivité du concept d'État au Mali.

M. KEITA, conformément à la détermination allemande précitée de ce concept, explique que l'effectivité c'est véritablement « ce qui agit sur nous » : ce dont l'action est réelle. Il oppose alors deux approches de l'effectivité du concept d'État (qu'il place dans une relation dialectique qui semble manifester le travail du concept par l'écoulement de la durée). Plus justement, il distingue l'influence de deux « grammaires » différentes : la première est une grammaire « conventionnelle » alors que la seconde est une grammaire « réelle » (on retrouve là l'idée selon laquelle la forme de vie sous-jacente à l'État est à la forme *et* vie).

L'État malien doit, dès lors, passer au travers de sa propre situation (l'État n'étant jamais finalement qu'une situation qui est comptée pour un). La forme imposée de l'extérieur est alors en décalage avec la vie qu'elle devrait supporter : dès lors, l'accord (ou la convention) qui donne sa consistance à la forme politique étatique est perverti et les individus cherchent à échapper à cette normativité ou à transiger avec celle-ci.

L'auteur de cette recherche aurait certainement apprécié la citation de Tierno Bokar offerte par l'historien soudanais A. Hampâté BÂ selon laquelle :

> « Le puits qui ne reçoit ses eaux que du dehors reçoit en même temps mille choses que le courant entraîne. Il se trouve exposé à toutes les ordures et à un danger plus grave encore : se trouver à sec à peine y a-t-on puisé. En revanche, le puits dont l'œil est en lui-même n'a pas besoin des pluies pour se remplir. Ses eaux filtrées par les interstices de la terre restent abondantes, pures et fraîches, même au moment des plus grandes chaleurs »[6].

Dans le développement effectif de l'État malien, la vie doit primer, car elle est le lieu où se développe la normativité réelle de l'État : c'est là où doivent s'accorder les individus. L'œil du puits doit se trouver dans la terre malienne elle-même (il est à noter que dans la langue peule « œil » et « source » s'expriment par le même mot).

II – M. KEITA cherche ensuite à répondre au défi que pose aujourd'hui le « scepticisme »[7] et développe une défense forte et cohérente de l'idée selon laquelle l'important s'incarne dans une « forme de vie »[8] – et plus justement

---

[6] A. H. BÂ, *Vie et enseignement de Tierno Bokar : le sage de Bandiagara*, Points, Seuil, Paris : 1980, p. 132.

[7] C'est Kripke qui semble avoir trouvé chez Wittgenstein cette présence radicale du scepticisme selon laquelle il n'y a pas un fait qui serait susceptible d'assurer une fondation à ce que nous entendons comme un concept. S. KRIPKE, *Règles et langage privé. Introduction au paradoxe de Wittgenstein*, collection « L'ordre philosophique », éd., du Seuil, 1996.

[8] C'est-à-dire finalement à une manière ordinaire de suivre une règle. Il y a là une présentation de la règle qui récuse une conception mythologique de celle-ci sous la forme classique de rails qui susciteraient une forme de nécessité. C'est ce qui est présenté habituellement comme la conception sceptique de la règle. Cependant, il serait faux de penser que nous ne voulons rien dire dans le langage et dans son usage. Il y a selon la formule de Wittgenstein « une saisie de la règle qui n'est pas interprétation » d'un accord de la communauté ou d'une pratique [§ 201 des *Recherches philosophiques*]. Nous nous accordons non pas tant sur des significations, mais sur des usages ordinaires : un arrière-plan d'accords exhaustifs et systématiques comme l'observe CAVELL [des formes de vie] dans *Une nouvelle Amérique encore inapprochable*, Combas, L'éclat, 1993, traduction S. Laugier. Si le langage est donné, le mystère demeure sur la manière dont je vais m'accorder avec les autres dans celui-ci. Cet accord n'est cependant pas intersubjectif il est pleinement objectif : ce dont on ne peut sortir c'est la vie telle qu'elle se déroule ordinairement. Le

encore dans cette portion de *vie* qui correspond à ce que Husserl décrivait par le terme de *Lebenswelt*[9].

La recherche de M. KEITA sur l'État inachevé et la transition qu'exprime celui-ci au Mali s'attache donc à démontrer comment le discours juridique développe une réflexion inhérente à l'État malien.

Le talent de M. KEITA est alors de récuser la fausse référence à un État qui ne serait que la réflexion dans le miroir offert par le droit d'une société unifiée et « déjà là ». Il écarte également une simple conception sémantique de celle-ci. Non pas qu'il refuse de se confronter aux problèmes sémantiques tenant à la cohérence du discours sur le droit et du discours du droit (Il exprime dans des pages passionnantes ces ambiguïtés au regard du droit au Mali), mais il consacre le gros de ses analyses à l'accord qu'exprime, *dans* le droit, la forme de vie immanente à cet État malien.

Il s'agit alors, pour l'auteur, d'analyser la mise en œuvre d'un « jeu de langage » qui n'a de sens qu'à l'intérieur d'un ensemble qui sera par nature complexe et instable de relations qui sont inhérentes à l'activité et à la vie de la société malienne : la forme de *vie*.

Ce qui semble caractériser celle-ci c'est la création continue de sens au bénéfice des Maliens[10]. Le droit (la règle de droit) n'est, dans cette perspective, pour les habitants de cet État qu'une manière de mesurer ce qui est donné comme étant possible en droit et sa manifestation passe alors par un commandement (un acte de langage) qui sous la forme d'un énoncé offre à chacun d'entendre et de connaître ce qu'il lui est possible de faire.

M. KEITA se livre ensuite à un exercice très délicat et périlleux : il cherche à dégager les expressions de ce possible *accord* en mettant en évidence les critères sur lesquels les Maliens pourraient parvenir à s'entendre et à s'accorder. L'exercice est naturellement très difficile, mais il est également particulièrement courageux. Des réflexions passionnantes sont alors mises en œuvre afin d'envisager les évolutions de la forme de l'État au Mali.

Ce dernier qualificatif offre finalement de résumer cette recherche : courage dans la rigueur de la pensée (au risque d'une difficulté de la réception dans un champ davantage habitué au confort d'une pensée « ronronnante ») ;

---

langage ne peut signifier rien d'autre que cet ordinaire du monde dans lequel il se développe d'évidence. Ce qui est constant chez l'homme c'est le fait qu'il est un être qui parle et qui de ce fait est incapable de sortir du langage c'est l'histoire naturelle de l'homme et l'aspect anthropologique de cette grammaire propre à l'homme qui fait qu'il est contraint à donner du sens aux choses par la vie elle-même.

9 « Le terrain général de la vie humaine en ce monde ». Il s'agit de ce monde dans lequel les choses se donnent à nous dans l'ordinaire de la vie. HUSSERL, *La crise des sciences européennes et la phénoménologie transcendantale*, tr. fr. G. Granel, Paris, Gallimard, 1976.

10 Cette création de sens s'attache finalement à une fonction naturelle inhérente à l'homme : sur ces questions par exemple D. C. DENNETT, *La conscience expliquée*, éd. O. Jacob, Paris, 1993, ou *La stratégie de l'interprète : le sens commun et l'univers quotidien*, Gallimard, Paris, 1990. Il s'agit pour l'esprit de créer ainsi de la continuité, car la vie elle-même l'impose comme condition de la survie.

courage dans l'expression et dans la précision des termes (au risque de décourager le lecteur peu attentif distrait ou fainéant) ; courage dans la volonté d'inclure diverses visions disciplinaires (au risque de décourager le constitutionnaliste qui serait réticent à se frotter à d'autres champs disciplinaires et à une approche réellement comparatiste) ; courage enfin dans le projet politique (courage d'avoir fait le pari d'être résolument optimiste et constructif [ou plus justement comme l'énonçait Gramsci d'avoir accepté d'être optimiste par volonté alors que l'intelligence semble poussée au pessimisme]...

Cette recherche importante offre de comprendre par l'entremise de l'exemple malien et de la construction de son État que selon la formule du philosophe Jocelyn BENOIST : « la grammaire n'est que la législation de la vérité [...] ou plus généralement de la rencontre normée du réel dans le langage »[11] il était important à l'heure où le Mali traverse une très grave crise politique d'exprimer fortement et scientifiquement cette nécessité d'ancrer la source de la légitimité et de l'effectivité dans les ressources du Mali et dans un accord sur celles-ci : il était essentiel que l'œil du puits se trouve désormais en lui-même et non sous la seule dépendance des eaux du dehors

Pascal RICHARD
Maître de conférences habilité à diriger des recherches (MCF-HDR)
de droit public à l'Université de Toulon

[11] J. BENOIST, *L'adresse du réel*, Collection « moments philosophiques », éd. Vrin, 2017, p. 162.

Avant-propos

1. De l'étonnement au doute fondateur. – Au commencement était l'étonnement face à la coexistence de deux visions du monde et du commandement humain dans une forme de société politique censée être universelle. Cet étonnement a été nôtre. Nous avons aussi dû compter avec l'incertitude qui saisit quotidiennement tout juriste – imprégné par la dogmatique juridique occidentale – lorsqu'il est confronté aux étrangetés d'un État officiellement institué, mais concrètement défaillant. Cet étonnement initial a conduit au doute qui nous a obligé à recourir à la grammaire de la phénoménologie devant l'ordinaire de la *manière d'être* de la République du Mali. En effet, le dévoiement des réalités juridiques locales qu'il sera donné de constater chemin faisant contraint les acteurs ou opérateurs à faire des choix qualifiables de stratégiques. L'incertitude sur la forme et la nature de l'État malien a été confirmée par la crise de 2012 dont nous rappellerons les événements marquants. Cette crise a, par sa violence et la rapidité avec laquelle l'État s'est effondré, mis en lumière les dessous de la configuration particulière de la société politique malienne. Elle a fait comprendre au monde que l'ampleur du discrédit de l'autorité officielle, notamment celle de l'État et du droit malien, dépassait le cadre d'un entendement ordinaire. Une simple référence au concept « d'autorité officielle » suffit pour s'en convaincre. Dans la configuration actuelle du Mali, l'officiel – c'est-à-dire ce qui est rendu public en vertu d'une autorité qui légitime l'information porteuse du commandement[1] – est généralement minoritaire. Si tel n'est pas le cas, il demeure en complet décalage avec l'atavisme des outils officieux et domestiques de direction des conduites humaines considérés comme informels. En d'autres termes, contrairement aux États occidentaux qui maîtrisent relativement bien ces deux faces de leurs sociétés politiques grâce à la banalisation et une plus large propension de l'officiel, l'État malien est dominé par l'informel dans ses mécanismes de commandement. La différence entre l'officiel et l'informel dépend donc de la reconnaissance des mécanismes de commandement par les anciens États

[1] A. REY (dir.), *Dictionnaire historique de la langue française*, Éditions Dictionnaires LE ROBERT, Paris, 2010, p. 1459 et 1462.

occidentaux. En ce qui concerne notre approche, l'analyse de la crise de 2012 a permis de transformer notre hésitation en circonspection. C'est la raison pour laquelle, nous croyons avoir porté un regard neuf, déshabitué, sur la *manière d'être* et le fonctionnement de cette société politique atypique.

2. Présentation et justification de certains choix. – Selon la configuration traditionnelle du savoir académique, il aurait fallu procéder à un choix entre l'approche endogène et l'approche exogène des questions abordées et non mélanger les deux.

Nous aurions pu ainsi, dans un premier temps, continuer à croire et à adhérer à la thèse de l'universalité des mécanismes occidentaux du développement politique, sans poser de questions supplémentaires. Cela aurait signifié indirectement l'acquiescement aux autres composantes de cette technique de capture des consciences individuelles. Il est fait allusion ici aux anciennes thèses – dont les effets secondaires perdurent – qui ont aidé à la généralisation du « nombrilisme » occidental. Ces thèses reposent sur un postulat qui consiste à fonder la compréhension du monde sur une logique exclusivement occidentale ou *occidentalocentrée*. HEGEL, par exemple, en est l'un des représentants les plus célèbres. Il a défendu avec une grande force de conviction que le réel et le rationnel formaient un même tout universel[2] qui ne concernait pas les Africains. Attribué comme nous le faisons, le label occidental à cette thèse s'explique par le fait qu'elle l'a emporté à l'époque sur une pensée juridique dissidente qui existait bien, selon le professeur Jean J. A. SALMON[3].

Dans un deuxième temps, nous aurions pu adopter cette même attitude à propos de la réalité juridique ordinaire et endogène qui guide la majeure partie des comportements au Mali comme ailleurs. Cependant, le choix de cette double ligne de conduite aurait complètement altéré la nature de notre démarche, qui se veut juridique[4]. Il aurait rendu cette pensée inaccessible

---

[2] Z. BOURAIMA, *La place de l'Afrique dans l'histoire et dans le monde,* Centre de documentation Joseph KI-ZERBO, Centre d'études pour le développement de l'Afrique, Ouagadougou, 2008, p. 3 et s. ; A. CRESSON, R. SÉRREAU, *Hegel : sa vie, son œuvre, avec un exposé de sa philosophie*, Éditions PUF, Paris, 1963, p. 21. Pour ces derniers, par exemple : « La philosophie de Hegel n'est pas qu'en apparence une construction a priori. C'est une philosophie de l'histoire universelle, une épopée historico-logico-rationaliste. [...] "Tout le réel est rationnel", et : "Tout le rationnel est réel." Que signifient-elles donc ? Qu'il n'a pas un événement, pas un détail qui ne soit explicable par la raison réfléchissante, c'est-à-dire déductible des principes posés par la raison, et qui n'ait, par suite sa cause efficiente et sa cause finale. »

[3] J. J. A. SALMON, « Le procédé de la fiction en droit international public », dans : Ch. PERELMAN, P. FORIERS, *Les présomptions et les fictions en droit*, Éditions Bruylant, Bruxelles, 1974, p. 114-143.

[4] Pour avoir de plus amples informations sur les contraintes qui pèsent sur le comparatiste en droit, se référer à : C. GREWE, « Entre la tour de Babel et l'esperanto : les problèmes du (des) langage(s) du droit comparé », dans : M. BAUDREZ, Th. Di MANNO (dir.), *Liber amicorum Jean-Claude Escarras : la communicabilité entre les systèmes juridiques*, Éditions Bruylant, Bruxelles, 2005, p. 115-129.

aux juristes africains occidentalisés et aurait conféré à nos développements une posture militante et désuète. En effet, ces questions théoriques touchant à l'exclusion ou au rayonnement de l'Afrique ont en partie été élucidées par d'illustres historiens africains comme le Sénégalais Cheick Anta DIOP[5] ou le Burkinabé Joseph KI-ZERBO[6]. Ces derniers ont effectivement établi que l'Afrique avait une histoire, en plus d'être le berceau de l'humanité. De plus, la noblesse et le charme de cette cause ne suffiraient à la rendre opératoire pour le juriste de doctrine lié par des choix souverains. Autrement dit, une étude exclusivement fondée sur l'histoire nationale ou continentale n'aurait aucun intérêt pratique s'agissant de la situation actuelle du Mali. Dans ces conditions, la marge de manœuvre était très limitée. Nous ne pouvions qu'opter pour une vision unifiée, associant les deux systèmes de commandement et de régulation – endogène et exogène – rendus indissociables depuis l'indépendance nationale par les pères fondateurs. Comme nous aurons l'occasion de le voir, ces derniers ont entendu procéder à une réinstitution des composantes endogènes du modèle de société politique hérité d'un passé glorieux dans une forme reconnaissable par les vieux États occidentaux[7]. En construisant une identité et une personnalité juridique propres à travers l'égalité des droits et devoirs, ils voulaient se placer au même niveau que leurs anciens maîtres.

3. Justification de notre appréhension du doute fondateur par le phénomène de transition. – Le temps de l'étatisation malienne se subdivise donc en deux phases : celle de la décolonisation, c'est-à-dire l'État pensé et déployé conformément aux stratégies de l'autodétermination (de l'indépendance à la fin des années soixante-dix) ; et le moment de l'État de la transition mis en place du début des années quatre-vingt à nos jours. Cette transition est à deux vitesses. Il s'agit d'une part, de la révolution économique entamée dans les années quatre-vingt qui vise au remplacement du socialisme d'État par l'austérité néolibérale ; et d'autre part, la mutation politique qui consiste dans le passage de la dictature au pluralisme politique intégral, officialisé par le renouveau constitutionnel de 1992.

En procédant ainsi, nous présupposons que les souverains ont eu durant cette dernière période la faculté d'opérer le choix entre l'endogène et l'exogène, entre l'atavisme des normes traditionnelles et l'hétéronomie de la

---

[5] Ch. A. DIOP, *Étude comparée des systèmes politiques et sociaux de l'Europe et de l'Afrique, de l'antiquité à la formation des États modernes*, Thèse de doctorat en Lettres, Faculté des Lettres et Sciences humaines de l'Université de Paris, 1959, p. 29.

[6] J. KI-ZERBO, *À quand l'Afrique ? Entretien avec René Holenstein*, Éditions d'en bas, Lausanne, 2013, p. 13.

[7] La pertinence de cette appréhension du doute fondateur a d'ailleurs été confirmée par le professeur, M. KAMTO, dont la thèse se conclut en fondant les bases de l'égalité des *manières d'être* des sociétés politiques africaines et occidentales. M. KAMTO, *Pouvoir et droit en Afrique Noire : Essai sur les fondements du constitutionnalisme dans les États d'Afrique noire francophone,* Éditions LGDJ, Paris, 1987, p. 496-505.

légitimité étatique. Nous voyons dans cette période intermédiaire, le moment fondateur d'une nouvelle configuration de la société politique malienne qui n'a pas pu s'accomplir. Ainsi, à l'image de la *bouteille de Klein* ou du *ruban de Möbius,* il a été décidé d'appréhender l'État malien comme une *forme de vie*[8] inachevée et syncrétique parce que c'est la ***forme*** qui domine la ***vie*** de ce couplage. En effet, l'étatisation malienne peine à coordonner ses mécanismes de commandement officiels avec d'autres données de base, comme l'existence ordinaire du peuple normé et visé par les outils de direction des conduites mobilisés par les chefs.

L'essentiel des propos qui vont suivre constitue donc une entreprise d'émancipation et de critique de certaines fausses évidences scientifiques au sujet de l'État. Leur enracinement relève de ce que Pierre BOURDIEU qualifiait d'habitus[9], le social intériorisé enfoui au point de nous rendre incapables de le dissocier de l'ordinaire du monde. Cette méthode de traitement pragmatique et inhabituelle de l'État et du processus d'étatisation malienne découle presque naturellement de la permanence de la crise dont les récents rebondissements ont étonné par leur intensité. Nous restons convaincu que la compréhension correcte de ces violents événements passe par le remplacement des raisonnements juridiques *occidentalocentrés* par des concepts et analyses juridiques endogènes, c'est-à-dire plus près des réalités sociales. Car, comme l'expliquait Joseph KI-ZERBO, « l'Afrique doit s'ébranler, pour son propre compte, pour son propre jeu, dans le match planétaire, après s'être assuré qu'il y a vraiment jeu, que les jeux ne sont pas faits d'avance. Si non, elle restera le mendiant confiné dans un recoin de *la natte des autres.* »[10] Nous poursuivrons ce dessein, élevé au rang de norme constitutive de la République du Mali, en trois temps : après avoir tenté une élucidation des concepts employés, en vue de faire apparaître le sens de ce que nous proposons d'appeler le processus de l'étatisation malienne, nous passerons au diagnostic, puis viendra l'étape des propositions et des remèdes accompagnés d'une notice. Nous accordons donc une importance particulière aux *Prolégomènes* qui vont suivre, parce qu'ils visent à dissiper et si possible dissoudre pour toujours les obstacles scientifiques qui pullulent dans la dogmatique juridique. De même, nous prendrons la liberté de nous adresser dans la *seconde partie* de cette étude à d'éventuels détenteurs

---

[8] Sur ce concept du philosophe autrichien, cf. L. WITTGENSTEIN, *Recherches philosophiques,* Traduction, de F. DASTUR, M. ÉLIE, J. – L. GAUTERO, D. JENICAUD, É. RIGAL, Éditions Gallimard, Paris, 2004, 372 p. ; P. RICHARD, « Les apports de Wittgenstein à la réflexion comparatiste », *Revue internationale de droit comparé,* 2005, n° 57, 4, p. 899. ; H.-J. GLOCK, *Dictionnaire Wittgenstein,* 2 ᵉ éd., Gallimard, 2003, p. 250–257.

[9] P. BOURDIEU, *Langage et pouvoir symbolique*, Éditions Fayard, Paris, 2014, p. 24 et 79.

[10] J. KI-ZERBO, « Préface », dans : J. KI-ZERBO (dir.), *La natte des autres : Pour un développement endogène en Afrique,* Actes du colloque du Centre de recherche pour le développement endogène (CRDE), Bamako, 1989, Éditions CODESRIA/Karthala, Dakar/Paris, 1992, p. VIII.

d'autorité qui seraient déterminés à échapper à un modèle de développement établi sur ce que KI-ZERBO a appelé la : *natte des autres,* en hommage au dicton de la langue bambara qui dit : « Dormir sur la *natte des autres,* c'est comme si l'on dormait par terre »[11].

[11] *Ibid.*, p. VII.

Prolégomènes :

Une archéologie des concepts

> « Dis ce que tu veux, si toutefois cela ne t'empêche pas de voir ce qu'il en est. (Et si tu le vois, il y a bien des choses que tu ne diras pas.) (La fluctuation des définitions scientifiques : ce qui aujourd'hui est considéré, conformément à l'expérience, comme un accompagnement du phénomène *A* servira demain à définir *"A"*.) »
>
> Ludwig WITTGENSTEIN[1]

4. La mauvaise assimilation de l'État importé. – Le 17 décembre 2010, un jeune vendeur de fruits tunisien répondant au nom de Mohamed BOUAZIZI s'immole publiquement après une intervention de la police de Sidi Bouzid (Tunisie). En réponse à ce drame, une révolte éclate et dépasse rapidement les frontières tunisiennes pour s'étendre à tous les régimes autoritaires du monde arabe. Cette vague de contestation initialement considérée comme une simple agitation saisonnière sera qualifiée de « printemps arabe » par les médias occidentaux, qui ont très vite compris que ce dénominatif n'était qu'un doux euphémisme[2]. L'expansion de cette volonté de changement de société à la Libye voisine de Mouammar KADHAFI a conduit à une guerre qui s'est soldée par sa mort, le jeudi 20 octobre 2011. La chute brutale de ce despotisme stable a causé un profond bouleversement des équilibres régionaux. Pour les pays subsahariens, comme le Mali et le Niger, elle a provoqué le retour massif d'anciens combattants touaregs exilés en Libye et composant la milice personnelle de Mouammar KADHAFI.

Cette affluence créa l'*effet domino* responsable de l'effondrement de l'État malien, alors qu'il était quasi unanimement présenté comme un

---

[1] L. WITTGENSTEIN, *Recherches philosophiques, op.cit.*, p. 71-72.

[2] J.-P. ESTIVAL, *L'Europe face au printemps arabe : de l'espoir à l'inquiétude*, Éditions L'Harmattan, Paris, 2012, 198 p.

exemple de démocratie à suivre par certains « mauvais élèves » du continent[3]. Plus concrètement, le 17 janvier 2012, l'attaque du camp militaire de Ménaka par l'alliance du Mouvement national pour la libération de l'AZAWAD (ci-après MNLA) et le groupe Ansar Eddine a marqué le départ de ce qu'il convient d'appeler une « mise à l'épreuve de la réputation de cet État ».

Le 24 janvier, Al-Qaida au Maghreb Islamique (ci-après AQMI) – organisation terroriste internationalement connue – est venue grossir les rangs de l'alliance conclue entre le MNLA et Ansar Eddine pour attaquer la ville d'Aguelhok située non loin de la frontière algérienne. Cette offensive s'est soldée par un véritable carnage : le massacre d'une centaine de jeunes militaires maliens, majoritairement originaires de Kati, ville garnison de la banlieue bamakoise.

En réponse à ce « crime de guerre », le 22 mars 2012, les familles des victimes ont manifesté dans la ville de Kati et bloqué les principales voies d'accès du district de Bamako. Cette révolte citoyenne a été rapidement récupérée par un petit commando de bérets verts, qui l'ont transformée en mutinerie, puis en coup d'État contre le président de la République et ancien général des bérets rouges, Amadou Toumani TOURÉ.

À l'origine, cette junte était principalement composée de sous-officiers. Cependant, après la réussite de ce coup d'État hasardeux, ils portèrent à la tête de leur organisation le capitaine Amadou Haya SANOGO[4], un officier instructeur, avec lequel naquit précipitamment le Comité national de redressement de la démocratie et la restauration de l'État (ci-après CNRDRE). Peu après sa création, ce groupe devenu plénipotentiaire déclara unilatéralement la suspension et le remplacement de la Constitution du 25 février 1992[5], avant de rebrousser chemin quelques mois plus tard.

---

[3] En ce sens, se référer à l'exemple de monsieur G. HOLDER, qui disait : « Il y a moins de dix-huit mois [sous le régime ATT], Bamako était l'une des capitales africaines les plus prisées par les sommets internationaux qui venaient y célébrer une démocratie exemplaire, une économie en croissance, une société tolérante et une culture ouverte au monde. » G. HOLDER, « Mon pays S.A. » : un certain retour sur la démocratie exemplaire du Mali et sa déraison islamique », dans : R. MARCHAL (dir.), *Le Sahel dans la crise malienne*, Dossiers du CERI (Centre d'études et de recherches internationales), Paris, juillet 2013, p. 1.

[4] Selon monsieur Y. CAMARA, le ministre de la Défense des deux gouvernements de transition, « Sanogo est arrivé au bon endroit au bon moment. Ce n'était ni le plus populaire ni le plus charismatique, il était juste le plus gradé. Le coup d'État était spontané, même si, après, on a appris qu'une "petite chose" avait été organisée... », *Jeune Afrique*, n° 2748 du 08 au 14 septembre 2013, p. 72.

[5] Comme ce fut le cas lors des deux derniers coups d'État militaires de 1968 et de 1991, le CNRDRE a voulu instituer une nouvelle République, la IVe depuis l'indépendance du Mali. Pour y parvenir, il a opposé l'ordonnance n° 0001 du CNRDRE portant Acte fondamental de l'État du Mali du 26 mars 2012 – une Constitution hâtive et corporatiste —, à l'ordre constitutionnel établi par la Constitution du 25 février 1992, la première Constitution démocratique du Mali libéré de 32 ans de dictature.

Pendant ce temps, l'alliance élargie – entre les « groupes rebelles » et les mouvements terroristes – profita de la confusion politique au Sud pour s'emparer rapidement des régions de Kidal, Gao et Tombouctou (soit un peu plus de la moitié de la superficie du pays). De surcroît, en réponse à son expulsion de la ville de Tombouctou par Ansar Eddine et AQMI le 2 avril 2012, le MNLA proclama le 6 avril 2012, hâtivement et sans grand succès, l'indépendance de l'AZAWAD (la majeure partie du désert le plus étendu du monde, qui recouvre la quasi-totalité du Sahara).

Cette série noire s'est poursuivie sur les fronts politico-militaires jusqu'au 21 mai 2012. Cette date est fortement symbolique parce qu'elle renvoie au lynchage de l'ancien président de l'Assemblée nationale, président de la République par transition, monsieur Dioncounda TRAORÉ, laissé pour mort dans son bureau de Koulouba après l'agression des manifestants hostiles à son maintien au pouvoir. Le 10 janvier 2013, alors que l'armée malienne subissait encore de lourdes pertes à Konna (région de Mopti), l'histoire très récente allait se répéter : des militaires menaçants envahirent le palais présidentiel en prétextant un renforcement de la sécurité du magistrat suprême. Pris de panique, ce dernier sollicita l'aide de monsieur Christian ROUYER – l'ambassadeur de France en poste à Bamako —, qui fit aussitôt remonter l'information à Paris. En lançant l'opération Serval le lendemain[6] de la réception de ce message de détresse, la France a très certainement fait avorter un nouveau coup d'État.

5. La « crise révélatrice ». – Le caractère déroutant de cette crise qui a profondément affecté le « contrat social malien » peut s'expliquer, en partie, par une mauvaise assimilation du concept « d'État » ou de « République ». Le mot « assimilation » doit être compris ici dans son sens pragmatique (à savoir la dénotation qui est directement orientée vers le réel et la vie pratique[7]), biologique et physiologique. Il s'agit de la capacité d'un organisme, en l'occurrence le peuple malien, à synthétiser sa propre essence à partir de substances et de matériaux extérieurs (l'État comme conception occidentale de l'organisation politique) afin d'assurer sa croissance ou sa multiplication. L'inachèvement de cette transformation de la *manière d'être* du peuple malien fait apparaître au grand jour – sans pour autant les justifier – toutes les apories et dérives négligées par la dogmatique juridique traditionnelle, qui germaient pourtant depuis l'indépendance nationale jusqu'à la crise qui vient d'être évoquée.

Les malformations affectant l'État et la politique malienne depuis la promotion de la transition des années quatre-vingt sont généralement appréhendées de deux manières par les juristes et politistes locaux. Elles sont

[6] *Jeune Afrique*, n° 2748 du 08 au 14 septembre 2013, *op. cit.*, p. 72-73.

[7] Sens tiré des nombreuses définitions du pragmatisme fournies par le dictionnaire historique de la langue française. A, REY (dir.), *Dictionnaire historique de la langue française*, Éditions Robert, Paris, 2010, p. 1737.

dans un premier temps souvent vues comme une conséquence directe de l'ineffectivité de l'État de droit ou de la démocratie économique et sociale, donc comme l'expression de l'inadaptation de l'arsenal normatif aux réalités locales. Dans un second temps, ces difficultés sont étrangement interprétées comme l'expression d'une trahison politique de la nation malienne par ses gouvernants[8]. L'inefficacité manifeste de ces approches nous a convaincu de la nécessité d'un changement méthodologique. Nous considérons que les difficultés d'analyse éprouvées devant cette crise chronique sont le révélateur d'un problème logique qui doit être analysé à l'aide d'instruments habituellement négligés par les juristes dogmatiques. Nous rappelons, pour des raisons de clarté, que ce qui précède ne doit pas être interprété comme un excès de formalisme. La méthodologie reste la clef de la compréhension de tout le reste. Le changement préconisé ici concerne plus spécialement le calibrage des outils conceptuels des jurisconsultes africains et maliens en particulier. Derrière l'absence d'efficacité de certaines analyses et propositions de solutions se cache en effet une contradiction qui doit être dissoute ou transcendée. En figeant leur conception de l'État dans les termes de la rationalité occidentale, ces juristes ont bridé leur réflexion (restée au stade « prénotionnel ») en s'en tenant à des approximations conceptuelles. Cette autolimitation de la pensée a transformé la question de l'étatisation en un sophisme, faisant obstacle du même coup à une analyse savante de la question. Les réflexions menées sur le sujet sont, le plus souvent, restées au stade de la connaissance spontanée alors que cette forme de représentation constitue l'obstacle majeur à la clarification de la question de l'État au Mali.

En paraphrasant Ludwig WITTGENSTEIN, qui nous a déjà inspiré certains concepts, nous dirons que : « la plupart des propositions et questions qui ont été écrites touchant [l'État malien] ne sont pas fausses, mais sont dépourvues de sens. Nous ne pouvons donc en aucune façon répondre à de telles questions, mais seulement établir leur non-sens »[9]. Compte tenu de l'urgence et de la gravité des circonstances actuelles, nous restons intimement convaincu que la méthode d'assimilation correcte du concept de l'État malien se trouve être celle prônée par Gaston BACHELARD et son élève Cheickh Anta DIOP. Pendant que le premier (le maître) prévenait les savants que : « Quel que soit le point de départ de l'activité scientifique, cette activité ne peut pleinement convaincre qu'en quittant le domaine de

---

[8] M. M. B. COULIBALY, *Mali : La Nation trahie*, Éditions Imprim Color, Bamako, 2012, 95 p.

[9] L. WITTGENSTEIN, *Tractatus logico-philosophicus*. Traduction, de G. G. GRANGER, Éditions Gallimard, Paris, 2001, p. 51. Il explique également dans sa *Conférence sur l'éthique* le rôle qu'il assigne logiquement à la philosophie. Pour rappel, cette dernière doit seulement entrevoir ce qui est déjà là, que nous sommes cependant incapables de voir, parce qu'il est des cas où les scientifiques se comportent comme l'homme emprisonné dans une chambre dont la porte n'est pas verrouillée et incapable de s'apercevoir que celle-ci s'ouvre vers le dedans et simplement pousser. L. WITTGENSTEIN, *Conférence sur l'éthique*. Traduction de J. FAUVE, Éditions Gallimard, Paris, 2008, p. 81-84.

base : si elle expérimente, il faut raisonner ; si elle raisonne, il faut expérimenter »[10] ; le second (le disciple) déclarait quant à lui que : « Le moment [était] venu de tirer les conclusions pratiques de tant d'années d'études des problèmes africains, de les ramasser en formules aussi claires que possible, afin de faciliter leur utilisation. »[11] C'est pour ces raisons qu'il a été décidé de nous débarrasser des fausses idées claires *occidentalocentrées* comme la théorie kelsénienne prônant l'identité entre l'État et le droit, ou la loi de séparation de l'être et du devoir-être attribuée à David HUME[12]. Nous savons que ce dernier, sous le prétexte d'introduire à une véritable science des sociétés humaines, entendait isoler de manière claire, l'ordre des réalités empiriques pour en faire un objet en soi. Ses innovations épistémologiques ont servi de fondement à la naissance d'une prétendue « science pure du droit » qui prendra la forme du positivisme juridique moderne sous ses différents aspects. C'est ainsi que pour Hans KELSEN, le droit se déploie, croît et ne se comprend qu'à travers une étude des normes vues comme des entités idéelles faisant système. Cette pensée en circuit fermé a contraint la science du droit à délaisser le domaine des êtres (le *Sein*) qui devait revenir aux sociologues, politistes et archéologues au profit de l'autre (le *Sollen*). Comme nous allons le voir, ces subtilités ont servi de prétexte à beaucoup de dérives. Avec le recul historique et à la suite des développements de monsieur Zakari BOURAIMA[13], il est établi que l'illustre philosophe anglais a été le premier à ne pas se soumettre à son ascèse méthodologique[14].

6. Considérations sur l'archéologie des concepts. – C'est donc fort de ces convictions qu'il a été décidé de soumettre le concept d'État malien à des méthodes critiques et pragmatiques. Ces procédés nous ont conduit à une recherche de type archéologique à laquelle nous sommes particulièrement attaché. Il convient d'entendre l'archéologie dans son sens originel : l'*archè* grecque, qui renvoie aux sources, au commencement. Cette méthode, qui peut passer pour une altération de la « pureté scientifique » du droit et des

---

[10] G. BACHELARD, *Le nouvel esprit scientifique*, Éditions PUF, Paris, 1971, p. 7.

[11] Ch. A. DIOP, *Les fondements économiques et culturels d'un État fédéral d'Afrique noire*, Éditions Présence africaine, Dakar, Paris, 2008, p. 9.

[12] Dans sa contribution traitant des « fictions et présomptions en droit public français », J. RIVERO démontre le pragmatisme génétique de l'interprétation juridique, qui ne se cantonne pas dans le carcan de la dogmatique positiviste de type kelsenien. À l'aide d'exemples concrets tirés de la jurisprudence du Conseil d'État, il prouve que face à « des choses qui ne se sont pas passées comme elles auraient dû se passer légalement, la fiction [de la justice administrative] tantôt affirme qu'elles ne se sont pas passées, préférant ainsi le droit au fait, tantôt qu'elles se sont passées légalement, préférant le fait au droit ». J. RIVERO, « Fictions et présomptions en droit public français », dans : Ch. PERELMAN, P. FORIERS, *Les présomptions et les fictions en droit*, Éditions Bruylant, Bruxelles, 1974, p. 101-114 (particulièrement p. 106).

[13] Z. BOURAIMA, *La place de l'Afrique dans l'histoire et dans le monde*, *op. cit.*, p. 5.

[14] J.-Ph. OMOTUNDE, *La traite négrière européenne : vérité et mensonges*, Vol. 3, Éditions Menaibuc, Collection : Connaissance du monde nègre, Paris, 2004, p. 10.

institutions, est apparue au contraire comme une nécessité apte à faciliter la compréhension et le fonctionnement de l'objet principal de cette analyse : l'État. En couplant cette voie du pragmatisme avec un minimum de neutralité axiologique, un constat s'impose : celui de la « conditionnalité » de la personnification de l'État. L'idée est la suivante : contrairement à la théorie négationniste de Léon DUGUIT qui réfutait catégoriquement le mythe de la personnalité morale en droit public[15], nous percevons l'État malien comme une fiction juridique, une *manière d'être* immanente au peuple malien, créée autoritairement par l'acte de volonté atavique posé par les pères de l'indépendance. Même s'il ne fait pas partie de la famille des *existants* dotés d'une texture matérielle comme les humains ou les animaux, l'État est une entité conceptuelle évoluant exclusivement dans les fors intérieurs et continuellement en devenir dans le monde sensible. Il se différencie des êtres matériels par le fait que – contrairement à eux qui n'ont pas besoin d'avoir un but ou un objectif pour exister – son omniprésence résulte d'une constante justification de son utilité ainsi que des spécificités de sa nature instrumentale. Grâce aux travaux du professeur Paul AMSELEK, nous savons que cet artéfact fait partie de la famille des concepts, c'est-à-dire les outils mentaux que cet auteur qualifie :

> « d'étalons concrets, donnant directement la mesure de ce qu'ils étalonnent et qu'on rapporte à eux. [...] Des étalons-archétypes élaborés par notre esprit dans son travail d'inventaire et de classement du "mobilier du monde" et qui donnent la mesure de l'essence ou structure typique de chose. Ils indiquent chacun les traits distinctifs à toutes les choses que nous rassemblons, par une démarche ordonnatrice de notre raison, dans une même classe ou catégorie, ce que Husserl considérait comme formant un "objet catégorial" ; ces traits sont ceux que les choses se présentant à nous en pratique doivent comporter pour être homologuées comme faisant partie de telle ou telle classe et être cataloguées sous l'étiquette correspondante. »[16]

Lorsque nous évoquons l'État comme une personne, cette désignation est inséparable de son niveau d'efficacité et de sa fidélité à la vocation instrumentale qui est la sienne. Ces références au rôle essentiel de l'État permettent également de rendre compte du paradigme dont se réclame cette étude. Comme il a déjà été indiqué : l'État, quelle qu'en soit la forme, doit être jugé aux résultats qu'il produit, au-delà du concept ou de ce qui en tient lieu. De manière métaphorique, la personnification de l'État et la question de sa vie semblent soumises aux mêmes aléas que la fonction d'illusionniste.

---

[15] L. DUGUIT, *L'État, le droit objectif et la loi positive*, Éditions Dalloz, Paris, 2003, p. 1-22. Il annonce la couleur de sa pensée dès les premières lignes, en expliquant que : « L'État n'est point cette personne collective, investie d'un pouvoir souverain, imaginée par l'esprit inventif des publicistes, que le droit n'est point cette construction édifiée de toutes pièces par les juristes sur le fondement peu stable du droit individuel ou de l'omnipotence de l'État, que tout cet ensemble de fictions et d'abstractions s'évanouit à la simple observation de la réalité. »

[16] P. AMSELEK, *Cheminements philosophiques dans le monde du droit et des règles en général*, Éditions Armand Colin, Paris, 2012, p. 127.

De même que ce dernier, cette entité idéelle doit toujours être en mesure de se justifier auprès de son public et de ses pairs. Ainsi, l'étatisation malienne ne peut apparaître pour ce qu'elle est que dans le respect de son but : la volonté de reproduction de l'empire du même nom. Force est de constater que cette finalité instrumentale est toujours d'actualité, malgré la tentative de subversion désignant la transition politique et économique. Comme nous le verrons, ce processus a eu pour principal effet, de masquer l'expérience de remplacement du projet d'étatisation panafricaniste et monolithique des fondateurs de la « République malienne » par un néolibéralisme servile et contre-productif.

7. Notre fouille. – C'est en tenant compte de ces considérations factuelles qu'une conception élargie de la phénoménologie juridique a été élaborée et mobilisée afin de cerner cette *forme de vie* importée **(Section 1)**. Ainsi, l'essentiel des propos qui vont suivre constitue une tentative d'évasion de l'enfermement que représente l'« État africain ». La présentation de cette conception élargie de la phénoménologie juridique sera suivie de l'élucidation des problèmes de significations induits par l'usage du concept d'État dans certains cas. Il s'agira, d'une part, de dévoiler la nature révolutionnaire du concept d'État ou de République du Mali en remontant leurs arbres généalogiques jusqu'à leurs *archè*, leurs racines idéologiques **(Section 2)**. D'autre part, la typicité de l'État de la transition sera appréhendée grâce à la présentation des néologismes permettant de décrypter sa grammaire. C'est alors qu'une problématique sera posée et un plan exposé **(Section 3)**.

SECTION 1 :
Présentation de la conception élargie de la phénoménologiejuridique

8. Synopsis. – L'étonnement et le doute qui ont accompagné cette étude ont permis de comprendre que la nature mouvante du phénomène d'étatisation malienne ne pouvait pas être appréhendée par les mécanismes classiques de la dogmatique juridique. C'est la raison de l'adoption d'une conception élargie de la phénoménologie juridique donnant la primauté à l'objet, c'est-à-dire une méthode prônant le « retour aux choses elles-mêmes » comme le disait Edmund HUSSERL. Nous avons donc opté pour une adaptation des outils conceptuels aux particularités de l'État malien et non l'inverse. Nous avons conscience de prendre ainsi le contre-pied des productions dogmatiques. Il est cependant impérieux de ne plus se contenter d'un lointain ciblage des différentes failles de ce système politico-juridique. Nous commencerons par présenter les traits principaux de la méthode d'élargissement de la phénoménologie, qui permet de concilier le syncrétisme du sujet avec la rigueur d'analyse tant prisée par la doctrine juridique classique **(§1)**. C'est en privilégiant la pragmatique juridique que nous donnerons un avant-goût de l'efficacité de l'engagement de cette étude pour le rétablissement de l'espoir dans ce contexte de crise **(§2)**.

§ 1 : Caractéristiques de la conception élargie de la phénoménologie juridique

9. Les origines philosophiques de la conception élargie de la phénoménologie du droit. – Nous nous référerons, dans le cours de cette étude, à une variante élargie de la phénoménologie du droit ; plus particulièrement, celle qui a été vulgarisée et adaptée au travail de la doctrine juridique par les œuvres du professeur Paul AMSELEK[17]. Ce choix se justifie par l'intérêt heuristique de cette méthode consistant à suivre les recommandations méthodologiques d'Edmund HUSSERL, en particulier son invitation à réactiver les intuitions originaires enfouies dans les étymologies et les métaphores du langage ordinaire. Contrairement au positivisme de type normativiste ou aux différentes déclinaisons du réalisme, elle n'oblige pas le praticien à faire des choix dogmatiques qui priveraient son œuvre, dans la suite de ses développements, d'une partie importante de son sujet. La phénoménologie juridique du professeur AMSELEK reste à ce jour la meilleure manière de concevoir le droit et les sociétés politiques dans leur vocation universelle. Elle ne peut cependant être vue comme un schéma d'interprétation applicable en l'état aux sociétés africaines, même si elle permet d'éviter de tomber dans le piège de l'*occidentalocentrisme* ambiant. Il s'agira donc d'une grille de lecture utilisant la méthode phénoménologique pour accéder à des formes de juridicité inaccessibles aux autres méthodes occidentales classiques. Nous insisterons en particulier sur le rôle de l'économie dans la légitimation et l'opérationnalisation du concept d'autorité, c'est-à-dire dans la construction d'une forme spécifique de juridicité. Le système d'échanges économiques par exemple fera l'objet d'une analyse juridique rigoureuse, au même titre que les éléments entrant classiquement dans la pratique du commandement. Ce complément s'est imposé à nous pour deux raisons : l'intrication des techniques de direction des conduites et les conditions économiques générales. C'est effectivement le poids de la contrainte économique qui fait d'elle un élément important dans la genèse de la décision politique. Elle constitue une partie de sa phénoménalité : les citoyens des sociétés étudiées sont bien plus sensibles aux prescriptions dont les effets ont un impact direct sur leur bourse. Les

---

[17] P. AMSELEK, *Méthode phénoménologique et théorie du droit*, Éditions L.G.D.J., Paris, 1964, 470 p. ; *Science et déterminisme, éthique et liberté. Essai sur une fausse antinomie*, Éditions PUF, Paris, 1988, 164 p. ; *Cheminements philosophiques dans le monde du droit et des règles en général*, *op. cit.*, 648 p.

chefs des sociétés politiques modernes mobilisent très souvent les outils économiques pour arraisonner les consciences individuelles et les soumettre à l'expression de leur volonté. Dans le même sens, nous procéderons à une analyse systémique du concept d'autorité, qui sert de fondement de toutes ces activités humaines.

10. Reconnaissance de la nature normative de l'économie. – L'utilisation d'une conception élargie de la phénoménologie juridique se justifie par les qualités ontologiques du sujet examiné et l'efficacité de la conception élargie de la phénoménologie juridique du professeur Paul AMSELEK, exhumant les intuitions originaires enfouies dans les étymologies et les métaphores du langage ordinaire. En ce sens, les réalités sociales maliennes et occidentales tendent davantage en faveur d'un système de commandement unissant l'économie et le droit. Il est évidemment fait allusion ici aux travaux de Gilles DELEUZE et Félix GUATTARI sur l'appareil d'État comme stock (machine de capture)[18]. Plus particulièrement, la doctrine économique[19] et juridique[20] a déjà démontré qu'une étude pragmatique sur l'État – *manière d'être* spécifique de la société politique – ne pouvait se passer de *l'imperium* (pouvoir de coercition et de commandement) et du *dominium* (propriété ou domaine) qui relèvent de ces disciplines. Ces deux derniers champs avaient – et ont toujours – une double vocation en matière d'étatisation : celle de matériaux de construction du « Léviathan » et celle d'outils facilitant son fonctionnement correct. Cet appel conjoint à l'économie et au droit permet d'éviter les méthodologies unijambistes et insensées dues aux limitations dogmatiques des disciplines scientifiques. Les réalités sociales maliennes et occidentales tendent davantage en faveur de l'union de l'économique et du juridique.

11. Illustrations de la nature dogmatique de la séparation de l'économique et du juridique en deux sciences distinctes. – Voici une autre justification de ce qui vient d'être suggéré. La langue bambara par

---

[18] J. VINCENT, *Deleuze pas à pas*, Éditions Ellipses, Paris, 2014, p. 166-172. L'auteur résume ce concept d'appareil d'État à travers « [...] trois aspects : la territorialité, le travail (travaux publics) et la fiscalité. Il y a ainsi constitution d'un stock, le travail (outil) de l'activité stockée, et l'argent de l'échange stocké. Finalement, un appareil de capture s'applique à chaque fois sur ce stock qu'il présuppose : la Rente, le Profit et l'Impôt. Voilà le triple fondement de la puissance matérielle de l'État, sa triple création fondement de la puissance matérielle de l'État, sa triple création et sa mainmise sur une terre abstraite, sur du travail abstrait, et sur cette abstraction de l'échange qu'est l'argent. » *Ibid.*, p. 169-170.

[19] La proposition de remplacement du terme économie par la « catallaxie » faite par F.-A. V. HAYEK devait permettre de débarrasser la science de l'échange de la connotation dirigiste du mot économie. Pour cet auteur, la catallaxie est le qualificatif adéquat du marché dont la spontanéité exclut toute finalité politique. F. – A. V. HAYEK, *Droit, législation et liberté*, *op. cit.*, p. 131.

[20] Pour le professeur P. AMSELEK : « les règles juridiques sont des outils de direction publique des conduites humaines, des outils de commandement ou gouvernement public » ; dans : P. AMSELEK, « Le droit, technique de direction publique des conduites humaines », *Droits, n° 10,* 1989, p. 10.

exemple utilise un seul mot, *faama,* pour qualifier le détenteur de l'autorité publique et de la richesse matérielle. Par ailleurs, une simple généalogie de la conception occidentale de l'économie suffit pour distinguer sa nature normative. Il est évidemment fait référence ici aux fondateurs de l'économie politique classique comme Adam SMITH et David RICARDO. Selon Alain REY, la discipline moderne qui traite des échanges de biens et de services dérive de l'*oikonomos* grec qui renvoyait à l'administration d'une maison, d'un patrimoine. Cette dernière expression est elle-même composée d'*oikos*, la racine du « clan » en indo-européen et de la « maison » en grec qui a donné lieu au préfixe « éco », et de *nomos* l'ancêtre de la norme, de la règle, des usages et de loi[21]. Ce n'est donc pas un hasard si les racines latines du *domino* latin dévoilent qu'il est le parfait homéomorphe fonctionnel du *faama* bambara[22].

12. La primauté de l'homme dans la pragmatique juridique endogène. – À la lumière de ces considérations méthodologiques, la transition malienne sera par ailleurs soumise à des outils et instruments d'analyse pragmatiques. Cette adaptation de la conception élargie de la phénoménologie juridique permettra d'étudier cet agencement de la société politique malienne dans toutes ses nuances et contradictions. Puis, nous nous interrogerons sur les moyens de réconcilier ce peuple avec ses mécanismes officiels de commandement. Nous nous inspirerons, pour ce faire, des recommandations du proverbe bambara : *so don o ! jiri don o ! ji don o ! yèrè don gnongon tè* (la connaissance du cheval, de l'arbre, de l'eau, ne vaut pas celle de soi). Il faudra reconnaître la valeur fondamentale du potentiel normatif de l'endogène national. Il s'agira également d'affirmer, avec les pères fondateurs, que le peuple ne devrait finalement faire qu'un avec les mécanismes officiels de direction des conduites humaines. Cette recherche conduira sur la voie de l'interdisciplinarité, en élargissant le champ du commandement à la sociologie ou à l'anthropologie, comme ont pu le faire quelques rares œuvres locales. Nous songeons en particulier à la recherche conséquente réalisée sous la direction de Gerti HESSELING et intitulée : « Le droit en Afrique : Expériences locales et droit étatique au Mali ». Il est temps pour l'expertise malienne d'apprendre à poser un regard déshabitué sur son objet, parce que comme le dit le professeur Moussa DJIRÉ, « les Hommes ne sont pas des insectes »[23]. Cette étude doit permettre d'éviter la

---

[21] A. REY (dir.), *Dictionnaire historique de la langue française, op. cit,* p. 704 (pour économe) et p. 706-707 (pour la généalogie complète de l'économie).

[22] N. BOBBIO, *L'État et la démocratie internationale*, *op. cit.*, p. 268. Les traducteurs rappelèrent en notes que le : « "*Dominio* [de Machiavel]" qui se [traduit] par *pouvoir* ou *domination* (à l'instar des diverses traductions que [ils ont consultés]) vient du latin *dominium* qui signifie *propriété*. On peut également traduire "*dominio*" par *domaine*, c'est-à-dire le territoire sur lequel on domine (comme dans l'expression "domaines coloniaux" ».

[23] M. DJIRÉ, « Un peuple, un but, une foi... mais plusieurs droits ? Dynamiques locales et sécurisation foncière dans un contexte de décentralisation à Sanankoroba », *op. cit.*, p. 73.

facilité procurée par l'uniformisation et l'universalisation axiomatique des sciences juridiques, car le juriste n'est pas entomologiste.

13. L'intangibilité des normes constitutives de l'État malien dans la pragmatique juridique endogène. – Les éléments de méthode précédemment analysés seront accompagnés par une interrogation sur le sens du développement politique et les causes de son blocage. Nous songeons ici au concept aristotélicien de la causalité ou théorie des quatre causes[24]. Appliqué à l'État malien, ce concept pourrait faire progresser les données actuelles du débat. Il s'agit, en ce sens, de s'interroger sur le « pourquoi » du blocage de l'étatisation, plus que sur le « comment » ou « les issues de secours ». C'est donc à ce prix que les spécificités de ce sujet seront à portée de raison.

Généralisons : cette recherche sur l'État malien partira d'une prise en compte du peuple malien comme la cause matérielle ; les pères de l'indépendance comme la cause efficiente ; la *manière d'être* de cette société politique comme la cause formelle ; le but qu'ils se sont fixés en choisissant cette configuration particulière de la société politique comme la causalité finale. Il s'agit là de la condition *sine qua non* de la restitution pleine et entière à l'État malien son sens d'artéfact, d'être en acte, capable de remplir le rôle que justifie son existence *ès qualités*. Toutes les Constitutions du Mali attestent de la pertinence de ce procédé en prévoyant notamment l'abandon total ou partiel de la souveraineté nationale au profit de l'intégration africaine[25] dans le seul but de respecter la volonté panafricaniste des fondateurs.

Cette primauté de la finalité assignée par les pères de l'indépendance aidera à dépasser le dogmatisme et les préjugés entravant le développement de *l'originalisme* et du *fondamentalisme* constitutionnels. Ceux-ci ont eu une mauvaise réputation à cause de l'image négative laissée par les conservateurs américains récalcitrants à toute forme d'interprétation évolutive de leur Constitution[26]. Étant donné que la particularité du système juridique national malien réside dans la place de choix accordée aux règles ataviques, *l'originalisme* constitutionnel lui permet d'officialiser *l'organum*

---

24 Aristote, *Physique*, Traduction de H. CARTERON Éditions Les Belles Lettres, Paris, 1990, p. 65-68 ; *La Métaphysique*, Tome I, Traduction et commentaire de J. TRICOT, Éditions Vrin, Paris, 1991, p. 21-106.

25 Il s'agit d'abord, du cinquième et dernier alinéa du Préambule de la Constitution du 22 septembre 1960, ainsi que son article 48 ; ensuite, du quatrième alinéa du Préambule de la Constitution du 1er juillet 1974 ; et enfin, du cinquième alinéa du Préambule de la Constitution du 25 février 1992 et de son article 117.

26 Il s'agit notamment des pères fondateurs fédéralistes avec leur constitution illégale (Fondation), de la Reconstruction des républicains avec leur système d'amendements formels et enfin des démocrates avec leur redécouverte juridique des vérités anciennes à travers le *New Deal*. B. ACKERMAN, *Au nom du peuple : Les fondements de la démocratie américaine*, Traduction de J.-F SPITZ, Éditions Calmann-Lévy, Paris, 1998, p. 76.

qui reste l'instrument de direction le plus efficace de l'ordre juridique. C'est en soumettant les institutions étatiques et les citoyens à un système normatif identique que ces éléments hétérogènes formeront les deux faces d'une même pièce. Cette technique réconciliera la nouvelle *manière d'être* de cet État inachevé avec son histoire.

14. Importance du rôle institutionnel joué par les normes hétéronomes. – Par ailleurs, l'hétéronomie naturelle de l'État de la transition orientera cette recherche vers l'extérieur, à l'image de la méthode utilisée par les auteurs du récent ouvrage sur *La guerre au Mali*[27]. La particularité des contributeurs de cette publication est d'avoir saisi qu'une compréhension correcte des enjeux de cette guerre passait par un diagnostic complet de la société malienne, venant s'ajouter à l'analyse de ce que Georges BALANDIER nommait les « dynamiques du dehors »[28]. L'approfondissement de cette caractéristique essentielle du monde dit *en développement* est une exigence théorique capitale pour une étude qui se veut éclairante et pragmatique. Ce n'est qu'au prix d'une forme de digression volontaire, d'une analyse approfondie tournée vers l'épicentre des politiques économiques internationales que le mécanisme et les articulations des « dynamiques du dedans » de l'État de la transition seront élucidés. La comparaison du but de cette transition politico-économique avec le projet de création de la démocratie économique et sociale de l'État malien lui donnera, forcément, une dimension sociohistorique.

Cette critique du processus de transition malienne sera faite au moyen d'une sélection drastique des matériaux et des méthodes. Ces recherches graviteront principalement autour de la transition économique pour saisir les nuances de la *manière d'être* introduite par ce processus. L'État de la transition est la conséquence directe du marché importé de l'Occident et livré avec son arsenal juridique en total déphasage avec les réalités locales[29]. Il s'agit là, en quelque sorte, du principe qui a conditionné l'ensemble des éléments composant cet état de choses. Nous orienterons le cadre d'analyse vers les politiques économiques, avec quelques incursions dans les pratiques autochtones. Des études de cas donneront la mesure des contradictions juridiques et politiques évoquées.

---

[27] M. GALY (dir.), *La Guerre au Mali : comprendre la crise au sahel et au Sahara. Enjeux et zones d'ombres.*, Éditions La Découverte, Paris, 2013, 198 p. Contrairement à ce que présagerait ce titre accrocheur, cet ouvrage procède à une analyse complète et protéiforme de la crise malienne.

[28] G. BALANDIER, *Sens et puissance : Les dynamiques sociales*, Éditions PUF, Paris, 2004, 334 p.

[29] Selon monsieur É. CHOL, c'est parce que le Code minier est très arrangeant pour les investisseurs étrangers aussi parce qu'il est fait de nombreuses exceptions fiscales et de sous-estimations régulières de la production que l'État n'y trouve pas son compte. Il revient sur un paradoxe étrange en rappelant que malgré le fait que l'or représente les deux tiers des exportations nationales, il ne fournit que 6 pour cent des recettes fiscales du pays. Dans : É. CHOL, « Le sous-développement durable : Mali », *L'Express*, 29 septembre 2005, p. 128.

15. Légitimation du choix des moyens de capture de la vie endogène. – Toujours dans le but de saisir l'essence des réformes de la transition et de contourner l'opacité du système administratif qui requiert parfois des *gatekeepers* (ou ouvreurs de portes non officielles)[30], nous donnerons une place privilégiée au langage ordinaire de la langue bambara. Nous l'avons choisie pour trois raisons principales : son classement en première position dans la liste des langues nationales prévue par l'article 2 de la loi du 20 août 1996 portant modalité de leur promotion[31], son évidente représentativité sociale et sa rationalisation accomplie par le professeur Gérard DUMESTRE. En fait, avec ses nombreuses déclinaisons (le dioula, le khassonké, le malinké, le kono etc.) elle est la plus parlée des langues du Mali d'aujourd'hui (la République du Mali) et de celui d'antan (l'empire du Mali qui recouvrait l'actuel Burkina Faso, la République du Mali, la Côte-d'Ivoire et la Guinée). De plus, son usage scientifique a été facilité par les travaux du professeur Gérard DUMESTRE précité[32]. Pour illustration, ce linguiste français a indiqué dans les « remerciements » de son « dictionnaire bambara-français » – qui servira de modèle orthographique et de principale source des expressions de cette langue – avoir passé plus d'une trentaine d'années à le concevoir. À la lumière de ces précisions, sa sélection semblait relever de l'évidence pour réactiver les intuitions originaires enfouies dans les étymologies et les métaphores du langage ordinaire malien.

Ces analyses langagières donneront une tonalité particulière à l'approche qui sera celle d'un juriste-archéologue[33] effectuant un « plongeon

---

30 Le terme a été emprunté au professeur Dj. DEMBELÉ, qui explique dans sa contribution : « Réforme et pratique administrative : La tutelle sur les communes rurales de Yélékebougou et Sanankoroba » qu'il a été obligé de faire appel à ces notables pour mener à bien son étude d'anthropologie juridique à Yélékébougou et Sanankoroba. Dans : G. HESSELING, M. DJIRÉ, B. M. OOMEN, « le droit en Afrique : Expériences locales et droit étatique au Mali », *op. cit.,* p. 157.

31 En effet, même si le législateur n'a pas voulu établir de hiérarchie officielle entre langues nationales en disposant dans le premier article de sa loi que « Les langues nationales jouissent des mêmes droits dans le respect des diversités culturelles et de l'unité nationale. » Il a montré la voie dans le deuxième article du même texte en spécifiant que « A travers des activités culturelles, scientifiques et techniques et ce dans le cadre du respect de la réglementation en vigueur, l'État reconnaît aux collectivités et aux citoyens le droit d'initier ou de participer à des actions de promotion des langues nationales ci-après : – le bamanankan (bambara) – le bomu (bobo) ; – le bozo (bozo) – le dogoso (dogon) – le fulfuldé (peul) – le hasanya (maure) – le mamara (miniyanka) – le soninke (sarakolé) – le sogoy (songhoï) – le syenara (sénoufo) – le tamàsàyt (tamasheq) – le xaasongaxango (khassonké) » Loi n° 96-049 du 20 août 1996 portant modalité de promotion des langues nationales, *JORM* n° 1996-17 du 15 septembre 1996, p. 607-608.

32 G. DUMESTRE, *Dictionnaire bambara-français, op. cit.*, 1187 p ; Le bambara du Mali : Essais de description linguistique, Éditions Association linguistique africaine, Paris, 1994, 585 p ; *La geste de Ségou : racontée par des Griots bambara,* Éditions A. Colin, Paris, 1979, 419 p ; *Éléments de grammaire Dioula,* Éditions Université d'Abidjan, Institut de linguistique appliquée, Abidjan, 1970, 97 p.

33 Contrairement à M. FOUCAULT qui : « [entendait] par archive l'ensemble des discours effectivement prononcés ; et cet ensemble de discours est envisagé non pas seulement comme un ensemble d'événements qui auraient eu lieu une fois pour toutes et qui resteraient en suspens, dans

interprétatif» dans les archives du droit malien à travers les discours, les métaphores et autres figures de styles, vus comme des éléments de rattachement à cette réalité mouvante. Ce choix a le mérite de refléter la forme concentrique du pouvoir malien dans le concept de *fanga* (la force) qui se trouve entre les mains de l'exécutif incarné par son chef, le *jàmàna koun-tigui* (le détenteur des rênes de l'autorité politique). De plus, il rend le débat scientifique accessible à ses destinataires. Cette archéologie du langage ordinaire rend service au droit malien en lui adaptant des outils plus familiers, car la culture du procès fait partie des phénomènes importés. En outre, elle permet de ne pas contribuer au mouvement si courant d'amputation du droit, parfois réduit au travail des juridictions. Comme le rappelle le professeur Paul AMSELEK, les juristes-technologues ont souvent tendance à s'arrêter à la vision impressionniste du profane sur la nature des règles, alors que :

> « Le droit ce n'est pas quelque chose de fait essentiellement pour le juge : les normes juridiques sont d'abord et fondamentalement des règles de conduite, des instruments éthiques pour diriger la conduite des individus ; ce ne sont pas simplement des instruments destinés à permettre au juge de juger après coup la conduite de ceux qui l'ont saisi de leur litige (d'autant, d'ailleurs, que la mission essentielle du juge lui-même n'est pas simplement d'émettre des jugements, de juger si la conduite de X ou Y a été ou non juridiquement correcte, mais de "régler le différend", c'est-à-dire d'édicter des règles, des prescriptions à observer : tel est le "dispositif" même des actes juridictionnels, l'opération de jugement proprement dit se situant seulement au niveau des "motifs" sur lesquels s'appuie le dispositif). »[34]

16. Récapitulatif. – En procédant de la sorte, nous ne ferons qu'obéir aux exigences de l'objet étudié, à l'image du droit économique privilégiant l'efficacité et l'efficience en lieu et place du classicisme des organisations juridiques et des champs disciplinaires. Cette particularité conférera, certainement, des traits singuliers à cette étude pragmatique et en phase avec l'air du temps[35] : elle se tiendra à distance de l'attentisme sclérosant et ira « au-devant des faits », selon l'expression de Gérard FARJAT[36].

---

les limbes ou dans le purgatoire de l'histoire, mais aussi comme un ensemble qui continue à fonctionner, à se transformer à travers l'histoire, à donner possibilité d'apparaître à d'autres discours. », notre démarche cherchera à trouver les motivations de l'auteur du discours, par une prise en compte de la conjoncture, sans pour autant faire de la psychologie. Dans : « Michel Foucault explique son dernier livre », Entretien avec J.-J. BROCHIER, *Magazine littéraire,* n° 28, avril-mai 1969, p. 23-25.

[34] P. AMSELEK, « Brèves réflexions sur la notion de "sources du droit" », dans : *Archives de philosophie du droit,* t. 27, Éditions Sirey, Paris, 1982, p. 256.

[35] En effet, cette forme de globalisation correspond parfaitement aux prédictions faites par O. W. HOLMES il y a plus d'un siècle ; quand il disait notamment que : « pour l'étude rationnelle du droit, l'homme de lettres est peut-être l'homme du présent, mais l'homme du futur est le statisticien et l'économiste. [...] tout juriste doit chercher à comprendre la science économique » J. The Path of Law, 1897 cité par B. DEFFAINS, E. LANGLAIS (dir.), *Analyse économique du droit : Principes, méthodes, résultats,* Éditions De boeck, Bruxelles, 2009, p. 12.

[36] G. FARJAT, *Pour un droit économique*, Éditions PUF, Paris, 2004, p. 39.

§ 2 : Intérêt contextuel de la conception élargie de la phénoménologie juridique : un engagement pour l'espoir

17. Une forme de société politique endogène, ni *occidentalocentrée*, ni musulmane. – Peu avant le déclenchement de « l'opération Serval » qui faisait front contre la confusion entre la *res sacrae* (le religieux) et la *res publica* (le rationnel *occidentalocentré*), l'Assemblée nationale du Mali a adopté le 30 décembre 2011 un nouveau Code des personnes et de la famille qui favorisait l'enchevêtrement de ces deux domaines que les forces étrangères venaient séparer[37]. Par exemple, l'article 280 de ce dispositif constitue l'oxymore par excellence. Il définit, d'une part, le mariage comme une union légale établie entre un homme et une femme, avant d'associer les ministres du culte à sa célébration par l'octroi des prérogatives habituellement dévolues aux officiers d'état civil. C'est donc peu de dire que le premier et principal intérêt de cette étude endogène est contextuel. En effet, la coïncidence entre cette œuvre et celle du temps lui donne un relief particulier et une évidente primauté sur l'utilitarisme routinier émanant des faits humains. Compte tenu de l'environnement de crise sociale aiguë, cette étude, certes théorique, mais majoritairement tournée vers la partie la plus négligée de la pratique du commandement malien, ne pouvait pas mieux tomber. Plus concrètement, cette recherche sur les incidences de la transition politique et économique sur la construction de la *forme de vie* politique malienne pourrait être utile à plusieurs niveaux de connaissance, allant du domaine de la doctrine à celui des citoyens ordinaires.

18. Une pluralité des conceptions des *formes de vie* juridiques. – Sur le plan de la doctrine locale, l'introduction de la phénoménologie du droit, même limitée, participera à l'enrichissement des débats et à la critique des visions techniciennes. Elle permettra, en outre, aux experts de disposer de nouvelles clefs de l'entendement de la crise ordinaire dont l'incompréhension a, en quelque sorte contribué à l'aggravation de son intensité. Son ampleur s'est effectivement trouvée augmentée par le fait que de nombreux juristes et politologues ont été dépassés par l'événement, incapables de cerner et de nommer ce mal du *vivre ensemble* malien[38]. Il

---

[37] Loi n° 2011-087 du 30 décembre 2011 portant Code des personnes et de la famille, *JORM* n° 2012-02 (spécial) de janvier 2012, p. 22.

[38] Dans l'introduction de l'ouvrage collectif : « le droit en Afrique : Expériences locales et droit étatique au Mali » G. HESSELING et B. OOMEN reviennent longuement sur les apories du droit malien évoquées par tous les contributeurs. Le professeur A. KEÏTA par exemple dans sa contribution : « Au détour des pratiques foncières à Bancoumana » constate le décalage entre le positivisme du cadre de formation occidentale et le pluralisme juridique de la société malienne. Il va jusqu'à s'interroger sur le rôle des juristes africains qui reproduisent des discours dogmatiques détachés des réalités locales. Dans sa contribution « Un peuple, un but, une foi... mais plusieurs droits ? Dynamiques locales et sécurisation foncière dans un contexte de décentralisation à Sanankoroba », le professeur M. DJIRÉ – comme celle du professeur Dj. DEMBÉLÉ traitant de la

suffit de procéder à un test pour se convaincre de l'intérêt de la méthode phénoménologique pour la doctrine locale.

19. Illustration de l'intérêt de la méthode phénoménologique : l'explication du comportement de certains acteurs de la crise. – Cette méthode permettra de mieux comprendre l'épanouissement des entreprises criminelles dans une société devenue catallaxique[39]. La phénoménologie donne du sens à des agissements aussi incohérents que ceux des mutins de Kati, des « rebelles » et terroristes du Nord. Leurs revendications restaient principalement socio-économiques, ou avaient la permanence de la crise économique et financière pour terreau. En incluant ces données vitales dans l'équation « crise de l'État », l'irrationalité de la société politique redevient intelligible.

De plus, les revendications initiales des mutins étaient l'amélioration de leurs conditions de travail par le renouvellement de leurs équipements désuets, le versement régulier de leurs indemnités forfaitaires quotidiennes et la disparition des privilèges du corps des bérets rouges, jugés injustifiés. Ils souhaitaient, simplement, une application correcte du principe constitutionnel d'égalité citoyenne au sein de l'armée, par l'instauration d'une vraie démocratie économique et sociale dans leurs rangs.

Quant aux « rebelles » du MNLA, la toile de fond de leur irrédentisme a toujours concerné des problèmes économiques directement liés au désengagement du gouvernement central. Elle se manifesta clairement dans la « Résolution n° 06-05/AN-RM relative à l'Accord d'Alger », négociée par monsieur Abdelkrim GHERAIEB, ambassadeur de la République algérienne au Mali, et signée par le général Kafougouna KONÉ, représentant légal du gouvernement malien, et monsieur Ahmada AG BIBI, représentant officiel de l'alliance démocratique du 23 mai 2006 pour le changement. Le deuxième volet de cet accord comportait onze points exclusivement consacrés au dénouement des problématiques de développement économique, social et culturel dans les régions convoitées.

« Réforme législative et pratiques administratives : La tutelle sur les communes rurales de Yélékébougou et Sanankoroba » – a procédé à une autocritique de son postulat scientifique de positiviste, de démocrate convaincu de l'universalité du droit et de la nécessité d'entreprendre des réformes législatives pertinentes pour l'instauration de « l'État de droit ». Dans ce sens, il a même repris une formule de son homologue, le Professeur Émile Adriaan van Rouveroy van Nieuwaal, qui le qualifiait amicalement : « d'intellectuel africain gavé au camembert français ». G. HESSELING, M. DJIRÉ, B. M. OOMEN, *Le droit en Afrique : Expériences locales et droit étatique au Mali*, *op. cit.*, 296 p.

[39] La *Catallaxie* est la résurgence de l'ancien mot utilisé par les Grecs (*katallassein*) pour désigner l'échange, l'admission sociale et la transformation d'un ennemi en ami. Il a été proposé par F. HAYEK pour remplacer le mot économie qui aurait une connotation trop socialiste ; c'est aussi le titre du chapitre 10 de son ouvrage : *Droit, législation et liberté*, PUF, Collection Quadrige, Paris, 2007, p. 529-574.

Par ailleurs, les mouvements terroristes – considérés comme des multinationales du crime par une partie de la doctrine[40] – tirent allègrement profit de la paupérisation absolue des régions du Nord-Mali. Cet appauvrissement leur sert d'avantage stratégique. Ils n'ont pas hésité à utiliser cette faille pour gagner les cœurs et les esprits des autochtones, par la mise en place et l'animation d'un projet de création d'un « État » islamique d'idéologie marxiste-léniniste. Ils ont ainsi promu une politique économique respectant à la lettre les engagements de l'Accord d'Alger. À titre indicatif, ils veillaient scrupuleusement au bon fonctionnement et au libre accès des services publics élémentaires comme les hôpitaux, l'eau et l'électricité[41].

La perspective phénoménologique pourrait, par ailleurs, contribuer à établir que l'État moderne n'est qu'un fétiche occidental instrumentalisé en vue de capturer les consciences individuelles des citoyens des sociétés étrangères que les Occidentaux souhaitent dominer. Elle permettrait ainsi à l'activité de commandement de redevenir, après transformation, l'élément indissociable et indispensable de la vie en collectivité. Elle permet notamment aux tenants du dogmatisme de voir que l'universalité de leurs outils de travail dépend de l'autorité que leurs destinataires veulent bien lui accorder.

20. Une refondation de la société sur des bases démocratiques réunissant la volonté du peuple et sa *manière d'être* atavique. – Cette étude sera utile aux citoyens ordinaires, les premiers concernés par l'activité juridique. Elle leur rendra leur dû ; c'est-à-dire la souveraineté de la société politique malienne. En présentant une pensée systémique complète qui valorise les composantes endogènes de l'existence des hommes, dans un

---

[40] Se référer aux développements du professeur B. BADIE, qui parle d'entrepreneur de violence pour qualifier AQMI. Il montre les maillages de l'implantation de cette multinationale en prouvant que ses membres avaient pris le soin de nouer des alliances avec les autochtones afin de satisfaire leurs besoins en ressources humaines et des contrats de franchise pour s'identifier à la société mère (Al-Qaïda). B. BADIE, Préface de : *La guerre au Mali, op. cit.*, p. 14.

Pour comprendre précisément cette filialisation du terrorisme (AQMI), il faut se référer à ses modes de financement. À côté de divers trafics : de cocaïne, de cigarettes, d'êtres humains, figure le racket d'entreprises. Pour le trafic de stupéfiants, A. FRINTZ, « Trafic de cocaïne, une pièce négligée du puzzle sahélien », *Le Monde diplomatique*, Dakar, février 2013.

Pour le trafic d'êtres humains et le racket, cf. statistiques données par le sous-secrétaire d'État américain au Trésor pour la lutte contre le terrorisme et pour le renseignement financier, D. COHEN, qui estime à plus de 120 millions de dollars, les rançons versées par les Occidentaux au GSPC-AQMI durant les huit dernières années. G. GIRAUD, « Cinquante ans de tensions dans la zone sahélo-saharienne », dans : M. GALY (dir.), *op. cit.*, p. 46.

Il faut y ajouter la *marchéisation* de cette terreur à travers la mise en place de contrats d'assurance spécifiquement dédiés à ces situations : Il s'agit des fameuses clauses couvrant les situations de crises, telles que les prises d'otages ou les chantages... Pour approfondir, cf. G. BELLOCQ, *La protection sociale dans l'entreprise*, Éditions l'Argus, Paris, 2006, p. 234.

[41] Pour plus d'approfondissement, cf. les développements et rapports d'experts rassemblés par J.-L. LE TOUZET, « Aqmi : La politique en ligne d'émir », *Journal Libération*, 7 octobre 2013, p. 2-5.

langage familier et simple, cette recherche devrait poser les fondations de leur réconciliation pérenne avec les outils de direction de leurs actions.

C'est particulièrement à l'accomplissement de cette tâche que va s'atteler la transition de l'État exposée dans la *seconde partie* censée mettre un point final à la révolution entreprise par les pères fondateurs. Par ailleurs, l'orientation critique qui caractérise cette étude peut être comprise comme un appel à l'efficacité et au pragmatisme, et non comme un outil de la propagande de masse organisée par le gouvernement malien pour asseoir la légitimité de ses prescriptions hétéronomes ou islamisées. Nous avons la faiblesse de croire que la mise à disposition des connaissances nécessaires à la mobilisation d'une *forme de vie* endogène et non contaminée offrira à ceux qui voudront s'en saisir, les moyens de recouvrer pacifiquement la direction de leur destinée. En d'autres termes, nous armons ainsi les plus déterminés des citoyens afin qu'ils puissent rebâtir leur société à leur image endogène et non plus en dégradée de l'Occident.

En accord avec l'hypothèse de départ, nous allons procéder à présent à quelques précisions terminologiques qui permettront de saisir l'évidence ontologique du thème et de dissoudre à jamais les interrogations faussement scientifiques.

SECTION 2 :
L'élucidation des problèmes de signification

21. Précisions méthodologiques. – Cette entreprise conduit à exhumer, à préciser, voire renouveler le sens de certains termes et expressions. Il s'agira d'abord d'effectuer une clarification portant sur les concepts « d'État » ou de « République » du Mali à l'aide de la mobilisation des préceptes de la conception élargie de la phénoménologie juridique **(§1)** ; avant de se pencher, dans un second temps, sur la signification des néologismes tels le *yùrùguyurugu* et le *férekenyágami* qui constituent des traits caractéristiques et des clefs de l'élucidation de la transition « utopique » et atypique **(§2).**

§ 1 : La découverte de la nature révolutionnaire de « l'État » ou de la « République » du Mali par la généalogie du concept

22. Le caractère allogène de « l'État » ou de la « République » au Mali. – Ce qui est communément appelé « État malien » ou « République du Mali » correspond à un néologisme né du processus de décolonisation. Cette innovation langagière avait pour objectif l'identification de la nouvelle *manière d'être* de la communauté historique occupant cette zone géographique. Il s'agit d'une association de deux expressions différentes dans le but de former une unité de signification. L'État malien cache en réalité un oxymore, une union terminologique improbable entre l'empire précolonial du « Mali » et la conception moderne et occidentale de « l'État ». Comme nous le verrons sous peu, cette dernière référence demeure chargée d'arrière-pensées métaphysiques qui ont toujours déchaîné les passions des chercheurs en sciences sociales. Quant à l'empire du Mali, il renvoie au point de fixation de la naissance du peuple malien dans le sens commun : une preuve incontournable de la solidité du contrat social malien. Autrement dit – pour paraphraser KI-ZERBO[42] —, nous dirons que cet empire joue actuellement le rôle d'un « champ de culture » inhérent à la mémoire du peuple, c'est un véritable trésor mental qui fonde et forge la personnalité de cette masse.

Pour saisir pleinement l'essence de cet oxymore ou de cette confusion terminologique, il semble opportun de se souvenir de l'imbroglio linguistique qui régnait en France à l'apogée de l'empire napoléonien. Comme sous la République du Mali, cette période postrévolutionnaire française était caractérisée par de nombreuses hésitations sur le choix de la forme d'agencement de la société, au sein de laquelle cohabitaient artificiellement « empire » et « République ». La cacophonie politique de l'époque se manifestait jusqu'aux gravures des pièces de monnaie, comme celles de 1808 sur lesquelles l'inscription « empire français, Napoléon empereur » avait été remplacée par « République française, Napoléon empereur ». L'abandon français de cette coexistence linguistique et aporétique démontre la dimension autoritaire, propre à la question de l'étatisation des populations. C'est une affaire de pure technologie sociale et non de science, même si une conception discutable du droit international public prétend le contraire[43]. Cette illustration tirée de l'histoire politique française prouve, par analogie, que l'étatisation actuelle de la République malienne ne constitue qu'une étape intermédiaire vers une politisation plus aboutie et plus conforme à la personnalité de son peuple.

23. Le concept « d'État » ou de « République » du Mali : une contradiction ? – L'union actuelle entre « l'État » ou la « République » et le

---

42 J. KI-ZERBO, « histoire et conscience nègre », *Présence africaine* n° 16, octobre-novembre 1957, p. 53-69.

43 Le professeur P. AMSELEK précise sans ambages que : « [...] La théorie du droit de type traditionnel, qui représente encore aujourd'hui la quasi-totalité des activités théoriques dans le domaine juridique, n'est pas une science, mais une technologie, ce qui est tout à fait différent. Une science, en effet, étudie des phénomènes, c'est-à-dire des choses qui se produisent, en vue de formuler des normes rendant compte de la survenance de ces phénomènes dans le flux événementiel, – ce que l'on appelle couramment la "recherche de causes" ; ces normes scientifiques (du type : "lorsque les phénomènes A et B se produisent, le phénomène C doit – ou peut – se produire") permettent aux hommes de se repérer dans le cours des choses, d'anticiper sur les trames événementielles de l'histoire et d'ajuster en conséquence leurs propres comportements ». P. AMSELEK, « Théorie du droit et politique », *op.cit.*, p. 413.

Mali révèle davantage une mauvaise transplantation de l'empire du même nom qu'un diptyque harmonieux. La forme monolithique de l'État retenue le 22 septembre 1960 – demeurée invariable jusqu'aux débuts des années 1980 – n'était qu'une « *manière d'être* par défaut », une étape liminaire à la réalisation de l'objectif principal : la reproduction de la légendaire « civilisation négro -arabo-berbère »[44] qui fit la prospérité de l'empire du Mali. La réussite de cette greffe – dans laquelle donneurs (les ancêtres, ascendants) et receveurs (les citoyens de la République) sont d'une parfaite compatibilité génétique, car soumis aux mêmes normes – était et reste un impératif vital. Il s'agit là de l'unique moyen susceptible de rendre aux Africains leur dignité perdue sous diverses techniques de domination : coloniale et marchande. Ces finalités instrumentales permettent de requalifier l'échec de la Fédération du Mali ainsi que celui de la déclaration d'indépendance du 22 septembre 1960 qui suivit comme des mesures suspensives des aspirations panafricanistes. La poursuite et l'achèvement de cette œuvre restent l'ultime héritage laissé par les fondateurs de ces nouvelles Républiques ouest-africaines. La satisfaction de ces recommandations représente leur finalité essentielle.

24. La méthode heuristique. – Pour rationaliser ce vaste champ d'analyse et faciliter l'appréhension de ce que nous appelons l'« État de la transition » (*infra*), nous procéderons à une catégorisation des *manières d'être* à travers un découpage de l'histoire politique. Ainsi, nous nous intéresserons à l'ère *préétatique* composée de la période précoloniale (celle des royaumes et des empires) et coloniale au sens large (comprenant la traite négrière et l'exploitation physique du territoire). Ensuite viendra le temps de l'État également subdivisé en deux phases : la phase de décolonisation, c'est-à-dire d'un État pensé et déployé conformément aux volontés des acteurs de l'indépendance (l'époque allant de l'indépendance à la fin des années soixante-dix), puis le moment de « l'État de la transition » mis en place du début des années 80 à nos jours. Cette dernière phase contient un processus homogène à deux vitesses : d'une part, la transition économique entamée dans les années quatre-vingt (il s'agissait du remplacement du socialisme d'État par l'austérité néolibérale) et d'autre part, la transition politique officialisée avec le renouveau constitutionnel de 1992, qui a instauré le pluralisme politique intégral.

25. Synopsis des étapes de la recherche. – Ainsi, pour comprendre les nuances de l'étatisation à la malienne et caractériser les spécificités de cet État – qui n'a jamais parfaitement correspondu aux projets des fondateurs de cette République —, nous commencerons par définir séparément et de façon approfondie les mots État, République **(A)** et le Mali **(B)**. Puis nous essayerons de savoir si l'État malien ou la République du Mali forment ou

[44] M. LY, D. T. CISSOUMA, « histoire », dans : M. TRAORÉ, Y. MONNIER (dir.), *Atlas du Mali,* Éditions J. A., Paris, 2001, p. 27.

non une nouvelle *manière d'être* cohérente, une véritable *forme de vie*, comme l'ont fait croire les créateurs – et le font croire les régents – de cet ordonnancement moderne de la société politique **(C)**.

A/ Définition pragmatique et révolutionnaire de l'État[45]

26. Synopsis. – En voulant troquer l'archaïsme et l'absolutisme des pratiques politiques traditionnelles contre une abstraction contractuelle, les légistes occidentaux ont mis au monde une autre forme d'absolutisme qui a provoqué l'éclipse totale et définitive de la base naturelle du commandement. Cette occultation de la finalité instrumentale du processus d'étatisation a conduit à certaines confusions terminologiques dans le langage ordinaire et technique.

27. Fusion des concepts d'État et de République : la réussite de l'instrumentalisation technique. – La parfaite illustration de ce syncrétisme consiste en l'utilisation pléonastique des termes République, cité et État, en dépit du fait que la République n'est qu'une teinte parmi les nuances du phénomène étatique. Ce raisonnement tautologique s'explique par la très grande diffusion de la traduction de l'ouvrage de Platon, *Politeia* « la constitution de la cité » par le mot *République*[46], et ceci avec la connotation idéologique associée à ce concept. Il suffit pourtant de comparer deux versions célèbres de cet ouvrage pour prendre la mesure du glissement de sens dont il a fait l'objet. En effet, dans sa traduction de cet ouvrage, le professeur Georges LEROUX nomme la société politique dont la création est ici qualifiée de « cité »[47], alors que dans la version d'Émile CHAMBRY, il est question de l'État[48]. Il serait, par ailleurs, simpliste de s'arrêter à ces nuances interprétatives. Les causes de la confusion actuelle entre la conception moderne de l'État et la République étaient bien enracinées dans la pensée de l'auteur sous forme embryonnaire. Dans le livre VIII de la *République*, il fait de la démocratie la plus belle des formes de sociétés politiques, celle qui : « contient tous les genres de constitutions, et il semble que, si l'on veut fonder un État, comme nous venons de le faire, on n'a qu'à se rendre dans un État démocratique et y choisir le régime qu'on préfère : c'est une foire aux constitutions où l'on peut venir choisir le modèle qu'on veut reproduire. »[49] Nous pouvons ainsi affirmer, à la lumière de ces

[45] Ce mot doit être évidemment compris dans son sens originel ; c'est-à-dire, comme : le retour en arrière du latin *rĕvŏlūtĭo*. P. FLOBERT (dir.), *Le grand Gaffiot : dictionnaire latin-français,* 3e édition revue et augmentée, Éditions Hachette, Paris, 2000, p. 1380.

[46] J. – F. MATTÉI, « Préface », dans : Platon, *La République*, Traduction de G. LEROUX, Éditions Flammarion, Collection « Le monde de la philosophie », Paris, 2008, p. XVII.

[47] *Ibid.*, p. 98 et s.

[48] Platon, *La République,* Traduction d'É. CHAMBRY, tome 1, Éditions Belles lettres, Collection des « Universités de France », Paris, 1996, p. 65 et s.

[49] *Ibid.*, tome 3, p. 26. L'extrait cité est ainsi formulé dans la version du professeur G. LEROUX, « il contient toutes les espèces de constitutions politiques et il est probable que celui

précisions, que la *République* de Platon renvoie à la forme typique de mise en ordre et de gestion collective des choses publiques. Il s'agit d'un synonyme de la démocratie en tant que régime politique ou système de direction sociale dans lesquels l'autorité est exercée par et au nom de l'ensemble des citoyens en respectant un certain nombre de valeurs inhérentes à cette *manière d'être*.

La fondation de l'État moderne sur la raison et le droit a occulté la pluralité des *manières d'être* sociales qui donnait à la République son relief particulier. Cette ambivalence conceptuelle de la notion de République est en totale conformité avec les différents sens conférés à ces représentations par les constituants maliens. Ces derniers en ont fait plusieurs usages allant, d'une part, vers la « République » synonyme de « l'État », entité artificielle et idéelle et, d'autre part, amputée de son « R » majuscule, se référant à la « forme républicaine de l'État » : ce que les Bambaras appellent *fòròba fanga* (le pouvoir du public). Plus exactement, dans les deux premières Constitutions de l'État malien, les constituants ont disposé dans les premiers alinéas de leur préambule, que : « Le Peuple malien proclame solennellement la République du Mali, fondée sur un idéal de liberté et de justice »[50]. Il a fallu attendre la Constitution du 25 février 1992 pour qu'il soit précisé dans le troisième alinéa du préambule de cet acte que : « Le Peuple souverain du Mali [...] s'engage solennellement à défendre la forme républicaine et la laïcité de l'État [...] »[51]

Il est possible de voir dans cette métonymie, l'une des manifestations primaires de la tautologie entre l'État et le droit qui prévaut dans le positivisme juridique. En fait, cette redondance entre État et République cache l'idée d'une renaissance maîtrisée des sociétés politiques par les corps institués ou le passage de l'État (en tant que terme générique qualifiant les sociétés politiques) à l'État moderne (un type particulier de société politique). Il arrive parfois que l'histoire dévoile la part de paradoxe que contiennent les stratégies des acteurs, comme ce fut le cas de l'échange qui a eu lieu entre les pouvoirs constituants dérivés maliens (l'Assemblée nationale et la Cour constitutionnelle) à propos de la formulation de

---

qui souhaite établir une cité, ce que nous avons tenté de faire à présent, n'aura besoin que de se rendre dans une cité gouvernée démocratiquement pour y choisir le genre qui plairait : c'est comme si on était entré dans un grand marché aux constitutions politiques, et une fois le choix fait, on n'a qu'à fonder la cité selon le modèle choisi. » Platon, *La République*, Traduction de G. LEROUX, *op. cit.*, p. 509-510.

[50] Constitution du jeudi 22 septembre 1960, n° 60-1/AN-RM portant modification de la Constitution du 23 janvier 1959 modifiée par la loi n° 60-23 AL-RS du 26 juillet 1960 de la République soudanaise, *JORM* n° 1960-65 du 29 septembre 1960, p. III-VII. ; décret n° 3 – PG-RM du 1er juillet 1974 portant promulgation de la Constitution de la République du Mali, *JORM* n° 1974-440 du 25 juillet 1974, p. I.

[51] Décret n° 92-073/P-CTSP du 25 février 1992 portant promulgation de la Constitution, *JORM* n° 1992-04 du 29 février 1992, p. 117.

l'article 117 de la loi du 2 août 2001 portant révision de la Constitution du 25 février 1992. Comme il sera vu à travers une analyse lexicale, ce conflit d'interprétation repose sur les nuances qui existent entre la conception nouménale et phénoménale de la République. D'une part, l'Assemblée nationale avait précisé que cette loi constitutionnelle n'était pas une « novation de [la] République » et d'autre part, la Cour constitutionnelle proposait la formule suivante : « La présente loi constitutionnelle n'emporte pas de changement de République »[52]. Il suffit, en réalité, de se référer à la généalogie de ces deux termes établie par Alain REY[53], pour comprendre que cette guerre des mots cache une profonde divergence conceptuelle entre la représentation nouménale de la Cour constitutionnelle, d'une part, et la vision phénoménale du Parlement de l'autre. En effet, si nous restituons la novation dans son sens juridique[54], elle renvoie au « remplacement par convention d'une valeur obligatoire [ici la République *désubstantialisée* assimilée à l'État] par une autre ». Quant au changement, il désigne davantage la mutation, la transformation, le remplacement d'un objet inanimé et substantiel.

Il s'agit là d'une manifestation du phénomène de « fluctuation des définitions scientifiques » imaginé par Ludwig WITTGENSTEIN[55] qui a déjà été mis en exergue. De manière plus contemporaine, il est également possible de distinguer une certaine familiarité avec ce que le philosophe du droit italien, le professeur Lorenzo PASSERINI GLAZEL, appelle les « effets axiologiques et normatifs de la typicité »[56]. Cela a permis en Occident, aux philosophes des Lumières de conférer une valeur universelle à leurs jugements moraux et d'écarter stratégiquement les dissonances. Une simple référence aux huitième et neuvième époques de *l'Esquisse d'un tableau historique des progrès de l'esprit humain* de CONDORCET[57] suffit pour vérifier la pertinence de ce postulat et voir comment les nouvelles composantes de la raison occidentale ont été sublimées.

---

[52] Cour constitutionnelle, « Avis n° 12-002/Référendum du 13 mars 2012 », *non publié* (*disponible aux archives de la Cour constitutionnelle*), p. 5.

[53] A. REY (dir.), *Dictionnaire historique de la langue française*, *op. cit.*, p. 417 (changement), p. 1436 (novation).

[54] J.-L. AUBERT, « novation », dans : *Répertoire de droit civil*, Éditions Dalloz, Paris, 2011, § 1, 2 et 3.

[55] L. WITTGENSTEIN, *Recherches philosophiques*, *op.cit.*, 71-72.

[56] L. PASSERINI GLAZEL, « La force normative des types : le rôle de la typicité dans la construction des phénomènes normatifs », *Fascicule de sa conférence prononcée à la faculté de droit de l'université de Toulon*, Toulon, le 24 février 2016, p. 7-10.

[57] J.-A.-N. De CARITAT (dit Condorcet), *Esquisse d'un tableau historique des progrès de l'esprit humain ; suivi de Fragment sur l'Atlantide*, réédité par A. PONS, Éditions Flammarion, Paris, 1988, p. 187-263.

28. Les raisons de la conception instrumentale de l'État. – Oui, l'État moderne n'est qu'un cadre logique contenant un *hăbĭtŭs*[58], une simple *manière d'être*, une mise en ordre matérielle et comportementale particulière de la société politique créée au Moyen-âge. Cette fluctuation de la définition de l'État a été faite de manière autoritaire par les chefs et légistes occidentaux dans le but d'en améliorer l'organisation et le commandement à travers l'introduction du concept de raison. Cette définition originelle de la notion d'État semble un bon moyen de distinguer clairement l'objet étudié. Ce passage apparaît comme une contrainte épistémologique s'imposant à tout penseur soucieux des questions de distance avec son objet et voulant échapper à ce que Pierre BOURDIEU nommait « l'amnésie de la genèse »[59]. Cette transition de la conception métaphysique de la réalité et de la société politique vers le règne de l'entendement et du bon sens a eu pour conséquence directe d'exclure unilatéralement tout ce qui s'éloignait de cet artefact ; c'est-à-dire les sociétés politiques dites « primaires », les ancêtres de « l'État moderne », ainsi que toutes celles qui n'étaient pas mises en ordre par des bases textuelles claires et préétablies. Ce retour aux sources du concept d'État est évidemment relatif. Son exactitude ne peut être vérifiée que sur l'objet État ou République du Mali et ses étalons. L'absence de vocation universelle du concept envisagé a pour avantage de permettre une précieuse clarification de la conception malienne de l'État : d'en dégager le sens conventionnel, tout en écartant la dimension axiomatique de l'État moderne. Elle permet également de comprendre que l'exhumation de cette notion par les légistes français et italiens du XIIIe au XVIe siècles avait des raisons purement instrumentales. Cette nouvelle dénotation avait pour but d'introduire l'abstraction et le concept de rationalité politique, afin de remplacer l'incertitude des pratiques coutumières[60]. Le succès fulgurant de cette opération a fait de l'État moderne la seule et unique désignation de

---

[58] P. FLOBERT (dir.), *Le grand Gaffiot : dictionnaire latin-français, op.cit.*, p. 735 et 737 ; pour approfondissement cf. F. WEBER, « Habitus », S. AUROUX (dir.), *Les notions philosophiques : dictionnaire.* Tome 1, 3 e Édition, PUF, Paris, 2002, p. 1108-1109. ; A. – J. ARNAUD (dir.), *Dictionnaire encyclopédique de théorie et de sociologie du droit,* Éditions LGDJ, Paris, 1993, p. 276.

[59] Il explique notamment que : « seule la recherche génétique peut nous rappeler que l'État, et tout ce qui s'en suit, est une invention historique, un artefact historique et que nous sommes nous même une invention de l'État, que nos esprits sont des inventions d'État. Faire une histoire génétique de l'État, et non une "généalogie" au sens de Foucault, est le seul antidote véritable à ce que j'appelle l'"amnésie de la genèse" qui est inhérente à toute institutionnalisation réussie, toute institution qui réussit à s'imposer impliquant l'oubli de sa genèse. [...] Une institution qui réussit s'oublie et se fait oublier comme ayant eu une naissance, comme ayant eu un commencement. » P. BOURDIEU, *Sur l'État : Cours au Collège de France 1989-1992*, Éditions du Seuil, Collection raisons d'agir, Paris, 2012, p. 185.

[60] J. – P. BRANCOURT, « Des "estats" à l'État : évolution d'un mot », dans : *Archives de philosophie du droit,* t. 21, Éditions Sirey, Paris, 1976, p. 39.

l'État par une prosopopée idéelle, à l'image des pratiques qu'elle devait écarter.

29. L'axiomatisation de l'État moderne. – Les visées universalistes et l'autorité des Lumières ont transformé cette conception de l'État moderne en un véritable dogme incarnant les trois critères fondamentaux reconnus aux axiomes, à savoir : l'évidence, l'*indémontrabilité* et l'universalité[61]. En premier lieu, quelle que soit la grille de lecture retenue, l'État est devenu une évidence incontournable qui s'impose aux individus avec ou sans leur accord. L'exemple de la conception totalitaire de l'État fasciste prouve bien cette omniprésence[62]. Ensuite, cette domination évidente des individus est accompagnée d'une globalisation non scientifique qui n'est d'ailleurs plus à démontrer depuis la conclusion du traité de Westphalie du 24 octobre 1648. Ce traité a posé les jalons de la branche du droit international traitant des relations interétatiques. L'intensification des relations internationales causée par les progrès techniques a conduit à la scission de cette nouvelle discipline juridique en droit international privé et droit international public. De ce fait, il est presque impossible pour les individus d'échapper à l'étatisation. En troisième et dernier lieu, même s'il demeure le point d'immanence de toutes les souverainetés modernes, l'État reste pragmatiquement indémontrable. Cela est principalement dû au fait qu'il a été matérialisé par un procédé elliptique diligenté sur le long terme par les juristes occidentaux souhaitant initialement changer la *manière d'être* de leur société politique. Nonobstant l'évidente existence d'une familiarité avec la science, cette conception de l'État existe, à des années-lumière de ce qui est généralement appelé objet scientifique.

30. Méthode de résolution du problème. – Afin de saisir pleinement l'essence de ce sujet, nous lui donnerons la priorité en passant au crible les dogmes couramment admis. De ce fait, seules des investigations linguistiques en bambara et dans les langues indo-européennes **(1)** pourront nous sortir de la crise conceptuelle et restituer la nature autoritaire de l'État **(2)**.

---

[61] cf. A. EINSTEIN, *Comment je vois le monde*, Traduction de M. SOLOVINE et R. HANRION, Éditions Flammarion, Paris, 2009, p. 222-228.

[62] Effectivement, pour B. MUSSOLINI héraut officiel du fascisme italien : « le libéralisme niait l'État dans l'intérêt de l'individu, le fascisme réaffirme l'État comme la réalité vraie de l'individu. Et si la liberté doit être l'attribut de l'homme réel, et non pas de ce bouffon abstrait auquel pensait le libéralisme individualiste, le fascisme est pour la liberté. Pour la seule liberté qui puisse être une chose sérieuse, la liberté de l'État et de l'individu dans l'État. Puisque pour le fascisme tout est dans l'État et rien n'existe ni n'a de valeur, humainement ou spirituellement, en dehors de l'État. Dans ce sens, le fascisme est totalitaire, et l'État fasciste, synthèse et unité de toute valeur, interprète, développe et potentialise toute la vie du Peuple ». B. MUSSOLINI, « Fascismo », *Enciclopedia italiana,* Éditions Treccani, Roma, 1936, p. 847-848. ; article cité par F. FRIGERIO « l'État », dans : D. DE ROUGEMONT (dir.), *Dictionnaire international du fédéralisme*, Éditions Bruylant, Bruxelles, 1994, p. 54.

1/ Les dénotations de l'État dans le langage.

31. Justifications théoriques de la démarche adoptée. – Dans son *Tractatus logico-philosophicus*, Ludwig WITTGENSTEIN précise (dans sa proposition 5.6) que : « Les frontières de mon langage sont les frontières de mon monde. »[63] Il semble donc couler de source qu'une recherche sur la signification de l'État malien s'intéresse de très près aux usages des langages ordinaires majoritaires à l'intérieur de cet espace et à ceux des principales langues du lieu de naissance du concept, l'Occident en l'occurrence **(b)**. Il en va de la fidélité et de la justesse des analyses faites sur les modalités d'existence de ces sociétés politiques. Le but principal de cet accent mis sur le langage reste d'éviter le travers dénoncé par Mamadou Lamine TRAORÉ dans sa quête de définition de la géomancie endogène[64] **(a)**.

a/L'État dans la langue bambara

32. L'absence d'homéomorphes fonctionnels du concept d'État dans la langue bambara. – En bambara, le mot « État » pris dans son sens moderne n'existe pas. Il n'évoque rien et ne renvoie à aucun référent matériel ou à aucune pratique sociale... Il n'a aucun homéomorphe fonctionnel. Sa non-intégration dans cette langue, par conséquent à ce monde et à cet ordre juridique, démontre à la fois son hétéronomie et son caractère récent. Elle confirme, en outre, que les Maliens, contrairement aux Occidentaux du Moyen-âge, n'ont jamais éprouvé le besoin d'échapper à la prépondérance coutumière omniprésente. Le concept d'État moderne a donc indubitablement été importé et instrumentalisé. Ces phénomènes d'importation et d'instrumentalisation ont été réalisés au prix de déformations lexicales dans la langue nationale. Nous pouvons retenir deux exemples particulièrement emblématiques : le *jàmàna* et le *fàso* censés constituer des homéomorphes fonctionnels de l'État moderne. Nous démontrerons que, mis à part l'allusion à l'organisation politique de la société, ces deux objets techniques n'ont pas grand-chose en commun. En

---

[63] L. WITTGENSTEIN, *Tractatus logico-philosophicus, op. cit.*, p. 93.

[64] Selon le philosophe malien, « [...] le devin (la terre) dit la vérité au géomancien, intermédiaire entre le devin et l'homme, pour qu'il la reformule humainement (dans le discours audible à l'homme). Nous pensons que c'est ici que se trouve la racine de la géomancie, dans le paganisme, le culte de la divinité Terre, que ce premier sédiment a été recouvert par d'autres qui l'ont transformé. Les lettrés musulmans et chrétiens ne parlent jamais de sacrifice à faire aux figures – n'était-ce pas déjà dépassé, primitif, sauvage, étrange, barbare ? – alors que, nous y reviendrons, les Bambara le font toujours soit pour remercier telle figure d'une bonne nouvelle, soit pour l'exhorter à parler encore et toujours. Tous les ethnologues qui se sont intéressés à la géomancie africaine auraient remarqué ce fait s'ils étaient entrés véritablement dans l'objet de leur étude, s'aidant notamment de la connaissance de la langue de la population choisie. » M. L. TRAORÉ, *Philosophie et géomancie : vers une philosophie originelle africaine*, Éditions Donniya, Bamako, 2007, p. 64.

raison de la divergence de leurs origines linguistiques, ils ne font que renvoyer à des « mobiliers » du monde très éloignés de l'État moderne.

33. L'usage inadéquat du *jàmàna* et du *kafo* comme homéomorphes fonctionnels de l'État. – Dans sa contribution : « Un Peuple, un but, une foi... mais plusieurs droits ? », le professeur Moussa DJIRÉ rappelle que les Maliens présentent habituellement leur village en utilisant le terme « Pays », qu'il traduit en Bambara par le terme polysémique de *jàmàna,* correspondant aux cantons de la période coloniale[65]. Cette tendance naturelle décrite par l'éminent politiste malien reflète bien l'amalgame linguistique qui masque la signification de l'État moderne au Mali. À titre d'exemple, dans sa contribution portant sur : « La notion de frontière dans le Soudan-Mali du XVIIe au XIXe siècle », Sékéné Mody CISSOKO fonde son argumentation sur une assimilation du *Diamana* (il faut entendre par là le *jàmàna*) au territoire historiquement habité par une ethnie[66]. Non content de confondre, *Diamana* et ethnie[67], l'auteur omet dans son raisonnement des éléments capitaux de la construction nationale comme « la conquête des cœurs » et le nomadisme. La spécificité des ethnies était et reste le mode de conquête de leurs chefs qui commencent toujours par dompter les hommes avant la terre, d'où le gouvernement par des normes « ataviquo-gérontocratiques » posées par les aïeux à la suite d'événements hors du commun, ravivées, interprétées et transmises par de vieux sages. C'est également la raison pour laquelle leur nomadisme circonstanciel n'affectait point cet ordre social séculaire. Nous pensons que Sékéné Mody CISSOKO a involontairement occulté le fait que ces microcosmes se déplaçaient souvent en cas de catastrophes, tels des inondations, des incendies et des défaites lors des guerres...

Le syllogisme du professeur en anthropologie Jean-Loup AMSELLE constitue une meilleure illustration. Dans sa contribution « Qu'est-ce qu'un kafo ou jamana ? Le cas du Gwanan ou les faux archaïsmes de l'histoire africaine », il écrit :

> « le Wasolon confondu par les conquérants français avec l'empire de Samori alors qu'il n'en constituait qu'une petite partie, était composé avant la conquête samorienne d'une série de "pays" (jamana) [...] Tous ces "pays" sont en majorité peuplés de Peul (*fula*) maninkaphones ayant adopté la

---

[65] *Ibid.*, p. 29.

[66] S. M. CISSOKO, « La notion de frontière dans le Soudan-Mali du XVIIe au XIXe siècle », dans : *Actes de Colloque de Bamako de mars 1999 : Des frontières en Afrique du XIIe au XXe siècle,* Éditions de l'UNESCO, Bamako, 2005, p. 239-246.

[67] Cet auteur n'a malheureusement pas su échapper aux risques liés à l'usage de ce terme. Selon le 6e volume de l'Encyclopaedia universalis : « Ceux qui utilisent [cette] expression [...], ne se rendent pas toujours compte que son acception en grec ancien n'est pas simplement celle de "Peuple", mais aussi celle de "peuplade", "tribu", "province", "troupeau humain ou animal", et même plutôt "Peuple barbare", "Peuple étranger"... » G. De ROHAN-CZERMAK, « Ethnie », dans : P. DABIN, *l'Encyclopaedia universalis*, Éditions Encyclopaedia universalis France, Paris, 1968, p.674 (cette précision montre bien que l'ethnie est un synonyme du *Jàmàna* et non sa base spatiale, comme le prétendait S. M. CISSOKO).

culture maninka et s'opposant ainsi aux jamana et aux *kafo* maninka et banmana environnants. Cependant, il existe d'autres *jamana* également habités par des Fula comme le Banimonocè, le Cémala et le Nienendugu qui ne font pas partie du Wasolon. »

En quelques mots, il assimilait le pays au *jamana*. Ensuite, un peu plus loin, il conclut qu'il :

> « ressort de l'analyse effectuée à propos du Gwanan que, dans une période où ce *jamana* est autonome ou dominant, il s'apparente à un État souverain. En revanche, lorsqu'ultérieurement le Gwanan se trouve dépendre de formations politiques plus puissantes que lui, il s'agit, d'un État dominé. On en arrive donc à la proposition suivante : 1) dans cette zone, un État est un *kafo* dominant ; 2) un *kafo* est un État dominé. Dans cette perspective, l'État n'est que le pôle dominant d'un espace hiérarchisé, ce qui donne toute leur importance pour cette période aux théories de la dépendance »[68].

En d'autres termes, il conçoit l'État souverain en tant que *jamana* autonome, tout en conférant la qualité d'« État » aux entités socialement dépendantes. Dans son langage, l'État correspond au mot *kafo* de la langue bambara, qu'il définit comme une seigneurie, un État, une forme intermédiaire entre le lignage et État ; c'est-à-dire, une organisation politique reposant exclusivement sur des liens de parenté[69].

34. Justifications endogènes de l'inexactitude de l'utilisation du *kafo* comme homéomorphe fonctionnel de l'État. – Cette confusion linguistique vient évidemment du manque de précision dans la définition des termes employés. En effet, le *kàfo* et le *jamana* sont étymologiquement synonymes. Ils ont pour racine commune la « réunion », « le rassemblement ». Cette nuance n'a pas échappé à monsieur Maximin SAMAKÉ qui avait compris les risques inhérents à l'assimilation hâtive du *kafo* à l'État. C'est pour cela qu'il expliqua dans sa contribution portant sur « Kafo et pouvoir lignager chez les Banmana. L'hégémonie gonkòròbi dans le Cendugu » que les :

> « petites formations sont intéressantes en ce qu'elles offrent à l'anthropologie politique la matière d'un débat centré non sur l'existence de l'État dans telle société, mais sur la nature du pouvoir, les problèmes de sa genèse et son existence dans une aire culturelle donnée. À cet égard, les kafo, chefferies ou cantons, de la région de Buguni fournissent des exemples pertinents. » [...] « Le kafo ne saurait être considéré comme un État contracté, au sens où il serait issu de l'éclatement d'un État dont le territoire se serait morcelé en unités politiques plus petites. »[70]

---

68 J. – L. AMSELLE, « Qu'est-ce qu'un kafo ou jamana? Le cas du Gwanan ou les faux archaïsmes de l'histoire africaine », dans : *Cahiers de l'O.R.S.T.O.M.-Sciences humaines*, 1985, p. 45-46 et p. 55.

69 J. – L. AMSELLE, « Un État contre l'État : le Keleyadugu », dans : *Cahiers d'études africaines*. Vol. 28 n° 111-112. 1988, p. 463.

70 M. SAMAKÉ, « Kafo et pouvoir lignager chez les Banmana. L'hégémonie gonkòròbi dans le Cendugu », dans : *Cahiers d'études africaines*, Vol. 28 n° 111-112. 1988, p. 331 et 333.

Cette sage conclusion est aussi celle à laquelle parvint l'illustre historien burkinabé, Joseph KI-ZERBO, qui précisa au cours de son entretien avec monsieur René HOLENSTEIN[71] qu'au Royaume du Mali les *kafou* (il faut entendre par là *kàfo*), ou cantons, bénéficiaient d'une certaine autonomie de gestion, une sorte de pouvoir décentralisé qui restait tout de même tributaire d'une principauté supérieure. En définitive, nous dirons que le *kàfo* est une version malienne de la vassalité de l'Europe médiévale et non un État dans son sens moderne.

35. Justifications étymologiques de l'inexactitude de l'utilisation du *jàmàna* et du *dawla* comme homéomorphes fonctionnels de l'État. – Quant au mot *jàmàna,* il ne semble pas non plus être le terme adéquat de la langue bambara qui permette de qualifier le pays ou l'État dans son sens moderne. Il s'agit incontestablement d'une *malianisation* du *jamaha* (le mot arabe désignant le groupe et le clan). Ce sens initial fut conservé par le lexique de la langue bambara à travers la racine *jàma* qui signifie toujours les gens, la foule, l'assistance. Par ailleurs, il suffit de se référer à *l'Al-Jamāhīriyyah al -ʿArabiyyah al-Lībiyyah aš-Šaʿbiyyah al-Ištirākiyyah* (Jamahiriya arabe libyenne populaire et socialiste) de Mouammar KADHAFI pour avoir davantage de précisions. Ce dernier avait donné ce nom à sa nouvelle technique de gouvernement par démocratie directe adoptée en 1977 pour remplacer *l'Al-Jumhūriyya al -ʿArabiyyah al-Lībiyyah* (République arabe libyenne) qui était la *manière d'être* de substitution à la *Mamlakah al-Lībiyya al-Muttaḥida* (Royaume-Uni de Libye) de l'émir Idris AL-SANUSSI.

Dans le même sens, il est possible d'émettre des réserves sur le terme *dawla,* couramment utilisé pour traduire l'État moderne en arabe. Grâce au travail de précision linguistique de Thierry BIANQUIS[72], nous savons que ce terme correspond plus à la signification ancienne du terme État. Son étymologie renvoie au *dawara* (qui signifie tourner), ou *dawala* et *dawâla* (faire se succéder). L'actuel *dawla* (révolutionner le temps) correspondrait donc à la succession coutumière d'une dynastie de souverains disposant de pouvoirs plus ou moins arbitraires. Il est évident que l'abstraction institutionnelle et instrumentale des auteurs de l'État moderne est bien loin de la pratique ainsi signifiée.

36. Le concept de *fàso* : la traduction endogène de la société politique malienne. – Le terme correct du bambara qualifiant le domaine d'exercice de l'autorité politique reste le *fàso* (la maison paternelle, la

---

[71] J. KI-ZERBO, *À quand l'Afrique ? Entretien avec René Holenstein, op. cit.*, p. 87-88.

[72] T. BIANQUIS, « Un médiéviste face à la "crise" politique de l'Orient arabe, 1945-1995 », dans : A. E. H. BEN MANSOUR, J. FRÉMAUX (dir.), *Avec Les Arabes : Puissance de l'amitié : Mélanges offerts Au Professeur Dominique CHEVALLIER,* Éditions Presses universitaires de Paris Sorbonne, Paris, 2005, p. 50.

concession familiale)[73]. Même si ce *fàso* demeure lui même polysémique – renvoyant à la fois à la maison du père (*le petit fàso* le contenu) et au *dùgu* la patrie (*le grand fàso* le contenant) —, sa principale particularité reste d'avoir le *fanga* (le pouvoir politique) et les « appareils de l'État » de son côté. À travers ce rattachement de l'individu au territoire, il est davantage question de mystique. À l'inverse de la conception finaliste défendue par les légistes occidentaux prémodernes, le *fàso* a toujours représenté un prolongement spirituel, un outil de direction des conduites humaines par la prosopopée dont les griots ont le secret. Il paraît opportun, à cet égard, de procéder à une clarification de la signification de la qualification *nyàmakala*. Les porteurs de ce statut juridique atavique sont rabaissés et dénigrés à tort à travers leur assimilation à la notion occidentale de caste. Contrairement à l'image déformée et à la signification dégradante couramment rattachées au mot[74] *nyàmakala*, son étymologie et sa fonction sociale renvoient aux instructeurs (*kàlan*) des chefs (*nyɛ́mǎ* ou *nyɛ́mɔgɔ*)[75] et légistes. La nature métaphysique de cette abstraction malienne n'empêchait pas la parfaite intégration de l'esprit des aïeux, qui font entièrement partie de l'ordinaire du collectif.

De nos jours, l'État malien continue de connaître des exemples emblématiques de ce rattachement transcendant du *fàso* aux ancêtres et à leurs bénédictions ou grâces (la *barika* ou *baraka*). Comme l'a clairement démontré Shaka BAGAYOGO dans sa contribution sociologique et critique portant sur « l'État au Mali : Représentation, autonomie et mode de fonctionnement », cette *Barika* des ancêtres constitue le socle originel du

---

[73] Le professeur G. DUMESTRE définit le *fàso* comme : la maison natale, le pays natal, la patrie ou la nation. G. DUMESTRE, *Dictionnaire bambara-français*, *op. cit.*, p. 303.

[74] Selon A. REY, la conception africaine de ce mot désigne le groupe social caractérisé par une activité technique (caste des forgerons, des pêcheurs) ou artistique (la caste des griots). A. REY (dir.), *Dictionnaire historique de la langue française*, *op. cit.*, p. 385.

[75] Cette qualification est en totale conformité avec les précisions données par D. T. NIANE, qui avait tenu à lever cette équivoque dans la première page de son livre sur « Soundjata ou l'Épopée mandingue » en rappelant que : « Aujourd'hui, dès qu'on parle de griots, on pense à cette : "caste de musiciens professionnels" faite pour vivre sur le dos des autres ; dès qu'on dit griot, on pense à ces nombreux guitaristes qui peuplent nos villes et vont vendre leur "musique" dans les studios d'enregistrement de Dakar ou d'Abidjan. Si aujourd'hui, le griot est réduit à tirer parti de son art musical ou même à travailler de ses mains pour vivre, il n'en a pas toujours été ainsi dans l'Afrique antique. Autrefois les griots étaient les Conseillers des rois, ils détenaient les Constitutions des royaumes par le seul travail de la mémoire ; chaque famille princière avait son griot préposé à la conservation de la tradition ; c'est parmi les griots que les rois choisissaient précepteurs des jeunes princes. Dans la société bien hiérarchisée d'avant la colonisation, où chacun trouvait sa place, le griot nous apparaît comme l'un des membres les plus importants de cette société, car c'est lui qui, à défaut d'archives, détenait les coutumes, les traditions et les principes de gouvernement des rois. Les bouleversements sociaux dus à la conquête font qu'aujourd'hui les griots doivent vivre autrement : aussi tirent-ils profit de ce qui jusque-là avait été leur fief, l'art de la parole et la musique. » D. T. NIANE, *Soundjata : ou l'épopée mandingue*, Éditions Présence africaine, Paris, 1960, p. 5-6.

fanga, la vraie source du pouvoir politique malien[76], celle qui concilie histoire et mythe.

Outre la reconnaissance nationale et traditionnelle, ce *fàso* fait aussi l'unanimité sur le plan officiel malien.

En traduisant le terme décentralisation par *màra sègin so* (le retour du pouvoir politique à la maison) et non par *màra sègin jàmàna na,* les autorités étatiques ont définitivement tranché cette question. De même, l'exemple de Tombouctou – surnommée la ville des 333 saints avec leurs mausolées qui lui donnent sa *Barika* – semble bien illustrer la nature des liens métaphysiques entre le *fàso* et les inconscients collectifs. Au même titre, nous citerons aussi le cas des habitants du Pays Dogon (une partie de la région de Mopti) qui vénèrent toujours les vieillards gardiens de la dépouille des ancêtres disparus et qui font le pont entre le monde matériel et immatériel.

C'est, certainement, dans le but d'échapper à cette discordance flagrante entre signifié et signifiant que la Haute-Volta fut symboliquement rebaptisée Burkina Faso par Thomas SANKARA le 4 août 1984. Ce nouveau qualificatif était un néologisme combinant les deux principales langues du pays. Étymologiquement, « Burkina » signifie « intégrité, honneur » en moré (la langue des Mossis). Quant au *fàso,* il reste un emprunt au bambara signifiant « territoire ou terre ou patrie ». Le choix du qualificatif invariable « burkinabés » pour ses citoyens et citoyennes n'est pas un hasard. Il est aussi le résultat d'un emprunt au *foulfouldé* (langue parlée par les Peuls). Pour ces nomades présents un peu partout en Afrique de l'Ouest, *burkinabè* désigne l'habitant (homme ou femme). Cette combinaison linguistique donna au Burkina Faso son sens actuel : celui du pays des hommes intègres.

Les problèmes de ces langues ouest-africaines ne sont pas des cas isolés ; la situation est la même en Occident à quelques nuances près.

b/L'État dans des langues et théories d'origine indo-européenne

37. L'inadaptation des anciennes dénotations de l'État incarnant les sociétés politiques souveraines. – Le dictionnaire encyclopédique Quillet définit la patrie (l'équivalent français du *fàso* bambara) comme une francisation de la *terra pătrĭa* latine (la terre des pères) : le sol natal, le lieu de domiciliation de la famille, du souvenir des ancêtres, de ses biens et de ses habitudes[77]. Il prend soin de rappeler que ce n'est que par l'effet d'ellipse du sujet *terra* que la *pătrĭa* est devenue la patrie en français. Cette analyse est confortée par la réflexion comparatiste contemporaine.

---

76 S. BAGAYOGO, « L'État au Mali : Représentation, autonomie et mode de fonctionnement », dans : E. TERRAY (dir.), *L'État contemporain en Afrique*, Éditions l'Harmattan, Paris, 1987, p. 91-122.

77 F. ALEXANDROU, « Patrie, Patriotisme », dans : D. De ROUGEMONT (dir.), *Dictionnaire international du fédéralisme, op. cit.,* p.128-132.

38. La fragilité des fondations linguistiques de la conception moderne de l'État. – Selon Norberto BOBBIO, « il est indéniable que le mot "État" s'est imposé grâce à la diffusion et au prestige du Prince de Machiavel »[78]. Pour parvenir à cette conclusion qu'il juge évidente, le penseur de Turin s'est appuyé sur les premiers mots de l'œuvre du maître de Florence, qui faisait allusion à la notion de s*tato*, équivalent italien du terme « État ». Il est clair que le prestige et la qualité scientifique de ces contributeurs italiens ont rétroactivement donné de la cohérence aux fondements de l'État moderne par les légistes prémodernes. Néanmoins, leurs travaux n'ont pas pu effacer l'ambiguïté de cette notion. En effet, la récente traduction du *Prince* réalisée par le professeur Marie GAILLE-NIKODIMOV n'a pas opté pour la traduction du *stato* de Machiavel comme synonyme de « l'État ». Cette dernière lui a préféré « l'état »[79] à cause de l'équivoque du *stato* italien, que les travaux du professeur Michel SENELLART ont mis en évidence[80]. Pour comprendre cette notion d'État si fuyante et l'émanciper des différentes tentatives d'asservissement, nous proposons un retour à son sens originel et étymologique : le *stătus* des Romains et *l'estat* du vieux français.

39. Justification de l'approche heuristique utilisée. – Ce retour à l'essentiel est une nécessité vitale pour deux principaux motifs. D'abord en raison de la confusion née du combat pour la rationalisation et la mise en ordre de la société politique mené par les légistes occidentaux du Moyen-âge. Ces derniers ont ainsi transformé cette *manière d'être* en « l'être mythique » qui comble les vides de l'existence humaine tout en lui octroyant un sens substantiel fictif. La finesse et l'efficacité de leur manœuvre ont fait naître, dans les consciences, un classement de l'État dans la famille des « mobiliers naturels » du monde sensible. Ils l'ont transformé en fondement monopolistique de toutes les formes de domination de la vie des individus. En outre, la coïncidence entre la fixation des contours de la notion d'État et la mise en ordre de la langue française, fait de ce retour en arrière un passage obligatoire. En effet, il convient de se souvenir qu'à travers les lettres patentes de janvier 1635 enregistrées au Parlement le 10 juillet 1637[81], le cardinal de Richelieu reçut de Louis XIII, roi de France, l'autorisation de

---

[78] N. BOBBIO, *L'État et la démocratie internationale*, *op. cit.*, p. 203.

[79] N. MACHIAVEL, *Le Prince*, Traduction, présentation et notes de M. GAILLE-NIKODIMOV, Éditions Librairies générales françaises, Paris, 2000, p. 59. Elle a justifié son choix de traduction comme suit : « Nous le traduisons par "état" et non "État" ; nous conserverons ainsi, comme Machiavel, un seul terme doué de plusieurs sens, qui n'est pas synonyme d'Etat. »

[80] M. SENELLART, *Les arts de gouverner : Du regimen médiéval au concept de gouvernement*, Éditions du Seuil, Paris, 1995, p. 211-213.

[81] Les motifs de ce dispositif juridique sont une parfaite illustration de la nature instrumentale et autoritaire du langage qui y est considéré comme un outil de police administrative au sein de l'État. Dans : *Lettres patentes pour l'établissement de l'Académie françoise,* Paris, janvier 1635, registrées au Parlement le 10 juillet 1637.

créer l'Académie française toujours chargée de « travailler avec tout le soin et toute la diligence possibles à donner des règles certaines à notre langue et à la rendre pure, éloquente et capable de traiter les arts et les sciences »[82]. Parallèlement, le professeur Jean-Pierre BRANCOURT précise à ce propos qu'« au début du XVIIe siècle, la conception de l'État [était] nette, la terminologie précise »[83].

40. Justifications théoriques du triomphe de la conception moderne de l'État. – Pour contourner ce mur dogmatique, nous utiliserons l'approche pluridisciplinaire du juriste allemand Hermann HELLER, dont la théorie de l'État fut tardivement introduite dans les pays francophones avec la traduction de son ouvrage : « la crise de la théorie de l'État ». Il voit l'État en tant qu'organe d'unité dans la diversité des modalités d'existence des *formes de vie :*

> « C'est pourquoi la théorie générale de l'État ne doit pas devenir une science dont le point de vue serait exclusivement sociologique et qui n'attacherait de la valeur à tout prix qu'aux lois et régularités sociales. Elle doit plutôt placer au cœur de ces recherches cette "unité dans la diversité" qui constitue le problème cardinal de notre discipline, celui à partir duquel se posent toutes les autres questions. »[84]

Ainsi, cette approche pragmatique de l'État ne peut que passer par la suppression temporaire ou abstraite de la fameuse majuscule « É » du mot « État », dans la mesure où ce détail de l'orthographe fut le signe de la mutation du sens de cette notion. Il s'agissait de l'élément distinctif de l'élévation de l'« état », devoir être de la société en être autonome et détaché de celle-ci. Cette conception correspond à la thèse de l'État comme fiction et artéfact des juristes occidentaux. Pour Pierre BOURDIEU[85], la forme contemporaine de l'État a pris son sens nouveau avec l'aide des reproductions symboliques et officielles qui l'ont toujours vivifié et aidé à se reproduire de manière perpétuelle dans les consciences collectives. Il aimait rappeler que :

> « [...] pour comprendre l'État, il faut voir qu'il a une fonction symbolique. Pour comprendre cette dimension symbolique de l'effet d'État, il faut comprendre la logique du fonctionnement de l'univers d'agents d'État qui ont fait le discours d'État – les légistes, les juristes —, et comprendre quels intérêts génériques ils avaient par rapport aux autres et aussi quels intérêts spécifiques ils avaient en fonction de leur position dans l'espace de leurs luttes – par exemple, la noblesse de robe par rapport à la noblesse d'épée. »[86]

---

[82] Extrait de l'article 24 des Statuts et règlements de l'Académie française signés par le cardinal de Richelieu 22 février 1635.

[83] J. – P. BRANCOURT, « Des "estats" à l'État : évolution d'un mot », *op. cit.*, p. 49-50.

[84] H. HELLER, *La crise de la théorie de l'État,* Traduction d'O. JOUANJAN, Éditions Dalloz, Paris, 2012, p. 58.

[85] P. BOURDIEU, *Sur l'État..., op. cit.*, 664 p.

[86] *Ibid.*, p. 277-278.

La difficulté de cette approche consiste en ce qu'elle doit investiguer sur le concept d'État tout en échappant à ce que BOURDIEU nommait « la réflexion d'État ». Dans le respect de cet esprit, l'histoire et l'étymologie semblent être des instruments opportuns et complémentaires à l'outillage habituel des juristes dépassés par leur création. Selon leurs travaux, les racines françaises du mot « État » remontent à l'*estat* dont la paternité juridique reviendrait à Charles LOYSEAU[87]. En prenant en compte le tournant historique que prit la notion, son *estat* serait à la rigueur plus proche du *stato* de Machiavel, c'est-à-dire une concentration brute de *l'imperium* (pouvoir de coercition et de commandement) et du *dominium* (propriété ou domaine) loin de l'abstraction rationaliste des légistes du Moyen-âge, pères de la signification actuelle de l'État moderne.

2/ La nature des relations État et droit

41. Présentation du problème et du traitement proposé. – Cette énigme est sans nul doute l'une des plus complexes du droit public contemporain. Elle oblige le chercheur à traiter l'épineuse question des sources de ces deux concepts sans, pour autant, en altérer l'essence. La tâche est tellement laborieuse qu'un certain nombre d'éminents juristes proposèrent à leurs collègues technologues de toujours jouer le rôle « d'inspecteur des travaux finis » qui n'intervient qu'après la création sociologique de l'État[88], tandis que le père fondateur du néopositivisme, Hans KELSEN, y distinguait l'expression d'une simple tautologie ou d'une équation. Ainsi, dans le but de distinguer le plus clairement possible ces concepts, nous procéderons, dans un premier temps, à une analyse critique de ces thèses à travers une décomposition analytique de la théorie de l'équivalence du maître autrichien **(a)**, avant de reconnaître, dans un second temps, la nature évidemment autoritaire de ces concepts au moyen d'une détermination précise de leurs finalités eidétiques et instrumentales **(b)**.

a/L'interdépendance entre l'État et le droit : histoire d'un dualisme conceptuel fonctionnellement moniste

42. Réfutation de la thèse du monisme kelsenien. – La tautologie de la relation entre l'État et le droit qui constitue un élément récurrent chez Hans KELSEN – elle est présente dans sa *Théorie générale du droit et de l'État*[89]

---

[87] Ch. LOYSEAU, *Le traité des seigneuries,* Éditions Adel L'ANGELIER, Paris, 1614, p. 15. ; B. BASDEVANT-GAUDEMET, *Charles Loyseau, aux origines de la puissance publique*, Économica, Paris, 1977, 306 p.

[88] Il s'agit là des positivistes classiques allemands dont les thèses ont été introduites en France par : R. CARRÉ De MALBERG, *Contribution à la théorie générale de l'État*, Tome 1, Éditions Ténin, Paris, 1920, p. 51 et s.

[89] H. KELSEN, *Théorie générale du droit et de l'État*, Traduction de B. LACROCHE, Éditions L.G.D.J. et BRUYLANT, Paris, 1997, p. 235-259.

et de manière tranchée dans la deuxième édition de sa *Théorie pure du droit*[90] —, se trouve être la partie critiquée de son œuvre. C'est ce qu'a démontré le sondage effectué par le philosophe du droit espagnol, le professeur Carlos José ERRÀZURIZ MACKENNA auprès des juristes les plus réputés au monde[91]. Sa pensée peut être résumée comme suit :

> « En tant qu'organisation politique, l'État est un ordre juridique. Mais tout ordre juridique n'est pas un État : ni l'ordre juridique pré-étatique des sociétés primitives, ni l'ordre juridique international, supra-étatique ou interétatique, ne représentent un État. Pour être un État, il faut que l'ordre juridique ait le caractère d'une organisation au sens plus étroit et plus spécifique du mot, c'est-à-dire qu'il institue pour la création et l'application des normes qui le constituent des organes spécialisés ; il faut qu'il présente un certain degré de centralisation. L'État est un ordre juridique relativement centralisé. »[92]

43. Imprégnation de cette logique de la tautologie kelsenienne. – Comment comprendre cette présentation obscure de la relation entre le concept d'État et celui d'ordre juridique ? Pour trouver une logique à cette thèse kelsenienne, il faut comprendre les rouages du jus-positivisme imaginé et diffusé par lui. Cela passe par l'intégration du fait que, chez lui, le droit est *causa sui,* à l'image du Dieu des scoliastes de l'Occident médiéval. Ainsi, selon nous, sa théorie pure du droit est dénuée de toute vocation instrumentale, car

> « elle ne se propose uniquement et exclusivement de connaître son objet, c'est-à-dire d'établir ce qu'est le droit et comment il est. Elle n'essaie en aucune façon de dire comment le droit devrait ou doit être ou être fait. D'un mot : elle entend être science du droit, elle n'entend pas être politique juridique. [...] [Elle se dénomme ainsi] pour marquer qu'elle souhaiterait simplement assurer une connaissance du droit, du seul droit, en excluant de cette connaissance tout ce qui ne se rattache pas à l'exacte notion de cet objet. En d'autres termes, elle voudrait débarrasser la science du droit de tous les éléments qui lui sont étrangers. »[93]

44. L'assimilation du droit à une science : la contribution indirecte du monisme à la cristallisation de la conception moderne de l'État. – Le lien entre cette conception du droit et la légitimation métaphysico-religieuse que KELSEN s'efforçait d'écarter de sa prétendue « science du droit » est ici évident. Ce raisonnement conteste de manière bien hâtive l'existence d'un ordre juridique spécifique aux sociétés pré-étatiques ou primitives. Or, à part la taille, le niveau de sophistication et d'abstraction, rien ne permet de

---

90 H. KELSEN, *Théorie pure du droit,* traduit de la deuxième édition allemande par Ch. EISENMANN, Éditions L.G.D.J. et BRUYLANT, Paris, 1999, p. 275-310.

91 C. J. ERRÀZURIZ MACKENNA, *La teoria pura del derecho de Hans Kelsen : Vision critica,* Ediciones Universidad de Navarra, Coleccion juridica, Navarra, 1986, p. 602. ; P. AMSELEK, *Cheminements philosophiques dans le monde du droit et des règles en général, op. cit.*, p. 356.

92 H. KELSEN, *Théorie pure du droit, op. cit.*, p. 281.

93 *Ibid.*, p. 9.

différencier objectivement les sociétés actuelles de celles des ancêtres, qui étaient dotées de systèmes de commandement simples. Le relativisme indissociable de l'expérience juridique permet d'attribuer à juste titre, une forme à ce qui est qualifié d'informel par la rationalité occidentale. Il est, par exemple, parfaitement possible d'affirmer que *Capharnaüm* (la cité biblique) disposait d'un ordre juridique spécifique. Ce n'est pas parce que cette dernière pouvait paraître différente, voire indécente pour l'habitus des contemporains, que l'ordinaire de ses ressortissants ne devrait pas recevoir le qualificatif de société politique. Il est de l'obligation même du savant d'aller au-delà des préjugés pour démêler le faux du vrai par l'expérimentation.

Dans cette ligne, à la suite d'une gymnastique interprétative consistant à nier la vocation purement instrumentale de ces concepts par les autorités politiques et à ne mettre en œuvre que la partie démonstrative de la théorie kelsenienne, le professeur Michel TROPER en vient à considérer le Troisième Reich comme n'étant pas un État[94]. Sur ce point, nous ne pouvons qu'adhérer aux fines et très justes analyses produites par Mamadou Lamine TRAORÉ et Joseph KI-ZERBO pour jauger l'inefficacité des critères couramment utilisés pour distinguer le rationnel de l'irrationnel, le formel officiel de l'informel informe. Selon le philosophe malien :

> « Avec le développement de la science et la libération de la philosophie de la théologie, l'homme ou plus précisément l'Européen se sent devenir le maître du monde. La raison, confondue avec la science, avec le logos conceptualisateur ou judicateur, est toute puissante. Elle est, pour l'Européen, la lumière qui éclaire le monde. Tout ce qui est contraire à la science ou aux principes élaborés par les philosophes est considéré comme irrationnel, enfantin, primitif, ridicule. [...] C'est convaincue de sa supériorité, celle de sa science et de ses raisonnements, que l'Europe partira à la conquête du monde, détruira les cultures entières à cause de leur "irrationalité", cultures qu'elle n'était plus en mesure de comprendre. Rares seront les penseurs qui verront de l'irrationnel dans ces destructions, au lieu que, beaucoup plus tard, le nazisme, c'est-à-dire la même politique de force et de destruction, sera vu comme un monument d'irrationalité. »[95]

Pour l'historien burkinabé :

> « l'Afrique n'est pas "en panne", parce que face à la crise actuelle qui accable et paralyse le secteur "moderne", c'est le secteur populaire, "non-structuré", bref, le plus endogène, qui manifeste un dynamisme remarquable ; non seulement pour survivre, mais pour s'auto-structurer et contribuer aux options alternatives pour l'Afrique. [...] L'autre secteur est-il vraiment structuré ? Lui qui a besoin de tant "d'ajustements structurels". En réalité, pour être qualifié de structuré aujourd'hui, il faut et il suffit d'être une reproduction identifiable du modèle extérieur [c'est-à-dire, la conception

---

[94] M. TROPER, *Pour une théorie juridique de l'État*, Éditions PUF, Collection Léviathan, Paris, 1994, p. 177-182.

[95] M. L. TRAORÉ, *Philosophie et géomancie : vers une philosophie originelle africaine*, *op. cit.*, p. 124.

occidentale de l'État dit moderne]. Le vrai secteur structuré, parce qu'ajusté aux structures de la société civile, n'est-il pas "le secteur informel" ? »[96]

45. Les instabilités de la construction théorique du monisme. – En fait, à travers l'expression peu éclairante *d'ordre juridique relativement centralisé*, KELSEN développe l'idée d'une obligation scientifique du juriste qui doit, constamment, actualiser ses outils et n'intégrer que les normes effectives : c'est-à-dire celles dont l'observation par les destinataires constitue une évidence et cela afin de faire corps avec son objet. Cette veille permanente de la science du droit s'articule difficilement avec l'introduction de la séparation entre *sein* (être) et *sollen* (devoir-être) dans son système. Effectivement, dans sa contribution : « Une Théorie "réaliste" et la Théorie pure du droit : Remarques sur On Law and Justice d'Alf ROSS », il précise que :

> « L'efficacité des normes juridiques – au même titre que leur édiction – est la condition de leur validité, et non pas cette validité elle-même ; l'efficacité n'est pas non plus la cause de la validité. La cause de validité d'un ordre juridique est une norme fondamentale présupposée qui postule qu'on doit se comporter conformément à une Constitution effectivement posée et respectée, en gros et de façon générale ; par conséquent, qu'on doit se comporter conformément aux normes posées selon cette Constitution, et efficaces de façon générale ; ce qui fait du fait d'être posé par des actes humains et de l'efficacité des normes les conditions de sa validité. L'efficacité est une condition de la validité dans le sens que l'efficacité doit s'ajouter à l'édiction pour que l'ordre juridique en général, tout comme une norme juridique isolée, ne perde pas leur validité. »[97]

KELSEN fit par la suite évoluer sa définition de la norme juridique pour gagner en réalisme. Cette retouche a complètement sapé le semblant de cohérence qui restait à son système. Il voyait initialement les normes juridiques comme des entités idéelles et idéales évoluant sous un même principe de validité tiré de la *Grundnorm,* justifié lui-même à l'aide de la « logique transcendantale » d'Emmanuel KANT[98]. Cette conception insolite lui permettait de garder le droit – dans le *sollen* ou le devoir-être – à bonne distance de l'objet des sciences de la nature, traitant directement des faits humains (*sein*). Au seuil de son séjour américain et de sa vie, l'auteur de la *Théorie pure* considéra les normes juridiques en tant qu'expression d'actes

---

[96] J. KI-ZERBO, « Le développement clé en tête », dans : J. KI-ZERBO (dir.), *La natte des autres : Pour un développement endogène en Afrique,* Actes du colloque du Centre de recherche pour le développement endogène (CRDE). Bamako, 1989, Éditions CODESRIA/Karthala, Dakar/Paris, 1992, p. 2 et 68.

[97] H. KELSEN, « Une Théorie "réaliste" et la Théorie pure du droit : Remarques sur On Law and Justice d'Alf ROSS », Traduction d'É. MILLARD, G. SOMMEREGGER, dans : É. MILLARD, O. JOUANJAN (dir.), *Dossier : Théories réalistes du droit,* Presses universitaires de Strasbourg, Strasbourg, 2001, p. 25.

[98] H. KELSEN, *Théorie pure du droit, op.cit.*, p. 201-202.

de volonté et non plus comme de simples entités logiques[99], sans écarter l'idée de la norme hypothétique fondamentale. Ces efforts ne suffirent pas à sauver le seul élément de sa théorie qui fondait la distinction entre le fisc et la bande de voleurs. Cependant, cette révision a réellement remis en question la cohérence interne de son système qui, dès lors, en revenait au même point que les thèses syncrétiques qu'il combattait[100]. Cette tautologie constituait, effectivement pour le maître autrichien, un instrument efficace de lutte contre les théories positivistes de l'État d'orientation jus-sociologiques, bloquées par le concept de souveraineté, tout en dissolvant les difficiles questions – d'autolimitation ou auto-obligation de l'État source et maître d'œuvre du droit – posées par les pionniers du positivisme juridique en droit public, tels Friedrich PUCHTA (1798-1846) Georg JELLINEK (1851-1911), Carl Friedrich GERBER (1823-1891) et Paul LABAND (1838-1918). Contrairement à KELSEN, JELLINEK s'est résigné à enrichir sa définition formelle des droits subjectifs publics par la dimension matérielle et utilitariste qu'en donnait Rudolf Von IHERING (1818-1892)[101], ce qui a permis l'introduction d'une finalité pragmatique grâce à la mise en place d'une véritable justice administrative en Allemagne de la fin du XIXe siècle[102].

46. Raisons de ces instabilités. – Ces égarements et cette obstination kelsenienne peuvent s'expliquer de plusieurs manières : allant de *l'air de famille* né de l'unité organique, au but poursuivi par le plus célèbre des auteurs de cette thèse.

---

[99] *Ibid.*, p. 151-152.

[100] Dans le chapitre IX de son ouvrage « Pour une théorie juridique de l'État » consacré aux « Réflexions autour de la théorie kelsenienne de l'État », le professeur M. TROPER rappelle que la critique logique de tautologie kelsenienne visait : « Jellinek, qui considérait qu'il fallait envisager l'État à la fois du point de vue des sciences sociales et du point de vue de la science juridique. Comme la science constitue son objet, ce dualisme méthodologique conduirait en effet non pas à examiner le même objet sous deux angles différents, comme l'espérait Jellinek, mais à distinguer deux objets distincts. Or, on ne peut considérer l'État comme un fait social qui, sortant du droit créerait du droit, ni le droit comme une cause première non causée, qui créerait l'État à partir du vide normatif [...] » M. TROPER, *Pour une théorie juridique de l'État*, *op. cit.*, p.146.

[101] Dans « L'esprit du droit romain dans les diverses phases de son développement », la partie traitant des pouvoirs de l'auteur de l'effet réflexe répond à la question : A est-il maître illimité de l'effet réflexe ? Il précise que : « Les parties sont complètement étrangères et indépendantes, et il n'importe au droit de A comment l'exercice de ce droit réagit sur un autre ; c'est à son intérêt qu'il doit servir, c'est son intérêt qu'il peut exclusivement avoir en vue – ; lui imposer d'avoir égard à l'intérêt de B serait exiger de lui qu'il lui sacrifie son bon droit au non-droit d'un tiers. » R. V. IHERING, *Études complémentaires de l'esprit du droit romain. IV, Mélanges*, Traduction d'O. De MEULENAERE, Éditions Chevalier-Marescq, Paris, 1902, p. 294.

[102] O. JOUANJAN, « L'émergence de la notion de droits publics subjectifs dans la doctrine allemande », dans : Actes du colloque de l'AFDA organisé les 10 et 11 juin 2010 sur, *Les droits publics subjectifs des administrés,* Éditions LexisNexis, Paris, 2011, p. 28-32. Pour avoir une vision comparée du concept d'État de droit, cf. C. GREWE, H. RUIZ FRABRI, *Droits constitutionnels européens,* Éditions PUF, Collection Droit fondamental droit politique et théorique, Paris, 1995, p. 22-32.

Premièrement, l'État et le droit sont le fruit de la création d'un même corps social. En d'autres termes, c'est l'autorité qui fait symboliquement vivre la fiction étatique qui dit également le droit ; ce qui lui permet de fusionner parfois ces deux outils dans une visée purement instrumentale, au détriment de leur intelligibilité. Ce syncrétisme instrumental et congénital est étroitement lié au concept d'État. Plus précisément, l'ambivalence étymologique du mot « État » est liée à la francisation du fameux *stătus romanus* et à la stratification de la société romaine. Dans cette acception originelle, le *stătus* désignait la corporation ainsi que la qualité dans laquelle une personne se manifeste. Pour emprunter un langage plus moderne, il désignait la situation d'un individu ou d'un groupe d'individus : leur rang social ou *stătus vitae*[103].

Deuxièmement, KELSEN niait la possibilité de l'existence de cette instrumentalisation politique, ce qui l'a poussé à soutenir avec vigueur le principe de l'effectivité en droit international. En effet, dans sa contribution : « La naissance de l'État et la formation de sa nationalité : les principes ; et leur application au cas de la Tchécoslovaquie »[104], il défendit de toutes ses forces sa théorie à travers ce principe. Selon lui, c'est ce dernier principe qui règle la question de la reconnaissance d'un nouvel État, qui doit être une obligation pour les anciens dès lors qu'un :

> « [...] ordre de contrainte (Zwangsordnung) indépendant des autres États et soumis uniquement au droit international s'est créé de quelque façon que ce soit et est efficace sur un territoire et pour une population déterminée. Il ne suffit pas, pour que cette efficacité soit donnée, qu'une constitution soit élaborée ; il faut également qu'elle soit réalisée, c'est-à-dire que les organes prévus soient établis et exercent leurs fonctions conformément à ses dispositions ; il faut que le Parlement – s'il en est prévu un – vote des lois qui, à leur tour, reçoivent application. L'ordre juridique est ainsi finalement réalisé par des organes judiciaires et administratifs qui sont, en dernière analyse, soumis aux organes supérieurs prévus par la Constitution. »[105]

Ce mécanisme de reconnaissance automatique occultait complètement la nature stratégique et la portée politique de cette action. Néanmoins, si cette recommandation existait en droit des relations internationales, sa mise en œuvre est laissée à l'appréciation souveraine des États. Pour illustration, la Fédération du Mali avait officiellement reconnu en 1960 la République malgache comme État indépendant et souverain le 26 juin, la Somalie le 29 juin et la République démocratique du Congo (l'ex-Congo belge) le

---

[103] P. FLOBERT (dir.), *Le grand Gaffiot : dictionnaire latin-français, op. cit.*, p. 1620.

[104] H. KELSEN, « La naissance de l'État et la formation de sa nationalité : les principes ; et leur application au cas de la Tchécoslovaquie », dans : Ch. LEBEN, *Hans Kelsen : Écrits français de droit international*, Éditions PUF, Collection doctrine juridique, Paris, 2001, p. 27.

[105] *Ibid.*, p. 29-30.

29 juillet[106]. En fait, KELSEN ne se rendait certainement pas compte qu'à travers cet *argumentum ad verecundiam*, il prescrivait une conduite aux États qu'il qualifiait paradoxalement de souverains et sapait dès lors les fondements scientifiques qu'il défendait. Par ailleurs, une autre tendance se dégageait nettement du droit des États de l'époque. Elle allait, davantage, vers une confirmation de cette finalité instrumentale de la volition étatique. En effet, pendant ce temps, le 26 décembre 1933, au cours de la septième Conférence internationale américaine, les États sud-américains concluaient la Convention de Montevideo concernant les droits et devoirs des États, une sorte de mise en ordre internationale des États. La recherche d'une stabilisation de la paix internationale était l'évidente finalité de ces initiatives. C'est ainsi que l'article 6 de cette Convention définissait la reconnaissance comme l'acte souverain inconditionnel et irrévocable, d'acceptation de la personnalité morale de l'autre, avec tous les droits et devoirs déterminés par le droit international, pendant que l'article 3 précisait que cette reconnaissance par les autres États était indépendante de l'existence politique de l'État. Il apparaît ainsi clairement que la lecture faite par KELSEN du cas tchécoslovaque était en discordance totale avec l'interprétation officielle du droit international en vigueur.

Cette interprétation est également transposable au cas des pays en développement, le Mali y compris. À la lumière des précieuses mises au point données par le professeur Madjid BENCHIKH, nous savons que la reconnaissance des États postcoloniaux était davantage une question de politique étrangère que d'obligation internationale. Il est clair que la définition même du souverain va à l'encontre d'une quelconque subordination hétéronome. Comme le rappelle cet auteur,

> « il était indispensable de constituer des interlocuteurs crédibles pour organiser l'économie et les populations et ainsi le marché nécessaire au commerce et à l'investissement. Comme toujours, le développement du capital et l'expansion du commerce ont besoin d'harmoniser les espaces sous des formes et des instruments divers, pourvu que cela se déroule dans le cadre de leur stratégie. [...] Le capital international a besoin de l'État pour mettre en place un tissu économique qui rende réalisable les grands projets de "développement". »[107]

Cette tendance est confirmée de nos jours par deux exemples emblématiques : le cas de l'autorité palestinienne et celui de l'organisation terroriste qualifiée « d'État islamique ».

Actuellement, l'acte souverain que représente la reconnaissance d'un nouvel État est politiquement instrumentalisé dans le but de rétablir la

---

[106] Actes de la Fédération du Mali, « Reconnaissance d'États », *JORM* n° 1960-61 du 15 août 1960, p. 645.

[107] M. BENCHIKH, « La réhabilitation de l'intervention de l'État dans les relations économiques internationales », dans : *Critique (s) du droit : hommage au professeur Robert Charvin*, Éditions Publisud, Paris, 2012, p. 132.

sécurité internationale. Ainsi, une bonne partie de la communauté internationale utilise la reconnaissance de la qualité d'État à l'autorité palestinienne comme moyen de pression diplomatique sur les Israéliens qui ont quitté la table des négociations de paix. Il suffit de se référer à l'étude du professeur Henry LAURENS consacrée à cette question pour s'en convaincre[108].

À l'inverse et même si l'organisation « l'État islamique » récuse le concept d'État et n'a jamais fait la démarche en vue de sa reconnaissance, le refus de l'utilisation de la qualité étatique dont elle est l'objet[109] confirme la pertinence de notre conception de l'acte de reconnaissance internationale. Ce procédé reste même de nos jours plus proche de la cooptation que de la déclaration unilatérale comme le pensait le maître autrichien. Le fait que cette récente entité entre parfaitement dans le cadre de la définition du principe d'effectivité donnée par KELSEN est totalement inconséquent : cette non-reconnaissance constitue un consensus du droit des relations internationales. La négation de ce détail crucial de la pratique juridique rapproche dangereusement le normativiste kelsenien de Procuste, ce personnage de la mythologie grecque qui passait son temps à faire

---

[108] L'historien français commence par expliquer que : « Le terme d'autorité (*sulta*) dans la langue arabe moderne correspond dans ses usages aussi bien à nos idées [en parlant des Occidentaux] de pouvoir qu'à celles d'autorité, comme le montrent un certain nombre d'exemples empruntés aux dictionnaires arabes contemporains :
– L'autorité du père : *sulta al abb* ;
– L'autorité de la loi : *sulta al qânûn* ;
– Les autorités locales : *sultât al-naqdiyya* ;
– Les pouvoirs publics : *sultât al'ammat* ;
– La séparation des pouvoirs : *tafrîq al – sultât.*
L'usage semble montrer que, dans la grande partie de ces usages, l'autorité est dérivée de l'État. Le sens originel renvoie à l'idée de pouvoir, mais il s'agit surtout ici d'un terme utilisé pour correspondre aux besoins juridiques contemporains, en référence aux concepts utilisés internationalement. [...] [Il précise par la suite, en parlant des Arabes palestiniens que :] On a besoin d'eux pour clore définitivement le dossier palestinien, d'où la nécessité d'établir une instance véritablement représentative. S'ils refusent, on est contraint de dénoncer cette représentativité, sinon ce serait admettre que le projet libéral et démocratique conduit au rejet des demandes occidentales. Il faut des gens qui aient autorité pour parler au nom des Palestiniens et les engager dans un règlement, mais il faut que ces gens soient compatibles avec les intérêts occidentaux, c'est-à-dire prêts à passer un compromis avec le mouvement sioniste. » H. LAURENS, "Les Palestiniens : l'autorité sans l'État", dans : A. COMPAGNON (dir.), *De l'autorité, Colloque annuel du Collège de France,* Éditions Odile Jacob, Paris, 2008, p. 61-62.

[109] Pour aller plus loin sur cette question cf. R. ROSSO, J.-M. DEMETZ, « Comment chasser le "calife" ? », *L'Express*, mercredi 17 septembre 2014, p. 64. cf. également : J. LICOURT, « L'embarras des Occidentaux pour nommer l'État islamique : Reconnaître la qualité d'État au Califat autoproclamé fin juin, à cheval sur l'Irak et la Syrie, serait lui accorder une existence officielle. Pour le moment, aucune appellation commune n'a donc été retenue. », *Le Figaro.fr*, vendredi 12 septembre 2014, disponible sur : *http://www.lefigaro.fr/international/2014/09/12/01003-20140912ARTFIG00286-l-embarras-des-occidentaux-pour-nommer-l-etat-islamique.php* (Consulté le 10 septembre 2016)

correspondre les morphologies de ses victimes avec le cadre de ses deux lits de séquestration, totalement inadaptés[110].

47. Récapitulatif. – Finalement, Ludwig WITTGENSTEIN avait raison de dire que les argumentations pléonastiques ne disent rien étant donné que : « Dans la tautologie les conditions de l'accord avec le monde – les relations de figuration – s'annulent mutuellement, de sorte qu'elle n'entretient aucune relation de figuration avec la réalité. »[111] Symboliquement, l'usage courant de la *métaphore hydraulique* par la dogmatique juridique doit être interprété comme une invitation à sortir de cette noyade des sens des concepts d'État et de droit, en restituant chaque élément dans sa réalité propre. Ce n'est qu'à cette condition qu'apparaîtront clairement à la conscience leurs spécificités « autoritaires ».

b/ L'autorité : la source de l'Etat et du droit

48. Sens cosmologique et démiurgique de l'empire du Mali. – En cosmologie bambara le *tɔgɔda* (l'action de nommer) est à la fois l'œuvre géniale des bâtisseurs consistant à laisser des traces sur terre, à conjurer la mort et celle résultant des faits et gestes du nommé. L'étymologie de l'expression *ntɔgɔ* (mon nom) indique littéralement : ce que je laisse derrière moi. Cette activité démiurgique a pour particularité de donner vie à des outils ou instruments destinés à faciliter l'accès au monde en le rationalisant, contrairement à l'œuvre du *Mansa Dabaga* précitée. En utilisant ce mot, *ntɔgɔ*, comme fondement de la courtoisie (l'une des expressions des premiers contacts humains), les Maliens manifestent symboliquement la dualité de cette action qui unifie les hommes et les choses au monde, tout en laissant une large marge de manœuvre aux individus extraordinaires pour changer, enrichir leur *tɔgɔ* par des réalisations hors du commun. Cette tendance est toujours d'actualité dans les chants élogieux des griots, qui continuent de glorifier leurs hôtes par la récitation de leurs noms et surnoms.

Dans cette culture, le nom est le vocable spécifique qui unifie son porteur au groupe avec les principaux composants de sa singularité. C'est ce que firent les pères fondateurs au moment des décolonisations, en choisissant de nommer leur nouvelle *manière d'être* : Mali. Ce *tɔgɔ kura* – nouvelle appellation – était un nom de réincarnation du *dùgùlèntɔgɔ* (le nom donné par les autochtones). Symboliquement, l'émancipation coloniale devait faire apparaître au grand jour la réalité issue de cette terre, par l'attribution d'une forme officielle à ce qui n'en était pas arbitrairement pourvu. En choisissant

---

110 Cette analogie s'inspire de la critique de la théorie pure du droit de Kelsen faite par le professeur P. AMSELEK dans sa contribution : « le rôle de la volonté dans l'édiction des normes juridiques selon Hans Kelsen » P. AMSELEK, « Le rôle de la volonté dans l'édiction des normes juridiques selon Kelsen », *dans : Le rôle de la volonté dans les actes juridiques. Études à la mémoire du Professeur Alfred RIEG*, Éditions Bruylant, Bruxelles, 2000, p. 38-39.

111 L. WITTGENSTEIN, *Tractatus logico-philosophicus, op. cit.*, p. 68.

de prendre le nom de cet empire, c'est l'autorité de cet héritage qui était pleinement assumée. Il était également indiqué à ce peuple séculaire qu'il bénéficiait d'une nouvelle trace dans le monde, à travers la volition autoritaire des nouveaux chefs. Contrairement à la position tenue par Shaka BAGAYOGO[112], là se trouvait la nuance de ce *tɔgɔ kura,* qui ne visait point un rétablissement des *manières d'être* de cet empire.

49. Sens étymologique et historique de l'empire du Mali : la place du mythe fondateur. – Dans la langue bambara, le « Mali » renvoie littéralement à l'hippopotame : l'imposant mammifère herbivore qui occupe les points d'eau d'Afrique qui a toujours fasciné les Soudanais. À côté de cette dénotation biologique, il renvoie à l'empire médiéval fondé au XIIIe siècle par Soundiata KEÏTA. Ce Mali était une survivance de l'empire du Ghana, communément appelé le « pays de l'or » et de l'animisme, qui fut ravagé par le *Jihad* (guerre sainte) des Almoravides (les moines guerriers Sahélo-Sahariens obéissant à Abd Allah IBN YASIN) au XIe siècle. Les provinces du nord qui avaient parfaitement assimilé la religion musulmane ont ainsi été intégrées à l'empire des guerriers berbères. Quant aux possessions méridionales – composant le *Bilal El Sudan* (pays des noirs en arabe) resté fidèle à la religion de leurs ancêtres —, elles furent aspirées par les monarques Sossos unifiés par Soumaoro KANTÉ, le roi-forgeron. Ces royaumes Sossos correspondant au territoire de l'actuelle région de Koulikoro ne sont pas à confondre avec le peuple soussou du plateau du Fouta-Djalon de l'actuelle Guinée Conakry, même s'ils font collectivement partie de l'ancien Mandé.

Cet empire du Mali fut formé à la suite de la victoire de Soundjata KEÏTA lors de la bataille de Krina en 1235 face à Soumaoro KANTÉ, le plus célèbre des princes Sosso. Cette bataille fut d'une portée considérable dans la constitution de la nouvelle identité de l'entité renaissante de la domination *Sosso*. L'empire qui en résulta fut constitué lors de la conférence des vainqueurs de Kouloukan-Fouga, l'actuel Cercle de Kangaba en République du Mali, en 1236. Au cours des célébrations qui faisaient également office de « conférence nationale de la Confédération », le *màndèn sìgìkán* – les paroles, les droits qui ont posé, fondé le Mandé – la plus ancienne Constitution du Mali fut adoptée par les douze souverains qui composaient le Mandé traditionnel. Selon l'historien, Djibril Tamsir NIANE, avant cet exploit militaire de la confédération mandingue alliée à Soundjata, le territoire de l'empire n'était constitué que de 12 provinces occupées par les tribus suivantes : les KEÏTA, les KONDÉ, les TRAORÉ, les KAMARA et les KOROMA[113].

---

112 S. BAGAYOGO, « L'État au Mali : Représentation, autonomie et mode de fonctionnement », *op. cit.*, p. 104-118.

113 D. T. NIANE, *Soundjata : ou l'épopée mandingue, op. cit.*, p. 9.

50. Les fonctions ataviques des normes constitutives de cette société politique. – Après avoir prêté allégeance au Mansa Soundiata, devenu alors empereur, les membres de l'empire du Mali ont adopté à l'unanimité les quarante-quatre articles de la Charte du Mandé. Ce texte constitutif de la *forme de vie* malienne était également destiné à régir le fonctionnement institutionnel et social du nouvel empire. En plus des normes faisant état d'un véritable *status* de l'empire – avec des dispositions consacrées à l'organisation politique et au statut des personnes —, cette charte fondamentale encadrait les rapports commerciaux et environnementaux. De nos jours, cette Constitution tire son efficacité sociologique légendaire des *Jó* (les normes établies par des ancêtres et qui reposent sur leur autorité) établis lors de la conférence nationale de Kouloukan-Fouga. Il s'agit de contrats ataviques dont l'obligation se transmet par hérédité et de manière gérontocratique. Dans le Mali traditionnel des animistes, le terme *Jó* revêt aussi le sens de fétiche, l'objet de la nature dont l'âme est censée faire le lien entre les mondes tangible et surnaturel à travers des prosopopées incantatoires. Ce monde surnaturel est considéré comme abritant les divinités et l'esprit des ancêtres. En effet, les aïeux et leur autorité sont toujours considérés et utilisés en qualité de moyens de défense de la justice, elle-même vue en tant que vertu morale consistant à donner à chaque membre de la société manding son dû. C'est, notamment, le sens qu'il convient de donner à l'expression de la langue nationale bambara qui définit la justice comme l'action de *Kàjò di jòtigi ma, ka jàlakitigi jàlaki* (donner raison à l'innocent et tort au coupable). À l'image de la connotation dénigrante accompagnant l'expression « les assimilés » utilisée pour qualifier les autochtones occidentalisés, les tentatives d'évasion de ce cadre fondateur sont souvent qualifiées d'hérésies, c'est-à-dire de déracinement du *fàso*, d'acculturation...

Nous en voulons pour illustration la vigueur actuelle du premier alinéa de l'article 7 de la Charte de Kouloukan-Fouga qui institua le*s sànànkùnya* ou *sènankunya* (cousinage de plaisanterie) entre certains clans et familles mandingues, venant s'ajouter au *tanamanyöya* (forme de totémisme) pour la régulation des relations extrafamiliales. Ces normes ataviques recommandaient – et recommandent toujours – aux Maliens un respect mutuel doublé d'une obligation de conservation et de régénération du tissu social. Dès lors, en cas de différend, la palabre joyeuse et amusante devient l'outil menant à une solution compromissoire. Concernant les relations familiales, l'alinéa 2 du même article va dans le même sens à travers l'institution de la tolérance et du chahut comme principes des bases relationnelles entre beaux-frères et belles-sœurs, entre grands-parents et petits-enfants.

51. L'ADN de la « civilisation négro -arabo-berbère » : le prototype de la société politique. – Il convient de reconnaître la sophistication de ces outils de commandement, qui cherchaient à éviter l'intervention d'un tiers arbitre ou juge en cas de contentieux. La souplesse et la didactique de ces normes leur ont permis de traverser les âges sans s'altérer, tout en cantonnant les crises sociales. Ce savant mélange d'ingéniosité et d'efficacité a apporté à cet empire, une paix durable accompagnée d'une stabilité des relations économiques avec les terres islamiques du Sahara. Cette fluidification des relations nord-sud a conduit à la flamboyance de villes commerçantes comme : Niani, Gao, Tombouctou et Djenné. La cohésion de cet ensemble hétérogène a forgé l'identité du peuple malien. C'est cette identité qui a été qualifiée de « civilisation négro -arabo-berbère » par madame Madina LY et le professeur Diama Togola CISSOUMA[114]. C'est précisément cette *manière d'être* que voulaient recréer les fondateurs de l'État portant le même nom.

52. L'analogie entre les crises de l'empire et celles de l'État du Mali. – Étrangement, il existe une certaine ressemblance entre la source de la décadence de la République du Mali et celle du déclin de l'empire du même nom. L'un et l'autre furent minés par une large propagation de lois islamiques en leur sein. Par exemple, l'aile non islamisée de l'empire souhaitait maintenir en l'état la matrilinéarité coutumière antérieure à son islamisation[115]. Elle résistait à l'application de l'article 12 de la Charte de 1236 – qui faisait de la patrilinéarité accompagnée d'un droit d'aînesse, le mode de transmission de la couronne[116] – en raison de ses origines arabiques. Ce conflit de transmission du trône fut la cause du déclin de la dynastie des KEÏTA, dont la famille fut désunie suite à l'opposition entre oncles et neveux à propos de la dévolution du trône. Cette lutte intestine conduisit l'empire à son déclin vers 1433-1434, date de la reprise des villes comme Tombouctou, Gao et Oualata par les Touaregs.

53. Récapitulatif. – Toutes les précisions faites ci-dessus avaient pour vocation d'expliquer symboliquement les raisons de l'attribution du nom « Mali » par les fondateurs de la Fédération et de la République du Mali à ce que le colon appela « Colonie du Haut Sénégal-Niger », puis « Soudan français ». Même si elles permettent d'avancer dans la découverte de la nature révolutionnaire de l'État malien, elles ne peuvent, à elles seules, expliquer la pâleur de la copie comparée à l'original.

---

[114] M. LY, D. T. CISSOUMA, « histoire », dans : M. TRAORÉ, Y. MONNIER (dir.), *Atlas du Mali*, *op. cit.*, p. 27.

[115] cf. Ch. A. DIOP, *Étude comparée des systèmes politiques et sociaux de l'Europe et de l'Afrique, de l'antiquité à la formation des États modernes*, *op. cit.*, p. 41.

[116] Cette patrilinéarité se différenciait des autres à travers sa complémentarité avec un droit d'aînesse. Le texte est suffisamment clair quand le premier alinéa de l'article 12 précisa que : « La succession étant patrilinéaire, ne donnez jamais le pouvoir à un fils tant qu'un seul de ses pères vit ». A. DIARRA, *Démocratie et droit constitutionnel dans les pays francophones d'Afrique Noire : Le cas du Mali depuis 1960*, Éditions Karthala, Paris, 2010, p. 21.

B/ L'État (ou la République) du Mali : La pâle copie de l'empire

54. Le hiatus entre la *forme* du système de commandement et la *vie* de la société politique actuelle. – L'Étatisation de la société malienne est une forme d'organisation récente de ce peuple issu d'une civilisation très ancienne. En effet, la Fédération du Mali est devenue « l'État malien » ou « la République du Mali » à la suite de l'adoption de la loi du 22 septembre 1960 portant Constitution de la République du Mali[117]. Ce texte assignait plusieurs objectifs à cette nouvelle entité. Seule une prise en compte de ces objectifs pour la nation malienne – comprise ici de façon jacobine – permet de différencier l'étatisation du Mali des autres *manières d'être* de ce peuple. Il s'agit là, également, de l'unique moyen de dégager son identité, de toucher l'essence de ce qui fait la singularité de cette *manière d'être*. Pour comprendre ces spécificités, la dernière Constitution malienne du 25 février 1992 et la Constitution tunisienne du 27 janvier 2014 serviront de références, parce qu'elles ont procédé à une réelle séparation entre l'État et la nation.

55. La comparaison avec les pratiques du pouvoir constituant tunisien. – En indiquant, d'une part, dans le deuxième alinéa de son préambule que : « Le Peuple souverain du Mali [...] proclame sa détermination à défendre [...] la diversité culturelle et linguistique de la communauté nationale » ; et dans les deux derniers alinéas de l'article 25 que : « le français est la langue d'expression officielle [mais aussi qu'à côté d'elle] la loi fixe les modalités de promotion et d'officialisation des langues nationales »[118], le corps constituant malien a séparé la nation, c'est-à-dire le peuple politisé, de son État (sa *manière d'être* officielle). La démonstration de la pertinence de cette configuration duale de la *forme de vie* de la République malienne a, d'ailleurs, déjà été faite par monsieur Daba DIAWARA, qui a précisé dans son rapport *Pour la consolidation de la démocratie au Mali* que :

> « Une histoire qui renvoie d'abord aux empires médiévaux du Soudan occidental qui ont jeté les bases de l'État précolonial. Les empires médiévaux du Ghana, du Mali et du Songhoï qui se sont succédé du IVème au XVIe siècles ont jeté les bases endogènes de l'État précolonial et ont assuré, douze siècles durant, une extraordinaire continuité historique dans l'espace soudano-sahélien dont le cœur reste encore le Mali d'aujourd'hui. [...] Ainsi, contrairement à certains Etats africains, le Mali, de par son histoire, séculaire, faite de brassages biologiques et culturels, a su forger une véritable Nation où différents groupes ethniques cohabitent dans une harmonie fondée sur la tolérance et la complémentarité d'intérêts. La force de ces trois empires résidait dans le respect (de soi, des parents, de la vie, des aînés formateurs, du

---

[117] Loi n° 1960-034 du 22 septembre 1960 abrogeant les dispositions de la loi 60/1 ALRS du 17 juin 1960 relatives à la ratification et à la rétrocession à la Fédération du Mali des compétences transférées à la République du Soudan par la Communauté, *JORM* n° 1960-65 *op. cit.*, p. II-III.

[118] *Décret n° 92-073/P-CTSP du 25 février 1992 portant promulgation de la Constitution*, *op. cit.*, p. 118.

pouvoir, de l'autre, des cultes locaux, de la propriété, de la nature), dans la formation de l'individu pour faire face aux exigences évolutives de sa vie terrestre, dans la sacralisation du travail, dans l'amour de la patrie, dans la culture du sens de la justice et surtout dans une saine distribution de la justice. »[119]

Quant au corps constituant tunisien, il est allé encore plus loin que son homologue malien en spécifiant dans le premier alinéa de l'article premier de son acte refondateur du 27 janvier 2014 que : « La Tunisie est un État libre, indépendant et souverain, l'islam est sa religion, l'arabe sa langue et la République son régime »[120]. Ici, la mention « l'islam est sa religion » ne prend son sens qu'en tant que qualificatif du peuple tunisien et non celui de son État. Dans le premier alinéa de l'article suivant, le constituant précise que : « La Tunisie est un État civil, fondé sur la citoyenneté, la volonté du peuple et la primauté du droit. »[121] Cette situation est semblable à celle de la République, qui n'est ici que la forme de gouvernement retenue dans cette nouvelle *manière d'être* du peuple tunisien et non le synonyme d'une personne morale de droit public dénommée « État ». En regroupant toutes les propriétés de cette manifestation spécifique du peuple sous ce label, la récente Constitution tunisienne marque une évolution notable vers la concordance entre le signifié et le signifiant. Cette expérience tunisienne représente une évolution significative. Elle représente l'une des rares Constitutions africaines qui concilient – ou du moins, cherchent à concilier – les mécanismes juridiques de la société politique avec les modalités d'existence du peuple. En définitive, ce n'est qu'en interprétant ainsi, que ces textes tombent sous le sens et se rapprochent véritablement des intentions de leurs constituants. Ces derniers n'ont fait qu'intégrer dans le texte constitutionnel les réalités sociologiques des populations. Le choix de la forme étatique au détriment d'un « Émirat islamique »[122] conforte cette interprétation, qui prouve l'hétérogénéité de cette *manière d'être* dans les États jugés non achevés.

---

[119] D. DIAWARA (dir.), *Rapport de la commission de réflexion sur la consolidation de la démocratie au Mali*, remis au chef de l'État en octobre 2008, p. 2-3.

[120] Ch. GADDES (dir.), *La Constitution tunisienne à la loupe*, Éditions Friedrich Ebert Stiftung, Tunis, septembre 2014, p. 29.

[121] *Ibid.*, p. 29.

[122] Cet « Émirat islamique » doit être compris ici en tant que synonyme de monarchie théocratique musulmane dirigée par un « descendant » du prophète Mahomet. Il s'agit d'une manière d'être sans citoyenneté – ne connaissant que des sujets – et dans laquelle *l'Amīr al-mu minīn* (commandeur des croyants) concentre dans sa *res privata* : la *rēs pūblĭca* et la *res sacrum.* Pour comprendre ce qui le différencie de « l'État moderne », il faut se référer aux développements de H. M'RAD. Plus particulièrement quand il explique que cette conception d'organisation – que prônait d'ailleurs le parti politique *Ennahadha* – est incompatible avec la modernité à cause du rejet des fondamentaux de l'État moderne : l'individualisme, l'égalité, le rationalisme et l'universalisme. H. M'RAD « Les islamistes d'ennahdha : Entre la révolution et la contre-révolution », dans : *La Contre-révolution en Tunisie,* Les Ve Conférences de l'Association tunisienne d'études politiques (ATEP), Tunis, 2013, p. 66-69.

56. La mise en perspective théorique du blocage. – Ainsi, la seule interprétation valable concernant la République du Mali reste la suivante : une intériorisation de la bifurcation de l'État ou de la République du Mali. Effectivement, il y subsiste toujours un total décalage entre le mode de vie du peuple et la forme étatique retenue en 1960. Par ailleurs, il demeure que cette *manière d'être* de la société politique qui porte le nom de l'ancien empire n'était qu'une manifestation « par défaut », une simple étape, un état intermédiaire dans la mise en œuvre de la volition téléologique des refondateurs du *Bilal al Sudan* (le pays des Noirs) : la libération et l'unification totales du continent plus particulièrement de l'Afrique subsaharienne. Cet objectif ambitieux a poussé les pères de l'indépendance malienne à se construire une identité singularisée par son militantisme. Le plus important à leurs yeux n'était pas l'entéléchie, mais la lutte pour la liberté par la collaboration ou la rupture avec les autorités coloniales ou autres. Cette prédominance de l'Autre, désignant le bloc occidental ou soviétique, dans la construction de l'identité nouvelle des sociétés politiques africaines a solidement implanté dans les consciences décolonisées quelques fausses bonnes idées importées. Il s'agit, entre autres, de l'acception de l'idée du sous-développement ou du mauvais départ qu'il fallait impérativement corriger en mimant sagement les créations d'autrui. La *natte* de la République du Mali était, à l'origine, une création réunissant l'empire du Mali (autoréférentiel et endogène) avec la prédominance de l'Autre. Cette prépondérance de l'hétéronomie dans les outils de commandement devait, par la suite, céder la place à une *malianisation* de ces mécanismes, grâce à un savant mélange entre progrès techniques et traditions. C'est ce dessein social initial qui sera subverti par le processus de transition. Ce dernier va vider l'élément historique de toute sa substance, sur des fondements tout aussi doxiques qu'à la naissance de cet État.

Les développements de Pierre BOURDIEU sur le concept d'habitus permettent de reconnaître la confusion consistant à assimiler les thèses du mauvais départ de l'Afrique Noire, comme celle de René DUMONT, à une véritable théorie de l'État africain. Résumer la complexité de ces questions aux difficultés sous-jacentes à cette idée du mauvais départ est un sophisme. Par exemple, un recoupement entre les œuvres célèbres[123] et moins connues[124] de ce dernier auteur permet de cerner l'essence idéologique de cette forme de pensée. Il s'agit, en l'espèce, d'une sorte de dénonciation de la poursuite des politiques d'exploitation de la paysannerie par les centres urbains. Le point de rupture avec la démarche proposée ici se trouve dans le fait que René DUMONT partait de la mauvaise gestion de la *rēs pūblĭcae* (la *res communis* inaliénable) pour expliquer les déboires du continent, alors

---

[123] R. DUMONT, *L'Afrique Noire est mal partie*, Éditions du Seuil, Paris, 2012, 320 p.

[124] R. DUMONT, *Afrique noire – Développement agricole : reconversion de l'économie agricole, Guinée, Côte d'Ivoire, Mali*, Éditions PUF, Paris, 1961, 212 p.

que l'inadaptation du cadre logique au contexte reste le point décisif expliquant la désillusion des Africains dans les outils mis en œuvre par les politiques dans le but de les gouverner et de juguler les crises sociales.

57. Méthode de traitement du problème. – Nous restons profondément convaincu que la pertinence de cette recherche ontologique sur la *manière d'être* du Mali doit inexorablement passer par une prise en compte des contraintes sociales supportées par le pouvoir constituant originaire de la République du Mali. Comme l'a expliqué Pierre BOURDIEU à propos de l'art et des artistes[125], la mobilisation de cette méthode reste le prix pour une compréhension pragmatique d'une partie des paradoxes rencontrés.

Compte tenu de la complexité de la société soudanaise (l'actuelle République du Mali), nous procéderons à une sélection non exhaustive des influences politiques pertinentes ayant conduit à la création de la « République du Mali ». Ces influences circonstancielles et environnementales seront analysées dans l'espace-temps allant de la colonisation de l'AOF par le décret du 16 juin 1895 portant création du gouvernement colonial fédéral, à la déclaration d'indépendance de 1960.

58. La difficile naissance de la représentation politique des colonisés de l'AOF. – La Seconde Guerre mondiale a joué un rôle de déclencheur dans la prise de conscience politique du colonisé en général et de l'Ouest-Africain en particulier[126]. Cette explosion de violence sans précédent a aussi fait comprendre aux citoyens métropolitains – ruinés par les opérations militaires – que le mal engendré par la discrimination et la ségrégation raciale n'était pas exclusivement hétéronome. La conséquence directe de cette perte de confiance dans la capacité du vivre ensemble fut une réorganisation totale du système institutionnel. Les autorités françaises de transition adoptèrent l'ordonnance du 22 août 1945 portant extension de la représentativité aux territoires d'outre-mer relevant du ministre des Colonies[127]. Cette timide avancée permit l'élection de 11 députés autochtones à l'Assemblée nationale. Le militantisme acerbe de ces novices-politiciens colonisés fut récompensé par le vote de textes apportant de remarquables progressions tenant aux conditions de vie des « Indigènes ». À titre indicatif, les deux plus importants de ces textes furent la « loi Félix

[125] P. BOURDIEU, *Questions de sociologie,* Éditions de minuit, Paris, 2002, p. 207-325.

[126] K. NKRUMAH, *Le consciencisme*, Traduction de St. M. HOWLETT, Éditions Présence africaine, Collection « Le Panafricanisme », Paris, 2009, 141 p. ; *Le néo-colonialisme : dernier stade de l'impérialisme*, Éditions Présence africaine, Collection « Le Panafricanisme », Paris, 2009, 269 p.

[127] Ordonnance n° 41-1874 du 22 août 1945 portant extension de la représentativité aux territoires d'outre-mer relevant du ministre de la France d'outre-mer, *JORF* du 23 août 1945, p. 5266.

HOUPHOUËT-BOIGNY » et la « loi Lamine GUÈYE » qui portaient le nom de leur initiateur[128].

59. La genèse cacophonique du RDA. – Ces victoires politiques ont insufflé une dynamique fédératrice au bénéfice des politiques ouest-africains. Cette dynamique s'est exprimée dans un « Manifeste parlementaire », appelant tous les mandataires des colonies d'AOF (qu'ils soient élus ou leaders associatifs...) à une unité d'action. Depuis la rédaction et le paraphe de ce Manifeste de rassemblement politique de septembre 1946, « la cacophonie familiale » s'est exprimée à travers des voix dissidentes comme celle de Fily Dabo SISSOKO[129]. Ce député soudanais – proche du Parti communiste français (ci-après PCF) – était l'un des quatorze signataires initiaux du Manifeste de Paris et principal instigateur du choix de Bamako comme lieu de rassemblement du Congrès d'octobre 1946. Il finit par se rétracter dans des conditions équivoques dont a rendu compte le professeur Pierre KIPRÉ[130].

La première coalition politique entre colonisés a donc bien eu lieu à l'occasion du Rassemblement démocratique africain (ci-après RDA) tenu à Bamako en octobre 1946. Ce congrès a donné corps au mouvement politique du même nom. Cette coalition de façade cachait, cependant, un syncrétisme politique aux articulations impossibles. Au-delà du symbole, il n'a pas su faire converger les individualismes. Au sortir du Congrès de Bamako, personne n'était en mesure de dire si le RDA était, véritablement, un parti politique ou une simple fédération de partis et de groupements comme le prévoyait l'article premier de ses statuts. Cette situation équivoque concernait aussi la stratégie à adopter face aux organisations politiques métropolitaines classiques : « le mouvement » avait officiellement retenu une position de neutralité apparente accompagnée d'une migration ponctuelle vers les partis politiques porteurs de projets favorables à l'émancipation.

60. Les difficultés politiques de la naissance de la Fédération du Mali. – La cacophonie la plus importante par ses conséquences est aussi celle qui a conduit à la dissolution de la Fédération du Mali regroupant le Soudan français et le Sénégal. Les dissonances de ce projet fédéral ne se firent vraiment pas attendre. Elles virent le jour peu après l'adoption solennelle et unanime de la Constitution fédérale par une Assemblée

---

[128] F. HOUPHOUËT-BOIGNY, ancien planteur ivoirien élu député, fit adopter la loi n° 46-645 du 11 avril 1946 visant la suppression du travail forcé qui a accompagné la création de ces superstructures coloniales. Ensuite, à l'initiative du député sénégalais, L. GUÈYE, avocat et premier Africain à soutenir une thèse de doctorat à Paris, le 30 avril 1946, M. MOUTET, ministre socialiste des Colonies de l'époque prit un décret supprimant les juridictions pénales indigènes, symboles du régime juridique d'exception instauré par le « Code de l'indigénat ». Peu après, il parvint à convaincre de l'Assemblée constituante d'adopter la loi n° 46-940 du 7 mai 1946 élargissant la citoyenneté française à tous les ressortissants des territoires d'outre-mer.

[129] P. KIPRÉ, *Le Congrès de Bamako : Ou la naissance du RDA en 1946, op.cit.*, p. 64 et s.

[130] *Ibid.*, p. 74-75.

constituante composée de 44 délégués venus du Sénégal, du Soudan français (l'actuelle République du Mali), de la Haute-Volta (l'actuel Burkina Faso) et du Dahomey (l'actuel Bénin) le 17 janvier 1959. Seuls le Soudan et le Sénégal la ratifièrent les 21 et 22 janvier 1959 avant de la rendre opérationnelle après diverses révisions. Finalement, c'est le 20 juin 1960 que l'indépendance de la Fédération du Mali, recentrée autour du Sénégal et du Mali, fut proclamée par l'Assemblée fédérale ayant son siège à Dakar[131].

61. Difficultés juridiques liées à la naissance de la Fédération du Mali. – Au-delà de ce processus constitutionnel s'est posé un problème juridique aux nombreuses ramifications dont la solution était purement politique et sociohistorique. Il s'agissait de l'épineuse question du transfert de compétence de la métropole à cette entité fédérale. Les autorités métropolitaines devaient trouver le moyen de concilier cette indépendance inconstitutionnelle avec les règles de la Communauté française, tout en permettant à cette Fédération créée de fait de rester dans cet ordre juridique. La difficulté était donc de savoir si – conformément à l'article 86 de la Constitution française du 4 octobre 1958 – les compétences communautaires pouvaient être transférées à un État fédéral sans que les États fédérés eussent bénéficié des mêmes traitements. Face à cette problématique juridique qui ne posa pas d'interrogations particulières à l'époque, l'Assemblée soudanaise procéda au transfert de compétences à la Fédération du Mali le 7 juin 1960 par une simple loi ordinaire[132], pendant que son homologue sénégalais utilisa une loi constitutionnelle pour accomplir à la même opération.

62. L'approche franco-sénégalaise : le Mitra fédéral. – Dans une étude relative à cette question, Alain GANDOLFI[133] juge plus légitime la procédure mise en œuvre par l'Assemblée sénégalaise, avant de reconnaître le manque de pertinence des interrogations procédurales qui passaient à l'époque pour des caprices de juristes. Nonobstant l'exactitude de cette dernière remarque, cette interprétation juridique a été mal formulée. Cet auteur n'a pas tenu compte des réalités sociohistoriques pour interpréter le choix procédural opéré par ses deux pays, en dépit de l'utilisation de l'argumentation de Léopold Sédar SENGHOR, qui interprétait la virulence politique du peuple soudanais par l'intensité de la domination coloniale subie. La remise en question de cette interprétation purement normative repose, d'une part, sur une remarque de bon sens. Si cette dernière était vraiment correcte, les dates des indépendances des Républiques du Sénégal

---

[131] Décret de promulgation n° 60-130 du 20 juin 1960 de la loi fédérale n° 60-14 du 20 juin 1960, *JORM* n° 1960-59 du 15 juillet 1960, p. 546.

[132] Loi n° 60-1 AL-RS portant ratification de l'accord de transfert de compétence, des accords concernant les dispositions transitoires et transfert à la Fédération du Mali des compétences précédemment détenues par la Communauté, *JORM* n° 1960-59 *op. cit.*, p. 550.

[133] A. GANDOLFI, « Naissance et mort sur le plan international d'un État éphémère : la Fédération du Mali », dans : *Annuaire français de droit international*, volume 6, 1960. p. 881-906.

et du Mali auraient été fixées le 16 juin 1960 – date de la dernière ratification des accords du 4 avril de la même année portant transfert de compétences de la communauté à ces nouvelles entités —, au lieu et place du 20 août et du 22 septembre 1960 officiellement et respectivement retenues[134]. L'attachement du Sénégal aux procédures juridiques métropolitaines s'explique par des considérations sociologiques et plus spécialement par le fait que ce pays est toujours resté dans les bonnes grâces de la métropole, dont il ne souhaitait guère se détacher. En d'autres termes, cette différence procédurale cachait une divergence des visions politiques entre Sénégalais et Soudanais.

63. L'approche soudanaise : le Varuna fédéral. – Les Soudanais avaient bien compris le subterfuge juridique de la souveraineté tutélaire de la Communauté française. Elle permettait à des organisations politiques périphériques d'accéder à une forme d'étatisation hémiplégique respectant une procédure normative prédéfinie par une Constitution devenue alors hétéronome. Ils avaient compris que l'accès à l'étatisation contenu dans l'article 86 était une simple décentralisation politique – comme c'est actuellement le cas de la Nouvelle-Calédonie[135] – et non une réelle autonomie. Ces considérations faisaient de la Fédération du Mali la première entité à accéder à cette « souveraineté téléguidée » en ce qu'elle restait quand même dépendante de la communauté. Il est fait allusion ici à la réforme de Michel DEBRÉ précitée, qui s'est soldée par l'introduction d'un article 86 *bis* dans la Constitution de l'époque.

Cette interprétation contextuelle et non circonstancielle constitue également la clef de décryptage des événements immédiats ayant conduit à la dislocation de la Fédération. Amadou Hampâté BÂ, l'historien soudanais, expliqua que pour ses compatriotes la sécession sénégalaise était motivée par des raisons éminemment politiques[136] et non juridiques comme l'ont soutenu les autorités sénégalaises, qui légitimèrent leur réaction en la qualifiant de réponse à l'illégalité des mesures de destitution prises par Modibo KEÏTA[137]. C'est ce qui explique qu'après leur expulsion brutale du Sénégal, les Soudanais aient d'abord continué à proclamer avec force l'illégalité de la

---

[134] cf. à cet effet, du côté de la partie malienne, les premiers articles de l'ordonnance n° 54 P-D.F.P du 22 novembre 1960 portant institution des fêtes légales dans la République du Mali, *JORM* n° 1960-71 du 15 décembre 1960, p. 985. ; et la loi n° 05-040 du 22 juillet 2005 relative aux fêtes légales en République du Mali, *JORM* n° 2005-25 du 10 septembre 2005, p. 965.

[135] À l'image de ce qui s'est passé avec la Fédération du Mali, cette partie du territoire français a bénéficié d'un statut et régime juridique d'exception à travers les dispositions des articles 76 et 77 du Titre XIII de l'actuelle Constitution française.

[136] cf. B. G. ZANKLAN d'après Hampâté Bâ, « L'éclatement de la Fédération du Mali : En réponse à Me Boubacar Gueye, Hampâté *BÂ* rectifie et précise ses souvenirs », dans : *Revue semestrielle l'Arbre à palabres,* n° 18, Paris, janvier 2006, p. 3.

[137] cf. A. GANDOLFI, « Naissance et mort sur le plan international d'un État éphémère : la Fédération du Mali », *op. cit.,* p. 895-896.

défection sénégalaise, tout en considérant leur rapatriement comme un simple déménagement géographique de la capitale fédérale[138]. De surcroît, c'est parce qu'ils pensaient avoir la justice de leur côté que les Soudanais développèrent une certaine hostilité à l'égard de la France, fondée sur son refus d'assistance militaire au plus fort de la crise[139]. En fait, la France avait signé avec la République du Mali un accord de coopération en matière de défense dont le préambule disposait que : « [...] la Fédération du Mali peut avec l'accord de la République française, faire appel aux forces armées françaises pour sa défense intérieure et extérieure »[140].

64. Reprise du Varuna soudanais dans la République du Mali. – Malheureusement, la République du Mali issue de la dissolution de la Fédération du même nom n'est restée fidèle à ce *jó* (cette norme atavique) que durant les deux premières décennies du renouvellement de sa *manière d'être*, c'est-à-dire de 1960 à 1980, période correspondant, en partie, à ce que le professeur Amadou KEÏTA a appelé l'ère de la citoyenneté nationaliste et partisane[141]. Ces deux régimes politiques et constitutionnels (République et Fédération du Mali) constituent une même *manière d'être* des Maliens qui parvenaient à maintenir un certain équilibre entre leurs missions politiques et économiques internes et externes. Pour le formuler autrement, l'État restait fidèle à sa politique fédérale et républicaine de la porte ouverte à tous les pays dans le respect de leur souveraineté. Modibo KEÏTA expliquait cette méfiance à l'égard des formes de l'hétéronomie et cet attachement profond à la Souveraineté par le fait que : « les nouveaux pays sont conscients de la menace que constitue une aide extérieure assortie de conditions politiques. »[142]

---

138 Pour aller plus loin sur cette question, cf. J.L., « M. Modibo Keita (Soudan) met en garde contre "la reconnaissance de la sécession" du Sénégal "ELLE POURRAIT AVOIR DES CONSÉQUENCES EXTRÊMEMENT GRAVES SUR LE PLAN INTERNATIONAL" écrit-il au président de la Communauté », *Le Monde,* 24 août 1960, disponible sur : *http://cache.univ-tln.fr:3055/Search/ResultMobile/142* (Consulté le 18 septembre 2016).

139 J.L., « M. Modibo Keita rejette sur la France la responsabilité de la crise du Mali », *Le Monde,* 26 août 1960, *http://cache.univ-tln.fr:3055/Search/ResultMobile/138* (Consulté le 18 septembre 2016).

140 Accords signés ou paraphés le 4 avril 1960 à Paris entre le gouvernement de la République française et les Gouvernements de la République du Sénégal, de la République soudanaise et de la Fédération du Mali, p. 3.

141 A. KEÏTA, « État-Nation du Sahel et citoyenneté à l'épreuve de la démocratie et de la mondialisation : l'exemple du Mali », dans : Colloque : *Quelles constructions politiques au Nord Mali face aux crises dans le Sahel?* Organisé par la fondation Gabriel Péri et le Réseau des partenaires de la région de Kidal (Mali), Paris 19 juin 2012. Disponible sur : *http://www.gabrielperi.fr/pour centC3pour centA9tat-Nation-du-sahel-et-citoyennetpour centC3pour centA9-pour centC3pour centA0-lpour centE2pour cent80pour cent99pour centC3pour centA9preuve-de-la-dpour centC3pour centA9mocratie-et-de-la-mondialisation.html*

142 Le président de la République du Mali M. KEÏTA cité par A. GANDOLFI, « Naissance et mort sur le plan international d'un État éphémère : la Fédération du Mali », *op. cit.,* p. 903.

65. L'instrumentalisation du Varuna par la République pour occulter la particularité du Nord. – C'est, malheureusement, cette logique monolithique de la souveraineté qui a également donné lieu à une occultation totale et officielle de la situation de l'Adagh et de ses minorités touarègues. En effet, la stratégie d'exploitation coloniale du Mali portait essentiellement sur les ressources minières et énergétiques et non sur l'agriculture. Les habitants de l'Adagh étaient à l'abri de tous les bouleversements qui ont façonné l'identité politique des nationalistes de la première République. Ce traitement particulier a entraîné la construction d'un Mali à deux vitesses. Le Nord était soumis à une forme de protectorat fraternel pendant que le Sud était anticolonialiste parce que violemment utilisé et gouverné. Cette spécificité du Nord s'est traduite par une coexistence pacifique et l'octroi de privilèges à ces communautés, qui fascinaient souvent les Occidentaux. Il suffit de se référer à ces précisions faites par le professeur Pierre BOILLEY pour s'en convaincre :

> « À la différence du sud, on observe guère non plus de revendication d'égalité avec les colonisateurs, de volonté d'accéder à la citoyenneté française. De fait, les Kel Adagh, de par la faiblesse numérique des représentants de la métropole, n'ont pas eu à vivre les humiliations répétées que devaient supporter les gens du sud, pour lesquels les différences entre sujets et citoyens, entre collèges électoraux, entre salaires attribués aux Français et aux indigènes pour le même travail, entre niveaux de vie, constituaient autant d'amères et évidentes réalités quotidiennes. Les gens de l'Adagh n'ont pas eu à souffrir du mépris de l'élite coloniale, de la primauté du Blanc sur le Noir. Ils ont au contraire côtoyé des Français qui souvent les admiraient, parlaient leur langue, tentait parfois de vivre leurs réalités quotidiennes. Les Touaregs n'ont pas été recrutés pour aller se battre sur les divers fronts de la deuxième guerre mondiale. Ils n'ont pas non plus connu l'injustice de voir leurs mérites ou leur utilité militaire remis en cause par les Français à leur retour. Ils n'ont pas eu de pensions d'ancien combattant à se faire payer, ils n'ont pas non plus connu l'Europe et la France en grand nombre. Très peu de scolarisés, aucun diplômé de l'enseignement supérieur chez eux : les Kel Adagh n'ont pas été touchés par les idées libertaires de la Révolution française, du marxisme ou du socialisme, et par toutes les idéologies globalisantes qui ont nourri l'anti-impérialisme et l'anticolonialisme. Aussi, mis à part la présence de la France qui imposait une domination extérieure, contre quelle inégalité se révolter ? Les administrateurs présents en petit nombre pendant la période coloniale ont été les représentants d'un nouveau partenaire politique régional, qui avait réussi à vaincre par la force. Les Kel Adagh s'étaient soumis volontairement, car il était, au moment où ils ont eu à le faire, de bonne stratégie de tirer les derniers avantages d'une situation qui n'était pas en leur faveur. La chefferie en a tiré une amélioration de son statut, mais l'ensemble de la communauté, y compris les chefs, a eu à vivre une suzeraineté différente, d'origine française

et non plus touarègue, qui remplaçait, toutes proportions gardées, celle que les groupes voisins avaient établie sur l'Adagh à l'époque précoloniale. »[143]

L'échec du projet français de création de l'Organisation commune des régions sahariennes (OCRS), pourtant officialisé par la loi du 10 janvier 1957[144], n'a été suivi que par la loi du silence et une égalité de façade. C'est la raison pour laquelle le rattachement de cette partie du territoire a été ressenti par les autochtones comme une nouvelle forme de domination. Cette politique de l'occultation va conduire les pères fondateurs à comprendre que le commandement réclame parfois une certaine habileté et une capacité à faire des concessions, pour qu'opère la magie du droit. En d'autres termes, ils apprendront à leurs dépens – notamment à la suite de la révolte touarègue de 1963 qu'ils vont d'ailleurs réprimer facilement – que cette partie du territoire est assez singulière.

66. Le processus de transition : le remplacement du Varuna par le Mitra. – La violence des récents événements prouve de façon manifeste que les avertissements de Modibo KEÏTA n'étaient plus audibles par personne. Une simple référence à la *manière d'être* issue de la transition politique et économique suffit pour s'en convaincre. Contrairement aux avertissements de leurs prédécesseurs – qui les avaient bien prévenus de la dangerosité de l'usage d'armes politiques et économiques étrangères dans le règlement des crises intestines –, les instigateurs de la transition ont tout de même choisi, une *manière d'être catallaxique* comme réponse aux problèmes de gestion de la *rēs pūblĭca*.

Cette définition révolutionnaire de l'État malien permet donc de mieux cerner la transition économique (1980) et politique (1992). Elle leur restitue leur identité propre, celle d'une photographie temporaire de la mise en ordre politique du peuple. Pour abonder dans ce sens, nous soulignons que l'un des premiers sens du *stătus* latin est « période ». L'État malien ne serait donc qu'un objet transitionnel (une *transĭtĭo*) à mi-chemin entre lui-même et autrui. Ce n'est, d'ailleurs, pas pour rien que cette transition politique et économique est souvent qualifiée de libéralisation, d'ouverture à la concurrence, de démonopolisation, de dénationalisation, de désétatisation, de dérégulation et enfin de désengagement économique et politique de la société malienne. Cette multiplicité des termes dénommant la même chose prouve le désaccord existant entre le mot et l'objet. Le choix du terme « désengagement »[145] par les officiels Maliens en mal d'autorité ne permet

---

143 P. BOILLEY, *Les Touaregs Kel Adagh : Dépendances et révoltes : du Soudan français au Mali contemporain*, Éditions Karthala, Paris, 1999, p. 282-283.

144 Loi n° 57-27 du 10 janvier 1957 créant une Organisation commune des régions sahariennes, *JORF* du 11 janvier 1957, p. 578., décret n° 60-536 du 10 juin 1960 relatif aux attributions du ministre chargé du Sahara, *JORF* du 11 juin 1960, p. 5263.

145 La paternité de son usage malien revient au Centre d'Analyse et de Formulation de la Politique de Développement (CAFPD). Plus particulièrement, c'est dans son Rapport confidentiel d'avril 2000 qui fut le premier document officiel à y faire référence. Dans cette monographie portant sur :

pas non plus de clore définitivement cette question de la qualification du volet économique de la transition. Ce terme de « désengagement » sera également utilisé pour désigner les mutations dans le domaine politique, car il y désigne une situation analogue. Le désengagement de l'État malien doit être compris comme une politique de recentrage stratégique des fonctions régaliennes, une déresponsabilisation totale, une tentative avortée de réinvention sociétale à travers la *catallaxisation.* Il s'agit là de la transposition en économie et en politique d'une stratégie habituelle du monde de la finance. Elle consiste à délocaliser la production ou à se retirer physiquement d'un marché donné, en cas d'incertitude, de faiblesse, ou d'absence de rentabilité de leur activité concernée. Par conséquent, cette transition cache les nombreuses incertitudes de l'acte d'autorité, compris ici dans le sens contestable de passage d'un état à un autre.

§ 2 : La découverte de la spécificité de l'État de la transition par des néologismes décryptant sa grammaire

67. Synopsis. – L'appréhension correcte des subtilités du phénomène transitionnel nécessite de faire appel à des néologismes utilisables comme des clefs de décryptage rendant intelligible l'étrangeté de cette grammaire. Pour des raisons de clarté heuristique, nous nous intéresserons, d'une part, à l'utopie **(A)** servant de refuge commun aux promoteurs de cette hétéronomie étatique. D'autre part, c'est sur le *yùrùguyurugu* et le *férekenyágami* **(B),** les véritables anticorps de la vie endogène, que porteront nos analyses.

A/ L'utopie : le refuge formel des promoteurs de l'hétéronomie étatique

68. Présentation du concept d'utopie. – La texture mentale des objets techniques fait courir le risque de leur assimilation aux fruits de l'imagination. Ce péril est aggravé par l'utilisation stratégique à laquelle ces concepts peuvent donner lieu. C'est en ce sens que l'utopie représente le refuge commun des promoteurs occidentaux de l'État et de leurs alliés et assimilés locaux. Elle est le lieu rêvé qui fait miroiter un leurre indispensable

---

« L'impact de la politique de désengagement de l'État sur le développement de l'entreprise privée », le CAFPD a proposé ce terme pour combler les lacunes définitionnelles de la privatisation. Il le comprend : « le désengagement de l'État [comme] un concept beaucoup plus large que la privatisation. En effet [pour lui], il recouvre en plus la liquidation qui est la conséquence de l'acte juridique de dissolution. Dans une opération de liquidation, il est mis fin à l'activité économique de l'entreprise tandis que cette activité est obligatoirement poursuivie dans la privatisation. » Rapport confidentiel du Centre d'analyse et de formulation de la politique de développement, *L'impact de la politique de désengagement de l'État sur le développement de l'entreprise privée*, Secrétariat général de la Présidence de la République du Mali, Bamako, avril 2000, p. 06-07.

à l'arraisonnement du réel. En effet, la transition de l'État malien consistant à confier le développement politique, économique et social d'une nation entière au secteur privé constitue une utopie du capitalisme néolibéral et du gouvernement malien. Plus particulièrement, le rêve du gouvernement malien consistait à croire en la faisabilité de cette forme de transformation sociale par l'adaptation des mécanismes de commandement à la rationalité dominante. Quant au capitalisme utopique, son égocentrisme et les avantages stratégiques qu'il tire de cet état de choses ne permettent pas à ses promoteurs d'envisager l'existence d'autres voies menant au bonheur du monde.

69. Les deux volets de la transition. – Ces usages de l'utopie s'inscrivent dans son sens originel : celui d'un néologisme dérivé de l'union de deux mots grecs *ou-topos* (nulle part) et *eu-topos* (lieu de bonheur). Il reflète bien l'état du *jeu* trouble auquel s'adonnent l'État de la transition et ses soutiens, qui ont voulu créer une nouvelle société malienne avec des recettes qui n'ont jamais fonctionné telles quelles dans le monde. Il s'agit de la manifestation la plus absurde de l'instrumentalisation politique du concept de raison occidentale. Le paradoxe semble plus fort encore si nous nous référons à l'un des ouvrages les plus connus de l'histoire de l'Occident : *L'utopie ou Le Traité de la meilleure forme de gouvernement* [146] du diplomate et humaniste anglais, Thomas MORE. En effet, il est possible d'effectuer des rapprochements entre cet ouvrage et la réalité malienne. À l'image de ce qui s'est passé lors de la transition économique, Thomas MORE commença par critiquer la *manière d'être* de l'Angleterre et des autres pays européens d'antan, avant de décrire et proposer son île merveilleuse *Utopia* : le havre de paix abritant une société idéale. Cette analyse est renforcée par le fait que lors de la Conférence nationale des cadres de juillet et août 1969, soit seulement onze ans avant la transition économique de 1982, le dictateur, Moussa TRAORÉ, l'un des instigateurs de la transition économique des années 80, avait conclu les travaux de ces journées en reconnaissant que : « [...] en l'état actuel de la mentalité de nos paysans, de leur niveau d'éducation et d'équipement technique, leur demander de substituer les champs collectifs à la production individuelle était non seulement une aberration, mais un crime économique qui aurait plongé notre pays dans un chaos et dans un désordre sans précédent. »[147]. Cela ne l'a pourtant pas empêché de procéder à un revirement spectaculaire

---

[146] Th. MORE, *L'utopie ou Le Traité de la meilleure forme de gouvernement,* Traduction de M. DELCOURT, Éditions Flammarion, Paris, 1987, 248 p.

[147] Malgré la spécification de cette affirmation au secteur rural et son ancienneté, elle est parfaitement transposable à l'état actuel de l'économie nationale, à cause du pourcentage de la population rurale et à son atavisme persistant. *Quotidien national L'Essor n° 5678*, du vendredi 1er août 1969, publié sous la direction du Comité militaire de libération nationale, p. 2.

en apportant un franc soutien au projet d'ajustement structurel prônant cette transition utopique.

B/le *yùrùguyurugu* et le *férekenyágami* : les anticorps de la vie endogène

70. Présentation générale des concepts de *yùrùguyurugu* et de *férekenyágami*. – Le *yùrùguyurugu* et le *férekenyágami* sont les clefs de décryptage du nœud gordien que représente la réalité sociale malienne. Ce sont deux néologismes tirés de la pratique ordinaire de la langue bambara, désignant des concepts sociologiques atypiques. Ces vocables permettent de rétablir fidèlement et sans jugement hâtif les faits et le « mobilier conceptuel » de cette société.

71. L'archéologie du *yùrùguyurugu*. – Le professeur Gérard DUMESTRE y voit le trafic, la fraude ou les traites malhonnêtes[148]. Ce concept a également été théorisé par un essayiste et dramaturge français, monsieur Jean-Louis SAGOT-DUVAUROUX, dans une étude intitulée : « Quelques traits du Mali en crise »[149]. Il consacre toute une partie de sa démonstration au : « *Yùrùguyurugu* : ce que le mot corruption ne dit pas ». Il interprète ce néologisme comme le vocable spécifique ou « l'argot » – ce dernier mot doit être compris en tant qu'élément d'un langage particulier à l'intérieur du groupe social par lequel des individus affichent leur appartenance à la communauté tout en se distinguant de la masse – correspondant à la « magouille » au « trafic » ainsi qu'aux arrangements douteux. Selon le même auteur, le *yùrùguyurugu* se différencie de la corruption en ce que celle-ci suppose une sainteté antérieure à l'altération des propriétés matérielles des matériaux. En quelque sorte, il est question de ce qui pourrait être qualifié de manière hétéronome comme un « défaut de fabrication » de l'habitus malien. En tout cas, il faut retenir que le *yùrùguyurugu* est le nom donné au paradoxe inné de la République du Mali. Il s'agit de l'usage dévoyé de la résistance à l'assimilation, de la quête entéléchique des pouvoirs traditionnels soumis et gouvernés par la force : celle de la poudre à canon et celle de l'éducation occidentale. Il provient de l'école occidentale, source de l'autorité des pères de l'indépendance, qui avait étrangement été baptisée par ces mêmes pionniers d'« école des otages »[150] en hommage aux descendants de chefs coutumiers qui y furent amenés souvent *manu militari* et formés par l'administration hégémonique

---

[148] G. DUMESTRE, *Dictionnaire bambara-français*, *op. cit.*, p. 1059.

[149] J.-L SAGOT-DUVAUROUX, « Quelques traits du Mali en crise », dans : M. GALY (dir.), *La guerre au Mali*, *op. cit.*, p. 91-105.

[150] J. KI-ZERBO (dir.), *Éduquer ou périr*, Éditions L'Harmattan, Paris, 1990, p. 22. L'auteur y montre une photographie de classe datant de 1870. Parmi les élèves de cette école d'un genre particulier figuraient par exemple le fils du roi de Médine et son gardien (la province de l'ancien Soudan français devenu la République du Mali).

sous la contrainte coloniale, dans l'unique but de remplacer leurs pères résistants. Plus simplement, le *yùrùguyurugu* est le « chaînon manquant » qui dévoile aux consciences individuelles les raisons qui ont transformé l'exception de l'époque coloniale en règle étatique, ce qui rappelle la survivance des réalités de la société endogène.

72. L'archéologie du *férekenyágami*. – Quant au *férekenyágami,* il a un *air de famille* avec le *yùrùguyurugu* en ce qu'il s'agit d'une innovation issue d'un mot de l'argot du bambara réunissant *féreke* (embrouiller, emmêler enchevêtrer)[151] et *nyágami* (mélange)[152]. Contrairement au *yùrùguyurugu* qui concerne la structure du matériau composant l'État, le *férekenyágami* fait référence à la pratique courante. Étant donné qu'il représente l'ordinaire de la vie sociale malienne actuelle, le concept de « système D (ou débrouille) » éloigne du sujet. Le concept de *férekenyágami* renvoie, plus concrètement, à l'enchevêtrement et à l'inextricabilité des rapports socioéconomiques maliens, aux cabales fomentées par les opérateurs juridiques pour survivre à l'hostilité de la rationalité hétéronome. Métaphoriquement parlant, nous pouvons dire qu'il symbolise la liane qui maintient l'équilibre précaire mis en place par le *yùrùguyurugu.*

73. Justification de la pertinence de l'utilisation de ces concepts. – Ces deux concepts sont, d'une part, des palliatifs à l'inexistence d'un État moderne ainsi qu'à l'absence de constance dans sa construction. D'autre part, ils permettent de comprendre la genèse d'une mentalité de rejet de l'officiel par des populations qui résistent violemment à l'État de la transition. Cette interprétation est également confirmée par monsieur Ali CISSÉ, dans son ouvrage *Mali : Une démocratie à refonder*. Nous pouvons y lire que :

> « aujourd'hui encore on continue de penser que voler l'État ce n'est pas voler ; casser des édifices publics, c'est faire du mal à l'État ; payer ses impôts, c'est enrichir une clique de dirigeants véreux ; dénoncer un suspect, c'est faire de la délation ; défier des représentants de l'État dans l'exercice de leurs fonctions, c'est faire acte d'héroïsme ; violer une loi ou un interdit n'est pas bien grave, car tout peut se négocier et tout peut s'arranger. »[153]

74. L'entéléchie : l'unique certitude. – L'unique dénouement heureux à ces maux et utopies réside dans le remplacement de ce *statu quo* intenable par un État malien révolutionné et doté d'un système de démocratie économique et sociale[154], c'est-à-dire une société fidèle aux raisons

---

151 G. DUMESTRE, *Dictionnaire bambara-français, op. cit.*, p. 306.

152 *Ibid.*, p. 803.

153 A. CISSÉ, *Mali : Une démocratie à refonder*, Éditions l'Harmattan, Études africaines, Paris, 2006, p. 38.

154 Ce concept de démocratie économique et sociale est un emprunt du Plan relance économique du Conseil National de la Résistance proposé au Général De Gaulle. *Le Programme du Conseil National de la Résistance* du 15 mars 1944, diffusé clandestinement sous le titre « Les Jours heureux ».

instrumentales de sa naissance, au but établi par les pères fondateurs d'un État qui occuperait l'enveloppe d'un *Bilal El Sudan*. Ce n'est qu'ainsi que l'État malien sera autoréalisateur.

SECTION 3 :
Problématique et plan

75. Le remplacement des mécanismes entéléchiques par ceux des autres : le fond du problème de la transition malienne. – La transition politique et économique représente la fluctuation des éléments définissant la République du Mali. Il s'agit du nom donné au phénomène de désolidarisation de la *forme* du système de direction des conduites humaines d'avec la *vie* de la majeure partie du peuple. Les acquis idéologiques et entéléchiques des pères de l'indépendance ont été, effectivement, remplacés par une re-occidentalisation de la société politique assimilée à une conception hétéronome du développement. La réalisation de cette représentation de la perfection sociale importée devait se faire à l'aide d'un ajustement des structures de commandement. L'État malien est redevenu un objet technique arraisonné à l'archétype occidental. Le culte de l'Autre a officiellement pris la place qui était occupée par le dessein initial du retour à soi – aux sources de l'identité malienne endogène et atavique —, consacré par les normes constitutives de cette nouvelle modalité d'existence du Mali. Sauf que l'élément échangé, c'est-à-dire l'institutionnalisation de la société politique endogène, n'a pas complètement été abandonné par les intéressés qui mènent une sorte de double vie. Ce dédoublement manichéen des *manières d'être* du peuple malien ne facilite pas l'unicité d'approche, à défaut de trancher arbitrairement entre la nation traditionnelle et l'officiel étatique. L'État de la transition du Mali a donc un problème de coordination entre ses règles de conduite et sa population. Il abrite en son sein, deux « personnages conceptuels »[155] qui cohabitent tout en ayant des modes de vie différents, une sorte de mauvais ensemble formé de deux composantes coincées dans des rapports de domination complexes.

Cette pathologie sociale qui affecte et altère la fragile harmonie existentielle de l'État n'est pourtant pas une fatalité. Il s'agit d'un artéfact, identique à l'État, un vulgaire fait de l'homme qui peut être rectifié par lui avec un brin de courage. En ce qui concerne les Maliens, les véritables victimes de cette crise de « personnalités », ils ne pourront plus se réfugier derrière des croyances défaitistes et futiles ; ils devront se dire : « Notre génération n'a pas de chance [ou reconnaître] qu'elle ne pourra pas éviter la tempête intellectuelle ; qu'elle le veuille ou non, elle sera amenée à prendre le taureau par les cornes, à débarrasser son esprit des recettes intellectuelles

---

[155] A. BADIOU, *Deleuze : « la clameur de l'être »*, Éditions Hachette, Paris, 1997, p. 38-49.

et des bribes de pensée, pour s'engager résolument dans la seule voie vraiment dialectique de la solution des problèmes que l'histoire lui impose »[156]. Les autorités étatiques devront avoir le courage et la force nécessaire pour affronter leur reflet dans ses normes officielles. La forme du système de commandement ne doit être qu'une cristallisation de la vie de ceux à qui il s'adresse.

76. Le cœur du problème. – Les évidentes contradictions de ce nouvel état de choses assignent la préoccupation suivante : **pourquoi et comment transformer cette dissociation manichéenne en une seule « entité État » dotée d'un sens et d'une cohérence comme Janus, la divinité bifront romaine ?**

Oui, l'État malien doit retrouver l'équilibre entre sa forme et sa vie en ressemblant à Janus[157]. Comme lui, il doit considérer le présent en tant que phase transitoire et avoir deux visages symbolisant le passé et le futur, la nation et sa *manière d'être*, l'État de la transition et celui des bâtisseurs. Comme lui, il doit assurer le passage de la *manière d'être* de la transition politique et économique à la vision révolutionnaire des fondateurs. Comme lui, il doit reprendre son dû : le bâton et la clef qui lui permettront de présider efficacement à la destinée du *fàso* en redevenant *l'alpha*, le *january,* le premier des douze mois de l'année, celui qui fera entrer et sortir tous les Maliens par le même *bùlon* (vestibule).

77. Le programme de traitement du problème. – *In concreto*, nous respecterons les règles de préséance logique en donnant la priorité à la légitimation. Familièrement parlant, nous passerons du pourquoi pour parvenir au comment. Dans ce cet ordre, nous commencerons par analyser de manière critique le processus de soumission de l'État de la transition aux règles et facteurs hétéronomes **(Première partie).** Ce processus est inachevé. Nous pensons que l'unique issue et la seule voie d'une réconciliation entre les deux corps du politique consistent à parachever la révolution entreprise par les fondateurs en transportant l'État sur la *natte* endogène **(Seconde partie)**.

[156] Ch. A. DIOP, *Les fondements économiques et culturels d'un État fédéral d'Afrique noire, op. cit.*, p. 28.
[157] F. LECLERCQ-BOLLE de BAL, *Le portier du temple : visages secrets de Janus, dieu duel*, Éditions Detrad-AVS, Paris, 1999, 149 p.

PREMIÈRE PARTIE :

L'HÉTÉRONOMIE DE L'ÉTAT DE LA TRANSITION : LA RE-OCCIDENTALISATION UTOPIQUE

« S'il y en a qui ne rêvent que d'être Blancs, l'avenir se chargera de leur faire comprendre que "le séjour dans l'eau ne transforme pas un tronc d'arbre en crocodile". »
Seydou Badian KOUYATÉ[1]

78. Présentation de la « nouvelle stratégie » : les origines hégémoniques de la transition. – Il y a un peu plus d'un demi-siècle, Cheickh Anta DIOP prévenait les Africains de l'ultime danger qui menaçait leur fragile liberté durement acquise. Ce mauvais présage avait reçu le nom technique de « nouvelle stratégie ». À travers ce concept, le savant sénégalais dévoilait un épisode de la genèse de la *manière d'être* de l'État de la transition. Cette étape de l'étatisation malienne n'est que le résultat final du Congrès organisé en novembre 1959 sur la Côte d'Azur (en France). Ce Sommet réunissait des prétendants au commandement politique africain et des industriels européens (surtout français et allemands) inquiets et souhaitant continuer la transformation de l'Afrique pour en faire un champ d'expansion économique. Ils voulaient, en réalité, prolonger de manière plus ou moins subtile l'impérialisme colonial. La poursuite de cette forme d'hégémonie découlait d'une garantie des investissements qui ne pouvait se faire qu'au moyen d'une stabilité politique, que seule une bourgeoisie « indigène » assimilée et fidélisée pouvait offrir. Ce mode de pasteurisation sociale du monde des affaires satisfaisait pleinement les promoteurs occidentaux en ce qu'il pérennisait les formes d'interdépendance mises en

[1] S. B. KOUYATÉ, *Sous l'orage*, [Réédition réunissant Sous l'orage (édition 1963) et *la mort de Chaka* (édition 1961),] Éditions Présence africaine, Dakar, Paris, 1972, p. 56.

place durant la période coloniale. Il créait l'illusion d'une complémentarité entre les privilèges de cette classe et leur prospérité. Les deux parties s'unissaient pour mieux exploiter les ressources humaines et naturelles du continent africain, au détriment de la faction africaine. Il ne faut pas s'y tromper : le but de cette association n'était pas le co-développement qui aurait été favorisé par l'instauration d'un système d'échange « gagnant-gagnant », mais bien l'introduction d'un mécanisme de « donnant-gagnant ».

L'actualité de cette démonstration ancienne est illustrée par l'avant-gardisme de la pensée de Cheickh Anta DIOP. Ce dernier avait ainsi prédit presque tous les maux qu'allait connaître une « Afrique décolonisée » par ces mots – reportés ci-dessous – censés émaner des membres de la petite élite autochtone :

> « [...] Nous sommes vos fils spirituels et intellectuels, votre émanation noire ; faites de nous à temps les dépositaires de vos intérêts financiers et moraux, et la situation sera sauvée ! On ne vous verra plus, bien que vous soyez encore là ; nous servirons d'écrans ; ce ne sera plus vous, mais nous, Africains, contre d'autres Africains, qui défendrons vos idéaux »[2].

79. La lutte contre le penchant des Maliens pour le socialisme africain : l'interprétation hégémonique de la crise financière. – La singularité de l'étatisation malienne réside dans sa résistance à la *doxa* de la « nouvelle stratégie ». Durant les deux premières décennies de son existence, la République du Mali a combattu ce paradigme dominant, en ouvrant la voie à une logique politique endogène qui était davantage en accord avec son environnement. Indubitablement, les pères de l'indépendance ne ménageaient aucun effort pour concilier les normes ataviques de la « civilisation négro-arabo-berbère » de la période précoloniale avec la nouvelle *manière d'être* de la société malienne, en dépit de la faiblesse de leurs moyens. La combinaison de circonstances défavorables – entre l'ampleur de la tâche, l'amateurisme et l'excès d'ambition – a conduit à un grave déséquilibre des comptes de l'État. Ainsi, au début des années quatre-vingt, les deniers publics étaient devenus léthargiques. En 1980, par exemple, un document budgétaire du ministère des Finances expliquait l'ampleur des difficultés avec lesquelles l'État faisait face aux dépenses de personnel et de fonctionnement[3].

L'appel à l'aide financière qui en a découlé a constitué l'alibi d'une re-occidentalisation de la conception de l'État malien. Les bailleurs de fonds ont préféré la radicalité et l'instrumentalisation au lieu de reconnaître la place et la responsabilité du *yùrùguyurugu* colonial dans ce marasme économique. En ne cherchant pas des moyens endogènes et adéquats

---

[2] Ch. A. DIOP, *Les fondements économiques et culturels d'un État fédéral d'Afrique noire*, *op. cit.*, p. 46-52.

[3] Ch. O. DIARRAH, *Mali : Bilan d'une gestion désastreuse*, Éditions l'Harmattan, Paris, 1990, p. 144.

pouvant aider à contenir cette forme de subversion, ces derniers ont intentionnellement failli. Ils ont, en d'autres termes, proposé des solutions qui leur étaient favorables avant même de poser un diagnostic expliquant les sources et le mécanisme de cette crise financière. Subséquemment, ils ont créé ce que nous proposons de qualifier d'*effet nocebo* autour de l'État providentiel. Ce concept est le nom du subterfuge visant à la désintégration des éléments de la « civilisation négro-arabo-berbère » introduits dans la *manière d'être* officielle du Mali de l'indépendance. Il parviendra à ses fins à l'aide de cette qualification autoritaire et unilatérale du processus d'étatisation providentielle, comme synonyme d'une gouvernance économique et politique désastreuse. Ainsi, cette stratégie a entretenu une véritable *statophobie :* la condamnation de l'État providentiel malien désormais déchu de toute légitimité. En réalité, cette disqualification de l'État à destination des opinions publiques n'est rien d'autre qu'un message adressé par des « experts internationaux »[4]. La nocivité authentique de ce *placebo* se trouve dans le fait qu'il a conduit à une totale confusion dans la conception de l'État. Cette mise en cause de l'État malien a été le point de départ de ce qui allait devenir la norme fondamentale de la transition toujours en cours. C'est l'« adhésion forcée » de la République du Mali à cette *doxa* politico-marchande qui tient lieu de transition. Cette *doxa* cache donc une stratégie de pérennisation du pouvoir des élites marchandes et de leurs émules mis à l'écart par la bourgeoisie bureaucratique des indépendances. Cela est illustré par la volatilité des relations entretenues par les membres de cette coalition politico-marchande réunissant les élites locales et les entrepreneurs occidentaux. Ce fut, par exemple, le cas des régimes de Moussa TRAORÉ et d'Amadou Toumani TOURÉ qui ont considéré leurs alliés occidentaux d'ennemis de la nation malienne, après avoir atteint l'objectif fixé lors de leur association.

80. Présentation de la re-occidentalisation utopique de l'État comme solution à la crise financière. – Il semble ainsi évident que l'État de la transition constitue la cristallisation d'un égocentrisme occidental semblable à celui des premières heures de l'État moderne. Ses impasses ne sont donc pas l'apanage de son seul chef. Elles sont davantage le résultat d'une mauvaise synthèse entre l'instrumentalisation des « dynamiques du dehors » et la *modalité d'être* autochtone farouchement endogène. C'est la raison pour laquelle la recherche va maintenant porter sur le processus de re-

---

[4] Il faut se rapporter aux affirmations du professeur M. BENCHIKH qui rappela qu'« On se souvient aussi que c'est ce rejet du rôle de l'État, jugé incompatible avec la liberté, la création et l'innovation qui a été invoqué, au cours des années 1960 et 1970, pour empêcher les pays en développement de suivre des politiques de planification économique centrale ou même seulement de créer ou de garder leurs entreprises à capitaux publics et leurs services publics, particulièrement à partir des années 1990. » M. BENCHIKH, « La réhabilitation de l'intervention de l'État dans les relations économiques internationales », *op. cit.,* p. 130.

occidentalisation. À cet effet, nous ferons la critique, dans un premier temps, de ce qui apparaît comme un mécanisme de pérennisation de ce changement de modèle de société qui n'aurait pu avoir lieu sans la généralisation et l'acceptation par les autochtones de l'idée d'aide au développement (**Titre premier**). C'est ce qui a servi de prémisses à l'implantation et à l'intériorisation des prétendues règles de bonne gouvernance cristallisées dans le Consensus de Washington. Il s'agit aussi de ce qui a occidentalisé le système de commandement de l'État malien depuis le début des années quatre-vingts (**Titre Second**).

TITRE PREMIER :

L'aide au développement : le terreau de la re-occidentalisation utopique de l'État

> « D'après ce que les historiens savent, aucun peuple ne s'est développé uniquement à partir de l'extérieur. Si on se développe, c'est en tirant de soi-même les éléments de son propre développement. En réalité, tout le monde s'est développé de façon endogène. Personne ne s'est installé sur la place publique en tendant sa sébile dans la main en attendant d'être développé. »
>
> Joseph KI-ZERBO[5]

81. Présentation du « paradoxe des indépendances » : les enjeux stratégiques du commandement. – Au lendemain des émancipations africaines, c'est la crédibilité même de l'ordre international public *occidentalocentré* qui était en péril, outre les incertitudes économiques. L'ensemble des nouveaux acteurs du continent souffrait d'un symptôme étrange que nous avons qualifié de « paradoxe des indépendances ». Ils étaient partagés entre la mise en œuvre d'une modalité de l'État-nation imitant les modèles occidentaux et la création d'une logique politique plus endogène. À travers son socialisme africain, le Mali des indépendances a opté pour la deuxième possibilité qui n'était évidemment pas favorable au paradigme dominant. Cette contradiction des émancipations a bien été saisie par Cruz-Melchior EYA NCHAMA qui explique que :

> « L'État-nation hérité du colonialisme est un État fictif [et] inadapté aux réalités du continent. [Parce que] pendant toute l'époque coloniale, les nations précoloniales ont continué d'exister, de produire, sans qu'aucun de leurs membres ait jamais pu s'identifier à la société coloniale dont il faisait partie, mais que n'était pas la sienne. Pourtant, ce sont les colonies, et non les

---

[5] J. KI-ZERBO, *À quand l'Afrique ? Entretien avec René Holenstein*, *op. cit.*, p. 197-198.

> nations, qui ont accédé à l'indépendance. Il s'ensuit que les pays d'Afrique sont maintenant dotés d'un appareil d'État qui n'a rien à voir avec leur réalité culturelle et dans lequel l'État se réduit souvent à son chef et ses ministres, à une famille, à un groupe d'amis ou à une entreprise bureaucratique pourvoyeuse d'emploi. »[6]

Manifestement, les enjeux de ce concept dépassaient, de très loin, les éléments purement contextuels : le clivage idéologique entre pro-occidentaux ou procommunistes. L'option malienne remettait indirectement en cause l'universalité de la raison occidentale et ses effets.

82. L'invention du concept d'aide publique au développement : l'instrument de la re-occidentalisation utopique de l'État. – Il était donc impérieux pour les tenants du paradigme dominant de consolider les résultats de plus d'un demi-millénaire d'ingénierie politique et de conquête sociale. Le risque de l'opération était l'affaiblissement évident de l'autorité des nouveaux chefs assimilés à l'habitus occidental. C'est dans le but de pourvoir cet épineux besoin de préservation des acquis qu'apparut le phénomène d'aide au développement (ci-après APD) dont les contours semblent imprécis, même de nos jours. En paraphrasant le professeur de droit international Jean J. A. SALMON, nous pouvons légitimement qualifier cette aide au développement de « concept à contenu variable »[7]. Ce concept *ad hoc* est arrivé à point nommé. Il était l'outil idéal pour la reconquête (ou re-occidentalisation) des territoires qui s'éloignaient délibérément ou non des spécificités de la forme et des prototypes de l'État occidental. Le défaut de fabrication volontaire qui l'entourait rendait possible la réalisation de ses buts stratégiques : la création autoritaire d'un standard de bonne gouvernance dont la prolifération dans les esprits dépendait du niveau d'amalgame qu'il était susceptible de rendre possible avec la charité chrétienne[8]. Plus particulièrement, ce concept d'APD permettait d'apaiser les velléités de séparatistes radicaux maliens à travers la reprise des relations commerciales de l'époque coloniale avec des « serviles récemment libérés ».

83. La dimension *occidentalocentriste* du concept d'aide au développement. —Toutefois, il convient de ne pas se laisser berner par les

---

[6] C. – M. EYA NCHAMA, « Développement endogène et droits de l'homme et des peuples », dans : J. KI-ZERBO (dir.), *La natte des autres : Pour un développement endogène en Afrique, op. cit.*, p. 294.

[7] J. J. A. SALMON, « Les notions à contenu variable en droit international public », dans : Ch. PERELMAN, R. VANDER ELST, *Les notions à contenu variable en droit,* Éditions Bruylant, Bruxelles, 1984, p. 267.

[8] Selon A. REY, la charité « est la francisation de du latin caritas, tatis, dérivé de l'adjectif carus [...] à la fois "cherté, prix élevé" et figurément "tendresse, amour, affection". Dans la langue de l'Église, caritas a servi à traduire le grec agapê [...] "amour" qui désigne en grec chrétien la plus haute des trois vertus théologales, l'amour de Dieu et du prochain en vue de Dieu. Le sens concret de "don, aumône" est attesté depuis le IIIe s., et celui de "repas de bienfaisance" depuis le VIe siècle. » A. REY (dir.), *Dictionnaire historique de la langue française*, *op. cit.*, p. 423.

présentations idylliques qui accompagnent souvent cette APD. L'*occidentalocentrisme* des premières heures de la modernité des sociétés romano-germaniques n'a jamais disparu, en dépit du fait que les pionniers de l'économie du développement tels qu'Albert O. HIRSCHMAN, Walt W. ROSTOW, Benjamin HIGGINS aient mis l'accent sur le concept d'immanence sociale. Le subterfuge reste dissimulé dans la finesse du montage. Les auteurs précités ont en effet construit leurs théories sur l'idée charnière que tout État possédait, en son sein, les germes de sa propre croissance qu'il suffisait d'extérioriser ou transcender en franchissant des étapes ou phases bien précises et préétablies dans les systèmes occidentaux[9]. L'aporie est ici manifeste. Les choix souverains n'existent plus, les modalités du développement sont écrites à l'avance, sans aucune considération pour les facteurs endogènes.

84. La dimension paternaliste du concept d'aide au développement. – De fait, l'objectif officiel de l'aide était donc de faire sortir les États nouvellement indépendants de leur « précarité socioéconomique » et sans égard pour les nations autochtones qui ont précédé et survécu au colonialisme. Ces problèmes de qualifications ont un *air de famille* patent avec les discours paternalistes – d'éducation des sociétés non civilisées, d'occupation de territoires n'appartenant à personne, etc. [10]— qui ont accompagné les campagnes expansionnistes. Pire, certains auteurs ont tenté de constituer une base scientifique à ces discours, en les rapprochant d'un phénomène « d'évolution sociale », nom donné à une occidentalisation progressive perçue comme la *manière d'être* idéale. Une simple référence aux travaux du professeur Bertrand BADIE suffit pour s'en convaincre. Ce dernier rappelle parfaitement, dans son ouvrage *Le développement politique* – traitant l'ensemble des facettes du concept —, que l'aide au développement était consentie aux nouveaux États en réponse aux impératifs suivants : « améliorer leur situation économique tout en leur offrant les moyens d'accélérer le processus de mutation politique qui devait nécessairement les conduire à un régime démocratique et libéral »[11].

85. L'adhésion des Maliens à la présentation altruiste et utopique de l'aide au développement. – Cette dernière interprétation converge également avec celle du dictionnaire de « philosophie occidentale » qui définit le développement en tant que néologisme de remplacement du « concept d'évolution ». Ce dernier concept est assimilé, par analogie au « processus de formation d'un être organisé [en l'occurrence l'État moderne]

[9] B. BADIE, *Le développement politique*, Éditions Économica, Collection politique comparée, Paris, 1978, p. 1-6.
[10] J. J. A. SALMON, « Le procédé de la fiction en droit international public », *op. cit.*, p. 133-134.
[11] B. BADIE, *Le développement politique, op. cit.*, p. 4.

à partir d'un germe [formé par la petite classe d'anciens assimilés] »[12]. La langue bambara n'a pas non plus échappé à cette conception matricielle et avilissante du développement. Elle fait aussi correspondre cette transformation sociale avec le *bɔnɔgɔla :* un mot constitué à travers l'union du *bɔ* (sortir, extraire) et *nɔgɔ* (la saleté, souillure, engrais fertilisant une terre agricole). Cela explique pourquoi les Bambaras appellent l'aide au développement *bɔnɔgɔla nɔgɔya* (qui signifie littéralement : faciliter l'éclosion, l'explosion). Dans cette conception biologique, le plus important reste le support de cette opération agricole et non le processus en lui-même. En référence au proverbe bambara mis en valeur par Joseph KI-ZERBO, nous disons que l'élément déterminant demeure la *natte,* la rationalité des citoyens composant la partie sensible qui va nourrir l'expérience.

86. Dévoilement de la place de l'aide au développement dans la re-occidentalisation utopique de l'État. – Le manque de pertinence de ce concept d'APD exogène découle étrangement du défaut de fabrication volontaire qui le caractérise. C'est la raison pour laquelle cette analyse lui réservera une place de choix. Une bonne compréhension du fonctionnement de la rentabilité de ce paradoxe nécessite une archéologie conceptuelle qui dévoilera ses racines américaines. Nous referons le cheminement de cette rénovation américaine de l'occidentalisation de l'universel engendrée par le plan Marshall, qui servira de nouveau prototype (**Chapitre premier**). Nous nous intéresserons, par la suite, aux éléments de son mécanisme qui font sa richesse pragmatique. Pour le formuler autrement, nous analyserons de manière précise la machinerie technique qui permet, actuellement, à l'ensemble de l'Occident d'instrumentaliser les imprécisions du concept d'APD (**Chapitre second**).

---

[12] A. IBRAHIM, B. BADIE, « Développement », S. AUROUX, *Les notions philosophiques : dictionnaire, Tome 1, op. cit.*, p. 625-627.

CHAPITRE PREMIER :

Positions : La rénovation de l'archétype de l'État par le Plan Marshall

« *Masakè bòlòlà hèrè bè se mògò o mògò ma*
O tigi be fara a ka jama kan
Bò cogo tè o tigi la tun
(Celui qui bénéficie des libéralités d'un souverain sera comptabilisé parmi ses gens. Ce dernier ne pourra plus s'en détacher comme bon lui semble.) »
Bô JARA[13]

87. Souveraineté et commandement. – Suivant le principe de souveraineté, tout État moderne doit disposer d'un système de commandement propre et endogène permettant de fédérer les individualités qui le composent. De nos jours, cette affinité est inscrite dans les mœurs. Il est donc vital qu'un État soit doté d'outillages juridiques en adéquation avec sa substance. Ainsi, une société majoritairement peuplée de citoyens réfractaires à la rationalité occidentale ne peut être convenablement gouvernée à l'aide d'un système de prescriptions établies sur cette même rationalité. Il s'agit d'une question de crédibilité pour l'autorité officielle qui doit bénéficier d'un minimum de confiance des citoyens pour qu'opère la magie du gouvernement sans violence et qu'elle dispose effectivement du monopole de la contrainte légitime. C'est-à-dire que contrairement aux autres modalités des sociétés politiques, l'État moderne doit impérativement s'établir sur une libre volonté nationale ou populaire qui légitime le système de commandement dans son ensemble. Il doit disposer d'un point de repère réel ou fictif permettant d'asseoir l'autorité du chef. C'est ce qui permet une

[13] Propos de B. JARA, recueillis à Koroman le 8 octobre 1984 et traduits par S. BAGAYOGO, « L'État au Mali : Représentation, autonomie et mode de fonctionnement », *op. cit.*, p. 103-104 et 119.

combinaison harmonieuse entre le *bia* (violence) et le *dikˉè* (justice) mis en avant par le professeur Giorgio AGAMBEN[14].

Cette interprétation est confirmée par l'article premier de la Constitution malienne du 22 septembre 1960 – au même titre que les deux suivantes[15] —, qui rappela qu'en République du Mali le principe reste celui du gouvernement du peuple par le peuple et pour le peuple. L'usage grec du *nomos* (la souche étymologique de la norme, la règle[16]) pour nommer ce qui est en partage, le commun d'un groupement d'individus n'est décidément pas un hasard. Il se trouve que cet ancêtre des outils de commandement modernes est une ramification du *νέμος,* la racine grecque du *nĕmus* latin (le bois, la forêt renfermant le pâturage, le support matériel du système de prescription)[17].

88. Le nouvel universel. – L'absence d'exception à ce concept de souveraineté laissait une seule issue à la rationalité occidentale : le renouvellement. Celui-ci est nécessaire pour récupérer ou garder la maîtrise des États fraîchement émancipés. C'est ce qui s'est réalisé avec le déménagement du siège du nombrilisme international de l'Europe occidentale vers l'Amérique du Nord et le renouvellement des fondations de cette rationalité à vocation internationale. Les Américains ont récupéré les rênes de l'universel par le biais du remplacement des matériaux romano-germaniques (l'abstraction, l'introduction de la raison, etc.) qui avaient permis d'édifier l'État moderne, au profit d'une autre forme de rationalité.

89. L'instrumentalisation des Guerres mondiales : vocations stratégiques de l'aide au développement. – Il est possible d'émettre des réserves sur cette explication. Elle est cependant fondée sur des faits historiques. Les Guerres mondiales (surtout la seconde) ont été effectivement déterminantes. Pendant la Seconde Guerre mondiale, les États-Unis d'Amérique avaient l'avantage d'avoir un territoire épargné de la destruction. L'entrée en guerre des États-Unis d'Amérique aux côtés des forces alliées s'est peu après matérialisée le 11 mars 1941 par la promulgation du *lend-lease act* ou loi du *prêt-bail.* Ce texte circonstanciel – dont la durée de vie initiale ne devait pas excéder cinq ans (de 1941 à 1945) – prévoyait une ouverture du marché national de l'État bénéficiaire de l'aide en contrepartie de l'assistance militaire et financière américaine. Cette législation constituera, par la suite, l'embryon, le prototype

---

[14] G. AGAMBEN, *Homo sacer : le pouvoir souverain et la vie nue,* Traduction de M. RAIOLA, Éditions du Seuil, Paris, 1997, p. 23-83.

[15] L'équivalent du deuxième alinéa de l'article premier de la Constitution du 1er juillet 1974 (décret n° 3 – PG-RM du 1er juillet 1974 portant promulgation de la Constitution de la République du Mali, *op. cit.,* p. I.). C'est aussi l'équivalent du premier alinéa de l'article 25 de la Constitution du 25 février 1992.

[16] L. SÉCHAN, P. CHANTRAINE, *Dictionnaire grec français/Le Grand Bailly*, Éditions Hachette, Paris, 2000, p. 1318 et 1331.

[17] P. FLOBERT (dir.), *Le grand Gaffiot, op. cit.,* p. 1036.

de l'américanisation de la rationalité occidentale et universelle. Elle bénéficiera, pour ce faire, du soutien de la légitimité attachée au concept d'APD destinée aux pays désignés comme les moins avancés, sous-développés ou en voie de développement. En outre, c'est en suivant des logiques stratégiques et de rentabilité politico-économique conçues en temps de guerre que le 5 juin 1947, George MARSHALL, ancien général de l'armée américaine et Secrétaire d'État, a prononcé son discours de l'université de Harvard dans lequel il proposait des remèdes tactiques et économiques sans précédent pour la reconstruction physique et mentale de l'Occident. Il s'agissait d'une forme inédite d'aide massive et standardisée mise à la disposition de tous les pays européens intéressés et affaiblis par le conflit. La prévision d'un calendrier s'étalant sur quatre années (de1948-1952) garantissait l'observation scrupuleuse des conditionnalités imposées par la partie américaine. Nous avons là le prototype des fameuses règles de bonne gouvernance qui caractériseront l'APD.

90. L'aide entre faux-semblants et faux espoirs. – Cette innovation économique et financière qui se caractérise aujourd'hui par une occultation de ses intentions stratégiques a, pourtant, contribué à la création d'un nouvel outil de commandement universel. Elle a vu naître les principes de la gouvernance mondiale en inventant et en internationalisant – grâce à ses recommandations – une représentation des sociétés politiques modernes contraire aux lois de la logique biologique du développement **(Section 1)**. C'est la raison pour laquelle nous procéderons à un éclaircissement eidétique de ce concept, en dévoilant sa véritable nature oscillant entre faux-semblants et faux espoirs **(Section 2)**.

SECTION 1 :
L'invention de l'APD exogène : le support de l'occidentalisation

91. Synopsis de l'instrumentalisation du plan Marshall dans la reconstruction de l'archétype étatique. – Le plan Marshall a inversé la logique biologique du concept de développement. Ce dernier est ainsi passé d'une dimension individuelle et endogène à une forme d'occidentalisation exogène. En posant les fondations d'une *manière d'être* universelle sous la tutelle américaine **(§1)**, il a revisité les ingrédients romano-germaniques de l'État moderne caractérisé par l'introduction de l'abstraction et de la raison dans ses critères de gouvernance et d'identification. Cette nouvelle rationalité américano-occidentale a également revigoré la maîtrise occidentale de l'universel. L'opération était avantageuse pour l'ensemble de l'Occident, dans la mesure où elle permettait aux États colonisateurs de renouveler et redynamiser les bases de leur autorité sur les colonisés, en plus du transfert de témoin aux Américains. La participation des Indigènes aux guerres mondiales commençait à avoir raison de l'indifférence générée par l'officialisation des rapports de force intériorisés. Dans le même sens, le rapprochement stratégique entre aide à la construction et aide à la reconstruction **(§2)** a fourni le capital confiance nécessaire à la régénération et à l'universalisation de cette nouvelle rationalité.

§ 1 : Le plan Marshall : aide à la reconstruction d'une *manière d'être* universelle

92. Le discours de réinvestiture d'Harry TRUMAN. – Un rapide survol des nombreux points du discours de réinvestiture d'Harry TRUMAN suffit à prendre la mesure historique de l'aide Marshall. En effet, le premier point concernait le renforcement du soutien américain à l'ONU, le deuxième encourageait la poursuite du plan Marshall, quant au troisième, il annonçait la création de l'OTAN comme organe commun de défense. Cette localisation du plan Marshall démontre qu'il faisait partie d'un projet d'une envergure plus conséquente : le réaménagement et la maîtrise d'une *manière d'être* universelle des sociétés politiques. En effet mis à part sa vocation stratégique directe – consistant à façonner l'Europe occidentale d'après-guerre à son image **(B)** – l'aide Marshall a permis aux Américains de récupérer le flambeau de l'égocentrisme universel **(A)**.

A/ L'américanisation de la rationalité universelle : la vocation finale de l'aide Marshall

93. La double vocation de l'aide Marshall : l'outil et l'instrument d'arraisonnement du mana universel. – À l'image de ce qui s'est passé dans les monarchies absolues lors du passage de l'État de l'Ancien Régime à l'État moderne, les Nord-Américains ont utilisé, puis instrumentalisé l'aide Marshall à leur profit. Pour ce faire, ils n'ont fait que recycler les dispositifs déjà utilisés par leurs prédécesseurs du vieux continent. Ils sont partis d'une vision égocentrique du monde pour reconstruire, de manière autoritaire, la perception prototypique qu'il fallait en avoir. Dans cette récupération de la maîtrise, le plan Marshall a servi d'alibi et de vitrine permettant la propagation de cette conception nouvelle de l'agencement du *mobilier du monde*. Étant donné que la détention de l'autorité occidentale était synonyme de jouissance absolue de la *compétence de sa compétence*, les Américains ont reproduit le solipsisme expansionniste **(1)** qui avait permis à la civilisation occidentale des sociétés romano-germaniques de répandre sur le monde une conception de la modernité et de la rationalité délibérément associées à la science. C'est notamment pour ces raisons que, de nos jours, les sciences et techniques demeurent associées dans les consciences contemporaines[18]. Le processus de création et de propagation de ce nouvel axiome peut être clairement identifié à travers une brève analyse des moyens mobilisés pour introduire un *yùrùguyurugu* dans les instances de la gouvernance internationale **(2).**

1/ Les fondations du solipsisme américain

94. La *Manifest Destiny* : le mythe fondateur de la nouvelle rationalité universelle favorable au monde des affaires. – Le nouveau visage de la rationalité universelle, du monde de la technique, prend idéologiquement appui sur le mythe libertarien de la *Manifest Destiny* (ou Destinée manifeste). Il s'agit du fondement théorique de la colonisation américaine, ce qui a permis et justifié l'occupation des territoires de l'Ouest jusqu'à l'Océan Pacifique et a favorisé l'expansion de la civilisation occidentale de l'époque à l'ensemble de ces territoires. Cette doctrine a officiellement vu le jour le 27 décembre 1845, dans le journal new-yorkais *Morning News,* sous la plume de John Louis O'SULLIVAN. Ce dernier parlait du *Manifest Destiny* comme : « notre destinée manifeste à la domination et à la possession de la totalité du continent que la Providence nous a donnée pour y développer une grande expérience de liberté »[19]. La force de la croyance du peuple américain en cette « destinée manifeste » se situe au-delà de l'apogée du solipsisme de la rationalité romano-germanique. De manière plus contemporaine, il s'agissait du principal moyen de légitimation de la prédation internationale et non d'un simple facteur d'unité nationale, ou d'une sorte de devoir de mémoire. Il suffit de se reporter aux propos de madame Marie-Christine PAUWELS pour s'en convaincre. Cette dernière a saisi l'essence de ce particularisme national en rappelant que :

> « Les Américains sont convaincus d'être le peuple élu de Dieu, à qui échoit la mission de répandre un certain idéal et une certaine civilisation à l'intérieur comme à l'extérieur des frontières américaines. L'Amérique étant une expérience unique, exceptionnelle, un véritable laboratoire du progrès créé de toutes pièces, le modèle ainsi obtenu est perçu comme le meilleur au monde et les Américains ont le devoir moral d'en faire bénéficier le reste de la planète. Telle est leur "destinée manifeste". Liberté et démocratie doivent être étendues et préservées à travers le monde ; telle est la mission de l'Oncle Sam, celle qui justifie le choix du peuple américain par Dieu »[20].

---

[18] cf. G. HOTTOIS, « Technique », dans : M. CANTO-SPERBER (dir.), *Dictionnaire d'éthique et de philosophie morale*, Éditions PUF, Paris, 1996, p. 1496.

[19] F. CLARY (dir.), *La destinée manifeste des États-Unis au 19 e siècle : Aspects culturels, géopolitiques et idéologiques*, Colloque de l'ERAC-CETAS du 10-11 décembre 1999, Publications de l'Université de Rouen, 2000, Rouen, 220 p.

[20] M. – C. PAUWELS, *Civilisation américaine*, Éditions Hachette, Paris, 1994, p. 37.

Ainsi, parce qu'il était destiné à servir de prototype, de patron, pour la résolution de crises postérieures[21], le plan Marshall remplira le rôle d'adjuvant pour l'universalisation de ce nouveau modèle. C'est également à cause de l'adhésion à ce mythe fondateur de la *Manifest Destiny* que le *New Deal* ou nouvelle donne (nom donné à la nouvelle *manière d'être* de l'État fédéral qui était devenu entrepreneur et providentiel) représentera une crise institutionnelle majeure aux États-Unis d'Amérique.

95. *Le New Deal :* la politique fédérale anticyclique vécue par le monde des affaires comme une révolution de la *Manifest Destiny*. – Cette forme d'intervention providentielle du gouvernement fédéral s'épanouissait peu à peu et partout à travers un Occident éprouvé par la Première Guerre mondiale et la grande dépression de 1929. En Afrique, cette vision du monde allait heurter de plein fouet les revendications connues sous le nom de socialisme africain. Cette conception de la *manière d'être* des sociétés politiques modernes était évidemment contraire au *Manifest Destiny* et à ses conséquences. En raison de ces divergences conceptuelles, les mesures du *New Deal* vont donner lieu à de fortes résistances de la part des gardiens du mythe de *l'originalisme* de la Constitution fédérale. Par exemple, l'illustre juriste américain, le professeur Bruce ACKERMAN citera le *New Deal* parmi les trois bouleversements profonds qui ont mis à rude épreuve les fondements idéologiques de la Constitution américaine[22].

Il convient de souligner enfin le fait que cette modification profonde des règles du *jeu* impactait directement le rôle de l'État fédéral dans le modèle économique et social américain. Pire, pour les plus radicaux des conservateurs, il équivalait à un coup d'État fédéral, une rupture brutale de la légalité constitutionnelle qui anéantissait l'une des principales particularités de la construction américaine : la doctrine du « fédéralisme compétitif »[23]. Ce concept atypique caractérisait l'expérience américaine parce qu'il instaurait, dès le départ de l'aventure fédérale, une émulation entre États membres dans leurs domaines réservés. Il s'agissait d'une mise en concurrence de différentes législations des États fédérés. Ces derniers instrumentalisaient volontiers leur ordre juridique en vue d'attirer les

---

[21] Selon G. MARSHALL, « Cette aide [...] ne doit pas être accordée chichement, chaque fois que surviennent les crises. Toute aide que ce gouvernement pourra apporter à l'avenir devrait être un remède plutôt qu'un simple palliatif. Tout gouvernement qui veut aider à la tâche de la reprise économique jouira, j'en suis sûr, de la plus entière coopération de la part du gouvernement des États-Unis. » *Extrait du discours d'Harvard du 5 juin 1947.*

[22] B. ACKERMAN, *Au nom du peuple : Les fondements de la démocratie américaine, op. cit.*, p.76.

[23] L. USUNIER, « La concurrence normative, un mode de représentation des rapports entre les systèmes juridiques en vogue », dans : R. SEFTON-GREEN et L. USUNIER (dir.), *La Concurrence normative, mythes et réalités,* Éditions Société de législation comparée, Paris, 2013, p. 17-23.

entreprises et les capitaux, qui bénéficiaient d'une liberté de circulation et d'établissement dans n'importe quelle partie du pays.

96. La naissance du concept de gouvernement des juges. – Les divergences conceptuelles entre *New Deal* et *Manifest Destiny* ont été extériorisées à de nombreuses reprises devant une Cour suprême américaine acquise à la cause libertarienne. C'est d'ailleurs ce postulat jurisprudentiel de la juridiction constitutionnelle américaine qui a engendré la notion de « gouvernement des juges »[24] qui inquiétait tant le général De GAULLE. Selon François LUCHAIRE, c'est avec en tête cette hantise que le constituant de 1958 a choisi le système de contrôle de la constitutionnalité du Conseil constitutionnel[25]. Pour rappel, les Sages américains invalidaient toutes les mesures anti-crises providentielles mobilisées par le gouvernement fédéral[26]. Leur blocage jurisprudentiel était si tenace qu'il a fallu nommer neuf nouveaux juges pour la faire plier à la volonté de réforme nationale.

97. La migration de la résistance conservatrice : l'américanisation des institutions de Bretton Woods. – La capitulation de la Cour suprême, après l'affrontement avec F. D. ROOSVELT, n'a pas mis fin à la « peur du rouge » inférée au *New Deal* par les pouvoirs économiques privés. Elle a, au contraire, accru la résilience des conservateurs qui changeront de stratégie. Ils passeront de la résistance juridique à une forme d'américanisation des institutions internationales qui étaient en gestation. C'est ce que nous appelons les fondations de la mondialisation du *yùrùguyurugu,* en référence à la familiarité qu'il y a entre ces aléas et ceux rencontrés avant l'indépendance malienne.

2/ L'américanisation de la conception des instituions internationales : les fondements d'un yùrùguyurugu mondial

98. L'archéologie du concept de *yùrùguyurugu* mondial : la place de la peur du communisme. – Les libéraux anglo-saxons étaient terrifiés par l'attractivité croissante de l'idée d'une Banque centrale internationale de l'Anglais John Maynard KEYNES et celle d'une coopération monétaire internationale de l'Américain Harry Dexter WHITE. Ils y voyaient une forme de mondialisation des pratiques semblables au *New Deal* américain. C'est la raison pour laquelle une nouvelle technique de riposte a été mise en place aux États-Unis d'Amérique. Elle consistait à corrompre et instrumentaliser les institutions qui allaient naître des accords de Bretton

---

[24] É. LAMBERT, *Le gouvernement des juges et la lutte contre la législation sociale aux États-Unis : l'expérience américaine du contrôle judiciaire de la constitutionnalité des lois,* Éditions Dalloz, Paris, 2005, 276 p.

[25] cf. D. MAUS et J. BOUGRAB, *François Luchaire : un républicain au service de la République : liber amicorum,* Éditions Publications de la Sorbonne, Paris, 2005, p. 361-362.

[26] E. ZOLLER, *Grands arrêts de la Cour suprême des États-Unis,* Éditions PUF, Paris, 2000, p. 423-432.

Woods de 1944. Le caractère prématuré de cette subversion et sa visée utilitaire a convaincu de l'existence d'une parenté entre cette action et celle des pères de l'indépendance malienne. C'est la raison de leur catégorisation sous le vocable spécifique du bambara *yùrùguyurugu,* qui saisit avec une grande pertinence de telles pratiques.

99. La compromission des institutions fédérales avec le monde des affaires et ses conséquences dans la conception des institutions de Bretton Woods. – Le principal acteur de cette nouvelle forme de résistance institutionnelle était le *House Committee on Un-American Activites* (H.U.A.C.), l'équivalent américain des commissions parlementaires maliennes ou françaises. Cette commission *ad hoc* a vu le jour en 1938 pour traquer et expulser la propagande antiaméricaine de la Fédération. Le *lend-lease act* ou loi du *prêt-bail* daté du 11 mars 1941 avait déjà permis la conservation du modèle économique et social en lui garantissant un accès privilégié au marché européen. Ces prémices du plan Marshall avaient déjà donné gain de cause aux libertariens. Le H.U.A.C. est donc devenu le nouveau refuge du conservatisme. Sa création s'inscrivait dans la continuité d'une vigoureuse campagne néolibérale menée contre les accords de Bretton Woods de 1944. En effet, les républicains et l'association des banquiers de New York faisaient front commun contre ce qui, à leurs yeux, était une trop forte implication des États-Unis d'Amérique dans le processus de création de ces institutions internationales. Cela était compréhensible au vu de la nature des idées défendues par les concepteurs de ces institutions[27]. Cette coalition du H.U.A.C. a, par exemple, cherché par tous les moyens et de toutes ses forces à discréditer le haut fonctionnaire du Trésor américain et architecte du FMI, Harry Dexter WHITE. Les positions scientifiques de ce père idéologique du FMI étaient à l'opposé des plans de la macroéconomie ayant libre cours dans la société américaine à l'époque. Plus concrètement, pour lui, le fait d'« utiliser le système monétaire international comme prétexte pour mettre en œuvre des politiques impopulaires justifiées seulement par des considérations économiques et dogmatiques nationales ne [pouvait] qu'empoisonner l'atmosphère des relations financières internationales »[28]. Le H.U.A.C. a répondu à ces formes de contestation en tentant de discréditer leurs auteurs. Harry Dexter WHITE fut l'objet d'une accusation diffamatoire d'espionnage au profit de la Russie. L'indécence de cette méthode utilisée constitue un bon exemple des déboires de la politique internationale du développement.

100. La construction de soi par la reconstruction de l'autre. – L'aide à la reconstruction de l'Europe était destinée en réalité à bouleverser

---

[27] P.-O. LAPIE, cité par Y. TAVERNIER, *Les activités et contrôle du Fonds monétaire international et de la Banque mondiale,* Rapport d'information parlementaire, décembre 2000, Paris, p. 29-30.

[28] *Ibid.,* p. 28.

l'équilibre des relations internationales. La vocation immédiate de l'aide Marshall n'était rien moins que la conquête l'Europe occidentale.

B/ Le façonnage de l'Europe occidentale : la vocation immédiate de l'aide Marshall

101. L'instrumentalisation du droit et l'imposition d'une conditionnalité stratégique à l'aide Marshall. – Comme le prévoyait Georges Marshall dans son discours d'Harvard, sa méthode devait se transformer en standard universel. La satisfaction de cet objectif passait par la dépossession des anciens détenteurs de l'autorité universelle et la récupération de la prépotence. Cette transmission de témoin ne devenait effective qu'à travers l'appropriation de la rationalité occidentale, gage de la maîtrise des cadres étatiques. L'aide Marshall était le levier de cette relève américaine. C'est la raison pour laquelle cette générosité manifeste cachait des intentions qui dépassaient le simple champ de la sécurité internationale. En réalité, elle posait les jalons d'un véritable façonnage du monde occidental décelable à l'aide d'une analyse des contraintes historiques **(1)** qui ont donné lieu à une instrumentalisation du droit **(2).**

1/ La conjuration des circonstances historiques hostiles par l'aide Marshall

102. L'arraisonnement des consciences européennes réfractaires par l'aide Marshall. – Sur le plan historique, il convient de rappeler que 1947, année de lancement de l'aide, était considérée par certains analystes politiques comme le début de la guerre froide. Ce fut notamment la conclusion évidente à laquelle parvint le professeur Claude D'ABZAC-EPEZY, qui s'était fondé sur des sondages de l'Institut français d'opinion publique (IFOP) de l'été 1947 pour étayer sa thèse. Ces données démontraient le caractère insignifiant de la peur des Européens face à l'ampleur de la « paranoïa collective américaine »[29]. Elles illustrent, également, la vocation stratégique directe de l'aide qui devait assurer la sécurité américaine et internationale à travers l'endiguement de l'Union soviétique. Ces données de l'IFOP prouvaient que les Français n'étaient pas tourmentés par la crainte d'une nouvelle guerre, puisque seulement trente-cinq pour cent de la population pensaient qu'un conflit total éclaterait dans la décennie qui suivait, contre cinquante-trois pour cent d'Américains au même moment. Par ailleurs, dans l'hypothèse peu probable d'une nouvelle guerre, les Français estimaient à cinquante et un pour cent que l'agresseur serait

[29] Expression empruntée à G. FARJAT, qui avait parlé de constitution d'un gigantesque marché de la peur avec le retour des grandes peurs et des déraisons du Moyen Âge. G. FARJAT, « L'ordre concurrentiel et la formation des Hommes », dans : *L'ordre concurrentiel, Mélanges en l'honneur d'Antoine PIROVANO*, Éditions Frison-Roche, p. 367.

l'U.R.S.S., ce qui n'altérait point la volonté des quatre-vingt-deux pour cent de la population qui optaient pour une neutralité de la France en cas d'éclatement d'un conflit américano-soviétique[30]. Nous remarquons clairement que le consensus actuel qui entoure l'action américaine était loin des réalités de l'époque. La France du général De GAULLE était donc favorable à une effectivité absolue du programme économique du Conseil national de la résistance du 15 mars 1944, qui n'était pas très favorable au libre marché.

103. L'arraisonnement des structures de commandement européen par l'OCDE. – C'est dans le but d'adoucir ces velléités occidentales que la conditionnalité de l'aide Marshall permettait aux Américains d'infiltrer et de façonner les sociétés politiques européennes à travers les institutions supra-étatiques, telle l'Organisation européenne de coopération économique (OECE). Créée le 16 avril 1948 sous la tutelle des alliés américains, cette organisation se devait de prêcher les « bonnes paroles » nord-américaines – provenant du Canada et des États-Unis d'Amérique – tout en administrant de manière rationnelle les sommes allouées à l'Europe dans le cadre de l'aide Marshall. Elle devait mettre l'Europe occidentale au pas de la nouvelle rationalité américaine. En acceptant de suivre les recommandations américaines – consistant, principalement, au renforcement des relations économiques dans un cadre de libéralisme des échanges commerciaux et monétaires –, l'Occident transféra le témoin de son autorité. Ce que nous avons appelé le nombrilisme de l'universalité passa d'un continent à l'autre. Ce déménagement est devenu effectif en 1961 avec le remplacement de l'OECE par l'Organisation de coopération et de développement économique (OCDE). Cette succession institutionnelle symbolisait, en quelque sorte, le changement officiel de l'adresse du centre de l'autorité occidentale. Il a ainsi confirmé l'*exogénéité* du concept de développement. Désormais, les sociétés politiques officiellement membres de la Communauté internationale ne recevaient le label d'États « développés » ou « évolués » qu'en se conformant au prototype et aux intérêts de la *natte* américaine. Comme nous le savons, la maîtrise de la *natte* universelle équivalait à la détention d'une réelle emprise sur la gouvernance internationale. Il suffit de se référer aux bouleversements provoqués dans la conception et la pratique juridique des régions concernées pour en prendre la mesure.

[30] C. D'ABZAC-EPEZY, « La perception de la menace aérienne en France, 1947-1953 : renseignement, propagande et opinion publique », dans : J. DELMAS et J. KESSLER, *Renseignement et propagande pendant la Guerre froide 1947-1953*, Éditions complexe, 1999, p. 245.

2/ Les manifestations juridiques du transfert de témoin

104. L'évanescence des spécificités juridiques des deux systèmes. – Sur le plan juridique, l'onde de choc de ce bouleversement s'est manifestée à travers une convergence des pratiques juridiques américaines et européennes qui s'étaient pourtant bien différenciées.

105. La re-européanisation du droit américain. – Outre-Atlantique, les nouveaux enjeux ont révolutionné la manière de penser la pratique juridique. Ce phénomène a bien été saisi par l'éminent constitutionnaliste américain, le professeur Bruce ACKERMAN, qui l'a qualifié « d'européanisation du droit américain ». Dans son ouvrage *Au nom du peuple : les fondements de la démocratie américaine*, il s'est même donné pour mission de combattre cette forme de réassimilation. C'est dans ce sens qu'il introduit son chapitre premier en ces termes :

> « L'Amérique est une puissance mondiale, mais a-t-elle la force de se comprendre elle-même ? Peut-elle se contenter, aujourd'hui encore, de n'être qu'une colonie intellectuelle, et d'emprunter à l'Europe les catégories dont elle a besoin pour déchiffrer le sens de son identité ? Une telle question n'a pas toujours été d'actualité à propos la Constitution américaine, car lorsque l'Amérique n'était qu'une petite puissance économique et militaire aux franges de l'Europe, elle était à l'avant-garde de la pensée constitutionnelle ; mais à mesure qu'elle est devenue la puissance dominante de l'Occident, ses plus grands constitutionnalistes ont cessé d'avoir une pensée originale. »[31]

Cette *exogénéité* américaine, considérée par le professeur ACKERMAN comme une forme d'oisiveté intellectuelle ou une panne d'inspiration des juristes, n'était, en réalité, que le revers de l'universalisation du modèle américain. Le changement de la place ou du rang des États-Unis d'Amérique transformait les questions ordinaires en les universalisant, car ils étaient devenus dépositaires de l'autorité occidentale.

106. L'américanisation du droit européen grâce aux standards. – En Europe occidentale, les réactions dépendaient évidemment des cultures juridiques. Ce transit de la maîtrise du modèle a, néanmoins, conduit à la transposition en l'état d'un certain nombre de *standards* du droit américain, particulièrement en droit de la concurrence. L'européanisation de ces règles outre-Atlantiques s'est faite en contradiction manifeste avec les pratiques coutumières des anciens maîtres de la modernité étatique. Les États ayant hérité de la rationalité romano-germanique et de ses effets (révolution, création de la République, culture de l'écrit, etc.) ont, effectivement, connu une transition difficile par rapport aux Anglo-Saxons qui étaient parfaitement favorables à cette forme de mise en ordre des sociétés politiques. À titre d'exemple, les effets secondaires français de ce parangonnage peuvent être regroupés en deux grandes familles : la jurisprudence et la doctrine.

---

[31] B. ACKERMAN, *Au nom du peuple : Les fondements de la démocratie américaine, op. cit.*, p. 29.

107. Les résistances à la supraconstitutionalité des normes européennes. – En raison de la forte américanisation des juridictions et institutions européennes, les juges administratifs et constitutionnels français ont effectivement eu du mal à intégrer leurs interprétations, notamment celles qui prévoyaient la supériorité du droit de l'Union sur les normes endogènes. Il s'agit, en réalité, de l'une des justifications du retard accusé par le Conseil d'État français dans la reconnaissance de la supra-légalité des normes issues de l'ordre juridique communautaire, puis de l'Union européenne[32], et cela en totale méconnaissance de la portée de la jurisprudence *Flaminio Costa contre ENEL* de l'ancienne Cour de justice de la Communauté européenne (l'actuelle Cour de justice de l'Union européenne)[33]. Cette décision consacrait, sans aucune ambiguïté, la primauté des normes communautaires sur des ordres juridiques nationaux. Dans le même sens, ce n'est qu'à partir de sa décision du 10 juin 2004 traitant de la conformité de la loi pour la confiance dans l'économie numérique à la Constitution, que le Conseil constitutionnel français a reconnu la constitutionnalisation de ces normes particulières notamment dans le septième considérant : « la transposition en droit interne d'une directive communautaire résulte d'une exigence constitutionnelle à laquelle il ne pourrait être fait obstacle qu'en raison d'une disposition expresse contraire de la Constitution »[34]. Cependant, il a instauré une hiérarchie entre ces normes et certaines dispositions expresses de la Constitution française. Même le fait pour le Conseil constitutionnel d'avoir posé sa première question préjudicielle à la CJUE (dans l'affaire M. Jeremy F.)[35] ne change rien aux règles de préséance constitutionnelle établies depuis le début de l'aventure européenne. En effet, nonobstant cet appel des juges constitutionnels français à leurs homologues luxembourgeois, la position officielle du Conseil reste la même : la suprématie de la Constitution en France. Derrière cette argumentation autoritaire des Sages français, qui avançaient des justifications de nature pragmatique, se trouvait une volonté de conservation de l'intégrité de la *manière d'être* française et de sa maîtrise. En d'autres termes, la reconnaissance manifeste et officielle de cette supériorité des normes de l'Union par le Conseil constitutionnel aurait symbolisé une abdication pure et simple de cette dernière. Cela signifierait la dissolution de la singularité française dans une Union inachevée. La

---

[32] C. LABRUSSE-RIOU, D. TRUCHET (dir.), *Droit administratif : Les grandes décisions de la jurisprudence*, 16e édition, Éditions PUF, Paris, 2014, p. 95-111.

[33] CJCE, 15 juillet 1964, *Costa c/ENEL*, C 6/64, Rec. 1964, p. 1141 (concl. Lagrange), ECLI:EU:C:1964:66.

[34] Conseil constitutionnel français, « Décision n° 2004-496 DC du 10 juin 2004, Loi pour la confiance dans l'économie numérique », *JORF* du 22 juin 2004, p. 11182.

[35] Conseil constitutionnel français, « Décision n° 2013-314 P QPC du 4 avril 2013, M. Jeremy F. [Absence de recours en cas d'extension des effets du mandat d'arrêt européen – question préjudicielle à la Cour de justice de l'Union européenne] », *JORF* du 7 avril 2013 p. 5799.

pertinence de cette interprétation a d'ailleurs été récemment confirmée par le Conseil d'État français. Il a jugé que le caractère prioritaire de la QPC impliquait que le juge de cassation substitue aux motifs d'inconventionnalité retenus par les juges du fond, ceux d'inconstitutionnalité résultant d'une décision rendue ultérieurement par le Conseil constitutionnel sur renvoi d'une QPC[36].

108. L'influence du positivisme juridique de type kelsenien. – Quant à la doctrine, la réaction du courant majoritaire, le positivisme juridique de type kelsenien, a été d'identifier son travail à celui d'un scientifique. Comme l'a rappelé KELSEN, dans sa *Théorie pure du droit* :

> « Théorie, elle se propose uniquement et exclusivement de connaître son objet, c'est-à-dire d'établir ce qu'est le droit et comment il est. Elle n'essaie en aucune façon de dire comment le droit devrait ou doit être ou être fait. D'un mot : elle entend être science du droit, elle n'entend pas être politique juridique. [Il l'a nommé théorie pure] pour marquer qu'elle souhaiterait simplement assurer une connaissance du droit, du seul droit, en excluant de cette connaissance tout ce qui ne se rattache pas à l'exacte notion de cet objet. En d'autres termes, elle voudrait débarrasser la science du droit de tous les éléments qui lui sont étrangers. Tel est son principe méthodologique fondamental. Il paraît sans doute aller de soi. Cependant, il suffit de jeter un coup d'œil sur la science du droit traditionnelle, telle qu'elle s'est développée au cours des XIXe et XXe siècles, pour apercevoir clairement combien il s'en faut qu'elle satisfasse à ce postulat de "pureté". »[37]

Le dogmatisme de ce postulat obligeait le juriste doctrinaire à une autolimitation, à l'image des spécialistes d'autres sciences sociales très souvent soucieux de la révérence de leurs homologues[38]. Elle se manifestait à travers une exclusion, volontaire ou non, des épiphénomènes de son activité sociale. En plus d'apporter une forte lisibilité, ce raisonnement condamnait le savant du droit à un simple rôle d'éclairage des commandements du chef effectivement mis en œuvre. En conséquence, son travail devait se conformer aux choix effectués par les dépositaires de l'autorité politique. Métaphoriquement, la fonction de cette science du droit était comparable à celle d'un guide touristique se contentant de présenter et d'expliquer les particularités des monuments providentiels de l'architecture juridique. Ainsi, la conception et les conditions de travail du juriste dépendaient de la volonté des dirigeants, des dépositaires de l'autorité nationale. Or, cette volonté n'était plus autonome. Indirectement, la majeure partie de ces doctrinaires juridiques était soumise à une hétéronomie souvent insoupçonnée. Leur fidélité à des « dirigeants dirigés » les place sous l'autorité du gouvernant initial.

---

36 Conseil d'État, 2e – 7e chambres réunies, 22 juillet 2016, *Recueil Lebon*, 2016, p.

37 H. KELSEN, *Théorie pure du droit, op.cit.*, p. 9

38 P. BOURDIEU, *Sur l'État, op. cit.*, p. 350-351.

Il paraît évident que cette présentation des fonctions sociales des juristes n'était qu'un vœu pieux qui n'a jamais été conforme à la pratique. C'est la raison pour laquelle le tableau peint par le professeur Paul AMSELEK demeure davantage représentatif de l'ordinaire des fonctions remplies par la doctrine juridique. Lors de sa conférence d'avril 1997 prononcée à la faculté des sciences juridiques, politiques et sociales de Tunis portant sur « la part de science dans les activités des juristes », il avancera l'hypothèse de la technologie juridique :

> « [...] c'est en quelque sorte un technicien au second degré : c'est l'*homo faber* qui réfléchit sur lui-même, sur son expérience artisanale de création et de mise en service d'outils, et cela tout à la fois dans la perspective de constituer cette expérience artisanale en savoir, en savoir-faire didactique, propre à la transmission et à l'apprentissage, mais aussi et dans le même temps dans la perspective de contribuer à perfectionner cette expérience artisanale, à la rendre plus "performante", à y introduire à la lumière de sa raison de la cohérence, des améliorations, à lui faire produire une meilleure satisfaction des besoins pratiques en cause. En bref, c'est en tant qu'activité de rationalisation de la technique que la technologie est théorie de la technique. »[39]

109. La prolongation de cette *doxa*. – En plus de correspondre à la fonction effectivement occupée par les doctrinaires du droit, cette accessoirisation convient davantage à la tradition des juristes des États modernes dotés d'un système juridique d'origine romano-germanique[40]. Étant donné que l'ensemble des pays occidentaux avait intérêt à la perpétuation de cette expérience, il fallait en trouver les moyens. Ces considérations expliquent en partie l'existence d'un hiatus avec le modèle américain fortement inspiré de la *Common law*. Cette cacophonie disparaissait volontiers face à la cupidité. Étant donné que l'ensemble du monde occidental avait intérêt à la mondialisation de cette expérience, il fallait trouver un moyen de sa reproduction. C'est ce qui arriva grâce à la confusion stratégique entre aide à la construction et aide à la reconstruction.

§ 2 : La confusion stratégique entre aide à la construction (APD) et aide à la reconstruction (aide Marshall)

110. Une panacée du monde moderne. – L'aide Marshall a été victime de son succès. Elle a subi une altération de son objectif initial, la

---

[39] P. AMSELEK, « La part de science dans les activités des juristes », *Chroniques Dalloz*, Paris, 1997, p. 338-339.

[40] J. RIVERO et G. VEDEL ont effectué des analyses fines et critiques de l'œuvre du Constituant de 1946. Si leur fonction sociale n'était associée à celle des chefs, ces remarques seraient mal venues. J. RIVERO et G. VEDEL, *Les problèmes économiques et sociaux et la Constitution du 27 octobre 1946*, Éditions Librairie sociale et économique, Collection droit social, Paris, 1947, p. 29-30.

reconstruction des pays occidentaux, pour devenir une aide à la construction des États nouvellement indépendants. Pour illustration, nous pouvons nous référer à la présentation des professeurs André CARTAPANIS et Jean-Louis REIFFERS, pour qui

> « [...] le plan Marshall s'apparente à un transfert public sans contrepartie. Ce plan a d'abord pris la forme d'autorisations de produits américains en Europe pour un montant global de 13,6 milliards de dollars de l'époque et pour une période allant de 1948 à 1952. Pour l'essentiel, à hauteur de 90 % environ, ces importations ne s'accompagnent d'aucune exigence de remboursement, leur financement étant assuré par un prélèvement fiscal exceptionnel voté par le Congrès américain. Gérée par l'Import-Export Bank, la part remboursable bénéficiait de conditions extrêmement favorables : un taux d'intérêt de 2,5 % et une maturité de 35 ans avec différé de paiement. S'y ajoutait également une aide gratuite complémentaire conditionnelle à la réalisation d'échanges commerciaux intraeuropéens. Cette aide sans contrepartie financière s'analyse comme un transfert public d'épargne forcée américaine permettant d'annuler les contraintes macroéconomiques qu'aurait imposées le remboursement d'un prêt. C'est ce que l'on qualifie aujourd'hui d'« aide publique au développement » au sens où le transfert est « accordé par le secteur public, le but essentiel d'améliorer le développement économique et le niveau de vie, et dont l'utilisation, soit ne fait l'objet d'aucun remboursement, soit bénéficie de conditions libérales »[41].

111. La relégitimation de l'universalité de la raison occidentale. – Cette confusion donnait un nouveau souffle au système d'exploitation colonial dont la légitimité avait considérablement été effritée par les participations africaines aux deux Guerres mondiales. La mobilisation des tirailleurs avait incontestablement donné vie à des problèmes nouveaux et inconnus jusque là. En mettant à nu la pleine effectivité du principe d'égalité face aux périls de la guerre, elle a désacralisé l'autorité coloniale. Ainsi, l'utilisation ordinaire de la force brute perdait en légitimité et en efficacité. Dans ce contexte de tension sociale, le rapprochement entre le phénomène de construction et celui de reconstruction a permis de renouveler les termes des rapports de forces. Il a introduit la fausse bonne idée d'une interdépendance internationale entièrement soumise au principe de raison matérialisé par la technicisation du monde, alors que c'est l'Occident qui en détenait les véritables rênes. Cela a conduit les colonisateurs et ex-colonisateurs européens à reproduire le traitement qu'ils ont reçu des Américains. Cette nouvelle vision de l'ordre mondial s'est

---

41 A. CARTAPANIS, J. – L. REFFERS, « le financement public international du développement à la lumière de l'expérience du Plan MARSHALL », dans : R. GIRAULT, M. LEVY-LEBYER, *le Plan MARSHALL et le relèvement économique de l'Europe*, *op. cit.*, p. 689-690. ; G. WILLIAMS « Les contradictions de la Banque mondiale et la crise de l'État en Afrique », dans : E. TERRAY (dir.), *op. cit.*, p.368 (G. WILLIAMS, y précisa que : « [c'est] après 1946 [que] la Banque mondiale a préféré lier des prêts à des projets de développement, sauf quelques cas, tels ceux faits au Nigéria et au Bangladesh après guerre, en 1970-72... »)

répercutée, par la suite, sur l'ensemble du traitement des questions affectant la planète (questions environnementales, les migrations de masse, etc.).

112. La dissimulation des dimensions stratégiques de l'aide par la surexposition de la part symbolique. – Le concept d'APD répondait momentanément aux sollicitations pressantes des élites des anciennes colonies, tout en satisfaisant les États colonisateurs qui ne perdaient pas leurs avantages, même en ayant perdu le témoin de la rationalité universelle. L'inventeur officiel de l'économie du développement, Harry TRUMAN, a à peine occulté la nature « donnant-gagnant » de son concept de « sous-développement », mentionné dans le point IV de son discours de réinvestiture du 20 janvier 1949 :

> « Quatrièmement, il nous faut lancer un nouveau programme qui soit audacieux et qui mette les avantages de notre avance scientifique et de notre progrès industriel au service de l'amélioration et de la croissance des régions sous-développées. Plus de la moitié des gens de ce monde vivent dans des conditions voisines de la misère. Leur nourriture est insatisfaisante. Ils sont victimes de maladies. Leur vie économique est primitive et stationnaire. Leur pauvreté constitue un handicap et une menace, tant pour eux que pour les régions les plus prospères. Pour la première fois de l'histoire, l'humanité détient les connaissances techniques et pratiques susceptibles de soulager la souffrance de ces gens. »[42]

L'histoire universelle n'a, malheureusement, retenu que la symbolique du geste et ne s'est pas occupée de la véritable finalité qu'il occultait. Cette prédominance de la dimension emblématique de l'aide Marshall est également confirmée par ces mots de monsieur Jacques DELORS qui résume ainsi l'image laissée par ce plan en Europe :

> « [...] quelles que soient les controverses sur l'interprétation de ce geste américain en direction de l'Europe détruite, le "Plan Marshall" n'en conservera pas moins l'image d'une démarche de solidarité internationale audacieuse, par son ampleur comme par sa méthode. Qui pense "Plan Marshall" pense en général à une innovation énergique à la coopération internationale et à l'ouverture des échanges, appuyée sur des méthodes de développement originales. »[43]

113. La dissimulation des dimensions stratégiques de l'aide. – Le peu de place occupée par la solidarité et la fraternité dans la mobilisation du concept d'aide servira de point de départ à l'analyse. Le camouflage n'est pas une attitude universelle. C'est ainsi qu'une partie de la doctrine macroéconomique occupe une position dissidente de celle décrite. Elle se

---

[42] Traduction faite à partir de *Public Papers of the United States*, H. TRUMAN, year 1949,5, United States Government Printing Office 1964 (January 27), p. 114–115; G. RIST, *Le développement, histoire d'une croyance occidentale*, Presses de Sciences Po, Paris, 2001, p. 118.

[43] J. DELORS, « Le Plan MARSHALL en mémoire » dans : R. GIRAULT, M. LEVY-LEBYER, *Le Plan MARSHALL et le relèvement économique de l'Europe*, Colloque du Comité pour l'histoire économique et financière de la France tenu à Bercy les 21, 22 et 23 mars 1991, Éditions de l'imprimerie nationale, 1993, p. 2 de la préface.

démarque du paradigme dominant à travers sa croyance aux possibilités de réussite des instruments économiques endogènes. Cette doctrine soutient que la reconstruction et le développement de l'Europe auraient pu se réaliser de manière entéléchique, c'est-à-dire à travers une mobilisation des automatismes monétaires internes, accompagnée d'un programme de dévaluation massive[44]. Avec le recul offert par le temps, la légitimité de ces positions semble évidente. Le monde moderne vit sous l'emprise d'une conception de la technique qui assure l'hégémonie américaine fondée sur une subsomption des intérêts et des *manières d'être* européennes. L'intégralité des cibles du discours de réinvestiture d'Harry TRUMAN a été atteinte. Le plan Marshall a aidé la construction d'une *manière d'être* universelle américanisée et constituée de faux-semblants qui a fait naître des faux espoirs chez ses destinataires.

SECTION 2 :
La face cachée de l'APD : entre faux-semblants et faux espoirs

114. L'arraisonnement des éléments stratégiques du monde en développement : la nouvelle vocation de l'APD. – Après avoir été un étalon mental pour l'Europe occidentale, l'aide Marshall est devenue un vrai guide pour l'action des États développés et fournisseurs de l'APD. Elle a infiltré le continent africain avec la prédominance des objectifs stratégiques, ce qui a conduit à de lourdes équivoques. Cette particularité de l'APD inspirée du modèle Marshall nécessite un dévoilement des faux-semblants qu'elle recèle **(§1)**. Cela éclairera en partie les raisons du mal des États africains pris au piège par cette *doxa*. C'est également grâce à cette élucidation que nous comprendrons pourquoi la demande d'un plan Marshall pour l'Afrique constitue un mirage, l'une des manifestations du triomphe des faux espoirs qui animent désormais ces sociétés sans repères sur la *natte* occidentale **(§2)**.

§ 1/La prédominance des objectifs stratégiques de l'APD : les faux-semblants

115. La primauté des objectifs stratégiques : le vrai visage de l'APD. – Ce travail part d'un constat en forme de question. Pourquoi le Mali qui avec un Indice de développement humain (IDH) classé au 176e rang sur 187 pays sondés en 2013[45] ne bénéficie-t-il, de la part du Comité d'aide au

[44] A. CARTAPANIS, J. – L. REFFERS, « le financement public international du développement à la lumière de l'expérience du Plan MARSHALL », *op. cit.*, p. 61.
[45] PNUD, *Rapport du développement humain 2014, Pérenniser le progrès humain : réduire les vulnérabilités et renforcer la résilience*, New York, 2014, p. 179.

développement (CAD), que d'un soutien à hauteur de 13,5 pour cent de son produit national brut (PNB) évalué par la Banque mondiale ? La réponse à cette interrogation se trouve dans la sélection des critères pris en compte par les promoteurs de la rationalité nouvelle. Ces derniers ont toujours sélectionné des éléments favorables à leurs visées pragmatiques. Ils ne ménagent aucun effort pour pérenniser leur gouvernance de la rationalité internationale.

116. La primauté des objectifs stratégiques dans le fonctionnement de l'Association internationale pour le développement. – Ainsi, de la constitution du concept d'aide publique au développement à la tentative de rationalisation de l'an 2000 (lors du Sommet du millénaire du 6 au 8 septembre 2000[46]) l'allocation de l'APD se faisait d'une manière immuable. C'est-à-dire comme au moment de la guerre froide. L'aide publique multilatérale allouée au nom des institutions internationales relevait de la responsabilité de l'Association internationale pour le développement (ci-après AID) qui faisait partie du groupe des institutions financières internationales[47]. Il s'agit du guichet de la Banque mondiale créé depuis le 24 septembre 1960[48] en réponse à la résolution du 14 octobre 1958 établissant un Fonds spécial des Nations-Unies pour le développement économique de l'Assemblée générale[49].

Selon monsieur Jacky AMPROU et madame Lisa CHAUVET[50], la fin de la guerre froide et ses conséquences sur l'habitus mondial n'ont aucunement impacté les critères d'attribution de l'aide. L'AID utilise invariablement le même modèle d'allocation depuis plus de 20 ans. Son fonctionnement peut être résumé à travers les trois étapes suivantes : évaluation, intégration et ajustement stratégique. La première phase consiste à évaluer les performances de l'État demandeur qui est coté et noté à travers la

[46] cf. Secrétaire général des Nations-Unies, Modalités, forme et organisation de la réunion plénière de haut niveau de la soixantième session de l'Assemblée générale, Rapport (A/59/545), Assemblée générale, New York, 1er novembre 2004, 6 p.

[47] Loi n° 1963-062 du 19 juillet 1963 autorisant l'adhésion de la République du Mali au Fonds Monétaire International, à la Banque International pour la Reconstruction et le Développement, à l'Association Internationale de Développement et à la Société Financière Internationale, *JORM* n° 1963-149 du 1er août 1963, p. 475.

[48] Les Statuts de l'AID, rédigés en anglais, ont été enregistrés au Secrétariat de l'ONU dès le 4 octobre 1962, sous le numéro I 6333, et furent publiés au Recueil des Traités, vol. 439. L'approbation par la France a été autorisée en vertu de la loi n° 60-1374 et les Statuts ont été publiés au *JORF* du 19 octobre 1961. Du côté malien cf. loi n° 1963-062 du 19 juillet 1963 autorisant l'adhésion de la République du Mali au Fonds Monétaire International, à la Banque International pour la Reconstruction et le Développement, à l'Association Internationale de Développement et à la Société financière internationale, *op. cit.*, p. 475.

[49] « Nations Unies », dans : *Revue Tiers Monde*, tome 1, n° 4, Paris, 1960, p. 546.

[50] J. AMPROU, L. CHAUVET, « Aide publique au développement et lutte contre la pauvreté : Vers une allocation optimale ? », dans : *Rapport moral sur l'argent dans le monde 2006*, Éditions Association d'économie financière, Paris, 2006, p. 95.

mobilisation de standards préétablis. La note d'évaluation donnée est techniquement appelée le *Country Performance Rating.* Puis, comme c'était le cas avec le plan Marshall, cette note est intégrée dans un plan d'allocation triennale. Enfin, ces éléments recueillis sont ajustés à la stratégie d'assistance conçue de manière autoritaire et hétéronome pour le demandeur.

Pour être éligible, le pays doit donc entrer dans une série de catégories créées en conformité avec la rationalité occidentale, parce qu'elles sont unilatéralement constituées par des experts dotés d'un habitus *occidentalocentré.* Il doit par exemple disposer d'un revenu annuel par habitant inférieur à 865 dollars et c'est là le seul critère revêtant des qualités inhérentes à l'ordinaire du concept d'aide. Cet étalonnage n'est pas une indication fiable de la hauteur des besoins éprouvés par l'État demandeur. Pour illustration, la croissance économique de la majeure partie des États africains souffre des conséquences de la survivance du paradoxe des indépendances. En d'autres termes, pendant que la paysannerie se paupérise, les élites occidentalisées prospèrent. Pour rendre compte pleinement des réalités locales, le modèle de cette aide multilatérale aurait dû prendre en compte les indices de développement humain. Ce qui, par conséquent, équivaudrait à inclure le niveau de pauvreté des populations dans le calcul de la somme allouable. Cependant, le précepte qui a toujours guidé cette fourniture d'aide est celui de la profitabilité de l'opération pour les bailleurs. Le leitmotiv de l'AID peut se résumer ainsi : « Nous n'aidons que les États nantis (dotés de solides garanties) et nos alliés (avantagés par la nature : la géographie) ».

117. Éclaircissements théoriques du dédain de l'extrême pauvreté dans le fonctionnement de l'AID. – En effet, comme l'expliquent monsieur Jacky AMPROU et madame Lisa CHAUVET, l'extrême précarité est, paradoxalement, regardée comme un handicap plutôt qu'un avantage, parce que :

> « la Banque mondiale n'est pas favorable à cette idée [de donner de l'importance au niveau de pauvreté] et justifie sa position par sa volonté de ne pas pénaliser les pays en forte croissance. En effet, un pays, à niveau de revenu initial très bas et connaissant une croissance soutenue, doit faire face à des besoins croissants d'investissements publics en infrastructures et services sociaux. Or, augmenter le poids (avec un exposant négatif) dans la formule d'allocation reviendrait à diminuer progressivement les ressources AID en faveur de ce type de pays. »[51]

118. Paradoxes liés à la primauté accordée aux objectifs stratégiques dans le fonctionnement de l'AID : cas du Mali. – Sur le plan logique, cette marchandisation de l'APD est l'une des justifications du paradoxe du développement importé. En plus de son hétéronomie, cette forme de croissance économique ne serait réservée qu'aux États en voie de

---

[51] *Ibid.*, p. 95.

développement dotés d'une économie jugée prometteuse. Les effets pervers de ce système de relégation automatique des États nécessiteux conduisent à une remise en question de l'économie générale du concept : la pasteurisation des sociétés décolonisées. Dès lors que le « potentiel » est privilégié au détriment des réalités socio-économiques ordinaires, la situation des États naturellement désavantagés ne connaîtra aucune amélioration miraculeuse. Or, à cause de l'interdépendance internationale, la défaillance d'un État rompt, indubitablement, la chaîne sécuritaire formée autour de l'internationalisation de la rationalité occidentale. La persistance des crises politico-financières dans les États défaillants peut conduire à la gangrène et à des risques sécuritaires globaux comme la mondialisation des conséquences du terrorisme islamiste. Cette interprétation a récemment été confirmée par la crise malienne de 2012 dont la dimension épidémique fut soulignée par monsieur Ban KI-MOON, Secrétaire général des Nations unies. Ce dernier s'était exprimé dans son *Rapport sur la situation au Mali* du 28 novembre 2012 dans les termes suivants :

> « Je suis gravement préoccupé par l'aggravation de la crise au Mali qui pose une menace évidente pour la paix et la sécurité internationales. Le nord du Mali risque de devenir pour les terroristes et les réseaux criminels organisés un havre permanent où la population est soumise à une interprétation stricte de la charia et où les droits de l'homme sont violés de façon systématique. Il est urgent d'agir pour aider le gouvernement et le peuple maliens à réunifier leur pays, opérer un retour rapide à l'ordre constitutionnel et priver Al-Qaida et ses affiliés d'une plateforme qui leur permette de menacer l'État malien, les pays voisins et l'ensemble de la communauté internationale »[52].

Cet exemple malien est la preuve de l'absurdité du système. Il se trouve que les sommes mobilisées pour le rétablissement de l'ordre et de la légalité républicaine dépassent de très loin ce qui aurait été nécessaire à l'efficacité de la prévention. Cette apparente incohérence n'en est pas une. Elle est au contraire en parfait accord avec les préceptes de l'APD. L'application des mécanismes de précaution priverait les multinationales occidentales des profits générés par le marché de la destruction et de la reconstruction de ces États.

En outre, il semble opportun de rappeler que le développement ne peut être qu'endogène ou intégral contrairement à cette conception de la Banque mondiale. À en croire monsieur Eugène ROTBERG, en toute hypothèse, la Banque mondiale a toujours bénéficié de solides garanties :

> « Nous [la Banque mondiale] n'avons jamais eu de pertes sur des prêts. Nous n'avons jamais eu l'annulation d'un prêt. Nous n'avons jamais eu un prêt sans échéances. Nous menons une politique ferme vis-à-vis du rééchelonnement de la dette. Nous ne tolérons pas de paiements en retard. [...] Faire défaut à la Banque mondiale entraîne aussi des conséquences

[52] B. KI-MOON, « Rapport sur la situation au Mali », *S/2012/894, § 75*, New York, 28 novembre 2012, p. 20.

graves susceptibles d'affecter le crédit du pays concerné, tant auprès d'autres pays que des fournisseurs commerciaux de moyens »[53].

119. Paradoxes idéologiques liés à la primauté accordée aux objectifs stratégiques dans le fonctionnement de l'AID. – Sur le plan idéologique, la Banque mondiale dispose de l'assistance technique offerte par les travaux des professeurs Craig BURNSIDE et David DOLLAR[54]. Selon ces auteurs, l'efficacité de l'aide dépend de la stratégie de croissance et des politiques économiques effectivement suivies par les bénéficiaires. Ainsi selon ce modèle, les États qui n'appliquent pas ce que la Banque juge être « de saines politiques économiques » devraient recevoir moins de soutien. Cette doctrine initiale a d'ailleurs été renforcée, cinq ans plus tard, par l'approche sélective des professeurs Paul COLLIER et David DOLLAR[55]. Pour ces deux derniers auteurs, les mesures improductives amoindrissent l'impact de l'aide en ce qu'elles ralentissent le processus de croissance globale qui accentue à son tour la globalisation de la paupérisation[56].

120. Les manifestations idéologiques des paradoxes liés à la primauté accordée aux objectifs stratégiques dans le fonctionnement de l'AID. – Ces paradoxes se situent à deux niveaux différents, néanmoins indissociables de la *modalité d'être* des États bénéficiaires de l'APD. Dans un premier temps, il faut souligner le caractère insignifiant de l'économie des nations visées par les produits du développement hétéronome par rapport au volume des capitaux en circulation dans le marché mondialisé. Cette insignifiance économique et budgétaire invalide l'hypothèse d'un ralentissement de la croissance économique globale. Dans un second temps, cette conception de l'AID purement quantitative occulte le fait que la plupart des fonctions régaliennes assumées par les États modernes ne peuvent être rentables. Ces prestations souveraines non lucratives qui soudent l'unité du peuple doivent, néanmoins, être assumées par l'ensemble des États pour qu'ils obtiennent leur label de société politique moderne. Il s'agit d'un passage obligatoire, même pour les pays pauvres très endettés. Ces sociétés

---

[53] C. PAYER, "The World Bank: A Critical Analysis", *Monthly Review Press*, New York, 1982, p. 46. ; cité par : G. WILLIAMS « Les contradictions de la Banque mondiale et la crise de l'État en Afrique », Dans : E. TERRAY (dir.), *op. cit.*, p. 359-360.

[54] C. BURNSIDE, D. DOLLAR, *Aid, Policies and Growth*, document de travail n° 1777 consacré à la recherche sur les politiques, Banque mondiale, Washington, 1997 ; C. BURNSIDE, D. DOLLAR, "Aid, Policies and Growth", *American Economic Review*, Vol. 90, n ° 4, 2000, p. 847–868.

[55] P. COLLIER, D. DOLLAR, "Aid Allocation and Poverty Reduction", *European Economic Review*, Vol. 26, 2002, p. 1475–1500.

[56] Cité dans : « Section II : Efficacité de l'aide et sélectivité : intégrer de multiples objectifs dans les décisions d'affectation de l'aide » document d'information établi pour le séminaire d'experts conjoint OCDE/CAD – centre de développement, le 10 mars 2003 de M. MCGILLIVRAY, Institut mondial de recherche sur l'économie du développement, Helsinki, Finlande, *Revue de l'OCDE sur le développement, 2003*/3 n° 4, p. 31-46.

politiques se trouvent ainsi bloquées dans un véritable cercle vicieux. Les gouvernements de ces États en attente de développement sont pris en tenaille entre, d'une part, les prototypes des bailleurs de fonds qui influencent leur *manière d'être* et d'autre part, des citoyens et une nation à intégrer dans ce que nous appelons l'officiel.

C'est notamment cette mise à l'écart systématique des États pauvres qui explique l'insuffisance de l'aide apportée au Mali. En 2007 par exemple, le Mali était 36e sur la liste des bénéficiaires de l'APD et le 21e pays ayant la plus forte part d'APD dans ses deniers publics alors que son PIB était classé 174e sur les 177 États sondés à cette époque[57]. Cette incohérence devient criante au vu de la liste des pays mieux lotis que le Mali. En effet, le fait de constater que la Chine et l'Égypte, qui ont des besoins moins urgents que la lutte contre l'insécurité alimentaire ou l'accès à l'eau et à une éducation de base, sont plus soutenues que des États classés parmi les pays pauvres très endettés (PPTE) confirme la prédominance des objectifs stratégiques confiés à AID. Il suffit, également, de se reporter au traitement réservé à l'ex-président égyptien, Mohamed MORSI et aux membres de sa famille politique (très proche de la confrérie des Frères musulmans) pour prendre la pleine mesure des enjeux hégémoniques du concept de développement. En fait, l'exercice de l'autorité politique de ce chef d'État élu par le peuple égyptien se trouvait dans l'impasse. La confiance populaire dont il était le dépositaire légitime était fortement antioccidentale, car ouvertement influencée par les idées de la confrérie des frères musulmans, alors que la cohésion sociale de son pays était maintenue à l'aide de l'APD et plus particulièrement de l'aide militaire américaine. C'est, sans nul doute, dans le but de rétablir le *statu quo ante* que sa destitution, son arrestation et son jugement arbitraires n'ont donné lieu à aucune forme de condamnation unanime de la communauté internationale. Ainsi, les valeurs véhiculées et garanties par l'APD peuvent être – et sont souvent – plus importantes que les volontés populaires. Il s'agit de la raison pour laquelle les résultats du fonctionnement de l'APD ont dépassé les objectifs qui lui avaient été assignés. Les nombreuses réclamations d'un plan Marshall pour l'Afrique se situent dans ce cadre qui consacre le triomphe des faux espoirs accompagnant l'aide exogène.

§ 2/Le plan Marshall pour l'Afrique

121. Le plan Marshall pour l'Afrique : la preuve de l'adhésion des autorités du continent à l'utopie du développement *clef en main*. – L'efficacité de la propagande qui a accompagné le modèle Marshall

---

[57] Chiffres annoncés par : K. HERRGOTT, *Aide publique au développement, une société civile engagée*, Rapport de l'atelier, Bamako, juillet 2007, p. 6.

a en fait une recette du miracle économique, voire une forme d'incantation magique évoquée pour juguler toutes les formes de crises. L'exemple africain en est la preuve vivante. À force d'insinuations et de persuasions, les États africains se sont laissés prendre au *jeu*[58] de la confusion entre aide à la construction et aide à la reconstruction. Cela s'explique par le fonctionnement de la rationalité occidentale. Nous pouvons la résumer dans la formule suivante : si le développement est un concept *clef en main* et *non clef en tête*, il faut que l'Occident mobilise des moyens équivalents à ceux qu'il a reçus des Américains, à travers le plan Marshall. Pour ce faire, une sorte de revendication continue s'est mise en marche avec ses contradictions. La comparaison entre le caractère désastreux des conditions socioéconomiques de ce continent et les difficultés de l'Europe au sortir de la Seconde Guerre mondiale n'étonne plus depuis 1986.

122. La naissance du plan Marshall pour l'Afrique. – En effet, lors du 13e Sommet franco-africain qui s'est tenu à Lomé du 13 au 15 novembre 1986, Étienne Gnassingbé EYADEMA, l'ancien président togolais a vigoureusement formulé la nécessité d'un « Plan Marshall pour l'Afrique ». L'idée du chef de l'État togolais a été favorablement accueillie par François MITTERAND. Le président de la République française est même allé jusqu'à élaborer une stratégie d'action, une sorte de cahier des charges, destinée aux pays développés. Ce plan s'articulait essentiellement autour de cinq grandes « obligations » censées garantir la réussite de cette version africaine du plan Marshall. Selon cette feuille de route, les États du Nord devaient assurer aux Africains une croissance élevée et durable : en augmentant le volume de leurs APD, en ouvrant leurs économies aux produits du tiers monde, en résolvant le problème de l'endettement et en accompagnant le désarmement des milices[59]. Nous voyons bien que ce programme ambitieux, qui souffrait d'un excès d'optimisme, ne devait logiquement pas dépasser le stade d'une déclaration de volonté politique.

123. La récupération du plan Marshall pour l'Afrique par la doctrine et le monde des affaires. – L'embryon de ce « plan Marshall pour l'Afrique » du Sommet de Lomé du 13 au 15 novembre 1986 eut plusieurs

[58] Il est évidemment fait référence ici à l'une des lois fondamentales de la théorie des champs de P. BOURDIEU. Ce dernier avait expliqué dans ses cours « Sur l'État » au Collège de France que : « Le problème [principal de l'exercice de l'autorité politique] est de faire en sorte que le peuple entre dans le jeu et soit pris au jeu, qu'il soit pris à l'illusion politique – mais pour être pris au jeu politique, il faut un minimum de chances au jeu [...] Si vous n'avez pas un minimum de chances au jeu, vous ne jouez pas. Il faut avoir un minimum de chances au jeu pour avoir envie de jouer. Si vous jouez aux billes avec votre fils, il faut le laisser gagner de temps en temps, sinon il vous dira : "Je ne joue plus avec toi, tu gagnes toujours..." » L'analogie consiste ici à percevoir dans cette idée de *plan Marshall pour l'Afrique* l'hypallage de l'illusion des possibilités de gains au jeu. P. BOURDIEU, *Sur l'État...*, *op. cit.*, p. 564 et s.

[59] Pour une étude plus approfondie, cf. *http://www.diplomatie.gouv.fr/fr/pays-zones-geo/afrique/sommets-afrique-france/article/un-plan-Marshall-pour-l-afrique*

vies que nous avons décidé de catégoriser, en distinguant la doctrine africaine d'une part et le marché africain de l'autre. Dès 1987, l'année qui suivit cette rencontre internationale d'officiels Français et Africains, monsieur Abdoulaye SAWADOGO, lui consacra un ouvrage intitulé : *Un plan Marshall pour l'Afrique ?*[60] Ce dernier fut suivi par monsieur Têtêvi G. TETE-ADJALOGO qui préféra traiter de *La question du plan Marshall et l'Afrique*[61] en 1989. Cet engouement doctrinal a donné à cette idée une dimension institutionnelle, symbolisée par la création du Nouveau partenariat pour le développement de l'Afrique (NEPAD) dans la continuité du programme de l'Union africaine (UA) qui fut adopté en 2001 à Lusaka en Zambie. Cette réactualisation institutionnelle de l'idée d'une aide Marshall encouragea monsieur Gaston-Jonas KOUVIBIDILA à se demander s'il ne s'agissait pas de la matérialisation du fameux plan Marshall pour l'Afrique[62]. Plus récemment, c'est le monde du commerce équitable continental qui a été gagné par cette idée grâce au lancement d'un *Plan Marshall pour l'Afrique à 22 milliards de dollars US* le 26 septembre 2012[63]. Ce lancement a été effectué par la Banque africaine de développement (ci-après BAD) en étroite collaboration avec la fondation *Ozwald Boateng*, *Atlantic Energy* et *Made in Africa Foundation.* Le paradoxe apparent de cette version marchande de l'aide Marshall fait référence à l'idéologie associée à ce geste historique. En dépit de son *endogénéité*, pourquoi ne pas diversifier les formes d'aide ? Certainement pour profiter de l'autorité de ce point de convergence des mémoires collectives. Le plan Marshall pour l'Afrique n'est en vérité que le symbole du triomphe d'un faux-semblant, celui de la croyance en la possibilité d'une universalisation par le marché, incluant toute l'humanité et contribuant au progrès de ses conditions de vie.

124. Les incohérences du plan Marshall pour l'Afrique. – Malheureusement, le *sol dur* de la réalité est constitué de nombreuses incohérences, qui se traduisent par un hiatus entre cette représentation du développement et son caractère fondamentalement endogène. Comme l'explique monsieur Alain FRANÇOIS, le calque de l'esprit de l'APD sur le celui du modèle Marshall consiste à faire croire aux populations que : « Grâce à l'aide financière des États industrialisés et à la présence des techniciens, des professeurs, des médecins européens, la plupart de ces jeunes États indépendants [seront] en voie de

---

[60] A. SAWADOGO, *Un plan Marshall pour l'Afrique ?*, Éditions l'Harmattan, Paris, 1987, 119 p.

[61] T. G. TETE-ADJALOGO, *La question du plan Marshall et l'Afrique*, Éditions l'Harmattan, Paris, 1989, 191 p.

[62] G. – J. KOUVIBIDILA, « Chapitre 54 : NEPAD : Un plan Marshall pour l'Afrique ? », dans : *histoire de la construction de l'Afrique*, Éditions l'Harmattan, Paris, 2011, p. 295-305.

[63] *http://appablog.wordpress.com/2012/09/26/ozwald-boateng-atlantic-energy-et-made-in-africa-foundation-soutiennent-le-plan-Marshall-de-22-milliards-de-dollars-de-la-bad-pour-lafrique/*

développement »[64]. Cette présentation occulte cependant certaines contreparties. Elle renvoie en effet à ce que nous proposons d'appeler le « paradoxe du merci ». Ce mot aimable partage ses racines latines *merx* et *mercis* avec « la marchandise » ainsi qu'avec l'une des désignations les plus dangereuses de la langue française : « à la merci ». En effet, s'il témoigne de la gratitude au masculin, l'usage du terme « merci » au féminin signifie ici la redevance payée par le servile (Mali) à la merci du maître (Occident), à qui il doit acquitter le prix de sa liberté fixé de manière arbitraire par ce dernier. C'est, exactement, ce que faisait ressortir l'historien burkinabé Joseph KI-ZERBO quand il affirmait que :

> « le développement endogène n'est pas une option passéiste ; car on ne répète pas le passé ! Mais il vise à hisser notre personnalité au niveau du scénario en cours, sans nous résigner à être un parasite des poubelles où tombent les miettes des surplus, ou les déchets du développement des autres. Cette idée est fortement exprimée dans le dicton africain suivant : "Dormir sur la natte des autres, c'est comme si l'on dormait par terre". Notre petite natte bien à nous est le trésor le plus précieux ; le capital des capitaux. Encore faut-il que nous réalisions que cette natte existe. Il est impératif de pratiquer l'ouverture aux autres ; mais pas au point d'oublier de nous connaître nous-mêmes : le "Yèrè don" (se connaître soi-même. C'est ce qui est préférable à tous les autres savoirs disent les Bambara.) des Bambara qui est le premier pas incontournable du long voyage de l'auto-développement. »[65]

125. L'aide au développement et le plan Marshall : un problème d'échelle. – Par ailleurs, le caractère mal venu de cette tentative de rapprochement ou de reproduction africaine de la stratégie du plan Marshall saute aux yeux en matière bilatérale. Les principaux allocataires de l'aide Marshall répéteront, avec parcimonie, le modèle qui a permis à leur société de se redresser. C'est notamment le cas du Royaume-Uni, de la France et de l'Allemagne, qui ne versent leur aide bilatérale que pour servir, en priorité, leurs intérêts économiques et sécuritaires immédiats[66]. Bien avant la tentative de rationalisation de 2000, l'inefficacité de cette technique de reproduction de la stratégie d'aide Marshall avait pourtant été démontrée par le professeur Jean MOULY, dans sa contribution portant sur « le Plan Marshall : Mouvements de capitaux et liquidités internationales »[67]. Ce dernier avait évalué les fonds du plan Marshall transférés en France à plus de quatre pour cent du PNB français de 1948 et 1949 et à deux pour cent en

---

[64] Extrait du manuel de 6 e, *La terre, le continent africain*, Hachette, Collection Pernet, Paris, 1971, p. 69 ; A. FRANÇOIS, *Le concept de développement la fin d'un mythe*, L'Information géographique, n° 66 (décembre 2003), p. 323-336.

[65] J. KI-ZERBO, « Préface », dans : J. KI-ZERBO (dir.), *La natte des autres : Pour un développement endogène en Afrique, op. cit.*, p. VII.

[66] A. MAIZELS, M. K. NISSANKE, "Motivation for Aid to Developing Countries", *World Development*, vol. 12 n° 9 September 1984, p. 891.

[67] A. CARTAPANIS, J. – L. REFFERS, « le financement public international du développement à la lumière de l'expérience du Plan MARSHALL », *op. cit.*, p. 690.

1950 et 1951, en utilisant un coefficient d'actualisation fondé sur le déflateur du PNB américain de 1950 et 1989[68]. Il chiffrait ces taux à plus de 75 milliards de dollars de 1989 accordés par les Américains aux bénéficiaires occidentaux du Plan, rien qu'au titre de soutien financier (c'est-à-dire exception faite du volet militaire). Nous constatons, au cours de la même année 1989, que les auteurs du programme européen d'aide n'ont paradoxalement octroyé que 7,66 milliards de dollars d'APD. Cet écart reste encore considérable sans la mobilisation du coefficient d'actualisation fondé sur le déflateur du PNB américain (en d'autres termes, en transposant simplement la moyenne de 19 milliards de dollars de 1989 des débuts de la décennie cinquante). Le volume de cette APD n'égale même pas les transferts financiers réalisés par la diaspora africaine. Selon la Banque mondiale, rien qu'en 2012, les seuls émigrés africains avaient transféré plus de 60 milliards de dollars à 120 millions de bénéficiaires. Selon la même institution, en 2010, ces montants transférés atteignaient la somme globale de 440 milliards de dollars, avec un total de 325 milliards en direction des pays sous-développés.

126. Illustration du problème d'échelle par l'étude du cas du financement de la réinsertion des victimes du PAS. – Les conséquences directes de cette disparité étaient singulièrement perceptibles aux débuts de la transition malienne. À cette époque, la Banque mondiale n'avait pu débourser que 3,5 milliards de francs CFA sur les 7 milliards de francs CFA nécessaires à la réinsertion professionnelle des travailleurs faisant l'objet de licenciements brutaux découlant des politiques d'ajustement structurel. C'est ainsi que le professeur Bani TOURÉ, alors gestionnaire du « fonds de réinsertion des travailleurs compressés » du Mali (dénomination locale donnée aux salariés ciblés par les PAS) entre 1979 et 1988, inventoriait plus de 6000 travailleurs congédiés. Selon ses estimations, une répartition équitable des 3,5 milliards de francs CFA entre ces 6000 personnes aurait entraîné le recouvrement par ces derniers d'à peine l'équivalent de deux mois de salaires[69]. Cette avarice de la Banque mondiale, qui a pris le relais des Américains, était contraire à l'idée du général George Marshall et à l'esprit de croissance qui en découlait[70]. Elle montre que l'aide à la transition ne s'envisageait pas sur des conséquences économiques favorables à long terme, mais représentait plutôt une solution éphémère à un problème profond et crucial dont dépend l'avenir de nations entières.

---

[68] J. MOULY, « Le Plan Marshall : Mouvements de capitaux et liquidités internationales », *Cahiers de l'I.S.E.A.*, Série A, 3 juillet 1955.

[69] Intervention du professeur B. TOURÉ, dans : S. DIALLO, *L'expérience de la privatisation au Mali*, série-causeries-débats, Documentation et action pour le développement, Centre Djoliba, Bamako, 1989, p. 22.

[70] R. T. GRIFFITHS, *A la découverte de l'O.E.C.E., Les Éditions de l'OCDE,* (Collection historique de l'OCDE, 1), Paris, 1997. 301 p. ; W. S. CHURCHILL, G. C. MARSHALL, *Points de repère*, Centre de recherches européennes (Cahiers rouges), Lausanne, 1973. 16 p.

Conclusion du chapitre premier

127. Rappel de l'importance heuristique des analyses antérieures. – Ce premier contact avec la re-occidentalisation de l'État donne une indication générale sur le poids de l'environnement, la place des phénomènes d'hégémonie dans la création et le fonctionnement d'une *modalité d'être* endogène du Mali. Derrière le manteau de respectabilité recouvrant l'APD se trouve l'ingénierie sociale qui a permis à la rationalité occidentale de se redynamiser. En prétendant aider les États en développement, l'Occident a implicitement régénéré une catégorisation et une cartographie du monde qui lui étaient favorables. La mesure de cet agencement inédit de l'universel ne pouvait être fournie que par des outillages occidentaux.

128. Rappel de la place stratégique du plan Marshall : légitimation des nouvelles règles du *jeu* universel. – Le plan Marshall a ainsi contribué à l'acceptation de cette américanisation des règles du *jeu* international. Il a permis de conquérir la confiance des nouveaux acteurs de la scène internationale. Ces derniers trouvaient par conséquent logique et allant de soi le maintien de la rationalité universelle sur la *natte* américano-occidentale. Le fait que cette représentation ou nuance officielle du monde soit plus proche d'une opération donnant-gagnant et donnant-ordonnant que du « gagnant-gagnant » explique également la popularité du rejet de cette forme d'aide par les intéressés. Cet outil devait pérenniser la diversion qui favoriserait la mystification. Ce subterfuge a rempli son rôle de manière pragmatique. L'ambiguïté fondamentale de l'APD donnera lieu à une instrumentalisation de la part de l'Occident qui va profiter du flou entourant ce concept pour sécuriser ses avoirs dans des sociétés politiques intraitables sur la continuité de leur voie endogène du développement.

CHAPITRE SECOND :

Stratégies : L'instrumentalisation du flou de l'APD en vue de la rénovation de l'archétype de l'État

« Maintenir, en s'appuyant sur quelques exemples douteux, que l'aide extérieure peut jouer un rôle décisif pour mettre fin au sous-développement risque de justifier l'emploi de méthodes aussi dangereusement ambiguës que le serait le traitement d'une colonne vertébrale déformée par la fourniture de meilleures béquilles. »
Tibor MENDE[1]

129. Quelques idées reçues à propos de l'APD. – L'acception de l'aide qui vient automatiquement à l'esprit du juriste est certainement celle de l'assistance qui, de nos jours, tend à remplacer le mot aide en droit privé. Le cas de l'aide juridictionnelle semble bien refléter la vision que devrait incarner l'APD : celle d'un vrai droit public subjectif au développement opposable aux institutions financières internationales, sur fond de libertés fondamentales et de droits des États. Dans l'idéal, l'analogie serait tout à fait adaptée à l'APD dans la mesure où cette assistance donne aux nécessiteux en fonction de leurs ressources l'occasion de bénéficier d'une prise en charge par la personne publique des frais exposés par une action en justice. Comme pour l'APD, il s'agit de la contrepartie de l'effectivité du *jeu procédural* mis en place par les juristes occidentaux. L'ordinaire du concept d'APD est malheureusement d'un autre acabit. La vocation première des développeurs (États occidentaux et organisations internationales telles que la Banque mondiale et le FMI) a toujours été la stabilisation du marché libéral favorable au modèle de commandement occidental. La question de la croissance économique des pays pauvres très endettés n'est qu'un épiphénomène. La primauté de cette finalité instrumentale du concept de

[1] T. MENDE, *De l'aide à la recolonisation, les leçons d'un échec*, Éditions du Seuil, Collection « L'histoire immédiate », Paris, 1975, p. 55-56.

développement explique la désuétude du « droit au développement » resté au stade d'une recommandation internationale – un acte de volonté international, en principe, dépourvu de force obligatoire pour les États membres – en lieu et place d'un véritable « droit-réflexe »[2].

130. Les incidences de la permanence de l'utopie dans la définition de l'APD. – C'est ainsi que l'APD est toujours définie de façon trop simpliste et imprécise comme le fit monsieur Mamadou A. DEMBÉLÉ, le président du Secrétariat à l'harmonisation de l'aide (SHA)[3] du Mali. Dans sa monographie *l'aide publique au développement au Mali,* cet administrateur et acteur majeur de l'APD au Mali a produit une signification soucieuse de la diplomatie en y distinguant : « [...] un soutien d'État ou d'une organisation émanant d'un ou de plusieurs États, à un autre État ou à ses démembrements, afin de lui ou de leur permettre de réaliser une activité de développement. »[4] Cette posture s'explique en grande partie par la nature des fonctions de l'intéressé. Effectivement, sa hiérarchie attendait de lui qu'il œuvrât à une plus grande efficacité du système d'aide au Mali. Il était donc logique pour lui de jouer la carte de la conciliation et le rôle de l'intermédiaire entre des acteurs aux intérêts généralement divergents. Néanmoins, en laissant penser que la finalité de l'APD demeure la réalisation d'« une activité de développement » sans dire en quoi cela consiste, cette définition paraît peu éclairante. Cette définition traduit une connotation essentiellement marchande du développement, sa réduction à de simples performances *catallactiques*[5]. Cette tentative de confusion du concept d'APD avec le celui de « croissance » économique ne semble pas plus satisfaisante. La faille du concept de « croissance », comme de celui de « développement », tient à sa simplification extrême, l'illusion d'une acception purement économique. Cette conception occulte la partie endogène du système juridique malien et

---

[2] Cette expression doit être comprise dans le sens donné par les positivistes allemands ; c'est-à-dire celui niant l'autonomie des droits subjectifs. Les « droits du peuple », les *Volksrechte*, ne sont pas des droits subjectifs et les individus ne se trouvent protégés contre la puissance publique que par les « effets réflexes » du droit objectifs. O. JOUANJAN, « L'émergence de la notion de droits publics subjectifs dans la doctrine de la langue allemande », *op. cit.,* p. 25 ; H. KELSEN, *Théorie pure du droit, op. cit.,* p. 132-136.

[3] Le SHA est l'organe mixte composé de l'ensemble des grands acteurs de l'aide publique au développement. Il est rattaché au Ministère de l'Économie et des Finances du Mali et sa mission consiste en la mise en œuvre du plan national et améliorer l'efficacité de l'aide.

[4] M. A. DEMBÉLÉ, *L'aide publique au développement au Mali,* Secrétariat à l'Harmonisation de l'Aide (S.H.A.), 12 septembre 2011, communication disponible au :
http://base.afrique-gouvernance.net/fr/corpus_bipint/fiche-bipint-886.html
(Consulté le 10 septembre 2016)

[5] Messieurs BERNARD et COLLI définissent économiquement l'aide en la qualifiant de « processus de transformation des structures d'une société lié à la croissance. » Y. BERNARD, J. – C. COLLI, *Dictionnaire économique et financier,* 4e édition, Éditions du Seuil, Paris, 1975, p. 524. ; J. SALMON (dir.), *Dictionnaire de droit international public,* Éditions Bruylant, Bruxelles, 2001, p. 336.

la durabilité de la direction des conduites humaines, ce qui invalide également la pertinence de l'outil.

131. Le mécanisme de l'instrumentalisation : la sécurisation des investissements occidentaux. – Le cantonnement des pays faibles à leurs fonctions régaliennes et le remplacement des institutions étatiques par un marché motivé par la recherche de profit ne sont pas vains. Ce cantonnement avait des visées pragmatiques : permettre une instrumentalisation plus aisée du flou conceptuel par l'Occident **(Section 1)** dont s'éloignaient certains États nouvellement indépendants, tel le Mali de Modibo KEÏTA. Plus particulièrement, ces subterfuges furent des prémisses à la reconquête du territoire malien, dont la maîtrise échappait de manière croissante à l'ancienne métropole et à ses alliés. L'APD servait de fait d'outil de stabilisation des investissements occidentaux **(Section 2)**.

SECTION 1 :
L'entretien du flou conceptuel autour de l'APD

132. L'APD : un concept stratégique à géométrie variable. – La multiplication de ses formes, le nombre de ses acteurs et la surabondance des littératures développementalistes rendent techniquement impossible une définition pragmatique et fidèle de l'aide publique au développement (APD) qui s'appuyât sur une analyse objective. Il est encore improbable de trouver une description fiable et sûre de l'APD, susceptible d'aider à son éclaircissement et sa caractérisation. Cette difficulté s'explique par l'occultation de la vocation instrumentale et stratégique du concept d'APD. Les présentations protéiformes qui en sont faites ne constituent donc pas le fruit du hasard. Depuis son déploiement par les pays occidentaux et organisations internationales, l'APD exerce une fonction stabilisatrice des relations Nord-Sud. De plus, les querelles idéologiques auxquelles se sont livrés, pendant la guerre froide, certains intellectuels et qui avaient trait aux moyens optimaux d'atteindre le développement ont amplifié l'imprécision de ces concepts.

133. Les différentes perceptions de l'APD. – Sans prétention à l'exhaustivité, l'APD peut revêtir des formes diverses, allant de la conception occidentale ou officielle de l'aide publique au développement **(§1)** à celle de « la société civile » africaine **(§3),** en passant par les visions africaines, d'ailleurs divergentes entre les citoyens ordinaires et leurs chefs **(§2)**. Il faut donc procéder à la décomposition analytique de ces catégories pour en avoir un regard déshabitué. Cette mise en perspective soutiendra notre démarche d'imprégnation de la teneur véritable du polymorphisme stratégique qu'elle miroite.

§ 1 : La vision occidentale ou officielle de l'aide publique au développement

134. L'occultation de la vocation instrumentale : trait saillant de la vision occidentale. – Elle peut se résumer dans cette formule de l'Institut national des statistiques et des études économiques (ci-après INSEE) français :

> « L'aide publique au développement (APD) est l'ensemble des dons et des prêts à conditions très favorables (nets des remboursements en capital) accordés par des organismes publics aux pays et aux territoires figurant sur la liste des bénéficiaires du "Comité d'aide au développement" (CAD) de l'Organisation de coopération et de développement économique (OCDE). »[6]

Il convient de signaler, d'emblée, que cette définition est largement déficitaire et partiale. De même qu'avec l'aide Marshall qui prenait bien le soin de dissimuler les desseins de politique étrangère qu'elle cherchait à satisfaire, l'APD passe sous silence son but instrumental, pour se focaliser sur la nature de l'aide. Cette forme d'occultation accentue les particularités formelles de l'APD, en délaissant le fond ou téléologie[7]. Quant à la méthode, elle contredit frontalement le caractère universel de ce concept[8].

Cette définition de l'INSEE est, malheureusement, très présente dans la doctrine spécialisée. Il est par exemple étrange d'observer cette similitude chez madame Michèle BAILLY et monsieur Patrice DUFOUR, qui ont été en leur temps deux maillons de la politique d'allocation de l'APD[9]. Ces auteurs comprennent l'APD comme l'« ensemble des dons et prêts concessionnels (à conditions privilégiées) accordés par les gouvernements des pays donateurs aux pays bénéficiaires. »[10] Nous pouvons citer, dans le même sens, l'éclaircissement du Comité d'aide au développement (CAD). À notre connaissance, ce dernier a été la première institution internationale à s'essayer à cet exercice en 1969. Cette définition initiale sera reformulée en 1972. Elle est complémentaire de la définition de l'INSEE en ce qu'elle qualifiait d'APD

> « Tous les apports de ressources qui sont fournies aux pays et territoires sur la liste des bénéficiaires d'APD, ou à des institutions multilatérales, et qui répondent aux critères suivants : émaner d'organismes publics, y compris les

[6] Disponible sur le : *http://www.insee.fr/fr/methodes/default.asp?page=definitions/aide-publique-developpement.htm* (Consulté le 10 septembre 2016)

[7] A. PIROVANO, « La fonction sociale des droits, réflexions sur le destin des théories de Josserand », *Chroniques Dalloz,* 1972, p. 67 et s.

[8] A, REY (dir.), *Dictionnaire historique de la langue française*, *op. cit.*, p. 2394.

[9] Ils furent respectivement : – conseillère pour la France à la Vice-présidence européenne de la Banque mondiale ; – et cadre à la Banque mondiale pendant vingt-cinq ans et émissaire dudit organisme au Togo auprès du Ministère togolais du Plan et de l'Industrie en qualité d'expert participant à la conception et au suivi de la transition économique.

[10] M. BAILLY, P. DUFOUR, *L'aide au développement à l'heure de la mondialisation,* Éditions Milan, Toulouse, 2002, p. 58.

États et les collectivités locales, ou d'organismes agissant pour le compte d'organismes publics ; et sachant que chaque opération doit en outre : avoir pour but essentiel de favoriser le développement économique et l'amélioration du niveau de vie des pays en développement ; et être assortie de conditions favorables et comporter un élément de libéralité au moins égal à 25 % (sur la base d'un taux d'actualisation de 10 %) »[11].

§ 2 : La vision africaine de l'aide publique au développement

135. Élites et citoyens ordinaires. – En réalité, ce vocable – « vision africaine » – renvoie à deux perceptions différentes de l'aide au développement. Cette ambivalence conceptuelle tient au dédoublement manichéen des *manières d'être* des sociétés politiques africaines. Il s'agit notamment, d'une part, de la conception de l'élite dirigeante ; et d'autre part, de celle des citoyens ordinaires composant ce que nous appelons le peuple ordinaire, soit l'ensemble de ceux qui sont censés être les véritables destinataires de ce soutien. Pour ces derniers, cette vision constitue, de nos jours, un élément indispensable à leur survie, un palliatif à la défaillance de l'État.

La perception de la chefferie africaine, quant à elle, renvoie incontestablement aux différentes interprétations faites de la colonisation et de ses conséquences. Elle se subdivise également en deux catégories distinctes d'anciens *assimilés.* D'un côté, il y a la bourgeoisie bureaucratique formée par des néomarxistes radicaux et anticolonialistes tels Modibo KEÏTA du Mali, Sékou TOURÉ de la Guinée-Conakry ; et d'autre part, l'aristocratie marchande ou libérale composée de leaders comme Léopold Sédar SENGHOR du Sénégal et Félix HOUPHOUËT-BOIGNY de la Côte d'Ivoire, ces deux leaders tenant une posture équivoque, puis qu'ils souhaitaient s'émanciper dans le maintien d'une curatelle économique fournie par les pays du Nord.

136. La place du conditionnement des consciences dans cette catégorisation de la vision africaine. – Nous voyons, sans aucune forme de caricature, qu'à ce niveau la perception du concept relève du conditionnement politique, de la construction de la *manière d'être* des élites. Pour des anticolonialistes d'inspiration communiste semblables aux membres de l'U.S.-RDA (l'ex-parti d'État malien), ou des panafricanistes tels Joseph KI-ZERBO ou Frantz FANON, l'APD doit être comprise et considérée comme un juste retour historique des choses. Selon le penseur burkinabé, par exemple, elle devrait faire partie du processus de reconnaissance officielle des torts faits au genre humain à travers les

---

[11]Disponible sur le : *http://www.oecd.org/fr/cad/statistiquesdelaide/aidepubliqueaudeveloppementdefinitionetchampcouvert.htm* (Consulté le 18 septembre 2016)

nombreuses iniquités subies par les Noirs. Ainsi, l'Occident devrait aider les Noirs africains en les rétablissant dans le tableau de l'histoire et de la raison humaine. Cela passera obligatoirement par une identification officielle et bilatérale de la complexité du concept de rationalité. Il s'agit d'un préalable, non d'une inculpation ciblant exclusivement les dominateurs actuels ou anciens, une sorte d'entéléchie de l'espèce humaine[12].

137. L'exemple de la *créanciarisation* de l'aide chez Frantz FANON. – Par ailleurs, pour des anticolonialistes plus virulents tels Frantz FANON, l'aide devrait être perçue par les Africains, en ce qui nous concerne par les Maliens, comme une indemnisation réparatrice des 62 ans de colonisation précédés de plusieurs siècles d'esclavage. La symbolique de sa définition de l'APD est plus judiciaire que morale. Pour étayer cette théorie de la compensation régénératrice du préjudice africain, Frantz FANON fit une brillante analogie avec le cas de l'aide à la reconstruction des relations israélo-allemandes. Pour lui, l'APD accordée aux États africains devrait avoir le même statut juridique que les dédommagements versés par l'Allemagne à la communauté juive au titre de réparation des atteintes subies par cette dernière. En d'autres termes, « l'aide doit être la consécration d'une double prise de conscience, prise de conscience par les colonisés que cela leur est dû et par les puissances colonialistes qu'effectivement elles doivent payer »[13]. Il est ici très difficile ne pas reconnaître que l'argumentation ne souffre d'aucune contradiction. Nous estimons cette prise de position cohérente et soutenable en raison de la profusion des preuves qui la confortent, y compris sur le continent africain. Il suffit de se référer aux précisions de la langue bambara pour s'en convaincre. En effet, la *detterisation* ou *créanciarisation* de l'APD occidentale a reçu dans cette langue une signification différente de celle issue des francisations du

[12] J. KI-ZERBO, *À quand l'Afrique ? Entretien avec René Holenstein, op. cit.*, p. 36-37. Cette conception de la solidarité morale dépassant le domaine juridique et le judiciaire se laisse cerner dans l'interprétation qu'il fait du dicton bambara qui dit : « Si tu vois des voleurs s'attaquer à un homme, dis pas aux voleurs : "Laissez cet homme", mais dis-leur : "Laissez-nous" [...] Si tu vois des rapaces en train de dévorer le cadavre d'un homme, ne dis pas : "Laissez ce cadavre d'homme", mais : "'Laissez nous', car tous les hommes sont solidaires." C'est presque un texte de commandement, une sommation, une référence éthique ». Métaphoriquement, le développement de l'Afrique ne peut passer que par la restitution à l'humanité de la plurirationalité de sa *natte*. (*Ibid* p. 130.)

[13] F. FANON, *Les damnés de la terre*, Éditions F. Maspéro, Paris, 1961, p. 100. L'auteur a pris pour référence une citation de M. PEJU qui réclamait une distinction radicale entre : « l'édification du socialisme en Europe des "rapports avec le tiers monde" [...], c'est consciemment ou non, donner le pas à l'aménagement de l'héritage colonial sur la libération des pays sous-développés, c'est vouloir construire un socialisme de luxe sur les fruits de la rapine impériale comme, à l'intérieur d'un gang, on se répartirait plus ou moins équitablement le butin, quitte à en distribuer un peu aux pauvres sous forme de bonnes œuvres, en oubliant que c'est à eux qu'on l'a volé » ; dans : M. PEJU, « Mourir pour de GAULLE ? », *Les temps modernes*, n° 175-176, octobre-novembre 1960, p. 481-504.

dēbĭtum ou *dēbĭtus* qui renvoient à la créance, à la somme d'argent due. Le concept bambara du *jùru* (corde, lien) ou *kánnajuru* (l'entrave au cou, encordement du cou) semble davantage pertinent. Le dénouement de cette créance constitue une obligation de purification devant conduire à un éveil des consciences africaines. Après quoi, les Africains ne devraient plus se laisser duper par l'image altruiste accompagnant la doctrine *trumanienne* du développement. Ils devraient, dorénavant, percevoir l'APD dans sa nudité d'instrument occidental d'arraisonnement des sociétés politiques modernes. La démonstration de l'équivoque qui règne en la matière a été faite par l'histoire. Nous songeons ici à l'adoption de la Convention européenne sur l'imprescriptibilité des crimes contre l'humanité et des crimes de guerre du 25 janvier 1974.

138. L'exemple de la Convention européenne du 25 janvier 1974. – Le deuxième alinéa de l'article 2 de cette Convention aménage une rétroactivité en totale contradiction avec la conception traditionnelle qui prévaut dans la rationalité romano-germanique fondatrice de l'État moderne. En plus de l'application rétroactive de ce texte aux forfaits commis antérieurement à son entrée en vigueur et dont le délai d'extinction de l'action publique n'avait pas expiré, des stipulations établissent, paradoxalement, un régime d'immuabilité rendant caduque l'idée de forclusion pour les infractions concernant l'holocauste. Le constat est sans appel. Il s'aggrave avec l'existence du conflit d'interprétation opposant deux héritiers de la conception occidentale de l'État moderne (la France et l'Allemagne) à propos de cette disposition de l'alinéa 2. Le droit allemand prévoyait la prescription de l'ensemble des crimes de guerre à la date butoir du 8 mai 1965. Du côté français, les anciennes victimes désiraient une application stricte du principe de précaution à travers l'ouverture volontaire d'une faille juridique favorable aux martyrs et à leurs familles, de sorte qu'ils puissent formuler une demande de réparation. Compte tenu des enjeux, cet antagonisme avait de bonnes raisons d'exister[14] et de persister[15].

139. L'aide comme instrument de déstabilisation des *forces extérieures* : la vision des délinquants constitutionnels africains. – Pour le reste, au sein de la même élite, un autre courant a connu un essor non négligeable, notamment en raison de l'autorité et du poids médiatique de ses porteurs : les délinquants constitutionnels. Effectivement, pour des dictateurs issus des premières Républiques africaines, l'APD était un moyen de réinstauration de la domination coloniale, par le biais de soutiens logistiques

---

[14] Proposition de loi (n° 10 261 194) présentée par P. COSTE FLORET et R. SCHIMMTTLEIN portant sur l'imprescriptibilité des crimes contre l'humanité, débats parlementaires de l'Assemblée nationale française du 17 décembre 1964, *JORF* n° 116 A. N., p. 02-07.

[15] Loi n° 92-684 du 22 juillet 1992 portant réforme des dispositions du Code pénal français relatives à la répression des crimes et délits contre les personnes, *JORF* n° 169 du 23 juillet 1992 p. 9875 ; cf. également, *Arrêt de la C.I.J. du 3 février 2012, Allemagne c./Italie.*

et financiers à des mouvements dissidents et favorables à une re-occidentalisation de la *manière d'être* nationale. Cette approche intègre et met en valeur ceux que Pierre-François GONIDEC désignait les *forces extérieures*[16]. Ce qualificatif caractérise les *mains invisibles du développement,* celles qui interviennent dans l'ombre de l'officiel avec une efficacité considérable. Il est évidemment question du travail d'organisations d'appui aux politiques étrangères telles la *Central Intelligence Agency* (CIA), l'Agence centrale américaine de renseignement fondée par le *National Security Act* du 26 juillet 1947[17]. Il faut aussi rappeler les efforts non négligeables de la Direction générale de la sécurité extérieure (DGSE) française. S'agissant des services de renseignements précités, les conditions de leur participation et la nature de leurs missions les condamnent à demeurer d'office en marge de toute légalité internationale. Il est également possible d'établir un parallèle entre la rubrique proposée par Pierre-François GONIDEC et les témoignages de monsieur Maximin EMAGNA et de madame Marthe-Joséphine MOUKO-A-BISCENE. Ces derniers ont en effet évoqué les « influences occultes des réseaux bureaucratiques, ethniques, mystiques et religieux » dans une contribution portant sur la : « redécouverte du privé et "État introuvable" en Afrique »[18].

Ces agences et organisations discrètes ont un rôle stratégique non négligeable dans le domaine économique. Elles veillent sur le savoir-faire national, le détail technique qui donne l'avantage compétitif à un État. Or, l'Europe occidentale tire, principalement, profit du *jeu* de la rationalité universelle *américanocentrée* grâce au maintien des anciennes colonies dans une relation de dépendance. Il est donc normal que les puissances occidentales fassent de la « veille sécuritaire » dans un monde concurrentiel. En effet, dans le cadre de l'intelligence économique et tactique, elles protègent les intérêts d'entreprises publiques ou privées qui évoluent dans des environnements hyperconcurrentiels et celles qui sont établies à l'étranger avec une valeur hautement stratégique. C'est par exemple le cas de la multinationale française AREVA dont la prospérité est diluée dans la politique étrangère française au Sahel. Le niveau de connivence rend impossible toute tentative de dissociation ou de distinction entre l'État français et sa firme, en dépit de la séparation officielle sur le plan juridique. Pour en prendre la mesure, il suffit de se reporter aux propos de monsieur Gregory GIRAUD, le géographe français, qui précisait que :

> « Dans la région sahélienne et au Mali, la France a [...] quelques intérêts économiques, mais les enjeux stratégiques semblent prépondérants. Ainsi,

[16] P. – F. GONIDEC, *Systèmes politiques africains*, Éditions L.G.D.J., Paris, 1978, p. 77-80.
[17] Pour avoir une vision globale de ces techniques peu recommandables, se référer aux développements de K. NKRUMAH consacrés aux intentions criminelles de l'OTAN. K. NKRUMAH, *L'Afrique doit s'unir, op. cit.*, p. 222-223.
[18] M. EMAGNA, M.-J. MOUKO-A-BISCENE, « Redécouverte du privé et "État introuvable" en Afrique », *op. cit.*, p. 222-224.

Areva, entreprise publique française, exploite des mines d'uranium au Niger, une ressource stratégique qui permet à la France d'assurer son "indépendance énergétique" (l'Élysée a d'ailleurs participé à plusieurs reprises au renversement de présidents nigériens menaçant ses intérêts[19]). Proches du Mali, ces mines seront sécurisées par les forces spéciales françaises à partir de janvier 2013, du "jamais vu" ».[20]

140. L'aide comme instrument de déstabilisation des *forces extérieures* : la vision de Moussa TRAORÉ. – L'incidence de cette implication des *dynamiques externes* sur la définition despotico-nationaliste de l'aide est notamment perceptible dans les propos de Moussa TRAORÉ, l'ex-Président malien qui avait officiellement invoqué l'influence des *forces extérieures* comme moyen de défense lors de son procès pour « crime de sang » tenu devant la Cour d'Assises de Bamako. Il réitéra cette argumentation dans une interview accordée au magazine *Jeune Afrique*, dans laquelle il affirma :

> « Ce n'est pas moi, mais certains journaux maliens qui évoquent, aujourd'hui, l'origine "étrangère" des douloureux événements de mars 1991. [...] Tous les gens honnêtes savaient que l'ambassade de France était devenue l'état major opérationnel des manifestations qui se déroulaient à Bamako. Les mêmes [allusion faite aux mêmes gens honnêtes] savaient aussi que les associations dites politiques, ainsi que l'UNTM, recevaient – elles continuent sûrement de le faire – de l'argent de quelqu'un. [...] Il va sans dire que celui qui tend la main et reçoit est obligé d'exécuter les mots d'ordre de son généreux donateur. Dans le cas du Mali, les mots d'ordre en provenance de Paris étaient clairs : renverser Moussa Traoré et son gouvernement, dissoudre l'Assemblée nationale... »[21]

Même si la banalisation de la délinquance constitutionnelle des dirigeants africains justifie de telles immixtions, elle ne les légalise pas. La prolifération et le fonctionnement de ce phénomène sont en flagrante violation du deuxième alinéa de la Déclaration de l'Assemblée générale des Nations-Unies sur l'interdiction de l'ingérence dans les affaires intérieures des États adoptée le 21 décembre 1965. Nous songeons, plus précisément, au passage suivant : « [...] Tous les États doivent aussi s'abstenir d'organiser, d'aider, de fomenter, de financer, d'encourager ou de tolérer des activités

---

[19] R. GRANVAUD, *Areva en Afrique : une face cachée du nucléaire français*, Éditions Agone, Marseille, 2012, 304 p. C'était par exemple le cas récent du président nigérien M. TANDJA, déchu avec l'aide et une implication française, à cause du rapprochement étroit qu'il opéra avec des concurrents chinois d'Areva.

[20] J. GUISNEL, « Niger : les forces spéciales protégeront les mines d'uranium d'Areva », *Le Point.fr* - Publié le 29 janvier 2013, cité par G. GIRAUD, « Cinquante ans de tensions dans la zone sahélo-saharienne », Dans : M. GALY (dir.), *La guerre au Mali, op. cit.*, p. 46 et 56.

[21] Interview du G.M.T. (Général Moussa TRAORE) accordée à F. KAPTINDE, *Jeune Afrique*, n° 1636 du 14 au 20 mai 1992 ; cité par F. DOUMBI, *le Mali sous Alpha Oumar KONARE*, Éditions Silex/Nouvelles du Sud, Paris, 2004, p. 47-55 précisément p. 49-50.

armées subversives destinées à changer par la violence le régime d'un autre État ainsi que d'intervenir dans les luttes intestines d'un autre État. »

141. Les avantages heuristiques de cette mise en lumière du rôle des *forces extérieures* dans la compréhension de l'État de la transition. – Cela dit, le poids de ces *forces* et leur implication aident à la compréhension des problèmes de l'État de la transition. L'identification de ce *talon d'Achille* du mécanisme de la représentation politique dévoile certaines des raisons de la rupture de la chaîne de responsabilité démocratique. La conséquence directe est l'illégalité internationale et l'inconstitutionnalité de la majeure partie des actes de commandement pris au nom du peuple malien. Ce dernier joue ainsi le rôle de prête-nom.

C'est, sans doute, dans le but d'échapper à ce système de « mise en quarantaine du peuple », d'exclusion méthodique des véritables destinataires de l'aide, que les excommuniés se sont regroupés au sein d'organisations formant la « société civile malienne » et y ont développé une vision technique de l'APD.

§ 3 : La vision de « la société civile » africaine de l'aide publique au développement

142. La dépolitisation de l'aide par sa technicisation à outrance. – Elle est la plus proche de la vision officielle, c'est-à-dire celle des contributeurs actuels de l'aide multilatérale comme le CAD ou l'UE. Ces institutions cherchent à contourner, voire écarter, la bureaucratie étatique corrompue dont la gestion avait préalablement été jugée catastrophique. Ainsi pour l'Union européenne et cette société civile africaine, l'APD devrait être un moyen : « d'aider les populations les plus pauvres à s'intégrer dans la vie économique et sociale et d'aider [ces] pays [...] à s'intégrer dans l'économie mondiale. Dans cette perspective, notre cadre de coopération doit pouvoir s'ouvrir à de nouveaux domaines de coopération et à de nouveaux acteurs émanant de la société civile et notamment du secteur privé. »[22] Cette conception technique des organisations non gouvernementales (ONG) vise principalement le renforcement de l'efficacité de l'aide à travers une réelle implication des couches les plus modestes de la société. Il s'agit d'un projet d'inversion des mécanismes classiques de l'aide, ce qui par conséquent concerne directement la *manière d'être* étatique. Une intervention populaire de cette envergure est synonyme d'intensification de la démocratie participative et d'effectivité des dispositions de l'article 26 de la Constitution qui précise sans ambages que : « la souveraineté nationale appartient au peuple tout entier qui l'exerce par ses représentants ou par voie de

[22] J. De DEUS PINHERO, *Livre vert sur les relations entre l'Union européenne et les ACP à l'aube du 21 ͤ siècle*, Éditions O.P.O.C.E., Luxembourg, 1997, p. 5 (p. 1 avant-propos).

référendum. Aucune fraction du peuple ni aucun individu ne peut s'en attribuer l'exercice. »

143. L'idéologie cachée. – Il convient, toutefois, de dissocier le projet de son support matériel. En d'autres termes, il ne faut pas agréger la société civile au peuple ou à l'une de ses émanations légitimes. La société civile intervenant en matière d'APD est principalement composée d'ONG occidentales associées à la frange de l'aristocratie assimilée et non affiliée directement à l'administration. Cependant, ils demeurent souvent tout aussi déconnectés des réalités du terrain que les gouvernants bamakois. N'oublions pas qu'il n'y a pas de « cercle herméneutique » malien. De nos jours, la paupérisation absolue rythmant l'existence de la paysannerie, majoritairement analphabète, rend impossible toute communication avec les élites façonnées à et par l'habitus occidental. L'expérience malienne de la société civile ne renvoie donc nullement aux pratiques banales dans les pays occidentaux. La conception technique de la société civile malienne doit être comprise en tant que désignation des organisations citoyennes et étrangères opérant en dehors du domaine de compétence légale des États (donc de l'officiel) et dont le fonctionnement courant se fait dans une relative autonomie. En d'autres termes, il s'agit de l'informel structuré, évoluant dans un cadre laissé volontairement flou par les États. Cette indistinction technologique est la parfaite illustration des avantages décrits par Mireille DELMAS-MARTY[23], pour qui les failles du système juridique peuvent paradoxalement renforcer, sous certaines conditions, les droits de l'homme.

La société civile malienne joue donc une partition complémentaire à celle de l'État. Il s'agit d'une sorte de doublure indispensable au *jeu* actuel du développement. Ses interventions sont effectivement capitales en ce qu'elles donnent de la lisibilité et un semblant de cohérence destiné aux développeurs extérieurs à travers la mise en relation des victimes populaires et internationales de la défaillance du cadre politique malien. Cette société civile constitue donc la soupape de sûreté malienne qui aide au maintien des liens sociaux. Elle permet enfin aux promoteurs et récepteurs de l'aide d'échapper à l'institutionnalisation du *yùrùguyurugu* qui a été facilitée par le processus de re-occidentalisation de l'appareil étatique. Cela explique pourquoi cette société civile a toujours voulu briser le cercle fermé qui entoure les mécanismes d'allocation de l'aide extérieure.

144. Le remplacement de l'État défaillant ou réfractaire par les institutions financières internationales. – Pendant le règne sans partage de l'aide conditionnelle, l'APD fut uniquement l'affaire des gouvernants et de leurs partenaires bilatéraux ou multilatéraux. Il est d'ailleurs possible de reconnaître que nous sommes encore sous cette ère, dans la mesure où le remplacement des Politiques d'ajustement structurel (PAS) par les

---

[23] M. DELMAS-MARTY, *Le flou du droit, les voies du droit*, Éditions PUF, 1986, 334 p.

Documents stratégiques de réduction de la pauvreté (DSRP), qui s'est effectué au début des années 2000, n'a aucunement entraîné un revirement de la tendance. Il suffit de se référer au raisonnement de monsieur Jean MERCKAERT pour s'en convaincre. Ce dernier a insisté sur le fait que l'APD est toujours caractérisée par une exclusion des partenaires sociaux locaux et du peuple en général. Il a souligné que les DSRP, comme les PAS à l'époque, étaient aussi rédigés par les ministères chargés des Finances guidés par les institutions financières internationales. L'ampleur de ce nouveau maquillage terminologique est clairement perceptible dans les exemples suivants analysés par l'auteur. Il s'agissait de la Tanzanie et des anciens États membres de la Fédération du Mali. Dans la première situation, c'est le FMI qui a lui-même critiqué le poids de l'ingérence de la Banque mondiale dans l'écriture des DSRP. Quant aux Républiques du Mali et du Sénégal, elles n'étaient pas mieux loties. L'auteur rappelle que leurs parlementaires n'ont été consultés que lors de la ratification dudit document[24]. Ce maquillage conceptuel permet aux mécanismes de l'APD de perpétuer une logique de la dépendance tout en restant relativement utiles et conformes aux vœux de la *doxa*. Ce *jeu* de la mondialisation est évidemment truqué. Il éloigne les populations des pays pauvres très endettés (PPTE) des profits qu'elles seraient en mesure de tirer du système actuel.

145. Le remplacement de l'État défaillant ou réfractaire par la société civile. – En ciblant principalement la société civile et le secteur privé, l'objectif de cette nouvelle forme d'APD est de changer la *manière d'être* du peuple malien sans la nation. Cela s'effectue par la mise en œuvre des préceptes de la technique moderne, qui ne cherche qu'à accroître sa seule intensité. Cela reviendrait à déchoir l'État malien de sa nature de société politique moderne, car un État ne peut subsister sans chef et sans système de commandement propre. La défaillance de ces matériaux est synonyme d'abandon de la population à la merci du monde marchand. Pourtant, nous constatons que ce paradoxe est en train de se concrétiser timidement dans la sous-région sahélo-sahélienne (la République du Mali incluse). En effet, depuis le 18 juin 2012, à la suite d'une réunion tenue à Bruxelles entre des États membres de l'Union européenne et ceux de la région sahélienne, un processus participatif et inclusif est né autour du fameux concept de « résilience ». En réalité, ce projet occulte une évanescence de l'État en dissimulant :

> « Une appropriation du renforcement des capacités des communautés locales leur permettant de s'organiser pour s'adapter aux aléas climatiques et alimentaires. [...] Cette Alliance globale pour l'initiative Résilience (AGRI) au Sahel, dotée d'un budget d'un milliard d'euros, répondait à la demande, maintes fois exprimée par les ONG, de voir les bailleurs internationaux et les

---

[24] J. MERCKAERT, « Dette des pays du sud : Bilan et perspectives », dans : *Rapport moral sur l'argent dans le monde 2006*, *op. cit.*, p. 103-115 ; plus particulièrement, p. 107.

pays de la région prendre des engagements forts, en matière de financement et coordination, pour combattre la faim et la sous-nutrition au Sahel. »[25]

146. Récapitulatif. – Il paraît évident que les promoteurs s'aident plus qu'ils ne collaborent avec ceux qui veillent à la stabilité et à la viabilité des marchés du Sud. Pour prendre la mesure de cet agencement instrumental, il faut procéder à une observation des incidences de ce polymorphisme pragmatique. Le flou conceptuel a contribué à l'accomplissement de certaines stratégies. Il a servi de trompe-l'œil aux développeurs occidentaux qui l'ont mobilisé afin de perpétuer et légitimer leur présence par l'affichage de bonnes intentions tout en occultant leur projet d'occidentalisation de la société politique. Par exemple, au lendemain de l'autonomie nationale, il devait inciter les pères de l'indépendance à abandonner leur dessein de socialisme africain, qui était une négation claire de l'universalité de l'héritage romano-germanique.

SECTION 2 : L'APD : outil de stabilisation des investissements occidentaux

147. Rappel de la prégnance du marxisme-léninisme dans la construction de la République du Mali : la sacralisation du socialisme africain. – Le 22 septembre 1960 symbolise l'issue d'une odyssée et le départ d'une nouvelle *manière d'être* de la société politique malienne. Il est l'aboutissement de la révision du marxisme-léninisme qui a servi de fondation idéologique au *yùrùguyurugu* anticolonial, ainsi transformé en modèle d'organisation officielle de la République. La conjugaison de cette considération idéologique avec les mauvaises conditions consécutives à l'éclatement de la Fédération du Mali a jeté un froid dans les relations franco-maliennes. Les modalités de cette rupture ont renforcé la cohésion domestique et, par la même occasion, certifié la souveraineté des nouveaux dépositaires de l'autorité[26] malienne.

148. L'instrumentalisation de l'aide comme contrepoids du socialisme africain et ses méfaits pour le monde des affaires. – Ainsi, après avoir été formés à « l'école des otages » pour remplacer leurs pères résistants à la domination occidentale, les représentants de cette bourgeoisie administrative malienne ont voulu détacher leur autorité de ses racines coloniales. Pour ce faire, elles ont exploré la voie du *socialisme africain,* qui était une *modalité d'être* antioccidentale **(§1)**. Elles menaçaient donc directement les investissements réalisés dans certaines entreprises et infrastructures par l'ancienne métropole et ses alliés. C'est dans le but de

---

[25] B. MIRIBEL, « Enjeux humanitaires au Sahel : L'influence de la crise malienne », dans : M. GALY (dir.), *La guerre au Mali*, *op. cit.*, p. 173.

[26] A. KOJÈVE, *La notion de l'autorité*, *op. cit.*, p. 70-75.

calmer les esprits que l'aide au développement va faire son entrée officielle dans la jeune République du Mali **(§2)**.

§ 1 : Le socialisme africain : une *manière d'être* antioccidentale

149. Le polymorphisme du socialisme africain et sa récupération politique. – Des indépendances au durcissement idéologique initié en 1962 par la création du franc malien, l'anticolonialisme radical véhiculé par la *forme de vie* établie le 22 septembre 1960 commençait à faire l'unanimité au sein des couches populaires et chez les élites autochtones. La nouvelle *statolatrie malienne*[27] fidélisait tous ceux qui avaient du mal à obtenir satisfaction auprès des dogmes occidentaux ou religieux, en réduisant considérablement les incertitudes du lendemain[28]. Grâce au socialisme africain, la providence était manifestement traduite dans les actes. Ainsi, les fondations axiomatiques de la logique politique dans les réalités locales se tonifiaient selon la forme unitaire et collectiviste du *fòròba* bambara, de la *rēs pūblĭca.* La multiplicité des revendications du label « socialisme africain » oblige à une analyse des pratiques en vue d'identifier les spécificités maliennes. La Guinée de Sékou TOURÉ, le Sénégal de Léopold Sédar SENGHOR et le Mali de Modibo KEÏTA se réclamaient tous de ce label tout en ayant des divergences idéologiques profondes. L'*air de famille* n'empêche pas l'altérité et l'originalité conceptuelle. En plus, certains régimes se qualifiaient de communistes ou marxistes-léninistes. Il convient d'exclure d'office ces dernières déclinaisons parce qu'elles constituaient l'étape finale du socialisme. Nous savons pertinemment que ces jeunes États étaient loin d'atteindre ce stade avec leur cadre entéléchique.

150. Les deux visages du socialisme africain : instrument de contestation de l'universalisme occidental et outil de création d'une *typicité* malienne. – Le socialisme africain a été un outil fédérateur des leaders étatiques qui souhaitaient reproduire, à leur manière, les succès politiques de la contestation de la rationalité occidentale **(A)**. Toute tentative de catégorisation simpliste semble vouée à l'échec, parce que certaines influences doctrinales étaient directement issues des écrits fondateurs du marxisme-léninisme et de ses applications concrètes en ex-URSS ; pendant que d'autres avaient des inspirations plus frelatées : notamment l'aboutissement heureux d'adaptations réussies comme en Chine, ou dans les satellites soviétiques. L'analyse critique dévoilera la véritable identité de

---

[27] A, MARTINET, *Statolatrie, ou le communisme légal*, Éditions Librairie Jacques LECOFFRE et compagnies. Paris, 1848, 112 p.

[28] P. ROSANVALLON, « L'État au tournant », dans : J. LESOURNE (dir.), *Où va l'État ? : la souveraineté économique et politique en question* : [Colloque sur le Rôle de l'État dans l'économie européenne et mondiale (Paris, 26-27 septembre 1991], Éditions le Monde, 1922, Paris, p. 62-72.

l'expérience malienne qui a été une forme de politisation du *yùrùguyurugu* colonial **(B)**.

A/Le socialisme africain : un concept à la croisée des chemins entre contestation et conciliation sociales

151. L'avantage heuristique de la dissociation du socialisme à l'Occidental de la version africaine. – Une bonne compréhension de cette forme ouest-africaine du socialisme nécessite une archéologie du concept de socialisme importé d'Occident dont le sens a été renouvelé par les pères des indépendances. Cette approche est indispensable à notre travail de débroussaillage de ses diverses significations et nuances.

152. Les racines occidentales du socialisme. – Dans le *dictionnaire de philosophie politique,* Jean-Paul THOMAS retrace de manière assez précise l'historique du socialisme[29]. Selon lui, son introduction dans la langue française fut assez tardive, parce qu'en 1766 le moine italien Ferdinand FACCHINEI parlait déjà de *socialismo* pour qualifier les croyances dans un contrat social entre des hommes libres et égaux. Selon la même source, en 1803 le terme réapparut à Vicence, au nord de l'Italie, sous la plume d'un autre ecclésiastique. Ce dernier lui donna un sens proche de la pensée politique malienne, c'est-à-dire celui de la réfutation des théories individuelles du XVIIIe siècle. C'est donc dans cette acception que le mot a pénétré en France et dans la langue française, sous l'influence de la revue saint-simonienne « Le Globe », qui publia en octobre 1930 *Les Feuilles d'automne de Victor HUGO* signées par un certain « Joncières », le nom d'emprunt de Pierre LEROUX[30]. De ce tronc commun, fondé sur la contestation et le rejet de l'égocentrisme aveugle et « égaliticide » – qui fait litière de toute possibilité de cohabitation entre les libertés individuelles et l'égalité – découlèrent des ramifications allant du socialisme utopique au réformisme et enfin au socialisme révolutionnaire ou réel[31]. En accord avec notre pragmatisme méthodique, nous garderons ce dernier sens visant la justice sociale à travers la combinaison et l'équilibre entre liberté et égalité. Ce choix se justifie par une certaine familiarité avec les homéomorphes fonctionnels mobilisés par les utilisateurs africains du concept. Il est également motivé par le fait que l'une des significations du *sŏcĭalis* latin se trouve être ce « qui sert de lien »[32], crée un collectif et associe. Ainsi, le

---

29 J. – P. THOMAS, « socialisme », dans : P. RAYNAUD, S. RIALS (dir.), *Dictionnaire de philosophie politique*, Éditions PUF, Paris, 1998, p. 609-615.

30 G. BENSUSSAN, J. ROBELIN, « Socialisme », dans : G. LABICA, G. BENSUSSAN (dir.), *Dictionnaire critique du marxisme*, Éditions PUF, Paris, 1985, p. 1063-1068. Pour approfondissement, cf. également : *socĭus* (associé, en commun, allié, compagnon), *Ibid.*, p. 1472.

31 J. LAGNEAU, « socialisme », dans : S. AUROUX (dir.), *Les notions philosophiques : dictionnaire, op. cit.*, p. 2398-2399.

32 P. FLOBERT (dir.), *Le grand Gaffiot..., op. cit.*, p. 1471.

socialisme constituerait le mouvement politique qui cherche à aller au-delà de la simple charité religieuse, pour organiser un modèle de société conciliant liberté et égalité. Il s'agit de l'étape intermédiaire entre la liberté totalitaire et le communisme identifiable par une légère prééminence du général sur l'individuel. La ressemblance avec la vision occidentale de l'aide publique semble évidente.

153. La généalogie de socialisme africain : son métissage par les valeurs endogènes. – Quant au socialisme africain, sa définition dépend du niveau d'assimilation de son auteur. Par exemple, le très occidentalisé Léopold Sédar SENGHOR du Sénégal le concevait comme :

> « la méthode, qui met les recherches et les techniques politiques, économiques, sociales, culturelles au service de la socialisation panhumaine, de la civilisation de l'universel ; c'est l'humanisme des temps contemporains [...] ce n'est rien d'autre que l'organisation rationnelle de la société humaine, caractérisée dans sa totalité, selon les méthodes les plus scientifiques, les plus modernes, les plus efficaces »[33].

Pendant ce temps, son homologue du Mali, Modibo KEÏTA, rappelait que : « bien avant la période coloniale, l'esprit communautaire a prédominé dans nos villages et a constitué la base et les racines de notre société. »[34] En d'autres termes, du côté sénégalais, il était question d'inclusion des Africains et de leur participation à la rationalité universelle. La partie malienne, quant à elle, avait une conception plus traditionnelle. La logique que souhaitait mobiliser cette dernière paraissait davantage endogène. En dépit de leurs divergences, ces thèses avaient la dimension humaine comme épicentre. Ainsi, ce socialisme ouest-africain était d'abord et avant tout un moyen d'officialisation de l'« humanitude » communautaire des sociétés africaines : le *mɔgɔya* de la langue bambara. Cette tentative d'étatisation du philanthropisme africain visait principalement l'uniformisation des droits et des chances entre colonisateurs et indigènes avant d'incarner une forme de gouvernement après l'émancipation. Cela explique les raisons de la radicalité de l'expérience malienne. Les socialistes africains partageaient sans exception la volonté d'accompagner l'indépendance politique et juridique par un affranchissement économique. Ils souhaitaient instaurer une réelle égalité entre les anciens colons et colonisés. Pour ce faire, l'incapacité des petites bourgeoisies marchandes autochtones obligeait les bureaucrates à faire appel à « l'État brancardier » pour assurer l'intérim. À titre d'illustration, le Rapport d'orientation du VIe Congrès de l'US-RDA invitait le parti d'État à :

> « mettre fin au pillage économique de notre Pays en réglementant l'exportation des bénéfices et la fuite des capitaux ; [puis, d'] assurer en

[33] R. BEEKMANS ; R. De HAES, *Voies africaines du socialisme : journées africaines*, Éditions Léopoldville, Bibliothèque de l'étoile, Louvain, 1963, p. 82.

[34] M. KEÏTA, *Appel à la nation lancé lors de la publication du plan socialiste*, Bamako, 30 septembre 1961.

même temps la continuité de l'approvisionnement de notre économie, compte tenu de l'incapacité involontaire, mais réelle, du secteur privé national d'y parvenir. Face à ce problème, qu'il fallait résoudre pratiquement et vite, il n'existait qu'une solution : Faire de l'État l'instrument de réorganisation de notre économie, et proposer de telle sorte que notre économie soit équilibrée, non plus en tant qu'économie complémentaire de l'économie française, mais en tant qu'économie indépendante, fondée sur le seul intérêt de notre pays et des populations laborieuses. »[35]

154. Les raisons stratégiques du refus du mimétisme de la conception occidentale. – Il semble, par ailleurs, logique que ces socialistes Africains en général et Maliens en particulier aient réfuté l'hypothèse d'une transposition mimétique des doctrines marxistes. Les visées pragmatiques de leur concept ne leur permettaient pas une application directe des thèses occidentales. C'est pour ces raisons que Léopold Sédar SENGHOR a rappelé que leur version ne pouvait pas être exactement celle de MARX et ENGELS. Ces derniers ont élaboré la leur il y a une centaine d'années selon des méthodes et des réalités propres à l'Europe occidentale du XIXe siècle[36]. Ce refus africain du mimétisme théorique était aussi motivé par des incompatibilités palpables entre leur *mɔgɔya* (humanisme égalitaire) et le rationalisme extrême de MARX et ENGELS qui n'avaient paradoxalement pas pu se détacher de leur héritage *occidentalocentré*. Il est vrai que ces penseurs occidentaux ne se sont respectivement pas opposés à la colonisation britannique des Indes et à l'esclavage antique. En outre, parce que leur *mɔgɔya* devait réhabiliter la dignité de l'indigène tout en révérant ses croyances religieuses, Modibo KEÏTA[37] et Léopold Sédar SENGHOR récusaient le matérialisme athée et la lutte des classes de l'idéologie matricielle du marxisme. L'inclusion de Dieu et des autres convictions spirituelles leur permettait de transmettre une partie de l'autorité du père[38]. C'est la raison pour laquelle le cinquième alinéa de l'article premier de la Constitution du 22 septembre 1960 contenait une référence directe aux spiritualités endogènes – notamment un idéogramme proche du « tableau nosomantique » de Mamadou Lamine TRAORÉ[39] –, en disposant que : « Le drapeau est composé de trois bandes verticales et égales de couleurs vert, or, et rouge. Il porte en noir sur la bande or, l'idéogramme de l'homme les bras levés vers le ciel. » Cette référence métaphysique issue de la période

---

[35] Secrétariat politique de l'U.S.— RDA, *Rapport d'Orientation du VIe Congrès de l'U.S-RDA*, Bamako, septembre 1962.

[36] L. S. SENGHOR, « Les données du problème », dans : *Développement et socialisme* : Colloque sur les politiques de développement et les diverses voies africaines vers le socialisme, Éditions Présence africaine, Paris, 1963, p. 12.

[37] P. KANOUTÉ, « Retour aux sources », dans : *Voies Africaines au socialisme, op. cit.*, p. 40.

[38] A. KOJÈVE, *La notion de l'autorité, op. cit.*, p. 67-68.

[39] M. L. TRAORÉ, *Philosophie et géomancie : vers une philosophie originelle africaine, op. cit.*, p. 101.

fédérale[40] ne disparaîtra officiellement qu'à la suite de l'adoption de l'article premier de la loi du 18 février 1961 portant modification à la constitution du 22 septembre 1960[41], qui donnera naissance à la version actuelle du drapeau. Le rejet de l'antagonisme des catégories sociales constituait l'*hyperbolisation* d'un trait caractéristique du socialisme originel : celui de la conciliation des impossibles. Par conséquent, nous pouvons dire que ce *mɔgɔya* ou socialisme *désoccidentalisé* était un acte de résistance à la domination occidentale, une forme d'exclusion de l'impérialisme : en quelques mots, une tentative originale d'officialisation du *yùrùguyurugu* colonial.

B/L'officialisation du yùrùguyurugu colonial : la spécificité de l'expérience malienne du socialisme

155.Les origines historiques de l'amalgame entre le *yùrùguyurugu* anticapitaliste et la libération coloniale : le point d'ancrage du socialisme africain. – En transformant des syndicalistes en politiciens, le socialisme africain s'est allié au PCF. De 1946 à 1950, cette affiliation du RDA au PCF a été l'objet des foudres de l'administration coloniale. Les socialistes africains se sont trouvés une cause à défendre : une légitimation du *yùrùguyurugu.* Pour illustration, la nomination de Georges ORSELLI au poste de Gouverneur de Côte d'Ivoire en 1948 devait matérialiser cette volonté de répression. La suppression pure et simple du RDA était la tâche principale que lui avait confiée sa hiérarchie. Selon Pierre-François GONIDEC, Paul COSTE-FLORET, le ministre français de l'Outremer de l'époque, résuma la responsabilité dudit gouverneur par cette formule : « Vous allez là-bas pour supprimer le RDA ».[42] Pour donner suite à l'échec du gouverneur de remplir efficacement cette obligation, il fut remplacé la même année par Laurent PECHOUX (1948-1952), qui procédera à de nombreuses opérations « coups de poing » (importantes missions de police consistant à châtier sévèrement des actes jugés déviants) avec la bénédiction de François MITTERRAND. L'implication massive des défenseurs occidentaux de l'égalité et des droits de l'homme en faveur du RDA et contre cette politique punitive donna une certaine légitimité internationale à l'élite bureaucratique et à son *yùrùguyurugu.* Cette appréciation est confirmée par Gabriel LISETTE, qui explique que ce sont les débordements lors des répressions brutales des années 1949 et 1950 en Côte d'Ivoire qui

[40] Pou plus d'information, cf. les longs détails donnés dans le premier article du décret n° 60-88 du 25 avril 1960 concernant les prescriptions relatives à l'idéogramme de l'homme qui doit figurer sur la bande ou centrale au drapeau de la Fédération du Mali, *JORM* n° 1960-54 du 1er juin 1960, p. 453.

[41] Loi n° 1961-026 du 18 février 1961 portant modification à la constitution du 22 septembre 1960 de la République du Mali, *JORM* n° *1961-79* du 1er mars 1961, p. 203.

[42] *Ibid.*, p. 151.

ont mobilisé et conduit un collectif d'avocats, de journalistes, d'élus de différents pays, les Français y compris, à radicaliser leur soutien par le développement d'une presse d'opinion, qui n'existait auparavant qu'au Sénégal et d'une littérature militante nourrie avec des œuvres de DAMAS, CÉSAIRE, SENGHOR et DADIÉ[43].

156. La perception du socialisme africain comme le substrat de l'identité de la République du Mali contestant à la fois le colonialisme et le capitalisme. – Contrairement à la Côte d'Ivoire de Félix HOUPHOUËT-BOIGNY qui s'est désolidarisée du mouvement, nous percevons une réhabilitation totale du *yùrùguyurugu* à travers la continuation de la collaboration malienne avec le PCF. Ainsi, au sortir de l'indépendance, les partis d'État des deux premières Républiques du Mali constituaient une simple mutation des actions syndicales de l'émancipation nationale[44]. C'est sans doute l'une des causes de l'amalgame entre le *yùrùguyurugu* anticapitaliste et la libération coloniale. La persistance de ce quiproquo est confirmée par cet extrait issu de la plume de monsieur Moustapha GUITTEYE, le journaliste malien qui couvrait l'affaire de la privatisation d'HUICMA : « [...] l'histoire des peuples est l'histoire de lutte émancipatrice des travailleurs. Les vérités cachées de la privatisation de l'Huicoma apparaîtront au grand jour. Ce jour-là, le peuple souverain saura se réapproprier l'un de ses fleurons économiques dont il a été spolié »[45]. Cet amalgame entre le *yùrùguyurugu* anticapitaliste et la libération coloniale a permis aux nouveaux détenteurs du pouvoir politique malien d'affirmer l'existence d'une seule et même classe : la « classe peuple » ou celle « des dépossédés »[46]. Ils rejoignaient les victimes du commerce de traite, qui leur avait pourtant procuré leur *capital culturel*, l'élément fondateur de leur maîtrise. Ils formaient de fait et implicitement et sans aucune consultation populaire ou nationale une coalition avec les possesseurs historiques de l'autorité coutumière. Ils se servaient ainsi de l'ignorance de la paysannerie – qui confondait administrateurs et entrepreneurs coloniaux ; ou encore la notion de patron et celle d'étranger, la lutte des classes et l'unité nationale – pour bâtir dans les consciences une nation des opprimés.

---

[43] G. LISETTE, *Combat du Rassemblement démocratique africain : chronique historique*, Éditions Présence africaine, Paris-Dakar, 1983, 398 p. ; P. – M. COUTEAUX, « Gabriel Lisette. Le combat du Rassemblement démocratique africain. » Dans : *Politique étrangère N° 4*, Volume 48, Paris, 1983, p. 1025 – 1026.

[44] Le PCF a notamment fourni une assistance au Mali de M. KEÏTA en y envoyant ses experts en économie comme le professeur franco-égyptien S. AMIN qui a séjourné et travaillé avec le ministère du Plan sur la conception et la gestion théorique du plan de (1961-1965). Il a également suivi les opérations de redressement fonctionnel de la CMDT (ancienne CFDT) de 1988 en envoyant d'autres experts chargés de suivi l'élaboration du premier contrat-plan État-CMDT.

[45] T. BAH, *Mali* : *Le procès permanent*, Éditions l'Harmattan, Paris, 2010, p. 142.

[46] C. BERNARD, « Le socialisme africain : mythes et réalités. », *op. cit.*, p. 867.

157. L'instrumentalisation du socialisme africain comme moyen d'unification idéologique des forces politiques internes. – Le socialisme africain constituait donc une étatisation douce de la nation traditionnelle, dont la soumission à la nouvelle autorité politique était déjà acquise. Il permettait aux membres de l'élite bureaucratique de rejoindre les acteurs du *yùrùguyurugu* colonial tout en dissolvant les interrogations sur les racines occidentales de leur pouvoir, principalement issu de « l'école des otages ». Il s'agissait de la pratique éducative coloniale visant à forger et fidéliser une élite autochtone occidentalisée. L'élément le plus important ici reste le verbe « éduquer », qui doit être compris dans son sens originel, c'est-à-dire en tant que ramification du *dux* ou *dŭcis* (guide, conducteur) *dŭcĕre* (tirer à soi) latin. Cette sécession, ou opération de sevrage est elle-même qualifiable de *yùrùguyurugu*, en ce sens qu'au lieu de poursuivre la voie tracée par leurs anciens dirigeants, les bureaucrates maliens ont fait le choix de l'autodétermination. Ils ont effectivement tiré vers eux les consciences divergentes de la nation, à l'image du frontispice du *Léviathan* de Thomas HOBBES[47]. La sélection d'une appellation connue et reconnue donnait une structure idéologique et immanente au *yùrùguyurugu* tout en faisant oublier son illégalité. Les pratiques qui consolidaient la *manière d'être* des autochtones et étaient unilatéralement jugées contraires à la rationalité occidentale ou simplement informelles se transformaient ainsi en socle de l'entité juridique des socialistes maliens. Cette ingénierie politique a eu une influence considérable sur le système de commandement de ces États. Nous en voulons pour preuve, le choix commun aux Républiques maliennes[48] et sénégalaises[49] de la devise nationale « Un Peuple – Un But – Une Foi ». La longévité de cette disposition constitutionnelle démontre la place de choix occupée par cette composante du socialisme africain, fait de volonté insatiable d'unité autour de cette configuration de la construction nationale. Ces choix terminologiques permirent de tenir en haleine cet ensemble doté d'un projet de société cohérent et vigoureux.

158. Synopsis de la matérialisation du socialisme africain. – Après avoir attiré et fédéré le peuple vers elle et autour de son dessein d'humanisme social, l'élite bureaucratique devait impérativement matérialiser cette idée afin de fidéliser sa nouvelle clientèle. Et c'est ce qu'elle fit à travers des opérations de nationalisations spectaculaires et de création d'entreprises.

---

[47] Th. HOBBES, *Léviathan : op. cit.*, 780 p.

[48] Article premier des deux premières Constitutions maliennes du 22 septembre 1960 et du 1er juillet 1974.

[49] C'est notamment le cas du troisième alinéa de l'article premier de la constitution sénégalaise du 7 mars 1963.

§ 2 : L'APD : fonctions des nationalisations et créations d'entreprises d'État

159. La matérialisation du socialisme africain par la nationalisation et la création d'entreprises d'État. – En écho aux recommandations du Congrès du 22 septembre 1960, le jeune État malien exécuta le programme d'indépendance qui lui avait été assigné par le corps constituant. Pour créer sa propre huisserie logique et se libérer du poids de ce marché *totalitaire*, il mena deux expériences distinctes et complémentaires : d'une part, en se construisant un arsenal de sociétés d'État, d'autre part en nationalisant les plus importantes entreprises coloniales.

Cette matérialisation des idées de la voie malienne vers le socialisme mettait en péril les termes de l'échange établis par le cadre rationnel qui avait engendré l'État moderne et menaçait directement, au surplus, les investissements déjà réalisés par les colons. Les socialistes des premières heures étaient néanmoins déterminés à accaparer les fondements économiques de l'autorité de leurs anciens patrons. Pour ce faire, le transfert du patrimoine privé colonial dans celui de l'État-nation dont ils avaient une maîtrise totale semblait la solution idoine. Le cas échéant, ils procéderaient à une *malianisation* des directions sans modification structurelle ou statutaire de ses entreprises.

160. Des nationalisations instrumentalisées. – Ces mesures avaient des avantages symboliques non négligeables : la réappropriation d'un capital économique, qui sera retransmis comme héritage indivis aux nouvelles générations[50]. Il s'agissait donc d'une véritable opération de renaissance de la nation malienne au sein de leur système juridique endogène. Ces nationalisations symboliques **(A)** étaient accompagnées d'une série de créations de sociétés. Ces dernières actions du gouvernement permettaient de fédérer les franges libérales de la bourgeoisie marchande, mais aussi de les rallier à leur cause. Les *diseurs de droit* ont en effet tenté de définir en vain ces entreprises d'un genre particulier **(B)** ; principalement parce qu'ils utilisaient des outils conceptuels occidentaux, évidemment non pertinents.

A/L'APD : Les nationalisations symboliques

161. Rappel de la dimension démagogique des nationalisations symboliques. – Pour rendre effectif et crédible leur *mɔgɔya* ou socialisme africain aux yeux de la paysannerie majoritaire, les membres de l'ancien parti d'État (l'US-RDA) ont spectaculairement nationalisé un certain nombre d'entités représentant symboliquement la domination coloniale. Ces étatisations démagogiques concernaient principalement les structures qui pratiquaient le travail forcé et alimentaient le commerce de traite ainsi que

[50] E. RENAN, *Qu'est-ce qu'une nation ? Et autres essais politiques*, *op. cit.*, p. 37-56.

celles qui se sont construites sur l'exploitation de la paupérisation rurale et celles qui heurtaient le plus la *manière d'être* atavique des communautés villageoises.

162. La violence des nationalisations symboliques : cas de l'Office du Niger. – Dans cette optique, le cas de l'Office du Niger est une parfaite illustration qui mérite d'être étudiée. Cette analyse de la nationalisation de l'Office du Niger a été motivée par l'évidente démonstration qu'elle apporte au sujet de la dimension stratégique de l'aide occidentale, mais aussi parce que cette entreprise restait : « [...] la dernière création bureaucratique de l'administration [métropolitaine] dans la catégorie des compagnies de concessions territoriales pour l'exploitation économique des colonies. Ce côté public explique les pressions politiques et les renseignements filtrés, qu'on trouve dans cinq cents publications sur l'Office »[51]. La qualité juridique de l'Office en a fait l'un des éléments les plus importants de l'entreprise coloniale. En effet, son premier statut juridique lui a été conféré par le décret du 5 janvier 1932, qui l'assimilait à un établissement public doté de la personnalité civile et de l'autonomie financière. Cette création de l'administration coloniale avait deux principales vocations : promotion des travaux publics et valorisation de l'agro-industrie. Elle était la matérialisation du programme d'« îlot de prospérité »[52] d'Émile BELIME, son concepteur et directeur de 1932 à 1942. Ce dernier voulait produire dans le delta du Niger une sœur jumelle de l'expérience d'irrigation de l'Égypte pharaonique. Il croyait que son projet de monoculture cotonnière pour le compte de la métropole était le moyen le plus efficace pour assurer le développement de la paysannerie soudanaise (puis malienne). Selon lui – de même qu'en Égypte et contrairement aux agricultures vivrières —, le coton irrigué était appelé à former l'assise la plus sûre d'une prospérité rurale[53].

163. Exemplarité de la nationalisation de l'Office du Niger. – À l'indépendance du Mali, le bilan des réalisations et investissements était loin d'atteindre les objectifs escomptés par Émile BELIME. Ils s'élevaient tout de même à plus de 25 milliards de francs CFA intégralement payés par le Trésor public français entre 1932 et 1959 afin de financer la construction de superstructures comme le barrage de Markala et l'aménagement de canaux d'écoulement[54]. Il faut évidemment ajouter à cette somme, le don colossal et historique de 700 millions de francs CFA fait à la nouvelle direction (l'élite

---

[51] V. MORABITO, « L'Office du Niger au Mali, d'hier à aujourd'hui », *op. cit.*, p. 53-82.

[52] J. – Y MARCHAL, « L'Office du Niger : îlot de prospérité paysanne ou pôle de production agricole ? », dans : *Revue Canadienne des Études Africaines Vol. 8*, No. 1, 1974, p. 73-90 ; P. HERBART : *Le chancre du Niger*, Éditions Gallimard, Paris, 1939, 126 p.

[53] É. BELIME, « Les irrigations du Niger », *op. cit.*, p. 33 ; J. TRICART, J. – P. BLANCK, « L'Office du Niger, mirage du développement au Mali ? », dans : *Annales de Géographie 1989 n° 549*, p. 570.

[54] E. SCHREYGER, *L'Office du Niger au Mali, de 1932 à 1982 : la problématique d'une grande entreprise agricole dans la zone du Sahel*, Éditions Steiner VERLAG, Wiesbaden, 1984, 394 p.

bureaucratique) de l'Office par la France durant l'exercice 1960-1961 sans aucune signature d'accord bilatéral, du moins officiellement. La recherche d'apaisement des velléités vengeresses des fondateurs de la République du Mali était à peine voilée. Malgré cet effort financier considérable de la France, les jeunes représentants du gouvernement socialiste parvinrent à la tête de l'Office du Niger en 1961, ce qui causa l'exode des exploitants français et de deux mille colons de l'Office[55]. Cependant, ce qu'il faut retenir ici n'est pas ce départ en soi, mais la manière utilisée pour rompre les attaches.

164. L'impassibilité des socialistes maliens face à la générosité de l'aide française et ses conséquences. – Pour demeurer dans l'Office et préserver leurs acquis fortement revus à la baisse, les bureaucrates ont soumis les récalcitrants à leur idéologie et à leur autorité. Ce nivellement des privilèges coloniaux visait l'instauration d'une égalité de traitement stricte entre les autochtones et les étrangers. C'est ainsi que les colons français qui étaient restés ont été structurés comme les ressortissants maliens ; c'est-à-dire en groupements et coopératives de production et de secours mutuels au niveau des villages. Ces structures villageoises étaient destinées à la formation des unités de cultures comprenant entre 200 et 300 familles, dont un membre au moins devait adhérer à la coopérative et participer à son capital social. Toutes ces personnes ont subi le radicalisme politique à travers l'omnipotence et l'omniprésence des coopératives légalement chargées du rachat des produits agricoles aux prix fixés par l'administration, de la fourniture des biens de consommation et de la location des équipements[56]. Pour être sûres de convaincre les étrangers (Français et autres colons) de partir de l'Office, les nouvelles autorités *malianisèrent* l'encadrement et prirent des mesures discriminatoires comme l'obligation de battage mécanique de l'ensemble des récoltes aux frais des colons. Ce chauvinisme de l'élite bureaucratique alla jusqu'à l'usage de la menace de faire sauter le pont de Markala, qui fait également office de barrage, en cas de refus d'obtempérer de la part des colons entêtés. Même si la mise à exécution de cette intimidation était assez improbable – parce qu'elle aurait porté atteinte à la survie de la zone dépendante de l'irrigation dudit barrage —, elle prouve la montée en puissance de l'anticolonialisme et d'un patriotisme exacerbé.

Pour un grand nombre d'industriels occidentaux, excédés par la croissance progressive du poids des cahiers des charges imposés par le gouvernement de l'US-RDA, l'exode fut l'unique solution. En effet, dès 1962, dans le cadre de la planification socialiste, le *gouvernement-parti* avait institué un système de conventionnement, qui permettait une vérification rigoureuse de la gestion des entreprises privées, majoritairement étrangères,

---

55 V. MORABITO, « L'Office du Niger au Mali, d'hier à aujourd'hui » *op. cit.*, p. 64.

56 L'administration fixait les prix au début de chaque campagne hivernale par une conférence économique ministérielle.

et une surveillance de la conformité de leurs missions avec le plan national. La simple autorisation d'exploitation d'une activité économique comportait une obligation de formation d'un nombre défini de techniciens locaux, en plus de la double taxation : contrôle des prix et imposition du profit[57].

165. L'imprécision autour de la notion d'entreprise publique : un moyen d'instrumentalisation de l'aide. – Le don colossal fait par la France, sous la forme d'APD sans conditionnalité, n'a pas suffi à apaiser l'ardeur de ces radicaux. Il leur a néanmoins permis de continuer à occuper le terrain qu'ils viabilisaient insidieusement en attendant une re-occidentalisation de l'État. Nous en voulons pour preuve l'introduction des imprécisions dans la qualification juridique des entreprises publiques.

B/Les imprécisions juridiques de la notion d'entreprise publique : symbole du succès de l'APD

166. La nécessaire prise en compte de l'aide pour une appréhension correcte de la notion d'entreprises publiques. – Le statut et les fonctions des entreprises publiques représentaient une véritable nébuleuse juridique pour le législateur malien. Il avait effectivement fort à faire avec l'instrumentalisation de ces structures par le politique, les nationalisations brutales et les créations inopinées. De surcroît, une définition analytique et individuelle des mots composant l'expression « entreprise publique » n'est pas suffisamment éclairante. Cette locution formée par l'union entre l'entrepreneuriat et le public est indéterminable sur un plan strictement logique, parce qu'elle est fondamentalement paradoxale[58]. Le sens de la locution ne se laisse pas saisir de manière objective puisqu'elle unifiait la notion d'entreprise[59] prise dans son sens d'association industrielle ou marchande recherchant le profit avec le concept de public, le fameux *fòròba* bambara : la valeur fondamentale de la société malienne qui est censée se trouver hors marché.

Par conséquent, l'expérience malienne ne pouvait dénoter qu'en incluant l'intentionnalité des dépositaires de l'autorité, comme il était prévu par les constituants des première et deuxième Républiques. Or, la présence continue des coopérants occidentaux, grâce à la surface financière de l'APD à contenu variable, a introduit des équivoques dans le dessein politique qui a animé

---

[57] F. CONSTANTIN, C. COULON, « Entreprises publiques et changement politique au Mali », dans : J. D. ESSEKS (dir.), *L'Afrique de l'indépendance politique à l'indépendance économique*, Éditions P.U.G., 1975, p. 183.

[58] M. POYET, *Le contrôle de l'entreprise publique essai sur le cas français*, Thèse de doctorat en droit public, Saint-Étienne, 2001, p. 11-27.

[59] R. KOVAR, « Brevets, Savoir-faire et interdiction des ententes. – Introduction. Éléments constitutifs de l'interdiction », *Fascicule 4820, JurisClasseur 2010*, p. 04-07. À partir de l'arrêt de la CJCE du 23 avril 1991, aff. C—41/ 90, *Höfner* et *Elsner* : Rec. CJCE 1991, I, p. 1979, l'auteur revient longuement sur les évolutions de la jurisprudence européenne sur la définition de l'entreprise.

l'indépendance, lequel ne souffrait initialement d'aucune ambiguïté. La notion d'entreprise publique va de fait résumer en elle les hésitations et contradictions des politiques maliens. La situation peut être caractérisée comme suit : les socialistes de la première République donnaient idéologiquement un relief particulier au dernier mot de l'expression entreprise publique, pendant que les libéraux de la deuxième République souhaitaient insister sur le premier terme, tout en conservant le contrôle sur l'ensemble.

167. Ambiguïtés dues à la non-prise en compte de l'incidence de l'aide occidentale sur la conception des entreprises publiques. – À partir d'une analyse de l'article premier de l'ordonnance du 11 avril 1969 portant Statut général des entreprises nationales de 1969[60], l'économiste malien, monsieur Dionké DIARRA, soutient de manière ambiguë qu'« au Mali, les entreprises publiques étiquetées "nationales" se définissent comme "des Établissements à caractère industriel et commercial, dotés de la personnalité civile et de l'autonomie financière [mais aussi que]" elles [sont] la propriété du peuple »[61]. Il faut rechercher l'origine de cette évidente contradiction dans les statuts généraux de 1963[62], 1967[63] et 1969[64], qui utilisaient le terme d'« entreprises nationales » en dépit des fluctuations politico-juridiques de sa signification. C'est particulièrement de cette caractérisation « nationale » que provient le paradoxe. L'appellation « nationale » peut en effet recevoir deux interprétations renvoyant à ses principaux usages. Nous pouvons, d'abord, y percevoir une survivance du chauvinisme acerbe liée au succès populaire du *yùrùguyurugu* officialisé durant les premières heures de l'indépendance. À l'époque, le sens le plus communément reçu était celui d'« entreprises publiques à la française »[65]. Vient ensuite ce qui peut être hâtivement qualifié de manque de rigueur de la part du législateur malien, qui s'est abstenu de prendre en compte des vocations instrumentales assignées à ces structures par les autorités politiques. En effet, il avait également mobilisé des métonymies suivantes : « sociétés nationales »[66], « organismes (d'État) »[67],

---

60 Ordonnance n° 1969-023 du 11 avril 1969 fixant le statut général des entreprises nationales, *JORM* n° 1969-299 du 15 avril 1969, p. 264 et s.

61 D. DIARRA, *Problèmes d'efficacité des entreprises publiques en Afrique Noire : Le cas des sociétés et entreprises d'État du Mali*, Thèse d'économie, Paris I, 1986, p. 18

62 Loi n° 1963-023 du 5 février 1963 portant statut général des entreprises nationales, *JORM* n° 1963-137 du 10 février 1963, p. XX.

63 Ordonnance n° 1968-007 du 14 décembre 1968 modifiant la loi n° 67-40 du 18 juillet 1967 portant refonte du statut général des sociétés et entreprises d'État, *JORM* n° 1968-291 du 15 décembre 1968, p. 893.

64 Ordonnance n° 1969-023 du 11 avril 1969 fixant le statut général des entreprises nationales, *op. cit.*, p. 259 et s.

65 P. DELVOLVÉ, *Droit public de l'économie*, Précis Dalloz, Paris, 1998, p. 629.

66 Terme utilisé dès 1960 dans texte législatif créant les sociétés (Air Mali, SONEA, ENCOM, SONETRA, CMN).

67 Terme utilisé dans le texte législatif créant les sociétés des chemins de fer, et du Bureau minier.

« établissements d'utilité publique »[68] et enfin « sociétés d'État »[69]. Comme l'ont précisé les professeurs François CONSTANTIN et Christian COULON, il est facile de relever que :

> « aucune logique juridique (ou politique) ne vient donner un ordre à cette anarchie des étiquettes, qui paraît procéder davantage de l'imagination du législateur de l'instant, car elle n'a aucun lien avec les modalités d'organisation de la société [...] La tradition française subsiste au-delà des appellations génériques des entreprises publiques. Les concepts utilisés appartiennent à la terminologie du droit des sociétés français, qu'il s'agisse de désigner les organes (généralement appelés Conseil d'administration ou les relations, Président, Directeur, agent comptable, commissaire aux comptes) ou les relations avec l'État (tutelle, capital, personnalité civile et autonomie financière). Même les textes les plus marqués par l'esprit socialiste rappellent que ces entreprises doivent être gérées "selon les principes de la rentabilité économique". »[70]

Il est vrai que, prises de manière objective, ces hésitations du législateur malien paraissent incohérentes. Si ce n'est que les significations données au concept remplissaient pleinement leurs missions, notamment en avantageant l'élite bureaucratique. Les incohérences formelles ne sont jamais dépourvues de sens, ce qui est insensé, dans ce cas, c'est l'étonnement de façade du commentateur. L'un des buts recherchés aurait pu être, au moins en partie, de permettre une mainmise totale sur le juridique et l'économique pour servir l'essor du développement. La tendance dominante est tout autre. Elle est davantage favorable à la reproduction des idées *occidentalocentrées*[71] semblables à la définition sélectionnée par la directive de la Commission des communautés européennes du 25 juin 1980 portant sur la transparence des

---

[68] Terme utilisé dans le texte législatif créant la société ULB en 1969.

[69] Terme utilisé dans le texte législatif créant les sociétés de l'imprimerie nationale, la librairie populaire, SNEHM, SOCOMA, en 1962 et 1968 pour la COMATEX, la SOMBEPEC en 1969, en 1970 pour la TAMALI et EMAB...

[70] F. CONSTANTIN, C. COULON, « Entreprises publiques et changement politique au Mali », *op. cit.*, p. 144. Néanmoins, à partir de la loi 63-23, ils ont adopté une définition plus précise de la notion d'entreprises publiques, car ils y voient dans l'article premier de ladite loi, une « appellation générique applicable aux "entreprises, sociétés d'État, établissements, régies, offices et en général, tous les organismes à autonomie financière créés par l'État ».

[71] Le législateur malien a donné une définition de la notion d'entreprise travers l'article 3 de la loi n° 92-020 du 23 septembre 1992 portant Code du travail. Il la définit dans l'article 3 de la Loi n° 92-020 du 23 septembre 1992 portant Code du travail comme suit : « [...] on entend par entreprise une organisation de forme juridique déterminée, propriété individuelle ou collective, employant des travailleurs sous l'autorité d'un organe investi du pouvoir de direction et ayant pour objet une activité commune d'ordre généralement économique, destinée à la production ou la vente de biens ou à la prestation de services déterminés.

- L'entreprise peut comprendre un ou plusieurs établissements.
- Chaque établissement constitue une unité technique composée d'un groupe de personnes travaillant en commun en un lieu déterminé sous une même autorité directrice.
- Un établissement unique et indépendant constitue à la fois une entreprise et un établissement.
- L'établissement peut ne comporter qu'un seul travailleur. »

relations financières entre l'État et les entreprises publiques. L'article 2 de cette directive présente cette qualité « toute entreprise sur laquelle les pouvoirs publics peuvent exercer directement ou indirectement une influence dominante du fait de la propriété, de la participation financière ou des règles qui la régissent ». Toutes ces définitions sont, cependant, des interprétations qui doivent être lues à l'aune des prédispositions de la société dont les fondations de la *manière d'être* peuvent privilégier l'holisme social, comme c'était le cas de la première République du Mali.

Conclusion du chapitre second

168. Rappel de la dimension pragmatique de l'APD. – Ce deuxième contact avec le terreau, le cœur du problème de la re-occidentalisation de l'État, donne des indications sur la nature pragmatique du concept d'APD.

D'une part, il offre un panorama réaliste et critique des moyens mis en œuvre afin de préserver la fertilité de cette *natte* instable. Ainsi, la présentation polymorphique qui en est faite maintient une « biodiversité » artificielle sans portée significative sur l'effectivité de son usage. En vérité, cette multiplicité des conceptions n'a aucunement altéré la constance de ses principes directeurs.

D'autre part, le dévoilement des spécificités des pratiques initiatiques du jeune État malien a fourni une image de l'ampleur des ressources mobilisées dans le cadre de l'APD. Sur le plan bilatéral, par exemple, la République française n'a pas hésité à occulter ou à minorer la conditionnalité et ses effets pervers. Ensuite, la comparaison de ces vieilles données maliennes avec les usages actuels de l'APD a confirmé qu'elle est restée un instrument stratégique de la rationalité occidentale, qui l'utilise pour sécuriser ses investissements, mais aussi pour garder la *manière d'être* de cet État réfractaire (et de ses semblables) à la portée de son domaine de compétence.

169. Rappel de l'importance heuristique de cette démarche dans la compréhension de la crise malienne. – Ce nouveau système de guidage de l'action nationale ne doit donc pas être confondu avec les difficultés liées à la globalisation et ses bouleversements induits chez des États en quête de rôle[72]. Ce dont il est question ici est bien plus dramatique que la recherche d'une partition par des instigateurs dépassés par leur création. L'APD est le fertilisant du terreau *occidentalocentré*. Il s'agit d'une « prison mentale », d'une « colonisation des esprits déguisée » sous le pli d'une logique économique apparemment détachée des autorités occidentales. Ce n'est pas pour rien qu'à la suite des événements sociaux de 1992, l'un des slogans favoris des étudiants grévistes maliens qualifiait les gouvernants maliens de « dirigeants dirigés ».

[72] F. OST, M. V. D. KERKOVE, *De la pyramide au réseau ? Pour une théorie dialectique du droit*, Publications des Facultés Universitaires Saint-Louis, Bruxelles, 2002, p. 125-182.

Conclusion du titre premier

170. Rappel de l'influence du terreau formé par l'aide dans la détermination des orientations des deux premières Républiques maliennes. – Il faudra retenir que l'APD est caractéristiquement et métaphoriquement proche du serpent chez les Bambaras qui prétendent que : *Să dògòlen bɛ kɔgɔ* (c'est le serpent caché qui grandit). À l'image de ce dernier, elle a su mêler ingéniosité et malice pour accomplir sa vocation stratégique : conduire à un changement de la *manière d'être* de la République malienne. Nous en voulons pour preuve, la proposition faite à Modibo KEÏTA par les leaders de la junte qui venaient de diriger contre lui un coup d'État. Comme l'explique monsieur Cheick Oumar DIARRAH, ils lui avaient suggéré de « le conserver à la tête de l'État, à condition qu'il mette un terme au socialisme et qu'il congédie plusieurs de ses collaborateurs. » Cette offre a évidemment été refusée par l'ancien chef de l'État malien qui leur rétorqua :

> « Pas question. Ici, au Mali, nous sommes dans un pays de droit et de démocratie. Nous respectons, depuis l'indépendance, la volonté populaire. C'est le peuple qui a opté pour le socialisme par le congrès extraordinaire du 22 septembre 1960. Le socialisme n'est pas mon choix à moi tout seul. Demandez au peuple ce qu'il en pense. Quant à mes collaborateurs, jusqu'à nouvel ordre, je leur fais confiance. »[73]

171. Le Consensus de Washington : le synopsis de l'influence directe de l'aide dans la création de la *manière d'être* de l'État de la transition. – La visée instrumentale de l'APD est aux antipodes de ces visions généreuses. Elle brillera de mille feux avec le Consensus de Washington. Cet « accord » de consentement sans manifestation de volonté augmenta la cadence du mimétisme dont la pathogénie s'est transformée en unique voie de développement. En d'autres termes, la re-occidentalisation de l'État passe par un universel construit et matérialisé dans ce Consensus mal nommé.

---

[73] Ch. O. DIARRAH, *Mali : Bilan d'une gestion désastreuse*, Éditions L'Harmattan, Paris, 1990, p. 28.

TITRE SECOND :

Le Consensus de Washington : l'occidentalisation utopique de l'État

« Le coup d'État du 22 mars 2012 et la crise au nord du Mali sont, essentiellement, mais non exclusivement, la manifestation d'une crise de la gouvernance provoquée par la corruption endémique, l'incapacité de l'État d'assurer les services de base et la quasi nulle légitimité des institutions de l'État et du système politique. »

Ban KI-MOON[1]

172. L'implantation de la « nouvelle stratégie » ou l'abandon du socialisme africain des fondateurs. – Le coup d'État de 1968 a reconstruit le « cercle herméneutique » de la « nouvelle stratégie ». Les gouvernants maliens se sont réconciliés avec le monde marchand et la *doxa* de l'occidentalisation utopique est progressivement revenue à la vie. L'hétéronomie, la principale caractéristique de l'État de la transition, s'est imposée. C'est ainsi que ce Mali de la transition a mis en œuvre des recommandations économiques et politiques qui niaient les préceptes de l'étatisation de l'indépendance. Ce retour en arrière symbolise l'arrêt brutal de la construction d'un cadre endogène qui a débuté avec les pères fondateurs de la République du Mali. Sous des prétextes développementalistes, les données qui ont prévalu à la construction de l'État malien ont d'abord été influencées, puis remplacées par la *doxa* d'origine occidentale. Cette particularité de la transition a évidemment déteint sur le système de commandement. Cette nouvelle étape doit être comprise comme un nouvel aspect de la société politique malienne et de la *modalité d'être* du peuple qui ont été stratégiquement importés de l'Occident et implantés dans

[1] B. KI-MOON, « Rapport sur la situation au Mali », *S/2013/189, § 34,* New York, 26 mars 2013, p. 7.

le but de se substituer au projet des pionniers. Cette transition se traduit dans les pratiques du pouvoir de cette période. Pour illustration, des années 1980 à nos jours, cela va de l'accoutrement des juges[2], à la langue d'expression officielle du Parlement[3], en passant par les hommages désinvoltes de monsieur Alpha Oumar KONARÉ, l'ancien président de la République, à la colonisation[4].

173. Le Consensus de Washington : les origines occidentales des déboires de la transition. – La complexité de la réalité de la transition malienne peut en effet être comprise grâce au mal nommé « Consensus » de Washington. Ce concept symbolise à lui seul les évolutions qui se sont déroulées à la suite du coup d'État de 1968. Après avoir acquis ses lettres de noblesse en Europe occidentale, la rationalité américano-occidentale est devenue le produit idéologique le plus exporté du monde moderne à travers les recommandations des institutions financières internationales. Ce « Consensus » désigne en réalité les dix plus importantes de ces exhortations à la bonne gouvernance : 1. la discipline budgétaire ; 2. la réorientation de la dépense publique ; 3. la réforme fiscale ; 4. la libéralisation financière ; 5. l'adoption d'un taux de change unique et compétitif ; 6. la libéralisation des échanges ; 7. l'élimination des barrières à l'investissement direct étranger ; 8. la privatisation des entreprises publiques ; 9. la dérégulation des marchés pour assurer l'élimination des barrières à l'entrée et à la sortie ; 10. la sécurité des droits de propriété. Ces normes fondamentales de l'État de la transition ont officiellement pris forme dans les années 1990 sous l'égide du professeur John WILLIAMSON[5], économiste de l'Institut d'économie

---

[2] Dans son ouvrage, monsieur A. CISSÉ revient longuement sur le décret n° 93-161/PRM du 26 mai 1993 fixant la composition des toges des membres de la Cour constitutionnelle malienne. Il démontre avec une certaine ironie que lesdits costumes, en plus d'être originaires de France, dataient du XIIe siècle sous Louis IX. A. CISSÉ, *Mali : Une démocratie à refonder, op. cit.*, p. 23-24.

[3] En rappelant que : « Nous subissons, jusqu'ici les séquelles de l'époque où il était indispensable de connaître la langue de la métropole pour être éligible à une fonction de la vie publique, en particulier la députation. La participation aux débats du parlement français rendait cela nécessaire. Mais il est paradoxal de maintenir cet état de chose dans un État africain donné. » Ch. A. DIOP, *Les fondements économiques et culturels d'un État fédéral d'Afrique noire, op. cit.*, p. 22-23.

[4] F. DOUMBI, *Le Mali sous Alpha Oumar KONARÉ, op. cit.*, p. 111-113. Selon cet auteur, l'ancien président malien a poussé au paroxysme la complaisance et son envie de marquer l'histoire quand il a ordonné : la récupération d'une statue géante du Général de division français G. BORGNIS-DESBORDES tenant des jumelles dans ses mains, pour la placer à l'entrée de « la place des explorateurs » qu'il avait aménagée de manière ostentatoire aux bords de l'unique route d'accès principale du palais présidentiel. Pour bien comprendre la portée de cet acte, il rappela que cet officier supérieur de l'armée coloniale était l'architecte de la conquête sanglante de Bamako et Kita, celui qui fut farouchement combattu à Bamako par le résistant légendaire S. TOURÉ.

[5] J. WILLIAMSON, « What Washington Means by policy Reform », dans : J. WILLIAMSON, *Latin American Adjustment: How Much Has Happened?*, Institute for international economics, Washington (D.C.), 1990, 445 p.; J. WILLIAMSON, P. P. KUCZYNSKI, *After the Washington consensus: restarting growth and reform in Latin America*, Institute for international economics,

internationale Peterson, avec le concours du FMI, de la Banque mondiale et du Trésor américain[6]. Un simple survol de ses recommandations suffit pour identifier les liens existant avec les valeurs et principes portés par la Constitution démocratique du Mali.

Au commencement, « l'on est parti de l'expérience [américaine] et de ses résultats objectivement prodigieux pour donner une valeur paradigmatique à ce qui est décrit comme effet du pouvoir de la science, alors que s'exprime largement le pouvoir tout court, et même la science du pouvoir. »[7] Dans le même sens, monsieur Benjamin BRUYAS rappelle que lors de la formalisation du Consensus de Washington, le professeur John WILLIAMSON s'est principalement appuyé sur des années de domination idéologique des théories monétaristes et néolibérales[8], nonobstant le caractère partiel de son adhésion à ces doctrines[9]. Son document porte les stigmates de cette hégémonie de la rationalité américano-occidentale. Il est par conséquent possible de soutenir que ces indices sont perceptibles dans l'intitulé et les finalités premières de l'objet.

174. Dévoilement de la part de stratégie du Consensus de Washington. – Il ne faut pas s'arrêter aux impressions renvoyées par ce terme trompeur « consensus », qui sous-entend une sorte de légitimité moderne. Le *consensus* latin désigne une synchronisation des consentements non soumis à un rite ou à l'exigence d'une formalité quelconque[10], ce qui était loin d'être le cas ici. Le dictionnaire de philosophie occidentale va dans le même sens. En effet, celui-ci commence par définir le consensus par l'accord implicite ou explicite d'individus sur les valeurs essentielles de leur société, le cadre du *consensus* latin. Il ajoute ensuite leur volonté de faire triompher ce qui est commun sur ce qui divise. Cela dit, le plus important est ce qui suit : « victime d'un usage de plus en plus relâché des hommes politiques et par les journalistes, la notion est venue à désigner une

---

Washington (D.C.), 2003, 373 p.; J. WILLIAMSON, "Should the World Bank Think about the Washington Consensus?", *World Bank Research Observer Volume 15*, Issue 2 Published: August 2000, p. 251–264.

[6] J. E. STIGLITZ, *La grande désillusion*, Éditions Fayard, Paris, 2002, p. 41 et s.

[7] J. KI-ZERBO, « Le développement clé en tête », *op. cit.*, p. 14.

[8] B. BRUYAS, *Le Consensus de Washington : Construction et Reconstruction d'une Légitimité*, Mémoire de Séminaire de Science, Pouvoir et Société, Institut d'Études politiques de Lyon, Université lumière Lyon 2, 2009 – 2010, p. 09.

[9] Dans sa contribution portant sur « Une brève histoire du Consensus de Washington » (Traduction faite par nous) WILLIAMSON rappelle qu'au moment de l'élaboration de son document, les privatisations étaient la seule composante du conservatisme de REAGAN et TATCHER en laquelle il croyait, puisqu'elles avaient déjà fait leurs preuves. Dans : J. WILLIAMSON, "A Short History of the Washington Consensus", 2004, Foundation CIDOB for a conference *From the Washington Consensus towards a new Global Governance,* Barcelona, September 24–25, 2004. *Disponible sur : http://www.iie.com/publications/papers/williamson0904-2.pdf* (Consulté le 18 septembre 2016)

[10] P. FLOBERT (dir.), *Le grand Gaffiot : dictionnaire latin-français, op. cit.*, p. 404.

typologie. Ainsi parlera-t-on de sociétés fortement consensuelles dont le modèle sera la société nord-américaine et de sociétés faiblement consensuelles dont l'exemple est la France. »[11]

Rappelons également qu'à l'origine, les incitations de Washington étaient destinées à remédier de façon systématique à la crise des dettes des pays d'Asie et d'Amérique latine. Ce n'est que par extrapolation – pour des raisons évidemment économiques et stratégiques – qu'elles atteindront le monde en développement dans son ensemble et que ses préceptes de bonne gouvernance des sociétés politiques contemporaines remplaceront les fondations de l'étatisation moderne. Leur implantation dans cette partie du globe s'est réalisée sans heurt grâce à l'Aide publique au développement (APD), qui lui a toujours servi de terreau très fertile. Il suffit de se référer à la faiblesse permanente du niveau d'épargne nationale malienne (32 541 105 $ en 1980, et 1 904 417 $ en 1981)[12] pour comprendre les véritables motivations des autorités internes et internationales. Ces données de la dépendance chronique de la République du Mali par rapport à l'extérieur permettent de rendre compte de la pérennité du concept.

175. L'État sans souveraineté : conséquence de l'occidentalisation. – La *doxa* de la transition a effectivement transformé l'APD en un psychotrope très addictif, une ressource indispensable à la survie d'un État malien hypersensible à l'environnement international. Pour financer l'ensemble de son secteur secondaire qui ne représentait que 20,37 pour cent du PIB en 2004[13], les Maliens n'avaient plus d'autres options. Cette fragilité permanente de l'économie malienne a entraîné la docilité des autorités politiques, qui ont cru à la viabilité de l'occidentalisation utopique. Cette transformation irréaliste de l'État malien s'est traduite dans les deux domaines de la souveraineté étatique : l'économique et le politique. Elle a fait oublier aux autorités de la transition malienne que ce concept indispensable aux États ne se manifeste que dans une maîtrise sans faille de *l'imperium* (pouvoir de coercition et de commandement) et du *dominium* (propriété ou domaine). En transposant fidèlement les recommandations du Consensus de Washington, ces dernières se sont laissées capturer par ce nouveau *jeu* occidental consistant à faire croire à la superfluité d'un contrôle interne de l'exception. C'est dans le but de comprendre l'enracinement de cette utopie caractéristique de l'État de la transition que les deux domaines d'exercice de la souveraineté seront mis en

[11] A. AKOUN, « Consensus », S. AUROUX (dir.), Les notions philosophiques : dictionnaire. Tome 1, *op. cit.*, p. 435.
[12] Banque mondiale, « The Changing Wealth of Nations: Measuring Sustainable Development in the New Millennium » (2011), disponible sur :
http://donnees.banquemondiale.org/indicateur/NY.ADJ.NNAT.CD?page=6
(Consulté le 18 septembre 2016)
[13] Rapport de la Direction nationale de la statistique et de l'informatique (DNSI), *Comptes économiques du Mali*, Bamako, 2004, p. 10.

lumière et en perspectives. *Primo,* il s'agira d'explorer la piste de la viabilité d'une société politique sans souveraineté économique (**Chapitre premier**). *Secundo*, c'est le « mirage » de la surabondance de l'autorité dans l'État de droit qui fera l'objet d'analyses critiques (**Chapitre second**).

CHAPITRE PREMIER :

L'utopie de l'État sans souveraineté économique

> « Pour avoir un cadre de référence à nos jours, il nous faut déterminer une position stratégique. Le contraste le plus net entre la vieille carte et la nouvelle concerne la place assignée aux institutions du commerce, de la monnaie et du marché. Lorsque domine le marché, le commerce n'est qu'une fonction du marché, et la monnaie qu'un moyen de faciliter le commerce, les deux apparaissent comme des appendices du marché. »
>
> Karl POLANYI[1]

176. Présentation du « chauvinisme » économique des fondateurs. – L'une des principales craintes des pères de l'émancipation du Mali était la dépendance économique. Elle incarnait à leurs yeux une forme de subsomption de leur autorité sous celle de leurs homologues occidentaux. Dans le but de conserver leur singularité et d'éviter cette voie de la servitude, les indépendantistes maliens ont créé une économie de type holiste. Ils pensaient que l'implantation d'un secteur étatisé fort détruirait du moins partiellement les monopoles de fait détenus par les capitaux étrangers, ce qui par conséquent sauvegarderait leur liberté d'action et préparerait les conditions d'une véritable souveraineté économique[2]. Cette étape était l'impératif devant faciliter la réalisation de leur projet de socialisme africain. Pour ce faire, ils mobilisèrent une batterie d'entreprises et d'outils de maîtrise des échanges. D'une part, le nombre d'entreprises publiques et parapubliques passa d'une dizaine en 1961 pour atteindre 24 en 1968 puis 77

---

[1] K. POLANYI, *La subsistance de l'homme : la place de l'économie dans l'histoire et la société*, Traduction de B. CHAVANCE, Éditions Flammarion, Collection Bibliothèque des savoirs, Paris, 2011, p. 27.

[2] I. DIARRA, *Rapport d'activité et d'orientation, VIe Congrès de l'U.S.— RDA*, Éditions de la Librairie populaire de Bamako, Bamako, 1963, p. 88.

en 1980[3]. D'autre part, dans le cadre du plan de l'émancipation coloniale et de la transition socialiste de 1961-1965, le contrôle des prix fut accompagné de la création-surprise du Franc malien le 30 juin 1962. Ces initiatives de l'État providence malien finirent par glacer les relations déjà ternes avec la France. Elles exacerbèrent le « chauvinisme » du peuple malien qui était parfaitement solidaire de son élite.

177. La stratégie d'arraisonnement du « chauvinisme » économique des fondateurs. – Néanmoins, un concours de circonstances défavorables (isolation géographique et idéologique, crise financière, etc.) conduira le régime vers son déclin. Il est ainsi possible de lire dans le Rapport d'évaluation du groupe de la Banque africaine de développement du 3 février 1998,

> « Au début des années 1980, l'économie malienne a été confrontée à des sérieuses difficultés économiques et financières ayant pour origine une conjugaison de facteurs exogènes défavorables et la défaillance de politiques économiques et financières fortement interventionnistes. L'économie a fortement souffert de cycles de sécheresse. Ce qui a entraîné un déficit céréalier important de 350 000 tonnes en 1985, une faible croissance du PIB réel de 2,2 % en moyenne sur la période 1981-85, la détérioration des termes de l'échange et la faible compétitivité des produits manufacturiers due à l'enclavement du territoire et à son impact sur les coûts de production. L'économie a souffert également des contre-performances des entreprises publiques qui constituaient le principal instrument de la politique économique du gouvernement. En effet, le secteur des entreprises public comptait 77 entreprises dans les années 1980, représentait 70 % de la production du secteur industriel moderne, plus de 50 % des recettes d'exportation et 80 % de l'ensemble de crédits intérieurs. Il représentait aussi 20 % de l'emploi non agricole et contribuait pour 8 % dans le total des investissements. »[4]

Mis à part les éléments indépendants de la volonté du gouvernement malien, la mobilisation de ces facteurs internes a durci les hostilités qui préexistaient entre libéraux et socialistes locaux. Jean DÉSSEAU, par exemple, a souligné que la Côte d'Ivoire du libéral Félix HOUPHOUËT-BOIGNY avait fermé son marché au bétail malien en instaurant une taxe spéciale sur la viande du Mali[5]. Cette inimitié mitoyenne visait évidemment l'amélioration de l'attractivité du secteur informel et l'asphyxie du modèle

---

[3] Rapport confidentiel du centre d'analyse et de formulation de la politique de développement, L'impact de la politique de désengagement de l'État sur le développement de l'entreprise privée, *op. cit.*, p. 7.

[4] Groupe de la Banque africaine de développement, « Mali : Programme de Restructuration du Secteur des Entreprises Publiques (PRSEP) », *Rapport d'évaluation de la performance de projet (REPP),* Département des évaluations des opérations du groupe de la BAD, 3 février, 1998, p. 6.

[5] J. DESSAU, « Le Mali : une expérience partielle d'indépendance économique », dans : J. D. ESSEKS (dir.) *L'Afrique de l'indépendance politique à l'indépendance économique*, *op. cit.*, p. 186.

malien. D'un point de vue plus général, la Côte d'Ivoire et un certain nombre de pays limitrophes du Mali ne se sont jamais désolidarisés de l'ancien colonisateur, avec qui ils avaient des relations privilégiées. Ces derniers avaient donc intérêt à ce que cette *natte* endogène rejoigne celle de la rationalité occidentale. C'est ainsi que, d'une part :

> « [...] les commerçants traditionnels, les Dioulas ont réussi à garder leurs principales positions : exportations de bétail, de poisson, de cola, importations et vente de biens de consommation. Ils bénéficient à la fois de leurs liaisons étroites avec la paysannerie et de la solidarité des courants séculiers d'échanges qui découlent de la position géographique du Mali – le "Pays des quatre chemins" — ; leur réseau déborde largement des frontières du pays, puis que d'importants groupes de Dioulas soudanais sont établis depuis Dakar et Abidjan jusqu'à Kinshasa. Ils réalisent en 1969 plus de 6,5 milliards d'exportations et 4,9 milliards de marges commerciales contre 3,2 et 7,2 pour les sociétés étrangères »[6].

Il est possible de considérer la pérennité du « commerce informel » comme n'étant pas le seul résultat de l'échec du socialisme malien. Il est même possible de la reléguer au rang des éléments d'explication qui devaient légitimer la re-occidentalisation de l'État. Les nouveaux et anciens détenteurs de la légitimité occidentale ont été les « grands gagnants » de cette stratégie hétéronome. Ils obtinrent une totale coopération de la part des nouveaux chefs de la République du Mali. Après la transformation de ces derniers en *béni-oui-oui* de l'Occident, ils eurent toute latitude pour se mettre à la direction de leur volonté, notamment à l'aide de la conditionnalité politique de l'APD qui apparaissait désormais en plein jour.

178. La mise sous tutelle de l'économie malienne par la conditionnalité de l'assistance occidentale. – Par conséquent, c'est dans une synergie d'action entre la France en transition et les institutions financières internationales américanisées que le Mali de la transition a été conduit à pratiquer un mimétisme chimérique portant le nom de désengagement de l'État. Monsieur Jean-François BAYART fut particulièrement sévère envers la France en décrivant cette situation[7]. L'ardeur de cette déresponsabilisation économique de l'État de la transition a causé des dommages incommensurables à *la natte* malienne. Ces méfaits peuvent être analysés comme le résultat d'une conditionnalité aveugle des politiques d'ajustement structurel (PAS), qui ont été une forme de coopération « consensuelle » sur le plan multilatéral et bilatéral **(Section 1)**. Plus précisément, seule une analyse des conditionnalités de la transition du franc malien vers le franc CFA dévoilera les mécanismes et conséquences actuels de l'emprise occidentale sur l'officiel malien **(Section 2)**.

---

[6] *Ibid.*, p.175.

[7] J.-F. BAYART, « Mali : le choix raisonné de la France : Chronique d'une faillite programmée », *Le Monde*, mercredi 23 janvier 2013, p. 19.

SECTION 1 :
Les dégâts de la conditionnalité de la coopération multilatérale

179. La nouvelle stratégie de domination économique imposée par le Consensus de Washington. – Le Consensus de Washington n'a fait que donner corps à la domination des institutions financières internationales. En fait, la conditionnalité de la coopération multilatérale a rassemblé et nommé des pratiques ordinaires caractérisant la nouvelle direction de la rationalité universelle. Elle a symboliquement donné forme à l'absence d'opposition des gouvernés du monde en développement et à certains préceptes inédits de l'administration des sociétés politiques, à l'image d'une « pointe-de-cœur des chemins de fer » lors du changement de voie des rames. Plus particulièrement, la métamorphose malienne a précédé l'opération de rationalisation initiée par le Consensus de Washington. La re-occidentalisation avait déjà débuté avec les Programmes d'ajustement structurel (PAS). Pour rappel, cet acronyme est le nom technique du vaste plan de réforme économique et structurelle qui conditionnait l'octroi des prêts préférentiels à la mise en œuvre des transformations matérielles et managériales de l'appareillage étatique. En d'autres termes, il fallait rejoindre la *natte* de la rationalité occidentale[8] pour bénéficier de l'APD. Cela passait par la liquidation et la privatisation des actifs de l'État providence, qui avaient été préalablement, unilatéralement et stratégiquement jugés handicapants. Étant donné la faiblesse chronique des bourgeoisies locales, cela équivalait à une réouverture totale des marchés aux multinationales occidentales.

180. Critique de la nouvelle stratégie. – La sophistication de ce nouveau subterfuge n'a pas échappé à Joseph KI-ZERBO, qui a d'ailleurs évoqué à juste titre le fait que les PAS n'affectaient jamais les fondations du modèle de gouvernance économique et financière[9]. En d'autres termes, les

[8] Il suffit de se référer aux objectifs visés par les récents financements accordés par l'Association internationale du développement pour s'en convaincre (AID) : loi n° 2015-051 du 18 décembre 2015 autorisant la ratification de l'Accord, signé à Washington le 11 décembre 2015, entre le gouvernement de la République du Mali et l'Association internationale de développement (IDA), relatif au financement du second crédit d'appui à la reprise et aux réformes de gouvernance, *JORM* n° 2015-56 du 31 décembre 2015, p. 2203. ; Loi n° 2015-006 du 10 février 2015 autorisant la ratification de l'Accord de financement, signé à Bamako, le 25 septembre 2014, entre le gouvernement de la République du Mali et l'Association internationale de développement (IDA), relatif au financement du Projet d'appui aux réformes pour la relance économique et bonne gouvernance, *JORM* n° 2015-01 du 13 février 2015, p. 246.

[9] Cette affirmation du penseur burkinabé est, par ailleurs, confirmée par les travaux du professeur J. E. STIGLITZ, selon lequel : « En 1997, le Japon a offert de contribuer pour 100 milliards de dollars à la création d'un Fonds monétaire asiatique qui financerait les mesures de stimulation requises. Mais le Trésor [américain] a fait tout ce qu'il a pu pour étouffer l'idée. Le FMI s'est joint à lui. Pour une raison claire : s'il est chaud partisan de la concurrence sur les marchés, lui-même ne veut pas avoir de concurrent, et c'est justement ce qu'aurait été le Fonds monétaire asiatique. Les

structures souveraines du capitalisme mondial ne font jamais l'objet de cette forme de rationalisation. Cette exception s'étend également aux États nantis. Ainsi, l'historien burkinabé rappelle une expérience personnelle qui illustre parfaitement l'ordinaire de ces pratiques intransigeantes :

> « Quand je siégeais à l'Assemblée nationale de mon pays, on nous avait soumis un projet de loi sur les privatisations accompagné d'une note du gouvernement disant : "Si vous ne votez pas cette loi, nous n'aurons pas le crédit que nos attendons de telle institution financière." C'était comme pour dire : votez ou crevez... L'ajustement, c'est pour les pauvres, les pays riches, eux, peuvent subventionner leur agriculture. »[10]

Il convient d'ajouter que les tendances hégémoniques de la mondialisation du néolibéralisme dépassaient le champ initial des sociétés en développement. Effectivement, il n'épargnait pas non plus les cultures juridiques concurrentes de la *doxa* qui ont servi de patron à certains pays en panne d'essor économique. C'est ainsi que les rapports *Doing Business* de la Banque mondiale[11] ont vigoureusement fustigé les systèmes juridiques civilistes et assimilés ; notamment à l'aide de la théorie du *legal origin* (les provenances culturelles de l'appareillage de prescription). Comme l'explique madame Laurence USUNIER, le but de cette manœuvre était d'inciter ces États au mimétisme des systèmes de *common law*[12].

181. Le mimétisme comme manifestation de l'effectivité des recommandations économiques de la raison technique universelle. – Ce dernier détail offre une nouvelle perspective qui éclaire les véritables motivations des pratiques mimétiques de certains États africains. Ce trait de caractère est souvent qualifié de « singerie », de paresse morale ou

---

motivations du Trésor des États-Unis étaient du même ordre. En leur qualité de seul membre du FMI disposant du droit de veto, les États-Unis exerçaient une influence considérable sur ces orientations. Chacun sait que le Japon était en désaccord profond avec ce que faisait le FMI [...] Si le Japon et peut-être la Chine, probables financeurs principaux d'un Fonds monétaire asiatique, suivaient cette orientation-là, leurs voix allaient l'emporter et jeter un vrai défi au leadership – et au pouvoir de contrôle – des États-Unis. » J. E. STIGLITZ, *La grande désillusion, op.cit.*, p.153-154.

[10] J. KI-ZERBO, *À quand l'Afrique ? Entretien avec René Holenstein, op. cit.*, p. 34-35.

[11] Selon l'institution, ces données ont officiellement vocation à fournir : « une évaluation quantitative des réglementations qui s'appliquent à la création d'entreprise, l'octroi de permis de construire, le recrutement de personnel, le transfert de propriété, l'obtention de crédit, la protection des investisseurs, le paiement des impôts, le commerce transfrontalier, l'exécution des contrats et la fermeture de petites ou moyennes entreprises. Doing Business part du principe fondamental que l'activité économique doit reposer sur des règles solides. Par exemple, il faut des règles pour définir clairement les droits de propriété et réduire les coûts de règlement des litiges, pour améliorer la prévisibilité des relations économiques et pour offrir une protection essentielle aux partenaires contractuels contre les abus. L'objectif est de mettre en place une réglementation efficace, accessible à tous ceux qui en ont besoin et qui soit simple à appliquer » Définition disponible au : *http://donnees.banquemondiale.org/catalogue/doing-business* (Consulté le 18 septembre 2016).

[12] L. USUNIER, « La concurrence normative, un modèle de représentation des rapports entre systèmes juridiques en vogue », dans : R. SETFON-GREEN et L. USUNIER (dir.), *La concurrence normative : Mythes et réalités, op. cit.*, p. 23-29.

idéologique, de manifestation de la fin du courage[13], etc. Ses impacts sur le développement ont été démontrés par Jacques BUGNICOURT[14], qui n'a malheureusement pas poussé le raisonnement jusqu'à son terme. Ce désœuvrement intellectuel des Africains est « l'effet -réflexe » du triomphe de l'orthodoxie néolibérale, un témoignage rudimentaire de déférence à l'égard de l'emprise universelle que confirme l'utilisation des concepts de « mondialisation » ou « globalisation ». Ainsi, les ordres juridiques qui se plient volontiers aux résolutions des puissances qui gouvernent le monde ne miment pas ; ils adaptent leur *modalité d'être* à un acte autoritaire de direction comme le font quotidiennement des citoyens de ces mêmes États. Le fait de concevoir sa *natte* à l'image de celle du patron n'est pas une imitation, mais une conformation aux règles du *jeu* établi souverainement par ce dernier. Ses préceptes sont simples : ne ménager aucun effort en faveur des pouvoirs économiques privés[15]. Cette standardisation du modèle américain est le fruit de l'action des États nantis par le système, en vue de diffuser l'idéologie qui le sous-tend, une forme de « néolibéralisme ».

182. Critique du processus d'américanisation de la raison économique universelle. – En conséquence, c'est en étudiant l'épicentre de cette tornade de la coopération multilatérale que nous comprendrons la complexité des dommages causés. Ainsi, une analyse des dysfonctionnements du développement économique malien **(§2)** doit s'intéresser, en tout premier lieu, au processus d'américanisation des institutions internationales, qui sont les véritables détentrices de la souveraineté économique malienne **(§1)**.

---

[13] C. FLEURY, *La fin du courage*, Éditions Fayard, Paris, 2010, 203 p.

[14] L'auteur a remarqué de manière précoce que : « l'analyse du sous-développement met de plus en plus en évidence le rôle que joue la domination sous toutes ses formes et, plus particulièrement, ce que l'on peut appeler, d'une part, les effets d'imitation, c'est-à-dire l'ensemble des phénomènes déclenchés par le fait qu'on mime – en particulier : les institutions, les règlements, les comportements des sociétés européennes colonisatrices ou d'autres sociétés étrangères – et, d'autre part, les effets d'imprégnation, c'est-à-dire ceux qui expriment l'adoption implicite et largement inconsciente de valeurs ou de catégories importées de l'étranger. » J. BUGNICOURT, « Le mimétisme administratif en Afrique : obstacle majeur au développement », dans : *Revue française de science politique*, 23 e année, n° 6, 1973. p. 1239-1240.

[15] L'américanisation de la rationalité universelle a introduit une vision nouvelle des rapports mondiaux. Le cadre actuel est la détention de la souveraineté par les investisseurs qui sont des clients-rois des États. L'empreinte génétique ce nouvel eldorado du tout marché s'échappe de la vision ci-dessous de P. BARNEVIK, le PDG du groupe helvético suédois ABB (Asea Brown Boveri), qui définit : « la mondialisation comme la liberté pour mon groupe d'investir où il veut, le temps qu'il veut, pour produire ce qu'il veut, en s'approvisionnant et en vendant où il veut, et en ayant à supporter le moins de contraintes possible en matière de droit du travail et de conventions sociales. » C. CHAVAGNEUX, « Lumière sur l'AMI, le test de Dracula, Observatoire de la mondialisation », *Alternatives économiques* n° 165, Éditions l'Esprit frappeur, Paris, décembre 1998, 75 p ; R. M. JENNAR et L. KALAFATIDES, *L'AGCS, Quand les États abdiquent face aux multinationales*, Éditions du Seuil, Paris, 2007, p. 63.

§ 1 : L'influence de l'américanisation des institutions économiques internationales

183. L'internationalisation paradoxale du mimétisme provoqué par la transformation du Consensus de Washington en « raison technique ». – Le plus significatif mimétisme de l'histoire de l'humanité repose sur un très grand paradoxe. L'habillage du mondialisme sous les traits du néolibéralisme constitue un déni des principes de la démocratie représentative. Cette nouvelle orthodoxie, formalisée par le Consensus de Washington, s'est propagée à toutes les autorités financières internationales. Cela a eu pour conséquence d'institutionnaliser l'opacité, l'oligarchie et la technocratie dans la gouvernance économique mondiale. Effectivement, le FMI, la Banque mondiale et l'OMC, qui militent pour la promotion du libéralisme occidental, évoluent en dehors des canons de la démocratie économique et politique. Ils s'épanouissent en marge des voies habituelles de la légitimité populaire. Ces contradictions sont le résultat d'une instrumentalisation stratégique de ces autorités de police internationale. En effet, c'est un Congrès américain contrôlé par les lobbies des milieux d'affaires qui va mener une vigoureuse campagne d'influence des institutions commerciales **(A)** et financières internationales **(B)**.

A/ L'influence du GATT et de l'OMC : l'américanisation de l'étalonnage universel

184. L'emprise américaine sur le GATT et l'OMC. – Après leur mainmise précoce sur ces autorités de police internationales, les Américains ont instrumentalisé le système commercial international en changeant ses règles de fonctionnement. Ainsi, une série de dispositions fédérales ont vu le jour. Le *Trade Act* de 1974[16], par exemple, est une mesure emblématique en ce qu'il ciblait directement les pays à économie non marchande comme le Mali de Modibo KEÏTA. Ce dispositif rendait ces pays inéligibles à des relations commerciales normales avec l'État américain et l'institution internationale du commerce. En privant ces États des programmes de cautionnement des crédits (des mécanismes de garantie des investissements ou des accords commerciaux), le système de la rationalité américano-occidentale n'a fait que reproduire un schéma de domination, concomitant de la formation des États modernes. L'année suivante, plus précisément le 3 janvier 1975, le *General Agreement on Tariffs and Trade* (GATT, l'actuelle Organisation mondiale du commerce [OMC]) a donné l'effectivité nécessaire à cette dernière procédure en excluant automatiquement les produits provenant de ces pays de la « clause de la nation la plus favorisée ». Cette clause était pourtant la colonne vertébrale juridique du GATT dont elle

[16] 19 U.S.C.A. section 2432, article 402 du Trade Act de 1974 modifié.

constituait symboliquement l'article premier[17]. Cet exemple permet de prendre la mesure de la contrainte exercée sur les nouveaux États.

Le remplacement du GATT par l'OMC a aggravé cette contrainte. Le ton est donné par le premier alinéa de l'article IV des Accords de Marrakech qui succèdent au GATT. L'OMC ne collabore qu'avec les ministres du Commerce et de l'Industrie, étant donné qu'il y est clairement établi que :

> « Il sera établi une Conférence ministérielle composée de représentants de tous les Membres, qui se réunira au moins une fois tous les deux ans. La Conférence ministérielle exercera les fonctions de l'OMC et prendra les mesures nécessaires à cet effet. La Conférence ministérielle sera habilitée à prendre des décisions sur toutes les questions relevant de tout accord commercial multilatéral, si un Membre en fait la demande, conformément aux prescriptions spécifiques concernant la prise de décisions qui sont énoncées dans le présent accord et dans l'Accord commercial multilatéral correspondant. ».

185. Réaction des parlementaires africains à l'emprise des Occidentaux sur le fonctionnement de l'OMC. – Cette exclusion des mécanismes de représentativité était tellement radicale, que lors de la Conférence ministérielle de l'OMC à Cancún en 2003, des parlementaires africains ont pris une initiative. Ils ont dénoncé l'établissement de pratiques illégales de la part des nations développées, tout en voulant marquer leur opposition à la transformation de ces pratiques en coutumes des négociations dans le cadre de l'OMC :

> « Nous, parlementaires africains, dénonçons les manipulations flagrantes qui s'exercent dans les négociations actuelles à l'OMC, le mépris total des pays riches envers les voix des pays africains. Nous sommes écœurés par le manque de transparence, par les pressions au sein de "réunions de chambre verte" pour faire capituler les ministres »[18].

À travers ce procédé des *green-room-meetings*, il faut comprendre les entrevues informelles organisées par les Occidentaux qui se tiennent dans le bureau du directeur général initialement de couleur verte. Le caractère informel de ces réunions de négociation excluait la majeure partie des membres de l'OMC, excepté l'ambassadeur ou le ministre des États dont les nations industrialisées convoitaient l'agrément.

186. La « méconnaissance orchestrée du Tiers monde » : aperçu global de l'emprise occidentale sur le fonctionnement de l'OMC. – Ces invraisemblances du Consensus de Washington s'inscrivent dans le prolongement de ce que certains auteurs ont qualifié de « méconnaissance

---

[17] L'article 1 du GATT disposait de la « clause de la nation la plus favorisée » en affirmant que : « Tous avantages, faveurs, privilèges ou immunités accordés par une partie contractante à un produit [...] seront, immédiatement et sans condition, étendus à tout produit similaire [...] », dans : OMC, *Résultats des négociations multilatérales du cycle d'Uruguay : Textes juridiques*, Genève, 1994, p. 2.

[18] « Déclaration de la Conférence parlementaire sur l'OMC de Cancún, septembre 2003, Union parlementaire africaine », citée par R. M. JENNAR et L. KALAFATIDES, *op. cit.*, p. 53.

orchestrée du Tiers monde »[19]. L'abandon de la règle du *pick and choose* du GATT (possibilité laissée aux États de n'être contraints que par les dispositions qu'ils ont librement choisies) prouve également l'existence de la dimension stratégique de ce modèle de mondialisme néolibéral. Ce défunt système respectait en effet la souveraineté des États du tiers monde en préservant leur qualité étatique. Cependant, l'entrée en vigueur de l'Accord de Marrakech a inversé la tendance, en privilégiant la politique du laisser-aller dans les relations économiques internationales. Cette généralité de l'unicité de traitement a accentué la fragilité des États pauvres qui évoluaient déjà sur la *natte des autres*. C'est dans ce sens que l'acte final de la conférence de Marrakech signé en 1994 constituait un *single undertaking global* ou le *take-it, take-off* (à prendre ou à laisser) par excellence. Dès le départ, l'article II de l'acte final, définissant son champ d'action, exclut toute possibilité d'émettre des réserves. Le cinquième alinéa de l'article XVI précise que :

> « il ne pourra pas être formulé de réserves en ce qui concerne une disposition du présent accord. Il ne pourra être formulé de réserves en ce qui concerne des dispositions des Accords commerciaux multilatéraux que dans la mesure prévue dans lesdits accords. Les réserves concernant une disposition d'un Accord commercial plurilatéral seront régies par les dispositions dudit accord. »

En conséquence, l'opacité du circuit normatif est totale. Dorénavant, elle ne souffre d'aucune ambiguïté : tout tourne autour de ce document dont les conditions de négociation et de conclusion présentent de fortes présomptions d'illégalité. Néanmoins, l'autorité des nations nanties demeure techniquement irrévocable. Cette uniformité de traitement radical dissimule en réalité une discrimination au détriment des pays les plus pauvres. Si ce n'était pas pour atteindre un tel résultat, les catégorisations occidentales des pays du monde (groupés en développés, en voie de développement et moins avancés) n'auraient aucune raison d'être.

187. L'affaire du *Coton upland* américain de 2009 : l'une des manifestations juridiques de la « méconnaissance orchestrée du Tiers monde ». – Une simple prise en compte du nombre des différends liés aux subventions occidentales, résolus par l'Organisme de règlement des différends (ci-après ORD) de l'OMC, suffit à comprendre que cette « torsion » du principe d'égalité procède d'une interprétation tendancieuse révélant la façade de la technologie juridique. À titre d'illustration, il est possible d'évoquer l'épineuse affaire du *Coton upland* américain soumise à l'arbitrage de l'ORD le 31 août 2009[20]. Le choix de ce dossier n'est

---

[19] R. CHARVIN, *Les Tiers Mondes : « Du Sud aux Suds, panorama critique*, Éditions Publisud, Paris, 2013, p.15-18. Selon cet auteur, cette stratégie de méconnaissance est un fait historique qui a accompagné la naissance des relations internationales en tant que discipline à part entière.

[20] Pour aller plus loin sur cette question des subventions américaines cf. H. GHÉRARI, « L'influence de l'Organisation mondiale du commerce sur le droit de la

évidemment pas neutre. Il a été motivé par la centralité de la filière coton dans l'économie malienne. Les sentences arbitrales WT/DS267/ARB/1 et 2[21] qui en ont résulté faisaient suite à la demande du Brésil du 27 septembre 2002, visant l'ouverture de consultations à propos des *Marketing loans* (le système américain de prêts à la commercialisation) et les *Counter-Cyclical payments* américains (les versements anticycliques américains qui stabilisent les prix en cas de dépréciation des courts du marché). Le Brésil a été rejoint respectivement les 9 et 11 octobre 2002 par le Zimbabwe et l'Inde, auxquels s'ajoutèrent le Canada et l'Argentine le 14 du même mois. Dans une nouvelle vague, ces États ont été rejoints par d'autres, qui étaient également concernés par cette question. Ils ont formé à leur tour un groupe de tierces parties pour rejoindre le requérant initial.

Le fond de ce dossier portait sur les méfaits causés par les subventions américaines, qui empêchaient toute hausse des prix sur le marché mondial du coton. Cette politique américaine équivalait à un contrôle déguisé des valeurs marchandes, donc à une violation du laisser-aller de l'OMC. Après la prononciation des sentences arbitrales de condamnation par le Groupe spécial du 8 septembre 2004 et l'organe d'appel du 3 mars 2005, le gouvernement fédéral américain a volontairement fait abstraction des rapports adoptés par l'ORD, dont les recommandations n'ont évidemment pas été mises en œuvre. Il s'est contenté de la conclusion d'un accord-cadre avec le Brésil. Cet accord qui devait assurer la transition législative s'est finalement transformé en dispositif définitif. C'est d'ailleurs sa matérialisation qui a donné lieu aux arbitrages WT/DS267/ARB/1 et 2 du 31 août 2009. Ces sentences ont tiré les conséquences de cette résistance américaine, notamment en autorisant le Brésil à prendre des contre-mesures au prorata du degré et de la nature des effets défavorables dont l'existence aura été déterminée. Ils ont aussi imposé aux États-Unis d'Amérique un seuil dans le versement de ses prêts à la commercialisation à hauteur de 147, 3 millions de dollars US, avec une possibilité de réajustement proportionnel en cas de besoin.

En tranchant ainsi, les arbitres ont laissé en suspens le cas des autres victimes concernées par cette manipulation des cours du coton. Ils ont instauré une égalité des armes entre les deux principaux protagonistes, en échange d'une distorsion de la concurrence. La non-effectivité de ces sentences affectait directement l'État malien dont la pérennité dépend, en grande partie, des prix courants du coton sur les marchés mondiaux. Une hausse significative est synonyme d'une bonne santé économique et

---

concurrence (à travers le cas des Etats-Unis et du Mexique », dans : G. CANNIVET (dir.), *La modernisation du droit de la concurrence*, Éditions LGDJ, Paris, 2006, p. 249-289.

[21] ORD, « Recours des États-Unis à l'arbitrage au titre de l'article 22 : 6 du mémorandum d'accord sur le règlement des différends et de l'article 7.10 de l'Accord SMC », *OMC, WT/DS267/ARB/1 et 2 du 31 août 2009*, Genève, 2009, 171 p. et 145 p.

politique du Mali et des autres pays moins avancés comme le Burkina Faso ou le Bénin, qui sont très sensibles aux évolutions de ce marché. Nous pouvons ainsi nous joindre au professeur Habib GHÉRARI et affirmer que :

> « ces différents mécanismes dont la raison d'être [...] diffère à chaque fois (compétitivité des produits importés, fraude, non respect des conditions exigées, désorganisation du marché communautaire....) n'en convergent pas moins du point de vue de leurs conséquences pratiques, à savoir limiter la portée des préférences et protéger la production locale contre la concurrence des produits importés. Tout ceci frappe d'une précarité certaine les avantages promis, et les rends parfois otages des aléas des relations politiques et économiques plus générales. Ainsi, en 2006 les Etats-Unis ont annoncé qu'ils allaient reconsidérer les préférences accordées à 13 pays en ce compris le Brésil et l'Inde ; ces derniers faisant l'objet de cette menace pour, semble-t-il, ne pas avoir été suffisamment coopératifs, donc pas suffisamment à l'écoute des intérêts américains, dans le cadre des négociations du cycle de Doha ! »[22]

188. Globalisation et néolibéralisme. – L'instrumentalisation stratégique de cette aporie du mondialisme néolibéral ne devrait plus étonner de nos jours. Elle constituait l'ordinaire de ce concept dès ses origines. En effet, le 21 octobre 1945, le parlementaire français Pierre-Olivier LAPIE rappelait déjà dans son rapport sur les accords de Bretton Woods qu'il ne fallait pas réfuter :

> « [...] ce qui n'est pas niable : l'origine des accords est le compromis entre des points de vue anglais et américains, au regard de la situation d'après-guerre des pays anglo-saxons, d'où l'on s'est orienté par la suite, selon une méthode qui n'est pas nouvelle outre-Manche et outre-Atlantique, à la recherche d'une satisfaction des besoins mondiaux. L'Amérique et l'Angleterre ont cherché à régulariser le monde en fonction d'elles-mêmes [...] »[23]

Sur le néolibéralisme, nous nous reportons à la définition qu'en donnait Michel FOUCAULT. Cela permet de voir que ces procédés étaient déjà inscrits dans les gènes de la nouvelle *doxa,* étant donné que :

> « Pour le néolibéralisme, le problème n'était pas du tout de savoir, comme dans le libéralisme de type Adam Smith, le libéralisme du XVIIIe siècle, comment, à l'intérieur d'une société politique donnée, on pouvait découper, ménager un espace libre qui serait celui du marché. Le problème du néolibéralisme, c'est, au contraire, de savoir comment on peut régler l'exercice global du pouvoir politique sur les principes d'une économie de marché. Il s'agit donc non pas de libérer une place vide, mais de rapporter, de

---

[22] H. GHÉRARI, « Vers la fin des préférences commerciales ? », dans : S. DOUMBE-BILLE, H. GHÉRARI, R. KHERAD (dir.), *Droit, liberté, paix, développement : Mélanges en l'honneur de Madjid BENCHIKH,* Éditions A. pédone, Paris, 2011, p. 478.

[23] P.-O. LAPIE, cité par Y. TAVERNIER, *Les activités et le contrôle du Fonds monétaire international et de la Banque mondiale, op. cit.*, p. 29-30.

référer, de projeter sur un art général de gouverner les principes formels d'une économie de marché. »[24]

L'œuvre de ces néolibéraux ne s'est pas limitée à une corruption de l'autorité de police du commerce mondial. Ils ont parallèlement poursuivi cette opération en influençant les gendarmes de la finance internationale.

B/ L'influence du FMI et de la Banque mondiale : les conséquences de l'américanisation de l'étalonnage universel

189. L'emprise américaine sur le fonctionnement de ces deux institutions. – Parallèlement aux dispositions irrégulières relatives à la coopération commerciale, le Congrès américain s'est également attaqué aux Banques de développement internationales avec la mesure 22 USCA, section 283 y et 290 g.. Cette mesure visait la Banque mondiale et les Banques régionales comme la Banque africaine de développement (BAD), et la Banque interaméricaine de développement ; en quelques mots, toutes celles qui bénéficiaient des contributions américaines. En substance, elle donnait clairement des consignes de votes stratégiques aux représentants américains siégeant dans les conseils d'administration de ces établissements. De fait, des institutions bancaires comme la BAD – qui avait cofinancé tous les PAS de la transition malienne[25] – étaient influencées par cette politique américaine. Ces pratiques étaient en contradiction avec les statuts et conventions internationales constitutives de ces institutions qui, selon leurs normes constitutives, ne devaient être guidées que par des raisons purement économiques. Il suffit de se remémorer le cas emblématique de la Banque mondiale qui avait indiqué avec force qu'il lui était impossible de rejeter une demande de prêt pour des motifs autres qu'économiques, même sur sollicitation expresse de l'Assemblée générale de l'ONU[26]. Pourtant, selon Oscar SCHACHTER, le Congrès a exprimé à plusieurs reprises au cours de l'année 1977 et de façon explicite, le sentiment que les Américains qui siégeaient dans ces organismes devraient régulièrement s'opposer aux octrois de crédits préférentiels et aux différentes formes de secours destinés aux pays qui persisteraient à commettre des violations des droits fondamentaux de l'homme. Nous rappelons que, dans la logique de

---

[24] M. FOUCAULT, *Naissance de la biopolitique*, Cours au Collège de France (1978-1979), Éditions du Seuil/Gallimard, Paris, 2004, p. 137.

[25] Le Mali faisait partie des pays fondateurs de cette institution dont les statuts ont été ratifiés par la loi n° 1963-094 du 15 janvier 1964 autorisant le gouvernement à ratifier l'accord portant création de la Banque africaine de développement – *JORM* n° 1964-162 du 1er février 1964, p. 107. – dont l'article 4 conférait force de lois à ces dispositions constitutives.

[26] S. A. BLEICHER "U.N. vs. I.B.R.D. : A dilemma of Functionalism", *International Organization*, Vol. 24, N° 1, Winter, 1970, p. 31–47; E. MASON, R. ASHER, *The World Bank Since Bretton Woods*, Brookings Institution Press, Washington, D.C., 1973, p. 588.

l'administration américaine, l'accès au libre marché était considéré comme la charnière de ces droits subjectifs[27].

190. La souveraineté du FMI et de la Banque mondiale en matière de police financière internationale. – En fait, ces pratiques contestables proliféraient au bénéfice d'une faille volontaire disposée dans les statuts du FMI et de la Banque mondiale. Cette faille réside dans la nature incomplète de leur personnalité juridique. D'une part, ces deux institutions possèdent un efficace pouvoir de sanction en cas de manquement contractuel d'un État. Entre la suspension unilatérale du versement de leur aide financière, la dépréciation de la note d'évaluation (le *Country Performance Rating*) et l'anéantissement du capital confiance auprès des investisseurs, elles ont l'embarras du choix en matière de répression.

D'autre part, et à en croire la deuxième section de l'article IX des statuts du FMI et la deuxième section de l'article VII des statuts de la Banque internationale pour la reconstruction et le développement (BIRD) modifiés le 16 février 1989, elles ont toutes les deux la capacité de conclure une convention, d'acquérir et de disposer librement de biens meubles et immeubles et d'ester en justice. À cela s'ajoute un système d'immunité, qui ne peut être levé qu'après un renoncement exprès de leur part. Cette dernière précision donne une totale liberté d'action à des institutions dont la partialité a déjà été démontrée. Elles bénéficient d'une totale liberté pour activer ou non leur personnalité juridique en cas de contentieux. Selon le quatrième article de la loi du 19 juillet 1963 autorisant l'adhésion de la République du Mali au Fonds Monétaire International, à la Banque Internationale pour la Reconstruction et le Développement, à l'Association Internationale de Développement et à la Société Financière Internationale,

> « Les dispositions du Statut du Fonds Monétaire International, de la Banque Internationale pour la Reconstruction et le Développement, de l'Association Internationale de Développement et de la Société Financière Internationale auront force de loi sur le territoire de la République du Mali aux dates d'acceptation de chacun desdits statuts »[28].

En d'autres termes, le légicentrisme des différentes Républiques maliennes en fait de véritables maîtres de l'exception dans leurs domaines de compétences respectifs.

Pour illustration, la section 3 de l'article VII des statuts de la Banque mondiale précise qu'elle ne peut être poursuivie que devant un tribunal ayant juridiction sur les territoires d'un État membre où elle possède un bureau et où elle a désigné un agent chargé de recevoir les significations ou

---

[27] O. SCHACHTER, « Les aspects juridiques de la politique américaine en matière de droits de l'homme », dans : *Annuaire français de droit international, volume 23*, 1977, p. 68.

[28] Loi n° 1963-062 du 19 juillet 1963 autorisant l'adhésion de la République du Mali au Fonds Monétaire International, à la Banque International pour la Reconstruction et le Développement, à l'Association Internationale de Développement et à la Société Financière Internationale, *op. cit.*, p. 475.

notifications de sommations ou d'émettre ou garantir des titres. En d'autres termes, il n'est possible de l'assigner que si ces deux conditions sont cumulativement réunies. Ainsi, pour rester juridiquement irresponsable, il lui suffit de retirer ou simplement omettre volontairement de donner le mandat officiel d'accueil des assignations à ses représentants. Sur le même point, la section 3 de l'article IX des statuts du FMI est plus explicite. La règle est celle de l'immunité des fonds, biens et avoirs, sauf renonciation expresse à une procédure déterminée ou en vue de respecter l'une de ses obligations contractuelles.

191. Le CIRDI : l'orientation de la souveraineté contentieuse par la Banque mondiale. – Par ailleurs, un rapide survol des sentences du Centre international pour le règlement des différends relatifs aux investissements (CIRDI), l'une des filiales du groupe de la Banque mondiale, permet de distinguer une forte emprise néolibérale. En effet, du contentieux des mines du Katanga[29] à celui opposant l'État vénézuélien à la Transnationale *Conoco Phillips*, la tendance de ces sentences arbitrales demeure constante. Elle va dans le sens d'un élargissement progressif de la définition de l'expropriation des investisseurs occidentaux qui bénéficient ainsi d'une certaine garantie de rentabilité. Il suffit de voir la conception de la nationalisation du CIRDI pour s'en convaincre. Selon ce dernier, ce concept :

> « inclut non seulement la confiscation de la propriété de façon ouverte et délibérée en connaissance de cause ou le transfert formel du titre de propriété en faveur de l'État récepteur, mais également une interférence dissimulée ou incidente sur l'usage de la propriété qui ait pour effet de priver, totalement ou en partie le propriétaire de l'usage ou du bénéfice économique qu'il pouvait espérer de cette propriété. »[30]

---

[29] R. KOVAR, « La "congolisation" de l'Union Minière du Haut Katanga », dans : *Annuaire français de droit international, volume 131* 967. p. 742-781.

[30] CIRDI No ARB (AF)/97/1, du 30 août 2000, *Metalclad Corporation c États-Unis du Mexique.* Cette sentence arbitrale de principe très favorable sera renforcée et élargie par d'autres jurisprudences plus contraignantes pour les États comme : l'Arrêt Marvin Feldman du 13 juin 2003 (CIRDI No ARB [AF]/99/1, du 13 juin 2003, *Marvin Roy Feldman Karpa c./États-Unis du Mexique.*) et *Tecmed* du 29 mai 2003 (CIRDI No ARB [AF]/99/1, 29 mai 2003, *Técnicas Medioambientales Tecmed, S.A. c États-Unis mexicains.).* Cette ramification de la Banque mondiale a également jugé que la décision de 2007 du Président vénézuélien Hugo CHAVEZ portant sur une indemnisation du pétrolier américain *Conoco Phillips* dont des sites avaient été nationalisés, manquait de bonne foi (CIRDI No ARB/07/30, *ConocoPhillips Petrozuata BV, ConocoPhillips Hamaca BV et ConocoPhillips golfe de Paria BV c./la République bolivarienne du Venezuela.).* En clair, le Venezuela comptait indemniser la multinationale par rachat majoritaire de ses actions, en s'appuyant sur leurs valeurs comptables et non pas sur celle du marché spéculatif. Face au refus d'obtempérer manifeste du Venezuela, un tribunal fédéral new-yorkais a confirmé le gel de 300 millions de dollars appartenant à PDVSA (l'entreprise publique vénézuélienne), ainsi que le blocage de plus de 12 milliards de dollars de l'entreprise publique vénézuélienne au Royaume-Uni, aux Pays-Bas et aux Antilles néerlandaises, à la suite d'une plainte de la transnationale Exxon Mobil.

Cette définition extensive du droit de propriété des investisseurs, qui favorise la conception occidentale du libre marché, n'est qu'un des nombreux indices d'une même obédience idéologique. Cela est fort bien illustré par la tentative d'introduction des mécanismes dérogatoires aux procédures juridictionnelles de droit commun dans le futur grand marché transatlantique réunissant l'Union européenne et les États-Unis d'Amérique[31]. C'est ce qui explique que la Société d'exploitation des mines d'or de *Sadiola SA* et la filiale malienne de la compagnie d'exploitation et d'exploration aurifères *Randgold Resources Mali* aient tenu à porter leurs contestations devant ces arbitres au lieu de saisir des juridictions maliennes. Le redressement fiscal de 23 milliards de F CFA (35 millions d'euros environ) imposé à cette dernière société, au titre de taxes non perçues entre 2008 et 2010 sur les salaires des employés étrangers de la mine d'or de Loulo[32], est l'illustration parfaite des avantages procurés par « l'irresponsabilisation » des institutions internationales, qui agissent en disposant de la *compétence de leur compétence*. En effet, malgré les recommandations conditionnelles et la pleine implication de ces institutions internationales dans la recherche et la négociation des contrats de reprise par des opérateurs privés, les États endossent seuls la responsabilité de leurs engagements, mais aussi des échecs de leur désengagement économique.

192. La souveraineté du FMI et de la Banque mondiale dans le choix de leurs interlocuteurs : l'inversion de la préséance entre démocratie et technocratie. – Pour une nouvelle illustration de cet état de fait, la première section de l'article V des statuts du FMI privilégie la collaboration avec des organismes technocratiques. Elle dispose que : « Les États membres traitent avec le Fonds exclusivement par l'intermédiaire de leur Trésorerie, de leur banque centrale, de leur fonds de stabilisation des changes ou de tout autre organisme financier analogue, et le Fonds ne traite qu'avec les mêmes organismes ou par leur intermédiaire. » La Banque mondiale est logée à la même enseigne. La deuxième section de l'article III de ces statuts s'exprime dans les mêmes termes. Elle impose également ses interlocuteurs aux États membres en disposant que : « Tout État membre traitera avec la Banque exclusivement par l'intermédiaire de sa Trésorerie, de sa Banque centrale, de son Fonds de stabilisation ou de tous autres organismes financiers analogues, et la Banque traitera avec les États membres exclusivement par l'intermédiaire de ces mêmes organismes. »

Outre qu'ils sont dépourvus de toute légitimité constitutionnelle dans le cas malien, ces systèmes de représentation imposés aux États entravent le

---

31 M. BARLOW, R. M. JENNAR, « Le fléau de l'arbitrage international : une disposition contestée du grand marché transatlantique », *Le Monde diplomatique*, février 2016, p. 6

32 CIRDI N° ARB/13/16, *Société des Mines de Loulo S.A. c./République du Mali* ; CIRDI No ARB/01/5/, 25 février 2003, *Société d'Exploitation des Mines d'or de Sadiola S.A. c./de la République du Mali.*

processus de développement que ces institutions sont censées impulser. Il se trouve que ces interlocuteurs nationaux exclusifs du FMI et de la Banque mondiale partagent la même idéologie que les inspirateurs de ces institutions. Ils ont un *capital culturel* en commun. Ces deux parties sont souvent façonnées suivant le modèle de la nouvelle rationalité *occidentale* et sont cooptées ou nommées par des politiques détenteurs de mandats électoraux. Cette connivence explique la convergence de plus en plus grande entre coopération et corruption. Ainsi, l'absence de continuité dans la chaîne de transmission de la volonté populaire ne peut que déboucher sur le discrédit du système de commandement et la banalisation du désespoir.

§ 2 : Les conséquences du divorce de la démocratie avec le marché

193. Le « totalitarisme » de la technique dans l'État de la transition. – La constance des influences extérieures dans la gouvernance de l'État de la transition a engendré chez les autochtones maliens un sentiment d'interdépendance entre coopération multilatérale et corruption, comprise ici en tant qu'altération de la nature du concept de démocratie. En réalité cette impression constitue un paradoxe immanent à la rationalité américano-occidentale. Ce paradoxe provient du fait que cette nouvelle contrainte a, d'une part, universalisé l'idée de la complémentarité entre démocratie et marché et d'autre part, propagé l'utopie d'une possible autonomisation du marché, qui irait de pair avec son autorégulation[33]. La conditionnalité de la coopération économique a transformé la *manière d'être* des sociétés politiques du monde en développement.

194. Les conséquences de la soumission du gouvernement au totalitarisme de la technique : la préséance de l'efficacité par rapport à l'État de droit. – C'est ce qui explique que les droits subjectifs soient devenus de luxueuses marchandises accessibles seulement aux États les plus prospères, malgré la reconnaissance de leur nature constitutionnelle. Il suffit pour le percevoir clairement de se référer aux travaux du professeur Robert BARRO, qui a su approfondir la logique de la rationalité actuelle jusqu'à sa part d'absurdité. Cet économiste américain précise, dans son ouvrage *Les facteurs de la croissance économique : Une analyse par pays*, que :

> « [...] une récente poussée de la démocratie a permis à de nombreux pays africains de devenir plus démocratiques qu'on ne l'avait prévu en 1994. Ce groupe inclut le Bénin, la République Centrafricaine, la Guinée-Bissau, le Malawi, le Mali, le Mozambique, le Niger et la Zambie. Dans certains cas, la démocratisation peut s'expliquer à partir de pressions et de récompenses en provenance d'organisations internationales, comme le Fonds Monétaire international (FMI) et la Banque Mondiale. (Les récents efforts américains en

---

[33] J.-P. FITOUSSI, *La démocratie et le marché,* Éditions Grasset et Fasquelle, Collection nouveau collège de philosophie, Paris, 2004, p. 12-15.

Haïti ont joué le même rôle.) Dans tous les cas, l'analyse de régression prévoit que, comme pour l'expérience africaine des années soixante, une démocratie qui devance largement le développement économique ne dure pas. (Illustration de ce processus, le Niger a subi un coup d'État militaire en janvier 1996 et il est devenu non démocratique.) L'Afrique du Sud, qui était en dessous de l'objectif de démocratie en 1975, est passée également au-dessus de l'objectif en 1994, mais l'on prévoit qu'elle devienne moins-démocratique. »[34]

La méthode privilégiée par le Consensus de Washington inverse donc la logique démocratique. La consécration constitutionnelle de la démocratie libérale malienne ne traduit que la mise en vitrine d'un objet technique destiné à rassurer les bailleurs de fonds. Malgré son investiture en souverain officiel, le peuple n'est que la composante secondaire de ce paradigme. De fait, cette considération a été accompagnée de la neutralisation des moyens d'action économique, en dépit de l'opinion des Maliens majoritairement favorables à un accroissement de l'autorité et des prérogatives des personnes publiques. Par conséquent, les stratégies électorales deviennent incompatibles avec les visées des tenants de cette *doxa*, dont les pratiques conduisent à un renforcement de la primauté du marché et l'aggravation de la dépendance étatique. La transition économique a polarisé la société malienne tout en chargeant le gouvernement de faire le lien entre ces rationalités inconciliables. Cette société se compose, d'une part, de gouvernants ayant une légitimité technique et hétéronome soutenus par les autorités de la nouvelle rationalité universelle ; et d'autre part, d'un peuple paupérisé servant de faire-valoir officiel. Le contresens de cette construction n'apparaît qu'à la suite de scandales heurtant les opinions publiques et les autorités occidentales comme ce fut le cas de l'affaire des « villas de la sécheresse »[35].

195. Deux cas emblématiques. – Une bonne compréhension de cette mise à mort du *fòròba* (chose publique) malien sur la *natte* occidentale réclame deux efforts méthodologiques majeurs. Il faut tout d'abord comprendre que la pérennité de l'autorité des intermédiaires est le principe de cette forme de corruption. C'est la raison pour laquelle, le gouvernement continue, en toutes circonstances, de faire le lien avec les véritables maîtres de cette *natte* exogène. Cela permet de soutenir que le peuple malien est victime d'un système ingénieux de détournement mêlant directement : d'une part des politiques jouant les *access fees ;* et d'autre part des institutions de gouvernance occidentale voulant garantir tranquillité et sécurité aux

---

[34] R. J. BARRO, *Les facteurs de la croissance économique : Une analyse par pays*, Traduction de S. PFLIEGER et X. GREFFE, Éditions Economica, Paris, 1997, p. 77-80. La clé de décryptage de ses prédictions sera clairement dévoilée par le professeur J.-P. FITOUSSI, *La démocratie et le marché*, *op. cit.*, p. 26-27.

[35] Quotidien français, *Document l'Expresse* (partie 3), 1978, p. 64-65. ; Quotidien national *L'Essor* du 28 juin 1980 cité par Ch. O.DIARRAH, *Mali : Bilan d'une gestion désastreuse*, *op. cit.*, p. 56.

multinationales. Il faut ensuite intégrer le fait que le Consensus de Washington renforce le concept de *yùrùguyurugu* qu'il devait pourtant dissoudre. Ce constat est confirmé par deux échecs symboliques majeurs éloignés dans le temps, mais ayant une souche commune. Ils méritent une attention particulière parce qu'ils traduisent l'emprise occidentale sur l'appareillage de commandement de la transition. Il s'agit tout d'abord de la défaite de l'ancien ministre de l'Économie et des Finances, monsieur Zoumana SACKO – que nous assimilons à un « pur »[36] de la transition[37] – dans sa lutte de l'été 1987 contre les compagnies aurifères **(A).** Nous traiterons, ensuite, de la manifestation sanglante de désespoir de la population de la commune de Fourou contre la SOMISY, de 2012 **(B).**

A/ L'échec de Zoumana SACKO contre les compagnies aurifères

196. Légitimation du choix de cette affaire par ses avantages heuristiques. – Cette affaire d'août 1987 concerne l'histoire de la déconvenue de l'ancien ministre de l'Économie et des Finances du Mali que BOURDIEU aurait certainement classé parmi les « purs » de la deuxième République du Mali[38]. À travers cette affaire ou ce « cas SACKO », les réflexions qui vont suivre porteront sur l'icône et non sur l'homme (monsieur Zoumana SACKO, dont les qualités professionnelles et morales ne sont plus à démontrer). Dans d'autres circonstances, notre choix aurait bien pu se porter sur d'autres personnages de qualité comme l'un des valeureux magistrats dépeints par Magatte SÈYE, l'ancien bâtonnier de l'Ordre des avocats du Mali[39]. Cependant, et comme nous le verrons par la suite, les répercutions non négligeables du « cas SACKO » ont démontré la pertinence de notre choix. Ce cas constitue la parfaite illustration de la propagation de la malveillance budgétaire au sein du secteur parapublic et des sphères du pouvoir politique. Il prouve que l'extrême détérioration de la

---

[36] P. BOURDIEU, *Sur l'État...*, *op. cit.*, p. 432-456.

[37] Cette qualification de monsieur Z. SACKO ne résulte pas d'un jugement de valeur. Elle est le reflet d'une impression partagée par la majeure partie des Maliens qui s'intéressent à la gouvernance de la chose publique. Pour illustration, il faut se reporter aux travaux de monsieur Ch. O. DIARRAH qui avait précisé que : « Le 2 avril 1991, lorsque Zoumana SACKO est désigné par le CTSP [le Comité de transition pour le salut du peuple] comme Premier ministre du gouvernement de Transition, les Maliens – dans leur grande majorité – ont salué cette décision ; car ce cadre bénéficiait d'une réputation d'intégrité et de compétence acquise lors de sa brève expérience ministérielle en 1987. Surtout on le crédite d'un grand courage du fait de sa démission fracassante en août 1987 à la suite de l'échec d'une "opération coup de poing" tentée contre un avion de la compagnie Sabena censé transporter de l'or illégalement exportée par des dignitaires du Général Moussa Traoré. » Ch. O. DIARRAH, *Vers la IIIe République du Mali*, *op. cit.*, p. 109-110.

[38] P. BOURDIEU, Sur l'État..., *op. cit.*, p. 448-451.

[39] cf. « Extraits de la déclaration de Maître Magatte Sèye, bâtonnier de l'Ordre des avocats, lors de la cérémonie de la rentrée judiciaire de l'année 1993/1994 », *Le Malien* du 15 novembre 1993, p. 6. ; repris par : D. DIAWARA, *Les grands textes de la pratique institutionnelle de la IIIe République*, Éditions Société malienne d'Édition, Bamako, 1994, p. 176-179.

direction de l'économie malienne rend vaine toute tentative de redressement sur la *natte* de la rationalité américano-occidentale. L'hétéronomie de ces entités et la complexité des structures alimentées par les forces marchandes et des fonds publics offraient une couverture idéale aux activités illégales. Le « cas SACKO » assemblait tous les éléments du *yùrùguyurugu* et du *férekenyágami* : d'une part, l'instrumentalisation des avantages statutaires des entreprises parapubliques par des gouvernants corrompus du Sud ; et d'autre part, la mise à profit de cette situation par des politiciens du Nord souffrant également de la crise du système capitaliste. La complaisance de ces derniers est généralement récompensée par de juteux contrats ou par le recours à leurs conseils[40].

197. Présentation de l'environnement national et continental de l'affaire. – Tout commença avec le décret du 20 février 1987 nommant Zoumana SACKO au poste de ministre de l'Économie et des Finances. Il fut chargé du redressement des comptes publics, alors léthargiques. Pour ce faire, il s'entoura d'un noyau dur d'agents administratifs réputés tout aussi incorruptibles que lui. Afin de s'acquitter correctement de sa tâche, il limogea spectaculairement des hauts fonctionnaires convaincus de *yùrùguyurugu*[41]. Il lança ensuite une opération « coup de poing » contre la compagnie aérienne SABENA (Société Anonyme belge d'Exploitation de la Navigation aérienne), le porte-drapeau belge qui était associé aux entreprises aurifères et aux responsables politiques proches du chef de l'État malien. Selon le magazine *Jeune Afrique*, il savait que : « [...] la fraude dans ce secteur [avait] coûté au Trésor de 3 à 5 milliards de francs CFA entre 1985 et 1987 ».

Ces difficultés nationales s'inscrivaient dans un climat continental difficile pour les affaires de cette entreprise, qui cherchait un nouveau souffle sur le marché africain. Elle avait été durement touchée par une crise financière qui l'avait conduite à une diminution drastique de son personnel, passé de 10 000 salariés en 1979 à 8 500 à 1984[42]. Elle était également sur le

[40] Les exemples sont divers et variés ; ils vont des rapports d'audit contestés de B. KOUCHNER à travers les sociétés BK Conseil, BK consultants et IMEDIA (*international Medical Alliance*) à des « homologations déontologiques » du cabinet d'audit de l'ex-ambassadeur américain des Nations-Unies Andrew YOUNG dénoncées par la Cour suprême américaine. B. COLLOMBAT, *Reporter – Enquête sur les affaires africaines du Docteur Kouchner,* Dossier France-Inter disponible sur : *http://www.franceinter.fr/dossier-enquete-sur-les-affaires-africaines-du-docteur-kouchner?page_dossier=2# ;* Pour le deuxième cas, conférer affaire Nike contre KASKY tranchée par la Cour suprême américaine en 1998. Dans : M. SALAH : « Mondialisation et sanction », dans : D. MARRANI, P. RICHARD, J. – J. SUEUR, *Droit(s) et sanction*, Éditions l'Harmattan, Paris, 2013, p. 170-171. ; F. BADDACHE, *Entreprises et ONG face au développement durable : l'innovation par la coopération*, Éditions L'Harmattan, Paris, 2004, p.150.

[41] Ch. O. DIARRAH, Mali : *Bilan d'une gestion désastreuse, op., cit.*, p. 59.

[42] G. VANTHEMSCHE, *la SABENA : l'aviation commerciale belge 1923-2001 des origines au crash*, Éditions De Book et Larcier, Bruxelles, 2002, p. 265.

point d'être évincée du « juteux marché » zaïrois à cause du renforcement excessif de la conditionnalité de la coopération opéré par le Maréchal-Président MOBUTU[43]. Il semble même possible d'affirmer qu'elle subissait un véritable chantage économique de la part de ce dernier, car l'insatisfaction des exigences dictées par le dictateur aurait systématiquement entraîné la perte de son monopole conventionnel établi par les accords conclus avec Air Zaïre (la compagnie aérienne nationale).

198. Chronologie de l'affaire et de son échec. – Face à l'ampleur de cette crise, le ministre « pur » malien savait que les autorités belges étaient déterminées à soutenir cette entreprise privée – devenue publique du fait des sauvetages financiers à répétition – comme cela avait été le cas lors du contentieux zaïrois qui avait mobilisé le gouvernement du royaume[44]. C'est la raison pour laquelle il n'hésita pas à conduire individuellement l'opération de démantèlement.

Selon le magazine *Jeune Afrique*[45], tout commença quand l'un de ses informateurs annonça au ministre que 150 kilos d'or allaient être embarqués sur un appareil de la SABENA, le 22 août 1987, alors que 50 kilos seulement avaient été déclarés à la douane malienne. Le ministre se présenta à la coupée de l'avion et dirigea personnellement la fouille. Malheureusement, pas un kilo ne fut trouvé. Le fraudeur, un proche parent de Moussa TRAORÉ, l'ex-président de République, avait été prévenu des projets de monsieur Zoumana SACKO qui s'est donc vu forcé de donner sa démission.

Selon monsieur Cheick O. DIARRAH[46], c'est le ministre de la Défense de l'époque en personne (le général Sékou LY) qui avait contraint le Premier ministre à laisser partir l'avion de la Sabena. Cela a permis aux membres du Parti d'État, plus particulièrement au général Sékou LY, de demander la démission de l'incorruptible ministre de l'Économie et des Finances dès le lundi 24 août. Le général a finalement pu obtenir de l'état-major une motion invitant le général-président de l'époque, Moussa TRAORÉ, à mettre un

---

[43] En 1985, Air Zaïre tente un rapprochement avec l'ancienne compagnie française U.T.A. (Union des Transports Aériens qui fut absorbée par Air France KLM.). La réponse belge donnée par le représentant de la compagnie à Kinshasa fut sans équivoque, par ce qu'il rappela à ses mandants : « l'importance de ne pas se laisser distancer dans une course dont le résultat peut (...) influencer énormément la rentabilité et la sauvegarde de nos intérêts... » (AS-AAG, 1 681 364, M. GUEQUIERE à V. RAFELGHEM, le 15 mai 1985) ; *Ibid.*, p. 262.

[44] Par exemple, ce fut le cas des diplomates belges de Kinshasa qui sont directement intervenus auprès de la présidence zaïroise pour solutionner la crise SABENA – Air Zaïre. Leur hiérarchie a également du être rassurée par le directeur de la compagnie en personne qui a rappelé qu'il était bien au fait que : « Les intérêts belges en cause dépassent largement ceux de la Sabena en tant que telle. » (AS-AAG, 1 681 108, V.RAFELGHAM à L. TINDEMANS, ministre belge des Relations extérieures, le 2 juillet 1986, p. 2), cité par G. VANTHEMSCHE, *Ibid.*, p. 263.

[45] *Jeune Afrique* n° 1397 du 14 octobre 1987, « Mali : guerre à la corruption », p. 30, cité par P. PÉAN, *L'argent noir : corruption et sous-développement*, Éditions Fayard ; Paris, 1988. 278 p.

[46] Ch. O. DIARRAH, *Mali : bilan d'une gestion désastreuse, op., cit.*, p. 60.

terme aux fonctions ministérielles de monsieur SACKO. Quelques jours après, le chef de l'État mit fin à la crise.

199. La portée prophétique de cette affaire. – Quelle conclusion tirer de cet échec ? Nous pensons que cette affaire et son dénouement démontrent l'instrumentalisation adroite de la corruption par les détenteurs du pouvoir. Elle permet aux politiques maliens de garder leur autorité grâce à la maîtrise du *yùrùguyurugu*. Ainsi, ils fidélisent leur clientèle autochtone et étrangère. La répétition historique de cette pratique sous la période de la transition fait dire que même si monsieur SACKO n'a pas, ce fameux samedi 22 août 1987, établi le flagrant délit, il n'en était pas moins dans son bon droit. Une prise en compte des événements survenus après l'émergence de la troisième République malienne suffit pour le comprendre clairement. Les détails de cette affaire et les rouages de ce « crime économique » furent livrés par Philippe MADELIN qui prétend que de février 1985 à août 1987, 169 chargements d'or auraient quitté le Mali pour affinage en Suisse, transitant à Bruxelles grâce à la compagnie belge « SABENA ». Ce témoignage est une confirmation *ex post* de la légitimité des craintes de monsieur SACKO. Il met l'accent sur les dérives de la démocratie et de la corruption, en prouvant que les fruits de ces surplus illégaux n'ont jamais profité aux caisses de l'État malien et qu'ils se sont retrouvés sur des comptes privés des membres de l'ancienne caste dirigeante[47]. La maîtrise des surfaces financières prime sur toutes les autres valeurs. Si le dessein populaire pouvait l'emporter, le développement retrouverait son cours normal. C'est la raison pour laquelle la condamnation de Moussa TRAORÉ, l'ex-président, et de son clan par la Cour d'assises de Bamako pour crime économique n'a donné lieu qu'à la restitution au trésor public d'une infime partie des sommes impliquées. Après six longues années de procédures facilitées par les lois d'entraide judiciaire internationale, le gouvernement malien n'a finalement pu récupérer que 2,4 millions de dollars US, représentant les avoirs illicites et leurs intérêts générés depuis le gel des comptes bancaires de l'un des proches de Moussa TRAORÉ[48].

Cet exemple remet en question la viabilité économique du modèle de société politique implanté par la transition. Et il n'est pas le seul. L'exclusion méthodique des citoyens-électeurs est toujours d'actualité. Elle a été

---

[47] P. MADELIN, *L'or des dictatures*, Éditions Fayard, 1993, p. 295-300.

[48] *Quotidien La Liberté*, « La Suisse va rendre 3,2 millions au Mali », 25 mars 1997, « La Suisse a remis 3,9 millions au Mali », 20 septembre 1997. Ce trait de caractère a également été rappelé par les développementalistes, qui au travers de l'Annuaire suisse de politique de développement affirmèrent que : « Pour la première fois, la Suisse a restitué à un pays, dont toutes les conditions de la procédure d'entraide ont été respectées, des fonds déposés dans les banques helvétiques. Ainsi la Suisse a remis aux autorités du Mali un montant de plus de 3,9 millions de francs détournés sous l'ancien gouvernement du président Moussa Traoré. » dans : Référence électronique : « 6. Politique intérieure et extérieure », *Annuaire suisse de politique de développement*, N° 17 | 1998, mis en ligne le 31 juillet 2012, (Consulté le 26 octobre 2012). URL : *http://aspd.revues.org/773*

exacerbée par la récente désobéissance civile de la population de Fourou contre la compagnie aurifère SOMISY.

B/ L'acte désespéré de la population de Fourou contre la Société des mines d'or de Syama

200. Présentation du contentieux : la désillusion populaire face à la raison technique. – Il s'agit de la perte de confiance et de la désobéissance civile des populations de la commune de Fourou. Elles se sont révoltées en novembre 2012 contre le modèle d'exploitation de la Société des mines d'or de Syama (SOMISY). La violence de cette réaction constitue la preuve historique de la continuité et de la ténacité du *yùrùguyurugu* dans ce secteur, qui avait déjà posé problème à monsieur Zoumana SACKO en 1987. Cette fois, il résultait du « manquement contractuel » de la SOMISY, filiale du consortium australien *Resolut Mining Limited.* Selon les autochtones, l'entreprise n'avait pas satisfait à ses engagements en raison de son modèle économique et du fait de l'instrumentalisation du gouvernement central. Les ressortissants de la commune avaient placé beaucoup d'espoir dans la réimplantation de cette exploitation. Ils s'attendaient à une collaboration réciproquement fructueuse. Le 6 mai 2010, selon monsieur Salif KONÉ, maire de la commune de Fourou (dont relève la mine de Syama), la réouverture de la mine représentait une vraie source d'espérance. Son discours d'inauguration le reflétait. Il expliquait que sa commune faisait un grand pas dans le processus de développement parce que cette mine allait efficacement contribuer à la lutte contre le chômage et la pauvreté. Elle conduisait par conséquent vers l'amélioration des conditions de vie dans la collectivité[49]. Cet optimisme de l'élu local malien était fondé sur les trois articles du chapitre VI du décret du 21 juin 2012 fixant les conditions et les modalités d'application de la loi portant Code minier en République du Mali[50].

201. La fin de l'idylle entre la commune de Fourou et la Société des mines d'or de Syama. – Les dispositions du nouveau Code minier malien exigeaient en effet la conclusion d'une convention entre l'entreprise aurifère et les autorités locales qui devait privilégier les autochtones à certains niveaux. Selon le « Républicain »[51] (quotidien national malien) – et en application des prescriptions du cinquième alinéa de l'article 141 du

---

[49] L. DIARRA, A. SISSOKO, « Mines : La seconde vie de Syama », *Journal l'Essor* du vendredi 07 mai 2010

[50] Décret n° 2012-311/P-RM du 21 juin 2012 fixant les conditions et les modalités d'application de la loi portant Code minier, *JORM* n° 2012-26 du 29 juin 2012, p. 1019.

[51] A. SOGODOGO, B. DAOU, « Révolte populaire à la mine d'or de syama : Les forces de l'ordre tirent sur les manifestants », *Le Républicain* du 13 novembre 2012.

nouveau Code minier[52] –, dans le cas d'espèce, l'entreprise répartissait les emplois de main-d'œuvre non qualifiée comme suit : 70 pour cent revenaient aux populations de la commune de Fourou, 15 pour cent aux ressortissants du cercle, 5 pour cent à la Région et enfin, 5 pour cent aux autres citoyens. En réalité, il n'en fut rien. À part l'obligation de création d'emplois, contenue dans ce document, cette réglementation inédite n'a pas mis à la disposition des parties, les moyens légaux nécessaires à l'effectivité de ces dispositions portant sur le développement communautaire. Par conséquent, la concrétisation de ces engagements dépendait du bon vouloir des entreprises multinationales, principalement préoccupées par la satisfaction des investisseurs avec d'extraordinaires profits. Nous en voulons pour preuve les termes de l'article 142 qui précise que : « La société est tenue de prendre toutes les mesures nécessaires pour la mise en œuvre du plan ». Les imperfections de ces dispositions ont transformé ce code en un recueil déontologique sans grande valeur normative. Grâce à la maîtrise complète de la chaîne de production de la règle et à celle de son application, les institutions financières internationales garantissaient tranquillité et stabilité aux investisseurs. Cela se traduisait par l'assurance d'une totale irresponsabilité et impunité. Les manquements contractuels n'entraînaient en aucun cas de sanctions pénales ou civiles significatives, en dépit du fait qu'il s'agissait de mesures compensatoires de l'inexistence d'un système de taxation et de développement économique locaux efficaces. En l'espèce, les villageois se sont aperçus, d'une part, que les emplois qui devaient leur revenir étaient majoritairement pourvus par népotisme ; et d'autre part, que la mairie de la commune ne pouvait financer aucun projet d'amélioration des conditions de vie locale. Ils étaient dans l'impasse.

202. La désobéissance civile des populations de la commune. – C'est dans le but de briser ce cercle vicieux formé par l'inapplication des clauses de cette convention et l'absence de réaction des autorités étatiques que les habitants de la commune entamèrent une révolte pour la dignité. Ils bloquèrent les principaux accès à la mine. Cette occupation illégale de la voie publique donna lieu à une intervention musclée des forces de l'ordre. La confrontation déboucha sur le bilan tragique de 2 morts et 14 blessés du côté manifestants, qui luttaient avec leurs maigres moyens. Afin d'apaiser des velléités locales et pour des raisons de force majeure (instabilité politique du Nord, etc.), les autochtones profitèrent d'une trêve qu'ils mirent à profit. En fait, ils échangèrent leur désespoir contre une exploitation traditionnelle des

[52] Ce dernier rappelait que : « Les titulaires de titres miniers et leurs sous-traitants sont tenus de contribuer à partir de la date du démarrage de la production :
— À l'implantation ou à l'amélioration d'infrastructures sanitaires et sociales à une distance raisonnable du gisement correspondant aux besoins normaux des travailleurs et de leurs familles ;
— À l'organisation, sur le plan local, d'installations de loisirs pour leur personnel et leurs familles. »

mines implantées sur leur *fàso* (les terres de leurs ancêtres). Le développement de cette activité informelle[53] faisait perdre du chiffre d'affaires à l'exploitant officiel et diminuait par conséquent les ressources fiscales de l'État. De plus, l'atavisme des techniques utilisées eut des conséquences néfastes sur la santé des orpailleurs et pour leur environnement naturel et familial. Comment expliquer cette attitude des gouvernants maliens ?

203. La portée significative de cette affaire. – Les invraisemblances du commandement malien reflètent le paradoxe immanent à la transition économique. Parce qu'elle ne détient pas la légitimité nécessaire, la bureaucratie étatique ne peut imposer sa volonté à des citoyens démotivés. Sur le plan national, l'usage disproportionné de la force aurait amplifié le scandale en attirant l'attention des médias occidentaux. Les répercussions de la surexposition internationale qui en auraient découlé auraient été suicidaires, car le frémissement des petits épargnants occidentaux aurait érodé la confiance indispensable au fonctionnement du système. L'État de la transition malienne ne peut donc nullement fédérer les individualités qui la composent à cause de la détention de sa souveraineté par des « dynamiques du dehors ». Parce que cet état de fait n'est plus un secret pour personne, les citoyens participent directement et parfois en groupe, à ce *jeu* de la survie, au même titre que leurs leaders officiels. La complexité et la multiplicité des réactions maliennes sont des réflexes instinctifs de conservation dans cet environnement délétère de la transition. Les dégâts de la conditionnalité au maintien de la coopération multilatérale bénéficient d'un soutien également décisif sur le plan bilatéral : l'aveuglement de l'ancienne métropole déterminée à préserver la dépendance économique de la colonisation.

SECTION 2 :
La mise sous tutelle de l'économie malienne par le franc CFA

204. Les nuances entre les différentes formes de coopération : comparaison entre l'« aide fraternelle » russe et la mise sous tutelle de l'aide occidentale. – En relations internationales, la distance entre dire

---

[53] Il est possible d'émettre des réserves sur la pertinence de ce qualificatif « d'informel » dans la mesure où l'article 3 de la loi n° 2011-036 du 15 juillet 2011 relative aux ressources fiscales des communes, des cercles et des régions dispose que : « Les ressources fiscales des Collectivités Territoriales comprennent :
2. le produit des taxes régies par le Code minier énumérées ci – après :
– la taxe due à l'occasion de l'attribution d'autorisation d'exploitation artisanale de l'or et d'autres substances minérales ;
– la taxe due à l'occasion de l'ouverture de carrières artisanales. » Loi n° 2011-036 du 15 juillet 2011 relative aux ressources fiscales des communes, des cercles et des régions, *JORM* n° 2011-35 du 2 septembre 2011, p. 1365.

merci et être à la merci est très mince. Dans le cas du Mali, elle s'amenuise de jour en jour. Comme pour la troisième loi du célèbre physicien Isaac NEWTON – selon laquelle à chaque action correspond une réaction égale et opposée –, nous trouvons naturel et logique aujourd'hui, que l'allocation d'une aide ou d'une quelconque assistance donne un droit de regard au bailleur sur la vie du soutenu, qu'il s'agisse de personnes publiques ou privées. La pratique de cette immixtion extérieure dans les affaires internes d'un État reste variable : elle peut aller de la recherche d'effectivité, d'efficacité et d'efficience de l'usage des fonds officiels, à la satisfaction de besoins stratégiques. Deux modèles de coopération bilatérale cohabitaient dans le Mali de la transition : la conditionnalité marchande de l'aide occidentale et celle de la fraternité soviétique. Selon monsieur Salif DIALLO, la contrepartie des « aides fraternelles » russes était modérée. Il existait toujours des possibilités de renégociation des termes contractuels ou celles de bénéficier d'un rééchelonnement de la dette[54]. Cela dit, il serait évidemment naïf de ne pas y entrevoir des motivations stratégiques ou hégémoniques. L'avantage de cette aide russe était sa compatibilité avec le *mɔgɔya* (humanisme égalitaire) des pères fondateurs de la République du Mali. Contrairement au concours occidental, cette logique constituait un accompagnement des pas tâtonnants des gouvernants des deux premières Républiques du jeune État. Elle n'allait pas dans le sens de l'implantation durable d'une dépendance économique favorable à la prédation et la re-occidentalisation du cadre rationnel.

205. Justification de l'analyse approfondie du franc CFA et de la Zone franc. – Nous focaliserons les développements qui suivent sur la coopération bilatérale française, plus spécialement sur les conditionnalités de la transition monétaire : les contreparties de la réintégration de la Zone franc. Ce ciblage a été motivé par la particularité des relations franco-maliennes dont les principes étaient respectés par l'ensemble des puissances occidentales. Il suffit de se remémorer les circonstances de l'opération « Serval » pour identifier les points communs qui existent entre le Mali de la transition et les vallées d'Andorre, lors du traitement du contentieux qui opposa devant le Tribunal des conflits français, la radiodiffusion française à la société de gérance et de publicité du poste de radiodiffusion « Radio-Andorre ». Dans cette affaire, les victimes se sont adressées de manière désinvolte à l'État français pour qu'il rétablisse l'ordre international dans ce territoire partiellement sous son contrôle[55].

---

[54] S. DIALLO, « L'expérience de la privatisation au Mali », *op. cit.*, 25 p. ; Ch. O. DIARRAH, *Le Mali de Modibo KEITA*, *op. cit.*, p. 81.

[55] M. WALINE, *Notes d'arrêts de Marcel Waline. Volume I, Les bases du droit administratif : (sources des règles, sujets, actes)*, Éditions Dalloz, Paris, 2004, p. 191-199. ; Tribunal des conflits, arrêt du 2 février 1950, « Radiodiffusion Française c./Société de gérance et de publicité du poste de radiodiffusion Radio Andorre », *Recueil Lebon* 1950, p. 652.

Dans le même sens, dès les prémisses de la crise financière qui a eu raison de la première République, le gouvernement a voulu renouer des liens commerciaux avec l'ancienne métropole et ses alliés de la Zone franc. En effet, la continentalité du territoire malien et la fermeture stratégique des marchés voisins l'obligeaient à s'ouvrir aux principes formalisés dans le Consensus de Washington. Cette ouverture était synonyme ici d'ouverture vers les États limitrophes littoraux. L'expérience de création d'une continuité territoriale avec l'empire du Mali avait cependant conduit à son isolement économique. Comme l'a démontré l'exemple de la taxe spéciale ivoirienne sur le bétail importé du Mali, les entreprises publiques maliennes n'avaient plus librement accès aux marchés des États voisins. Les relations internationales économiques et diplomatiques de la République du Mali avaient également été orientées vers les pays qui adhéraient à sa conception endogène du développement politique[56].

206. La maîtrise du processus de transition économique à travers l'instrumentalisation du franc CFA et de la Zone franc. – Étant donné que les marchés des partenaires historiques du Mali se trouvaient sous tutelle française, le gouvernement a dû se résoudre à rejoindre la Zone franc à la suite d'une transition de longue haleine. Sur le plan local, cette Zone était l'autre nom de l'espace économique et monétaire créé par l'ancien colonisateur à son image. Son intégration était donc soumise à des conditionnalités paternalistes. C'est d'ailleurs la raison pour laquelle la demande d'accès de l'économie malienne à la « bouteille d'oxygène française » s'est transformée en moteur de la transition économique **(§1)** en ce qu'elle paralysait ouvertement la conception de l'État des pères fondateurs **(§2)**.

§1 : Le franc CFA : le moteur de la transition économique

207. Rappel de la dimension autoritaire et instrumentale de la monnaie. – En 1838, le banquier allemand Mayer A. ROTHSCHILD a prononcé un aphorisme sur la monnaie qui a traversé le temps sans s'altérer : *Permit me to issue and control the money of a Nation, and I care not who*

[56] Il suffit d'analyser les lois suivantes : Loi n° 1963-028 du 4 février 1963 autorisant le gouvernement de la République du Mali à ratifier une Convention de Coopération économique et technique et un accord sur la création d'un Conseil de l'Unité économique africaine conclu entre les États membres de la Charte africaine de Casablanca, *JORM* n° 1963-137 du 10 février 1963, p. XXV. ; loi n° 1963-076-*bis* du 31 décembre 1963 autorisant le gouvernement à ratifier la convention conclue le 26 juillet 1963 entre les gouvernements de la République Islamique de Mauritanie, Guinée et du Sénégal, *JORM* n° 1964-182 du 7 novembre 1964, p. VII. ; loi n° 1966-011 du 6 juillet 1966 autorisant le gouvernement à ratifier l'accord du 16 mars 1966 entre la République du Mali et l'URSS, *JORM* n° 1966-227 du 1er août 1966, p. 369. ; ordonnance n° 1975-009 du 6 mars 1975 portant approbation de l'accord commercial entre la République du Mali et la République socialiste de Tchécoslovaquie, *JORM* n° 1975-458 du 1er avril 1975, p. 1039.

makes its laws (Donnez-moi le droit d'émettre et de contrôler l'argent d'une nation et alors, peu m'importe qui fait ses lois)[57]. Cette vérité ancienne résume remarquablement les évolutions du franc CFA qui ne s'est jamais détaché de ses racines coloniales **(A)**, malgré les indépendances nationales et la perte de la souveraineté monétaire du tuteur **(B)**. En effet, la construction européenne a intégré cet état de fait à travers la soumission des avoirs des États membres de Zone franc aux règles de la Zone euro. C'est la raison pour laquelle la *natte* de la transition malienne a été *néocolonialisée* **(C)**.

A/ Les origines hégémoniques du franc CFA

208. L'indissociabilité entre l'histoire du franc CFA et l'invasion coloniale. – Ce n'est pas pour rien que la conquête coloniale fut précédée de « l'insémination artificielle » du système d'échange capitaliste. Bien avant le décret du 16 juin 1895 instituant le gouvernement général de l'AOF, Napoléon III décida de créer la toute première banque de la sous-région, à travers le décret impérial du 21 décembre 1853 établissant la « Banque du Sénégal ». Étant donné que cette banque commença ses activités en 1855, il est possible d'y percevoir l'archétype de la banque centrale de l'Afrique de l'Ouest, en ce qu'elle était la première institution de la région autorisée à traiter des opérations de banque, de prêt, d'escompte et d'émission. Cet ancêtre des banques de l'AOF avait pour but d'harmoniser le système monétaire des colonies, tout en facilitant le libre exercice du négoce de traite. Il s'agissait, en quelque sorte, d'une autorité de police administrative avec deux missions principales. Elle soutenait et régulait les activités économiques en rassurant les investisseurs métropolitains, qui s'offraient ainsi le luxe de l'exotisme sans risque de dépaysement juridique. Chez les autochtones, l'unité des termes de l'échange et des instruments de paiement engendrait l'idée d'uniformité géographique allant de pair avec la dépendance exogène. En effet, l'hétéronomie rendait l'arbitrage des pouvoirs de la Cité mère indispensable. C'est dans ce sens que monsieur Yves BARROUX précise que :

> « La "Zone franc" s'est mise en place de manière empirique et progressive dans l'empire colonial français. Soucieuse de marquer sa souveraineté dans ses colonies, la France a peu à peu imposé l'usage du franc comme monnaie au détriment des monnaies locales. Ainsi, dès la seconde moitié du XXIe siècle, elle confie le privilège d'émission à des banques privées (banque de l'Algérie, banque de l'Indochine, banque de l'Afrique occidentale, banque des Antilles) qui émettent des jetons spéciaux en contrepartie du retrait des monnaies étrangères qui circulaient dans ces différents territoires. Au lendemain de la Première Guerre mondiale, en même temps que sont renforcées les obligations imposées aux organismes d'émission, l'échange de

---

57 R. SHILLINGFORD, *The History of the World's Greatest—Entrepreneurs: Biographies of Success,* History of the World's Great, London, 2010, p. 154.

jetons coloniaux contre monnaies métropolitaines émises par la Banque de France est organisé et ces derniers demeurent seuls en circulation dans l'Afrique subsaharienne et dans les territoires du Pacifique. Ces opérations s'accompagnent de la création des premiers comptes d'opérations du Trésor, qui constitueront une pièce centrale dans l'organisation et le fonctionnement de la "zone franc" [...] La banque de l'Afrique occidentale et la banque de Madagascar étaient des banques privées auxquelles l'État avait consenti un privilège d'émission. Le premier mouvement fut de resserrer le contrôle de l'État et des territoires, les transformant en organismes semi-publics grâce à des prises de participation dans le capital de ces banques. Mais en 1955, une nouvelle étape est franchie avec l'adoption de deux décrets du 20 janvier 1955 créant respectivement l'Institut d'émission de l'AOF. Et du Togo et l'Institut d'émission de l'AEF et du Cameroun, qui sont de fait des banques centrales qui se substituent respectivement à la banque de l'Afrique occidentale et à la CCFOM [la Caisse centrale de la France d'outre-mer] et sont liées directement au Trésor chacune par un compte d'opérations. »[58]

209. Le faux-semblant constitutif de l'institution du franc CFA. – C'est également dans cette optique hégémonique qu'aux débuts de la Seconde Guerre mondiale que l'expression « franc colonial » fit son apparition de manière discrète et officieuse. Selon monsieur Moustapha Lo DIATTA[59], les origines des « francs coloniaux » remontent au contexte de cette guerre. Cette dernière a déclenché les mesures de prudence nationale tels les décrets-lois du 9 septembre 1939 portant subordination de toute création ou extension du commerce à une autorisation préalable du préfet et l'institution d'un contrôle des changes. Il est vrai que la meilleure manière de maîtriser ces fluctuations monétaires reste de mettre en place une monnaie spécifique aux colonies qui sera entièrement soumise à la volonté des officiels de l'hexagone. Cela dit, le franc CFA verra ouvertement le jour pour réduire les effets de la crise économique et financière causée par l'effort de guerre. Ces troubles financiers devaient être amoindris par le décret précité. C'est évidemment cette conception qui sera défendue par René PLEVEN, ministre des Finances de l'époque et auteur du texte réglementaire auquel nous allons nous référer. Pour lui, la création des francs coloniaux par le décret du 25 décembre 1945 était un garde-fou visant à préserver les fragiles économies des colonies. Comme il aimait le dire, la France ne voulait pas « imposer à ses filles lointaines les conséquences de sa propre pauvreté »[60]. L'ironie de ce raisonnement découle du fait que les filles en question étaient des colonies de peuplement et d'exploitation des enfants

---

[58] Y. BARROUX, « La création du franc CFA », dans : Ph. OULMONT et M. VAÏSSE, *De Gaulle et la décolonisation de l'Afrique Subsaharienne*, Éditions Karthala, Paris, 2014, p. 198 et 201.

[59] M. L. DIATTA, *Les unions monétaires en droit international*, Éditions PUF, Paris, 2007, p. 61.

[60] C. WICKER, *L'évolution du régime monétaire d'outre-mer*, Bureau des départements et territoires d'outre-mer, la direction du Trésor, notes bleues de Bercy n° 198 (1er - 15 janvier 2001). Disponible sur : *http://www.finances.gouv.fr/notes_bleues/nbb/nbb208/outre.htm* (Consulté le 18 septembre 2016)

assujettis par la violence et la ruse afin d'assurer la prospérité de la métropole. Plus particulièrement, les francs des colonies françaises d'Afrique (francs CFA) virent le jour dans un élan de prudence économique. Ce faux semblant suivra les variations des rapports de forces entre la métropole et ses annexes. Dans ce sens, l'adoption de la Constitution de 1958 fit évoluer la signification du sigle « CFA » qui désignera le franc de la Communauté financière d'Afrique. En 1972, l'abréviation se régionalise avec l'ajout de la lettre « C » (Central) pour les pays de la Communauté économique et monétaire d'Afrique centrale ; et en 1973 de la lettre « O. » (Ouest) singularisant les membres de l'Union monétaire ouest-africaine (ci-après UMOA). Ces mutations symboliques des dénominations n'indiquent en rien un changement génétique de l'institution. C'étaient de simples opérations de maquillage juridique sans incidence sur le fond. Il se trouve que ces nombreuses transformations n'ont effectivement pas aboli le principe de la garantie de la convertibilité de cette devise par le Trésor public français.

210. La situation du franc CFA lors des décolonisations : sa transformation en instrument de dépendance économique. – Parce que cette source de paternalisme autoritaire s'est également adaptée à toutes les variations de l'environnement politique, l'image de la création des monnaies coloniales fut souillée par l'histoire de certains États de l'AOF. En effet, c'est en 1958 que débutèrent les controverses sur l'histoire monétaire de l'AOF. La monnaie était considérée par la Guinée-Conakry et le Soudan (l'actuelle République du Mali) comme le gage d'un renversement de l'influence impériale, une composante essentielle de leur émancipation économique et politique. Tout commence avec la Guinée-Conakry de Sékou TOURÉ qui ouvrit le bal des libérations nationales en profitant de la transition constitutionnelle vers la cinquième République, pour dire « Non » à la proposition de formation de la Communauté française conduite par le général De GAULLE. En choisissant l'indépendance immédiate avec la création du franc guinéen le 1er mars 1960, le franc CFA devint l'instrument de fidélisation des anciennes colonies à la domination de la métropole. Il devait notamment éviter que le cas guinéen ne devînt l'exemple à suivre pour les autres membres de la communauté conduite par la France.

B/ L'instrumentalisation hégémonique du franc CFA dans les décolonisations

211. Le fonctionnement manichéen des rapports de force : se libérer par l'adhésion à la Zone franc. – L'attractivité de la Communauté française de 1958 était fondée sur le résultat d'une équation « coût/avantage », la conséquence de la mise en perspective de la peur de l'autarcie et l'appât du gain de la dépendance. La France maintenait ainsi son rang de puissance internationale grâce à la conservation de ses anciennes colonies dans une situation de protectorat moderne. Elle conservait son avantage compétitif en continuant à se porter garante d'elles à l'international. Dans ce cadre, la résistance guinéenne représentait la pierre d'achoppement de ce mécanisme de protectorat.

En vérité, la Communauté française de 1958 était une image primitive et authentique du concept de famille. C'est-à-dire celui emprunté du latin classique *familia* – dont l'acception romaine qualifiait étymologiquement l'ensemble des *famulis,* les esclaves attachés à la maison du maître, puis tous ceux qui vivaient sous le même toit, maîtres et esclaves, et ceux sur qui régnait la domination sans partage du *pater familias —,* lui-même dérivé de *famulus* (serviteur)[61]. Afin d'écarter définitivement l'hypothèse d'une rupture totale et brutale entre la France métropolitaine et ses anciennes « filles », la Guinée devait être l'exemple à ne pas suivre. La riposte fut effectivement à la hauteur. Ce pays séditieux ne bénéficia, ni du soutien budgétaire accordé par le Général De GAULLE et destiné à aider à l'équilibre financier des États qui avaient opté pour le « Oui » lors du référendum de 1958 ni de l'appui technique fourni en accompagnement de cette assistance vitale. De surcroît, il fut la cible des nombreuses pressions stratégiques des services secrets français. Effectivement, selon monsieur Pierre PÉAN, le Quai d'Orsay et le Service de la documentation extérieure et du contre-espionnage (SDECE) cherchèrent à déstabiliser cette économie nationale en inondant son marché de fausse monnaie[62].

212. Le fonctionnement manichéen des rapports de force. – Néanmoins, le courage inouï de Sékou TOURÉ inspira fortement ses confrères socialistes soudanais, puis ceux de la première République du Mali, en dépit de leur adhésion tactique à la Communauté. En effet, le vote du « Oui » représentait un moyen de facilitation du projet de Fédération du Mali[63]. Après l'échec de ce dessein politique et comme pour rattraper ce mauvais choix, le franc malien a été créé discrètement par les deux lois du 3 mai 1962 portant respectivement réforme monétaire en République du Mali et création de la Banque de la République du Mali[64]. La teneur de ces textes n'a été véritablement dévoilée que dans l'allocution présidentielle de la nuit du 30 juin 1962. Dans sa déclaration télévisée, Modibo KEÏTA expliqua qu'avec ces nouveaux dispositifs entrant en vigueur à partir du 1er juillet 1962, une devise nationale sera émise pour remplacer le franc CFA. En effet, le législateur malien n'a pas occulté ces intentions, puisqu'il a

---

61 A. REY (dir.), *Dictionnaire historique de la langue française*, *op. cit.*, p. 830.

62 P. PÉAN, *L'Homme de l'ombre : éléments d'enquête autour de Jacques Foccart, l'homme le plus mystérieux et le plus puissant de la Ve République*, Éditions Fayard, Paris, 1990, 585 p.

63 J. DESSAU, « Le Mali : une expérience partielle d'indépendance économique », *op. cit.*, p. 179.

64 Loi n° 1962-054 du 3 mai 1962 portant réforme monétaire en République du Mali (décret de promulgation n° 020 P.G-R.M. du 30 juin 1962) ; loi n° 1962-055 du 3 mai 1962 et création de la Banque de la République du Mali (décret de promulgation n° 020 P.G-R.M. du 30 juin 1962), *JORM* n° *1962-120* du 30 juin 1962, p. I et III.

précisé dans l'article premier de la loi portant réforme monétaire en République du Mali que : « La République du Mali, soucieuse de renforcer son indépendance politique et d'assurer son développement économique harmonieux, crée pour compter du 1er juillet 1962 sa monnaie nationale, ayant désormais seul cours légal et pouvoir libératoire sur toute l'étendue de son territoire. » L'étonnement fut total du côté des membres de l'UMOA et de la Banque centrale des États de l'Afrique de l'ouest (ci-après BCEAO), car le Mali venait juste de signer la convention d'institution des deux organisations le 12 mai 1962. Il en fut de même pour la petite bourgeoisie marchande qui avait défilé dans Bamako en scandant « vive le CFA », suite à l'arrestation et à la condamnation à mort de leurs représentants politiques : Fily Dabo CISSOKO, Mamadoun DICKO et Kassoum TOURÉ[65]. La non-ratification de ce traité de protectorat monétaire constituera l'une des sources de discordes entre la France et le Mali. La métropole y voyait une manifestation de la contagion du virus guinéen[66]. La finalisation de l'adhésion malienne à l'UMOA par la signature de l'accord du 17 février 1984 était en quelque sorte, une réponse à la sommation à rejoindre les rangs de la grande famille de l'AOF.

213. La dépendance économique créée par la Zone franc. – La vigueur de ces machinations a formé le profil génétique de la Zone franc. Cette dernière a su résister à la perte de la souveraineté monétaire de son tuteur français. Néanmoins, cette étrangeté a conduit les autorités européennes à des qualifications juridiques discutables du statut du CFA. Cette équivoque a significativement dégradé le *fòròba* de la transition économique malienne qui a été occidentalisé, ou plus précisément complètement *néocolonialisé.*

C/ Le franc CFA : nouvel instrument d'hégémonie occidentale

214. La conciliation par la France de la maîtrise de la Zone avec la perte de sa souveraineté monétaire. – De leur création à nos jours, les devises de la Zone franc ont toujours bénéficié d'une garantie de convertibilité, d'une fixité des parités, d'une « transférabilité » et enfin d'une centralisation de leurs réserves de change dans les livres du Trésor français. Le projet d'adoption de la monnaie unique européenne par la France le 1er janvier 1999 a accru la nature énigmatique du statut de la Zone. Certains

---

65 J. – L. AMSELLE, E. GRÉGOIRE, « Complexité et conflits entre bourgeoisies d'État et bourgeoisies d'affaires : Au Mali et au Niger », *op. cit.*, p. 29-30.

66 cf. Déclaration de S. TOURÉ, le président guinéen, lors de la Conférence de l'OUA tenue à Accra du 21 au 25 octobre 1965. Il y certifia que : « il n'y a pas eu ni un, ni deux, ni trois, complots en Guinée. Avant et après le 28/09/1958, la Guinée a fait face à un complot permanent [...] » dans : T. BAH, *30 ans de violence politique en Guinée 1954-1984*, Éditions l'Harmattan, Paris, 2009, p. 197 ; A. CHAMBON, *Mais que font donc ces diplomates entre deux cocktails ?*, Éditions A. Pédone, Paris, 1983, p. 36-40.

États membres de la Zone euro se demandaient, d'ailleurs de manière légitime, comment la France pouvait continuer à assurer les devises des pays de la Zone franc tout en ayant perdu sa souveraineté monétaire au profit de la Banque centrale européenne (BCE). En d'autres termes, ils se questionnaient sur les modalités de conciliation du cadre de cette coopération avec les engagements pris envers l'Union. Ces doutes étaient bel et bien fondés. Juridiquement, cet engagement européen devait nécessairement entraîner une révision des assises techniques et statutaires de la Zone de coopération monétaire. De même que dans le cas de l'adhésion malienne à la Zone en 1984, à compter du 1er janvier 1999 c'était à la BCE que revenait la gestion de la politique monétaire française.

215. La requalification des accords « monétaires » par la décision Conseil de l'Union européenne du 23 novembre 1998. – Pour savoir comment et pourquoi cette situation perdure de nos jours, la décision du Conseil de l'Union européenne du 23 novembre 1998 concernant les questions de change relatives au franc CFA et au franc comorien constitue un bon point de départ. À travers cette décision, le Conseil a requalifié les accords de coopération monétaire qui liaient la France à ses anciennes colonies en accords budgétaires, au seul motif que la convertibilité du franc CFA était garantie par un engagement financier des autorités françaises. Ces dernières ont effectivement su les rassurer à propos de l'insignifiance de leurs obligations au sein de cette zone. La France a trouvé les arguments pour faire croire au Conseil que les responsabilités de son engament n'avaient pas d'implications pécuniaires substantielles pour elle et les autres membres de la Zone euro. Cela permit au Conseil de considérer, à son tour, que ces conventions n'étaient pas susceptibles d'influer sur la politique monétaire et de change de la Zone euro.

Face à cette volonté commune des parties de maintenir ces accords en l'état, cette douteuse requalification juridique restait la seule issue. Il s'agissait du moyen exclusif à la disposition de la France pour demeurer en conformité avec les critères du 5 e alinéa de l'article 131 du TFUE, qui, n'autorise les États membres de l'Union à négocier et conclure des accords internationaux qu'à la condition qu'ils n'empiètent pas sur le domaine réservé de l'Union et soient compatibles avec les Traités.

216. Le principe de l'unicité de caisse : la soumission des économies de la zone aux règles de la BCE. – Cette décision de transformation du « monétaire » en « budgétaire » n'est pourtant pas conforme au principe de l'unicité de caisse ou de trésorerie. Le système des finances publiques françaises ne dispose pas de caisses particulières affectées à des dépenses singulières depuis la création de la Banque de France. Le Trésor public est et reste l'unique caissier, comptable et financier de l'État et de l'ensemble des collectivités publiques. En réalité, les banques centrales de la Zone franc bénéficient d'une inscription dans les livres du Trésor français qui leur a consacré individuellement des comptes d'opérations identiques à ceux réservés aux collectivités publiques françaises. Ce principe du droit budgétaire obligeait par exemple la BCEAO à y stocker 65 pour cent de ses réserves de changes (50 pour cent depuis 2005). Depuis la création de l'euro, au 11 juin 2014 par exemple, ces dépôts obligataires étaient rémunérés aux taux directeurs minimums de la BCE : soit 0,40 pour cent pour la quotité obligataire et 0, 15 pour cent pour les dépôts extraobligataires (considérés comme des opérations de refinancement). Il est rare, et juridiquement étrange, de voir des tiers jouer un rôle aussi important dans un contrat synallagmatique. Le raisonnement du Conseil de l'Union européenne consiste à autoriser ces exceptions à la rigueur budgétaire ordinaire en raison de leur malléabilité et de leur rentabilité. Cela s'explique par le fait que tout se passe sur sa *natte* rationnelle et selon ses règles. Ce déménagement de cadre logique a créé une nouvelle forme de dépendance, illustrée par les statistiques de la BCE fournies par la Banque de France. Ces données prouvent une baisse vertigineuse des taux de rémunérations, des avoirs des banques centrales de la Zone franc. Au 22 janvier 1999, par exemple, ils étaient de 3 pour cent pour la quotité obligataire (les sommes minimales statutaires) et 4,5 pour cent pour les opérations de refinancement. Il semble évident que même si ces dépôts bénéficient d'une relative garantie contre les éventuelles dépréciations de l'euro, ils entretiennent un système de dépendance économique qui désavantage les pays membres de cet espace monétaire.

217. La condamnation des banques centrales à l'inefficacité : l'inconvénient de cette soumission des économies de la Zone aux règles de la BCE. – Pour s'en rendre compte, voici une analogie. Face aux crises hétéronomes et virulentes, semblables à celle des *subprimes,* les États membres de la Zone franc ne pouvaient prendre de mesures adéquates. En effet, il leur était impossible d'engager des campagnes de relance économique comparables aux deux *Long Term Refinancing Operations* (LTO) de la BCE, qui – en l'espace d'un trimestre (de décembre 2011 à février 2012) – avait procédé à une création monétaire de masse en fournissant 489 milliards, puis 529, 5 milliards d'euros aux banques, à un taux d'intérêt symbolique d'un pour cent sur 3 ans, afin qu'elles rachètent des obligations souveraines et accordent davantage de prêts aux particuliers. Les obligations contractuelles de convertibilité du franc CFA ne permettent pas à la BCEAO ou à ses États membres de prendre de tels risques, en dépit de l'abandon de « l'étalonnage or ». Des coffres-forts des orfèvres à la naissance du système bancaire moderne, l'or a garanti les échanges d'une monnaie nationale contre des devises étrangères sans autorisation préalable de la banque centrale ou de l'État émetteur. Il était possible à n'importe quel moment de troquer les liquidités contre ce métal précieux logiquement entreposé dans les coffres-forts des banques centrales. De nos jours, la réalité est tout autre : ce sont des devises dites fiables (tels l'euro ou le dollar américain) qui assurent d'autres monnaies. Le fait qu'une devise soit garantie par d'autres crée une chaîne de confiance devenue le véritable fondement de la convertibilité monétaire, d'où le nom de « monnaie fiduciaire ». Ce détail technique a d'importantes répercussions sur les *modalités d'être* des peuples et sur leur gouvernance. Il permet d'une part, aux autorités disposant de la monnaie étalon de manipuler librement les termes de l'échange ; et d'autre part de justifier leur immixtion dans des affaires nationales ou internationales habituellement hors de portée de leur souveraineté. En ce sens, l'extraterritorialité du droit américain a été confirmée par les scandales à répétition qui nourrissent l'actualité occidentale. De manière non exhaustive, nous pouvons citer la sanction record de 8,97 milliards de dollars (6,6 milliards d'euros) infligée, le 30 juin 2014, par la justice américaine à la BNP Paribas pour « falsification de documents commerciaux » et « collusion ». La banque française a été condamnée pour violation des embargos américains sur l'Iran, le Soudan et Cuba.

218. Les paradoxes imposant une refonte totale du système. – Cette mutation profonde de l'un des préceptes fondateurs du système monétaire prouve l'évidente obsolescence du mécanisme de convertibilité imposé aux différentes banques centrales par la partie « franco-européenne ». L'incompatibilité manifeste entre ce rouage et les récents durcissements de l'austérité et de la rigueur budgétaire de la Zone euro démontre l'absurdité du dispositif. Ainsi, dans sa thèse de doctorat portant sur la « monnaie africaine, la question de la Zone franc en Afrique centrale », monsieur Dominique KOUNKOU fait une remarque pertinente sur la contradiction existante entre les engagements pris par la France à ces deux plans : d'une part le respect de l'obligation d'équilibre budgétaire exigée par le Pacte de stabilité et de croissance ; et d'autre part, les responsabilités incombant à son gouvernement en matière de coopération budgétaire avec la Zone franc[67]. En fait, cet auteur a appuyé son raisonnement sur la condamnation de la France pour déficit excessif dans l'arrêt d'assemblée de la CJUE du 13 juillet 2004. Il a conclu à une limitation progressive de la marge de manœuvre de la France. Dans ce cas, il semble opportun de se demander pourquoi malgré ses difficultés financières, la France conserve cet arrimage économique avec les pays de cet espace monétaire. Les réponses qui sautent aux yeux et viennent immédiatement à l'esprit sont d'ordre stratégique. Une émancipation monétaire des États membres de la Zone franc serait synonyme de renouvellement des termes de l'échange et des rapports de forces à l'intérieur de la « France-Afrique ». C'est également sans doute pour éviter

[67] D. KOUNKOU, *Monnaie africaine : la question de la zone franc en Afrique centrale*, Éditions L'Harmattan, Paris, 2008, p. 218.

de tels scénarios que la transition monétaire du franc malien au franc CFA a paralysé la forme providentielle de l'État malien.

§2 : L'impact des réformes de la Zone franc sur l'État providence malien : le mythe fondateur de la République

219. L'arraisonnement de l'économie malienne par la désinflation et le contrôle des entreprises publiques. – Avec le recul du temps, nous pouvons porter un regard neuf, déshabitué, sur le mécanisme de la transition monétaire qui a débuté en 1967 pour s'achever en 1984 avec la réintégration du Mali dans la Zone franc. Nous allons donc décrire ce processus afin d'en avoir une vision plus fidèle. Nous pourrons ainsi observer pleinement ces accords d'un point de vue pragmatique. Nous percevrons, entre autres, la part de stratégie dans le traitement juridique de l'inflation malienne **(A)**. En d'autres termes, nous tenterons de comprendre comment cette transition a légitimé l'asservissement total de l'économie malienne à la rationalité occidentale. Cela passera également par une analyse de la manière dont les entreprises publiques, les fers de lance de l'économie et de la construction de l'État malien, ont été mises sous la tutelle des nouveaux étalons de la rationalité universelle **(B)**.

A/ La désinflation asservissante

220. Généalogie de l'inflation asservissante sous la première République. – Après avoir étatisé et construit des usines *clef en main* avec le concours financier « fraternel » des États socialistes, les entreprises publiques maliennes ont été confrontées à de grandes difficultés de trésorerie. Ces jeunes sociétés nationales avaient besoin de fonds de roulement et d'investissement pour entrer en activité ou atteindre les objectifs de la planification. Le recours à la création monétaire a été privilégié à cette fin durant l'ère du franc malien, à cause de ses facilités immédiates et malgré sa dangerosité sur le long terme. Selon Samir AMIN, à cette époque, les avances de la Banque centrale du Mali au Trésor national, ainsi qu'aux entreprises publiques, s'élevaient à plus de 11 milliards de francs maliens ; pendant que les investissements nécessaires à la couverture des dépenses de fonctionnement étaient alimentés par le même moyen à hauteur de 10 milliards environ[68]. Cette sollicitation massive des mécanismes monétaires a favorisé l'implantation et la pérennisation de

---

[68] S. AMIN, *L'Afrique de l'Ouest bloquée : l'économie politique de la colonisation 1880-1970*, Éditions de Minuit, Paris, 1978, p. 263 et s. ; D. DIARRA, *Problèmes d'efficacité des entreprises publiques en Afrique noire : le cas des sociétés et entreprises d'État du Mali*, Thèse de doctorat en sciences économiques, Université de Paris I Panthéon-Sorbonne, 1986, p. 9.

l'inflation, dont la simple existence était considérée par les ultralibéraux comme une mise en péril de la santé économique nationale.

221. Les différentes conceptions théoriques du phénomène. – La hausse des prix, la phobie des *Chigago Boys*[69], est causée par une surabondance des instruments de paiement conduisant à une dépréciation de la valeur marchande d'une devise nationale. Il s'agit d'une dévalorisation du pouvoir d'achat de la monnaie. Elle peut constituer une soupape de sécurité de la balance des paiements, quand elle est le résultat d'une action pragmatique et programmée. L'inflation pouvait ainsi s'avérer salutaire dans le strict respect des préceptes de la politique économique de l'Union soudanaise du rassemblement démocratique africain (ci-après US-RDA), qui tablait sur un endettement faible et une exportation forte. C'est d'ailleurs dans le but de garder sa singularité et d'éviter l'isolement et l'autarcie totale qu'une parfaite parité avait initialement été mise en place (1 franc malien était égal à 1 franc CFA) par l'article 5 de la loi du 3 mai 1962 portant réforme monétaire en République du Mali. Un concours de circonstances défavorables entraîna la faillite du système qui avait abusé de la planche à billets[70]. L'écart abyssal qui existait à l'époque entre le PIB et la masse monétaire s'expliquait en partie par l'aggravation du déficit de la balance des paiements. Ce dernier s'élevait, à la veille de la conclusion de la convention monétaire de 1967, à près de 9,6 milliards de francs maliens. Il est possible d'y percevoir une manifestation de l'amateurisme et de la gabegie dans la gestion des affaires économiques. Pourtant, c'est dans le but de revaloriser, de « désinflationner » cette monnaie que l'économie malienne fut mise sous la curatelle renforcée du gouvernement français avec la signature de l'accord monétaire franco-malien de Paris du 15 février 1967 entre Jean CHARBONNEL et Jean-Marie KONÉ. Pour des nationalistes convaincus comme Moussa Mary Balla COULIBALY, le recours au secret dans la négociation des protocoles et les échanges de lettres[71] est le signe d'un retour du Mali sous la tutelle française, en d'autres termes l'échec de

---

[69] M. FRIEDMAN, *La monnaie et ses pièges*, chapitre 8, Éditions Dunod, 1992, Paris, p. 188-229. ; O. HUEBER, *Économie générale : IUT, BTS, AES, Écoles de commerce*, Éditions TECHNIP, Paris, 2005, p. 105-106. ; cf. également R. J. BARRO, *Les facteurs de la croissance économique : Une analyse par pays, op. cit.*, p. 104-105.

[70] Pour illustration de la coupure qui existait entre les politiques publiques et la réalité, la note confidentielle de la commission Ad-hoc, sur la situation des accords monétaires franco-maliens témoigna que la : « forte inflation due à l'importance de l'émission monétaire par rapport aux possibilités réelles de l'économie malienne (décalage entre PIB et masse monétaire) [...] l'économie malienne a évolué progressivement vers une surliquidité sans rapport avec l'accroissement de la production. En effet, parallèlement à un accroissement de la masse monétaire de l'ordre de 15 à 20 %, on avait seulement un accroissement de l'ordre de 2,5 % du PIB » « Note confidentielle de la commission Ad-hoc, sur la situation des accords monétaires franco-maliens », Bamako, 1975, Archives nationales du Mali, dossier : *RDA/C.M.L.N./UDPM, dossier n° 380*, p. 5-6.

[71] *Ibid.*, p. 7.

l'indépendance nationale. C'est la raison pour laquelle le mercredi 15 février 1967 incarne le jour où « l'aigle », l'emblème national baissa la tête[72].

222. La disproportion des méthodes employées : la paupérisation des ménages par la mise en œuvre de la conditionnalité. – Avec le recul, il est possible d'émettre deux réserves principales quant à la pertinence des méthodes employées à l'époque : la perte du pouvoir d'achat des ménages et le détournement de la liberté contractuelle de l'État. En plus de l'accaparement d'un pan entier de la souveraineté nationale, les contreparties de cette réintégration du Mali renforçaient la paupérisation qu'elles étaient censées combattre. La longueur excessive de la période transitoire, dite « période de convertibilité » représentait une mise en péril des fondements de la République. En effet, la conditionnalité a imposé et obtenu des autorités maliennes le remplacement de l'ancienne parité (1 franc malien égal à 1 franc CFA) par celle d'un franc CFA égal à 2 francs maliens. Conformément au deuxième alinéa de l'article 4 du décret du 19 juin 1984 fixant les modalités de la démonétarisation du franc malien : « La transposition en CFA des écritures en franc malien s'opère par une division par deux. »[73] Ce taux de conversion constituait une dévaluation officieuse qui dégradait fortement les termes des échanges. Dans les faits, cette disposition se traduisait par une division par deux des salaires, du pouvoir d'achat des ménages, une multiplication par deux de la dette extérieure et de son service, une multiplication par deux des prix des produits de première nécessité majoritairement importés.

Ainsi, c'est l'ensemble des secteurs de l'économie malienne qui était affecté. À titre d'exemple, dans l'un de ses nombreux rapports confidentiels, la Commission des affaires économiques et financières de l'US-RDA (l'ancien parti d'État) recommanda au gouvernement de modifier les statuts de l'imprimerie nationale du Mali en la transformant en un service public pour qu'elle puisse bénéficier des dons et subventions interdits aux entreprises d'État[74] par les règles inédites de la conditionnalité de la période de convertibilité. Cette analyse permet de repenser la dévaluation du franc CFA qui eut lieu le 12 janvier 1994. Cette dernière constituait en réalité la deuxième opération du genre pour le mécanisme monétaire malien. Ainsi, en 1994, le pouvoir d'achat des Maliens fut réduit au quart de celui qui prévalait sous la première République. Le *statu quo* néocolonial a rapproché le fonctionnement du système constitutionnel malien de celui des vases

---

[72] M. M. B. COULIBALY, *Mali : La nation trahie*, *op. cit.*, p. 29.

[73] Décret n° 84-136/PG-RM du 19 juin 1984 fixant les modalités de la démonétisation du Franc Malien, *JORM* n° 1984-725 du 1er juillet 1984, p. 18.

[74] Commission des affaires économiques et financières de l'Union-Soudanaise RDA, Observations de la Commission économique et financière sur le rapport présenté par D. COULIBALY au sujet de la restructuration de la SOMIEX et de l'UNICOOP et les conclusions de la Commission spéciale sur les sociétés d'État, Archives nationales du Mali, *dossier W 380, RDA/CMLN/UDPM*, Bamako, p. 1.

communicants. C'est-à-dire que les Républiques sont devenues des récipients reliés entre eux par une paupérisation persistante. Les acquis des droits politiques subjectifs sont neutralisés par une dégradation significative des conditions économiques de la majorité des citoyens. Cette analyse prouve que les gains en matière de libertés individuelles et politiques des citoyens de la troisième République ont été étouffés par un rétrécissement considérable des possibilités économiques dont jouissaient les nationalistes de la première République.

223. La disproportion des méthodes employées : la neutralisation de la liberté contractuelle de l'État par la mise en œuvre de la conditionnalité. – L'autre conséquence importante de cette situation économique exécrable fut l'altération de la volonté de l'État malien. L'examen des circonstances historiques immédiates de la conclusion de ces conventions montre clairement que la partie malienne n'était plus en mesure de disposer souverainement de sa liberté contractuelle. La démonstration de cette situation de violence économique peut être faite comme suit. Au moment de la signature de l'accord du 15 février 1967, l'État malien était dans une situation d'extrême nécessité. Cet état de choses doit être compris comme dans le sens donné par Roger PALLARD, qui la voit comme : « une pression exercée sur un contractant par des événements naturels, des circonstances extérieures, insusceptibles de vouloir, mais ayant cependant pour effet de supprimer la liberté contractuelle »[75]. Une prise en compte objective de la nature autoritaire de cet accord – c'est-à-dire, en mettant de côté la séparation dogmatique entre le droit des personnes publiques et celui des personnes privées – illustre l'usage stratégique qui a été fait du principe de souveraineté. Il devient la brèche dans laquelle s'engouffrent les dirigeants de la nouvelle rationalité occidentale. Cet élément indispensable à l'étatisation galvaudé par cet accord est paradoxalement la cause de la pérennité de la fragilisation de l'État malien. L'interprétation *occidentalocentrée* qui en est faite empêche la reconnaissance de l'abus de droit de la partie la plus avantagée, rendue possible par le droit positif international. Comme le professeur Jean J. A. SALMON, il est possible de se demander :

> « Quelle est la liberté de contracter d'un État dominé économiquement ou militairement par un État puissant ? [Cet exemple malien confirme qu'elle est] bien mince si l'on en juge l'âpreté que les puissances occidentales et leurs alliés ont mise à la conférence de Vienne sur le droit des traités à faire triompher le principe que seul le cas de violence armée – à la différence de la violence économique – peut être une cause de nullité des traités. »[76]

En effet, selon l'article 52 de la Convention de Vienne de 1969 portant droit des traités, « Est nul tout traité dont la conclusion a été obtenue par la

[75] R. PALLARD, *L'exception de nécessité en droit civil*, Éditions LGDJ, Paris, 1949, p. 85.
[76] J. J. A. SALMON, « Le procédé de la fiction en droit international public », *op. cit.*, p. 142.

menace ou l'emploi de la force en violation des principes de droit international incorporés dans la Charte des Nations Unies. » Ces accords de coopération monétaire franco-maliens sont une parfaite incarnation des abus et des non-sens liés à l'anthropomorphisme de la conception dominante de l'État, malgré l'adhésion tardive du Mali à cette convention[77]. Contrairement aux autres personnes physiques et morales mieux protégées par les systèmes juridiques nationaux ou internationaux, les États subissent une réelle discrimination due à la survivance de certains présupposés issus de l'héritage romano-germanique dans le droit positif malien. La transposition de la conception privatiste de l'égalité de traitement en matière contractuelle permettrait de soumettre officiellement les États à un régime d'exécution forcée. Cela constituerait une avancée allant dans le sens d'un renforcement de la liberté contractuelle des États faibles. Elle diminuerait considérablement les charges financières inhérentes aux nombreuses condamnations des États et de leurs administrations pour manquement contractuel.

La voracité des conditionnalités aurait pu, par exemple, légitimer l'invalidation de cette convention pour abus de droit. Cette thèse peut être confortée à l'aide d'une simple analogie avec les pratiques ordinaires du droit civil. Une référence à l'argumentation de l'arrêt de la première chambre civile de la Cour de cassation française du 3 avril 2002 semble parfaitement illustrative à cet égard. Le juge judiciaire suprême français y précisa les conditions de recevabilité et de validité du vice du consentement pour violence économique en expliquant que : « seule l'exploitation abusive d'une situation de dépendance économique, faite pour tirer profit de la crainte d'un mal menaçant directement les intérêts légitimes de la personne, peut vicier de violence son consentement »[78]. Ce raisonnement de la juridiction française pourrait facilement servir à une Cour internationale courageuse qui chercherait à motiver l'annulation d'un contrat déséquilibré comme celui qui a été analysé. Effectivement, si une telle juridiction prenait en compte dans son raisonnement l'ensemble des contraintes (la dépendance pluridimensionnelle qui existe entre les anciennes colonies et la métropole grâce à l'aide au développement, le mimétisme et l'acculturation résultant de la subsomption des intérêts), elle ne pourrait que confirmer l'exploitation abusive dans le cas d'espèce. Cette conclusion est sans appel et ce sentiment est renforcé par les contreparties offertes au Mali[79].

---

[77] Décret n° 98-134/P-RM du 7 avril 1998 portant adhésion de la République du Mali à la convention sur le droit des traites, adoptée à Vienne le 22 mai 1969, *JORM* n° 1998-15 du 15 août 1998, p. 573.

[78] Cour de cassation, 1re chambre civile, 3 avril 2002 (*pourvoi n° 00-12.932, arrêt n° 556 FS-P*), Sté Larousse-Bordas c/Mme Kannas ; cf. également *Recueil Dalloz, 2002, n° 18,* 2 mai, Jurisprudence, p. 1466.

[79] La partie française proposait, en effet, en contrepartie de cette adhésion malienne à l'UMOA les concours financiers suivants : « [...] aide budgétaire de 1 000 millions de FM pour équilibrer le

B/ Le contrôle des entreprises publiques

224. L'omniprésence de la lourdeur administrative imposée afin de contrôler l'accès des entreprises aux financements étrangers. – Les statuts généraux des entreprises nationales en République du Mali de 1963[80] et de 1967[81] ne souffraient d'aucune ambiguïté concernant la procédure d'accès au crédit bancaire :

> « Si l'entreprise a recours au crédit bancaire, celui-ci sera sollicité en règle générale auprès de la Banque de la République du Mali. Le recours à des organismes étrangers de crédit nécessite l'autorisation préalable du ministre du Plan ou du Conseil des ministres sous forme d'arrêté ou de décret après avis du Conseil National de contrôle des sociétés et entreprises d'État. »

Cet article 13 était dans les deux lois précitées à la fois porteur d'espoir avec l'usage du conditionnel et victime d'un excès de prudence du fait de sa lourdeur procédurale. L'emploi du conditionnel reflète ici l'idéalisme des radicaux de l'US-RDA, qui – malgré une parfaite connaissance de la crise frappant spécialement le secteur public et l'économie nationale dans son ensemble – ne voulaient pas se résoudre à reconnaître officiellement la possibilité de faire appel aux banques étrangères, même si ce point de droit nuisait à l'exploitation optimale de ces entreprises. Cette imperfection terminologique a été corrigée par les dispositions de l'article 23 de la loi du 11 avril 1969 portant statut général des entreprises nationales. Cette nouvelle disposition créa un monopole légal du ravitaillement financier en spécifiant que : « en général, pour les demandes de crédit bancaire, les entreprises nationales ne [devaient] avoir recours qu'à la Banque de développement du Mali »[82]. Quant à la lourdeur procédurale de l'article 13, elle se concentrait essentiellement au niveau de la possibilité pour les entreprises publiques d'accéder au crédit bancaire étranger. En plus d'être soumises d'office au contrôle *a posteriori* effectué par les agents du Conseil national de contrôle des sociétés et entreprises d'État (CNCSEE), elles étaient aussi soumises à un régime d'autorisation préalable (contrôle *a priori*) du ministère de tutelle des sociétés et entreprises d'État, qui était déjà surchargé. L'article 18 de la loi précitée portant statut des entreprises nationales de 1967 allégera significativement le régime du contrôle en le transformant en un système de subordination aux objectifs du plan national.

---

budget 1967-1968 ; – aide financière de 1 000 millions de FM par l'intermédiaire du FAC ; – assistance technique pour réorganiser les sociétés et entreprises d'État ; – achat à des prix préférentiels des arachides maliennes de la campagne 1967 ; – garantie de la convertibilité du FM (franc malien) en (franc français). » Note confidentielle de la commission Ad-hoc, *op. cit.*, p. 8.

[80] Loi n° 62-63 A. N.-R.M. du 05 février 1963 portant statut général des entreprises nationales en République du Mali, *op. cit.*, p. XX.

[81] Loi n° 67-40 A. N.-R.M. du 18 juillet 1967 portant statut général des entreprises nationales de la République du Mali, *JORM* n° du 15 août 1967, p. 433.

[82] Ordonnance n° 1969-023 du 11 avril 1969 fixant le statut général des entreprises nationales, *op. cit.*, p. 259 et s.

225. L'utopie des objectifs imposés par les moyens de substitution. – Pour soulager la pesanteur de cette machinerie administrative et éviter le mur idéologique constitué par la gauche radicale du parti d'État (US-RDA), un contournement juridique de grande envergure a été mis en place avec l'accord monétaire de Paris du 15 février 1967[83]. Les déboires de ce volet de la conditionnalité prouvent une fois de plus l'utopie qui accompagnait le processus d'implantation de ces normes venues d'ailleurs. Concrètement, cet accord de principe prévoyait initialement deux cycles : une période préparatoire suivie de celle de la coopération. Durant la phase préparatoire, le Mali était soumis à « un ajustement structurel » qui ne portait pas ce nom. Concernant les entreprises publiques et l'économie nationale en général, l'essentiel du message de la conditionnalité était dans le mot d'ordre « équilibre ». Pour illustration, la poursuite du processus, c'est-à-dire l'enclenchement de l'ère de coopération, dépendait de la satisfaction des quelques exigences subséquentes par la partie malienne :

> « — équilibre réel des finances publiques ; – non-recours du Trésor Malien à l'avenir aux concours de la Banque Centrale en dehors de l'avance statutaire ; – équilibre financier des sociétés et entreprises d'État qui ne doivent plus à l'avenir accéder au crédit bancaire que suivant les règles en vigueur à la Banque Centrale des États de l'Afrique de l'Ouest (BCEAO), suppression de celles dont la gestion impose une charge excessive aux finances ou à l'économie nationale dans son ensemble ; – restructuration de la Banque de la République du Mali et aligner progressivement la réglementation du crédit sur celle de la zone BCEAO ; – libéralisation du commerce traditionnel et des paiements avec les pays membres de la Zone franc ; – consolidation et étalement du remboursement de la dette extérieure du Mali sur une période de 15 ans par voie de négociation avec les principaux créanciers. »[84]

226. L'imposition de la francisation de la Banque centrale du Mali : l'objectif stratégique atteint par la mise en œuvre de la conditionnalité utopique. – Pour réaliser cette profonde transformation économique, le Mali bénéficia d'une assistance technique française permanente, censée faciliter le remplacement de la Banque de la République du Mali (BRM) par la Banque centrale du Mali (ci-après BCM). Pour intégrer l'UMOA, autrement dit rejoindre les pays limitrophes, la gouvernance de ce nouvel organe de police administrative bancaire a été mutualisée. En d'autres termes, la direction a été « francisée » de moitié par l'article 35 de la loi 68-23 du 19 mars 1968 portant statut de la BCM. Effectivement, cette disposition prévoyait un bicéphalisme directionnel et paritaire entre nationaux et Français. Son Conseil d'administration devait être composé de 10 membres (5 nommés par le Mali et les 5 autres par la France). En réalité, cette équité numérique cachait un déséquilibre réel dans la direction de cette banque. Selon les

---

[83] Côté français, décret de publication n° 67-492 du 22 juin 1967. *JORF* du 27 juin 1967, p. 6348.

[84] Note confidentielle de la commission Ad-hoc, *op. cit.*, p. 8.

statuts, la présidence du Conseil d'administration revenait toujours à un Malien. Cependant, la désignation du directeur général relevait automatiquement de la partie française. Ainsi, c'est à la France qu'appartenait la part léonine, notamment à travers sa représentation à la direction de la banque[85]. La responsabilité de la gestion courante de la banque offrait des capacités d'influence politique infinies à la France, qui tenait généralement entre ses mains l'avenir des entreprises publiques et de l'économie nationale malienne. Comme c'était au directeur général que revenait la responsabilité de préparer et présenter les dossiers les plus importants devant obtenir l'aval du Conseil d'administration, il avait une grande latitude pour faire pencher les décisions de cette dernière en sa faveur, malgré le caractère consultatif de sa voix. En cas de forte réticence de cet organe, il bénéficiait si nécessaire du soutien naturel et incontestable de ses compatriotes, dont la mission essentielle était la défense des intérêts de leur mandant (l'État français). En recours ultime, les coopérants français disposaient de l'absentéisme, autrement dit de « la politique de la chaise vide », pour entraver le fonctionnement du Conseil d'administration et bloquer les mesures compromettantes pour leur mandant, même celles allant dans le sens de la croissance économique des pays de la Zone monétaire. Ce bicéphalisme était finalement un moyen de gestion directe permettant le maintien d'une dépendance économique asservissante pour les colonies nouvellement émancipées.

La démonstration de la réalité de la mise sous tutelle induite par cet accord a été faite par le gouvernement malien lui-même. Il demanda la création d'un poste de directeur général adjoint désigné par ses soins. En effet, lors des renégociations du 5 décembre 1972 la partie malienne proposa que le directeur général français soit secondé dans l'exercice de ses missions par un directeur général adjoint malien. Par la même occasion, de nouvelles modalités d'accès au crédit furent établies à l'initiative du cocontractant français afin d'aligner le système du crédit malien sur celui des États membres de la Zone UMOA, dont il avait la maîtrise totale. Ainsi, pour continuer à bénéficier des crédits bancaires les entreprises publiques

[85] Selon les professeurs Z. HAQUANI et Ph. SAUNIER, ces phénomènes font partie de la nouvelle technique de fonctionnement des « banques sous-régionales de développement [qui] apparaissent aujourd'hui comme les vestiges d'une époque où la croissance pouvait être pensée en termes d'intégration politique ou de coopération renforcée répondant à des modèles autocentrés. Ces modèles n'ayant jamais pu s'imposer aux marchés, ces institutions survivent grâce à la présence en leur sein de membres extérieurs qui assurent la liaison avec les marchés financiers. Il n'est pas impossible que l'espace idéologique bien dégagé depuis 1990 ait été fatal à la raison d'être de nombre de ces institutions. L'aspect diplomatique des relations avec d'anciennes puissances coloniales notamment paraît non détachable de leur intérêt financier au sens strict. » Z. HAQUANI, Ph. SAUNIER, *Droit international de l'économie,* 2e éd., Éditions Ellipses, Paris, 2007, p. 76. Pour avoir plus de détails sur la catégorisation des banques régionales cf. également : Ph. SAUNIER, *Les Banques régionales de développement,* Thèse de doctorat en droit public, Institut du droit de la paix et du développement, Université de Nice, 1989, 281 p.

maliennes devaient « — avoir une comptabilité claire et précise pour pouvoir fournir en temps opportun tous les documents comptables nécessaires ; – avoir une situation financière équilibrée et saine, ou précisément la maintenir telle ; – avoir des prévisions de trésorerie aussi précises que possible pour déterminer en conséquence leurs besoins financiers pour la période à venir. »[86]

227. L'assouplissement des conditions d'accès des entreprises publiques aux crédits de la Banque centrale du Mali après sa francisation. – L'extrême rigueur de ces conditionnalités inédites de la BCM écartait la quasi-totalité des entreprises publiques maliennes du crédit bancaire. Dans les faits, la majorité parvenait à peine à tenir une comptabilité fiable. Selon le rapport du ministère de Tutelle des Sociétés et Entreprises d'État (MTSEE)[87], ces formalités d'accès au crédit de la BCM n'étaient satisfaites que dans 22 pour cent des cas. Néanmoins, près de 82 pour cent des demandes étaient favorablement reçues. Cet écart abyssal entre la pratique effective et la norme dogmatique s'explique par la mise en œuvre orchestrée de la fongibilité économique. En effet, ces structures avaient davantage besoin de formation du personnel que d'un durcissement des conditions de souscription aux prêts. Cette réaction de nature idéologique était semblable à un traitement systématique sans diagnostic adéquat. La corruption d'État était la grande oubliée ici, alors même qu'elle constituait la cible de ces entorses aux règles d'écriture comptable. C'est la raison pour laquelle une forme de *yùrùguyurugu* sera mobilisée pour combler les carences de ce bilan hémiplégique, notamment à travers l'exécution d'un mécanisme de contournement concerté.

De facto, à la demande de la délégation malienne, les parties décidèrent conjointement de jouer les maîtres du temps juridique, qu'elles adapteront aux visées du système devant rester intact. Elles requalifieront, ainsi, certaines dettes à court et moyen termes en simples dotations financières[88]. Elles changeront également la durée légale du réescompte du crédit à moyen terme qui passa de 5 à 7 ans. Elles consolideront enfin sur les comptes de l'État à hauteur de 4 milliards de francs maliens certaines créances de la BCM que les sociétés et entreprises d'État n'avaient pas liquidées[89]. La conséquence fut l'explosion des crédits à l'économie, qui augmentèrent de 75 pour cent en seulement cinq ans. En excluant la consolidation des dettes de l'OPAM, ces crédits passèrent de 105 milliards en 1975 à 164 milliards en 1980.

---

86 Ch. O. DIARRAH, *Le Mali de Modibo KEITA, op. cit.*, p. 124.

87 MTSEE, *Propositions pour une stratégie financière du secteur d'État,* document ronéotypé, 1976, p. 13 ; D. DIARRA, *Problèmes d'efficacité des entreprises publiques en Afrique noire, op. cit.*, p. 55.

88 Ch. O. DIARRAH, *Le Mali de Modibo KEITA, op. cit.*, p. 128.

89 Note confidentielle de la commission Ad-hoc, *op. cit.*, p. 21.

228. Le déplacement du mana occidental de l'économique vers le politique. – Ces nombreuses entorses faites à la règle de droit créèrent des situations inextricables concernant le statut juridique de la Zone. L'abandon du bicéphalisme au profit d'une africanisation de façade de la gestion des banques centrales n'y changea quasiment rien. Il ne fit qu'actionner un repli stratégique vers la politique constitutionnelle, qui fera l'objet d'une mainmise indirecte et insidieuse des tenants de cette occidentalisation utopique de la société politique malienne.

Conclusion du chapitre premier

229. Rappel de la procédure de construction de l'utopie de l'État sans souveraineté économique. – Au terme de ce cheminement, il faut retenir que l'hétéronomie de la transition malienne a solidement implanté le mythe de l'État sans souveraineté économique. Sous la bannière de la libéralisation économique, cette utopie a enraciné et diffusé la viabilité d'une société politique dont le système d'échange et de financement serait principalement exogène. La santé financière de l'État de la transition ne dépend que de la légitimité que lui accorde l'économie universalisée. Cette reproduction du modèle dominant s'est réalisée sans les outils et la *culture* adéquats. Or, depuis la parution de l'étude « Democracy as an equilibrium » d'Adam PRZEWORSKI en 2005[90], nous savons que l'avenir de la démocratie libérale est lié à celui du libéralisme économique. L'intérêt de cette dernière étude est d'avoir démontré que cette forme de sociétés politiques fortement *américanocentrée* croissait avec les gains. L'auteur a constaté, d'une part, qu'aucune démocratie ne s'était effondrée au-delà d'une rémunération annuelle par tête de 6 055 dollars américains et d'autre part, que l'espérance de vie d'une démocratie pauvre (autrement dit des expériences semblables à celle du Mali de la transition), ne disposant pas d'un revenu annuel par habitant de 1 000 dollars américains, était d'à peine 6 ans[91]. Que faut-il déduire de ces données ?

230. Le présage de l'inefficacité de la transition politique par l'utopie de l'État sans souveraineté économique. – Selon nous, elles présageaient froidement de l'insuccès de l'expérience malienne de la démocratie libérale débutée en 1992, à la suite de l'adoption de la Constitution de la troisième République. Celle-ci était vouée à l'échec à cause du manque évident d'efficacité du système d'échange, qui a facilité sa création et continue d'accompagner ses pas hésitants. C'est effectivement le passage du dirigisme économique vers le marché libre qui a posé les jalons

[90] A. PRZEWORSKI, "Democracy as an equilibrium", *Public Choice,* Volume 1232005-2006, Issue 3-4, p. 253-273.

[91] J.-P. FITOUSSI, *La démocratie et le marché, op.cit.,* p. 32.

de la transition constitutionnelle malienne. En outre, la renaissance du cadre politico-juridique de l'État malien a permis la récupération des principales caractéristiques de son économie : libéralisme indompté, hétéronomie et dissolution de toute forme d'autorité. Le résultat ne pouvait qu'être la standardisation du *yùrùguyurugu* ordinaire.

CHAPITRE SECOND :

L'utopie de l'État sans autorité : la suprématie du *yùrùguyurugu*

« Pendant tous ces mois, l'État et le gouvernement se sont évertués, chaque fois qu'une crise s'est manifestée, à l'aborder par la voie du dialogue et de la concertation au risque de paraître timorés et manquant de fermeté. Mais, nous avions la conviction qu'au sortir de la tragédie de mars 1991, l'apprentissage de la démocratie serait long et difficile. Il nous apparaissait évident qu'en abordant l'ère de la démocratie, nous devions faire prévaloir l'arme de la critique sur la critique des armes. Nous avions espéré que les périodes de répression sont, pour nous, révolues. La loi sera appliquée, car force est de constater que si rien n'est fait, c'est le Mali tout entier qui va à la dérive. »

Alpha Oumar KONARÉ[1]

231. Présentation du « complexe du 26 mars » : l'une des sources principales de l'utopie de l'État sans autorité. – Les circonstances de l'avènement de la démocratie libérale malienne ont paradoxalement introduit une forme de légitimation de la violence que monsieur Ali CISSÉ a qualifiée de « complexe du 26 mars »[2]. Ce néologisme désignait la peur des gouvernants d'une nouvelle insurrection populaire causée par l'immunité implicite dont jouissent les acteurs du changement de régime. La banalisation et la pérennisation de cette psychose ont déformé le sens de la démocratie libérale. Cette dernière est communément assimilée à l'absence de contrainte à la fois politique et juridique, la fin de tout système de commandement autoritaire, un état de nature qui ne dit pas son nom, l'anarchie couverte d'un manteau de respectabilité et de légitimité populaire.

---

[1] A.O. KONARÉ, « Message à la Nation du chef de l'État du 9 avril 1993 », dans : *L'Essor* (Le quotidien national malien), du 13 avril 1993, p. 3.

[2] A. CISSÉ, *Mali : Une démocratie à refonder, op. cit.*, p. 76.

232. L'excès de l'enthousiasme propagé par le « complexe du 26 mars ». – C'est ainsi qu'en pleine transition constitutionnelle, madame Rokiatou DAO COULIBALY saluait avec une certaine fierté la promulgation de la première Constitution démocratique du Mali[3]. En effet, le fait que cet acte de la renaissance politique du 12 janvier 1992 ait remplacé l'Acte fondamental du 31 mars 1991 sans violence était inédit dans l'histoire de la jeune République. C'est la raison pour laquelle le peuple et la nation étaient en liesse. La fin des 23 années de dictature était synonyme de renouvellement de la rationalité et du cadre institutionnel. Le Mali faisait ainsi son entrée dans le cercle des systèmes politiques respectueux des libertés individuelles et conformes à l'idéologie de l'État de droit bourgeois[4]. Conformément à cette idéalisation de la *natte* occidentale, les droits et devoirs de la personne humaine seront célébrés dans les 24 articles du titre premier de la Constitution. Les juridictions d'exception (la Cour spéciale de sûreté de l'État, la Commission spéciale d'enquête contre les crimes d'enrichissement illicite et de corruption) céderont leur place à un ordre judiciaire revalorisé. Pour marquer cette rupture historique, le nouveau constituant a formellement remplacé la notion d'autorité judiciaire du titre VIII de l'ancien régime (la Constitution du 1er juillet 1974) par un titre VII aménageant un pouvoir judiciaire moderne et rationalisé[5]. Le pouvoir judiciaire devenait ainsi une institution identique aux deux autres fonctions ou branches du pouvoir. Il était désormais le dépositaire officiel

---

[3] R. DAO COULIBALY, « Promotion et protection des droits de l'homme au Mali », dans : Agence intergouvernementale de la francophonie et l'École internationale de Bordeaux, *Promotion et protection des droits de l'homme dans l'espace francophone : communications des participants au Séminaire international tenu à Bordeaux du 29 juin au 10 juillet 1992*, Éditions Agence de Coopération culturelle et technique, Collection Notes et documents, Série Synthèses de sessions ; 26, Talence 1992, p. 179-186.

[4] Comme l'explique A. DIARRA : « [...] l'Acte fondamental n° 1 réaffirme l'attachement du peuple malien au principe de la démocratie pluraliste, au respect des lois, des droits et des libertés fondamentaux de l'homme tels que contenus dans les Déclarations de 1789, 1946, 1948, à la charte africaine des droits de l'homme et des peuples de 1981, à toutes les conventions ou tous les instruments internationaux traitant des droits de l'homme. Le titre premier, fait original dans l'histoire politique du Mali, traite des droits et devoirs de la personne humaine. Ce titre reprend plus ou moins les droits contenus dans les déclarations ci-dessus mentionnées. Ce titre s'expliquerait par la volonté du peuple malien de venir définitivement à bout de la dictature sanglante, de placer l'homme au début et à la fin de tout projet politique. Il consacre enfin l'instauration, par l'ensemble des forces démocratiques et patriotiques, d'un régime démocratique et pluraliste respectueux des droits politiques, économiques et sociaux de l'homme en République du Mali. Le titre II traite de l'État et de la souveraineté. Le texte rejoint ici ceux des grandes démocraties occidentales. La rupture est désormais consommée avec l'ancien régime. » A. DIARRA, *Démocratie et droit constitutionnel dans les pays francophones d'Afrique Noire : Le cas du Mali depuis 1960*, *op. cit.*, p. 148-149.

[5] C'était notamment le cas du Titre VII de l'Acte fondamental n° 1/CTSP du 31 mars 1991, *JORM n° 1991-08* du 30 avril 1991, p. 279. et celui de la Constitution de la troisième République adoptée par référendum le 12 janvier 1992 et promulguée par le décret n° 92-073 P-CTSP du 25 février 1992, *JORM n°* 1992-04 du 25 février 1992, p. 117.

d'une fraction de la volonté suprême. Les fondements de ce nouveau cadre rationnel malien ont été donnés par l'article 10 de l'Acte fondamental du 31 mars 1991, qui disposait que « tout ce qui [n'était] pas défendu par la loi ne [pouvait] être empêché [mais aussi que] nul ne [pouvait] être contraint de faire ce qu'elle [n'ordonnait] pas. » À travers ce retour au légicentrisme, le peuple et la nation restaient les seuls détenteurs légitimes de l'autorité politique.

233. Le renforcement de la pertinence des outils de commandement : l'essentiel oublié de la transition politique. – Comme l'ont prouvé la violence et le choc de la récente crise de 2012, le caractère opérationnel de cette construction était très idéalisé par les Maliens et la communauté internationale. D'une part, l'impact du texte sur le réel a été surestimé ; et d'autre part, la paupérisation qui reliait les différentes Républiques du Mali a été minimisée. Il semble opportun de préciser que la durée de vie de la confiance populaire diminue dans de telles circonstances. En raison de l'exaltation contagieuse découlant de la chute de la dictature, la majeure partie des citoyens avaient placé leurs espoirs dans la démocratie, qui leur avait été présentée comme le *bɛ́ɛjɛfanga* (le pouvoir des citoyens réunis), le *fòròbàfanga* (le pouvoir du public) ou le *jɛmùfanga* (pouvoir de la parole ou la voix du groupe). Or, ces locutions de la langue bambara n'ont en réalité rien à voir avec la démocratie occidentale et libérale ou l'État de droit bourgeois qui ont été choisis par le constituant. Ces concepts bambaras – qui ont été présentés comme des homéomorphes de la démocratie occidentale – désignent la culture socialisante dans la gestion des affaires officielles maliennes. Elles dépassent donc la simple consultation du peuple sur les affaires politiques. Comme le signale le professeur Frédéric LE MARCIS, à propos de la notion peule – *potal*[6] —, ces concepts occidentaux

---

[6] Selon le professeur F. LE MARCIS, « Décentralisation et démocratie se confondent dans les esprits du bourgou [l'*Echinochloa stagina*, la plante aquatique que paissent les vaches locales, aussi appelée *gambarawol* en fulfulde, et qui est particulièrement appréciée par les éleveurs de bovins]. Elles sont, avec la baisse des impôts et le retour abondant des crues du Niger, les signes de l'ère Alpha Oumar Konaré. Pour expliquer la démocratie aux Peuls, on a recours au terme *potal. Potal* vient de la racine *fot* – qui signifie "être égal à". Si on dit couramment en français d'Afrique "nous sommes les mêmes", "nous ne sommes qu'un" (en fulfulde : *en fuu en gootum*) – ce qui peut laisser penser que l'idéal démocratique existe en germe dans la société —, on dit plus rarement "nous sommes égaux". Or les expressions "nous sommes qu'un" et "nous sommes égaux" (*potal*) n'ont pas le même sens. Deux individus de statut différent peuvent dire qu'ils sont les mêmes (*gootum*), cela ne signifie pas forcément qu'ils sont égaux ; ils partagent simplement le même univers de référence et se reconnaissent dans la même organisation sociale (celle de l'univers agro-pastoral par exemple). Dire, par contre, "nous sommes égaux (*potal*)", c'est sous-entendre que nous avons les mêmes droits (ce qui n'est pas reconnu par les ayant-droits actuels). Le *potal* est donc un concept dangereux pour les pouvoirs locaux. Les tenants actuels du pouvoir local font une lecture de l'histoire dans laquelle le pouvoir se dilue de plus en plus : de l'organisation politique de l'empire du Maasina (système politique fort où "chacun est à sa place") à la mise en place d'un système politique où le pouvoir est partagé (c'est le *potal*). Cela commence avec l'officialisation du rôle de jowro [le chef de campement lignager qui possède une portion du fleuve et des pâturages dont il

introduits par la transition constitutionnelle impliquaient une transformation totale qui ne figurait pas dans les objectifs du pouvoir constituant. En effet, les maux majeurs de l'ancien régime – hétéronomie du développement et du système de commandement, mise en quarantaine de l'État providence – n'ont fait l'objet d'aucun traitement adéquat et endogène. Pire, en réservant une part léonine aux droits politiques, le corps constituant a officiellement intériorisé le dogme occidental de l'absence de dimension socioéconomique des normes constitutionnelles tant décrié par Jean RIVERO peu après l'entrée en vigueur de la Constitution de la quatrième République française :

> « [...] la constitution, c'est l'origine, l'acte par lequel le pouvoir politique reçoit son statut [du peuple], et s'engage à respecter la libre activité sociale et économique des citoyens. C'est, dans l'après-guerre [pour le Mali, à la suite des événements de mars 1991], l'acte qui définit à la fois l'organisation politique et l'organisation économique de l'État, et des grandes lignes de son action positive dans l'ordre économique et social. Pourtant l'échec des constitutions d'après-guerre, et caractère purement théorique que prirent bien vite beaucoup de principes énoncés par elles, comportent, pour les constituants, une autre leçon, qui est une leçon de méthode : on ne fait pas une révolution politique et sociale par un texte constitutionnel ; une Constituante peut faire une révolution : il suffit de changer la tête ; si le pays est consentant, ou résigné, l'opération est techniquement simple ; elle n'atteint pas les hommes au plus profond de leurs habitudes quotidiennes, et la facilité avec laquelle furent acceptées les révolutions politiques du XIXe siècle français l'atteste. Une transformation des structures économiques et sociales est d'une tout autre portée ; c'est tout le corps qu'elle affecte, c'est l'homme tout entier, dans ses comportements les plus accoutumés qu'elle atteint. On ne meut pas avec un texte une telle masse ; un texte constitutionnel peut servir de point d'arrivée à une révolution économique et sociale, il n'en peut être le principe ; il la consacrera, en accusant peut-être les directions dans lesquelles les actions combinées et prolongées de l'opinion, du pouvoir, des forces économiques, ont engagé la société, mais il ne peut suffire à l'y engager lui-même. Les constituants, dans leur domaine traditionnel, étaient vraiment souverains ; dans leur nouveau champ d'action, leur pouvoir se heurte au réel. »[7]

---

régule l'accès en faisant payer une contribution aux troupeaux étrangers] par l'administration. Celle-ci nomme en effet des jowro qui n'ont pas de légitimité traditionnelle. Certains membres de familles dont le chef de lignage est jowro agissent comme s'ils étaient eux-mêmes jowro (négociations d'entrée dans le bourgou, participation à des associations, etc). Pour les populations dominées ou les individus en mal de pouvoir ou de reconnaissance, un tel contexte est propice à la revendication de droits ou titres. » F. LE MARCIS, « histoire, pouvoirs, pâture forestière et droits d'un groupe peul *Baalinkoobe* (Mali) », dans : A. BOURGEOT (dir.), *Horizon nomade en Afrique sahélienne : Sociétés, développement et démocratie,* Éditions Karthala, Paris, 1999, p. 162.

[7] J. RIVERO, « Constitutions et structures sociales », dans : J. RIVERO et G. VEDEL, *Les problèmes économiques et sociaux et la Constitution du 27 octobre 1946, op. cit.*, p. 4-5.

Le mélange de cette idéologie occidentale avec la popularité des thèses entéléchiques a créé un syncrétisme destructeur. En privilégiant les questions de transmission du pouvoir au détriment des interrogations liées à la conservation du « cercle herméneutique » et à l'intégrité de la communauté politique (éducation publique, chômage de masse, croissance économique), les effets du changement ont principalement touché la nation et l'enveloppe juridique. À travers cette Constitution de la troisième République, la nation malienne a sacrifié les intérêts collectifs au bénéfice d'une imitation stratégique des principes de la démocratie occidentale.

234. La suprématie du *yùrùguyurugu* constitutionnel et juridictionnel : un rendez-vous manqué. – Force est de constater, même de nos jours, que la dictature gouvernementale a cédé la place à un absolutisme du marché tout aussi destructeur. Le néolibéralisme – l'autre nom de la rationalité américano-universelle – a sapé toutes les sources de légitimité de l'État de la transition. La mécanique de ce dernier fonctionne mal à cause de son manque d'emprise sur la réalité malienne. Parce qu'il reste complètement dominé par cette occidentalisation utopique, l'État de la transition se trouve confiné dans les limites d'un *yùrùguyurugu* à la fois constitutionnel **(Section 1)** et juridictionnel **(Section 2)**.

SECTION 1 :
La condamnation au *yùrùguyurugu* constitutionnel

235. L'accessoirisation de la vocation normative de la Constitution malienne : sa transformation en un recueil de rêves. – Contrairement aux thèses de Dimitri Georges LAVROFF[8], les récentes actualités maliennes démontrent l'évident manque de viabilité des mécanismes juridiques qui assigneraient à la Constitution des vocations autres que pragmatiques, pour en faire un concept fondateur de la réalité nationale destiné à la contrôler et à la guider. En tant qu'instrument reflétant symboliquement l'état des choses sociales, la Constitution a le commandement des conduites humaines pour

[8] Selon ce spécialiste du droit constitutionnel africain : « [...] Les règles constitutionnelles, même non appliquées, sont intéressantes en elles-mêmes. Cet intérêt se manifeste à plusieurs niveaux. Tout d'abord, en ce que les dispositions constitutionnelles expriment les croyances politiques des gouvernants et, quelques fois, du peuple. La constitution représente une sorte de modèle idéal pour la société considérée. Peu importe finalement que la démocratie ne soit pas intégralement réalisée, ou encore que la procédure législative ne soit pas respectée, le fait de les inscrire dans la constitution signifie qu'il s'agit d'un but à atteindre. Ensuite, les dispositions constitutionnelles sont l'expression d'une idéologie. On peut, à cet égard faire la différence entre les sociétés qui adhèrent, même formellement, à l'idéologie libérale et celles qui veulent se rattacher à l'idéologie socialiste. » D. G. LAVROFF, *Les systèmes constitutionnels en Afrique noire : Les États francophones*, Éditions A. Pedone, Collection Bibliothèque ; Série Afrique noire ; 7, Paris, 1976, p. 9.

principale finalité. Les citoyens doivent suivre la voie qu'elle trace. Ce n'est qu'en facilitant la maîtrise des volontés individuelles et collectives par le ou les chefs reconnus, qu'un texte, aussi sacré soit-il, permet à un édifice social de prospérer et de perdurer. Or, comme l'a fait remarquer monsieur Ali CISSÉ, dans la transition politique malienne,

> « le processus de légitimation de la violence a été renforcé par l'attitude de la classe politique propulsée au-devant de la scène après le 26 mars 1991. Les organisations de jeunes (Association des élèves et étudiants du Mali, Association des diplômés initiateurs et demandeurs d'emploi, Association des jeunes pour la démocratie et le progrès, Jeune libre et démocratique) qui étaient largement mêlées aux actes de violence entre janvier et mars 1991, ont été littéralement portées en triomphe, et par les leaders du mouvement démocratique, et par l'autorité de fait mise en place par les auteurs du "coup d'État" (il s'agissait d'un coup d'État atypique organisations démocratiques avaient déjà sonné le glas du pouvoir en place. Les auteurs du putsch regroupés dans le Conseil de réconciliation nationale [CRN] ont eux-mêmes reconnu qu'ils n'ont fait que parachever la victoire du peuple.) Les uns et les autres ont magnifié la bravoure, l'abnégation, et le sens du sacrifice de la jeunesse qui ont rendu possible la victoire du peuple sur la dictature. Ce concert d'éloges, ajouté à la désignation des responsables de ces organisations dans le Comité de transition pour le salut du peuple ([ci-après] CTSP), l'instance dirigeante du pays pendant la période de transition, a fini par convaincre l'opinion publique que la paternité du changement revenait en grande partie à la jeunesse et que ses méthodes de lutte étaient tout à fait acceptables. Dans l'euphorie de la victoire, la nouvelle classe politique n'a pas daigné mettre en parallèle, d'une part, la justesse et la noblesse du combat mené par les jeunes, d'autre part, le caractère illicite et répréhensible des méthodes de lutte utilisées. »[9]

Il suffit par ailleurs de se référer aux précisions apportées par monsieur Cheick Oumar DIARRAH dans son ouvrage *Vers la IIIe République du Mali*[10] pour comprendre que cette présentation de monsieur CISSÉ n'était pas simplement emphatique.

236. Les conséquences de l'absence d'autorité souveraine dans l'État de la transition politique. – L'État de la transition malienne n'a pas d'autorité parce qu'aucune de ses composantes institutionnelles ne dispose des vertus de la souveraineté, pourtant indispensables à la conservation d'un ordre juridique. Effectivement, le peuple souverain de la Constitution est de nos jours l'*imam caché* du monde juridique malien[11], auquel se réfèrent les corps institués pour occulter la localisation du mana véritable dans les « dynamiques du dehors ». La soumission de la nation malienne à la rationalité américano-universelle a entraîné une banalisation de la

---

[9] A. CISSÉ, Mali : *Une démocratie à refonder, op. cit.*, p. 75.

[10] Ch. O. DIARRAH, *Vers la IIIe République du Mali, op. cit.*, p. 90-99.

[11] P. AMSELEK, « Le doute sur le droit ou la teneur indécise du droit », dans : F. TERRÉ, *Le doute et le droit*, Éditions Dalloz, Paris, 1994, p. 75.

délinquance constitutionnelle **(§1)**. Désormais, les acteurs autochtones de la transition politique évoluent dans ce *jeu* trouble avec la ferme intention de l'accaparer et d'en tirer profit. C'est la raison pour laquelle, ils n'hésitent plus à réintroduire volontairement de l'irrationnel dans ce cadre qui en était privé. Dans ce sens, une analyse du nouveau Code des personnes et de la famille peut constituer un repère fiable. Certaines de ses dispositions fournissent des indications sur la banalisation du mélange inapproprié qui prévaut aujourd'hui entre *res publica* et *res sacrum* **(§2).**

§ 1 : La banalisation de la délinquance constitutionnelle

237. L'illégitimité des maîtres officiels de l'exception malienne. – Le manque d'autorité du corps constituant malien a influencé le fonctionnement de la démocratie. La non-traduction de la légitimité populaire dans les mécanismes de commandement a privé le système de la transition politique des soupapes de sécurité qui permettent aux détenteurs du pouvoir souverain dérivé de maîtriser les exceptions, dans le but de procéder aux ajustements nécessaires à la pérennité étatique. Par analogie, cette situation de la transition constitutionnelle malienne est comparable à celle d'un royaume dont le monarque, en disgrâce, serait subordonné à des sujets qui ont ouvertement déclaré disposer de l'autorité souveraine.

238. Les conséquences institutionnelles de cette illégitimité des maîtres officiels. – Cette submersion des sources habituelles de la légitimité démocratique dans la logique marchande a conduit à la sacralisation des événements de mars 1991 **(A)**. Elle a fait du *jɛmùfanga* (le pouvoir de la parole ou la voix du groupe) la règle incontournable. Dorénavant, tout est susceptible de tractations. Comme les chefs fictifs et aspirants n'ont aucune influence sur l'économie nationale, l'outil de maîtrise par excellence de la providence et de la confiance populaire, la « marchandisation totalitaire » touche même le suffrage, la principale assise de la démocratie libérale **(B)**. Ainsi d'une part, le peuple introuvable s'est octroyé l'autorité étatique et d'autre part un ensemble de corps institués sans aucune légitimité cherche, néanmoins, à gouverner ces individualités. Cela explique le rôle joué par le concept de consensus national **(C)**, qui est en soi une matérialisation de la banalisation de la délinquance constitutionnelle.

A/ La paradoxale sacralisation des événements de mars 1991

239.La sacralisation paradoxale du bon grain et de l'ivraie. – L'Acte fondamental du 31 mars 1991 qui a suivi le renversement de la dictature a sacralisé un dessein social énigmatique. L'alinéa premier de son préambule disposait que : « [...] la lutte du peuple malien pour l'instauration d'une société fondée sur un idéal de liberté, de démocratie et de justice sociale a abouti le 26 mars 1991, à la suspension de la Constitution du 2 juin 1974 et à la dissolution des institutions mises en place par celle-ci. »[12] Le corps constituant de la troisième République du Mali a gardé le même cap et a poussé le raisonnement un peu plus loin en rappelant notamment dans le premier alinéa de son préambule que : « Le Peuple souverain du Mali, fort de ses traditions de lutte héroïque, engagé à rester fidèle aux idéaux des victimes de la répression et des martyrs tombés sur le champ d'honneur pour l'avènement d'un État de droit et de démocratie pluraliste, affirme sa volonté de préserver et de renforcer les acquis démocratiques de la Révolution du 26 mars 1991 [...] »[13].

Le but des développements qui vont suivre est de soumettre ces événements refondateurs de la société malienne à une analyse objective et rigoureuse prenant particulièrement ses distances avec la sacralisation et l'idéalisation ordinaires auxquelles ces actes ont donné lieu. En effet, il suffit de se reporter aux invraisemblances que révèlent les précisions faites par le professeur Éloi et Abdoulaye DIARRA, pour mesurer la teneur des passions qui ont envahi la dogmatique, parfois à juste titre. Selon le premier, par exemple, « le professeur G. CONAC, de l'Université de Paris et chercheur renommé sur les systèmes constitutionnels africains, a fait partie des rédacteurs du projet de Constitution malienne. »[14] Quant au second auteur cité, il a rappelé que : « dès le premier jour après présentation du projet de constitution, le président Cyr Mathieu Samaké, après consultation du présidium, refusa l'accès de la salle aux juristes étrangers, notamment à la délégation européenne. Les travaux [de la Commission constitutionnelle] se dérouleront sans aucune participation étrangère. »[15] Nous voyons bien là qu'il est impossible d'avoir une vision détachée et cohérente de ces événements, sans remettre en cause la légitimité de l'œuvre de ces distingués juristes.

240. La mesure d'un paradoxe. – Afin de prendre la dimension de cette sacralisation paradoxale, nous replacerons ces événements historiques dans leur contexte global. La mise en relation de cet épisode avec les circonstances internationales nous permettra de saisir la réalité malienne dans sa brutalité absolue. Pour que pudeur ne puisse plus rimer avec candeur, nous démontrerons comment l'occultation de la portée du Sommet franco-africain de la Baule de 1990 **(1)** et l'officialisation d'un projet politique trop

---

[12] Acte fondamental n° 01/CTSP du 31 mars 1991 (constitution de 1991), *op. cit.*, p. 279.

[13] Décret n° 92-073/P-CTSP du 25 février 1992 portant promulgation de la Constitution, *op. cit.*, p. 117.

[14] É. DIARRA, « Constitution et État de droit au Mali », *Revue juridique et politique*, Éditions LGDJ, Paris, 1995, p. 269.

[15] A. DIARRA, *Démocratie et droit constitutionnel dans les pays francophones d'Afrique Noire : Le cas du Mali depuis 1960, op. cit.*, p. 165.

ambitieux **(2)** ont involontairement favorisé le développement des anticorps endogènes de la société.

1/ L'occultation de la portée du Sommet franco-africain de la Baule de 1990

241. L'influence française dans la transition politique. – Le simulacre de « coup d'État » du Comité de transition pour le salut du peuple (CTSP) était en partie motivé par des facteurs amarrés à la conditionnalité de l'aide bilatérale française. Lors du 16 e Sommet franco-africain de la Baule de 1990, cette conditionnalité a connu un recentrage autour de la démocratie. Selon François MITTERAND, le marasme économique de l'Afrique était lié à l'absence de démocratie libérale. Il l'a fait savoir dans son discours solennel du 20 juin 1990 qui ouvrait la conférence :

> « [...] de même qu'il existe un cercle vicieux entre la dette et le sous-développement, il existe un autre cercle vicieux entre la crise économique et la crise politique. L'une nourrit l'autre. Voilà pourquoi il convient d'examiner en commun de quelle façon on pourrait procéder pour que sur le plan politique un certain nombre d'institutions et de façons d'être permettent de restaurer la confiance, parfois la confiance entre un peuple et ses dirigeants, le plus souvent entre un État et les autres États, en tout cas la confiance entre l'Afrique et les pays développés. »[16]

242. La transformation de l'aide au développement en *prime au coup d'État*. – La résistance de la dictature malienne de l'époque à cette forme de conditionnalité de la coopération française a transformé cette APD en une sorte de *prime au coup d'État* pour ceux qui voudraient renverser les autoritarismes. Ainsi, la junte qui a conduit la transition malienne vers la troisième République perçut de la France une contribution de 90 millions de francs français en 1991, ce qui égalait la presque totalité des soutiens financiers obtenus en 1990 par le Mali (soit 129,1 de millions de dollars US[17]). Cette interprétation est confirmée par l'existence d'un paradoxe. Conformément aux préceptes de la Baule, la courbe de l'aide publique française devait croître dans le Mali de la transition démocratique. Ce n'est pourtant pas ce qui s'est traduit dans les faits. Après le coup d'État, le Mali reçut exactement : 89,7 millions de dollars en 1992, 80,2 millions de dollars

---

[16] F. MITTERAND, « Allocution prononcée le mercredi 20 juin 1990 à l'occasion de la séance solennelle d'ouverture de la 16 e Conférence des chefs d'État de France et d'Afrique à la Baule », document ronéoté et publié par le Service de presse de la présidence de la République française. 16 p. ; cité par A. BOURGI, « François Mitterrand et la démocratie en Afrique : le discours de La Baule, huit ans après », dans : gouvernement du Sénégal et l'Institut François Mitterrand, *Mitterrand et l'Afrique : colloque de Dakar, 11-12 février 1998*, Médiature de la République du Sénégal, Dakar, 1999, 287 p.

[17] OCDE, *Répartition géographique des ressources financières allouées aux pays bénéficiaires de l'aide publique au développement dans la Zone franc*, Publications OCDE, Paris, 1996.

en 1993 et 90,7 millions de dollars en 1994[18] toutes APD confondues. Cette logique partait d'intentions saines : l'abandon du monopartisme, l'institution de la déconcentration du pouvoir. En quelques mots, la célébration officielle du libéralisme total devait devenir un atout majeur du Mali démocratique. Or, ce bouleversement constitutionnel n'a été estimé pertinent que dans l'instant. Le fait qu'aucune allusion n'ait été faite à l'avenir confirme notre thèse de la *prime au coup d'État*. Par ailleurs, quels liens entretiennent ces données avec la sacralisation des événements de mars 1991 ?

243. La transition politique : une simple adaptation de la *manière d'être* de la société malienne au nouveau contexte international. – Ces données nous ouvrent une perspective nouvelle dans la compréhension de la transition politique malienne : celle d'un peuple indomptable qui a eu raison d'un régime désavoué par les nantis de la rationalité occidentale. Sans le revirement de la politique africaine de la France, les révoltes de 1991 auraient incontestablement connu des issues différentes. La destitution officielle de l'ancien dictateur et son clan aurait reçu une autre qualification juridique de la part des promoteurs de cette rationalité. En mars 1991, le peuple ne s'est libéré que du joug d'un intermédiaire devenu gênant pour les dépositaires véritables de l'autorité politique malienne. Ne nous y trompons pas. Cette nouvelle *modalité d'être* de la société malienne a des origines hétéronomes. Selon monsieur Cheick Oumar DIARRAH, ce sont « les bouleversements survenus en Europe Centrale et Orientale [qui avaient] convaincu les gouvernants français de la nécessité de faire pression sur les élites africaines afin qu'elles intègrent les données de la nouvelle situation internationale. »[19] C'est parce que les protagonistes des désobéissances civiles suivaient, volontairement ou non, un idéal insufflé de l'extérieur que leur projet social est resté au rang des objectifs à atteindre. Ce qui importait ce n'était pas les valeurs et principes proclamés dans le préambule de la nouvelle Constitution, mais la garantie d'un marché malien ouvert et à la merci des pouvoirs économiques occidentaux. Donc, la chute de la deuxième République du Mali était principalement une réponse à l'appel des autorités de la rationalité occidentale, qui voulaient marquer une rupture historique entre leur conception de la gouvernance et celle de la domination classique des anciens colonisateurs. Pour ce faire, il fallait prendre les citoyens maliens au *jeu* de la confusion entre démocratie libérale et liberté totale. L'illustration de cette analyse peut être faite par cet extrait du discours de la Baule précité :

> « Lorsque je dis démocratie, lorsque je trace un chemin, lorsque je dis que c'est la seule façon de parvenir à un état d'équilibre au moment où apparaît la nécessité d'une plus grande liberté, j'ai naturellement un schéma tout prêt : système représentatif, élections libres, multipartisme, liberté de la presse,

---

[18] *Ibid.*

[19] Ch. O. DIARRAH, *Vers la IIIe République du Mali, op. cit.*, p. 80.

indépendance de la magistrature, refus de la censure : voilà le schéma dont nous disposons. »[20]

L'air de famille entre cette proposition et l'œuvre du corps constituant de la transition démocratique est flagrant. Une fois cette part d'hétéronomie dans la transition démocratique malienne dévoilée, une interrogation demeure : est-ce en suivant cette voie de la re-occidentalisation universelle que la jeune république malienne a paradoxalement officialisé le dessein politique utopique qui la ronge de l'intérieur et sape les fondations de ce cadre endogène.

2/ L'officialisation du dualisme caractéristique de l'État occidentalisé

244. Analyse sommaire du faux clivage manichéen de la société. – Pour emprunter un vocabulaire marxiste, nous dirons que la transition politique a officialisé certains ordres qui étaient stratégiquement qualifiés d'informels. En effet, en s'inspirant de ce qu'écrivaient Karl MARX et Friedrich ENGELS, il est possible d'affirmer que le projet de construction d'un État de « droit bourgeois » au Mali est toujours entravé – et l'est encore – parce que :

> « [...] les ordres ne sont pas encore des classes et jouent encore un rôle, alors qu'ils sont éliminés dans les pays les plus évolués, dans des pays donc où il existe une situation hybride [semblable au Mali de la transition] et dans lesquels, par conséquent, aucune partie de la population ne peut parvenir à dominer les autres. [Les idéologues allemands ont ensuite précisé, voire prédit en l'espèce, en visionnaires éclairés que] l'exemple d'État moderne le plus achevé est l'Amérique du Nord. »[21]

Nous reprenons à notre compte l'expression État de droit bourgeois, moins dans le sens particulier que lui donne MARX, que comme désignant de manière générale la division manichéenne de l'État de la transition. Le mot bourgeois doit donc s'entendre ici en tant que qualificatif de l'une des catégories de cette transition. L'officialisation de cette différence entre ordres et classes revient à supprimer au Mali ce qui sépare une autorité souveraine légitime et son contraire. Comme les instigateurs de la transition démocratique n'ont pas su dépasser leurs divergences, l'efficacité de leur édifice en a pâti. En l'absence de l'aménagement d'un lieu de reconnaissance symbolique et réciproque des individualités, il n'est pas de légitimité nationale ou institutionnelle. Le marchandage se banalise. Sans aucun tabou, le système perd ses repères dans un cercle vicieux qui transforme la Constitution en un idéal à atteindre. Or, comme il a clairement été précisé dans les *Prolégomènes*, ce ne sont pas les normes qui font la loi,

---

[20] F. MITTERAND, « Allocution prononcée le mercredi 20 juin 1990 à l'occasion de la séance solennelle d'ouverture de la 16 e Conférence des chefs d'État de France et d'Afrique à la Baule », *op. cit.*, 16 p.

[21] K. MARX, F. ENGELS, *L'idéologie allemande, op. cit.*, p. 105-106.

mais l'autorité qui la forge et la fait fonctionner à travers la systématisation des normes. C'est l'occultation de cette donnée fondamentale du commandement qui a incité à regrouper ces nouvelles formes d'infraction à la Constitution sous le vocable de « délinquance constitutionnelle » évoqué plus haut.

245. Manifestations du phénomène. – En fait, quand il s'efforçait de tourner la page de l'absolutisme, l'ensemble du corps constituant de la transition politique malienne a suscité des clivages au sein de la société. Il a, par exemple, libéré des victimes de la dictature, sans distinction aucune. Il a séparé la société malienne de manière manichéenne, avec d'une part l'ex-dictateur et son clan et d'autre part le peuple opprimé par ces derniers.

Nous en voulons pour preuve les annulations massives de peines des prisonniers du bagne de Taoudéni et d'autres centres de détention du même genre[22] décidées par Amadou Toumani TOURÉ et monsieur Alpha Oumar KONARÉ. Ce dernier n'a effectivement pas hésité à accorder l'absolution républicaine à l'ancien dictateur Moussa TRAORÉ et à sa femme avec l'article premier du décret du 29 mai 2002 accordant la grâce, soit dix jours avant l'investiture de son successeur[23]. La condamnation de certains détenus n'avait aucun lien avec le manque de légitimité politique du régime de l'époque. La grâce accordée à l'ex-couple présidentiel – une expression symbolique de cette polarisation sociale – indiquait l'absence d'autorité du régime de la transition démocratique. Au lieu d'affronter les difficultés de la réalité politique nationale, ce régime préfère occulter et étouffer les conflits en espérant que le temps cicatrise ses plaies. Cette candeur du premier chef d'État démocratiquement élu de la troisième République ne lui est pas personnelle. Elle est un des traits de la culture transitionnelle. Pour le dire autrement, il s'agit de la malformation prénatale à la constitution de cette nouvelle *modalité d'être*.

Il suffit de se référer à l'article 27 de l'Acte fondamental du 31 mars 1991[24], qui fixe la composition de l'autorité pilote du processus, pour prendre la pleine mesure de cette naïveté suicidaire des responsables de la transition démocratique. Outre les 10 représentants des Forces armées et de sécurité (FAS) qui formaient l'ancien Comité de réconciliation nationale

---

[22] Décret n° 92-04/P-RM du 10 juin 1992 accordant des grâces collectives (à 22 détenus), *JORM* n° 1992-14 du 31 juillet 1992, p. 489-490. ; décrets n° 92-108/P-CTSP et n° 92-109/P-CTSP du 2 avril 1991 accordant des grâces collectives (à 57 détenus), *JORM* n° 1992-08 du 30 avril 1992, p. 264 et s. ; décrets n° 93-112/P-RM et n° 93-113/P-RM du 26 avril 1993 accordant des grâces collectives (à 15 détenus), *JORM* n° 1993-09 du 15 mai 1993, p. 308 et s.

[23] Décret n° 02-281/P-RM du 29 mai 2002 accordant la grâce, *JORM* n° 2002-19 du 10 juillet 2002, p. 723.

[24] Acte fondamental n° 01/CTSP du 31 mars 1991 (constitution de 1991), *op. cit.*, p. 281. Pour aller plus loin, cf. la liste des membres disposée dans le premier article de l'ordonnance n° 91-01/CTSP du 31 mars 1991 fixant la liste des membres du Comité de transition pour le salut du peuple, *JORM* n° 1991-08 *op. cit.*, p. 284-285.

(CRN), il y avait 3 représentants de l'Union nationale des travailleurs du Mali (UNTM), 4 représentants des partis politiques (2 de l'Alliance pour la démocratie au Mali [ADEMA] et 2 du Comité national d'initiative démocratique [CNID]) 4 représentants d'associations (1 de l'Association malienne des droits de l'homme (AMDH), 1 de l'Association des élèves et étudiants du Mali (AEEM), 1 de l'Association des jeunes pour la démocratie et le progrès (AJDP) et 1 de l'Association des diplômés initiateurs et demandeurs d'emploi (ADIDE) et enfin 3 représentants de mouvements catégoriels ou identitaires (1 de la Jeunesse libre et démocratique (JLD), 1 du Mouvement populaire de l'Azaouad (MPA) et 1 du Front islamique arabe de l'Azaouad (FIAA). En plus de son illégalité[25], le fait que ces intermédiaires, issus de corporations et groupements, dirigeaient le Mali de la transition constitutionnelle et construisaient la future République démocratique était invraisemblable à plusieurs niveaux.

246. Invraisemblances au niveau symbolique. – Sur le plan symbolique, ce conglomérat d'organisations occidentalisées souffrait d'un manque de légitimité populaire, à cause de l'absence totale de mandataires du monde paysan qui représente la partie capitale de la population et la plus vive des forces maliennes. Ainsi, c'est une synthèse des vainqueurs de la révolte qui a accaparé le pouvoir normatif constitutionnel sans la majorité des citoyens. Pire, cette stratégie a dissimulé un suicide sociétal.

En effet, même s'il avait été prévu d'instituer une Cour constitutionnelle, chargée de la préservation de cette volonté populaire singulière dans cette démocratie malienne, c'est la partie traditionnelle du peuple et ses gérontocrates qui ont été les premières victimes de cette ruse de la partie occidentalisée de la nation, malgré le rôle indispensable joué par ces acteurs informels dans la régulation sociale. Comme il n'était pas facile d'accéder aux Sages de la Cour constitutionnelle, c'était aux adultes en général, ou aux personnes âgées en particulier que revenait la mission de rétablir la volition du peuple constituant. En 2012, par exemple, les Sages maliens ont profité de leur consultation par monsieur Oumar MARIKO, député à l'Assemblée nationale du Mali, à propos de la légalité du gouvernement provisoire et de la déclaration de guerre dans le Nord, pour rappeler le cadre restrictif de leur saisine :

---

[25] Selon l'article premier de la loi n° 61-18 ANRM modifiant l'article premier de l'ordonnance n° 32 PCG du 29 mars 1959 sur les crimes et délits à caractère racial, régionaliste ou religieux : « Tout propos, tout acte de nature à établir ou à faire naître une discrimination raciale ou ethnique, tout propos, tout acte ayant pour but de provoquer ou d'entretenir une propagande régionaliste, toute propagation de nouvelles tendant à porter atteinte à l'unité de la Nation ou au crédit de l'État, toute manifestation contraire à la liberté de conscience et à la liberté de culte susceptible de dresser les citoyens les uns contre les autres, sera puni d'un emprisonnement de trois mois à cinq ans et facultativement de un an à dix ans d'interdiction de séjour. » Loi n° 61-18 ANRM modifiant l'article premier de l'ordonnance n° 32 PCG du 29 mars 1959 sur les crimes et délits à caractère racial, régionaliste ou religieux, *JORM* n° 1961-79 du 1er mai 1961, p. 199.

« Considérant [qu'en matière de régulation du fonctionnement des institutions et de l'activité des pouvoirs publics] elle ne peut et ne doit être saisie que par les institutions concernées et sous la plume de leurs chefs ; Considérant que cette jurisprudence a été consacrée par la Cour dans ses arrêts n° 123 du 30 mars 2001, N° 125 du 1er octobre 2001, N° 126 du 02 octobre 2001 et dans son avis n° 001 du 20 mai 2011 ; Considérant par ailleurs que les articles 41, 50 et 36 alinéa 2 de la Constitution et 29 de la loi organique sur la Cour déterminent les institutions politiques pouvant saisir la Cour Constitutionnelle de demande d'avis ; Considérant que le député requérant ne fait pas partie de ces saisissants institutionnels »[26].

Conformément à la volonté de rupture radicale qui animait les émeutiers de l'époque, aucun effort n'a été ménagé pour la promotion des libertés individuelles. L'extrémisme des idéaux de la jeunesse insoumise a galvaudé l'atavisme des concepts juridiques. Selon l'article 18 de la Charte du Mandé de 1236, le respect du droit d'aînesse est une obligation dont l'effectivité constitue une responsabilité sociale. Dans une phraséologie plus contemporaine, il s'agit d'un principe fondamental de cette société, dont il représente la colonne vertébrale. L'officialisation du clivage de la société entre l'ancien dictateur et son clan et les victimes civiles a sacrifié ce précepte atavique sur l'autel de la démocratie occidentale. C'est le respect du droit d'aînesse qui légitimait la propagation de l'autorité du père de l'article 9 de la même Charte qui disposait que : « l'éducation des enfants incombe à l'ensemble de la société. [Mais aussi que] la puissance paternelle appartient en conséquence à tous. »

Il convient de ne pas confondre ces normes ancestrales avec la voie de fait de l'ancienne oligarchie, souhaitant l'exclusion totale des classes et ordres autres que celle du chef. Cette autocratie violait de manière manifeste les dispositions du deuxième alinéa de l'article 4 de la Constitution atavique du Mandé qui prônait la participation des *Kangbé* (groupe d'âge intermédiaire entre les adolescents et les vieux) aux prises de décisions importantes concernant la société. Nous estimons donc qu'en accomplissant ces actes, les pouvoirs de la transition se sont déportés sur la nouvelle *natte* de la rationalité occidentale sans en assumer les conséquences. Ils ont en quelque sorte nourri les anticorps qui ont mené le système à sa déchéance.

247. Contradictions logiques. – Il y a une évidente contradiction logique dans le fait de laisser la maîtrise d'ouvrage de l'édification d'un Mali démocratique souverain, indépendant, indivisible, laïque et social[27] à des mouvements générationnels (JLD), régionalistes, identitaires et religieux (MPA, FIAA). En plus de légitimer ces groupements – dont certains avaient

---

[26] Cour constitutionnelle, « Arrêt n° 2012-002/CCM du 21 décembre 2012 (légalité du gouvernement provisoire et de la déclaration de guerre dans le nord) », *JORM* n° 2012-51 du 21 décembre 2012, p. 2039-2040.

[27] Article 22 de l'Acte fondamental n° 1/CTSP du 31 mars 1991 et de l'article 25 de la Constitution du 25 février 1992.

été publiquement qualifiés de « bandits armés » par le Général Moussa TRAORÉ[28] –, nous pouvons constater, le recul du temps aidant, que cette inclusion visait davantage à rassurer les soutiens occidentaux qu'à jeter les fondations d'une véritable démocratie. Sur le plan national, elle entravait le projet de société qu'elle était censée impulser. Il est possible de percevoir dans cette reconnaissance, la raison qui a conduit à transformer ces corporations et groupements en poches de résistance à l'autorité officielle comme l'actualité nationale le démontre[29].

De nos jours, il est devenu normal dans l'État de droit bourgeois malien que des gouvernants centraux ne puissent pas entretenir de rapports directs avec leurs citoyens, en dépit du caractère fondamental de cet élément dans le cadre du libéralisme démocratique. Ce paradoxe annihile la revalorisation massive et formelle des droits et devoirs de la personne humaine opérée par le corps constituant de la troisième République. Plus concrètement, ce sont les 24 articles du titre premier de la Constitution qui n'auraient aucun sens du point de vue pragmatique. Actuellement, ce qui y est *compté-pour-un*[30] n'est pas le citoyen-électeur des Républiques occidentales, mais le membre d'un sous-ensemble, d'une communauté géographique, religieuse ou celle d'une corporation.

B/ La marchandisation du système électoral : l'éternel problème de légitimité nationale

248. La marchandisation du système électoral : conséquence de l'occultation de l'antériorité de l'autorité souveraine. – Comme l'explique Alexandre KOJÈVE, l'élection confirme l'autorité de son

---

[28] Ce qualificatif est tiré de la conclusion faite par Ch. O. DIARRAH qui avait rappelé que : « la question touareg [avait] été mal gérée par le Général Moussa Traoré qui a voulu l'occulter en qualifiant les rebelles de "bandits armés" ». Ch. O. DIARRAH, *Vers la IIIe République du Mali, op. cit.*, p. 88.

[29] La description des 15 premières années d'engrenage de la violence du Mali démocratique faite par monsieur A. CISSÉ. Dans : A. CISSÉ *Mali : Une démocratie à refonder, op. cit.*, p. 69-74.

[30] Ce concept est emprunté au professeur A. BADIOU, selon qui : « "Le votant", par exemple, n'est pas le sujet untel, c'est la partie que re-présente, selon son un propre, la structure séparée de l'État, c'est-à-dire l'ensemble dont untel est le seul élément, et non le multiple dont "untel" est l'un-immédiat. Aussi l'individu subit-il toujours, patiemment ou impatiemment, cette coercition élémentaire, cet atome de contrainte, qui constitue la possibilité de toutes les autres contraintes possible, mort infligée comprise, de n'être pas tenu pour celui qui *appartient* à la société, mais pour celui qui y est *inclus*. Il y a une essentielle indifférence de l'État à l'appartenance, et un soin constant porté à l'inclusion. N'importe quel sous-ensemble consistant est aussitôt compté et considéré par l'État, pour le meilleur ou pour le pire, car il est matière à représentation. En revanche, quelles que puissent être les apparences déclamatoires, il est toujours visible à la fin que la *vie* des gens, c'est-à-dire du multiple dont-ils ont reçu l'un, l'État n'a nul souci. Telle est la profondeur ultime, et inéluctable, de sa séparation. » A. BADIOU, *L'être et l'événement,* Éditions du Seuil, Paris, 1988, p. 124.

dépositaire au lieu de lui en créer une[31]. L'absence chronique d'autorité identifiable a engendré un problème majeur de légitimité dans la démocratie malienne. Aucun responsable officiel de la transition ne maîtrisait l'exception. Ils étaient en quelque sorte les passagers du train de la révolte qui ne disposait pas de chauffeurs dans la salle des machines. C'est la raison pour laquelle les passagers classiques et les chauffeurs sans accès aux rênes de la transition ont désacralisé le système électoral dans le but de sécuriser les maigres acquis de ce système. Pour ce faire, ils ont transformé l'unique support de la démocratie malienne, le suffrage, en marchandise.

249. Dysfonctionnements du marché électoral. – Le marché électoral malien est comme « miné » par un paradoxe parce que, d'une part, la rigueur des hommes providentiels ne convient pas aux adeptes du *yùrùguyurugu ;* et d'autre part, les seules personnes capables de mobiliser les masses étaient celles dont le patrimoine le permettait, autrement dit des anciens dignitaires de la dictature. Tourmentés par ces contradictions, les électeurs maliens participent sciemment au *jeu* du marché politique. Sa règle est très simple : il y a d'un côté des citoyens qui cherchent à tirer le maximum de profits des candidats en lice ; et de l'autre des postulants peu intéressés par la chose publique qui, une fois installés, n'auront de cesse de gratifier les membres de leur clan ou les ténors de leur parti. Ainsi, les périodes de campagnes électorales sont devenues des moments de distributions de faveurs : vêtements, thés, sucres, équipements logistiques. L'ignorance de cette triste réalité serait fatale à qui entreprend de percer les raisons du mal malien. De nos jours, la donnée primordiale reste le profond manque d'intérêt porté par les citoyens maliens aux programmes politiques confectionnés à l'occidentale. Les lecteurs de ces documents techniques sont peu nombreux pour des raisons historiques et culturelles. Les conditions de la colonisation ont fait que le pays possède l'un des taux d'alphabétisation les plus bas de la sous-région. De surcroît, cet électorat est davantage habitué à des rapports individualisés : les promesses ou réalisations obtenues ont un capital confiance plus important que des prévisions faites sur un support inaccessible à la majeure partie des votants. Cette recherche d'avantages concerne tous les secteurs du processus. Monsieur Fakoly DOUMBI, par exemple, explique ainsi la finesse des mécanismes mis en œuvre par les

---

[31] Selon cet auteur, quand : « quelqu'un propose dans une assemblée un "projet" et est, par suite, "élu" Chef ; c'est son projet qui a engendré son Autorité de chef, et non pas l'"élection" par les autres ; il n'a pas une Autorité parce qu'il a été élu ; il a été élu parce qu'il a déjà bénéficié de l'Autorité qui est née de son "projet" ; l'élection n'a été que la "manifestation", le "signe extérieur" de son Autorité engendrée spontanément (c'est-à-dire par l'acte de "reconnaissance" de son Autorité). D'une manière générale, l'Autorité (et sa "reconnaissance") naît (spontanément) dans le "candidat" (qui sera élu) avant son élection, qui n'est qu'une (première) manifestation de cette Autorité déjà existante (c'est-à-dire "reconnue") ; de même, la non-élection d'un "candidat" ne fait que manifester son manque d'Autorité. » A. KOJÈVE, *La notion d'autorité, op. cit.*, p. 97.

membres de Commission électorale nationale indépendante (CENI) pour tirer profit de la situation politique et de leur position :

> « pour permettre à la CÉNI de fonctionner correctement, l'État confectionne un budget prévisionnel de 7,1 milliards FCFA. Mais à la date du 3 février 1997, de l'aveu même de Maître Kassoum Tapo et du ministre des Affaires étrangères, Dionkounda Traoré, la CÉNI n'est toujours pas opérationnelle, faute d'argent. Ses démembrements ne sont pas installés, elle ne dispose d'aucun outil informatique ; sur le lot de 8 véhicules mis à sa disposition, 2 sont hors d'usage. [...] Le 25 du même mois, soit trois semaines plus tard seulement, le Premier ministre, IBK [Ibrahim Boubacar KEÏTA] répond à la motion de censure déposée contre lui par le RFP [le Rassemblement des Forces pour le Progrès composé d'une partie de l'opposition de l'époque : MIRIA, PMPS, PRDT, RDT, UDD et RAMAT]. La révélation qu'il fait à cette occasion est fracassante. La CÉNI a déjà dépensé 3, 132 milliards. Même si une partie de cette somme comprend la valeur des matériels et services offerts par des amis (papier, copieurs, imprimante, formation des formateurs électoraux), l'essentiel correspond à des décaissements. Les langues déliées, indiscrètes et sûres d'elles [expression familière couramment utilisée par l'auteur pour qualifier ses sources] ont identifié certaines dépenses : achat d'une dizaine de véhicules tout terrain, achat d'ordinateurs, d'imprimantes, de mobilier et surtout une indemnité mensuelle de 600 000 FCFA à laquelle s'ajoutent 300 litres d'essence pour chaque membre de la Commission. »[32]

250. Aspects normatifs. – Ce phénomène atypique est fondé sur l'article 28 de la Constitution malienne qui a techniquement fait de la liberté totale la règle et des restrictions l'exception, en précisant notamment que « [les partis] se forment et exercent librement leurs activités dans les conditions déterminées par la loi » et en leur imposant le respect « des principes de la souveraineté nationale, de la démocratie, de l'intégrité du territoire, de l'unité nationale et de la laïcité de l'État »[33]. Le corps constituant malien a ainsi créé un espace démocratique semblable à l'état de l'économie nationale ; autrement dit, un champ anarchique dénué d'autorité de régulation. Il a placé ses espoirs dans une autorégulation du système politique par la simple soumission à la loi.

Pour s'en convaincre, il est possible de se référer à l'arrêt du 8 février 2007 de la Section administrative de la Cour suprême opposant monsieur Ousmane GUITTEYE et autres à monsieur Jeamille BITTAR[34]. Dans cette décision rendue le 5 décembre 2007, les juges de l'élection de la juridiction administrative malienne ont procédé à une interprétation extensive d'une

---

[32] F. DOUMBI, *Le Mali sous Alpha Oumar KONARE*, *op. cit.*, p. 69-70.

[33] Décret n° 92-073/P-CTSP du 25 février 1992 portant promulgation de la Constitution, *op. cit.*, p. 118.

[34] Section administrative de la Cour suprême, 8 février 2007, « Ousmane GUITTEYE et autres c./Jeamille BITTAR », *Arrêt n° 16 du recueil des arrêts de novembre 2008*, non publié (disponible aux archives de l'institution) 20 p.

disposition réglementaire, bien qu'ils fussent dans un domaine de compétences liées. En effet, selon l'article 11 de l'arrêté du ministre de l'Industrie et du Commerce, pris en application de l'article 13 du décret du 6 juillet 1998 fixant les modalités de fonctionnement de la Chambre de commerce et de l'industrie du Mali, « le scrutin est ouvert le dimanche 1er octobre 2006 à 08 heures et clos le même jour à 18 heures »[35]. Dans les faits, les opérations ont débuté le 1er octobre au matin et ont pris fin le lendemain aux alentours de 14 heures. Malgré l'extrême clarté de cette disposition, les magistrats maliens ont justifié ce débordement de la durée réglementaire par des impératifs d'ordre organisationnel, ce qui a couvert les soupçons de fraude. En normalisant cette irrégularité, ils ont permis au système électoral de fonctionner selon la logique du marché. Ils ont, pour ce faire, pris en compte le surpeuplement de la circonscription (2169 électeurs pour une moyenne nationale de 700 ramenée à 500 par l'article 81 de la loi du 4 septembre 2006 portant loi électorale[36]) pour faire triompher leur conception marchande au détriment de la règle de droit. En statuant ainsi, la juridiction administrative malienne contribue au déclin de l'autorité des pouvoirs publics. Même si cette interprétation leur a permis de trancher en l'espèce, il reste que nous sommes en présence d'une violation du principe d'égalité. Cette situation désavantage les citoyens des circonscriptions dont les bureaux de vote auraient respecté les prescriptions de l'article 13 de cet arrêté.

251. Récapitulatif. – La dureté des réalités locales a prouvé que la croyance en l'accomplissement du droit sans intervention autoritaire n'est qu'un mirage. Le fait que les partis ne soient pas invités à former des familles politiques en fonction des idéologies ou des doctrines les a transformés en des *grèns*[37] occidentalisés. Il y a d'une part des détenteurs du pouvoir contesté qui tiennent leur autorité et le prestige qui leur est lié de leurs mandants ; et d'autre part, des subordonnés qui ne reçoivent pas la contrepartie dont ils estiment qu'elle leur est due, leur moyen de subsistance ou d'existence sociale dans tous les cas. Il est alors logique qu'ils se

---

[35] L'équivalent du premier alinéa de l'article 7 de l'arrêté n° 2015 – 0066/MCI-SG du 10 février 2015 organisant les élections et fixant le jour ainsi que les heures d'ouverture et de clôture du scrutin des membres de l'Assemblée consulaire de la Chambre de Commerce et d'Industrie du Mali (actuellement en vigueur) qui dispose que : « Le scrutin est ouvert le dimanche, 10 mai 2015 à 08 heures 00 minute et est clos le même jour à 18 heures 00 minute. » *JORM* n° 2016-09 du 26 février 2016, p. 352.

[36] Loi n° 2006-044 du 4 septembre 2006 modifiée par la loi n° 2011-085 du 30 décembre 2011 portant loi électorale, *JORM* n° 2013-04 (— spécial) de juin 2013, p. 11.

[37] Selon le professeur G. DUMESTRE, ce concept bambara de *grèn* serait le résultat d'un emprunt du français « Gringoire, journal français de l'entre-deux-guerres » qui a donné *grin* (ou *grain*) le groupe d'amis qui se réunissent pour prendre le thé ensemble. G. DUMESTRE, *Dictionnaire bambara-français*, *op. cit.*, p. 384.

perçoivent comme des créanciers confrontés à de mauvais débiteurs[38]. Ces électeurs méfiants sont submergés par l'offre des partis politiques qui se créent et se défont au gré et selon les ambitions de leur fondateur charismatique[39]. Par ailleurs, depuis les événements de 1992, les politiques maliens manquent cruellement de crédibilité. Comme l'explique monsieur Cheick Oumar DIARRAH à propos de la crise du 5 avril 1993, ils ont du mal à se débarrasser des soupçons constants de fraternisation avec l'ancienne dictature et ses soutiens financiers[40]. Enfin, le changement de République n'a pas été suivi d'un renouvellement des ressources de l'environnement politique.

C/ Le concept de consensus national

252. Présentation du concept de consensus national. – Ce concept est une survivance de la transition constitutionnelle de 1992, qui a été pleinement mise en œuvre par son créateur, Amadou Toumani TOURÉ, à partir de 2002. Il s'agit de la principale résultante de la tentative de fédération manquée de la nation autour d'un projet commun de société. Tel le Consensus de Washington, celui de la transition démocratique malienne était un instrument technique de direction des affaires publiques permettant à un noyau – en l'espèce un Chef d'État sans fortes assises politiques – de rassembler et neutraliser les divergences idéologiques qui vivifient la démocratie occidentale pour laquelle a opté le corps constituant malien. Sa réalisation posait des problèmes logiques et logistiques. L'efficacité de son utilisation a donc poussé inéluctablement ses instigateurs à aligner le concept sur la *natte* constitutionnelle occidentale. En d'autres termes, ces derniers devaient répondre à la question de la direction à donner à la nouvelle République. Malheureusement, ce n'est pas la méthode mise en œuvre par Amadou Toumani TOURÉ, qui s'en est servi en tant qu'argument et programme lors de la campagne présidentielle de 2002 et comme système de gouvernance. En effet, depuis août 1994, il avait précisé lors d'une interview accordée aux journalistes du magazine *Jeune Afrique,* que le concept de démocratisation était un phénomène de mode, un modèle occidental, un prêt-à-porter qui ne tient pas compte des expériences locales qui ont été

---

38 F. BOURDARIAS, « Débiteurs et créanciers constructions et délégitimation des pouvoirs au Mali », dans : B. HOURS et P. OULD AHMED (dir.), *Dette de qui, dette de quoi ?*, Éditions l'Harmattan, Paris, 2013, p. 150.

39 Selon monsieur A. CISSÉ, le nombre d'une quarantaine de partis légalement déclarés à l'approche des échéances électorales de 1992 est passé à plus de 80 au moment des consultations électorales de 2002 pendant que le nombre d'électeurs est passé 5 233 432 pendant le référendum de janvier 1992 à 5 746 202 au moment des élections présidentielles d'avril 2002. A. CISSÉ, *Mali : Une démocratie à refonder, op. cit.*, p. 47.

40 Ch. O. DIARRAH, *Le défi démocratique au Mali,* Éditions l'Harmattan, Paris, 1996, p. 277.

couronnées de succès[41]. Selon lui, cette forme de démocratie importée de l'Occident n'est pas forcément un gage de réussite, car il est possible de concevoir une démocratie sans élections, le multipartisme sans démocratie[42]. Même si le caractère endogène de cette pensée semble évident, ce n'est pas la voie que ce même homme avait empruntée lors de son rapide passage à la tête du CTSP. En effet, comme il a largement été démontré plus haut, l'Acte fondamental du 31 mars 1991 et la Constitution du 25 octobre 1992 ont sans équivoque mis la démocratie malienne au pas de la rationalité occidentale. Dans ce sens, une seule interprétation paraît plausible : celle de l'instrumentalisation technique par un politique disposant d'une autorité historique et d'une faible légitimité. Il l'a d'ailleurs rappelé dans son discours prononcé lors des journées européennes du développement, organisées à Bruxelles du 15 au 17 novembre 2006. Dans ce discours, il précise qu'il était un candidat indépendant élu grâce au soutien des forces politiques et des mouvements associatifs qu'il avait convaincu de se réunir autour de son projet de développement du Mali[43].

253. Contradictions logiques et politiques. – Les problèmes posés ne se limitent pas au manque de clarté du concept de développement, qui peut s'analyser comme une accumulation de richesses, suivant l'acception occidentale. Effectivement, tout dépend de l'orientation choisie par les dépositaires de l'autorité du régime politique. Or, force est de constater que ce concept de consensus national demeure en contradiction logique avec les préceptes de la démocratie libérale énoncés dans la Constitution. Ce concept occidental n'acquiert une force, une dynamique, qu'au travers d'une véritable opposition idéologique entre la majorité et l'opposition qui s'affrontent techniquement dans le strict respect des normes juridiques. De même que sous les deux précédentes Républiques, le Mali d'Amadou Toumani TOURÉ était gouverné de manière consensuelle. Contrairement à ses devanciers, le chef de la République démocratique du Mali avait su fédérer les forces vives par la ruse du consensus. Tout a commencé le 17 décembre 2002 lors de l'adoption, à l'unanimité par les 131 députés du Parlement malien, de la déclaration de politique générale du Premier ministre, monsieur Ahmed Ag HAMANI. Ces mêmes parlementaires renouvelleront leur confiance dans le concept de consensus national le 29 avril 2004, lors de la présentation de la déclaration de politique générale de monsieur Ousmane Issoufi MAÏGA, successeur du précédent.

---

[41] A. T. TOURÉ, « Comment j'ai pris le pouvoir, pourquoi je l'ai quitté », *Jeune Afrique* n° 1753 et 1754, du 11 au 24 août 1994. 62 p.

[42] C. M. TOULABOR, « Avant propos à l'édition française » dans : S. WING, *Démocratie malienne et dialogue constitutionnel (1991-2007) : La quête d'un État de choix,* Éditions Karthala, Paris, 2013, p. 11.

[43] A. DIARRA, *Démocratie et droit constitutionnel dans les pays francophones d'Afrique Noire : Le cas du Mali depuis 1960, op. cit.*, p. 221.

254. Le renforcement de la délinquance constitutionnelle. – En prenant un peu de hauteur et en s'aidant du recul pris avec temps, il est possible de constater que l'histoire malienne s'est répétée durant ces deux phases de la transition. Amadou Toumani TOURÉ n'a fait que reproduire son schéma critiquable. De 1991 à 1992, il a apaisé les dissidents en les conviant à la construction de la démocratie ; et de 2002 à 2012, il a neutralisé l'opposition politique en l'intégrant dans ses gouvernements d'union nationale. Cet état de fait a des conséquences directes sur le système de justice constitutionnelle. Il diminue les saisines de la Cour constitutionnelle et autorise le chef de l'État à faire prévaloir ses desseins occultés par une représentation politique imprécise et fuyante, qu'il instrumentalise en fonction de ses besoins. D'ordinaire, c'est au juge constitutionnel de produire des règles en interprétant l'acte de volonté du constituant, toutefois cette stratégie permet au président de la République de continuer à être juge et acteur en toute quiétude. Nous pouvons constater là une des sources de la délinquance constitutionnelle qui s'est standardisée. Finalement, ce concept fédérateur de consensus national s'est substitué *de facto* aux instruments qui avaient été mis en place par le constituant pour soumettre le système de commandement à l'État de droit et aux principes de la démocratie libérale.

255. Les conséquences juridictionnelles du renforcement de la délinquance constitutionnelle : le cas « Pascal DEMBÉLÉ contre le ministre de la Fonction publique ». – Cette vulgarisation de la délinquance constitutionnelle ne choque plus parce que c'est l'un des éléments créateurs d'une nouvelle *modalité d'être* de la République. Quand le chef ne remplit pas son rôle de patron en raison de son manque de contrôle notoire de l'exception, les citoyens ne font que reproduire un schéma de comportement banalisé dans le concept de *yùrùguyurugu*. Ainsi, à côté de cette instabilité constante, le pays continue de disposer d'un ordonnancement juridique moderne de façade, qui rassure les dépositaires de l'autorité des « dynamiques du dehors » et les acteurs nationaux qui se laissent prendre au *jeu*. Finalement, le respect strict de la norme devient accessoire, voire superfétatoire. C'est ce qui a été confirmé par la Section administrative de la Cour suprême malienne dans son arrêt du 28 décembre 2007 qui avait opposé monsieur Pascal DEMBÉLÉ au ministre de la Fonction publique[44]. Selon le requérant, son nom aurait été retiré de la liste des agents recrutés dans la fonction publique, à cause de son incapacité à verser la somme d'un million de FCFA réclamée par les organisateurs du concours. En fait, monsieur DEMBÉLÉ avait été recruté dans la fonction publique en qualité d'archiviste par la décision du 23 avril 2007. Comme il ne s'était pas acquitté du « dessous-de-table » réclamé, son nom avait été retiré de la liste des candidats admis, sous le prétexte d'une pièce manquante dans son

[44] Section administrative de la Cour suprême, 28 décembre 2007 « Pascal DEMBÉLÉ c./ministre de la Fonction publique », *Arrêt n° 208 du recueil des arrêts de novembre 2008, op. cit.*, 6 p.

dossier : un diplôme d'enseignement supérieur. Le silence de l'administration malienne après les nombreuses mises en demeure qui lui ont été adressées par le magistrat instructeur témoigne de l'embarras qu'elle a pu ressentir quant au dévoilement d'une pratique illégale sur laquelle règne un silence pesant. Il est évident que le consensus national augmente la force du *yùrùguyurugu* parce ce qu'il ne permet pas au chef dépourvu d'autorité de ramener le subalterne à la raison.

256. Rappel des conséquences politico-juridiques de cette fuite en avant des politiques maliens sans autorité. – L'effet pervers de l'absence d'opposition s'est manifesté au sein de la classe politique malienne après le coup d'État militaire de 2012. Quand le temps des responsabilités fut venu, aucun politique n'eut la légitimité nécessaire pour dénoncer l'illégalité des pratiques du régime d'Amadou Toumani TOURÉ.

En seulement deux décennies, la démocratie malienne a ainsi essuyé deux échecs majeurs qui auraient pu être évités par une véritable *endogénaisation* du régime constitutionnel, par une restitution du droit dans sa fonction de direction des conduites humaines, et non sa perpétuation comme vitrine de séduction des investisseurs et politiques occidentaux. Effectivement, entre 1991 et 1992, le Conseil de réconciliation nationale dirigé par Amadou Toumani TOURÉ a officialisé l'informel avec une certaine candeur et sans aucune projection vers le futur du pays. De 2002 à 2012, ce même monsieur a neutralisé les résistances à son régime démocratique en instrumentalisant un consensus national suicidaire. Après les déboires de ce dernier concept, les politiques maliens ont renouvelé leur panoplie en procédant à une confusion entre *res publica* et *res sacrum*.

§ 2 : Le nouveau Code des personnes et de la famille : l'histoire d'une confusion discutable entre *res publica* et *res sacrum*

257. Critique du nouveau Code des personnes et de la famille : la cristallisation de la fraternisation entre le politique et le religieux. – Le corps constituant a été clair : la liberté de culte, la laïcité et l'égalité sont des principes fondamentaux de la démocratie malienne. Selon la hiérarchie des normes, leur respect constitue une obligation pour l'ensemble des corps institués de l'ordre juridique malien. Ces concepts constitutionnels d'origine occidentale feront l'objet d'une instrumentalisation et de la part des politiques et des chefs religieux. Ces derniers ont dangereusement gagné du terrain sur la *natte* de la rationalité républicaine sous l'empire du consensus national. Ils ont renforcé leurs positions en amalgamant la *res publica* et la *res sacrum* à travers le nouveau Code des personnes et de la famille. En fait, sous la pression des autorités religieuses, principalement musulmanes, le législateur a islamisé ce nouveau dispositif juridique. Et la tendance n'a guère évolué lors de l'alternance politique de 2013 :

« Durant la campagne [présidentielle de 2013] une coalition de religieux a soutenu la candidature d'IBK [Ibrahim Boubacar KEÏTA, le président de la République de l'époque]. Une implication jamais observée jusque-là. Le chérif de Nioro, un dignitaire qui compte de nombreux disciples, mais aussi un homme d'affaires important, a indirectement financé sa campagne à hauteur de 100 millions de F CFA (environ 150 000 euros). S'il n'a pas pris position publiquement, l'imam Mahmoud Dicko, le président du Haut Conseil islamique du Mali [...], a également soutenu IBK. Tous deux sont amis. Dicko a notamment poussé son entourage à créer un mouvement, Sabati 2002, qui a imprimé et collé des affiches pour IBK, et qui a fait sa publicité dans les mosquées. Ce mouvement qui revendique 15 % de l'électorat affiche un programme radical : élargissement du financement des partis politiques aux structures religieuses, application stricte du code de la famille, dynamisation des relations diplomatiques avec les pays du Golfe, criminalisation de l'homosexualité, quotas dans l'administration pour des arabophones. »[45]

La volonté de renforcement des acquis de la *res sacrum* par ces dignitaires a provoqué une aggravation de la corruption de la rationalité républicaine malienne, avec l'adoption du nouveau Code des personnes et de la famille. Nous le verrons à travers une analyse des conséquences de l'inclusion des ministres du culte des trois grandes religions monothéistes dans la célébration des mariages civils **(B)** et de la légalisation inconstitutionnelle de l'inégalité entre les sexes **(A)**.

A/ La légalisation inconstitutionnelle de l'inégalité des sexes

258. La ruine généralisée de la condition féminine due au manque d'autorité des politiques de la transition. – Le manque de sincérité et de clarté de la position des autorités de la transition politique malienne a contribué à dégrader le statut de la femme, qui avait été jusque-là le grand absent de la démocratie malienne. Or, en 1985, le pays a ratifié la Convention des Nations-Unies sur l'élimination de toutes les formes de discrimination à l'égard des femmes. Conformément aux préceptes de la transition politique, il ne devait plus y avoir de hiatus entre la législation et la Constitution, étant donné qu'elles convergeaient dorénavant vers une occidentalisation de la société. Force est de constater cependant la survivance du paternalisme et du patriarcat de la dictature à la transition politique. Il suffit de se référer au commentaire de l'anthropologue française, madame Françoise BOURDARIAS, sur les circonstances de la révolte

[45] R. CARAYOL, « IBK au pied du mur », *Jeune Afrique,* n° 2746 du 25 au 31 août 2013, p. 24-25. ; B. SEGDEDJI, « Mali. La République des imams » *Courrier international* n° 1321 du 25 février au 2 mars 2016, p. 16.

sociale de Salembougou de février 2009 pour prendre la mesure de la montée en puissance du machisme au sein de la société malienne[46].

259. Mise en cause de l'égalité des sexes. – La loi du 30 décembre 2011 a été une occasion manquée pour la démocratie malienne. Elle a constitué une officialisation de pratiques inconstitutionnelles et inconventionnelles à travers la consolidation de la discrimination entre les sexes. Cet état de fait est perceptible dans deux domaines principaux : le mariage et la succession.

260. Le recul inconstitutionnel de la condition féminine dans l'institution du mariage. – Concernant le mariage, la loi de 2011 a confirmé la loi du 3 février 1962 portant Code du mariage et de la tutelle qui traite de la suprématie du patriarcat dans ses articles 33 et 34[47]. Selon le premier texte, « le mari est le chef de famille. En conséquence : 1° les charges du ménage pèsent à titre principal sur lui ; 2° le choix de la résidence lui appartient ; 3° la femme est obligée d'habiter avec lui et il est tenu de la recevoir. » Quant au premier alinéa du second article, il précise que : « Le mari doit protection à sa femme, la femme obéissance à son époux. » Mis à part des changements mineurs de phraséologie, ces dispositions de l'aube de l'indépendance nationale ont été respectivement reconduites dans les articles 319 et 316 du nouveau Code des personnes et de la famille[48]. En maintenant ces positions en l'état, le législateur de la transition politique a exprimé au grand jour les contradictions qui sont les siennes. Or, peu avant l'adoption de cet agencement discutable de règles, il ratifia le 13 janvier 2005, le Protocole à la Charte africaine des droits de l'homme et des peuples relatif aux droits des femmes en Afrique[49]. Un survol rapide des prescriptions de l'article 6 de la Charte de l'Union africaine suffit pour identifier la contradiction qui existe entre ces deux sources normatives :

> « Les États veillent à ce que l'homme et la femme jouissent de droits égaux et soient considérés comme des partenaires égaux dans le mariage. **[Disposition contraire aux prescriptions des articles 319 et 316 du nouveau Code des personnes et de la famille]** À cet égard, les États adoptent les mesures législatives appropriées pour garantir que :
> a) aucun mariage n'est conclu sans le plein et libre consentement des deux **[disposition contraire aux prescriptions de l'article 284]** ;

---

[46] F. BOURDARIAS, « Débiteurs et créanciers constructions et délégitimation des pouvoirs au Mali », *op. cit.*, p. 153-158.

[47] « Loi n° 62-17 AN-RM du 3 février 1962 portant Code du mariage et de la tutelle », dans : *Recueil des codes et textes usuels de la République du Mali,* Tome 1, Éditions-imprimerie du Mali, Bamako, 2000, p. 5.

[48] Loi n° 2011-087 du 30 décembre 2011 portant Code des personnes et de la famille, *op. cit.*, p. 25-26.

[49] Décret n° 04-479/P-RM du 26 octobre 2004 portant ratification du protocole à la charte africaine des droits de l'homme et des peuples relatif aux droits des femmes, adopté par la 2e session ordinaire de la Conférence de l'union, à Maputo (Mozambique) le 11 juillet 2003, *JORM* n° 2005-05 du 20 février 2005, p. 178.

b) l'âge minimum de mariage pour la fille est de 18 ans **[disposition contraire aux prescriptions de l'article 281]** ;
c) la monogamie est encouragée comme forme préférée du mariage **[disposition contraire aux prescriptions de l'article 388]**. Les droits de la femme dans le mariage et au sein de la famille y compris dans des relations conjugales polygamiques sont défendus et préservés ; [...]
e) les deux époux choisissent, d'un commun accord, leur régime matrimonial et leur lieu de résidence **[disposition contraire aux prescriptions du deuxième alinéa de l'article 319]** ; [...]
i) la femme et l'homme contribueront conjointement à la sauvegarde des intérêts de la famille **[disposition contraire aux prescriptions des premier et dernier alinéas de l'article 319]**, à la protection et à l'éducation de leurs enfants [...] »

Sur le dernier point, il est possible de distinguer un net recul du principe d'égalité, voire un renforcement des positions des autorités religieuses. En comparant les différents commandements qui s'appliquent en la matière, nous comprenons que le législateur de 2011 a fait de la participation financière des épouses une potentialité, l'une des catégories de la modalité à l'aide de la formule suivante de l'article 319 : « La femme mariée qui dispose de revenus peut contribuer aux charges du ménage. » Son prédécesseur de 1962 en faisait un impératif grâce aux prescriptions contenues dans le deuxième alinéa de l'article 35 de la loi du 3 février 1962 portant Code du mariage et de la tutelle qui disposait que : « Si la femme exerce une profession séparée de celle du mari, elle doit contribuer aux charges du ménage. »[50] Selon la vision fondamentale des leaders religieux qui furent à la source de cette altération de la rationalité républicaine, l'ancienne obligation de partage des charges financières octroyait, par voie de conséquence logique, un droit de regard aux épouses actives et un devoir de codirection du foyer avec le mari, ce à quoi ils étaient farouchement opposés. En voulant satisfaire les forces intérieures et extérieures de l'agencement juridique, les officiels de la transition politique ont créé un désordre autodestructeur. N'oublions pas qu'avec l'article 117 de la Constitution malienne du 25 février 1992 (l'équivalent de l'article 70 de la Constitution du 1er juillet 1974 et de l'article 48 de la Constitution du 22 septembre 1960) et l'avis du 4 octobre 2001 rendu par la Cour constitutionnelle à propos de la loi portant révision de la Constitution du 25 février 1992[51], les normes de l'Union africaine jouissent d'une autorité supérieure à celle des autres traités. Ce statut particulier des violations des règles l'Union africaine devrait également se traduire dans le fonctionnement ordinaire du système constitutionnel. En ne suivant pas cette prescription dans la pratique institutionnelle, c'est l'autorité des fondateurs de la

[50] « Loi n° 62-17 AN-RM du 3 février 1962 portant Code du mariage et de la tutelle », *op. cit.*, p. 5.
[51] Cour constitutionnelle, « Avis n° 01-001/Référendum du 4 octobre 2001 », *JORM* n° 2001-29 du 20 octobre 2001, p. 1148.

République du Mali qui s'est trouvée galvaudée par le législateur. Ces retentissements sont plus visibles en ce qui concerne les questions de succession.

261. L'emprise du religieux : cas de l'inégalité en matière de succession. – La législation des créateurs de la République du Mali avait le mérite de la clarté. Seules les dispositions de la loi du 3 février 1962 portant Code du mariage et de la tutelle pouvaient servir de référence à l'organisation du mariage et de ses effets. Selon le dernier alinéa de l'article 45 de l'ancien Code, « les époux ne peuvent stipuler d'une manière générale que leur association sera réglée par l'une des coutumes ou statuts locaux qui régissent les diverses ethnies maliennes et qui sont abrogés par le présent code »[52]. La seule légalité significative était celle de la République, qui créait l'égalité citoyenne en unifiant les traitements juridiques réservés aux foyers maliens. La législation actuelle est l'emblème de l'ésotérisme et de l'obscurantisme. Il suffit d'analyser les véritables enjeux de l'article 751 de l'actuel Code des personnes et de la famille pour distinguer l'entrée par effraction du religieux sur la *natte* de la rationalité républicaine :

> « L'héritage est dévolu selon les règles du droit religieux, coutumier ou selon les dispositions du présent livre. Les dispositions du présent livre s'appliquent à toute personne : – dont la religion ou la coutume n'est pas établie par écrit, par témoignage, par le vécu ou la commune renommée ; – qui, de son vivant, n'a pas manifesté par écrit ou par-devant témoins sa volonté de voir son héritage dévolu autrement ; – qui, de son vivant n'a pas disposé par testament de tout ou partie de ses biens, sauf la mesure compatible avec la réserve héréditaire et les droits du conjoint survivant. Nul ne peut déroger aux règles du mode de dévolution successorale retenu. »[53]

Cet exemple démontre le recul de la légalité républicaine sous la transition politique. Les dispositions du présent Code forment un régime par défaut. En plus de renforcer l'ethnocentrisme et la radicalisation spirituelle, elles désavantagent les femmes qu'elles soient épouses, filles ou sœurs. Selon les visées des instigateurs de cette confusion volontaire, cette prééminence des dispositions religieuses constitue l'objectif essentiel. En effet, la Sourate 4. *An-Nisā'* (Les Femmes), la principale source du droit musulman qui règle les questions de succession prône ainsi une domination du patriarcat :

> « 11. Voici ce qu'Allah vous enjoint au sujet de vos enfants : aux fils, une part équivalente à celle de deux filles. S'il n'y a que des filles, même plus de deux, à elles alors deux tiers de ce que le défunt. Et s'il n'y en a qu'une, à elle alors la moitié. Quant aux père et mère du défunt, à chacun d'eux le de ce qu'il laisse, s'il a un enfant. S'il n'a pas d'enfant et que ses pères et mère héritent de lui, à sa mère alors le tiers. Mais s'il a des frères, à la mère alors le

---

[52] « Loi n° 62-17 AN-RM du 3 février 1962 portant Code du mariage et de la tutelle », *op. cit.*, p. 6.
[53] Loi n° 2011-087 du 30 décembre 2011 portant Code des personnes et de la famille, *op. cit.*, p. 55.

sixième, après exécution du testament qu'il aurait fait ou paiement d'une dette. [...] 12. Et à vous la moitié de ce que laissent vos épouses, si elles n'ont pas d'enfants. Si elles ont un enfant, alors à vous le quart de ce qu'elles laissent, après exécution du testament qu'elles auraient fait ou paiement d'une dette. Et à elles un quart de ce que vous laissez, si vous n'avez pas d'enfant. Mais si vous avez un enfant, à elles alors le huitième de ce que vous laissez après exécution du testament qu'elles auraient fait ou paiement d'une dette. [...] 13. Tels sont les ordres d'Allah. Et quiconque obéit à Allah et à Son messager, il le fera entrer dans les Jardins sous lesquels coulent les ruisseaux, pour y demeurer éternellement. Et voilà la grande réussite. 14. Et quiconque obéissent à Allah et à Son messager, et transgresse Ses ordres, Il le fera entrer au Feu pour y demeurer éternellement. Et celui-là aura un châtiment avilissant. »[54]

L'application courante de ces prescriptions religieuses est une violation manifeste du principe constitutionnel de laïcité de l'État rappelé dans l'article 25 et le deuxième alinéa du préambule de la Constitution malienne du 25 février 1992[55]. De plus, sur le plan de la conventionalité, elle exprime un manquement clair aux dispositions du premier alinéa de l'article 5 de la Convention des Nations-Unies sur l'élimination de toutes les formes de discrimination à l'égard des femmes. Selon ces dispositions, les États parties s'engagent à prendre toutes les mesures appropriées pour modifier les schémas et modèles des comportements socioculturels de l'homme et de la femme en vue de parvenir à l'abolition des préjugés et des pratiques coutumières, ou de tout autre type, qui sont fondés sur l'idée de l'infériorité ou de la supériorité de l'un ou l'autre sexe ou d'un rôle stéréotypé des hommes et des femmes.

262. Les paradoxes de la banalisation de cette emprise du religieux. – Par ailleurs, sur le plan symbolique, cette prévalence du sacré sur la légalité républicaine décrédibilise les autorités maliennes qui ont urgemment fait appel à la France pour les aider à rétablir la République dans ses droits. Comme le rappelait la ligne politique du parti Sabati 2002, qui servait de façade au fondamentalisme religieux, le législateur malien a légalisé une forme de dépendance entre la *res publica* (la religion civile) et la *res sacrum* (dogmatisme religieux) à travers l'inclusion des ministres du culte dans la célébration du mariage.

B/ Les ambiguïtés de la légalisation des mariages religieux

263. L'intervention des ministres du culte dans la célébration du mariage. – Selon l'article 280 du nouveau Code malien des personnes et de la famille : « Le mariage est un acte public, par lequel un homme et une

---

[54] M. ḤAMIDULLAH, *Le Saint Coran,* Traduction en langue française du sens de ses versets révisée de M. ḤAMIDULLAH, Éditions, Dar Albouraq, Beyrouth, 2010, p. 100-102.

[55] Décret n° 92-073/P-CTSP du 25 février 1992 portant promulgation de la Constitution, *op. cit.*, p. 118.

femme, consentent d'établir entre eux une union légale dont les conditions de formation, les effets et la dissolution sont régis par les dispositions du présent livre. Il est célébré par l'officier d'État civil ou par le ministre du culte. »[56] À travers ce point, ce Code a impliqué les ministres du culte dans la formation du mariage. Même si c'est à la *res sacrum,* en l'espèce l'église, qu'a été emprunté le concept d'état civil qui a largement contribué à la création de l'État moderne, la réunification des deux logiques pose un certain nombre de problèmes juridiques. Ces derniers vont du manque de clarté du dispositif, à la gestion des hiatus entre les règles en vigueur et au statut des religieux agissant comme officiers d'état civil.

264. La dissipation du flou entourant la notion de ministres du culte du législateur. – Une analyse purement textuelle ne permet pas de cibler avec précision le sens de la dénomination « ministres du culte », car la liberté de culte n'a intégré pleinement le langage juridique qu'à la suite de l'adoption de la loi française du 9 décembre 1905, portant séparation des Églises et de l'État. Étant donné que le législateur malien a emprunté le sens inverse, cette acception ne peut donc valablement servir de guide à la compréhension de la phraséologie du Code. Une archéologie du concept s'impose. Si nous revenons aux racines de cette expression, nous constatons qu'elle désigne la personne qui accomplit la fonction de direction des activités liturgiques. Dans ce sens et compte tenu de la diversité culturelle malienne seraient visés par le Code : les féticheurs traditionnels, les rabbins, imams, pasteurs et prêtres catholiques. Cette interprétation est confirmée par l'article 751 de l'actuel Code des personnes et de la famille qui met le cultuel et le culturel au même niveau[57]. En effet, selon le strict respect du principe de laïcité républicaine énoncé à l'article 3 de la loi du 21 juillet 1961 portant organisation de la liberté religieuse et de l'exercice des cultes dans la République du Mali[58], la *natte* de la République a une obligation de neutralité et d'équité. C'est la raison pour laquelle les féticheurs traditionnels devraient également faire partie des personnes visées par le dispositif du code. Il suffit de se référer aux travaux de Ronald DWORKIN inspirés par les réflexions d'Albert EINSTEIN[59] pour s'en convaincre. DWORKIN introduit ainsi son ouvrage *Religion sans Dieu* :

---

[56] Loi n° 2011-087 du 30 décembre 2011 portant Code des personnes et de la famille, *op. cit.*, p. 22.

[57] Loi n° 2011-087 du 30 décembre 2011 portant Code des personnes et de la famille, *op. cit.*, p. 55.

[58] « Loi n° 61-86/AN-RM du 21 juillet 1961 portant organisation de la liberté religieuse et de l'exercice des cultes dans la République du Mali », dans : *Recueil des codes et textes usuels de la République du Mali,* Tome 2, *op. cit.*, p. 692.

[59] A. EINSTEIN précise – pour illustration des ambiguïtés, ou subtilités, de sa pensée spirituelle – que : « Le judaïsme n'est pas une foi. Le Dieu juif signifie un refus de la superstition et une substitution imaginaire à cette disparition. Mais c'est également la tentation de fonder la loi morale sur la crainte, attitude déplorable et dérisoire. Je crois cependant que la puissante tradition morale du peuple juif s'est largement délivrée de cette crainte. On comprend clairement que "servir Dieu" équivaut à "servir la vie". Pour ce but les meilleurs témoins du peuple juif, en particulier les

« L'idée directrice de ce livre est que la religion est plus profonde que Dieu. La religion est une révision du monde aussi profonde que différenciée et complète : elle soutient qu'une valeur inhérente et objective pénètre tout, que l'univers et ses créatures sont dignes d'admiration, que la vie humaine a un sens et l'univers un ordre. La croyance en un dieu n'est qu'une des manifestations possibles de cette vision profonde. [...] La conviction qu'un dieu sert de garant aux valeurs présuppose une croyance ferme en la réalité indépendante de ces valeurs. Cette croyance peut être partagée également par des non-croyants. »[60]

265. Rappel de la particularité des conditions d'accès à certains lieux de culte. – Les règlements intérieurs de certains lieux de culte ne permettent pas un libre accès des citoyens. Conformément aux préceptes dogmatiques, seuls les initiés et croyants reconnus, qui n'ont pas été excommuniés, bénéficient d'un libre accès aux lieux de célébrations religieuses. Cette spécificité commune aux religions est une entrave au caractère public de l'acte de mariage républicain. La publication des bans de l'article 301 n'a d'autre fonction que de vérifier l'effectivité du célibat des futurs époux en informant les administrés. Les possibilités de contournement de la loi sont plus faciles, parce que le public ciblé est plus restreint. De surcroît, les ministres du culte ne forment pas toujours un « cercle herméneutique » avec leurs collaborateurs républicains. Ils ont par exemple des divergences manifestes en ce qui concernant le régime matrimonial. Les musulmans maliens ont pour coutume de choisir la polygamie qui est un privilège du droit divin et une simple option légale au plan civil. Quant aux catholiques, ils ont une conception différente de l'office du mariage et de sa dissolution.

266. La double fonction assignée aux ministres du culte. – Le manque de clarté de la position du nouveau législateur favorise les conflits normatifs en ce qu'il ne permet pas aux citoyens et croyants d'identifier distinctement les fonctions du ministre du culte. Prenons le cas d'un imam

---

prophètes et Jésus, se sont battus inlassablement. Le judaïsme n'est pas une religion transcendante. Il ne s'occupe que de la vie qu'on mène, charnelle pour ainsi dire, et rien d'autre. J'estime problématique qu'il puisse être considéré comme une religion au sens habituel du terme, d'autant qu'on exige aucune croyance du juif mais plutôt un respect de la vie au sens supra-personnel. Mais il existe enfin une autre valeur dans la tradition juive, se découvrant magnifiquement dans de nombreux psaumes. Une sorte de joie enivrante, un émerveillement dans la beauté et la majesté du monde exalte l'individu même si l'esprit n'arrive pas à concevoir l'évidence. Ce sentiment où la véritable recherche puise son énergie spirituelle rappelle la jubilation exprimée par le chant des oiseaux devant le spectacle de la nature. Ici s'exprime une sorte de ressemblance avec l'idée de Dieu, une sorte de balbutiement de l'enfant devant la vie. Tout ceci caractérise le judaïsme et ne se rencontre par ailleurs sous d'autres noms. En fait Dieu n'existe pas pour le judaïsme où le respect excessif de la lettre cache la pure doctrine. Mais je considère néanmoins le judaïsme comme un des symbolismes de l'idée de Dieu les plus purs et les plus vivaces, surtout parce qu'il recommande ce principe du respect de la vie. » A. EINSTEIN, *Comment je vois le monde*, *op. cit.*, p. 132-133.

[60] R. DWORKIN, *Religion sans Dieu,* Traduction de J. E. JACKSON, Éditions Labor et Fides, Genève, 2014, p. 11.

conservateur. Selon la Sourate 4. *An-Nisā* (Les Femmes) qui prévoit principalement du régime matrimonial musulman, le ministre du culte ne doit obéissance qu'aux règles spirituelles, car comme rappelé *supra*,

> « 13. Tels sont les ordres d'Allah. Et quiconque obéit à Allah et à Son messager, il le fera entrer dans les Jardins sous lesquels coulent les ruisseaux, pour y demeurer éternellement. Et voilà la grande réussite. 14. Et quiconque obéissent à Allah et à Son messager, et transgresse Ses ordres, Il le fera entrer au Feu pour y demeurer éternellement. Et celui-là aura un châtiment avilissant. »[61]

Pour notre imam discipliné, la célébration d'un nouveau mariage religieux d'un homme qui aurait contracté devant les officiers d'état civil un mariage monogamique n'est pas du tout répréhensible. Cette solution à la limite du paradoxe était une faille dans l'institution du mariage que l'ancien code s'efforçait de combler en précisant dans son l'article 6 que :

> « Tout ministre du culte qui procédera aux cérémonies religieuses d'un mariage sans qu'il ait été justifié d'un acte constatant la célébration civile de ce mariage délivré par un officier de l'état civil, sera puni d'une amende de 5. 000 à 30 000 francs. En cas de récidive, il encourra une peine d'emprisonnement qui ne pourra être inférieure à deux mois. »[62]

Cette mise au pas des autorités religieuses permettait aux fondateurs d'affermir l'institution du mariage en pérennisant les engagements des époux. En abrogeant les dispositions de la loi du 3 février 1962 qui portait Code du mariage et de la tutelle en République du Mali, le législateur a consolidé les assises de ce contournement informel de la loi et renforcé le manque de clarté de la règle. Il est incompréhensible qu'une même autorité célébrant des mariages puisse établir deux actes d'une valeur juridique différente. Cela rappelle la dualité des statuts qui existait à l'époque coloniale. La légalisation des mariages religieux a augmenté le capital symbolique des actes religieux et par conséquent favorisé le *forum shopping* juridique.

267. Conséquences de cette double fonction assignée aux ministres du culte. – Il convient d'ajouter à cela des contraintes d'ordre logique et logistique, qui sont la conséquence de la fonction assignée aux ministres du culte. La majeure partie des imams ont reçu une formation en langue arabe et ne sont pas en mesure d'exécuter correctement les formalités nécessaires à la validité du mariage. Quant aux féticheurs traditionnels, ils n'ont généralement pas les infrastructures nécessaires et indispensables à l'accomplissement des règles de forme. Ne disposant pas toujours de lieux de culte abrités et fréquentés par les non-initiés, ils ne peuvent aucunement respecter les prescriptions des articles 300 à 305 qui réglementent la célébration devant les autorités religieuses. De plus, le mode

---

[61] M. ḤAMIDULLAH, *Le Saint Coran, op. cit.*, p. 101-102.

[62] « Loi n° 62-17 AN-RM du 3 février 1962 portant Code du mariage et de la tutelle », *op. cit.*, p. 2.

d'administration des religions monothéistes conduit à l'inclusion des personnes de nationalité étrangère dans l'exécution de ce service public administratif. Par exemple, les prêtres en tant que fonctionnaires du Vatican affectés en fonction des besoins de l'État pontifical peuvent également accomplir des fonctions régaliennes en République du Mali. Cette situation est également partagée par certaines confréries musulmanes qui entretiennent des relations d'échange de chefs qui peuvent parvenir à cette fin, même si leur niveau d'organisation n'atteint pas celui des Églises.

268. Conséquences juridiques de la soumission des autorités étatiques à la raison de l'islam politique. – En légalisant les mariages religieux sous la pression de certains intégristes musulmans, le législateur malien a bafoué une partie des œuvres réalisées par les fondateurs de la République du Mali. Le caractère sibyllin de cette intégration d'une dogmatique nouvelle a créé des vides juridiques défavorables au renforcement de l'autorité étatique. Par exemple, le législateur ne s'est pas prononcé sur les questions liées au statut des ministres du culte lors de l'accomplissement de cette fonction. Les seules allusions faites en matière de responsabilité sont d'ordre civil et pénal et sont similaires à celles qui prévalent dans le cas des officiers de l'état civil. Il semble évident que les contentieux en rapport avec cette fonction de vicaire des officiers d'état civil relèvent du droit administratif. De fait, cette institutionnalisation a apaisé les ardeurs des radicaux au prix de la profusion de zones d'ombres qui favorisent l'émancipation du *yùrùguyurugu.* Pour que la République démocratique continue d'être le *compté-pour-un*, les juristes maliens ont pris l'habitude de manier leurs outils d'une manière qui ne peut que laisser songeur. Nous avons donné un nom à cette méthode de travail : la condamnation au *yùrùguyurugu* juridique. Il s'agit de l'ensemble des techniques mobilisées par les gouvernants pour mettre à portée de la raison humaine cette addition des individualités qui composent la mosaïque de la légalité.

SECTION 2 :
La condamnation au *yùrùguyurugu* juridictionnel

269. La difficile posture des *diseurs de droit* maliens : l'exemple de la fixation des prix de l'électricité. – Le *statu quo* néocolonial de la transition politique a muré les praticiens du droit dans un embarras constant. Les politiciens n'ayant pas eu le courage nécessaire à la finalisation du système de commandement de la *natte* de la démocratie malienne, les interprètes authentiques doivent jouer les vicaires des gouvernants et concilier des visions contradictoires d'une société sans autorité.

Cela est parfaitement illustré par les nombreux rebondissements de l'épineuse question de la vérité des prix dans le secteur énergétique. L'administration malienne s'est toujours trouvée entre le pilon – ses bailleurs de fonds, les patrons de la mondialisation – et le mortier – les victimes locales de la mondialisation –, avec une marge de manœuvre quasi nulle, qui lui permet, tant bien que mal, de maintenir son pouvoir sur ses administrés. Déjà en 1981, lors de la « table ronde » organisée par la rédaction de l'ancienne revue mensuelle nationale *Sunjata*, le directeur général de l'Énergie du Mali (ci-après EDM) déclarait que la production du kilowatt-heure d'électricité coûtait à sa société au minimum 80 FM à Bamako et 350 FM à Tombouctou, ce qui n'empêchait pas l'administration de lui imposer un prix de vente unique de 71 FM[63]. Un peu plus de trois décennies plus tard, la tendance est restée la même : l'EDM vend toujours à perte. Le prix d'achat du kilowatt/heure d'électricité par ses clients ne couvre même pas les coûts de revient de l'électricité. Effectivement, en 2014, la production du kilowatt/heure coûtait réellement 180 francs CFA, pendant que le prix de vente se situait aux environs de 85 francs CFA. Selon le Cadre stratégique pour la croissance et la réduction de la pauvreté 2012-2015 du Mali[64], même si le taux d'accès à l'électricité ne représente que 27 pour cent de la population et 15 pour cent en milieu rural (principalement de l'éclairage public), la demande d'énergie (14 pour cent pour l'énergie primaire et 10 pour cent pour l'électricité) augmente plus rapidement que le PIB (5 pour cent par an). Il y a donc, d'un côté, un maintien du contrôle des prix pour des raisons évidemment politiques : éviter les soulèvements populaires contre la cherté de la vie ; et de l'autre, une nécessité croissante d'investissement pour des raisons économiques : principalement, pour répondre aux besoins des secteurs secondaire et tertiaire. Dans ces conditions, un brutal infléchissement de la position du gouvernement malien provoquerait sans nul doute, un scénario semblable à la révolte du pain de Casablanca en 1981, ou une diffusion des germes d'autodétermination des identités locales : ethnies, tribus, etc.

270. Deux études de cas. – L'absence de contrôle des termes de la transition démocratique par les autorités politico-économiques a favorisé un sabordage sociétal. Les éléments permettant de *compter-pour-un* (le *fòròba,* la République, le domaine de compétence de la personnalité juridique de l'État, la personne morale de droit public propriétaire de ce qui ne peut être privé) sont devenus des mirages qui se manifestent occasionnellement dans

---

[63] Mensuel national d'informations *Sunjata n° 34*, septembre 1981.

[64] « Plan pour la relance durable du Mali 2013-2014 d'avril 2013 », dans : *Rapport du FMI n° 13/111*, Cadre stratégique pour la croissance et la réduction de la pauvreté 2012-2015 du Mali, mai 2013, p. 166.

les prétoires[65]. Cela explique la débâcle des *diseurs de droit* maliens, qui sont obligés par la force des choses de mobiliser le *yùrùguyurugu* juridictionnel (une reformation de la règle de droit à des fins stratégiques pour éviter le chaos) afin de stabiliser une situation insurrectionnelle. À travers une analyse de deux importants contentieux, la privatisation rampante de la CMDT (juge judiciaire) **(§ 1)** et l'affaire des radiés de la fonction publique (juge administratif) **(§ 2)**, nous dévoilerons les liens de cause à effet qui existent entre le manque de clarté de la position des politiques et les subterfuges juridiques. Nous démontrerons qu'en leur qualité de coadjuteur des autorités administratives, les diseurs officiels du droit malien n'ont d'autre choix que de veiller à la pérennisation d'un tel système d'énonciation du droit à plusieurs niveaux.

§ 1 : La privatisation rampante de la Compagnie malienne pour le développement des textiles (CMDT)

271. La généalogie de la CMDT : la dimension stratégique du secteur cotonnier. – Le coton a été au cœur de l'économie locale depuis la période coloniale. Tout commença avec la publication de l'ouvrage d'Henri LECOMTE : *Le Coton, monographie, culture, histoire économique.* Cet ouvrage exposait la possibilité de développement de la culture du coton dans les colonies soudanaises et sénégalaises en 1900[66] et il relatait la création de l'Association coloniale cotonnière (ACC) le 14 janvier 1903 par Robert A. C. ESNAULT-PELTERIE. Le coton a occupé une place primordiale dans l'entreprise coloniale. En 1920, les Sociétés indigènes de prévoyance (SIP) virent le jour pour redynamiser sa culture entravée par le manque de prévoyance des cultivateurs locaux. En fait, l'introduction de cette culture par le travail forcé obligeait des familles à lui consacrer une partie de leurs champs et de leur temps de labeur. Ce bouleversement des normes agricoles entraîna une disette qui devait être combattue par les fonctionnaires de la SIP et leurs méthodes musclées. L'adoption de la loi Félix HOUPHOUËT-BOIGNY du 11 avril 1946 visant la suppression du travail forcé changea la donne. L'Institut de recherche sur le coton et les textiles (IRCT) de M'Pessoba (commune de l'actuelle région de Sikasso) vit le jour la même année (1946) avec le volontariat comme technique incitative des agriculteurs. Suite à l'arrêté du 8 mars 1949, la Compagnie française pour le

---

[65] L. RASCHEL, « Le juge et la crise des institutions », V. MAZEAUD et P. DE MONTALIVET (dir.), *La crise des institutions : actes du colloque organisé par le centre Marchés,* Institutions, Libertés (MIL) le 11 décembre 2014 à la Faculté de droit de l'Université Paris-Est Créteil, Éditions LGDJ, Lextenso, Paris, 2016, p. 63-73.

[66] H. LECOMTE : *Le Coton, monographie, culture, histoire économique*, Éditions Georges CARRÉ et C. NAUD, Paris, 1900, p. 187-188.

développement des textiles (CFTD), une société d'économie mixte, reprit le flambeau.

L'actuelle CMDT fut le fruit de la renaissance de cette ancienne filiale de la société DAGRIS, jadis Compagnie française de développement du textile. Elle a été créée en 1949, en vue de développer la filière cotonnière en Afrique subsaharienne[67]. C'est donc en appendice du projet colonial que la coopération bilatérale franco-malienne a conduit à l'adoption de l'ordonnance du 30 janvier 1975 portant approbation des statuts de la Compagnie malienne pour le développement des textiles (CMDT)[68]. Concrètement, cette société anonyme d'économie mixte baptisée « CMDT » résultait de la restauration des liens entre les deux pays. Conformément à l'article 6 de ses statuts initiaux, qui a repris les termes de la convention bilatérale de création, la nouvelle entité réunit l'ancienne CFDT détentrice de 40 pour cent des parts sociales représentant 8 000 actions et le gouvernement malien avec une participation de l'État s'élevant à 60 pour cent, soit 12 000 actions. La création de cette nouvelle entité était un message fort envoyé par le gouvernement de la deuxième République du Mali aux investisseurs étrangers et à diverses couches sociales locales.

Ironie du sort : c'est en voulant réduire *a minima* le secteur des entreprises publiques tout en encourageant l'entrepreneuriat privé que la deuxième République s'est retrouvée en position d'être plus expansionniste que son prédécesseur né sous le régime socialiste des pères de l'indépendance, à travers la création de la plus importante des entreprises publiques maliennes. Cette entreprise avait les missions principales suivantes :

– le conseil agricole en direction des paysans producteurs de coton ;

– la collecte, la commercialisation, l'égrenage du coton graine ;

– la vente de la fibre de coton à l'exportation et aux industries textiles maliennes.

S'il existait une classification du type « CAC 40 » au Mali, la CMDT en constituerait le fleuron. Elle faisait vivre, avec ses filiales, le tiers de la population nationale, soit 4 millions de Maliens sur les 12 millions d'habitants[69]. Elle représentait à elle seule 50 à 60 pour cent de la valeur des exportations nationales[70]. Le secteur cotonnier est le premier pourvoyeur de

---

[67] Avis de la Commission des participations et des transferts n° 2008-AC-1 du 29 janvier 2008 relatif au transfert au secteur privé de DAGRIS, p. 2, disponible sur *http://www.legifrance.com/telecharger_rtf.do?idTexte=JORFTEXT000018152054&dateTexte=20080221* (Consulté le 18 septembre 2016)

[68] Ordonnance n° 1975-004 du 30 janvier 1975 portant approbation des statuts de la Compagnie malienne pour le développement des textiles (CMDT), *JORM n°* 1975-456 du 1er mars 1975, p. 1012.

[69] T. BAH, *Mali : Le procès permanent, op. cit.*, p. 89.

[70] P. HUGON, « Les réformes de la filière coton au Mali et les négociations internationales », *Afrique contemporaine, 2005/4 n° 216*, p. 203.

fonds du budget de l'État avec 10 pour cent des recettes du budget national[71]. La CMDT est également le premier employeur privé du pays avec 5100 salariés, dont 2300, à titre permanent et le reste comme saisonniers.

272. Le contrat-plan État-CMDT de 1988 : la privatisation. – La privatisation de la société fut décidée par le Conseil des ministres du 4 octobre 2006 et le Parlement malien avalisa sans grande difficulté le projet de loi du 1er août 2008 portant privatisation de la CMDT. Cette loi était un aboutissement. Elle visait à aplanir des situations délicates, tant dans l'ordre international que dans l'ordre interne. En novembre 2002, lors d'une réunion préparatoire du Forum économique de Davos, monsieur James D. WOLFENSOHN, le président de la Banque mondiale de l'époque (1995-2005), avait reconnu la mort du Consensus de Washington. Ce qui par conséquent poussa les institutions financières internationales à prôner un soutien massif aux économies agricoles des Pays moins avancés (PMA) tel que le Mali[72]. La privatisation était le couronnement d'une mutation de la CMDT. *De facto*, sa gestion était déjà détachée de la personne publique grâce aux nombreux Contrats-Plans signés entre l'État et elle **(A)**.

Ces contrats se substituaient à la tutelle directe. Ils avaient pour objet la résolution de divers problèmes d'exploitation et de fourniture de la société. La privatisation était destinée à la séparer définitivement de la sphère publique. Toutefois, ce faisant, le gouvernement a paradoxalement voulu concilier cet impératif idéologique (la privatisation) avec des contraintes fortes tenant au manque de viabilité économique des filiales de la CMDT. Pour ce faire, il a artificiellement augmenté l'attractivité de l'huilerie cotonnière du Mali (ci-après HUICOMA) en concluant un contrat d'assistance dans lequel le gouvernement s'engageait à assister l'acquéreur dans la conclusion d'un contrat commercial de fourniture de grain de coton avec la CMDT[73]. C'est parce que cette affaire dévoile la complexité de cette tentative de conciliation de logiques opposées que nous analyserons le contentieux du 18 juin 2008 opposant la CMDT à l'HUICOMA, qui représente un véritable *férekenyágami* gouvernemental **(B)**.

A/ Le yùrùguyurugu du contrat-plan État-CMDT de 1988

273. La conception malienne de la planification. – Le contrat-plan n'est évidemment pas une création malienne. Toutefois, la formation de cette République y est entièrement liée. Le rapport du Congrès extraordinaire du 22 septembre 1960, qui proclama l'indépendance nationale, avait chargé le gouvernement et la direction du Parti :

---

71 *Ibid.*

72 D. UZUNIDIS : « Les pays en développement face au "Consensus de Washington" : histoire et Avenir », dans : *6 e Annuaire français de relations internationales*, Bruylant, Bruxelles, 2005, p. 873.

73 CCJA, arrêt n° 033/2015 du 23 avril 2015, *État du Mali c./Société Groupe TOMOTA S.A.*, p. 7.

« — de s'attaquer immédiatement et vigoureusement à la décolonisation économique ; – d'instituer rapidement des structures économiques nouvelles en renversant et développant les circuits commerciaux dans le cadre d'une planification socialiste fondée sur les réalités africaines ; – d'user de tous les moyens pour implanter une infrastructure ferroviaire, routière, fluviale et aérienne, conforme aux besoins du pays ; – d'intensifier la production agricole pour augmenter la consommation intérieure et le potentiel d'exportation ; – d'user de tous les moyens pour l'implantation d'industries de transformation afin d'éviter des frais inutilement onéreux ; – d'accentuer les recherches minières pour faire du Mali un État digne de l'Afrique moderne ; – de diriger et de contrôler efficacement l'économie du pays par l'État qui prendra une part de plus en plus active, notamment par la mise en place d'un Office National de Commerce Extérieur et l'intensification du secteur coopératif »[74].

La mise en œuvre correcte de ces exhortations nécessitait un minimum d'organisation qu'assurait le plan. Depuis l'adoption de ce texte, la planification malienne est devenue un outil privilégié des politiques en matière de développement économique et social. En dépit des changements de Républiques et de régimes politiques, le pays a connu quatre opérations de planifications de 1961 à 1991. La première opération concernait le plan de transition socialiste de 1961-1965[75], suivie du programme triennal de redressement économique et financier de 1970-1972[76], puis des plans-projets d'investissements de 1973-1978[77], du plan comptable de 1981-1985[78] destiné aux investisseurs étrangers et pour finir, d'un plan de sauvetage économique appelé « politique d'ajustement structurel » (1987-1991)[79].

274. Les origines occidentales du concept de contrats-plans. – Même s'il s'agissait d'une ramification de la planification nationale, les contrats-plans appartenaient aux plans de la deuxième génération. C'est-à-dire qu'ils n'étaient pas directement régis par les autorités politiques. Le cadre de cette

[74] Ch. O. DIARRAH, *Le Mali de Modibo KEITA, op. cit.*, p. 35.

[75] Loi n° 1961-100 du 1er septembre 1961 portant adoption du Plan quinquennal de développement économique et social 1961-1965, *JORM* n° 1961-99 du 15 septembre 1961, p. 703.

[76] Ordonnance n° 1970-033 du 21 août 1970 portant approbation du Programme triennal de redressement économique et financier, *JORM* n° 1970-335 du 1er septembre 1970, p. 536.

[77] Décret n° 46-PG-RM du 2 mai 1973 portant attribution et composition des Commissions nationales de planification pour l'élaboration du Plan quinquennal 1973-1978, *JORM* n° 1973-403 du 15 mai 1973, p. 404 et s.

[78] Loi n° 81-83/AN-RM du 22 octobre 1981 portant approbation du Plan quinquennal de développement économique et social 1981 -1985, *JORM* n° 1981-22 du 15 novembre 1981, p. 2.

[79] Loi n° 1988-11 du 28 mars 1988 portant ratification de l'ordonnance n° 1987-13 du 31 juillet 1987 autorisant le gouvernement à contracter auprès de la Caisse centrale de coopération économique un emprunt destiné à financer son programme d'ajustement structurel, *JORM* n° 1988-01 mars 1988, p. 32. ; ordonnance n° 91-33/P-CTSP du 18 juillet 1991 autorisant la ratification de l'accord de prêt d'un montant de 15 000 000 d'Unités de Compte FAD signé le 30 avril 1991 entre le gouvernement de la République du Mali et le Fonds africain de développement dans le cadre du Programme d'ajustement structurel, *JORM* n° 1991-15 août 1991, p. 537-538.

nouvelle génération de plans était le résultat d'une transaction entre le centre (l'exécutif et le Parti) et la périphérie. Officiellement, il s'agissait de la version transactionnelle de la planification. C'est l'arrivée de la gauche française au pouvoir qui a inspiré le nouveau cadre juridique des plans, notamment avec la loi du 29 juillet 1982 portant réforme de la planification. L'article 1er de ce texte consacre cette version concertée de la planification en précisant que : « Le gouvernement associe le Conseil économique et social, les partenaires sociaux et économiques et les régions à son élaboration dans les conditions définies par la présente loi. »[80] Cette nouvelle technologie juridique servira de *patron* aux autorités maliennes.

275. L'instrumentalisation du *yùrùguyurugu* grâce à la proposition de révision des statuts et l'élargissement de l'autonomie financière CMDT. – Le *statu quo* néocolonial poussait les pouvoirs publics maliens à l'usage du *yùrùguyurugu* pour conserver leurs acquis dans la société malienne. L'expérience malienne de la planification se distinguait de la conception française parce qu'elle faisait litière de la recherche d'une véritable dynamique nationale. La dimension inclusive des diversités individuelles et locales était sacrifiée par l'élite bureaucratique et ses bailleurs de fonds. Le contrat-plan signé par l'État et la CMDT en 1988 en est l'illustration parfaite. En réalité, ce document controversé avait originellement pour but de repenser « l'avenir de la filière Coton au Mali ». Cet objectif parachève une révision statutaire **(1)** et un élargissement de l'autonomie financière de l'entreprise **(2)** sans constituer l'amorce d'une planification nationale. Il s'agissait d'une opération de privatisation rampante, une transition conjoncturelle plus en phase avec l'âge d'or du Plan d'ajustement structurel des entreprises publiques (ci-après PASEP) et le changement idéologique que cela implique. Cependant, même si la CMDT n'a jamais fait partie de la liste officielle des six entreprises à réhabiliter dans le cadre du PASEP, elle a néanmoins bénéficié du traitement qui leur était réservé. Nous en voulons pour preuve, la référence faite à cette société dans un texte émanant de la Banque africaine de développement[81]. Il est donc possible de soutenir que la CMDT fut privatisée *de facto* en 1988 et *de jure* en août 2008.

1/ La révision des statuts de la CMDT

276. Conditions préalables à la privatisation. – Du 12 au 14 mai 1988, un séminaire a réuni tous les acteurs de la filière coton à Sélingué. Parmi eux, seule une petite élite nationale et internationale a donné vie au

[80] Loi n° 82-653 du 29 juillet 1982 portant réforme de la planification, *JORF* du 30 juillet 1982 p. 2441.

[81] Groupe de la Banque africaine de développement, *Mali : Programme de restructuration du secteur des entreprises publiques (PRSEP), op. cit.*, p. 3.

premier contrat-plan du Mali, qui fut tout aussi éphémère. Effectivement, cette rencontre avait mobilisé le conseiller aux affaires administratives et judiciaires du gouverneur de Sikasso (3 ᵉ région du Mali), des représentants : de la Banque mondiale, du ministère français de la Coopération, de la Caisse centrale de coopération économique, du Fonds européen de Développement, de la Banque africaine de développement, de la Coopération néerlandaise, de l'US-AID, CFDT, et de la Société John Bingle limited d'Australie. Cette composition particulière explique pourquoi le premier des trois objectifs assignés à ce contrat-plan était : « la révision des statuts de la CMDT dans le sens d'une Société anonyme à caractère industriel et commercial »[82]. Ce changement de statut était donc une privatisation. Mis à part l'euphémisme de la formule employée, la disparition de la garantie de solvabilité de l'État permet d'affirmer avec force que ce document produisait les mêmes effets juridiques qu'un transfert de patrimoine du secteur public vers le secteur privé. L'intégration de cette finalité constituait un contournement de la procédure de confection des lois.

277. Une privatisation rampante. – À part cette volonté de privatisation rampante, rien n'expliquait cette mutation statutaire. En effet, en tant qu'entreprise publique, la CMDT était déjà assujettie à la loi du 11 avril 1969 fixant le statut général des entreprises nationales, dont l'article 4 définissant le champ d'application de la loi renvoyait au régime des établissements à caractère industriel et commercial dotés de la personnalité civile et d'autonomie financière. La CMDT avait auparavant des prérogatives de droit commun. Cela aurait dû avoir pour effet de mettre cette entreprise à l'abri de revirements brutaux émanant du pouvoir en place. Ce raisonnement est renforcé et légitimé par la loi du 26 février 1991 portant statut général des EPIC, dont les articles 9 et 14 renvoient à un classement du patrimoine propre de ces établissements dans le domaine privé de l'État[83], ce qui limite la responsabilité de la personne publique actionnaire aux simples obligations avalisées, cautionnées ou garanties par elle. Nous pouvons y voir une violation de l'article 5 de la loi du 11 avril 1969 portant statut général des entreprises publiques, qui rappelle sans ambages la réserve de compétence du législateur susmentionné. Ce manque de considération pour le respect de la règle de droit constitue un facteur de trouble. Il

---

[82] Article 18 : « La CMDT procédera à une modification de ses statuts afin de les rendre conformes à la loi 89-73/AMRM du 08 août 89 sur les sociétés d'économie mixte ou toute loi la modifiant. Les statuts définiront entre autres la composition du capital, les pouvoirs de l'Assemblée et les procédures de contrôle financier. » L'article 385 de l'Acte uniforme relatif au droit des Sociétés Commerciales et du Groupement d'Intérêt économique Acte adopté le 17 avril 1997 et paru au *J.O. OHADA n° 2 du 1er octobre 1997* dispose que : « La société anonyme est une société dans laquelle les actionnaires ne sont responsables des dettes sociales qu'à concurrence de leurs apports et dont les droits des actionnaires sont représentés par des actions. »

[83] Loi n° 91-51/AN-RM du 26 février 1991 portant statut général des établissements publics à caractère industriel et commercial, *JORM* n° 1991-07 du 15 avril 1991, p. 243.

préfigure le recours au *yùrùguyurugu* des *diseurs de droit* qui permettra de régler le contentieux du 18 juin 2008 opposant la CMDT à l'HUICOMA que nous examinerons ci-dessous.

278. L'instrumentalisation de la révision des statuts. – Le gouvernement a tenté de récupérer une partie importante du contrôle que le statut juridique de l'entreprise paraissait lui avoir enlevé, ce qui faisait de la privatisation une forme de nationalisation non programmée.

Pour illustration, son article 19 portait création d'un comité de suivi et de contrôle non représentatif et antidémocratique. Effectivement, ce comité de suivi oligarchique était composé de trois membres permanents nommés : le ministre chargé des Finances ou son représentant qui en était le président ; venait ensuite le ministre chargé de l'Agriculture ou son représentant et enfin le président du Conseil d'administration de la CMDT ou son représentant légal. Ce comité faisait office de juridiction de première instance en cas de litige résultant de l'application du contrat-plan. De fait et avec l'appui de l'article 34, celui-ci surpassait le régime de droit commun. Cette reproduction de l'oligarchie administrative portait un coup dur à l'avènement et l'épanouissement de la démocratie économique malienne qui devait naître de l'association de l'ensemble des acteurs économiques. C'était aussi le corollaire d'un nécessaire équilibre entre l'égalité et la liberté des différentes forces économiques. Sa garantie revenait aux tiers arbitres, matérialisés par les juridictions de l'ordre républicain.

En la déchargeant des lourdeurs administratives, les auteurs du contrat-plan ont privilégié la technique sur la légalité. Effectivement, ce changement de statut de la CMDT, cette privatisation rampante, a eu pour but de faciliter sa gestion en lui octroyant plus d'autonomie financière.

2/ L'élargissement de l'autonomie financière de l'entreprise

279. L'affranchissement de la CMDT de l'emprise financière de l'État à travers l'élargissement de son autonomie financière. – La seconde mission du contrat-plan se résumait en un élargissement de l'autonomie de gestion de la CMDT par une séparation d'avec l'État, du moins sur le plan financier. Ce divorce signifiait que la CMDT devait percevoir directement les immobilisations et les recettes du coton de la part de l'État par un transfert de compétences. À quoi s'ajoutait l'autonomie budgétaire. Les charges de services publics confiées à la CMDT devaient également se tenir dans un cadre financier distinct de celui de ses opérations sociétaires.

280. La méthode d'affranchissement de la CMDT de l'emprise financière de l'État. – Le but de cette dernière séparation était de contourner l'inaliénabilité et l'imprescriptibilité du patrimoine dédié à ces missions par le deuxième alinéa de l'article 9 de la loi portant statut général des établissements publics à caractère industriel et commercial[84]. Pour rendre cette rupture effective, les participants au séminaire de 1988 ont jugé opportun de rappeler à la CMDT, dans l'article 2 du contrat-plan, qu'elle devait mener ses opérations industrielles et commerciales avec un maximum d'efficacité, tout en l'exhortant à poursuivre toute autre activité à caractère industriel et commercial rentable. Ce texte sans valeur normative, cette déclaration de foi, était une tentative d'insémination artificielle et forcée de la culture managériale. La CMDT devait impérativement s'émanciper de sa tutelle, se désétatiser, se couper des racines idéologiques et statutaires jugées incompatibles avec le profit.

281. Les fondements idéologiques de cette méthode d'affranchissement de la CMDT de l'emprise financière de l'État. – Techniquement, cette rationalisation de sa gestion était une incitation à la diversification des secteurs d'activité de l'entreprise. Elle devait participer au *jeu* anticoncurrentiel de la rentabilité des multinationales étrangères, qui, très souvent, se servent de leur monopole national (dans leur terroir d'origine) pour déborder de leurs missions en confisquant le marché des pays dépourvus d'ordres concurrentiels pertinents comme le Mali. Afin d'assurer pleinement l'efficacité de ces mesures, le gouvernement a mis en place un contrôle *a posteriori* avec un audit financier annuel réalisé par une société spécialisée externe sélectionnée par le comité de suivi (article 15). Cette nouvelle configuration de la CMDT se manifestait également dans l'article 14 du contrat-plan intitulé « service de la dette » dont le premier paragraphe stipulait que : « la CMDT assurera le respect des engagements internationaux en cours et à venir pour les activités à caractère industriel et commercial [...] ». Cette clause contractuelle semblait entrer en contradiction directe avec le droit positif de l'époque figurant dans le Statut général des entreprises publiques de 1969, dont les articles 2 et 3 spécifiaient que : « les Entreprises nationales sont protégées par l'État [mais aussi qu'elles] sont placées sous la tutelle des ministères dont relève leur activité. » Les demandes de crédits réglementées par l'article 23 partageaient cette situation. Cette dernière disposition restreignait les possibilités pour ces entreprises d'y recourir, en les limitant à la Banque de développement du Mali. Cet article 14 fut épaulé par d'autres dispositions renforçant l'autonomie de l'entreprise. Tout d'abord, son régime fiscal est redevenu de droit commun avec le premier paragraphe de l'article 25. La CMDT a ensuite adopté un mécanisme de perception directe des recettes de vente de son coton fibre (article 25) et des aides provenant des fonds de stabilisation de la filière comme le STABEX[85] alimentés, à l'époque, par la Commission

[84] *Ibid.*, p. 243.

[85] Il s'agit du fonds de stabilisation des recettes d'exportation mis en place avec le chapitre premier (articles 16 à 24), du Titre 2 de la Convention de Lomé du 28 février 1975 qui était un

des Communautés européennes ou pour toute sorte de dons ou dotations prévues à cet effet (article 27).

Ce dernier point est une illustration du dogmatisme qui explique en partie pourquoi ces privatisations furent un rendez-vous manqué. En effet, le système STABEX fonctionnait presque de la même manière que le fonds de stabilisation de la CMDT et connaissait également des problèmes de trésorerie. Plus précisément, il était aussi victime de la conjoncture : « [...] la chute des cours à partir du début de la décennie 80 a entraîné leur dérèglement. Celui-ci s'est traduit par un lourd déficit financier du système, et par la diminution du taux de couverture de la baisse des recettes d'exportation. En 1980, les ressources disponibles ont pu couvrir près de 53 % des besoins, mais ce taux n'atteint que 24,7 % en 1981 »[86]. Par conséquent, la programmation de la disparition financière de l'État inscrite dans ce contrat-plan fragilisait davantage la CMDT au lieu de la ragaillardir financièrement.

Pendant que le gouvernement et les membres du séminaire de Sélingué tentaient de mimer les entreprises publiques multinationales, ces dernières subissaient les critiques acerbes et ciblées de leurs nations d'origines. Ces remontrances visaient le détachement pratique de ces entreprises des règles de forme et de fond liées à la recherche du profit en France comme ailleurs.

282. L'inefficacité du *yùrùguyurugu* du contrat-plan État-CMDT de 1988. – Au lieu d'être un moyen d'inclusion démocratique, d'association de l'ensemble des acteurs de la filière coton à la prise de décision, le contrat-plan s'est transformé en outil économique chimérique et suicidaire. C'est la preuve de « l'intransposabilité » des *nomos* d'ailleurs au système malien, puisqu'il fut rapidement remplacé par le contrat-plan de 1989 conclu entre l'État et la CMDT pour le quinquennat 1989-1993. La dénonciation précoce de ce contrat-plan n'entraîna pas l'abolition du cercle vicieux du *statu quo*. Par conséquent, la tentative de reproduction de ce *férekenyágami* sous la tutelle du gouvernement a conduit les membres de la filière (CMDT et HUICOMA) devant le tribunal de commerce de Bamako vingt ans plus tard.

B/ Le férekenyágami du contentieux CMDT/HUICOMA du 18 juin 2008

283. Les raisons structurelles de ce *férekenyágami* : l'interdépendance économique entre la CMDT et l'HUICOMA. – Dans

---

accord de coopération commerciale signé le 28 février 1975 entre la CEE et 46 pays d'Afrique, des Caraïbes et du Pacifique.

86 S. KARINGI, N. OULMANE, M. S.-J. RÉMI LANG, R. PEREZ, *Évaluation de l'impact de l'accord de partenariat économique entre les pays de la CEDEAO et l'Union européenne*, Commission économique des Nations Unies pour l'Afrique, CAPC (centre africain pour les politiques commerciales), décembre 2005, p. 8, disponible : *http://www.uneca.org/atpc/Work pour cent20in pour cent20progress/29_fr.pdf* (Consulté le 18 septembre 2016)

le respect de l'esprit du contrat-plan 1988 mort-né, la privatisation de la CMDT devait être précédée d'un démantèlement de la filière coton. Pour redevenir rentable, la filière devait s'atomiser par l'autonomisation de la CMDT. Cette dernière devait se séparer des autres entreprises publiques transformant sur place la fibre (COMATEX et ITEMA) et la graine (huilerie cotonnière du Mali [HUICOMA]). Cette dernière entreprise était une filiale de la CMDT, qui en était l'actionnaire majoritaire par la détention de 54 pour cent des parts sociales, suivie par l'État malien et ses 40 pour cent ; quant aux 6 pour cent restants, ils étaient détenus par des opérateurs privés. Avant la libéralisation de la vente du coton graine de 1999, l'HUICOMA détenait le monopole des graines de la CMDT, qui lui cédait l'intégralité de ses productions après déduction des semences. Le circuit cotonnier fut bâti sur des enchevêtrements de monopoles d'entreprises semi-publiques évoluant autour de la CMDT. Ce système est resté plus ou moins intact de la période socialiste à celle de la privatisation rampante.

284. Les raisons stratégiques de ce *férekenyágami* : la recherche de la satisfaction d'intérêts contradictoires. – En effet, après avoir soumis les satellites de la CMDT aux règles du marché international sous la pression des bailleurs de fonds, le gouvernement malien fut contraint de privatiser l'HUICOMA en 2005. Le 2 juin 2005, le Groupe TOMOTA SA, holding dirigée par monsieur Aliou TOMOTA un entrepreneur malien, reprend les trois usines que comptait l'ancienne entreprise nationale, en contrepartie de la réinstauration du monopole de sa société sur les graines de la CMDT. Sous la tutelle de l'État, un contrat d'exclusivité de l'HUICOMA sur les graines de coton de la CMDT fut conclu le 29 juillet 2005 pour une durée de 15 campagnes (valable jusqu'en 2020). La signature de cette convention peut être interprétée comme un acte de renaissance de la privatisation rampante de 1988, en ce qu'il s'agissait simplement du remplacement du monopole public par un monopole privé nécessaire à la viabilité d'un projet de reprise de l'HUICOMA. Une continuité de son exploitation ne pouvait que passer par une garantie de l'abondance et de la disponibilité des matières premières de la CMDT. Néanmoins, après la signature du contrat d'exclusivité du 29 juillet 2005, l'entreprise publique (CMDT) conclut avec l'HUICOMA l'avenant du 15 juin 2006, fixant le prix du kilogramme de coton graine de la CMDT en deçà des prix du marché.

Afin de rester fidèle au canevas de la rentabilité imposé par ses bailleurs de fonds, le gouvernement malien devait impérativement rompre ce contrat qui entravait la reprise de la CMDT dont la privatisation, projetée lors du Conseil des ministres du 4 octobre 2006, devint effective à travers l'adoption du projet de loi du 1er août 2008 par le Parlement. L'unique remède à la privatisation hémiplégique de la CMDT restait l'invalidation judiciaire du contrat et de son avenant pour manquement du Groupe TOMOTA à ses obligations contractuelles. C'est ce qui fut tenté devant le tribunal de commerce de Bamako le 18 juin 2008 à travers le *férekenyágami* de la CMDT. Pour des raisons heuristiques, nous présenterons, d'une part, les faits et les problèmes juridiques posés par ce contentieux **(1).** D'autre part, nous apprécierons la solution du tribunal de commerce de Bamako, dont l'inefficacité a donné lieu à la saisine des arbitres de la Cour commune de justice et d'arbitrage (ci-après CCJA) de l'OHADA d'Abidjan **(2).**

1/ Présentation des faits et des problèmes juridiques

285. Le contrat de fourniture du 29 juillet 2005 et son avenant du 15 juin 2006 : les fondements juridiques du contentieux. – Le 29 juillet 2005, la CMDT et l'HUICOMA conclurent un contrat d'exclusivité de fourniture de coton graine. Il prévoyait une fixation commune des prix de la totalité des produits correspondant aux besoins industriels de l'HUICOMA en début de chaque campagne cotonnière avec une date butoir fixée au 1er octobre. L'une des clauses du contrat prévoyait de manière paradoxale que le prix fixé conventionnellement par les parties devait s'aligner sur celui du marché international, d'où l'usage du prix *Free on Board* (FOB) : le prix au lieu de production ou littéralement, à bord d'un navire marchand. La CMDT s'engageait à vendre ses graines de coton à l'HUICOMA au prix courant sans les charges fiscales et les frais de transport. *A priori*, ce contrat d'exclusivité était un échange de bons procédés, un acte commercial gagnant-gagnant. Toutefois, comme il est de coutume dans ces types de transactions, c'est au niveau des négociations annuelles portant sur la fixation des prix que les parties cherchent à tirer le plus de profit possible. C'est ce qui arriva lors de la signature de l'avenant du 15 juin 2006 portant le prix FOB du kilogramme de coton de la CMDT à 12, 5 F CFA pour la campagne 2005-2006. Dans ce texte, il était indiqué qu'une modification de prix devait impérativement donner lieu à la conclusion d'un nouvel avenant. Comme le contrat est la loi des parties, cet avenant restait le droit positif des parties tant qu'il n'était pas remplacé par un autre.

286. La banalisation du *férekenyágami* : la surestimation des enjeux par la CMDT. – En dépit de – et contre – cet engagement, la CMDT déclara avoir fourni à la partie adverse 173 464 tonnes de graines entre la campagne de 2005-2006 et celle de 2006-2007, qu'elle estima étonnamment à 2 577 355 297 F CFA. En divisant cette somme par le tonnage déclaré par la CMDT dans sa requête, il a été déduit qu'elle pratiquait une tarification du kilogramme de coton graine de 14, 85 F CFA, ce qui était loin des 25 F CFA déclarés par la défense de l'HUICOMA. Une réévaluation sur cette base donnerait un total faramineux de 4 336 600 000 F CFA. Nous attirons l'attention sur le fait que le juste prix des quantités fournies par la CMDT, c'est-à-dire une multiplication des 173 464 tonnes déclarées par la CMDT par les 12,5 F CFA fixés par l'avenant, aurait été de 2 168 300 00 F CFA. Selon la demanderesse (la CMDT), l'HUICOMA est bel et bien entrée en possession des dits produits qu'elle a transformés et commercialisés sans lui régler l'intégralité de son dû. C'est la raison pour laquelle la CMDT demanda au tribunal, dans un premier temps de prononcer la résolution du contrat synallagmatique du 29 juillet 2005 et celle de son avenant du 15 juin 2006 ; ensuite de condamner la défenderesse à lui payer une indemnité réparatrice de 500 000 000 de F CFA ; et enfin de la faire bénéficier d'une exécution provisoire en attendant l'épuisement des voies de recours.

287. La banalisation du *férekenyágami* : la surestimation des enjeux par l'HUICOMA. – La version de l'HUICOMA était évidemment différente. Elle commença par contester la véracité des estimations de la créance de la CMDT. Elle reconnut néanmoins avoir effectivement enlevé et réglé les quantités indiquées par le demandeur, qu'elle jugea en dessous de ses attentes calquées sur les prévisions contractuelles. Pour illustration, elle précisa que la CMDT ne lui avait livré que 83 500 tonnes sur les 252 045 qu'elle avait demandées lors de la campagne 2005-2006, au cours de laquelle cette dernière avait produit 275 000 tonnes. Elle soutint également chiffres à l'appui que les campagnes suivantes n'avaient connu aucune inversion de la tendance : en 2006-2007 elle n'aurait reçu que 91 000 tonnes sur les 220 000 tonnes commandées ; pour 2007-2008 (l'année alors en cours), elle n'aurait reçu que 7 000 tonnes de matières premières sur les 180 000 tonnes commandées. À l'instar de la demanderesse, elle estimait curieusement le reliquat dû par la CMDT à 438 500 tonnes. Selon nos calculs effectués sur la base des déclarations de l'HUICOMA, cette estimation était loin de la réalité du total des sommes qu'elle avait déclarées au tribunal. En réalité, une soustraction des quantités perçues (181 500 tonnes) de la totalité des commandes (447 052 tonnes) effectuées au cours des trois campagnes déclarées aboutit à un reliquat de 290 552 tonnes de graines de coton, ce qui reste bien loin des 438 500 tonnes déclarées. L'écart entre l'évaluation faite par la défense de l'HUICOMA et la réalité est abyssal. Cette surestimation s'élève à plus de 147 948 tonnes. Cela ne l'empêcha pourtant pas de demander au tribunal de débouter la CMDT de sa demande pour absence de fondement et contournement des clauses contractuelles constitué par la tentative de perception de la totalité de sa créance auprès de la Banque internationale pour le Mali (BIM-S.A.). À quoi il faut ajouter sa demande reconventionnelle d'injonction de la CMDT de lui livrer les 438 tonnes de graines de coton reliquataires, sous astreinte de 100 millions de F CFA par jour de retard.

2/ Appréciation des solutions du juge et des arbitres du contrat

288. Les fondements équivoques de la solution du juge malien des contrats : la responsabilisation du climat. – Le tribunal de commerce de Bamako commença par rétablir le contentieux dans son contexte juridique – celui du contrat du 29 juillet 2005 et de son avenant du 15 juin

2006 – en rappelant que la violation manifeste des dispositions contractuelles par la CMDT justifiait l'exception d'inexécution de l'HUICOMA. Il a ensuite – de manière plus étonnante – évoqué, comme par enchantement, les dispositions de l'article 13 du contrat initial de fourniture pour renvoyer la responsabilité du manquement contractuel de la CMDT sur des facteurs climatiques. L'usage de cette clause – qui n'a été évoquée par aucune des parties – ne peut que laisser songeur, en ce qu'il constituait une réponse bien faible à la démonstration de la défense de l'HUICOMA-S.A.. Cette dernière avait parfaitement démontré, chiffre à l'appui, la partialité de l'exécution contractuelle de la CMDT. Il est par ailleurs possible de constater là une forme de faille chronique des contrats de cession et de concession des entreprises publiques maliennes, puisque la convention de location-gérance et contrat de concession de l'abattoir de Ségou comportaient une disposition analogue. Il était effectivement disposé dans l'article 8 du contrat de concession de l'abattoir de Ségou consacré aux clauses particulières que :

> « Le concessionnaire et le concédant ne seront pas responsables des conséquences de l'inexécution de leurs obligations ou d'une exécution tardive si celles-ci résultaient d'un cas suivant : la grève, les guerres, l'insurrection, l'émeute, les tremblements de terre, les inondations, les explosions, les incendies lorsqu'ils ne sont pas imputables directement à celui qui les évoque. Chaque partie, dès qu'elle aura connaissance de la survenance d'un tel cas, sera tenue d'en informer l'autre dans les quarante-huit heures par tous les moyens et par tout écrit sous huit jours calendaires en produisant toutes les justifications établissant le fait de façon précise. »[87]

La solution de la décision du tribunal sera pourtant fondée sur ce postulat contestable, consistant à imputer la responsabilité du manquement contractuel à des facteurs climatiques et non au manquement contractuel de l'une des parties. Il suffisait pourtant de prévoir dans les contrats de privatisation une clause rendant obligatoire la souscription d'une assurance,

---

[87] Contrat de concession de l'abattoir de Ségou établi entre le gouvernement de la République du Mali représenté par monsieur A. B. TRAORÉ ministre des Finances et la Société malienne de produits carnés S.A. (SMPCA S.A.) représentée par monsieur A. DIOMANDÉ son Président directeur général. Disponible aux *Archives de la direction générale de l'administration des biens de l'État*, Bamako, le 8 septembre 2008, p. 5. Pour aller plus loin sur cette question, cf. l'article 7 de la convention de location-gérance de l'ex-Opération Thé Sikasso établie entre le gouvernement de la République du Mali représenté par madame SOUMARÉ A. SIDIBÉ, ministre des Domaines de l'État et des Affaires foncières et la Société Générale des thés du Mali (SOGETM) représentée par monsieur S. KONÉ son Président directeur général. Disponible aux *Archives de la direction générale de l'administration des biens de l'État*, Bamako, le 19 mai 2005, p. 2-3. Il y est notamment précisé qu'« En cas de force majeure (guerre, séisme, calamités naturelles, troubles, émeutes, grève, incendie) qui causerait des préjudices importants au preneur, le bailleur peut réduire ou suspendre le loyer pendant la période du sinistre, après examen du rapport et de la requête déposés à cet effet par le preneur. Si le sinistre est très et entraîne un arrêt de travail, le preneur a la faculté de dénoncer la convention.Cette dénonciation assortie du rapport sur le sinistre doit parvenir au bailleur représenté par le ministre des Domaines de l'État et des Affaires Foncières dans les soixante-dix jours qui suivent le sinistre. »

semblable à celles proposées par de l'Agence multilatérale de garantie et d'investissement (MIGA) du groupe de la Banque mondiale[88], qui auraient couvert de tels risques pour renforcer la valeur juridique et la pérennité de ces contrats. Cela aurait également permis d'empêcher le tribunal de Bamako de recevoir en même temps la demande introductive de la CMDT (la demanderesse initiale) et la demande reconventionnelle d'exécution forcée d'HUICOMA-S.A (la partie adverse), avant de les débouter au fond.

289. Les fondements politiques de la décision du juge malien des contrats. – En statuant ainsi, le tribunal permit à la CMDT de poursuivre sa transition vers la rentabilité. Il l'autorisait à commercialiser la majeure partie de sa production sur les marchés sous-régionaux et internationaux au mépris de ses engagements contractuels. De fait, le tribunal maintenait ainsi un *statu quo* favorable à l'État et à son entreprise (CMDT) après avoir reconnu son manquement contractuel. Cette interprétation est confirmée par des éléments de la requête introductive d'instance de la CMDT, qui rappelait au tribunal qu'elle : « aurait pu faire d'énormes profits en vendant sa graine de coton sur le marché local ou international »[89]. Selon le système de valeurs de la *natte* occidentale, il n'appartenait pas au tribunal de préserver la CMDT de ses problèmes de gestion. Il lui incombait seulement de dire le droit. Ce qui, en l'espèce, consistait à faire respecter scrupuleusement les conventions qu'elle avait librement conclues. Effectivement, il appartenait à la CMDT de négocier le plus âprement possible l'avenant du 15 juin 2006.

En l'espèce, si justice avait été rendue convenablement, l'HUICOMA n'aurait pas eu besoin de recourir à l'arbitrage de la Cour commune de justice et d'arbitrage de l'OHADA d'Abidjan du 17 juillet 2012. Si les juges maliens du contrat s'étaient soumis aux contraintes de la légalité, ils auraient été dans l'obligation de mener le raisonnement à son terme. Ils auraient de ce fait menacé l'économie générale de la CMDT et accessoirement celle de la

---

[88] Le 5 octobre 1990, le Mali a ratifié la Convention de Séoul du 11 octobre 1985 portant création de l'Agence multilatérale de garantie des investissements (MIGA). Elle est donc entrée en vigueur le 22 octobre 1992. Son article 2 traitant de son objectif et de ses fonctions précise notamment que : « L'Agence a pour objectif d'encourager les flux d'investissement à des fins productives entre les États membres, en particulier vers les États membres en développement, complétant ainsi les activités de la Banque Internationale pour la Reconstruction et le Développement (ci-après dénommée la Banque), de la Société Financière Internationale et d'autres institutions internationales de financement du développement. A cet effet, l'Agence :

a) délivre des garanties, y compris par des opérations de coassurance et de réassurance, contre les risques non commerciaux pour les investissements d'États membres dans un autre État membre ;

b). contribue, par des activités complémentaires appropriées, à promouvoir les flux d'investissement vers et entre les États membres en développement ; et

c). exerce tous autres pouvoirs implicites nécessaires ou favorables à l'accomplissement de son mandat.

Dans toutes ses décisions, l'Agence s'inspire des dispositions du présent article. »

[89] Tribunal de commerce, 18 juin 2008, « CMDT c./ HUICOMA », *Arrêt n° 123/RC, n° 160/RG, n° 310/JGT,* Cour d'appel de Bamako, p. 2.

République. Ce *yùrùguyurugu* juridique était un impératif politique que les magistrats se devaient d'assumer à la place des politiques défaillants. Cela dit, cette solution était aussi économiquement intenable pour l'HUICOMA, qui avait rappelé dans son mémoire en réplique que cette violation du contrat de la CMDT l'avait mise dans l'obligation de « fermer ses usines faute de matière première, de renoncer à tout gain, d'accumuler des pertes, de licencier la moitié de son personnel et de s'abîmer dans des procédures judiciaires interminables »[90]. Elle était en réalité prise en tenailles entre, d'une part, cette parcimonie de la CMDT et d'autre part, les conditionnalités du cahier des charges de la privatisation imposées par le gouvernement malien.

Nous pouvons légitimement soutenir que le 2 juin 2005, la République du Mali avait également transmis la responsabilité de sa défaillance politique. Il suffit de se référer aux longs développements de monsieur Tahirou BAH[91] sur les conditions et les conséquences socioéconomiques de cette privatisation pour saisir l'ampleur de la pression et la catastrophe que subissait le repreneur. D'une part, une application stricte de la loi des parties (le contrat) par le tribunal aurait certainement évité à l'État malien l'amertume de la sentence arbitrale du 8 novembre 2013. D'autre part, l'application effective de l'exécution forcée demandée par l'HUICOMA aurait permis de redresser le déséquilibre économique né des conditions de la privatisation. La mise en œuvre correcte de ces mécanismes juridiques internes aurait clos le contentieux. En d'autres termes, les autorités maliennes auraient pu empêcher la saisine du secrétaire général de la Cour commune de justice et d'arbitrage de l'OHADA d'Abidjan du 17 juillet 2012.

290. La résolution définitive du contentieux par les arbitres de CCJA de l'OHADA. – L'acte final de cette valse de *férekenyágami* impliquant le gouvernement malien, la CMDT et HUICOMA s'est joué devant la Cour commune de justice et d'arbitrage (CCJA) de l'OHADA qui a confirmé, dans son arrêt du 23 avril 2015, la lourde sentence du 8 novembre 2013 prononcée par tribunal arbitral. Le 8 novembre 2013, le tribunal arbitral composé par les professeurs Joseph ISSA-SAYEH et Gaston KENFACK DOUAJNI et maître Alain FÉNÉON condamnèrent l'État malien à verser plus de 24 milliards de F CFA de dommage et intérêts au Groupe TOMOTA SA. Plus concrètement, après s'être déclaré compétent *ratione materiae* et *ratione loci* pour connaître du litige, le tribunal a rejeté les deux exceptions soulevées par l'État malien. Le gouvernement malien soutenait que l'action de remise en cause de la cession des actions et l'action en responsabilité du Groupe TOMOTA étaient prescrites au même titre que son action en réparation des préjudices subis du fait du non-respect des

---

90 *Ibid.*, p. 3-4.

91 T. BAH, *Mali : Le procès permanent, op. cit.*, p. 133-142.

obligations envers le cessionnaire dans l'exécution du Protocole d'accord. Le tribunal arbitral a ensuite :

« — Dit que l'État du Mali a eu un comportement dolosif et déloyal envers le Groupe TOMOTA SA, tant lors de la procédure de soumission d'offres destinées à la privatisation de HUICOMA, que de la négociation du Protocole d'accord et encore lors de la cession des actions de cette société le 16 mai 2005 et, à ce titre, condamne l'État du Mali au versement des sommes suivantes :

o 12 199 000 000 FCFA, à titre de l'indemnisation du préjudice subi du fait du comportement dolosif de l'État du Mali à l'occasion de la cession de HUICOMA ; dit que cette somme produira intérêts à compter du 05 juin 2005 jusqu'à complet paiement au taux de 12,65 % l'an ;

o 11 100 000 000 FCFA, à titre d'indemnisation du préjudice subi postérieurement à cette cession et 1 450 000 000 FCFA au titre de la perte de chance à compter du prononcé de la sentence au taux d'intérêt légal en vigueur au Mali ;

o 175 108 492 FCFA à titre de remboursement des frais et honoraires engagés ;

o 1 FCFA à titre de dommage-intérêts au titre du préjudice moral ;

— Dit que les frais et honoraires de l'arbitrage d'un montant de 116 690 321 FCFA seront supportés intégralement par l'État du Mali et condamne celui-ci à rembourser à la demanderesse les sommes avancées par elle au titre des frais de l'arbitrage au taux légal en vigueur au Mali :

— Rejette toutes autres demandes, fins ou conclusions »[92]

291. Appréciation de la portée systémique de cette décision : la banalisation de la ruine de l'autorité étatique. – Au-delà des conséquences financières de cette affaire, nous voyons avec ces différents contentieux se rétrécir l'espace réservé à l'élite bureaucratique, tandis que se durcissent les conditions de l'occidentalisation de la société malienne. Il est non seulement porté atteinte à ce qui a été appelé le *fòròba,* mais cette condamnation et ses motivations portent un coup fatal à la réputation et à la dignité internationales de la démocratie malienne. En effet, ce sont les fondations du système de gouvernement qui ont été remises en cause. Le dénouement inhérent à ce *yùrùguyurugu* juridique reflète fidèlement l'état de la transition politique malienne : l'État malien ne peut plus pourvoir seul à ses obligations régaliennes à cause de l'absence d'autorité qui le mine.

292. Appréciation de la portée systémique de cette décision : l'indispensable harmonisation de l'autorité étatique et des modalités d'existence du peuple. – Avec le recul, il est possible d'observer la manière dont les membres de ce système de commandement recourent à des subterfuges juridiques. En effet, une application stricte de la légalité est synonyme de disparition du peu d'autorité dont l'État jouit auprès des citoyens. Sans cela, les titulaires de la puissance publique ne disposeraient

---

[92] CCJA, État du Mali c./Société Groupe TOMOTA S.A., *op. cit.*, p. 2-3.

d'aucun des signes extérieurs du pouvoir. Ils n'auraient rien à offrir en échange de l'obéissance de leurs citoyens révoltés et fragilisés par la crise économique. C'est malheureusement cet autre volet de l'état de fait qu'a dévoilé l'affaire des radiés de la fonction publique. Ce contentieux a prouvé que la démocratie libérale malienne ne pourra être sauvée que par une application stricte des systèmes de valeurs de la rationalité occidentale ou par le remplacement du cadre politique actuel par une *manière d'être* plus endogène.

§ 2 : L'étrange réintégration des radiés de la fonction publique

293. Présentation des fondements juridiques du contentieux et de son environnement. – Après la réussite du putsch hasardeux du 22 mars 2012 et la création du CNRDRE, le projet de restauration de l'État n'a pas été abandonné par les mutins. Installés aux postes clefs de l'État, les représentants de ce comité – en accord avec le gouvernement technocratique de la transition politique et constitutionnelle[93] – entamèrent une politique de *kokadjè :* c'est-à-dire un grand toilettage du système jugé corrompu et gangrené par le président sortant et son clan. Pour ce faire, le ministre de la Fonction publique et de la Réforme administrative de l'époque, monsieur Mamadou Namory TRAORÉ, prit l'arrêté du 2 octobre 2012 portant annulation des arrêtés d'intégration de certains fonctionnaires et la décision du 2 octobre 2012 portant annulation des décisions de recrutement de plus de 263 agents[94]. La formation d'un recours pour excès de pouvoir par les fonctionnaires visés – rassemblés au sein du collectif dénommé *Touche pas à mon droit* – déplaça la question de la résolution de ces problèmes politico-militaires sur le plan juridique. Entre le marteau des réformateurs politiques et l'enclume des droits subjectifs, le juge administratif malien était ainsi au centre d'un désordre créé et alimenté par la déconsidération frappant son unique matériau : la norme. Ainsi, malgré un envahissement constant du domaine de compétence du juridique par le politique, les juristes se trouvèrent à nouveau chargés du maintien d'un semblant d'ordre et de

---

93 Le 2 octobre 2012, lors de l'annonce médiatique de ses mesures, le ministre de la Fonction publique et de la réforme administrative de l'époque, M. N. TRAORÉ, réaffirma le soutien sans faille de D. TRAORÉ, président par intérim et de Ch. M. DIARRA, Premier ministre.

94 Il convient de rappeler que cette qualification (de l'arrêté n° 2012-2802/MFPRA-DNFPP du 2 octobre 2012 portant annulation des arrêtés d'intégration de certains fonctionnaires et la décision n° 2012-01308/MFPRA-DNFPP du 2 octobre 2012 portant annulation des décisions de recrutement certains agents) est le fruit d'une confusion langagière. Comme le rappela G. BRAIBANT « Dans le langage technique, le terme "d'annulation" est plutôt réservé à l'annulation par le juge, à l'annulation contentieuse. » G. BRAIBANT, *Le droit administratif français*, Éditions Dalloz et Presses de la Fondation nationale des sciences politiques, Paris, 1984, p. 256 et s.

cohérence à ce nœud gordien créé par les politiques de la transition démocratique.

294. Légitimation du choix de ce contentieux pour la dimension symbolique et heuristique de ses enjeux. – C'est dans ce contexte particulier qu'il a été choisi d'analyser l'affaire dite des « fonctionnaires radiés » concernant le recours pour excès de pouvoir du 23 mai 2013 et le recours en révision du 28 août 2013 instruits par la Section administrative de la Cour suprême[95]. En effet, les conditions d'accès à la fonction publique sont et ont toujours constitué un facteur d'égalisation, d'intégration et de communion nationale. L'aspirant y est standardisé, sérialisé[96] et traité comme le serait n'importe lequel de ses concitoyens remplissant les mêmes critères de sélection. Seules doivent compter ses compétences individuelles. Les considérations socioéconomiques habituelles ne doivent y tenir aucune place. Sur ce plan, ces deux arrêts de la Section administrative de la Cour suprême malienne sont révélateurs de l'ampleur des ambiguïtés du processus de l'étatisation. Ils ont attiré également notre attention en tant qu'ils constituent une illustration de la dextérité dont fait habituellement preuve le juge administratif malien afin de contourner les nombreuses apories de sa fonction contentieuse et de sauvegarder – tant bien que mal – en l'état les droits subjectifs des administrés.

295. L'utilisation du *yùrùguyurugu* par le juge administratif. – Il s'agira ici de procéder à une analyse objective de l'opération mentale à laquelle se sont livrés les membres d'une justice administrative malienne acculés dans leur raisonnement mimétique à une impasse logique. Nous pénétrerons dans « l'arrière-boutique » de la vérité judiciaire à travers une étude de l'interprétation et de la qualification des moyens et motivations des parties à l'instance. Pour ce faire, nous commencerons par une analyse de la source du paralogisme **(A)**. Celle qui a permis à cette juridiction de transformer des actes illégaux en droits réflexes, mais aussi d'utiliser la norme comme instrument de réalisation de cette confusion des concepts occidentaux et locaux. Ce premier cheminement conduira ensuite à l'examen des méthodes d'importation d'une solution de l'ordre juridique français par les magistrats maliens, souhaitant consolider une construction aporétique et inexécutable **(B)**.

---

[95] Section administrative de la Cour suprême, 23 mai 2013, « Fonctionnaires visés par l'arrêté n° 2012-2802/MFPRA-DNFPP du 2 octobre 2012 et la décision n° 2012-01308/MFPRA-DNFPP du 2 octobre 2012 du ministre de la Fonction publique », *Arrêt n° 115 du recueil 2013*, *op. cit.*, 12 p. ; Section administrative de la Cour suprême, 28 août 2013, « ministre de la Fonction publique c./Arrêt n° 115 du 23 mai 2013 de la S.A. » *Arrêt n° 266 du recueil 2013*, *op. cit.*, 15 p.

[96] Il est fait référence ici aux développements de P. ROSANVALLON sur le caractère primordial de l'union des individualités au sein d'un corpus politique – au sens abstrait et concret du mot (le Léviathan de Hobbes) —, qui reste l'unique moyen de donner une forme à la masse informe que constitue le troupeau humain. P. ROSANVALLON, *Le peuple introuvable : histoire de la représentation démocratique en France*, *op. cit.*, p. 14 et s.

A/ L'étonnante qualification juridique des actes abrogés

296. L'instrumentalisation de la qualification juridique afin de transcender les contradictions administratives. – Afin de savoir si les mesures du ministre de la Fonction publique et de la Réforme administrative constituaient un excès de pouvoir comme le prétendaient les requérants, les magistrats de la Section administrative de la Cour suprême malienne ont dû raisonner par syllogisme ; autrement dit, une prémisse majeure, une mineure et une conclusion. En l'espèce, ce cheminement logique devait commencer par la détermination de la nature juridique des actes abrogés[97]. L'étape était majeure en ce qu'elle fondait la solution qui n'était que le résultat logique de ce parcours axiomatique. Les magistrats de la Section administrative de la Cour suprême avaient le choix entre deux solutions. Soit considérer ces recrutements pour ce qu'ils étaient – c'est-à-dire des actes frauduleux insusceptibles de créer des droits réflexes –, ce qui, par conséquent, mettrait l'abrogation ministérielle hors de portée des délais de recours contentieux. Soit les classer dans la famille des actes créant des droits susceptibles de devenir acquis ou définitifs et ainsi justifier la forclusion des actes d'abrogation ministérielle. C'est la deuxième solution qui fut retenue par les magistrats confrontés à une évidence rationnelle. Le paralogisme de cette solution s'impose, après examen des thèses des parties.

297. Le caractère douteux des fondements juridiques de la stratégie de défense des requérants. – La stratégie de défense des requérants reposait principalement sur la légalité de leur recrutement effectué au moyen de la loi du 10 août 2009 portant conditions d'intégration des contractuels dans les fonctions publiques d'État et des collectivités territoriales[98]. Effectivement, ce texte constituait une dérogation au régime des recrutements de droit commun. Il devait permettre à l'administration, à la suite d'une évaluation, de valider les acquis de contractuels ayant de l'ancienneté : ce qui n'était pas le cas des demandeurs. Le socle annexe de leur argumentaire était l'illégalité de la mesure pour non-conformité avec les articles 110 et 120 du statut général des fonctionnaires qui traitent respectivement de la cessation définitive de fonction et des conditions limitatives pouvant y mener, ainsi que du licenciement d'office. Parmi les nombreuses conditions censées ne pas concerner le cas d'espèce figurait la révocation qui correspondait parfaitement au contentieux et plus généralement à la conception malienne de la vérité.

---

[97] Comme précisé *supra*, les mesures ministérielles correspondaient plus à une abrogation qu'à une annulation desdits recrutements. C'est la raison pour laquelle nous avons jugé bon de requalifier correctement l'acte en question.

[98] Loi n° 09-035 du 10 août 2009 déterminant les conditions d'intégration de contractuels de l'administration dans les fonctions publiques d'état et des collectivités territoriales, *JORM* n° 2009-37 du 11 septembre 2009, p. 1445.

L'étymologie de la révocation prouve son adéquation parfaite à la situation litigieuse en ce qu'elle n'est que la francisation de la *revocatio* latine, qui signifie le rappel, l'action d'éloigner[99]. Cette correspondance parfaite entre le qualificatif et les faits est aussi une vérité dans la langue bambara, un authentique *wèlèkùbali* qui signifie littéralement ce qui ne peut être déraciné ou mis en doute.

298. La dénonciation de la fraude par la démonstration de sa vilenie : première stratégie de défense de l'administration. – Quant à la Direction générale du contentieux de l'État représentant le ministère de la Fonction publique, son raisonnement était essentiellement fondé sur les nombreux vices, irrégularités et illégalités constatés. Concernant les dispositions visées, il faut retenir la violation des prescriptions de loi du 10 août 2009 et la méconnaissance du décret du 24 septembre 2009 fixant les modalités d'intégration des contractuels[100]. Il fallait notamment avoir au moins un an d'ancienneté dans la fonction et avoir subi avec succès un test de contrôle ou d'aptitude. Sont enfin concernées les dispositions du décret du 10 février 2011 dont l'article 37 spécifiait l'arrêt pur et simple des recrutements toutes catégories confondues[101]. S'agissant des manœuvres frauduleuses, le défendeur avait démontré la finesse du subterfuge, qui consistait à remplacer et dupliquer numériquement les vrais contractuels par des faux. Il rappela que le mécanisme utilisé était méconnu des textes en vigueur. Cette fraude permettait de recruter rétroactivement les faux contractuels dotés de numéros matricules appartenant à de vrais agents (décédés, licenciés ou même en activité). La technique avait entraîné l'occupation par des standardistes ou des agents de saisie d'affectations prestigieuses et sensibles habituellement réservés aux plus méritants des candidats issus de l'École nationale d'administration (ENA).

299. La démonstration de l'inefficacité de sa bonne foi : seconde stratégie de défense de l'administration. – Le représentant du ministère de la Fonction publique avait également pu démontrer, sans grandes difficultés, l'ancienneté de la fraude et prouvé sa bonne foi à travers la présentation des correspondances confidentielles datant du 4 février 2011 et du 24 février 2011. La première concernait un échange entre le directeur national de la fonction publique et le ministre du Travail. Quant à la seconde, elle concernait la dépêche envoyée par ce ministre au chef de la division fichiers, archives et informatique. Dans le premier courrier confidentiel, le directeur national de la fonction publique informait sa hiérarchie de l'existence

---

[99] A. REY (dir.), *Dictionnaire historique de la langue française, op. cit.*, p. 1943.

[100] Décret n° 09-515/P-RM du 24 septembre 2009 fixant les modalités d'intégration de contractuels de l'administration dans les fonctions publiques d'État et des collectivités territoriales, *JORM* n° 2009-45 du 6 novembre 2009, p. 1769.

[101] Décret n° 2011-051/P-RM du 10 février 2011 fixant les conditions d'emploi du personnel de l'administration relevant du Code du travail, *JORM* n° 2011-10 du 11 mars 2011, p. 369.

d'irrégularités dans les recrutements litigieux. En complétant cette dépêche par celle du 24 février, les autorités administratives manifestaient leur volonté de mettre fin à ces malversations. Cette dernière lettre contenait la demande d'explications du directeur national de la fonction publique adressée au chef de la division fichiers, archives et informatique, qui était sommé d'expliquer la présence injustifiée de personnes inconnues des bases de données officielles.

300. Le recours à la jurisprudence du Conseil d'État français en vue de légitimer une qualification juridique douteuse. – Après avoir inventé de toutes pièces cette fausse majeure servant d'accroche, les magistrats de la Section administrative de la Cour suprême malienne devaient impérativement trouver une argumentation cohérente. C'est ce qu'ils firent à deux reprises (lors de l'instruction du recours pour excès de pouvoir et lors du recours en révision) en important des solutions dégagées par le Conseil d'État français, toutefois inadaptées aux réalités locales. Cela rendait la solution inexécutable en l'état.

B/ L'inadaptation de l'imitation jurisprudentielle

301. Le caractère inapproprié de l'usage des Principes généraux du droit. – Le travail d'interprétation de la juridiction administrative malienne devait être solidement argumenté pour gagner en efficacité et compenser ses débuts erratiques. Pour ce faire, les magistrats de la Section administrative de la Cour suprême malienne firent appel à l'un des plus célèbres procédés jurisprudentiels du Conseil d'État français : l'utilisation de la notion de principe général du droit afin de résoudre le cas d'espèce. Même si cette solution a permis d'éviter le déni de justice sans résoudre définitivement ce contentieux, cette greffe juridique s'est avérée dangereuse. De plus, l'hétéronomie de cette solution mimétique l'empêchait d'intégrer le monde des faits en l'état, car elle ne répondait pas aux traditions locales de la justice. Il n'est donc pas étonnant de constater que cette transplantation ait conduit à une solution irrationnelle.

En supplément de la violation du fameux délai de retrait, la justice administrative malienne évoqua – comme par magie —, le manquement par les mesures ministérielles à deux des plus prestigieux principes généraux du droit. En invoquant l'atteinte au principe d'égalité devant l'administration et celui de continuité de l'État lors de la prise des mesures incriminées, les juges administratifs infligèrent une sanction rétroactive au ministre de la Fonction publique qui fut mis devant le fait accompli. La pertinence de ces moyens n'aurait certainement pas donné lieu à une quelconque discussion au sein de l'ordre juridique français[102]. Il en alla autrement de l'ordre juridique

[102] Il est bien connu qu'avant la jurisprudence de principe du Conseil d'État français, qui a solennellement consacré (baptisé) cette nouvelle catégorie de normes dans la décision d'Assemblée

malien dans lequel ni leur existence ni leur fondement n'étaient justifiables. En effet, l'invocation inopportune de cette catégorie de normes créées par le Conseil d'État français transféra ce contentieux et sa solution dans le cadre du droit administratif français. Pour avoir une idée des effets produits, il suffit de remarquer avec quelle décontraction la demanderesse au recours en révision (maître Ousmane Mama TRAORÉ, pour le conseil de la direction générale du contentieux de l'État, représentant à son tour le ministère de la Fonction publique) cita une décision du Conseil d'État français du 29 novembre 2002[103] comme constitutive d'un précédent et d'un moyen de justification du paralogisme juridique que la Cour aurait commis lors de l'instruction du recours pour excès de pouvoir du 23 mai 2013. Cette importation était complètement déplacée dans la forme et le fond.

302. Une référence inadaptée. – Sur le plan formel, ce recours aux principes généraux du droit était une réfutation de l'article premier de la loi d'indépendance du 22 septembre 1960, qui disposait que : « La République soudanaise prend pour compter du 22 septembre 1960 à onze heures vingt-cinq la dénomination de République du Mali, État indépendant et souverain. L'État indépendant et souverain de la République du Mali est libre de tous engagements et liens politiques. » Comme le prévoit bien cette disposition, cette date marquait l'autonomie absolue de la justice malienne par rapport au modèle français, conséquence de l'indépendance politique[104].

Sur le fond, les principes généraux du droit évoqués ne convenaient pas non plus au cas d'espèce. Cette mauvaise application de la solution importée devait logiquement conduire le raisonnement de la Cour dans une impasse. Qu'ils soient pris individuellement, ou en tant que catégorie normative, l'invocation des principes généraux du droit paraissait donc inopportune. Comme le fit observer la défense de la direction générale du contentieux de l'État représentant le ministère de la Fonction publique, la violation du principe d'égalité devant l'administration ou la loi[105] n'avait aucune place en l'espèce. La sélectivité de la sanction ministérielle qu'elle était censée viser au cours de l'instruction du recours pour excès de pouvoir avait été rectifiée par l'administration qui avait plaidé l'omission à sa décharge. L'élargissement de la mesure aux deux contractuels concernés par l'arrêté du

---

Sieur *Aramu* du 26 octobre 1945, les juges administratifs avaient développé la notion dans des jurisprudences antérieures telles que la décision *Téry* 20 juin 1913 qui avait déjà consacré le principe de respect des droits de la défense dans la procédure juridictionnelle.

103 Conseil d'État, section du contentieux, 29 novembre 2002, « Assistance publique – Hôpitaux de Marseille », *Recueil Lebon 2002,* p. 414.

104 cf. A. N'DIAYE, « La Cour suprême de la République du Mali », dans : G. CONAC (dir.), *Les Cours suprêmes en Afrique*, Economica, Paris, 1988, p. 239.

105 Nous avons décidé de garder ces deux formules afin de ne pas choisir de manière arbitraire entre les formules utilisées par la juridiction qui a utilisé la « violation du principe de l'égalité devant l'administration » lors du recours pour excès de pouvoir (p. 9 de la décision) et la « violation du principe de l'égalité devant la loi » dans la rédaction du recours en révision (p.6 de la décision).

15 février 1992 (madame KASSAMBARA et monsieur TOURÉ) corroborait la thèse défendue par l'appelant du recours en révision : elle attestait notamment que la fraude n'était nullement créatrice de droit. Quant aux cent autres arrêtés d'intégration évoqués pour le surplus par la cour, le ministre de la Fonction publique avait manifestement démontré le caractère non fondé de ce moyen en rappelant leur totale légalité : il s'agissait de contractuels dont la titularisation ne souffrait d'aucune irrégularité.

La même remarque vaut aussi pour l'inobservation du principe de continuité de l'État. L'opposition de la violation de ce principe aux mesures ministérielles n'avait aucun sens, dans la mesure où cette opposabilité n'existait que pour des actes créateurs de droits-réflexes ce qui n'était pas le cas en l'espèce. Par ailleurs, il convient de rappeler que ce principe de continuité de l'État n'était en rien une obligation, puisque le parallélisme des formes conférait une habilitation d'office au ministre nouvellement nommé, pour modifier ou abroger les décisions illégales de son prédécesseur. L'invocation de ce principe procédait dès lors d'une mauvaise interprétation de l'exigence de sécurité juridique valable uniquement pour les actes créateurs de droits.

Même dans l'hypothèse d'une concordance parfaite entre la logique de la Cour et l'objet importé – concrètement celle d'une violation des principes généraux du droit et la question de la forclusion —, le raisonnement restait tout de même bancal dans son ensemble. Le niveau de connivence qui existait entre les fraudeurs et les autorités politiques et administratives de l'ancien régime n'aurait pas permis, même avec la meilleure volonté du monde, de procéder à cette redéfinition locale de la légalité, parce que les mesures faisant grief n'auraient jamais vu le jour en d'autres circonstances. C'est certainement dans le but d'éviter ce type de raisonnement sophistique, qu'à travers sa décision du 28 février 1997, la section contentieuse du Conseil d'État français avait raisonné en ouvrant le champ du déféré préfectoral au silence gardé par un nouveau maire qui avait été chargé par le préfet de la Réunion d'inviter son prédécesseur à la restitution de ses indemnités indûment perçues (c'est-à-dire pendant sa période de soustraction à l'action de la justice pénale)[106].

303. Le caractère inexécutable de l'alchimie du juge administratif malien. – Toutes ces apories liées à l'hétéronomie de la solution de ces interprètes ont ôté aux décisions que nous venons de commenter leur pertinence ainsi que toute possibilité de produire des effets dans le monde réel. En effet, il était techniquement impossible de maintenir tels quels des standardistes et des agents de saisie aux postes qu'ils occupaient. Ceux-ci devaient revenir de droit aux meilleurs éléments de l'ENA. L'occupation de postes administratifs sensibles nécessitant des compétences techniques et

---

106 Conseil d'État, section du contentieux, 28 février 1997, « Commune de Port », *Recueil Lebon*, p. 61 ; conclusions STAHL, *RFDA 1997*, p. 1198, note DOUENCE.

spécifiques ne pouvait aucunement découler d'une décision de justice. La machinerie administrative en aurait pâti gravement, au point de remettre en cause le principe de continuité de l'État mis en avant par les juges du fond. De surcroît, elle faisait courir un énorme risque aux deniers publics qui se retrouvaient à la merci des réclamations rétroactives des traitements, cotisations sociales, congés payés indus, voire de reconstructions de carrières de contractuels recrutés frauduleusement avec des arrêtés antidatés.

Par ailleurs, n'oublions pas que les magistrats maliens ont conclu leur discussion juridique du recours pour excès de pouvoir par des considérations sur les principes généraux du droit. Ils y ont vu très classiquement « des règles non écrites ayant valeur législative et qui par suite s'imposent au pouvoir réglementaire et à l'autorité administrative. » Il paraît opportun d'indiquer à ce sujet que les conseillers d'État français ODENT et BOUFFANDEAU n'ont jamais cautionné le mode de création *ex nihilo* des principes généraux du droit par le juge[107]. Ils ont toujours mis en avant la correspondance entre de tels principes et un certain « état de civilisation », ce qui restreint la mission des juges à la simple découverte des normes sous-jacentes à la société politique. Ce n'est qu'à la condition d'être conformes avec les valeurs sociales évoluant dans un cadre plus ou moins consensuel, que cette catégorie de normes devient valide et assimilable dans un ordre juridique donné.

304. Habillage de la décision du juge administratif malien par la conclusion d'une convention socialement acceptable. – L'incorporation de cette solution irrationnelle s'est pourtant réalisée sans heurts majeurs. Elle a simplement donné lieu à une interprétation postérieure et « définitive » des parties qui ont consigné leurs consentements dans un protocole d'accord signé par monsieur Bocar Moussa DIARRA, ministre du Travail de la Fonction publique et des Relations avec les institutions et par monsieur Hamadou KONDA, représentant du collectif *Touche pas à mon droit* réunissant les ex-radiés. Plusieurs réserves interprétatives à l'exécution des décisions furent ajoutées à ce document, qui en modifiaient complètement les termes. En contrepartie d'une réintégration effective au cas par cas, avec payement rétroactif de leurs charges sociales et règlement des honoraires d'avocat (estimés à plus de 8 millions de francs CFA) les anciens radiés durent renoncer à toute poursuite contre l'État ainsi qu'au payement de l'intégralité des 22 mois de salaires correspondant aux arriérés de traitement.

L'orthodoxie de cette méthode malienne ne convient certainement pas aux canons de la « théorie juridique occidentale ». Les décisions commentées mettent également en cause la notion même d'interprétation, dans la mesure où les conséquences institutionnelles qui devaient la valider ont été elles-mêmes remises en cause par l'« humanitude » communautaire des sociétés

---

[107] B. STIRN, G. BRAIBANT, *Le droit administratif français*, Éditions Presses de Sciences Po et Dalloz, Paris, 2005, p. 265-270.

africaines : le *mɔgɔya* des Bambaras. Ainsi se révèle le paradoxe d'un système juridique échappant aux méthodes classiques de la rationalité occidentale tout en préservant les droits subjectifs grâce à ce qui a été nommé le *yùrùguyurugu* juridique.

305. Les avantages paradoxaux de cette instrumentalisation des PGD du Conseil d'État français : compenser l'absence d'autorité étatique. – Comme le disait GOETHE, il est des cas où l'irrationalité ou l'injustice peuvent s'avérer salutaires à la progression de l'État de droit[108]. En l'espèce, la mobilisation inattendue des principes généraux du droit par le juge administratif malien a joué le rôle d'un *argumentum ad verecundiam* ou argument d'autorité[109]. En plus de donner de la cohérence au paralogisme initial, cette instrumentalisation avait pour finalité la stabilité sociopolitique. Effectivement, les enjeux de cette affaire des fonctionnaires radiés dépassaient le simple contentieux pendant devant le juge administratif.

Afin de mieux cerner la pertinence de cette comparaison, nous allons procéder à un retour en arrière et analyser ces enjeux dans leur contexte politico-juridique à travers la clarification de la position adoptée par la Cour constitutionnelle dans son arrêt du 10 avril 2012 portant interprétation officielle du coup d'État de mars 2012[110]. Le contexte quasi insurrectionnel du Mali de la transition constitutionnelle de 2012 donne de la consistance à cette analogie tout en offrant une autre vision du travail effectué par les juges administratifs. La précarité et la violence populaire vont de pair avec une extrême fragilité institutionnelle.

306. Les faits : résister à la banalisation de la militarisation de l'autorité étatique. – La théâtralisation de la représentation politique des putschistes leur a permis de créer une dynamique fédérant spontanément les personnes lésées et les exclus du système du président sortant. De fait, persécution, épuration, emprisonnement arbitraire, élimination physique étaient devenus le quotidien de tous ceux qui, de près ou de loin, avaient pu profiter de traitements de faveur.

Sur le plan institutionnel, la situation était tout aussi critique. La Cour constitutionnelle – l'organe investi par la Constitution de la troisième

---

108 GOETHE expliquait qu'en 1793, lors de l'évacuation de Mayence par les troupes françaises, l'un des évacuants fut reconnu et arrêté par la foule en tant qu'auteur de pillages. Quand il était sur le point d'être lunché par une foule en liesse, le ministre-écrivain du Duc de Weimar s'interposa et lui permit de s'enfuir. Face aux étonnements et interrogations, il répondit : « ma nature est ainsi : j'aime mieux commettre une injustice que tolérer le désordre ». Aux yeux de GOETHE, la pendaison du coupable par la foule aurait provoqué un désordre plus grave que la satisfaction de la justice. M. GROS, *Droit administratif : l'angle jurisprudentiel*, Éditions L'Harmattan, Paris, 2012, p. 25-26 (en note).

109 P. RICHARD, *Le jeu de la différence. « Réflexions sur l'épistémologie du droit comparé »*, Éditions Les Presses de l'Université Laval, Laval, 2007, p. 109-115.

110 Cour constitutionnelle, « Arrêt n° 2012-001/CC/VACANCE du 10 avril 2012 relatif à la vacance de la Présidence de la République », *JORM* n° 2012-15 du 13 avril 2012, p. 583-584.

République du Mali (article 85, alinéa 2) de la régulation de l'activité des pouvoirs publics et du fonctionnement des institutions – s'était mise au pas des godillots. En effet, dans son arrêt précité du 10 avril 2012, cette dernière avait procédé à une « interprétation étrange » du coup d'État de mars 2012 et des événements qui suivirent dans le but d'atteindre à la restauration de la stabilité constitutionnelle, aboutissement identique à celui recherché par la Section administrative de la Cour suprême dans les décisions analysées ci-dessus. Elle s'est contentée de constitutionnaliser une solution illégitime : l'accord-cadre de mise en œuvre de l'engagement solennel du 1er avril 2012 conclu entre le médiateur de la Communauté économique des États de l'Afrique de l'Ouest (CEDEAO) et le CNRDRE. Contrairement à la Section administrative de la Cour suprême, la méthode et les moyens de la Cour ont été mis en œuvre dans le but « d'officialiser » le CNRDRE et l'accord signé. Afin d'assurer la transition, les conseillers de la Cour constitutionnelle ont totalement fait abstraction de l'explosion de violence qui a abouti à la rupture brutale de l'ordre constitutionnel. Ils ont simplement pris acte de la prétendue démission d'Amadou Toumani TOURÉ pour constater la vacance de la présidence de la République (article 1er) et procéder à la nomination du président intérimaire (article 3). C'est lorsqu'ils notifièrent leur décision au président du CNRDRE au même titre qu'aux autorités officielles (le président de l'Assemblée nationale et le Premier ministre), sans y être nullement obligés, que les insuffisances de la démarche sont distinctement apparues. En effet, si la vacance constatée résultait de la démission du président sortant – ce qui n'était évidemment pas le cas —, la procédure de transition constitutionnelle aurait dû suivre son cours normal sans qu'ils aient besoin de notifier leur décision au CNRDRE, qui n'aurait pas existé. Cette faille logique dans le raisonnement des « Sages maliens » n'en faisait pas pour autant un non-sens. La proposition de solution de la CEDEAO était certes constitutionnellement discutable, néanmoins elle restait la plus aboutie à l'époque. Cela s'explique par le paradoxe bien connu du système malien évoqué par le professeur Amadou KEÏTA, alors conseiller à la Cour constitutionnelle, qui rappelait que presque personne ne revendiquait le retour au pouvoir du président de la République déchu, en dépit du fait que tous ceux qui ont condamné le coup d'État réclamaient la restauration de l'ordre constitutionnel et le rétablissement des institutions républicaines[111].

307. Comparaison des deux logiques : quand une rationalité en cache une autre. – La prise en compte de toutes ces précisions offre une autre perception du travail effectué par le juge administratif malien : celle qui peut être faite à l'aune du *yùrùguyurugu*. À la lumière de ce concept en effet – et aussi du contexte politique —, une autre interprétation des

[111] A. KEITA, « Démocratie minimale, démocratie incantatoire : Le "modèle" malien entre l'ici et l'horizon », dans : D. KONATÉ (dir.), *Le Mali entre doutes et espoirs : Réflexions sur la Nation à l'épreuve du Nord*, Éditions Tombouctou, Alger, 2013, p. 131.

décisions de la jurisprudence administrative s'impose, même si d'un point de vue strictement formel le mimétisme peut laisser entendre le contraire. Il semble plus correct de percevoir de la bravoure dans cette herméneutique irrationnelle de la Section administrative de la Cour suprême malienne, qui a su incarner l'unique rempart du système face à l'absolutisme militaire, alors que ce dernier commençait à s'installer dans la capitale malienne. Certes, en s'opposant à cette épuration, le juge administratif a sacrifié la puissance symbolique du droit et de la raison occidentale, toutefois il a courageusement fait front devant le risque d'oppression et le caractère improbable du renouveau social. Cette vaillance s'explique par son exposition aux dangers ambiants qui n'épargnaient aucun dépositaire d'autorité. Cette signification du *yùrùguyurugu* est assurément la plus conforme à la réalité malienne et à sa logique : l'« affaire des fonctionnaires radiés » constitue une véritable application du principe de sécurité juridique par le juge administratif[112].

Conclusion du chapitre second

308. Rappel de la manière dont la construction de l'utopie de l'État sans souveraineté politique a influencé la pratique du commandement dans le Mali de la transition. – Il faut retenir de ces analyses que le processus de démocratisation malienne est un échec, car les pouvoirs de la transition ont, textuellement et dans les faits[113], supprimé toutes les formes de violence et instauré le consensus comme mode de gouvernance. Ils ont ainsi créé un problème de légitimité chez les dépositaires de l'autorité officielle. Or, un État sans souverains identifiés et reconnus ayant une parfaite maîtrise de l'exception ne peut que se retrouver aux prises avec ses contradictions. Les divers centres de décisions demeurent constamment en situation de crise, parce qu'ils ont conscience de participer à un *jeu* sans arbitres internes. Cet environnement hostile à l'émancipation de la légalité a

112 Le 28 février 1919, le Conseil d'État français, le référent d'autorité des juges administratifs maliens, prouva cette hypothèse dans l'instruction du recours pour excès de pouvoir formulé par deux filles galantes les Dames Dol et Laurent. Le caractère immoral et illégal de leur profession n'a aucunement perturbé le juge administratif français qui a procédé à un traitement impartial et amoral de leur recours. *Recueil Lebon*, p. 208 ; *Sirey* 1918-1919, partie III, p. 33, note HAURIOU.

113 Selon le professeur É. DIARRA, « Les forces de l'ordre ont beaucoup d'effort à faire pour comprendre et respecter [les dispositions de l'article 3 de la Constitution qui rappelle que : "Nul ne sera soumis à la torture, ni à des sévices ou traitements inhumains, cruels, dégradants ou humiliants. Tout individu, tout agent de l'État qui se rendrait coupable de tels actes, soit de sa propre initiative, soit sur instruction, sera puni conformément à la loi.] On peut observer que lors des premières manifestations d'élèves et étudiants depuis l'instauration de la IIIe République et aboutissant à des saccages de biens privés et même publics (exemple : mise à feu de l'Assemblée nationale en Mars 1993), les forces de l'ordre n'osèrent intervenir, craignant justement des sanctions fondées sur cet article. » É. DIARRA, « Constitution et État de droit au Mali », *op. cit.*, p. 256.

favorisé le *yùrùguyurugu* qui a profité du vide autoritaire pour s'enraciner solidement dans les secteurs clefs de la société. Cette spécificité de la démocratie malienne a contraint l'ensemble des titulaires de la souveraineté nationale à converger vers un dessein social différent de celui qui a été choisi par le constituant. Cela a conduit à une banalisation de la délinquance constitutionnelle et à la politisation des juridictions, qui ne devraient pourtant être guidées par d'autres règles que celles du droit. Il ne faut pas s'étonner – devant la nature catastrophique de ce cercle vicieux – du fait que les magistrats maliens aient subi l'influence de leur environnement comme leurs concitoyens.

Conclusion du titre second

309. Comment l'occidentalisation utopique de l'État de la transition continue d'entraver l'entéléchie du peuple souverain. – Les autorités de la transition malienne ont installé leur pays sur la *natte* de la rationalité occidentale en conformant la société nouvelle aux dix commandements du Consensus de Washington sans aménager des garde-fous institutionnels et symboliques nécessaires à son fonctionnement. Ils ont ainsi transformé, de manière utopique, la norme fondamentale en « un recueil des rêves du corps constituant ». Leur manque d'opiniâtreté n'a fait que légitimer l'idée fausse de l'*exogénéité* du développement économique et de l'État de droit. Il a cristallisé un *statu quo* néocolonial qui n'a d'égards qu'envers le marché. Dans cette nouvelle configuration de la domination, le lointain avenir de la République n'est qu'accessoire ; seuls comptent les profits immédiats. Finalement, ces nombreuses manœuvres ont remplacé la dictature politique par celle du marché et de la technique. Contrairement à l'ancienne forme d'assujettissement qui avait un corps et un visage symbolique, la nouvelle forme du politique bénéficie de l'occultation et de l'idéalisation de la rationalité occidentale : tendre vers elle, c'est rejoindre l'autorité de l'universel, devenir civilisé. Il n'y a donc rien de démocratique dans l'État de la transition malienne, car la volonté de la majorité du peuple s'égare sur la *natte des autres*.

Conclusion de la première partie

310. Comment le renouvellement de la « nouvelle stratégie » des origines a pris les Maliens au *jeu* et légitimé la réimplantation de la domination occidentale. – Il faudra retenir de tout ce qui précède que la re-occidentalisation de l'État malien est utopique en raison de l'hétéronomie des normes de la transition. Le concept d'aide au développement a facilité cette illusion en fertilisant le terreau qui a permis l'implantation de cette occidentalisation utopique de l'État. En soutenant, sous conditions, l'adoption d'une *modalité d'être* occidentale, il a facilité l'intériorisation des préceptes du Consensus de Washington. Dans la première phase du processus, les anciens colonisateurs se sont inspirés des Nord-Américains qui commençaient à absorber et soumettre le mana de la rationalité occidentale à leur pas, à l'aide du Plan Marshall. C'est ce qui a donné naissance au concept d'APD par métonymie. Cette innovation leur a permis de ramener en douceur les dirigeants rebelles de la jeune République du Mali sur la *natte* de la raison occidentale. Le projet de développement endogène de l'indépendance devenait synonyme d'autarcie. Dans la seconde phase, les nouveaux maîtres de l'universel ont transformé cette logique américano-occidentale en standard de la bonne gouvernance, ce qui a facilité sa large diffusion et l'adhésion du Mali de la transition. En suivant scrupuleusement ces étapes de la domination occidentale, le Mali démocratique a confirmé sa posture de « queue du lion » universel, alors que les normes constitutives de l'État l'obligeaient à être « la tête de la souris » endogène[1]. La candeur de ce comportement a engendré des fusions improbables qui ont paralysé l'émancipation économique et politique du Mali et ont en même temps favorisé l'épanouissement du *yùrùguyurugu*. L'enchevêtrement est tel aujourd'hui qu'il n'y a pas d'autres solutions que de couper ce nœud, afin que la société malienne puisse renaître sur une *natte* de la sincérité

[1] Expression empruntée à F. HOUPHOUËT-BOIGNY qui expliquait qu'il valait mieux être « la tête d'une souris » nommée Côte d'Ivoire que « la queue du lion » de la Fédération du Mali qui regroupait les anciennes colonies de l'Afrique-Occidentale Française. A. CISSÉ, *Mali : Une démocratie à refonder*, *op. cit.*, p. 49.

démocratique indemne de toute influence extérieure. La réalisation de cette régénération durable passe par une transition de l'État qui servira de clef de voûte à la révolution malienne.

SECONDE PARTIE :

LA TRANSITION DE L'ÉTAT : LA CONDITION DE L'ACHÈVEMENT DE LA RÉVOLUTION

« Le taureau confié ne doit pas diriger le parc. »
Article 26 de la charte de Kurukan fuga (Constitution de l'empire du Mandé) de 1236

311. L'État importé : un rappel. – L'État moderne – en tant que *manière d'être* particulière de la société politique créée par les héritiers de la civilisation romano-germanique – est un phénomène qui a été introduit au Mali. Les principaux éléments constitutifs de cette République sont toujours influencés par l'Occident. Pour illustration, malgré l'indépendance nationale, les limites actuelles du territoire et l'agencement des outils et institutions étatiques ne sont pas du chef des seules autorités maliennes. Effectivement, les gouvernants de ce peuple ont été soumis par la poudre à canon, « l'école des otages », ou les armes économiques. C'est manifestement l'intériorisation de cette emprise extérieure qui a conduit les fondateurs de l'État malien à établir, le 22 septembre 1960, une *manière d'être par défaut* de la société politique. Cette clairvoyance originelle semble justifier l'édification d'un système juridique ouvert à l'unité sous-régionale et africaine. La naissance de la République du Mali dans ses configurations actuelles devait maintenir le *statu quo* colonial avant la fin de l'ultime révolution : la construction de l'État dont les pères fondateurs avaient posé les soubassements. Cette *manière d'être* africaine en gestation devait résoudre la majeure partie des difficultés rencontrées par les autochtones en remplaçant la *natte* occidentale. Malheureusement, ce dessein politique originel a été anéanti par l'État de la transition. Cela a principalement consisté en une transformation des nouveaux préceptes de la rationalité occidentale en un standard international de bonne gouvernance. Il a fait des caractéristiques de cet objet technique des finalités universelles vers lesquelles devraient tendre toutes les sociétés politiques souhaitant conserver leur label d'État moderne.

312. Réconcilier la *forme* de l'État et la *vie* malienne par la réactivation des projets des pères fondateurs de la République. – La reconstruction du Mali post-crise devra passer par l'achèvement de cette mutation entreprise par ses fondateurs. Seul un déménagement de l'État sur une *natte* commune et plus familière à ses citoyens permettra de renforcer la démocratie et l'État de droit. Cependant, il ne s'agit pas d'effectuer un retour en arrière d'un demi-siècle ni de rejeter par chauvinisme désuet tout ce qui serait d'origine ou d'influence occidentales, mais d'apporter la réponse la plus pertinente à la question du choix de la *natte* – autrement dit l'assiette sociale – sur laquelle rebâtir l'État. Pour ce faire, nous emprunterons des éléments positifs à différents systèmes pour reconstruire le plus fidèlement possible le projet de l'indépendance nationale. Seront ainsi sélectionnés les homéomorphes fonctionnels occidentaux ou africains qui pourront assurer une suite et parachever cette mutation.

Cette option semble la plus appropriée en ce qu'elle reste, à ce jour, la seule à avoir mobilisé les masses derrière cet objectif. Il s'agit également d'un projet de nature et d'essence endogènes, plus que tous les projets gouvernementaux mis en œuvre à ce jour, et de celui qui est le plus en adéquation avec l'atavisme des nations traditionnelles qui peuplent le territoire malien. Elle représente, par ailleurs, la solution la plus adaptée à notre postulat épistémologique de juriste-technologue qui entend ne pas usurper l'autorité des chefs dont il n'est que le vicaire. Conformément à ce précepte, la prescription d'un régime constitutionnel est davantage un acte de nature politique que juridique. La pertinence de ce procédé est d'ailleurs démontrée par le deuxième alinéa de l'article 118 de la Constitution malienne[1]. Nous y trouvons aussi la confirmation dans les racines latines du mot roi, *rex* et *regis*, qui révèlent aux sceptiques que le souverain est par définition celui qui trace la voie à suivre en établissant un régime juridique. Nous rappellerons, enfin, que le mot régime est la francisation du *regimen,* un autre de ses dérivés latins[2]. Nous allons donc accompagner le diagnostic énoncé précédemment concernant les blocages de l'État de la transition par ces brèves explorations des possibilités pragmatiques de la Constitution des origines, que l'occidentalisation aveugle avait rendues impossibles.

Nous n'inventerons pas *ex nihilo*, mais mettrons en perspective le potentiel créateur des premiers souverains de l'État malien. Ces propositions

---

[1] Décret n° 92-073/P-CTSP du 25 février 1992 portant promulgation de la Constitution, *op. cit.*, p. 126. Le constituant malien y a précisé que : « Le projet ou la proposition de révision doit être voté par l'Assemblée nationale à la majorité des deux tiers de ses membres. La révision n'est définitive qu'après avoir été approuvée par référendum. »

[2] A. REY (dir.), *Dictionnaire historique de la langue française, op. cit.*, p. 1966-1967.

auront en quelque sorte le caractère de *lege ferenda*. Elles seront formulées en recourant à la forme d'invention que Mireille DELMAS-MARTY nomme les « forces imaginantes du droit »[3]. Il s'agira de chercher dans la pratique juridique les moyens de son propre dépassement, en esquissant les éléments d'une évolution ou révolution prenant le contrepied des tendances rappelées ci-dessus.

313. Les deux voies de la transition de l'État : entre reconstruction de l'État-nation et refondation de l'État fédéral. – En tenant compte des nombreuses contraintes passées en revue, les politiques désireux d'émanciper le peuple ont le choix entre deux grandes catégories de solutions. En ce sens, il est possible de changer la *manière d'être* de la société politique malienne soit en réaménageant complètement l'arsenal juridico-institutionnel de l'État-nation moderne, soit en reprenant la thèse de l'État fédéral. Ces deux voies sont ouvertes afin d'achever la création des bâtisseurs de la République du Mali, mais elles ne sont évidemment pas de même nature. Il s'agit dans un premier temps de rebâtir les institutions et les mécanismes de commandement en gardant l'État-nation et la superficie actuelle de la République **(Titre premier).** Dans un second temps, si cela ne s'avère pas pertinent, il suffira de reconsidérer la forme même de l'État en le remplaçant par le projet de Fédération que les pères fondateurs avaient conçu **(Titre second).**

---

[3] M. DELMAS-MARTY, *La Refondation des pouvoirs : Les forces imaginantes du droit (III)*, Éditions du Seuil, Collection « Les forces imaginantes du droit », Paris, 2007, 299 p.

TITRE PREMIER :

La reconstruction de l'État-nation

> « On ne peut agir sur la volonté d'autrui, la diriger, qu'à la condition que cette volonté soit prédisposée à se laisser diriger, qu'elle soit acquise à notre "autorité", à l'emprise que nous prétendons exercer sur les actes engendrés par elle, dont elle est "auteur" ; il faut l'accord préalable de la volonté qu'on veut limiter. [...] Une attitude de soumission – de subordination – de la part des dirigés se trouve toujours requise comme condition pragmatique de l'exercice du pouvoir de commandement. »
>
> Paul AMSELEK[1]

314. L'indispensable adaptation des institutions étatiques à l'atavisme national : condition de l'achèvement de la révolution. – La crise malienne de 2012 a dévoilé la cacophonie qui règne entre la structure de commandement étatique et la nation. Même si cette dualité observée dans la transition malienne ne constitue pas une nouveauté[2], elle est révélatrice du manque de pertinence des mécanismes de direction des conduites humaines mis en place au moment de la transition. La reconstitution de la cohérence indispensable au fonctionnement optimal des institutions nécessite un ajustement des règles officielles à l'habitus populaire, c'est-à-dire qu'il faut adapter les normes juridiques aux pratiques ordinaires et aux modalités d'être du peuple. Pour ce faire, les campagnes de communication ne suffisent plus. Il faudra procéder à des réformes institutionnelles et normatives qui adapteront l'État aux spécificités de la nation historique. En

---

[1] P. AMSELEK, *Cheminements philosophiques dans le monde du droit et des règles en général, op. cit.*, p. 157.

[2] L'archéologie du concept confirme que : « la nation ne se confond pas cependant avec l'État dans la mesure où elle n'implique pas une institution juridique, où elle implique une idée de spontanéité, et la volonté de vivre en commun, sentiments qui s'affirment au XIXe siècle. » A. REY (dir.), *Dictionnaire historique de la langue française, op. cit.*, p. 1399.

effet, contrairement aux réalités occidentales, la rationalité de la transition de l'État ne pourra aboutir qu'à la suite d'une opération complexe au terme de laquelle les citoyens seront intégrés et reconnus dans le cadre juridique officiel. Sans cette reconnaissance, le pays sera condamné à vivre un éternel recommencement des crises qu'il a traversées.

Il suffit de faire un retour en arrière, en prenant pour modèle l'exemple français, pour mesurer de l'aporie perpétuelle qui menace le commandement lorsque les citoyens et sa nation traditionnelle ne se réapproprient l'État.

Avant le couplage décisif opéré par Sieyès entre la souveraineté et la nation, la modernité étatique se construisait en opposition à la conception biologique et sociologique de cette dernière. La nation – comprise comme l'héritage indivis reçu des ancêtres – était considérée comme une donnée étrangère à la raison occidentale en gestation. Cela fut vrai à l'époque chrétienne et jusqu'à la fin de l'Ancien régime. Effectivement, l'expression *nationes* des États pontificaux désignait les populations païennes qui ne faisaient pas partie du « peuple de Dieu ». Les usages historiques du concept de nation allaient donc dans le sens d'un élargissement de l'assiette sociale et du renforcement de la légitimité du commandement politique. Il s'est toujours agi d'intégrer l'informel. Ce rapide éclairage historique permet d'appréhender la théorisation de Sieyès comme l'acte final d'un long processus de transition.

315. L'achèvement de la révolution par la définition d'une rationalité endogène et l'officialisation de la démocratie économique. – Même s'il a intériorisé cet aspect du passé des civilisations romano-germaniques en choisissant une *manière d'être* occidentale, le Mali de la transition a aussi été caractérisé par des réalités d'une tout autre nature : l'occidentalisation de la rationalité de la transition est en contradiction manifeste avec les desseins des fondateurs qui ont conduit à la sélection de cette *forme de vie*. Cette structure de commandement est de nos jours techniquement incapable de placer la majorité des citoyens sur la *natte* importée. Ainsi, une rénovation de l'État s'impose, conformément au sens que nous lui avons donné : c'est-à-dire, en voyant dans l'État l'une des *manières d'être* de la société politique. S'il en est ainsi, le changement de la *natte*, son *endogénisation,* correspond à une réédification de l'État. Ce changement ne peut se concrétiser qu'au moyen d'une réappropriation nationale des termes des échanges notamment à travers l'introduction du concept de démocratie économique (**Chapitre premier**), ainsi que par une étatisation du politique **(Chapitre second)**.

CHAPITRE PREMIER :

La réappropriation de l'État-nation par l'introduction de la démocratie économique

« Pour nous, l'indépendance politique sans l'indépendance économique n'est pas une véritable indépendance »
Modibo KEÏTA[1]

316. Le remplacement de la dictature politique par celle du marché. – La transition malienne a remplacé la dictature de Moussa TRAORÉ par celle du libre marché d'inspiration occidentale. L'influence prépondérante du néolibéralisme a formé un nœud gordien mêlant aristocratie et hétéronomie du système juridique. Cela a mécaniquement créé un problème de réceptivité pour la majeure partie du peuple qui ne se sentait pas toujours concernée par la gestion de la chose publique et évoluait dans l'informel. La généralisation de cette imperméabilité aux règles officielles mine la machinerie politique en entravant la réalisation de la volonté des autorités publiques.

317. La désillusion du peuple commandeur. – La démocratie malienne ne fonctionne pas bien en raison de cette faille endémique de ces désillusions. Comme l'État moderne n'accepte pas les interventions violentes, c'est en croyant diriger que les citoyens baissent la garde et se laissent mener par les instruments de conduite confectionnés par leurs chefs. Dans ce sens, notre proposition de démocratie économique semble constituer une solution idoine à ce *mal malien,* en ce qu'elle permet de prendre les citoyens au *jeu* de la démocratie occidentale comme ce fut le cas de la France lors de la gestion des crises de l'ancienne métropole après la Seconde Guerre mondiale.

318. La reconstruction du mythe fondateur par la mobilisation des dynamiques endogènes. – Effectivement, le contenu du programme du

[1] M. KEÏTA, *Le Mali continue, Congrès extraordinaire de l'U.S.— RDA*, Éditions Imprimerie du gouvernement du Mali, Bamako, 1960, p. 8.

Conseil national de la résistance révèle une ressemblance entre les situations qui prévalaient au moment de l'élaboration de ces textes et les troubles sociaux. Par analogie à ce qui s'est passé en France à la libération[2], la réappropriation de l'État par la nation traditionnelle malienne devrait passer par une officialisation sélective des composantes pertinentes de l'informel **(Section 1).** Cet emprunt technique est la condition *sine qua non* de « l'étatisation » de la plupart des citoyens restés imperméables à cette rationalité. Comme il a largement été démontré, l'occidentalisation du processus de transition n'a fait que favoriser le *yùrùguyurugu* et l'informel. Ces derniers phénomènes coloniaux ont survécu à la formation de la République. Les pères fondateurs se servaient du *yùrùguyurugu* pour des raisons stratégiques et qualifiaient d'informel tout ce qui échappait à leur emprise. Ils reproduisaient ainsi le solipsisme occidental dans le but d'asseoir la légitimité de leur autorité face à la concurrence des chefs traditionnels qui résistaient à la soumission de leur société à une rationalité occidentale et coloniale.

319. La refondation du mythe par l'*ordolibéralisation* du marché : sa mise au pas de la conception nationale des termes de l'échange. – L'exercice du pouvoir politique de la République gagnerait en efficacité par un retour de l'État dans le système des échanges. L'*ordolibéralisation* de cette intervention permettrait de sécuriser davantage le marché national. Ce concept – d'*ordolibéralisation* – doit être compris ici dans un sens différent de la représentation de Michel FOUCAULT précitée. C'est-à-dire qu'il ne faut pas y percevoir un synonyme du néolibéralisme, mais une technique d'organisation neutre du marché. Il s'agit d'ailleurs là du sens originel de ce concept qui a été dévoilé par le professeur Josef DREXL en ces termes :

> « l'ordolibéralisme est le fruit de l'expérience allemande vécue sous le régime totalitaire du national-socialisme. Qu'il trouve ses origines à l'Université de Fribourg s'explique surtout par la coopération entre Walter Eucken, professeur d'économie à Fribourg, et Franz Böhm, professeur de droit à Fribourg. Ces deux personnages étaient convaincus que le régime allait périr dans quelques années. Par conséquent, déjà pendant la période nazie, ils ont travaillé pour préparer le fondement économique d'une future Allemagne démocratique. Cette histoire explique pourquoi il a été possible de fonder, dès 1948, la revue "ORDO" afin de propager les idées de l'ordodolibéralisme. À ces deux professeurs s'ajoutent d'autres économistes

2 Nous avons sciemment utilisé ce concept parce qu'à l'époque de la rédaction et celle de l'intégration de certaines propositions du Conseil national de la résistance dans la Constitution de 1946, le Soudan français faisait partie du territoire français ; mais aussi en raison de l'adhésion populaire des autochtones et leurs élites locales à ces thèses égalitaristes. A. KONIECZNA, « Léopold Sédar Senghor. Du rêve de l'unité aux réalités de l'indépendance », dans : Ph. OULMONT et M. VAÏSSE, *De Gaulle et la décolonisation de l'Afrique Subsaharienne, op. cit.*, p. 106-108.

(Leonhard Miksch, Wilhelm Röpke, Alexander Rüstow) et juristes (Hans Großmann-Doerth) dont quelques-uns avaient émigré pendant la dictature nazie. Ce contexte historique explique la vision politique de l'ordolibéralisme. Les ordolibéraux ne s'intéressaient pas principalement à l'établissement d'une économie efficiente, mais à un "ordre économique" idéal qui ne corresponde pas seulement aux principes démocratiques, mais aussi à l'ordre le plus digne pour l'individu. Par contre, pour les ordolibéraux, la politique de monopolisation de l'économie allemande conduite par le régime nazi reflétait les principes totalitaires qui régnaient dans le secteur de l'économie. C'était bien l'économie monopolisée de l'Allemagne que les ordolibéraux ont identifiée comme étant le fondement économique du système nazi. La conclusion était claire : comme il fallait protéger les libertés politiques et démocratiques contre le totalitarisme, il fallait aussi protéger la liberté économique de l'individu contre la monopolisation de l'économie. Dans cette perspective, le droit pour la protection de la concurrence méritait un statut quasiment "constitutionnel". De la même manière, on plaçait l'"ordre concurrentiel" sur le même plan que l'ordre démocratique. »[3]

Cette proposition peut surprendre, mais – comme il sera précisé dans la section suivante – sa mobilisation se justifie par le nécessaire renvoi à la nature des forces en présence. L'État malien a été « capturé » par des règles étrangères à la nature de l'économie nationale. L'application des préceptes de cette théorie à l'État nouvellement installé sur la *natte* endogène introduira la symbolique et l'abstraction nécessaires à la maîtrise de l'économie marchande. Sans aucun doute, il en sera de même des arbitrages économiques qui seraient mieux acceptés, notamment en raison d'un partage plus équitable des responsabilités et des richesses nationales. Ce renouvellement des fonctions économiques de l'État aurait par ailleurs pour particularité de ne pas exclure les nationalisations stratégiques. Au-delà des considérations idéologiques, le remplacement des monopoles privés par ceux de l'État lui offrirait une surface financière indispensable à l'effectivité de ses stratégies de commandement. En se délivrant de toutes ses entraves techniques, il récupérerait sa liberté et la démocratie en serait vivifiée par la même occasion. Il est opportun de rappeler que les sources inspiratrices de cette méthode sont en totale conformité avec le concept de démocratie : la racine grecque du préfixe *dêmos* renvoie d'abord à l'idée de « partage », « de déchirement » du commandement. Par conséquent, le Mali moderne ne brisera ses chaînes et n'intéressera ses citoyens qu'au moyen de ce que nous proposons d'appeler une *ordolibéralisation* de l'État-nation endogène **(Section 2),** gage d'une véritable démocratie économique malienne.

---

[3] J. DREXL, « La constitution économique européenne – L'actualité du modèle ordolibéral », *Revue internationale de droit économique*, 2011, p. 429-430.

SECTION 1 :
L'inclusion de l'informel dans l'État-nation

320. La nature stratégique des qualifications juridiques. – Comme il a été prouvé plus haut, les dominations sont souvent précédées d'une déformation volontaire de la réalité. C'était par exemple le cas des négriers qui se demandaient si les Noirs avaient bien une âme ou si leur mode de vie était sociable ou non. Bien entendu, le principal objectif de ces interrogations était de trouver des fondements juridiques à la chosification et à la commercialisation de ces derniers dont l'accaparement des ressources revêtait subséquemment une assise légale, voire constituait l'accomplissement d'une mission d'intérêt universel. Cette primauté des visées instrumentales est une caractéristique propre à l'État moderne qui a continuellement réussi à se détacher des croyances religieuses et de ses racines populaires : l'Ancien régime et sa conception de la nation. L'étatisation malienne s'est toujours conformée à cette règle non écrite de la modernité occidentale. Cette forme de solipsisme est une manifestation de la souveraineté, qui permet à tous les systèmes de commandement de procéder à des appréciations discrétionnaires d'une situation factuelle. En d'autres termes, il s'agit de la capacité qu'a l'officiel de ne reconnaître que ce qui est soumis à son autorité. La parfaite illustration en est apportée par l'article premier de la loi du 15 juillet 1964 déterminant les modalités des légalisations en République du Mali qui précise que :

> « les Commandants de Cercle ou leurs Adjoints, les Maires ou leurs Adjoints, les Administrateurs-Maires ou leurs Adjoints, les Chefs d'Arrondissement, sont tenus de légaliser toute signature apposée en leur présence par l'un de leurs administrés connu d'eux, ou accompagné de deux témoins connus. Les signatures manuscrites données par ces autorités, dans l'exercice de leurs fonctions, n'ont pas besoin d'être légalisées et vaudront, en toute circonstance, lorsqu'elles sont accompagnées du sceau de la mairie ou de la circonscription administrative. »[4]

En prévoyant l'accompagnement de l'administré inconnu d'eux de deux témoins connus, le législateur malien renouvelle sa confiance dans les agents assermentés de l'administration. Pour lui, les actes non légalisés sont informels et sans aucune valeur juridique officielle. Au moment de l'adoption de cette loi, cette réserve remplissait une fonction stratégique, mais à l'heure actuelle son maintien et la propagation de cette conception des rapports entre les administrés et l'administration n'ont plus aucun sens pratique. De nos jours, ce postulat est en totale contradiction avec la nature démocratique du régime constitutionnel malien complètement dominé par

---

[4] Loi n° 1964-021 du 24 juillet 1964 déterminant les modalités des Légalisations en République du Mali, *JORM* n° 1964-182 du 7 novembre 1964, p. V.

l'informel, car ce secteur représentait déjà en 2000 près de 61,6 pour cent dans le PIB malien[5].

321. L'officialisation de l'informel et la réforme du Code du travail. – Le tournant occidental pris par les autorités de la transition a aggravé l'ampleur du phénomène en revigorant le dualisme archaïque des statuts et des règles juridiques qui existait durant l'ère coloniale. L'exhumation de ces pages sombres de l'histoire malienne serait source de tensions. Ainsi, officialiser l'informel serait synonyme de réconciliation de l'État avec sa nation **(§1)**. Conformément aux lignes directrices de la nouvelle *manière d'être* du peuple, les autorités étatiques ne devraient plus regarder les citoyens avec l'œil du législateur de 1964. Elles doivent au contraire adapter les règles aux modalités d'existence de la majeure partie de sa population. Cela aurait pour but de dynamiser la démocratie et l'État de droit en redonnant aux règles formulées leur vocation d'outils de direction des conduites humaines. En toute logique, cette fusion des deux habitus permettrait de restituer le droit malien dans sa fonction sociale **(§2)**.

§ 1 : La réconciliation de l'État avec la nation par l'officialisation de l'informel

322. Dimension symbolique. – Étant donné que le *yùrùguyurugu* se nourrit du déphasage des règles avec la réalité et le vécu des hommes, l'officialisation de l'informel correspond à la réconciliation de la nation malienne avec les outils étatiques de direction des conduites. C'est le déclin dû à la cacophonie de la colonisation qui a été à la source du concept de *yùrùguyurugu*, dont l'actuel maintien relève plus d'un conservatisme idéologique que d'une forme de pragmatisme **(A)**. La légalisation de l'informel représenterait l'envoi d'un signal fort à la partie traditionnelle de la population qui se reconnaîtrait sans doute dans les normes étatiques. L'intégration de l'informel équivaudrait à l'institutionnalisation de la *natte* endogène **(B)**.

A/ L'incohérente mise à l'écart de l'informel

323. Généalogie du concept d'informel. – L'informel a fait son entrée remarquée dans le langage technique dans une acception économique, en tant que secteur de l'économie échappant aux instruments classiques de reconnaissance. Selon monsieur Claude de MIRAS[6], c'est le professeur Keith HART, qui fut le premier à utiliser l'expression de « secteur informel » pour désigner le décalage entre la faiblesse du niveau des salaires et la

[5] CSAO/OCDE, CEDEAO, *Rapport Afrique de l'Ouest 2007-2008*, Paris, 2008, p. 170.

[6] B. LAUTIER, C. de MIRAS, A. MORICE, *L'État et l'informel*, Éditions l'Harmattan, Paris, 1991, p. 105 et s.

hausse des prix des produits de première nécessité. Il y aurait eu recours dans sa communication prononcée en septembre 1971 lors de la « conférence sur le chômage urbain en Afrique » organisée par l'Institute of Development Studies de l'université du Sussex. L'année suivante, le Rapport Kenya du Bureau international du travail (BIT) de 1972 lui donna ses lettres de noblesse en lui fournissant les sept principales caractéristiques suivantes : 1/absence de barrière à l'entrée, 2/utilisation des ressources locales, 3/propriété familiale de l'entreprise, 4/échelle d'activité réduite, 5/des techniques qui privilégient le recours à la main-d'œuvre, 6/qualifications requises hors du système de formation officiel, 7/un marché compétitif et sans réglementation. Le BIT a hâtivement conclu qu'il s'agissait d'un résultat social de la surabondance de main-d'œuvre. Cette ébauche de définition a été complétée par les résolutions de la 15e conférence internationale des statisticiens du travail (CIST) de janvier 1993. Cette réunion d'experts avait pour mission de débarrasser le concept de son image d'illégalité et de secteur souterrain. Effectivement, ces réflexions ont abouti à une délimitation conventionnelle et consensuelle correspondant à

> « un ensemble d'unités produisant des biens et des services en vue principalement de créer des emplois et des revenus pour les personnes concernées. Ces unités, ayant un faible niveau d'organisation, opèrent à petite échelle et de manière spécifique, avec peu ou pas de division entre le travail et le capital en tant que facteurs de production. Les relations de travail, lorsqu'elles existent, sont surtout fondées sur l'emploi occasionnel, les relations de parenté ou les relations personnelles et sociales plutôt que sur des accords contractuels comportant des garanties en bonne et due forme ».

324. Une question de nature idéologique. – Les travaux qui ont abouti à cette dernière définition révèlent une conception plus appropriée aux réalités locales. Par exemple, selon le professeur Jacques CHARMES[7], l'intervention du représentant kényan allait dans le sens de la description d'une manière d'être particulière à son pays. Pour lui, ce type de relations de travail ne pouvait être légitimement qualifié d'activités souterraines comme le sous-entendait le terme unilatéral et univoque de *moonlighting* (au clair de lune) des Occidentaux. Il a ensuite expliqué que les opérations sus-qualifiées s'exerçaient chez lui en plein soleil, ce qui a motivé sa proposition tendant à désigner ces activités de *Jua Kali,* l'homéomorphe fonctionnel local de la langue swahilie qui veut dire sous le soleil brûlant. Cette précision linguistique réactualise la question de la signification de ce concept qui se trouve en lien direct avec l'étatisation de la nation. En d'autres termes, la conception de la langue swahilie *Jua Kali* indique que bien qu'elles soient connues de tous, ces activités économiques ne bénéficiaient d'aucune prise en compte par les institutions officielles, notamment en matière de protection

---

[7] J. CHARMES, *Les origines du concept de secteur informel et la récente définition de l'emploi informel,* Institut de recherche pour le développement, Paris, 2003, p. 3.

sociale. Ainsi détaché de ses racines économiques, l'informel désigne uniquement ce qui est occulté ou ce qui échappe aux outillages habituels de reconnaissance. Nous sommes donc face à une absence de définition, c'est le résultat de l'inefficacité des méthodes employées par les enquêteurs. C'est la raison pour laquelle il ne dénote pas ce qui est sans forme, mais l'inclassable par rapport au modèle dominant[8].

Parallèlement, notre conception du *yùrùguyurugu* permet de comprendre que ce dont parle le professeur Keith HART existait dès l'avènement de la colonisation. Sous cet angle, le fait que l'informel échappe aux outils classiques de la rationalité occidentale tombe sous le sens, de même que son appartenance à l'ordinaire des nationaux.

325. Incohérence de la persistance de l'informel dans la République du Mali. – Logiquement, cette question devait être dissoute avec la proclamation de l'indépendance nationale du Mali le 22 septembre 1960. Cette date devait être le point de départ d'une collectivisation de l'officiel, d'une réappropriation de l'État par le peuple. La survivance et la progression de l'informel constituent donc une brèche dans le fonctionnement démocratique qu'il faut impérativement colmater pour plusieurs raisons. Les origines coloniales et hétéronomes de cette qualification lui ôtent toute sa crédibilité. Proroger ces dernières équivaut à *jouer* selon ces anciennes règles avec des conséquences analogues à une soumission directe à une autorité, mais sans fondement juridique. Même au moment de la colonisation, les administrateurs exerçaient leur tutelle grâce à des actes de volonté exprimés par des textes ou par la contrainte. Comme l'a rappelé Joseph KI-ZERBO, l'informel constitue la partie endogène et la plus performante des économies africaines[9]. Les récentes crises sociales qui font l'actualité du continent ont prouvé qu'il était doté de véritables structures ; certes spontanées, mais efficaces dans le *jeu* du libre marché. Nous pouvons évoquer à ce propos les révoltes du secteur informel sénégalais qui a vigoureusement manifesté contre l'arrivée massive de *vendeurs à la sauvette* et de petits détaillants chinois dans leur champ d'action[10], ou le cas des anciens collecteurs des déchets ménagers maliens. Ces derniers ont su obtenir leur embauche par la multinationale Ozone-Mali qui dorénavant assure la relève. Ainsi, l'aspiration de l'informel correspond à la suppression d'un exotisme colonial et à l'effectivité du changement de *natte*.

---

[8] P. LOUBIÈRE, « Informel », dans : S. AUROUX (dir.), *Les notions philosophiques : dictionnaire. Tome 1, op. cit.*, p. 1307-1308.

[9] J. KI-ZERBO, « Le développement clé en tête », *op. cit.*, p. 2.

[10] A. DIOP, « Le commerce chinois à Dakar. Expressions spatiales de la mondialisation », *Belgeo*, 3 – 4/2009, p. 407 et 422.

B/ L'officialisation du changement de natte

326. L'officialisation de l'informel : soubassement de l'entéléchie nationale. – La conception officielle du secteur informel – celle du Rapport de la 15e conférence internationale de janvier 1993 – est une tentative de catégorisation qui facilite son appréhension par les autorités étatiques occidentalisées. Si, au lieu de l'appréhender comme une conséquence de l'inadaptation chronique des règles officielles aux réalités locales, nous le saisissons comme le résultat d'une surproduction de main-d'œuvre, l'occidentalisation étatique devient la solution du problème et non sa source. Ainsi, l'informel serait lié aux modalités d'être de la nation, donc sa prolifération proviendrait du renforcement de l'atavisme de son habitus. En tenant compte de cette donnée, son officialisation revient à une institutionnalisation de la *natte* endogène et au renforcement de l'effectivité de la démocratie. L'inadéquation de la *modalité d'être* de la nation par rapport à l'officiel est la manifestation de la dictature de la technique. Par conséquent, son remplacement équivaut à un changement de sens du paradigme étatique, à une juste répartition du commandement.

327. Implications politiques. – Le changement de *natte* inverse, automatiquement, la perception du concept d'informel. Il ne serait plus le résultat du solipsisme occidental, mais le fruit d'une projection des autorités officielles vers l'intérieur de la sphère nationale. De ce fait, le nomadisme des *Moodu-moodu* sénégalais ou celui des Soninkés ou encore celui des Dioula maliens redeviendraient des phénomènes ordinaires et constitutifs de l'identité nationale et populaire. Car la nationalisation de ces modalités d'existence doit être précédée de l'intégration d'autres composantes telles que : la promotion des langues nationales, voire la relégation du français dans l'ordre des langues officielles[11], indispensables à la régénération du « cercle herméneutique » ; la nationalisation du marché occidental qui sera remplacé par des valeurs endogènes et ataviques ; etc. Ce renouvellement de *natte* pourra facilement servir de facilitateur dans la gestion des crises politiques et économiques.

Sur le plan politique, il mettrait fin à l'hypocrisie généralisée de l'actuelle *modalité d'être* de la société avec ses changements insensés de Républiques et son consensualisme de façade. L'étatisation de l'habitus des nations traditionnelles décrédibiliserait le *yùrùguyurugu* qui tire sa légitimité de l'hétéronomie du système de commandement. Il conduirait à la mise en place d'une démocratie des valeurs et de la majorité. Cette nouvelle République endogène respecterait les particularismes des minorités qui seront dotées d'un statut spécial.

---

[11] Loi n° 96-049 du 20 août 1996 portant modalité de promotion des langues nationales, *op. cit.*, p. 607-608.

328. Apports économiques. – Sur le plan économique, ce même renouvellement familiariserait la partie charnière des acteurs économiques avec les termes des échanges, tout en reconstruisant le commun, le *fòròba*. En effet, la déconnexion du niveau de vie avec les salaires a normalisé l'informel et le *yùrùguyurugu*. En étatisant de manière sélective des traits pertinents du marché informel, le législateur ne lui laisserait plus aucune marge de manœuvre. De la sorte, l'espace d'intervention des fonctionnaires en serait réduit au cadre légal. Les forces de l'ordre ne seraient plus obligées d'effectuer du gardiennage pour le compte de personnes privées afin de compléter leur revenu, ou de quémander des avantages en nature auprès d'entreprises performantes comme le Pari mutuel urbain du Mali, société anonyme d'économie mixte (PMU-Mali SAEM). En effet, selon le Rapport annuel du Vérificateur général du Mali de 2012, cet établissement a :

> « irrégulièrement octroyé du carburant à son personnel et à des partenaires à hauteur de 366,66 millions de francs CFA. Ces partenaires sont la Direction Générale de la Police, la Direction Générale de la Sécurité d'État et le Ministère de la Justice. Les distributions mensuelles de carburant au personnel et à des partenaires ne sont soutenues par aucun acte administratif. En outre, le PDG a bénéficié, sur la période sous revue, d'une dotation mensuelle de 1500 litres sans autorisation du Conseil d'Administration, en violation de l'article 467 de l'Acte Uniforme relatif aux sociétés commerciales et au Groupement d'Intérêt économique de l'OHADA. »[12]

Ce n'est certainement pas par hasard si la liste des partenaires de cette société est composée d'entités étatiques évoluant dans le domaine de la répression des manquements aux commandements officiels. Le conflit d'intérêts paraît évident. Au-delà de ce hiatus déontologique, cet état de fait prouve le blocage du système qui n'a plus les moyens de s'imposer sur le plan économique. Même s'il ne constitue pas une panacée contre cette forme de corruption, l'ajustement de la législation au niveau de vie garantirait mieux la probité de certains membres des forces de l'ordre. L'intégrité du sommet de la hiérarchie des services publics permettrait aux chefs de recouvrer leur rôle de patron, de modèle de bonne conduite pour les subalternes et les partenaires, dont ils pourraient sanctionner les manquements. La réforme de la chaîne de commandement de l'État de la transition est un impératif logique, un acte indispensable pour que cette opération de réappropriation ait un sens. Elle devra passer par l'intégration de certaines fonctions traditionnelles comme celle des griots et l'unification de la législation du travail de l'État-nation.

---

[12] Bureau du Vérificateur général du Mali, *Rapport annuel 2012*, Bamako, 2013, p. 29.

§ 2 : Pour une réforme du Code du travail de l'État-nation

329. Justification de la réforme : le nécessaire dépassement de la dimension culturelle assignée aux fonctions endogènes. – De nos jours, s'il y a dans l'ordre juridique malien un texte déconnecté des réalités locales, c'est bien le Code du travail et ses décrets d'application. À cause du mimétisme, ils forment un assemblage de dispositions réservées à la part occidentale de la population et à leurs collaborateurs ou assimilés. En raison de l'occidentalisation, qui a toujours commandé le processus d'étatisation malienne, une importante portion de l'activité sociale de la nation a été exclue d'office du champ de la prescription officielle. Comme pour renier ses origines et une réalité omniprésente[13], c'est l'ensemble des obligations sociales issues de la Charte du Mandé (le *màndèn sìgìkán* de Kouloukan-Fouga de 1236) qui a été classé, sans ménagement, dans le secteur informel **(B)**.

Le décret du 12 mai 2011 a entériné la voie empruntée depuis l'indépendance en confirmant la valeur culturelle et symbolique de ce texte fondamental. Ce dispositif a récemment été renforcé par le décret du 15 février 2016 portant statut des artistes[14] qui a posé les fondations d'un encadrement des activités commerciales réalisées par ces métiers issus de la Charte du Mandé. L'hétéronomie de la *modalité d'être* a fait le reste en créant notamment des règles inappropriées. Par exemple, les dispositions du décret du 16 juin 1996[15] qui concernent les conditions générales d'emploi et de rémunération du personnel de maison sont techniquement inefficaces **(A)**.

A/ Les conditions générales d'emploi et de rémunération du personnel de maison

330. L'excès d'optimisme du législateur. – Compte tenu des moyens techniques de la République du Mali et de l'état des mentalités populaires, les dispositions portant conditions générales d'emploi et de rémunération des personnels de maison ne seront jamais efficaces. En d'autres termes, si elles gardent leur configuration actuelle, ces dispositions ne guideront en aucun cas l'activité de la majeure partie des citoyens exerçant ce métier. Étrangement, ce texte donne l'impression d'avoir été rédigé et adopté par une législature malienne détachée des réalités locales, et cela à plusieurs

---

[13] Il suffit de se référer aux récits d'esclaves et d'anciens esclaves pour s'imprégner de l'ampleur de cette crise de l'informel. N. KEITA (dir.), *Esclavage au Mali : Des victimes témoignent*, Éditions l'Harmattan, Paris, 165 p.

[14] Décret n° 206-0052/P-RM du 15 février 2016 portant statut des artistes, *JORM* n° 2016-09 du 26 février 2016, p. 323.

[15] « Décret n° 96-178/P-RM du 16 juin 1996 portant application de la loi n° 92-020 du 23 septembre 1992 portant Code du travail en République du Mali », dans : *Recueil des codes et textes usuels de la République du Mali, Tome 1, op. cit.*, p. 369.

niveaux. En effet, selon le second alinéa de l'article D. 86-1 du décret du 16 juin 1996 portant application de la loi du 23 septembre 1992 portant Code du travail en République du Mali (le premier agencement législatif concernant le régime des personnels de maison), cette catégorie d'employés « jouit de la liberté d'opinion et du plein exercice du droit syndical conformément aux dispositions du Code du travail »[16]. Mis à part des motivations de nature idéologique, rien ne justifie l'existence de cet alinéa. Il y a incontestablement une anomalie dans le fait de donner des droits politiques à une catégorie socioprofessionnelle majoritairement cloîtrée dans l'informel. En effet, le texte précité s'inscrit dans la suite d'un alinéa qui définit officiellement la profession. L'explication la plus plausible est celle qui consiste à voir là un rappel adressé aux acteurs du secteur, visant leur soumission à la nouvelle Constitution du Mali démocratique et libéral ; notamment ses articles 4 (constitutionnalise les homéomorphes de la liberté d'opinion), 20 (sacralise la liberté syndicale) et 5 (reconnaissance étatique de l'exercice des libertés d'association, de réunion de cortège et de manifestation)[17]. La noblesse de ces intentions ne doit cependant pas occulter la réalité du problème qui est d'ordre technique et idéologique. Dans ce sens, l'enthousiasme qui a suivi l'avènement de la démocratie libérale ne suffit pas à justifier le niveau d'exigence imposé aux employeurs et aux salariés maliens sur tous les plans.

331. Le mimétisme législatif. – Au moment de l'embauche, par exemple, il est précisé à l'article 86-4 du décret du 16 juin 1996 portant application de la loi du 23 septembre 1992 portant Code du travail en République du Mali que : « Tout engagement de personnel de maison, à l'exception d'un employé journalier ou occasionnel, fait l'objet d'une déclaration établie par l'employeur dans les 15 jours et adressée en triple exemplaire à l'organisme qui a procédé au placement »[18]. Le législateur assimile ici, de manière dogmatique la situation nationale à celle des pays occidentaux dont il s'est inspiré. La réalité indéniable du recrutement de ces employés reste la prédominance du népotisme et du gré à gré. En fait, les prestataires de ce genre de service ont des profils types évidemment connus de tous les membres de la nation malienne. Il s'agit très souvent de jeunes immigrants provenant des régions agricoles ravagées par les sécheresses et l'occidentalisation du système des échanges, qui veulent également intégrer le *jeu* de l'Occident.

332. Un législateur déconnecté des réalités nationales. – Avant la transition, les motivations de ces personnels concernaient généralement la

---

[16] *Ibid.*, p. 372.

[17] Décret n° 92-073/P-CTSP du 25 février 1992 portant promulgation de la Constitution, *op. cit.*, p. 117-118.

[18] « Décret n° 96-178/P-RM du 16 juin 1996 portant application de la loi n° 92-020 du 23 septembre 1992 portant Code du travail en République du Mali », dans : *Recueil des codes et textes usuels de la République du Mali, Tome 1, op. cit.*, p. 372.

recherche d'un complément de revenu pour leur famille, d'une aide pour passer les périodes de soudures, du financement de leurs trousseaux, etc. De nos jours, ils s'inscrivent dans la durée, car le remplacement des cultures vivrières par les produits destinés à l'exportation a engendré un désavantage compétitif au détriment des milieux ruraux qui ne peut être compensé par les pouvoirs d'achat locaux. Afin de peser sur la *natte* occidentale – héritière de la culture de l'ancien colonisateur —, il faut adopter sa logique, sa rationalité. Pour ce faire, cette catégorie d'employés dispose de réseaux sociaux (un parent, un membre de leur village ou clan installé dans les grandes agglomérations) qui les accueillent et leur cherchent une activité. Ainsi, l'informel de ces formes d'activités s'est installé dans les relations privées, car ce sont ces logeurs et ces courtiers qui remplissent les fonctions des organismes de placement de l'article L. 309 du Code du travail[19], à qui incombe l'accomplissement des formalités de déclaration officielle de ces emplois. En n'intégrant pas cette donnée dans la construction de son système juridique, le législateur a appuyé ses mécanismes sur des fondations poreuses et incertaines. En effet, par ces dispositions, le législateur malien a indirectement relégué et pérennisé ces activités au rang de l'informel, de l'économie souterraine, comme l'avaient fait les Occidentaux lors de la 15e conférence internationale des statisticiens du travail (CIST) de janvier 1993. Cette dénégation de la réalité est dangereuse, car elle fausse le reste du syllogisme. Elle empêche le législateur malien d'encadrer efficacement ce secteur. Ce manque de réalisme a facilité l'installation de l'informel dans la catégorie des relations privées, celles dont la nature familiale ne permet pas aux inspecteurs du travail de procéder aux contrôles prévus par l'article L. 295 du Code du travail[20]. L'intimité de cette forme d'illégalité met généralement les inspecteurs du travail dans une posture délicate qui les pousse à en occulter l'existence. Cette attitude est compréhensible, car c'est au législateur que revient la mission de prendre les dispositions normatives nécessaires au travail de ces catégories. D'une part, il s'agit de personnels de maisons habituellement illettrés et impotents dont les droits et libertés sont manifestement violés ; et d'autre part, des employeurs occidentalisés profitant de l'occultation de la loi et de l'indifférence généralisée pour légitimer leurs pratiques.

333. La nécessité d'une adaptation des règles législatives aux réalités nationales. – Sans qu'il soit besoin d'approfondir ces différents points, une refondation de ce code s'impose. Le légicentrisme et le mimétisme occidental doivent céder la place à un pragmatisme de la règle. Plusieurs solutions de substitution peuvent être proposées à cette inefficacité de la réglementation du travail. Il est ainsi, possible de leur substituer des

[19] Loi n° 92-020 du 18 août 1992 portant Code du travail, *JORM* n° 1992-08 (spécial) du 30 novembre 1992, p. 28.

[20] *Ibid.*, p. 27.

normes relevant de *soft laws*. Par exemple, l'élargissement du régime de l'auto-entrepreneuriat aux personnels de maisons pourrait permettre au législateur d'assimiler en douceur, d'officialiser sans heurts ce secteur informel. À travers une simplification des procédures, le codificateur malien mettrait fin à la dualité des statuts qui existe depuis l'ère coloniale, car les hôtes de cette main-d'œuvre pourraient aisément remplacer les organismes de placement. Salariés et employeurs continueraient à négocier librement leurs conditions de travail dans un cadre légal intériorisé par tous. Cette intervention minimale du législateur n'a que des avantages : les cotisations sociales constitueraient de nouvelles lignes de crédit dans le budget étatique et dans celui de l'Institut national des prévoyances sociales (INPS) en permettant à ces travailleurs de bénéficier du système de protection sociale, de jouir des droits sociaux ; la gouvernabilité de leurs volontés n'en serait que facilitée. Quant aux employeurs, ils pourraient profiter de la sécurité créée par l'officialisation de leurs relations juridiques. Ils n'auraient plus la peur de l'imprévu que génère l'embauche d'inconnus. Ce nivellement par le bas renouvellerait la *natte* de l'État-nation tout en renforçant l'expérience démocratique. Cette réappropriation de l'officiel par la nation devrait également s'effectuer grâce à l'intégration sélective de certaines fonctions traditionnelles telles les *nyàmakala*.

B/ La création d'un véritable statut juridique applicable aux fonctions traditionnelles : le cas des nyàmakala

334. La perpétuation involontaire du colonialisme par la sacralisation de la culture de l'écrit. – Durant l'ère coloniale, la soumission à des règles de droit écrites était synonyme de confiance légitime. Les citoyens qui y étaient assujettis bénéficiaient de tous les avantages juridiques et juridictionnels réservés aux justiciables métropolitains. L'oralité, quant à elle, était autoritairement et stratégiquement destinée aux indigènes et à leur mode de vie informel. L'administration coloniale en avait évidemment élaboré une perception déformée qui devait faciliter ses missions. Selon cette dernière, l'absence de la culture de l'écrit était synonyme de traditionalisme, d'arbitraire et d'insécurité. Tout cela a permis de conclure que ces civilisations étaient en dehors de l'histoire universelle et des sciences. La pérennisation de cette conception *occidentalocentrée* par l'État de la transition représente un non-sens.

335. Le maintien du *statu quo ante :* une aberration logico-juridique. – Son maintien est une aberration à la fois logique et juridique. D'une part, il vide le concept d'indépendance nationale de toute sa substance. En effet, il y a une certaine incohérence entre le fait de déclarer de manière unilatérale son émancipation tout en continuant de se voir à travers les yeux de l'ancien maître. D'autre part, il enlève à la règle de droit l'une de ses principales caractéristiques : l'oralité. Nous retrouvons là, l'égarement couramment commis de nos jours, qui consiste à confondre la norme de commandement avec son support matériel : assimiler le droit aux textes juridiques et aux codes. Or, comme le rappelle le professeur Paul AMSELEK,

> « *lex,* dérive de *legere* (lire), ce qui renvoie non pas à l'idée de lien, [comme le pensait Saint Thomas], mais à celle de lecture. A l'origine, en effet, ainsi que l'a démontré André Magdelain (La loi à Rome, Les Belles Lettres, 1978, p. 18. s.), la *lex* correspondait, dans la Rome, à un rite de lecture publique solennelle des lois avant leur adoption définitive ; cette lecture à haute voix devant le peuple faisait partie de la procédure législative. Ce rituel oral a perduré encore un certain temps après la pratique de l'affichage ou la publication écrite, qui s'est généralisée à partir du Ve siècle av. J.-C. ; mais le mot *lex* n'a désigné depuis lors que le texte juridique lui-même et non plus sa lecture. »[21]

C'est ainsi que dans le Mali précolonial, plus précisément dans l'empire Songhaï :

> « un crieur public [l'équivalent des *nyàmakala* du Mandé] annonçait les décisions prises par le cadi ou le roi lorsqu'elles intéressaient toute la population. [...] Avec lui [l'Askia El Hadj] on voit comment la justice royale mettait un personnage au ban de la société. Saïd Mâra [l'un des auteurs du coup d'État manqué contre le souverain songhaï] devait être traîné partout dans la ville, pendant qu'un crieur annonçait sa mise hors de la loi ; c'est-à-dire, que n'importe qui pouvait désormais le tuer impunément, puisque aucune loi ne protège plus sa vie. »[22]

À la réflexion – et d'après ce rappel de Cheikh Anta DIOP et celui du professeur Paul AMSELEK –, ce crieur public ne faisait que notifier ce que nous nommons aujourd'hui un acte réglementaire. Cette évidence saute aux yeux, si nous faisons l'effort de dépasser le caractère rudimentaire des méthodes utilisées. C'est d'ailleurs ce qu'a essayé de faire l'exécutif malien en prévoyant dans l'article 41 du décret du 15 février 2016 portant statut des artistes que : « Toute relation de travail rémunéré, impliquant un lien de subordination de l'artiste est un contrat de travail, quelle que soit la forme ou l'appellation donnée à cette relation par les parties et quel que soit le montant de la rémunération. »[23] Mises à part les questions de faisabilité et de pertinence, cette définition large du travail et du contrat remplit sa fonction directive de la conduite des artistes maliens.

336.Reconnaissance de l'urgence de la situation des *nyàmakala*. – Cette reconnaissance s'impose, si nous en croyons les termes des propositions n° 203 et n° 204 du rapport *Pour la consolidation de la démocratie au Mali* de la mission de réflexion dirigée par monsieur Daba DIAWARA :

---

[21] P. AMSELEK, *Cheminements philosophiques dans le monde du droit et des règles en général, op. cit.*, p. 227-228.

[22] Ch. A. DIOP, *Étude comparée des systèmes politiques et sociaux de l'Europe et de l'Afrique, de l'antiquité à la formation des États modernes, op. cit.*, p. 96.

[23] Décret n° 206-0052/P-RM du 15 février 2016 portant statut des artistes, *op. cit.*, p. 326.

« Une place doit aussi être faite à la société civile dite informelle. La problématique à laquelle notre démocratie reste confrontée est comment prendre en compte (ou intégrer) nos légitimités traditionnelles, plus précisément les composantes de la société civile informelle, et les mécanismes de règlement des conflits et litiges qu'elles ont développés, dans le jeu institutionnel moderne, notamment dans la prévention et la gestion des conflits. L'on sait que des formations politiques célèbres ont fonctionné, avant la colonisation, sur l'espace qu'occupe aujourd'hui le territoire du Mali. Ces empires et royaumes ont expérimenté, de façon positive, des mécanismes de règlement des conflits et litiges. Qu'il s'agisse de Nyamakala (hommes de castes), d'autorités (chef coutumiers) voire de notabilités locales ou de conventions (sanankuya, nimogoya, kaniméya, modéngna) servant à une bonne régulation sociale, cet héritage institutionnel, traditionnel et riche, peut être, doit être pris en compte pour assurer un fonctionnement adéquat de certaines de nos institutions modernes comme le Médiateur de la République, ou le Conseil économique, social et culturel (proposition N° 203) et dans les instances de règlements des conflits sociaux, notamment les commissions de conciliation et d'arbitrage des conflits de travail (proposition N° 204). »[24]

Le classement des *nyàmakala,* les maîtres de l'oralité, dans l'informel de l'État-nation constitue une véritable anomalie à rectifier de toute urgence.

337. Reconnaissance de l'urgence du dépassement de la dimension folklorique. – Contrairement aux propositions n° 203 et n° 204 du rapport précité, nous optons pour une forme d'intégration de ces juristes traditionnels qui maintienne en l'état leurs droits et libertés. Il s'agirait donc de créer un régime social flexible qui mettrait en place un système de gagnants-gagnants entre les acteurs de ce secteur et les autorités officielles. Pour ce faire, il conviendrait d'aller au-delà de l'intégration de ces règles de conduite dans le patrimoine culturel national du Mali. En effet, le gouvernement a déjà procédé à une institutionnalisation paradoxale de la charte du *Manden* en officialisant le texte sans ses interprètes authentiques : les *nyàmakala.* L'article 2 du décret du 12 mai 2011 portant classement de la charte du *« Manden », « Manden sigikan »* proclamée à *« Kurukanfuka »* comme relevant du patrimoine culturel national dispose que :

« Au sens du présent décret, la Charte du *"Manden", "Manden sigikan"* proclamée à *"Kurukanfuka",* s'entend comme l'ensemble des règles éthiques et de conduite adoptées lors de l'investiture de Soundiata KEÏTA, après sa victoire à la bataille de Kirina en 1235.

La Charte du *Manden* comprend une note préliminaire, deux chapitres, cent trente-trois (133) articles dont les deux derniers constituent des recommandations. Elle se rapporte à la gestion administrative du *Manden*

[24] D. DIAWARA (dir.), Rapport de la commission de réflexion sur la consolidation de la démocratie au Mali, *op. cit.*, p. 126.

nouveau, aux droits de l'homme, aux normes de conduite dans la société et au sein de la famille. »[25]

Il y a donc la reconnaissance de la nature normative de ces dispositions à travers l'article précité et l'instrumentalisation commerciale à laquelle elle donne lieu dans l'article suivant. Le troisième article du décret du 12 mai 2011 portant classement de la charte du *« Manden », « Manden sigikan »* proclamée à *« Kurukanfuka »* confie son exécution au ministre de la Culture et à ceux de l'Artisanat et du Tourisme, de l'Administration territoriale et des Collectivités locales, de l'Éducation de l'Alphabétisation et des Langues nationales et enfin au ministre de l'Économie et des Finances. La finalité de cette reconnaissance est l'officialisation d'un avantage compétitif de la culture malienne par rapport à celle des pays voisins, une mise en vitrine de la diversité culturelle au sein de la nation destinée à attirer des investissements occidentaux et des touristes. C'est suivant cette même logique que le décret du 15 février 2016 portant statut des artistes a tenté d'intégrer les *nyàmakala* en les associant au régime juridique des artistes et en les rattachant au ministère de la Culture. Selon les articles 3 et 34 du dispositif, c'est à ce dernier que reviennent les pouvoirs de police. Il a le pouvoir de délivrer une carte professionnelle servant d'attestation de la qualité juridique (article 3) et celui de créer et organiser le Conseil de discipline des arts et de la culture qui sera chargé des sanctions administratives (article 34). À l'aide de ces décrets, la partie occidentale de l'État (le gouvernement) a tenté sans succès d'intégrer le système de commandement de la nation sans sa logique propre. Cela ne devrait pourtant point surprendre, car cette manœuvre ôtait à la société malienne sa substance vitale, son mana.

338. Conflits normatifs. – Les deux décrets précités ne tiennent pas compte du deuxième article de la Charte qui rappelle que : « Les *nyàmakala* se doivent de dire la vérité aux Chefs, d'être leurs conseillers et de défendre par le verbe les règles établies et l'ordre sur l'ensemble de l'empire. » Si le décret du 30 juin 2011 relatif à la révision de la Constitution du 25 février 1992[26] était adopté en l'état, les derniers décrets – celui du 12 mai 2011 portant classement de la charte du *« Manden », « Manden sigikan »* proclamée à *« Kurukanfuka »*[27] et celui du 15 février 2016 portant statut des artistes[28] – seraient inconstitutionnels. L'article 2 du décret du 30 juin 2011

[25] Décret n° 2011-238/P-RM du 12 mai 2011 portant classement de la Charte du « Manden », « Manden Sigikan », proclamée à Kurukanfuka, dans le Patrimoine culturel national, *JORM* n° 2011-25 du 24 juin 2011, p. 971.

[26] Décret n° 2011-412/P-RM du 30 juin 2011 relatif à la révision de la Constitution du 25 février 1992, *JORM* n° 2011-33 du 19 août 2011, p. 1290.

[27] Décret n° 2011-238/P-RM du 12 mai 2011 portant classement de la Charte du « Manden », « Manden Sigikan », proclamée à Kurukanfuka, dans le Patrimoine culturel national, *op. cit.*, p. 970.

[28] Décret n° 206-0052/P-RM du 15 février 2016 portant statut des artistes, *op. cit.*, p. 323.

relatif à la révision de la Constitution du 25 février 1992 constitutionnalise la Charte de 1236. Les auteurs de ces deux textes fondamentaux ont compris que la pratique juridique tirait sa vigueur du verbe et de son maniement par les parleurs publics. C'est la conclusion à laquelle est parvenu sur un plan plus général, Alexandre KOJÈVE qui notait à propos des traditions :

> « Toute tradition proprement dite, c'est-à-dire ayant une valeur et une réalité politiques, est nécessairement orale ou spectaculaire, c'est-à-dire directe. Un écrit est, de par sa nature, détaché de son support matériel – de son auteur qui le fixe dans le temps. Le passé présenté seulement par écrit n'est pas, pour moi, mon passé : je m'en "désintéresse" très facilement ; exposé dans un livre, le passé de mon pays ne diffère pas sensiblement du passé de la Chine, par exemple ; j'ai tendance à mettre tous les écrits sur le même plan et [à] discuter les théories qui y sont exposées comme si elles étaient conçues en dehors du temps. »[29]

Mises à part ces considérations d'ordre logique, symbolique et historique, l'institutionnalisation actuelle du travail des *nyàmakala* pourrait avoir un réel impact sur l'efficacité du commandement étatique. L'application des dispositions du décret portant statut des artistes permettrait aux *nyàmakala* occidentalisés de bénéficier d'une officialisation partielle. Leur rôle artistique pourrait prospérer grâce au soutien renforcé des autorités officielles contre la piraterie dont ils sont souvent victimes, car leurs revenus seront fiscalisés. Selon l'article 13 du décret précité : « L'État garantit aux artistes la pleine jouissance de leurs droits d'auteur et droits voisins, en l'occurrence les prérogatives patrimoniales et morales reconnues sur ces œuvres par les conventions internationales, les lois et les règlements. »[30]

339. Reconnaissance du potentiel normatif des *nyàmakala*. – Par ailleurs, si les autorités de la transition de l'État décidaient de mener le projet de constitutionnalisation de la Charte à son terme, les *nyàmakala* pourraient devenir les leviers du dialogue inclusif entre les Maliens du Nord et ceux du Sud. Les communautés historiques qui peuplent l'actuelle République du Mali possèdent toutes leurs *nyàmakala* à qui les chefs ne peuvent – ou du moins sont censés ne – rien refuser. L'article 13 de la Charte dispose dans ce sens en prescrivant qu'il ne faut jamais offenser les *Nyaras* (les paroliers publics), l'autre nom des *nyàmakala*. L'étymologie du nom DIABATÉ, l'une des plus grandes familles de *Nyaras* vient justifier ces propos. La traduction littérale de ce patronyme donne : celui à qui personne ne peut opposer de refus[31]. Cette proposition d'officialisation de l'intervention de ces gardiens

---

[29] A. KOJÈVE, *La notion de l'autorité*, *op. cit.*, p. 145-146.

[30] Décret n° 206-0052/P-RM du 15 février 2016 portant statut des artistes, *op. cit.*, p. 324.

[31] M. L. TRAORÉ explique que : « La tradition orale transmet cet exemple : sous l'empire du Mali (Moyen Âge européen), un noble de la cour a été déchu de ses titres parce qu'au cours d'une chasse, il n'a pas pu se retenir, devant les prouesses de son frère cadet, de le louer. La cour a alors décidé, puisqu'il savait si bien parler et chanter, qu'il serait dorénavant griot, de même que tous ses descendants. C'était le premier *Diabagatè* (littéralement : celui à qui ont ne peut rien refuser) l'une

de la légalité traditionnelle reste l'une des composantes de la clef de voûte qui pourrait symboliser l'appropriation de l'État par la nation malienne. Elle restituerait également au droit malien sa vocation primaire de règle de conduite avec, en prime, l'assurance de l'effectivité de certaines particularités de la « civilisation négro-arabo-berbère » qui ont mené des empires à leur apogée et ont traversé la nuit des temps.

340. Perspectives politiques. – Ces ouvertures du champ juridique à l'informel devraient être accompagnées du renforcement des mécanismes d'encadrement des termes des échanges, à supposer que les auteurs de la transition de l'État souhaitent une véritable démocratie économique dans l'État-nation. Cela permettrait aux gouvernants d'accéder plus facilement aux commandes des volontés individuelles et d'en prendre les rênes.

SECTION 2 :
L'ordolibéralisation de l'État-nation

341. Les spécificités théoriques de notre proposition d'*ordolibéralisation* de l'État-nation. – La concurrence est un *jeu* libre qui a paradoxalement besoin d'ordre. Elle ne peut évoluer et s'émanciper que dans un cadre rationalisé et régulé par l'État arbitre. C'est à cette forme d'intervention étatique qu'il est fait référence à travers la proposition d'*ordolibéralisation* de la *manière d'être* de l'État transité sur la *natte* de la nation. Même si l'usage que nous comptons faire de ce concept d'origine allemande partage quelques similitudes avec le concept d'ordre concurrentiel introduit dans la doctrine française par Antoine PIROVANO et repris à leur compte par d'autres auteurs[32], il s'en détache au niveau de sa teneur et de ses finalités. En effet, l'ordolibéralisme paraît davantage correspondre à l'environnement de la crise que traverse le Mali de la transition et à la définition ambivalente de la souveraineté, qui fusionne *l'imperium* et le *dominium*. En outre, la conciliation de la logique de l'économie de marché avec celle des droits et libertés fondamentaux consacrés par la Constitution était sa raison d'être. L'ordre concurrentiel est l'une des nuances de l'*ordolibéralisation* parce qu'il concerne la partie compétitive de l'économie de marché et sa volonté d'expansion sociale. Alors que l'*ordolibéralisation* de l'État-nation – de par la largeur de son champ d'action – paraît davantage convenir à notre proposition de redressement du processus de désengagement de l'État. Il suffit de revenir sur les travaux de « l'école de Nice » pour cerner la pertinence de notre proposition. Laurence BOY a conclu sa quête de définition de l'ordre concurrentiel par la

des plus grandes familles de griots de l'Afrique de l'Ouest. » M. L. TRAORÉ, *Philosophie et géomancie : vers une philosophie originelle africaine, op. cit.*, p. 40 (note n° 62).

[32] L. BOY, « l'ordre concurrentiel : Essai de définition d'un concept », dans : *L'ordre concurrentiel, Mélanges en l'honneur d'Antoine PIROVANO, op. cit.*, p. 34.

détermination des matériaux le composant. Selon cette dernière, il faut simplement revenir aux éléments constitutifs du concept qui avaient déjà été précisés par Antoine PIROVANO, qui en a révélé les particularités. Ce dernier voit dans l'ordre concurrentiel un moyen technique qui permet d'assurer un équilibre précaire entre le principe de liberté concurrentielle, théoriquement porteur d'efficience économique, de gain, de productivité et de rentabilité ; le principe de la liberté contractuelle, lequel peut être antinomique du principe précédent ; le droit de propriété qui tend à conférer une exclusivité sur une chose[33]. Cet ordre doit être accaparé par le système juridique parce qu'il « participe, à sa manière, à la transformation de l'économie de marché en société de marché puisqu'il vise à marchandiser la plus grande part des activités humaines »[34]. Les dispositifs de commandement à la recherche d'efficacité, comme celui de l'État malien nationalisé, ne peuvent donc pas en faire abstraction. Ce dernier pourrait gagner en cohérence à travers une refondation complète des rapports entretenus entre l'État et le marché.

342. Justifications endogènes de notre proposition d'*ordolibéralisation* de l'État-nation. – Le processus de transition de l'État malien devrait impérativement être accompagné d'une rationalisation de l'activité des opérateurs économiques du monde formel pour avoir un sens. Si cela n'advenait pas, cette conformation du cadre étatique avec les modalités d'existence de la nation ne serait aucunement synonyme d'une transition de l'État. La refonte des termes des échanges du secteur formel constitue le moyen qui permettrait de renforcer l'efficacité de l'appropriation du système de commandement par la majeure partie des citoyens à laquelle nous aspirons. Elle est le gage de l'effectivité de la démocratisation de la République commencée en 1992. Il ne s'agirait évidemment pas d'exhumer les planifications centralisées des premières heures de l'existence de cette République, mais d'une simple adaptation des règles officielles à la *modalité d'être* d'un État malien dont les nationaux se seraient réappropriés. Ainsi, cette transition de l'État malien devrait se traduire dans les faits par une *endogénisation* du système de redistribution des richesses du secteur officiel. Pour ce faire, le nouveau mécanisme de commandement devrait adopter une posture qualifiée d'ordolibérale, par analogie avec l'ordolibéralisme allemand. Nous sommes bien conscient du léger décalage existant entre les deux contextes, mais il est plus spécifiquement fait référence à l'inversion dans les rapports entre l'économie et l'État. Cette posture devrait permettre de libérer la nation de l'enfermement de la conception exogène du marché **(§1)** et de ses méfaits **(§2)** tout en remplissant ses fonctions d'arbitre particulier du *jeu* des échanges **(§3)**.

---

[33] A. PIROVANO, « L'expansion de l'ordre concurrentiel dans les pays de l'Union européenne », dans : R. CHARVIN et A. GUESMI (dir.), *Les instruments juridiques passage à l'économie de marché : le cas l'Algérie*, Éditions l'Harmattan, Paris, 2001, p. 131.

[34] *Ibid.*, p. 130.

§ 1 : La nation otage de la conception hétéronome du marché

343. Présentation de la conception malienne du marché. – Qu'il soit compris comme simple dénomination des transactions commerciales ou en tant que qualificatif du lieu de réalisation des opérations d'échange de biens et de services[35], la conception malienne du marché reste dépendante de la *modalité d'être* de la société. C'est-à-dire que contrairement à l'actuelle *doxa*, elle considère que le marché n'a jamais été spontané. Il a toujours été encastré dans le système de commandement social dont il a renforcé la légitimité. Il a été le vecteur du commandement officiel qui l'a instrumentalisé dans le but d'accéder à la direction des volontés individuelles. Il convient de rappeler que cette spécificité malienne n'en est pas vraiment une. Si nous rétablissons marché et droit dans leur réalité d'éléments de socialisation des êtres humains, la nature autoritaire de leur institutionnalisation se dévoile au grand jour. Conformément aux éléments dégagés dans les *Prolégomènes*, le droit et l'économie inventent des principes d'échanges sociaux mis à la disposition des souverains. Il s'agit des particularités d'une humanité condamnée au vivre ensemble. C'est la croissance du commerce qui a entraîné la consécration d'une autorisation d'occupation quotidienne du domaine public et la naissance du *lieu marché*. Ce dernier avait des fonctions similaires à celles des places centrales des cités grecques désignées sous le nom d'*agora, marché* en français[36], *market* en anglais, *souk* en arabe et enfin *dɔgɔ* ou *sugu* et en langue bambara.

344. Droit et marché dans la conception malienne. – Cet état de fait est également étayé par l'histoire nationale et l'atavisme des règles traditionnelles. La position géographique de l'empire historique et de l'actuelle République du Mali a créé une forte interdépendance entre l'institution de la nation et celle du marché. Depuis l'époque des empires et des royaumes, il y règne une symbiose qui a donné naissance à Tombouctou et Djenné, des villes commerçantes, des points de rencontre entre le Nord et le Sud autour du fleuve Niger qui ont fait la renommée de cette construction sociale à l'international et permis l'enracinement de la « civilisation négro-arabo-berbère ». Il suffit de se référer aux précisions apportées à propos de Djenné par le *Tarikh es-Soudan*, l'ouvrage d'histoire du Soudan rédigé en arabe au XVIIe siècle par Abderrahman ES-SA`DI pour le percevoir clairement. Il y est précisé que :

> « La ville a été fondée par des païens au milieu du deuxième siècle de l'hégire du Prophète [Mahomet] (sur lui soient les meilleurs saluts et

---

[35] A. REY (dir.), *Dictionnaire historique de la langue française, op. cit.*, p. 1271-1272.

[36] A.-J. ARNAUD et G. COLLETIS ont trouvé des références juridiques au marché dès la commune de Beauvaisis *(Beaumanoir, 1283 : XXX, 20).* A.-J. ARNAUD et G. COLLETIS, « Marché », dans : A-J ARNAUD (dir.), *Dictionnaire de la globalisation,* Éditions L.G.D.J., p. 343 s.

bénédictions !) : les habitants ne se convertirent à l'islamisme que vers la fin du sixième siècle de l'hégire. Le sultan Konboro adopta le premier l'islam et les habitants de la ville suivirent son exemple. Quand Konboro fut décidé à entrer dans le giron de l'islamisme, il donna l'ordre de rassembler tous les ulémas qui étaient alors sur le territoire de la ville ; leur nombre s'éleva à quatre mille deux cents. Il abjura le paganisme en leur présence et leur enjoignit de prier Dieu d'accorder trois choses à Djenné : "1° que, celui qui, chassé de son pays par l'indigence et la misère, viendrait habiter cette ville, y trouvât en échange, grâce à Dieu, abondance et richesse, de façon qu'il oubliât son ancienne patrie ; 2° que la ville fût peuplée d'un nombre d'étrangers supérieur à celui de ses nationaux [...] ; 3° que Dieu privât de patience tous ceux qui viendraient y trafiquer leur marchandises, en sorte que, ennuyés de séjourner en cet endroit, ils vendissent à vil prix leurs pacotilles, ce dont bénéficieraient les habitants." À la suite de ces trois prières on lut le premier chapitre du Coran, aussi ces prières furent-elles exaucées, ainsi que chacun peut le constater *de visu* encore aujourd'hui. »[37]

Le rayonnement international de ces artéfacts maliens est bien l'œuvre d'une ingénierie sociale efficace. La prospérité de ces cités commerçantes est généralement imputée au neveu du légendaire Soundiata KEÏTA, Mansa Kankou Moussa, communément appelé le *roi-bâtisseur*. Effectivement, ce serait à l'occasion de ses 25 ans de règne que l'empire du Mali atteignit son apogée en s'élargissant de l'Adrar des Ifoghas à l'estuaire de la Gambie. Il est ainsi possible d'y distinguer une illustration des thèses du professeur Jean-Paul FITOUSSI sur les rapports entre l'État et le marché. Ainsi, le cas de figure malien ne serait pas un phénomène isolé, mais l'indication de ce qui constitue la principale caractéristique du marché, qui ne peut s'épanouir qu'en commerçant avec la *res publica*[38].

En empruntant ces recettes à leurs ancêtres dans un socialisme d'État, les fondateurs de la République ont donné du sens à leur tentative de reproduction du célèbre empire. Même si la portée de leur création dépassait celle de son homonyme, notamment à cause des considérations idéologiques et non pragmatiques, leur œuvre avait des points communs avec la conception nationale du marché. Cette dernière a toujours été caractérisée par la prédominance du « sans prix » et l'importante place reconnue à l'éthique dans les milieux d'affaires. Selon Shaka BAGAYOGO,

> « le code d'honneur du guerrier des savanes soudanaises interdit lui [le souverain] toute pratique commerciale sous peine de déroger. L'accumulation marchande est le fait des commerçants. Le guerrier, et le prince en premier lieu, passe et prend, mais ne rentre pas dans des rapports d'échange générateurs de profits où, sur le lieu et dans le temps de l'échange, s'établit un rapport de réciprocité entre acheteurs et vendeurs. Les richesses que le prince thésaurisent sous forme de ressources publiques ou d'État (*toda*)

---

[37] A. ES-SA' DI, *Tarikh es-Soudan,* Traduction d'O. HOUDAS, Éditions d'Amérique et d'Orient, Paris, 1981, p. 23-24.

[38] J.-P. FITOUSSI, *La démocratie et le marché, op. cit.*, p. 13.

distinctes des biens communs familiaux (*foroba*) tout en ayant le même mode de gestion, servent prioritairement au maintien des conditions de reproduction du pouvoir d'État incarné par le souverain. Cette reproduction passe par un système complexe de redistribution inégale aux dignitaires et autres dépendants. Il s'agit des principaux chefs d'armée, des alliés vassaux et enfin de la masse disparate des conseillers : *jeli,* marabouts, devins, informateurs, et espions (*dabi*), etc. L'ensemble ainsi nommé constitue ce qu'on peut appeler le personnel d'encadrement, c'est-à-dire les appareils d'État. »[39]

345. L'exemple du commerce chez les Indo-Européens. – Le hiatus entre cette particularité du marché malien et la conception dominante prouve l'existence d'une originalité conceptuelle, liée aux finalités politiques assignées à cette institution. C'est également la conclusion à laquelle était parvenu Émile BENVENISTE quand il enquêtait sur les origines indo-européennes du commerce. Il précise que :

> « Le commerce n'est pas une notion uniforme. Il comporte des variétés selon les types de culture. Toux ceux qui ont étudié les relations commerciales signalent que dans les civilisations de caractère primitif ou archaïque, ces relations revêtent un caractère très particulier : elles engagent l'ensemble de la population ; elles sont pratiquées par la collectivité même ; il n'y a pas d'initiative individuelle. Ce sont des échanges, qui comportent une entrée en relation, par des procédés particuliers, avec d'autres populations. Les denrées sont offertes en échange par les partenaires. Si l'accord est conclu, des manifestations religieuses, des cérémonies, peuvent avoir lieu. »[40] [Ou quand il rappelle plus loin que la] « notion de *solde* (d'où celle de soldat "ital. *Soldato* "rétribué par solde"), s'est formée en tant que "rétribution des gens de guerre" ; on y percevait autrefois le rapport avec lat. *solidum* "pièce d'or" (d'où notre *sol, sou*). Un moderne aurait quelque peine à imaginer, tant ces signes lexicaux ont pris de distance entre eux, que le *salaire* était dans sa forme latine, un *salarium*, l'"argent donné aux soldats pour acheter du sel" (lat. *sal*) ; que *payer* dérive du lat. *pacare* "satisfaire, calmer" (par une distribution d'argent) ; que les *gages* sont bien le pluriel de *gage* "garantie, rançon". Les images de guerre, du service mercenaire ont précédé et engendré celle du travail et de la rétribution légale qui y est attachée. »[41]

346. L'exemple du traitement de la mort. – Plus concrètement, cette dissemblance des marchés trouve une illustration dépourvue d'équivoque dans la stupéfaction des autochtones confrontés à la marchandisation de certains secteurs sociaux comme celui de la mort. Dans les pays du Nord, le décès constitue un marché à part entière avec ses prestataires de services funéraires, ses assurances vie, ses contentieux testamentaires. Au Mali, le

---

[39] S. BAGAYOGO, « L'État au Mali : Représentation, autonomie et mode de fonctionnement », *op. cit.*, p. 103.

[40] É. BENVENISTE, *Le vocabulaire des institutions indo-européennes : 1, Économie, parenté, société*, Éditions De Minuit, Collection « le sens commun », Paris, 1969, p. 139-140.

[41] *Ibid.*, p. 170.

fait de laisser la situation de deuil en dehors du marché tient du consensus de résistance face à la transformation de la société traditionnelle. Cet accord non écrit se trouve, effectivement, au-dessus du libre marché. Le fardeau de la gestion logistique et financière de la mort reste généralement à la charge de la communauté religieuse et de la famille du défunt, si l'identité de ce dernier a été établie. Le cas échéant, cette responsabilité revient à la mairie en tant qu'autorité de police administrative. C'est par exemple le cas dans le district de Bamako. Conformément au quatrième alinéa de l'article 46 de la loi du 21 février 1996 portant Statut particulier du District de Bamako, l'exercice de la police administrative comprend : « Le mode de transport des personnes décédées, les inhumations, exhumations, le maintien du bon ordre et de la décence dans les cimetières »[42]. La situation est la même quant à la marchandisation de la vieillesse à travers la prise en charge des personnes du troisième âge par des institutions spécialisées.

347. Difficulté de la coexistence des deux logiques au sein de l'État de la transition. – En conclusion, il existe bien une conception malienne du marché qui diffère du modèle standardisé reproduit par l'État de la transition. En d'autres termes, l'État de la transition véhicule deux logiques du marché qui coexistent : l'une est historique et traditionnelle et l'autre découle de la rationalité importée de l'Occident. Selon l'atavisme caractérisant les normes nationales, le droit d'aînesse par exemple, c'est à la conception endogène que devrait revenir la préférence des autorités étatiques. Cela dit, nous savons pertinemment que c'est l'hétéronomie qui légitime le maintien de la conception occidentale, même si elle paraît surabondante. Il s'agit là d'une sorte de pierre d'achoppement qui fait de l'instauration d'un marché à la manière occidentale un non-sens à la fois linguistique et sociologique. En effet, comme l'a confirmé Shaka BAGAYOGO, les allocataires des largesses financières du souverain étaient naguère libres de les accepter ou les refuser : « La redistribution par le souverain des ressources d'État obéit à la logique du maintien puis de l'élargissement des liens d'allégeance personnelle ou politique qui lient chaque attributaire au pouvoir. En retour, l'acceptation ou le refus de la manne royale est le signe d'autonomie sinon de rébellion. »[43] Cette *forme de vie* nationale était dotée d'un modèle de liberté qui donnait la priorité à l'efficacité sociale sur l'efficience et l'autorégulation.

348. La transformation de l'économie de marché en société de marché. – Le marché à la malienne encastré dans la société avait un visage solidariste. Il constituait un homéomorphe fonctionnel du *Ubuntu,* le concept sud-africain qui signifie « je suis ce que je suis grâce à ce que nous sommes tous ». Ce mot originaire de la langue zulu renvoie à la vision collectiviste de

---

[42] Loi n° 96-025 du 21 février 1996 portant Statut particulier du District de Bamako, *JORM* n° 1996-06 du 31 mars 1996, p. 208.

[43] S. BAGAYOGO, « L'État au Mali : Représentation, autonomie et mode de fonctionnement », *op. cit.*, p. 103.

la mentalité africaine ; plus particulièrement à l'« humanitude » communautaire des sociétés africaines : le *mɔgɔya* des Bambaras. En remplaçant cet état de choses par la *lex mercatoria* occidentale et le tout marché[44] ayant pour visée de transformer l'économie de marché en société de marché[45], l'État de la transition a effectivement pris la nation en otage sur une *natte* qui n'était pas la sienne. L'attribution d'une valeur marchande à des éléments « sans prix » de la nation malienne a brutalement remis en cause les fondements ataviques du système de commandement et cette société politique a perdu tous ses repères habituels. Par exemple, la majeure partie des entreprises privatisées durant le processus de transition relevait du secteur non monétaire du marché local. Ce point est un géolocalisateur capital. Il permet de se repérer dans le mobilier de ce monde. C'est notamment cette catégorisation qui facilite la séparation juridique des personnes et des choses[46]. Cela met aussi en évidence le caractère scandaleux du comportement de certains citoyens du Sud confrontés à des composantes ordinaires de la *lex mercatoria* héritée de l'occidentalisation prédatrice des sociétés ataviques. En raison de leur rôle historique, nous ne pouvons que classer certaines des entreprises publiques maliennes dans la famille des « sans prix ». Dans la mesure où elles constituent une donnée essentielle de l'émancipation nationale, à savoir l'indépendance économique. En effet, certaines entreprises furent le fruit du travail forcé, tandis que d'autres symbolisaient la spoliation de la nation de ses ressources minières et énergétiques. Ainsi, la privatisation de ces entreprises équivaut au monnayage d'une partie sensible de la nation. Il s'agit à la fois de l'abandon de l'unité historique et culturelle du pays et de la renonciation des autorités politiques au principal outil dont elles disposaient pour renforcer chez les citoyens le sentiment d'appartenance à une communauté humaine.

349. Transition. – Cette cacophonie entre les termes des échanges qui rythment la vie économique de la nation et son système de commandement officiel a entraîné un dysfonctionnement du système concurrentiel mis en place par l'État de la transition.

---

[44] Pour un approfondissement sur la notion de mondialisation ou de globalisation, Cf. Introduction du cours international de M. SALAH portant sur : *Mondialisation et sanction* dispensé à Faculté de Droit de l'Université du Sud-Toulon-Var, le mardi 22 novembre 2011. M. SALAH, « Mondialisation et sanction », dans : D. MARRANI, P. RICHARD, J.-J. SUEUR, *Droit(s) et sanction, op. cit.*, p. 96-103.

[45] A. PIROVANO, « L'expansion de l'ordre concurrentiel dans les pays de l'Union européenne », dans : R. CHARVIN, A. GUEMI (dir.), *L'Algérie en Mutation, Les instruments juridiques de passage à l'économie de marché,* Éditions l'Harmattan, Paris, 2001, p. 129-142.

[46] M.-A. FRISON-ROCHE, « Valeurs marchandes et ordre concurrentiel », dans : *L'ordre concurrentiel, Mélanges en l'honneur d'Antoine PIROVANO, op. cit.*, p. 224.

§ 2 : Dysfonctionnements de l'ordre concurrentiel

350. Les stratégies inefficaces des différents opérateurs économiques. – De nos jours, le marché est devenu l'outil principal de direction de la société concurrentielle malienne. C'est ce qui fait que l'État de la transition est davantage caractérisé par l'instabilité et l'insécurité qui s'y sont fortement enracinées. À vrai dire, pendant que la nation s'émancipe dans l'informel sans cesse grandissant, les multinationales occidentales choisies par les autorités de la transition sont obligées de pallier la défaillance économique de l'État désengagé. Elles sont effectivement obligées, « *de facto*, à jouer un rôle vis-à-vis des communautés locales pour pouvoir continuer à produire dans de bonnes conditions. Conçu comme un ensemble de donations charitables aux communautés de divers ordres, l'engagement "sociétal" des multinationales est avant tout pour elles un outil stratégique permettant d'assurer la pérennité de leurs activités. »[47]

Quant aux rares opérateurs locaux du secteur formel, ils s'adonnent à des pratiques spéculatives dans le but de tirer le maximum de profit des miettes laissées par les transnationales occidentales. À chaque ramadan, cycle de grande consommation, les défauts de l'ordre concurrentiel importé mettent les familles sous dépendance économique. Étrangement, c'est pendant la même période de chaque année que les denrées de première nécessité comme le sucre, le sel, le lait en poudre, la farine, l'huile de friture ou encore la viande deviennent introuvables et inaccessibles aux budgets des ménages maliens. En effet, les clients sont constamment victimes d'un cartel de grands opérateurs économiques nationaux. Ces derniers prennent en otage les consommateurs en spéculant sur les prix de ces denrées pendant cette période charnière de la consommation nationale. Il suffit, pour s'en convaincre, de se référer aux précisions données dans le Rapport CUTS sur « L'État de la concurrence au Mali ». Il y est expliqué que durant le mois de ramadan de 2009, par exemple, le prix du sucre a augmenté de 50 pour cent en seulement une semaine et sans aucun motif valable[48]. Cette pratique spéculative a pris de telles proportions qu'elle est devenue la principale cause de la malnutrition infantile[49], qui a contribué, à son tour, à l'aggravation de la mortalité infantile très vite devenue

---

47 C. RENOUARD, « La responsabilité sociale des multinationales spécialisées dans l'extraction des minerais et hydrocarbures : Nouveaux enjeux éthiques et juridiques », *Journal du droit international « Clunet »*, 2008, n° 2, p. 487.

48 O. I. BERTHÉ, I. DOUGNON, S. SANOGO, « L'état de la concurrence au Mali », dans : *Un Temps pour agir : L'analyse des régimes de la concurrence dans des pays sélectionnés d'Afrique de l'Ouest*, Volume II : Burkina Faso, Mali, Sénégal et Togo, CUTS, JAIPUR, 2010, p. 158.

49 Le président d'Action contre la faim, B. MIRIBEL estime que de nos jours dans le Sahel : « environ 10 millions de personnes restent (...) en situation d'insécurité alimentaire, dont près d'un million et demi d'enfants de moins de cinq ans atteints de malnutrition aiguë. » B. MIRIBEL, « Enjeux humanitaires au Sahel : L'influence de la crise malienne », dans : M. GALY (dir.), *La guerre au Mali, op. cit.*, p. 169.

un problème de santé publique. Effectivement, cette pandémie touche un cinquième des nourrissons maliens qui n'atteignent pas l'âge de 5 ans, même dans les bassins agricoles[50].

351. Présentation générale des mécanismes et des acteurs du secteur sucrier. – Pour revenir plus particulièrement à la spéculation sur le sucre, elle signale la présence d'une faille dans les choix effectués par les autorités de l'État de la transition. C'est après la liquidation controversée de la SOMIEX en 1988[51] que l'État a procédé à un transfert de ses compétences de production et de distribution de sucre à une société d'économie mixte (SOUKALA-SA). Cette dernière est dirigée par une filiale de l'entreprise transnationale chinoise la CLETC *(China Light Industrial Corporation for Foreign Economic and Technical Cooperation)* dont une partie du capital social restait minoritairement détenue par le gouvernement malien. À travers des protocoles d'accords comme celui du 14 novembre 2007, le gouvernement a également associé des grossistes locaux à la SOUKALA-SA afin d'éviter des ruptures de stock. Il s'agissait notamment du GGB (Grand grenier du bonheur), du GDCM (Grand distributeur céréalier du Mali), de la Société Abdoulaye NIANG, et de Djigué-SA. Ces entreprises formaient le groupement des clients du complexe sucrier SOUKALA-SA. En contrepartie d'une exonération douanière à l'importation[52],

---

[50] Face à cette inefficacité de l'ordre concurrentiel, L'UNICEF a tiré la sonnette d'alarme de son côté en 2010 en rappelant que : « entre 2006 et 2008, le prix du riz a augmenté de près de 40 % à Sikasso. L'augmentation des prix alimentaires force souvent les familles à faire des choix difficiles sur la qualité et la quantité de nourriture à donner à leurs enfants. » G. DEGEN, « Au Mali, la flambée des prix des denrées alimentaires aggrave la dénutrition chez les enfants », *UNICEF*, Sikasso, 3 juin 2010. Disponible sur : *http://www.unicef.org/french/infobycountry/mali_53811.html* (Consulté le 18 septembre 2016)

[51] Cette liquidation de la SOMIEX reste incompréhensible, car elle restait la plus rentable des entreprises publiques nationales. D'autant plus qu'elle devait, initialement, subir une simple ouverture à la concurrence avec l'Arrêté n° 6984/MFC-DNAE-CIP du 18 août 1986, du ministre des Finances et du Commerce monsieur D. K. DIAKITÉ, portant abolition du monopole de la SOMIEX sur les produits. Finalement, c'est le décret n° 89-041/P-RM du 13 février 1989 portant modalités de liquidation de la SOMIEX qui appliquera la loi n° 1988-68 du 26 décembre 1988 commandant sa dissolution en instituant la Commission de liquidation présidée par le représentant du ministre des Finances et du Commerce.

[52] En fait, cette exonération des droits et taxes pour ces entreprises devenait effective par une note de service officielle du ministre chargé de l'Économie et des Finances qui ordonne au directeur général des douanes du Mali d'informer le BEMEX. Par exemple pour le protocole d'accord de 2007-2012, ce dernier envoyât le 22 février 2007 la correspondance suivante à monsieur M. KEITA, PDG de la société Grand distributeur de Céréaliers au Mali (GDCM-SA) : « Monsieur, par lettre ci-dessus visée en référence, vous sollicitez mon accord pour la mise en œuvre de l'avantage douanier que Monsieur le Ministre de l'Économie et des Finances vient de vous accorder par la lettre n° 0234/MEF-SG du 13 février 2007. En retour, j'ai l'honneur de vous autoriser à effectuer les formalités de mise à la consommation des biens repris au tableau ci-après : sucre (10 000 tonnes), riz (10 000 tonnes) et lait en poudre (2 000 tonnes). Les droits et taxes liquidés sont exonérés à l'exclusion du PC, du PCS et de la RS qui restent entièrement dus. Vous voudrez bien prendre attache avec le Bureau des exonérations douanières et des Maliens de l'extérieur (BEMEX) en vue d'y accomplir les formalités requises ».

l'État avait pris soin de leur confier l'importation et la distribution du sucre dans le but de compléter et de soutenir la production de la SOUKALA-SA. Le cahier des charges de ce partenariat stratégique les obligeait à « organiser et réguler le marché du sucre en maintenant des prix acceptables à la portée des populations maliennes », tout en « maintenant et organisant le réseau de distribution du sucre à travers le pays »[53]. L'État s'est donc retiré de ce secteur au profit des multinationales étrangères et des grossistes locaux sans qu'ait été mis en place un mécanisme de suivi. L'inefficacité de cette croyance aveugle dans les mesures incitatives des autorités de l'État de la transition a récemment été dénoncée par le Rapport annuel du Vérificateur général du Mali de 2012. Selon cette autorité administrative indépendante,

> « la Direction nationale du commerce et de la concurrence n'exerce [toujours] pas de suivi régulier sur les exonérations accordées aux opérateurs économiques. D'une part, elle ne s'assure pas que chacun des opérateurs économiques ayant bénéficié d'exonérations respecte individuellement les prix convenus jusqu'à épuisement des stocks. D'autre part, elle ne prévoit pas, dans les cahiers de charges, des sanctions à l'égard de l'opérateur économique qui n'en aurait pas respecté les clauses. »[54]

352. L'utopie du désengagement total de l'État. – En se désengageant totalement de ce champ, le gouvernement a autorisé les acteurs du secteur à développer leurs stratégies en toute quiétude. Dans le cas d'espèce, c'est à la limite de l'insurrection que le ministre de l'Économie et des Finances a unilatéralement élargi le domaine de cette exonération en abaissant significativement le taux de la taxe conjoncturelle à l'importation (TCI) comme il l'avait fait pour le riz avec l'arrêté du 20 mai 1997[55]. Cette dérégulation a entraîné une inondation du marché et permis de réduire les prix du sucre de manière considérable[56]. En dépit de leur malveillance manifeste, leur défaut de performance et le risque de récidive, le gouvernement malien a quand même renouvelé sa confiance à deux anciennes sociétés membres du cartel, à savoir le

---

[53] B. FALL, « Commercialisation du sucre : Les commerçants dénoncent le monopole de fait », *Le Républicain*, du 28 août 2009. Disponible sur : *http://www.malijet.com/actualite_economique_du_mali/17085-commercialisation_du_sucre_les_commercants_denoncent.html* (Consulté le 18 septembre 2016)

[54] Bureau du Vérificateur général du Mali, *Rapport annuel 2012, op. cit.*, p. 64.

[55] Les deux premiers articles de l'arrêté n° 97-0768/MFC-SG du 20 mai 1997 portant révision du taux de la taxe conjoncturelle à l'importation (TCI) sur le riz disposaient comme suit :
« Article 1er : Le taux de la taxe conjoncturelle à l'importation (TCI) sur le riz est fixé à 0 % pour les nomenclatures tarifaires suivantes :
10 06 20 00 00 : Riz décortiqué (riz cargo ou riz brun), Riz semi-blanchi ou blanchi, même poli ou glacé
10 06 30 10 00 : En emballage immédiat de plus 5 kg ou en vrac ;
10 06 30 20 00 : En emballage immédiat de 5 kg au moins
10 06 40 00 00 : Riz en brisures.
Article 2 : Le présent arrêté abroge toutes dispositions antérieures contraires. » *JORM* n° 1997-17 du 15 septembre 1997, p. 718.

[56] Ces prix atteignaient, par endroit.s, à peine les 50 pour cent des tarifs habituels.

GGB et le GDCM, à travers un nouveau protocole de 5 ans conclu en novembre 2007[57].

353. L'utopie de la croissance par les multinationales et ses risques. – Cette étude de cas montre l'attrait du gouvernement pour les grandes sociétés nationales ou multinationales et son manque de confiance dans les petites et moyennes entreprises qui, pourtant, dynamisent l'économie et véhiculent la croissance économique recherchée par l'ensemble des acteurs. Le remplacement des monopoles d'État par ceux du marché est en évidente contradiction avec la volonté officielle de construction d'un marché libre et doté d'un ordre concurrentiel efficace. Pour illustration, il est possible d'observer que les 17 milliards de FCFA d'impôts reversés à l'État par SOUKALA – SA au cours de la dernière décennie ni ne compensent ni ne justifient les pratiques monopolistiques qui ont rendu les consommateurs et les détaillants très méfiants envers le gouvernement.

En toute hypothèse, si la tendance reste la même, le marché malien risque d'être totalement aspiré par le secteur informel faute de l'existence d'un droit de la concurrence approprié et à cause de l'abandon politique des petites et moyennes entreprises. De plus, le sauvetage *in extremis* par le ministère de l'Économie et des Finances qui avait autoritairement élargi le domaine de l'exonération d'importation à d'autres exportateurs démontre la nécessité d'une révision radicale de la politique de régulation. L'*ordolibéralisation* des interventions étatiques pourrait se traduire en l'espèce par la mise en place d'une régularisation sectorielle fondée sur une croissance des petites et moyennes entreprises de l'espace anciennement qualifié d'informel. Cela permettrait sans doute la redynamisation de la concurrence dans ce secteur en y apportant plus d'ordre et de transparence. Les règles officielles pourraient facilement accéder à la volonté des consommateurs, étant donné que les denrées dont il s'agit représentent plus de 80 pour cent (estimation du rapport CUT) des dépenses des ménages maliens.

§ 3 : L'*ordolibéralisation* émancipatrice de la nation

354. Présentation générale des avantages de l'utilisation du marché comme outil et non comme instrument de commandement. – Face au désengagement de l'État de la transition et à ses inconvénients, la reconstruction du marché par le droit serait susceptible d'émanciper la nation malienne dans la mesure où celle-ci serait ainsi soumise à sa propre conception du monde des affaires. Le particularisme de l'ordolibéralisme des origines est d'avoir compris que l'efficacité du libre marché était préférable

---

[57] S. SAMAKÉ, « Monopole sur le sucre : les dessous d'un Scandale », Info Matin, disponible sur : *http://info-matin.info/index.php/economie5/1233-monopole-sur-le-sucre--les-dessous-dun-scandale* (Consulté le 18 septembre 2016)

à son efficience. Les ordolibéraux préféraient considérer le marché comme un outil de commandement plutôt que comme instrument conformément aux critères de spécification établis par Gilbert SIMONDON à propos de ces types d'objets techniques, qu'il voyait comme des moyens permettant d'accéder au monde. Il entendait par :

> « *outil* l'objet ethnique qui permet de prolonger et d'armer le corps [des chefs] pour accomplir un geste [notamment établir et diriger des conduites humaines], et par *instrument* l'objet technique qui permet de prolonger et d'adapter le corps [des chefs] pour obtenir une meilleure perception ; l'instrument est l'outil de perception. Certains objets techniques [comme la règle de droit peuvent être] à la fois des outils et des instruments, mais on peut les dénommer outils ou instruments selon la prédominance de la fonction active ou de la fonction perspective [...] »[58]

De même que pour l'outil et l'instrument, la différence qui existe entre l'efficacité et l'efficience du marché dépend de la prééminence et de la finalité qui lui est assignée. Malgré le caractère discutable de cette quête de perfection du marché, la nécessité d'un équilibre entre libertés économiques et juridiques au sein de l'État-nation constitue une évidence dont nous ne pouvons faire abstraction.

355. Les avantages de l'utilisation du marché comme outil de commandement pour les multinationales. – La mise en lumière par la doctrine des débordements des multinationales de leur cadre classique confirme notre analyse. Par exemple, selon le professeur Ousmane Oumarou SIDIBÉ, les trois grandes entreprises aurifères maliennes ont créé et financé des programmes de lutte contre le paludisme et le VIH-SIDA, d'accès à l'eau potable et d'alphabétisation dans les communautés voisines[59]. En d'autres termes, ces multinationales font spontanément le travail de l'État pour pouvoir continuer à produire en toute quiétude. Pourtant, l'acte désespéré de la population de Fourou contre la Société des mines d'or de Syama et la recherche de madame Cécile RENOUARD[60] ont démontré que ces tentatives de remplacement de l'État étaient vouées à l'échec. Ces deux cas prouvent que l'abstraction et la symbolique de la présence étatique sont indispensables à la résolution des problèmes de voisinage fortement politisés. Ce message ne devrait plus heurter les sensibilités, car le concept d'ordre concurrentiel renferme déjà la logique d'un fonctionnement politique du marché.

356. Les avantages de l'utilisation du marché comme outil de commandement pour les opérateurs économiques locaux. – Pour des

---

[58] G. SIMONDON, *Du mode d'existence des objets techniques*, Éditions Aubier, Paris, 1989, p. 114.

[59] O. O. SIDIBÉ, « La responsabilité sociale des entreprises multinationales en Afrique : Le cas du secteur minier au Mali », dans : I. DAUGAREILH, *Responsabilité sociale de l'entreprise transnationale et globalisation de l'économie,* Éditions Bruylant, Bruxelles, 2010, p. 254-258.

[60] C. RENOUARD, « La responsabilité sociale des multinationales spécialisées dans l'extraction des minerais et hydrocarbures : Nouveaux enjeux éthiques et juridiques », *op. cit.,* p. 494.

raisons de clarté, nous rappelons que c'est la paralysie de l'édification de l'ordre concurrentiel qui est signalée ici et non l'absence de mécanisme juridique de régulation. Nous visons particulièrement les apories de la forme de rationalité qui a été choisie par les autorités de la transition économique. Nous visons également le manque d'intérêt porté aux petites et moyennes entreprises qui, pourtant, dynamisent la concurrence à l'échelle locale, face à la *natte* occidentale. Le Mali de la transition a effectivement construit un ordre concurrentiel étrange. Il a abandonné les petites et moyennes entreprises tenues par les autochtones à travers l'adoption de textes souvent déconnectés des réalités du marché local comme l'ordonnance n° 07-025/PRM du 18 juillet 2007 portant organisation de la concurrence en République du Mali[61]. Cette gouvernance s'est tournée vers l'efficience du système concurrentiel. Ainsi, en disposant de la primauté des modes alternatifs de règlement des conflits sur les voies juridictionnelles établies dans le premier alinéa de son article 115, le décret du 11 août 2008 portant procédures de passation, d'exécution et de règlement des marchés publics et des délégations de service public[62] favorise l'efficience de l'ordre concurrentiel et non son efficacité sociale. Même si dans une certaine mesure l'institution d'une autorité de régulation peut être interprétée comme une innovation renforçant la légitimité de ses mécanismes de commandement, sa composition et son fonctionnement peuvent désavantager l'émancipation des droits et libertés fondamentaux des citoyens. En effet, selon l'article 20 du décret du 11 août 2008 fixant l'organisation et les modalités de

[61] Ce texte contient des dispositions fortement calquées sur les réalités occidentales et déconnectées des pratiques ordinaires qui singularisent le marché malien. Il est possible de citer entre autres, les articles 23 et 32 disposant que : « Toute vente ou toute prestation de services pour une activité professionnelle doit faire l'objet de facturation. Le vendeur est tenu de délivrer la facture dès la réalisation de la vente ou de la prestation de service. L'acheteur doit la réclamer. Toute vente au détail donne lieu à remise de reçu ou de note de frais à la demande du consommateur. La facture doit comporter les mentions suivantes : • 1° le numéro et la date de la facture ; • 2° le numéro du registre de commerce et du crédit mobilier vendeur ; • 3° le numéro d'identification fiscale du vendeur ; • 4° les noms des parties contractantes et leurs adresses ; • 5° la qualité, la dénomination précise et le prix unitaire des biens ou des produits vendus et des services rendus ; • 6° le montant hors taxe ; • 7 ° le taux et le montant de la Tva ; • 8° le montant toutes taxes comprises ; • 9° le mode de paiement », cette première disposition réclame des éléments inaccessibles à la majeure partie des consommateurs. Plus particulièrement, le quatrième alinéa de cet article ne peut pas toujours être appliqué, car la majeure partie des citoyens ne logent pas dans des quartiers lotis et dotés de numéros de rues et de porte. Quant à l'article 32, il manque d'efficacité en disposant comme le cinquième alinéa de l'article 23. En imposant des conditions formelles de cette nature, les autorités font abstraction de la coutume des âpres discussions engagées entre prestataire et consommateurs qui tentent toujours d'obtenir un tarif consensuel... Ordonnance n° 07-025/PRM du 18 juillet 2007 portant organisation de la concurrence en République du Mali, *JORM n°* 2007-31 du 10 novembre 2007, p. 1205 et s.

[62] Décret n° 08-485/P-RM du 11 août 2008 portant procédures de passation, d'exécution et de règlement des marchés publics et des délégations de service public, *JORM n°* 2008-39 du 26 septembre 2008, p. 1548.

fonctionnement de l'autorité de régulation des marchés publics et des délégations de service public,

> « Le Comité de Règlement des Différends est composé de membres issus du Conseil de régulation ainsi qu'il suit : – le Président du Conseil de régulation ; – un représentant de l'Administration, un représentant du secteur privé et un représentant de la société civile désigné par le Conseil de Régulation. La présidence du Comité est exercée de droit par le Président du Conseil de Régulation ou, en cas d'empêchement, par toute personne à cet effet parmi ses membres par le Comité de Régulation. »[63]

La combinaison de cette disposition avec les articles 17 et 18 du même texte qui concernent respectivement les missions et les pouvoirs du Comité met en évidence le hiatus entretenu avec les principes fondamentaux du procès. L'omniprésence du Président du Conseil de Régulation constitue une atteinte manifeste au principe de séparation des autorités d'instruction et de sanction qui fait partie des principes fondamentaux du procès. Par ailleurs, l'intervention d'acteurs sociaux non spécialisés peut faciliter des libéralités illégales.

La Direction nationale du commerce et de la concurrence (DNCC), le service central du ministère chargé du Commerce créé par la loi du 24 juin 2011[64] et organisé par le décret du 4 juillet 2011[65] bénéficient d'une moins bonne presse. Le Rapport du Vérificateur général du Mali de 2012 a démontré que, contrairement à l'autorité de régulation des marchés et des délégations de services publics, elle manquait à ses missions d'élaboration des éléments de la politique nationale en matière de commerce, de concurrence, de métrologie, de protection des consommateurs et aussi celles qui concernent la mise en œuvre de ces politiques[66].

357. Les avantages de l'utilisation du marché comme outil de commandement pour les régulateurs. – Sur le plan technique et sectoriel, même si la tendance semble nettement plus dynamique avec la création d'organes spécialisés (tels que le comité de régulation de l'électricité et de l'eau

---

[63] Décret n° 08-482/P-RM du 11 août 2008 fixant l'organisation et les modalités de fonctionnement de l'Autorité de Régulation des marchés publics et des délégations de service public, *JORM* n° 2008-38 du 19 septembre 2008, p. 1486.

[64] Loi n° 2011-029 du 24 juin 2011 modifiant la loi n° 08-022 du 23 juillet 2008 portant création de la direction générale des marchés publics et des délégations de service public, *JORM* n° 2011-30 du 29 juillet 2011, p. 1165.

[65] Décret n° 2011-432/P-RM du 14 juillet 2011 fixant l'organisation et les modalités de fonctionnement de la direction nationale du commerce et de la concurrence, *JORM* n° 2011-34 du 26 août 2011, p. 1336.

[66] Parmi les 16 points d'irrégularités constatés dans le rapport et les 2 713 002 553 FCFA d'irrégularité financière, nous pouvons souligner le fait qu'elle « a délivré des intentions d'importation de produits "blancs" du pétrole (super carburant sans plomb 91, gasoil, pétrole lampant, fuel oïl, DDO et kérosène) à des opérateurs économiques qui ne détiennent pas l'autorisation préalable du ministre chargé du Commerce. Cette autorisation est requise par l'article 1er de l'Arrêté Interministériel n° 09-1408/MIIC-MEF-MM-MET-MSIPC-SG du 15 juin 2009 fixant les conditions d'importation des produits du pétrole, certains dérivés et résidus. ». Bureau du Vérificateur général du Mali, *Rapport annuel 2012, op. cit.*, p. 63-66.

[CREE], le comité de régulation des télécommunications [CRT], et la Commission de l'UEMOA) le résultat demeure toujours socialement inefficace. Les multinationales constituent la majeure partie des justiciables. Pour illustration, selon monsieur Oumar Idriss BERTHÉ, chef de la division législation et concurrence (DLC) à la DNCC, ce service a instruit, entre 2006 et 2008, environ 120 affaires de pratiques commerciales déloyales avec seulement 19 saisines contentieuses, pour 101 autosaisines[67]. Cette faiblesse des saisines contentieuses nuance la vision occidentale de l'ordre concurrentiel. Selon le professeur Marie-Anne FRISON-ROCHE[68], par exemple et conformément à l'actuelle *doxa*, un ordre concurrentiel sain constitue un facteur d'attractivité pour les forces économiques privées.

Il est évident que l'instabilité de la régulation du marché malien ne permet en aucun cas d'exclure des agents non performants. Bien au contraire, un marché totalisant et fortement concentré comme celui du Mali est très attractif pour des investisseurs peu regardants sur l'ordre légal et détachés du milieu local comme les transnationales. Ces dernières sont davantage motivées par le profit rapide que par la saine compétition censée y mener. En mars 2004, la Chambre de commerce international (ICC), l'organisation mondiale des entreprises, comptabilisait 59 entreprises transnationales dans le guide des investissements au Mali[69] publié par les Nations-Unies. Un examen rapide des requêtes contentieuses instruites devant la division législation et concurrence (DLC précitée) permet de saisir la pleine dimension de ce marché sans ordre concurrentiel. En fait, l'autorité de régulation (la DLC) n'a instruit que deux requêtes entre 2007 et 2008. En 2007 la saisine de la DLC était relative à une plainte de la SOTELMA (Filiale de Maroc-Télécom) contre ORANGE-MALI pour pratique anticoncurrentielle sur le marché du téléphone mobile. Quant à celle de 2008, elle portait sur la requête de MALIVISION contre CANAL+ pour pratiques abusives[70]. À titre de comparaison, pour la seule année 2000, le Conseil français de la concurrence a enregistré 109 saisines contentieuses et 35 demandes d'avis ; soit un total de 144 affaires entrantes. Cette statistique n'est pas surprenante, puisque l'ordre de grandeur du nombre de saisines est resté constant depuis l'origine du Conseil en 1987, date à laquelle 131 entrées avaient été dénombrées[71].

358. Récapitulatif. – Finalement, les mécanismes de la régulation malienne manquent de pragmatisme. Le dispositif reste inlassablement fidèle aux mauvais choix politiques du gouvernement auquel il est directement

---

[67] Contribution de O. I. BERTHÉ, « L'état de la concurrence au Mali », *op. cit.,* p. 154.

[68] M. – A. FRISON-ROCHE, « Valeurs marchandes et ordre concurrentiel », *op. cit.,* p. 231-232.

[69] O. I. BERTHÉ, I. DOUGNON, S. SANOGO : Tableau n° 10 : Entreprises Transnationales et leurs activités, « L'état de la concurrence au Mali », *op. cit.,* p. 145-146.

[70] *Ibid.,* p. 155.

[71] Conseil de la concurrence, *Conseil de la concurrence – Quatorzième rapport d'activité : année 2000,* Éditions Journaux officiels, Paris, mai 2001, p. 18.

rattaché. Le marché libéral nécessite un État qui incite et intègre la majeure partie des acteurs soumis à son autorité. Quant à l'incorporation du secteur informel, elle réclame davantage de flexibilité. Ce traitement devrait être également réservé aux clauses de développement social des transnationales. Au lieu de conserver cette catégorie de contrats et les contrats assimilés dans un cadre légal inopérant, l'intervention d'une autorité administrative indépendante telle le Médiateur de la République ou le Vérificateur général pourrait fournir le dynamisme et l'efficacité qui ont toujours manqué.

359. Vers un État stratège ? – En cas d'échec de ses instruments, les autorités de la transition de l'État devraient faire un usage adéquat de leurs prérogatives souveraines, notamment en étatisant certaines entreprises à haute valeur stratégique sans entraver le fonctionnement libre du marché. Pour peu que nous soyons décidé à débarrasser cette hypothèse de son image péjorative, le remplacement des monopoles du marché par ceux du public diminuerait les aléas économiques. L'entrelacement de l'État régulateur du marché concurrentiel avec un État stratège, prenant les dispositions nécessaires à la préservation des secteurs d'avenir, pourrait doter l'État nationalisé de bases plus solides que l'actuelle connivence entre l'administration et les pouvoirs économiques privés occidentalisés.

Conclusion du chapitre premier

360. Récapitulatif du cheminement. – En résumé, les commandements des nouveaux *nattiers* de la rationalité malienne gagneraient en efficacité en officialisant de manière sélective certains termes des échanges nationaux. L'*ordolibéralisation* des rapports entre l'État et le marché, ainsi que l'ajustement des règles nationales sur les modalités d'existence des Maliens, rétabliraient les normes officielles dans leur vocation de direction des conduites humaines. Avec l'aménagement d'une démocratie économique, les consciences individuelles ne seraient plus dépaysées dans leurs rapports quotidiens avec l'autorité officielle. Le peuple reprendrait l'ascendant sur la technocratie exogène et l'État redeviendrait le symbole du *compté-pour-un* qu'il aurait dû être depuis l'indépendance nationale. Pour ce faire, cette réappropriation du système des échanges devrait s'accompagner d'un acte de bravoure politique. La prospérité de cette mutation de l'État réclame une mise en conformité des fondements de la gouvernance avec l'environnement national.

CHAPITRE SECOND :

La réappropriation de l'État-nation par la définition d'une rationalité endogène[1]

« La société humaine, connaissant ses propres mécanismes téléologiques, résulte de la pensée humaine consciente, et incorpore par conséquent ceux qui la font ; elle est un produit de l'effort humain organisateur, et crée l'adéquation entre le fait d'être situé et le fait de se situer. La place de l'homme dans la société devient alors une relation entre un élément d'activité et un élément de passivité, comme un statut mixte susceptible d'être toujours repris et perfectionné, parce qu'il est de l'humain interrompu, mais non aliéné. La conscience est à la fois activité démiurgique et résultat d'une organisation antérieure ; la réalité sociale est contemporaine de l'effort humain et homogène par rapport à lui. »

Gilbert SIMONDON[2]

361. La fin du courage. – S'il y a bien un sens à donner à l'attribution du nom de l'empire du Mali à la République créée le jeudi 22 septembre 1960 c'est celui qui consiste à y distinguer l'officialisation sélective des éléments constitutifs du modèle précédent. Il n'était alors point question de mimétisme naïf de l'expérience des ancêtres, mais plutôt d'émancipation d'un archétype social qui avait été exclu par le système colonial. Sur ce

---

[1] Les familiarités qui peuvent exister entre les éléments de la rationalité endogène qui vont être avancés ici avec des préceptes islamiques comme concept d'« humanitude » communautaire des sociétés africaines, le *mɔgɔya* de la langue bambara s'expliquent par une attitude africaine toujours d'actualité. Les Maliens la résument dans leur un célèbre adage bambara : *Àla tàyé tìnyɛ́, nkà kàafri sɛ́bɛ dɔnédò* (même si la vérité est du côté d'Allah [le Dieu des musulmans], mais les impies, plus particulièrement ceux qui ont conservé la religion traditionnelle, sont quand même pris très au sérieux). De manière plus large, il s'agit de ce que Ch. A. DIOP appelait la parenté métaphysique entre les croyances africaines et la « tradition musulmane ». cf. Ch. A. DIOP, *Les fondements économiques et culturels d'un État fédéral d'Afrique noire*, *op. cit.*, p. 123-124.

[2] G. SIMONDON, *Du mode d'existence des objets techniques*, *op. cit.*, p. 103-104.

point, nous ne pouvons que reconnaître l'audace des fondateurs de l'État qui n'ont pas hésité à mettre en œuvre un programme de décolonisation des esprits afin de permettre à la nation de se réapproprier son dessein social. De nos jours en revanche, force est de constater le triomphe de la *doxa,* le succès de la rationalité universelle entièrement maîtrisée par l'Occident. Les traces actuelles de la « civilisation négro-arabo-berbère » sont insignifiantes, bien que ses préceptes aient fait la réputation du Mali précolonial. L'heure est à la banalisation de l'inaction face au caractère impraticable de la technique occidentale. Cette forme de résignation des Maliens constitue une contradiction, même du point de vue de la rationalité occidentale, dans la mesure où elle dépasse l'occultation ordinaire des questionnements sur la nature des objets techniques ou non qui fonctionnent. Nous en voulons pour preuve, ces propos tenus en juin 2013 par Ibrahim Boubacar KEÏTA, alors candidat à la présidentielle :

> « Il faut revoir cette démocratie que l'on avait tant vantée, mais dont les événements de l'année dernière ont montré le vrai visage. Il faut refonder un État digne de ce nom. À ce sujet, j'ai souvent dit que nous avions tous péché, par paresse intellectuelle ou par manque de courage. Il fallait revoir l'État postcolonial, plutôt que d'enfiler des chaussures faites pour d'autres. Cela nous a valu bien des déboires. »[3]

362. Les conditions du changement. – La réappropriation de l'État-nation réside dans l'intériorisation de deux données indispensables. Il s'agit d'une part de reconnaître officiellement l'aporie de l'assimilation dogmatique des principes de la rationalité exogène comme moyen d'intégrer l'universel ; et d'autre part, d'admettre – et faire admettre – l'idée que la solution aux défis maliens réside dans une bonne connaissance de soi et de la mise en valeur des éléments qui singularisent la rationalité politique nationale. Cela suppose que soient définies les composantes de la *manière d'être* particulière de la société malienne. En d'autres termes, il s'agirait d'identifier à l'intérieur du cadre républicain les valeurs et les usages qui prolongent l'empire du Mali. L'étendue de la tâche réclame de solides repères qui permettront d'établir l'existence d'un lien étroit entre l'empire et la République. Cette liaison symbolique est indispensable pour qu'une telle homonymie ait un sens. Pour cela, il faudra commencer par se débarrasser des considérations idéologiques habituelles pour comprendre l'utilité de cette démarche.

En l'état actuel de la situation malienne, la réappropriation des mécanismes de commandement étatiques par la nation n'est pas synonyme de chauvinisme. Il s'agira de dépayser les outils de l'analyse. Pour illustration, ce n'est pas parce que la conception française de la République diverge de celles des pays de *common law* que l'une et les autres ne

---

[3] Propos du président de la République recueillis par F. SOUDAN et A. KAPPÈS-GRANGÉ, *Jeune Afrique n° 2737,* du 23 au 29 juin 2013, p. 31.

déterminent pas conjointement les grandes lignes de l'habitus mondial. Ce qui importe, c'est de réaliser les conditions de la stabilité politico-juridique qui permettent une prospérité économique. Dans ce sens, la réappropriation du système de commandement par le peuple malien constitue un impératif vital. Or, la rationalité de la transition a détruit les derniers repères qui restaient en la matière. La perte de confiance dans les rapports sociaux a engendré des blocages dans le processus de développement politique. Le vide laissé par les normes de la « civilisation négro-arabo-berbère » a été comblé par des solutions de fortune : une confusion entre *res publica* et *res sacrum,* un hyperprésidentialisme anticonstitutionnel et une dépravation totale du système éducatif.

363. La constitutionnalisation de la charte de Kurukan fuga et le renouvellement des structures mentales. – Ces dysfonctionnements aggravés par la transition économique et politique réclament une grande détermination politique de la part des acteurs la réappropriation de l'État. Étant donné que le présent travail se veut prospectif, nous verrons de quelle manière les souverains de la transition de l'État pourraient renforcer l'efficacité de l'État-nation en le mettant au pas de la rationalité endogène. Cela pourrait commencer par la refondation des règles de la gouvernance sur la *natte* nationale grâce à la constitutionnalisation de la charte de Kurukan fuga de 1236 **(Section 1).** Pour que cette réforme rejoigne le monde des faits, un retour aux sources s'impose. Ainsi la refondation de la gouvernance serait complétée par une rééducation des consciences individuelles. Cette reconstruction du « cercle herméneutique » réconcilierait une plus large majorité du peuple avec la légalité étatique **(Section 2).**

SECTION 1 :
La refondation de la gouvernance par la constitutionnalisation de la charte de Kurukan fuga de 1236

364. Présentation du projet « Daba DIAWARA ». – Conformément aux indications de la lettre de mission du président Amadou Toumani TOURÉ[4], le rapport *Pour la consolidation de la démocratie au Mali* de la commission de réflexion dirigée par monsieur Daba DIAWARA a identifié certaines failles dans la transition politique malienne et fait des propositions majoritairement reprises dans le décret du 30 juin 2011 relatif à la révision de la Constitution du 25 février 1992, qui devait aussi être porté par lui en sa qualité de ministre de la Réforme de l'État. En effet, le décret du 6 avril 2011 portant nomination des membres du gouvernement a confié à monsieur Daba

[4] Suivant la la lettre de mission n° 0000003/PRM en date du 20 février 2008, le président de la République avait demandé à D. DIAWARA, ancien ministre de la Justice et garde des Sceaux de mener une réflexion sur la consolidation de la démocratie au Mali.

DIAWARA le portefeuille du ministère de la Réforme de l'État. Le gouvernement et ce comité d'experts n'ont pas mené la réflexion sur les sources de la réforme, et cela malgré la clairvoyance des positions tenues par monsieur Daba DIAWARA. Le penseur malien avait précisé dès l'introduction du rapport qui porte son nom que :

> « Le Comité d'experts n'a pas perdu de vue que la question cruciale à laquelle il se devait d'apporter une réponse idoine est celle de savoir comment faire, tout en épousant les contours d'une modernité universelle marquée par le sceau de l'Occident, pour préserver et conserver l'âme africaine dans tous les domaines de l'activité humaine, notamment celui de l'organisation de l'État. Aussi, s'est-il fait à la conviction que la réflexion sur la consolidation de la démocratie au Mali ne peut atteindre les résultats escomptés si l'on fait l'impasse sur l'histoire institutionnelle de ce pays séculaire. »[5]

Ce traitement superficiel de la nationalisation du système de commandement est très certainement une manifestation de l'empreinte occidentale des membres de la commission de réflexion et/ou le résultat des contraintes de calendrier. Même si la lettre de mission du président de la République recommandait au responsable du comité de réflexion de lui fournir un rapport conclusif des travaux au plus tard le 31 août 2008 (soit moins de sept mois plus tard), il semble que la première explication soit la bonne : le comité n'avait d'autre ambition que de mettre à jour la Constitution française.

365. Présentation de notre proposition. – Dans le but de poursuivre cette recherche sur la perfectibilité de la gouvernance de la démocratie malienne, nous prônons la constitutionnalisation sélective de certaines dispositions de la charte de *Kurukan fuga* de 1236, qui constituent aussi les fondations de la « civilisation négro-arabo-berbère ». L'adoption de telles règles de la nation rendrait le commandement plus efficace. Cela déchargerait également le chef de l'État malien dont la fonction est actuellement conçue à l'image de celle de son homologue français (dans la version postérieure à l'adoption de la loi du 6 novembre 1962 relative à l'élection du Président de la République au suffrage universel). L'hyperprésidentialisme ordinaire des deux dernières Républiques maliennes est en effet le reflet de la fragilité de l'ordre juridique de l'État de la transition. Cette interprétation a d'ailleurs été confirmée par certaines dispositions du décret du 30 juin 2011 relatif à la révision de la Constitution du 25 février 1992 et la rapide chute du système politique à la suite des événements de 2012. Si nous voulons bien admettre que la violence de cette crise fut un cri d'alarme, nous comprendrons que la solution au mal social malien ne réside pas dans le renforcement de l'hyperprésidentialisation du

---

[5] D. DIAWARA (dir.), *Rapport de la commission de réflexion sur la consolidation de la démocratie au Mali, op. cit.*, p. 2.

régime projeté **(§2)**, mais dans la constitutionnalisation sélective de certaines dispositions de la charte de Kurukan fuga de 1236 et la rationalisation de la « civilisation négro-arabo-berbère » **(§ 1)**.

§ 1 : La rationalisation de la « civilisation négro-arabo-berbère »

366. La rationalisation sélective de la charte de Kurukan fuga avec ses institutions. – Contrairement aux propositions n° 203 et 204 du *Rapport Daba DIAWARA* précité, nous optons pour la constitutionnalisation du fondement de leur dispositif juridique. Pour rappel, ce rapport proposait d'intégrer certaines fonctions sociales instituées par la Charte du Mandé dans certaines autorités administratives indépendantes afin d'améliorer l'efficacité du système de commandement officiel. En conséquence, les *nyàmakala* (les juristes traditionnels et maîtres reconnus de l'oralité), par exemple, pourraient se reconvertir en régulateurs de la société civile. Le pragmatisme de cette solution ne règle pas la question de sa conformité avec l'État de droit consacré et célébré dans la Constitution de la troisième République. C'est la raison pour laquelle, nous proposons de dépasser ce simple reclassement et de penser le changement de manière globale afin que les innovations techniques soient compatibles avec la logique des institutions. Dans ce sens, l'expérience française peut être d'un grand secours.

367. L'intégration dans le bloc de constitutionnalité malien. – En effet, s'il y a bien une leçon utile à retenir de l'expérience institutionnelle française, c'est bien l'aménagement d'un bloc de constitutionnalité permettant de préserver l'existence d'un système de commandement considéré comme le régulateur du système juridique en surplomb. Notre proposition d'intégration de la charte de Kurukan fuga de 1236 dans le bloc de constitutionnalité malien va dans le même sens. Pour l'instant, les Sages maliens n'ont identifié que la Déclaration universelle des droits de l'homme et la Charte africaine des droits de l'homme et des peuples comme éléments constitutifs de ce bloc, avec la Constitution du 25 février 1992. En effet, dans l'avis du 4 octobre 2001 rendu à propos de la loi portant révision de la Constitution du 25 février 1992, la Cour constitutionnelle a jugé que :

> « L'article 61 nouveau en prévoyant l'élection des députés selon un système combinant le scrutin majoritaire et la représentation proportionnelle est en contradiction avec l'article 2 de la Constitution et les dispositions de la Déclaration Universelle des droits de l'homme en son article 21 et la Charte africaine des Droits de l'homme et des Peuples en son article 13 qui font partie du bloc de constitutionnalité au Mali du fait que le Peuple malien y a souscrit. Le mode d'élection prévu rompt le principe d'égalité des Maliens à l'accès à l'exercice de la fonction de député. »[6]

[6] Cour constitutionnelle, « Avis n° 01-001/Référendum du 4 octobre 2001 », *op. cit.*, p. 1149.

Ainsi, le pouvoir constituant primaire ou dérivé peut légitimement se fonder sur les premiers mots de la Constitution pour consacrer la charte de Kurukan fuga de 1236. Le premier alinéa du préambule de la Constitution du 25 février 1992 dispose que : « Le peuple souverain du Mali, fort de ses traditions de lutte héroïque, engagé à rester fidèle aux idéaux des victimes de la répression et des martyrs tombés sur le champ d'honneur pour l'avènement d'un État de droit et de démocratie pluraliste »[7]. Sans équivoque, les « traditions de lutte héroïque » évoquées par le Constituant de 1992 sont celles de la « civilisation négro-arabo-berbère » séculaire qui ont formé la nation. C'est d'ailleurs cette interprétation qui a été retenue par le décret du 30 juin 2011 relatif à la révision de la Constitution du 25 février 1992 dont l'article 2 dispose ainsi : « Après le chapeau du Préambule, avant le tiret ainsi formulé "— affirme sa volonté de préserver et de renforcer les acquis démocratiques de la Révolution du 26 mars 1991", il est inséré le tiret suivant : "— déterminé à veiller au respect des principes énoncés dans la Charte adoptée en 1236 à Kurukan Fuga »[8].

Quant aux « idéaux des victimes de la répression et des martyrs tombés sur le champ d'honneur », nous sommes au regret de constater, à la suite des nombreuses crises, qu'il n'en reste plus grand-chose. En ce qui concerne « l'État de droit et la démocratie pluraliste », la proposition de sacralisation des préceptes la charte de Kurukan fuga de 1236 ne représente nullement leur neutralisation. Mieux, en validant les fondements de l'obéissance au droit, elle renforcerait les principes qui viennent d'être énoncés et qui n'ont pas besoin d'être des copies conformes aux modèles occidentaux pour être pertinents.

368. Synopsis des avantages de notre proposition. – Nous recommandons cette constitutionnalisation de la Charte du Mandé de 1236 parce qu'il s'agit de véritables règles de direction des conduites humaines **(A)** ayant également une valeur symbolique puissante **(B),** mais aussi parce qu'elle conforterait l'expérience de démocratisation et d'adaptation du droit étatique aux normes nationales **(C)**.

A/ La normativité de la charte de Kurukan fuga de 1236

369. Confirmation de la normativité de certaines dispositions de la charte de Kurukan fuga. – Contrairement à ce que laisse entendre l'article 2 du décret du 30 juin 2011 relatif à la révision de la Constitution du 25 février 1992, seules certaines dispositions de la charte de Kurukan fuga

[7] Décret n° 92-073/P-CTSP du 25 février 1992 portant promulgation de la Constitution, *op. cit.*, p. 117.

[8] Décret n° 2011-412/P-RM du 30 juin 2011 relatif à la révision de la Constitution du 25 février 1992, *op. cit.*, p. 1291.

de 1236 sont de véritables normes directives des conduites humaines. Comme l'a rappelé Abdoulaye DIARRA, la Charte du Mandé :

> « constitue une véritable charte des droits humains à l'intérieur du royaume : les droits des femmes [article 16], la protection de l'environnement [articles 37, 38 et 39], le droit de propriété [articles 31 à 36], l'institution de la médiation [articles 7 et 43], la responsabilisation de chacun pour le respect du texte fondamental [article 44], le droit des minorités au sein des assemblées [article 42], etc. Le pouvoir n'est ni dictatorial [article 2] ni illimité [articles 5 et 43]. Le règlement pacifique des conflits sociaux, l'institution du cousinage à plaisanterie et le respect de l'autre sont autant de pratiques qui renforcent le consensus et limitent le pouvoir des uns sur les autres. Considérer un mensonge de 40 ans comme une vérité, c'est consacrer le caractère sacré de la vie. »[9]

370. Des craintes provoquées par cette consécration. – Par exemple, concernant les articles dont la pertinence a été remise en question par la modernité républicaine comme les articles 8 et 20 de la charte de Kurukan fuga de 1236, leur invalidité devrait être déclarée d'office par le constituant. Ainsi, le fait que le souverain soit originaire ou dérivé importe peu. De toute manière, la casuistique des juges constitutionnels pourrait en écarter l'application. Donc les réticences que pourraient avoir la part occidentalisée des autorités étatiques ne sont aucunement légitimes.

En plus, si nous débarrassons le modèle français de sa puissance symbolique, nous savons bien qu'il n'est pas, lui-même, dépourvu de certaines failles. Nous songeons, en particulier, au dernier alinéa du préambule de la Déclaration des droits de l'homme et du citoyen de 1789 et à la consécration de la primauté de certains droits et libertés fondamentaux. D'une part, en plus des incohérences textuelles, cette déclaration n'a pas empêché la marchandisation et l'asservissement des sujets de la colonisation. D'autre part, il suffit de se remémorer la solution de la célèbre décision de la troisième chambre civile de la Cour de cassation française du 8 juin 2006[10] pour adopter une position plus nuancée et moins idéalisée. Cette décision est emblématique en ce qu'elle montre que le juge est loin d'être l'automate que nous imaginons parfait. Elle montre qu'il effectue également un travail d'adaptation des droits et libertés fondamentaux à leur contexte social. C'est ce qui explique que le juge civil français ait confirmé la prévalence d'un règlement de copropriété, une règle presque insignifiante dans la hiérarchie des normes, sur une disposition supralégale. En rejetant le pourvoi des propriétaires qui jouissaient d'une liberté d'exercice du culte prévue à l'article 9 de la Convention européenne de sauvegarde des droits de l'homme et des libertés fondamentales du 4 novembre 1950, la troisième chambre

---

[9] A. DIARRA, *Démocratie et droit constitutionnel dans les pays francophones d'Afrique Noire : Le cas du Mali depuis 1960, op. cit.*, p. 24.

[10] Cour de cassation – Troisième chambre civile, 05-14.774, « Arrêt n° 697 du 8 juin 2006 », *Bulletin 2006*, III, n° 140, p. 115.

civile a paradoxalement consacré la supériorité des clauses d'un règlement de copropriété, en l'absence de toute nuisance pour les autres copropriétaires. Nous ne pouvons nous empêcher de nous demander si sa décision aurait été la même à propos des sapins de Noël se trouvant dans la même situation. N'oublions pas, cependant, que – comme le fait observer le professeur Paul AMSELEK – cette forme d'indécision fait partie intégrante de l'expérience juridique et que : « la réglementation juridique, tant par sa non-objectivité que par son incomplétude, apparaît bien dans son essence même comme une réalité aux contours irrésolus, à la "texture ouverte". Un appareil support ne peut donner lieu qu'à une pratique juridique très chatoyante [...] »[11].

371. Récapitulatif. – Ces contrastes constatés entre les deux époques ne peuvent légitimement servir d'entrave à la sacralisation de la charte de 1236 par le pouvoir constituant. Étant donné que les craintes éventuelles des détenteurs de l'autorité officielle malienne n'ont aucun fondement pertinent, elles ne peuvent qu'être le résultat de l'assimilation due à l'éducation occidentale.

B/ Récupération de la force symbolique de la charte de Kurukan fuga de 1236

372. L'enracinement quasi naturel de la charte de Kurukan fuga dans les consciences. – Les normes de la Charte du Mandé de 1236 disposent d'une valeur symbolique non négligeable. Comme il a été souligné dans les *Prolégomènes*, en matière de commandement, la légitimité ne peut se passer de cette dimension allégorique et faire l'économie de l'usage de la force brute. Cette familiarité naturelle entre le symbolisme et les règles de conduite humaine explique l'utilisation des expressions *tàamaseere* (signe, marque, symptôme et exemple) ou *jɔnjɔn* (drapeau, armoiries, médaille, récompense)[12] par la langue bambara comme autant d'homéomorphes fonctionnels. Ces normes tirent leur autorité d'un état de choses indéniable en République du Mali. Elles constituent les soubassements de l'éducation des nationaux et forment les personnalités et les consciences à travers l'apprentissage du langage. En effet, l'enfant n'est que le mot qui sert à désigner celui qui n'a pas accès à la parole, celui dont le dressage n'est pas terminé. Pour illustrer ces propos, les travaux de Ludwig WITTGENSTEIN peuvent servir de solides repères. Selon le logicien autrichien, « suivre une règle est analogue à obéir à un ordre. Nous avons été dressés à cela, et nous réagissons à l'ordre d'une manière déterminée. » À quoi il ajoute que : « la

---

[11] P. AMSELEK, « Le doute sur le droit ou la teneur indécise du droit », *op. cit.*, p. 71.

[12] G. DUMESTRE, *Dictionnaire bambara-français*, *op. cit.*, p. 1175 ; puis respectivement pour les définitions, p. 955 et 445.

manière d'agir commune aux hommes est le système de référence au moyen duquel nous interprétons une langue qui nous est étrangère. »[13]

373. Renforcement de l'État-nation par l'aspiration du mana métaphysique des chefs traditionnels. – La sacralisation sélective des prescriptions de cette Charte du Mandé permettrait aux autorités étatiques d'aspirer sans grande difficulté le mana des chefs traditionnels et leurs impacts sur les comportements humains. Force est de constater que de nos jours ces normes coutumières jouissent d'un espace de validité et d'une légitimité plus importants que ceux qui reviennent aux normes issues de l'occidentalisation de l'officiel. Ces normes ataviques guident les ordinaires familiaux et socioculturels et bénéficient en plus du droit d'aînesse prévu en l'article 18 de la charte de Kurukan fuga de 1236. Les travaux d'anthropologie juridique du professeur Moussa DJIRÉ ont confirmé l'exactitude de cette présentation et ajouté que les recommandations de cet article, ainsi que d'autres du même genre, sont souvent observées en raison des croyances métaphysiques et irrationnelles inculquées depuis l'enfance de manière atavique. Le juriste malien a démontré – à propos des contentieux regroupés sous le vocable « Le vol de la mare » —, l'existence d'une :

> « reconnaissance quasi unanime par les populations de la zone des pouvoirs de Nienguen Koro [l'un des deux villages qui étaient sujets de son étude et qui se disputaient également la propriété de cet étang] sur la mare de Bo. Cette reconnaissance se traduit non seulement par l'acceptation par les contrevenants de s'acquitter du montant de l'amende, mais également par tout le protocole qui entoure la pêche collective. Elle ne provient non pas de la crainte d'un pouvoir direct de coercition (que Nienguen Koro ne possède pas), mais plutôt de celle de châtiments occultes, c'est-à-dire surnaturels, qui pourraient être infligés aux récalcitrants. Cette crainte est soutenue par le fait que c'est Nienguen Koro qui assure les sacrifices rituels de la mare. En effet, la compréhension des systèmes juridiques villageois est impossible sans l'intégration de la croyance en l'intervention du surnaturel. Elle explique pourquoi, dans la plupart des cas les dispositions villageoises en matière de gestions des ressources naturelles s'avèrent plus efficaces que les normes étatiques. Mais au-delà des considérations purement juridiques, les rituels ont une fonction juridique latente. C'est à travers les sacrifices qu'il fait que Nienguen Koro fait prévaloir sa propriété sur cette ressource. Interrogé sur le fait de savoir dans quelle mesure la religion musulmane, dont se réclame l'ensemble du village, pouvait s'accommoder avec les pratiques animistes, le premier conseiller du chef de village répondit : "Si Nienguen Koro cessait de faire les sacrifices, qu'est-ce qui le distinguerait des autres villages ? Sur quoi se fondera-t-il désormais pour se prévaloir de la propriété de la mare ?" »[14]

374. Unification des normes et maîtrise de l'exception. – Sans l'intégration de la Charte de Kurukan fuga de 1236 dans le bloc de

---

13 L. WITTGENSTEIN, *Recherches philosophiques, op.cit.*, p. 127-128.

14 M. DJIRÉ, « Un peuple, un but, une foi... mais plusieurs droits ? Dynamiques locales et sécurisation foncière dans un contexte de décentralisation à Sanankoroba », *op. cit.*, p. 57-58.

constitutionnalité malien son officialisation actuelle n'aurait plus aucun sens pour les autorités endogènes. Les autorités étatiques, quant à elles, seraient incapables d'intégrer ou aspirer cette forme de gouvernance dans la rationalité occidentale, du moins dans sa forme actuelle. L'ajout de la Constitution du Mandé de 1236 élargirait la portée symbolique de la création de ce bloc normatif hétéronome mettant des normes internationales au même niveau que la Constitution du 25 février 1992. À l'heure actuelle, ce procédé semble malheureusement le seul moyen capable de dissoudre la multiplicité des exceptions et de ceux qui en ont la garde. En d'autres termes, les Sages et les autres constituants dérivés seraient par conséquent les seuls à détenir un pouvoir d'interprétation authentique des normes composant cette *manière d'être* endogène. Cela permettrait aux juges constitutionnels, par exemple, de totaliser pour la première fois l'ensemble de la légitimité nationale tout en rationalisant l'organisation des mécanismes de commandement. L'absorption du mana des chefs coutumiers ou traditionnels concrétiserait cette *modalité d'être* qui aurait réussit à accomplir ce qui n'était qu'une chimère pour le système colonial ou les différentes Républiques, plus particulièrement celles de l'État de la transition.

375. Mise en cohérence du système. – En procédant ainsi, les pouvoirs publics lèveraient toutes les ambiguïtés entretenues avec les leaders de l'informel. Ils réduiraient, par conséquent, ce domaine habituellement réservé au *yùrùguyurugu* parce qu'ils sont le plus souvent associés au commandement de manière contingente et sous la contrainte.

Pour illustration, nous pouvons prendre deux repères récents. Il est tout d'abord possible de se référer aux dernières sollicitations du gouvernement malien. Ce dernier a joint sa voix à celles des autres autorités nationales dans des campagnes télévisées destinées au renforcement de l'efficacité des règles interdisant les habitations et les constructions illégales dans les zones de ruissellement. Nous pouvons également évoquer, dans le même ordre d'idée, l'article 43 de l'ordonnance du 22 mars 2000 portant Code domanial et foncier en République du Mali qui précise que : « Les droits coutumiers exercés collectivement ou individuellement sur les terres non immatriculées sont confirmés. Nul individu, nulle collectivité, ne peut être contraint de céder ses droits si ce n'est pour cause d'utilité publique et moyennant une juste et préalable indemnisation. Nul ne peut en faire un usage prohibé par les lois ou par les règlements. »[15] Cette dernière disposition associe de manière paradoxale les autorités coutumières à la maîtrise du domaine public national, car la titrisation de ce droit de propriété particulier a été

---

[15] Ordonnance n° 00-027/P-RM du 22 mars 2000 portant Code domanial Foncier, *JORM* n° 2000-11 du 20 avril 2000, p. 406. Pour aller plus loin cette question, cf. M. DJIRÉ, « Les paysans maliens exclus de la propriété foncière ? Les avatars de l'appropriation par le titre foncier », dans : *Dossier des Zones arides N° 144,* Institut international pour l'environnement et le développement, Londres, 2007, 16 p.

accompagnée d'une soumission de l'*usus,* du *fructus* et de *l'abusus* constitutionnel au domaine législatif et réglementaire.

L'indéniable efficacité de ces normes peut contribuer à améliorer la démocratie et l'État de droit choisis par le pouvoir constituant depuis l'effondrement de la dictature militaire.

C/ Le renforcement de la démocratie et de l'État de droit par la charte de Kurukan fuga de 1236

376. Un renforcement de la légitimité démocratique. – La constitutionnalisation de la Charte du Mandé de 1236 consoliderait la démocratie malienne en dotant cette société de fondements véritablement endogènes. Le fait de refonder l'État sur des normes nationales issues de la « civilisation négro-arabo-berbère » affermirait sa légitimité et faciliterait par la même occasion l'incorporation de l'État de droit. En d'autres termes, la parfaite conformité entre les modalités d'existence de la nation et les règles de direction renforcerait le respect dû aux libertés individuelles qui seraient préservées ou maintenues en l'état. La démocratie malienne s'en trouverait également consolidée, car cette institutionnalisation de la *natte* atavique écarterait les confusions et syncrétismes qui persistent actuellement entre le domaine civil et religieux. La sacralisation sélective de ces normes informelles autonomiserait les autorités officielles qui disposeraient d'un cadre rationnel adapté et différent du modèle occidental et de celui des croyances religieuses.

377. Le renforcement de la légitimité des outils de commandement par la constitutionnalisation des normes endogènes. – Plus particulièrement, en remplaçant la technicité et la modernité occidentale par cette rationalité endogène, le pouvoir constituant pourrait par exemple garantir l'effectivité du principe d'égalité consacré par toutes les Constitutions de la République du Mali. Ainsi, la consécration des articles 14 et 16 de la charte légitimerait aisément l'abrogation pure et simple des atteintes actuelles à l'égalité des droits entre hommes et femmes qui reposent sur des fondements religieux. Comme le prévoit l'article 26 : « le taureau confié ne doit pas diriger le parc ». C'est la nature atavique du système de commandement de cette société qui exclut toute forme d'hétéronomie dans les modalités d'existence. En effet, comme l'a relevé l'exemple déjà mentionné du « vol de la mare » cité par le professeur Moussa DJIRÉ, la priorité devrait toujours revenir aux normes issues de la « civilisation négro-arabo-berbère ». Ainsi, la sacralisation de la charte formerait un rempart à la *théocratisation* de l'État. L'article 3 de la charte ne fait que spécifier un domaine de compétence aux cinq classes de marabouts, qui sont maîtres et éducateurs en islam, et à qui tous doivent respect et considération. De même que pour le marché, les croyances religieuses constituent des vecteurs du commandement officiel et non des concurrents. L'attribution de cette fonction sociale reflète une particularité de cette société, qui instrumentalise le savoir en le rendant secret. Cela est confirmé par l'obstacle auquel a été confronté Djibril Tamsir NIANE, l'historien retranscrivant les propos du griot Mamadou KOUYATÉ. Pour la majeure partie du Mali traditionnel, écrivait-il :

> « d'autres peuples se servent de l'écriture pour fixer le passé ; mais cette invention a tué la mémoire chez eux ; ils ne sentent plus le passé, car l'écriture n'a pas la chaleur de la voix humaine. Chez eux tout le monde croit connaître alors que le savoir doit être un secret ; les prophètes n'ont pas écrit et leur parole n'en a été que plus vivante. Quelle piètre connaissance que la connaissance qui est figée dans les livres muets. »[16]

378. Le renforcement de la légitimité des outils de commandement par la suppression des normes exogènes inefficaces. – Par ailleurs, cette proposition pourrait renforcer l'État de droit en abrogeant les prescriptions inefficaces du domaine de validité des règles officielles. Elle restituerait le droit malien dans sa fonction sociale de direction des conduites humaines. Cette purification de l'ordre juridique malien pourrait se traduire dans l'introduction du concept souvent rencontré d'« humanitude » communautaire des sociétés africaines : le *mɔgɔya* de la langue bambara. En effet, l'article 30 de la Constitution du Mandé recommande de venir en aide aux nécessiteux ; quant à l'article 36, il considère que l'assouvissement de sa faim n'est pas un vol, si la personne n'emporte rien dans son sac ou sa poche. La prolifération actuelle de la mendicité dans les grandes villes maliennes illustre parfaitement la vigueur de ces dispositions. Or, il se trouve que la confirmation du caractère délictuel de ce type de comportement a été faite par la loi du 20 août 2001 portant Code pénal en République du Mali. En effet, selon l'article 183 :

> « Toute personne valide et majeure qui aura été trouvée mendiant sur la voie publique sera punie de quinze jours à six mois d'emprisonnement. Seront punies des mêmes peines les personnes invalides qui, pendant la durée de leur séjour dans les formations hospitalières ou charitables, auront été trouvées mendiant dans les lieux publics. En toutes circonstances, l'incitation à la mendicité est interdite. Toute personne convaincue d'incitation à la mendicité sera passible des peines ci-dessus portées à l'alinéa premier. Toutefois, si la personne incitée à la mendicité est un enfant mineur, le coupable sera puni de trois mois à un an d'emprisonnement. »[17]

L'évident manque d'efficacité de ce commandement officiel n'est plus à souligner, car les forces de sécurité chargées de son application restent soumises aux prescriptions de la norme fondamentale de la nation traditionnelle. Elles demeurent les premières spectatrices de la misère sociale des citoyens qui très souvent en font un métier. Cet ameublement du bloc de

---

[16] D. T. NIANE, *Soundjata : ou l'épopée mandingue, op. cit.*, p. 78-79.

[17] Loi n° -01-079 du 20 août 2001 portant Code pénal en République du Mali, *JORM* n° 2002-01 (spécial) du 18 janvier 2002, p. 33.

constitutionnalité de l'État déplacé sur la *natte* nationale devrait permettre l'abrogation pure et simple de telles dispositions qui encombrent inutilement l'ordre juridique malien. Sans un important changement du droit, les dispositions des articles 183 à 185 du code précité seraient à jamais dépourvues d'effectivité.

379. La nécessité d'accompagner cette refondation des normes par une gouvernance synarchique. – Cette appropriation du système de commandement par la nation devrait également passer par une refondation intégrale de la direction qui ne peut plus conserver sa forme hyperprésidentielle. Les circonstances locales réclament plus de raison dans les actions du président de la République qui ne peut plus se comporter comme ses prédécesseurs. Ce processus de mutation de l'État devrait s'accompagner de l'abolition de l'hyperprésidentialisme.

§ 2 : Fin de l'hyperprésidentialisme

380. L'hétéronomie de l'hyperprésidentialisme. – L'omniprésence et l'omnipotence du président de la République sont propres au Mali occidentalisé. La reproduction du modèle constitutionnel français en est la principale raison. Le renforcement de la direction de la République devait combler certaines lacunes observées dans le parlementarisme classique. Le mimétisme occidental a produit des effets inverses au Mali, notamment en raison de la contradiction qui existe entre le modèle occidental et le système national de dévolution du pouvoir.

À l'époque des royaumes et des empires, la maîtrise de l'exception par le souverain était assortie de contrepoids. La stratification de la société était accompagnée de l'attribution de domaines de compétence. Ainsi, le rôle social des *nyaras*, l'institution du *sanankunya* (le cousinage de plaisanterie) et le *tanamanyoya* (une forme particulière de totémisme) restreignaient les champs d'interventions du régent. Comme l'a précisé Shaka BAGAYOGO, ce dernier était contraint de fonder son autorité sur des éléments métaphysiques et inaccoutumés[18]. La nature de ses fonctions était principalement symbolique. La pertinence de cette interprétation a été confirmée par la violence des ruptures de la légalité constitutionnelle de 1960, 1968, 1991 et 2012. Ces coups d'État visaient principalement la gestion des affaires publiques par un homme et son clan. Si la gouvernance s'était effectuée selon le modèle de rationalité endogène, le renversement du souverain aurait été plus compliqué, voire impossible. Il aurait indiqué une révolution sociale et non la mise à l'écart de dirigeants voraces. Contrairement au postulat de la proposition n° 5 du *Rapport Daba*

---

[18] S. BAGAYOGO, « L'État au Mali : Représentation, autonomie et mode de fonctionnement », *op. cit.*, p. 92-96.

DIAWARA[19], nous sommes convaincu que c'est là que réside la pertinence de la nationalisation du politique. Ce comité d'experts a résumé la question symbolique de la nationalisation du leadership de la République à des considérations vestimentaires. Plus particulièrement, il a été proposé dans ce rapport que le chef de l'État puisse conserver sa coiffe lors de son investiture s'il est habillé en tenue traditionnelle et conformément aux recommandations du Guide du protocole réglementant les tenues pour cérémonies officielles[20]. Cette proposition a malheureusement été reprise dans l'article 19 du décret du 30 juin 2011 relatif à la révision de la Constitution du 25 février 1992, qui prévoit de remplacer le premier alinéa de l'article 37 de l'actuelle Constitution par la disposition suivante : « Le Président élu entre en fonction entre le quinzième et le trentième jour suivant la proclamation officielle des résultats définitifs. Avant d'entrer en fonction, il prête devant la Cour constitutionnelle, gardant sa coiffure s'il est en tenue traditionnelle, la main droite levée, le serment suivant »[21].

381. Le renforcement du parlementarisme et le contrôle du pouvoir de nomination du président : les voies de l'endogène synarchique. – Le remplacement de cette tradition oligarchique par la démocratie intégrale instaurée en 1992 devait être suivi d'un allègement des compétences de la présidence de la République. Le maintien de cette situation en l'état contredit la voie de la démocratie et de l'État de droit choisie par les autorités de la transition. L'effectivité de ces idéaux sociaux demeure essentiellement conditionnée par la collégialité et l'appréhension de la politique par le droit. Or, ces deux conditions indispensables restent de grandes absentes dans la direction de l'étatisation malienne. Leur avènement pourrait être facilité par un renforcement du parlementarisme du régime **(A)** et l'amélioration du contrôle des nominations présidentielles **(B)**.

A/ Renforcement du parlementarisme du régime

382. La nécessité d'une maîtrise de la technique occidentale par le peuple ou la nation. – La démocratie malienne a besoin d'une authentique implication populaire et nationale pour prospérer. Il s'agit également de la

---

[19] D. DIAWARA (dir.), Rapport de la commission de réflexion sur la consolidation de la démocratie au Mali, *op. cit.*, p. 15.

[20] Conformément au titre XIX du Guide des cérémonies officielles, les hautes personnalités, hommes et femmes, se doivent de faire preuve de rigueur dans leur comportement vestimentaire et suivre le protocole suivant lors des cérémonies solennelles et officielles : « 1.1.1 Tenue traditionnelle : – Pour les hommes : Ensemble grand boubou ou "PIPAO" couleur unique et port de coiffure. – Pour les Dames : Boubou. 1.1.2. Tenue européenne – Pour les Hommes Costume sombre avec chemise et cravate. – Pour les Dames : Robe longue ou tailleur assorti. » Guide du protocole, *Deuxième partie cérémonies officielles*, ministère des Affaires étrangères, de l'Intégration africaine et de la Coopération internationale, Bamako, non daté, p. 18-19.

[21] Décret n° 2011-412/P-RM du 30 juin 2011 relatif à la révision de la Constitution du 25 février 1992, *op. cit.*, p. 1292.

finalité recherchée par notre proposition de transition de l'État sur la *natte* de la nation qui doit servir, avec le peuple, de support et de vecteur du commandement officiel. L'unique moyen de renforcement de la République réside dans la légitimation du système juridique. Le corps constituant de la démocratie malienne en a même fait une obligation constitutionnelle prévue à l'article 26 de l'acte de naissance de la troisième République qui précise que : « La souveraineté nationale appartient au peuple tout entier qui l'exerce par ses représentants ou par voie de référendum. Aucune fraction du peuple ni aucun individu ne peut s'en attribuer l'exercice. »[22] C'est-à-dire que la banalisation actuelle de la technocratie occidentale est inconstitutionnelle en ce qu'elle ne cherche qu'à accroître sa propre influence et non la satisfaction du peuple et de la nation, qui sont pourtant les véritables fondateurs de toute autorité. Ainsi, le salut malien s'incarnera dans les volontés populaires et nationales ou ne sera pas.

383. La maîtrise de la technique occidentale par la revalorisation du Parlement. – Face à cet impératif vital persiste la question du comment. La réponse idoine réside dans le renforcement du parlementarisme. Pour ce faire, une modification de l'article 38 de la Constitution s'impose. En effet, cette disposition fait du président de la République la pièce maîtresse du pouvoir exécutif, notamment en précisant qu'il nomme le Premier ministre et met fin à ses fonctions sur présentation par ce dernier de la démission de son gouvernement ; ou encore en lui donnant le droit de nommer les autres membres du gouvernement sur proposition du Premier ministre et met fin à leurs fonctions. L'appréciation souveraine laissée au chef de l'État neutralise nécessairement l'Assemblée nationale confinée dans sa posture de chambre d'enregistrement des volontés de l'exécutif bicéphale. De plus, elle favorise la technocratie occidentale au détriment de la politisation de la conduite des affaires publiques, car le président peut sélectionner librement son chef du gouvernement. Si les propositions de modification des articles 29 et 53 de l'actuelle Constitution prévues respectivement par les articles 10 et 30 du décret du 30 juin 2011 relatif à la révision de la Constitution du 25 février 1992[23] sont adoptées en l'état, le gouvernement ne ferait que conduire la politique de la nation officiellement définie par le président de République. Cela n'a, paradoxalement, pas empêché le constituant de proposer le maintien en l'état, voire le renforcement, des armes de l'Assemblée nationale. En effet, l'article 63 du décret de révision constitutionnelle prévoit que les députés conservent leur pouvoir de désapprouver ou d'adopter des motions de censure contre un gouvernement constitutionnellement

[22] Décret n° 92-073/P-CTSP du 25 février 1992 portant promulgation de la Constitution, *op. cit.*, p. 118.
[23] Décret n° 2011-412/P-RM du 30 juin 2011 relatif à la révision de la Constitution du 25 février 1992, *op. cit.*, p. 1292-1293.

instrumentalisé, en parallèle de l'institution d'une chambre haute mimétiquement qualifiée de Sénat.

Si ce projet est adopté en l'état, l'hétéronomie de l'État de la transition qui s'est souvent reflétée dans la désignation des Premiers ministres aurait désormais de solides fondations. Les chefs du gouvernement maliens sont habituellement nommés de manière stratégique par le chef de l'État qui s'en sert pour rassurer ses bailleurs de fonds ou apaiser les contestations internes. Cette exclusion des représentants de la nation malienne ne fait qu'accroître la défiance populaire, l'inefficacité du commandement et la fragilité de la présidence de la République, considérée pourtant comme la clef de voûte de la démocratie malienne. La réforme de l'État devrait être accompagnée de la consécration d'une compétence liée en ce qui concerne la désignation du Premier ministre, qui devrait revenir à la majorité parlementaire. En toute hypothèse, cela dynamiserait ce parlementarisme sclérosé. Les députés ont pourtant adapté leur institution à cette forme de normalisation de la délinquance constitutionnelle. Le défaitisme qui en a résulté a eu des conséquences graves sur le fonctionnement du régime. Les rares initiatives parlementaires se sont vues opposer une fin de non-recevoir du monde de la technique. Cet aspect de la dictature de la raison occidentale se traduit, sur le plan pragmatique, par l'insignifiance des enjeux. Sous les deux premières Républiques, le Parlement malien était éclipsé. Le parti unique possédait avec le chef de l'État la totalité des pouvoirs législatifs et exécutifs. Sans une réforme du type de ce que nous proposons, la démocratisation de la République n'aurait aucun sens. En plus d'un demi-siècle, ce pays n'aurait connu aucun répit, passant de la tyrannie du parti unique à celle de la technocratie occidentale. Il est même possible d'émettre des réserves concernant la compatibilité de cette modalité d'existence avec le processus d'étatisation moderne, c'est-à-dire occidental, puisqu'il résulte en général d'une institutionnalisation et d'une collectivisation progressive de l'autorité[24].

384. Les apports théoriques et pratiques de la revalorisation du Parlement. – En outre, cette réforme corrigerait certains des paradoxes observés dans la pratique courante de la troisième République malienne dont la gouvernance fut caractérisée par la présidentialisation, voire l'hyperprésidentialisation du régime. Cette tendance a d'ailleurs été confirmée par le *Rapport Daba DIAWARA* de 2008, dont certaines propositions allaient dans le sens d'une traduction de cette inclinaison en l'inscrivant dans la Constitution. Selon le rapport précité, les dispositions confuses devaient céder la place à la suprématie présidentielle. Pour illustration, il y est précisé que :

> « [...] le Comité propose que le Président de la République détermine la politique de la Nation (proposition N° 6) et que le gouvernement en conduise

[24] P. BOURDIEU, *Sur l'État...*, *op. cit.*, p. 125-126.

la mise en œuvre (proposition N° 7). La conséquence logique de cette nouvelle situation serait d'enlever la possibilité laissée au gouvernement d'engager sa responsabilité devant l'Assemblée nationale sur un programme ou éventuellement une déclaration de politique générale et de lui imposer obligatoirement un programme (proposition N° 8). Ce qui conduirait à clarifier les compétences de chaque branche de l'exécutif dans la détermination de la politique de la Nation : au Président de la République, la définition des orientations stratégiques, des objectifs généraux et des grandes orientations de l'action gouvernementale dans le court et le moyen termes et au gouvernement l'élaboration d'un programme de gouvernement, c'est-à-dire un programme qui non seulement définit des actions, mais également retrace les objectifs spécifiques, stratégies sectorielles et détermine les moyens de financement. »[25]

Incontestablement, la revalorisation du Parlement changerait les termes de la gouvernance malienne, pour plusieurs raisons. Elle permettrait tout d'abord d'encastrer les mécanismes de direction des affaires publiques dans les normes sociales ancestrales et de doter les décisions du pouvoir exécutif d'une autorité sans égale parce que l'hyperprésidence malienne n'est que l'un des méfaits du mimétisme constitutionnel français. Il suffit, pour se convaincre de la réalité de ces normes sociales ancestrales, de se reporter à ces précisions faites par Maurice Adrien CORTIER en 1907 à propos de L'aménoukal (le dirigeant politique traditionnel des Touaregs) :

« L'aménoukal est plutôt un chef constitutionnel dont les ordres ne sont obéis que s'ils sont en accord avec les intentions des chefs inférieurs. Aussi l'aménoukal en est-il réduit toutes les fois qu'il s'agit de prendre une décision importante, à convoquer un conseil où les résolutions sont discutées à perte de vue. [...] L'aménoukal pour faire prévaloir son avis doit recourir à tous les procédés : il expose ses intentions, encourage les uns, combat les autres, s'assure certains concours, en achète certains autres. Son âge, sa richesse, sa réputation de sagesse lui sont des facteurs importants aux yeux des indécis ou des faibles, ainsi, et surtout que le groupement de guerriers dévoués dont il sait parfois s'entourer. Si son habileté ou sa force entraîne une unanimité, l'aménoukal pourra faire exécuter la décision prise sans trop de difficulté comme représentant de la tribu. [...] Si quelques chefs refusent tout accord, l'aménoukal se trouvera désarmé vis-à-vis d'eux et sans moyen de les contraindre ; et si même l'aménoukal a des desseins opposés à ceux de l'unanimité ou de la majorité de sa tribu, il pourra être lui-même déposé par les chefs intérieurs et remplacé séance tenante. »[26]

À l'inverse de l'État de la transition, la stabilité du système malien endogène découlerait donc du renforcement de la légitimité du Parlement qui servirait de rempart à la dictature de la technique et à ses conséquences.

---

[25] D. DIAWARA (dir.), *Rapport de la commission de réflexion sur la consolidation de la démocratie au Mali*, *op. cit.*, p. 18.

[26] M.-A. CORTIER, *D'une riche à l'autre du Sahara (Mission Arnaud-Cortier, 15 février -24 juin 1907)*, Éditions Larose, Paris, 1908, p. 281-282., cité par : P. BOILLEY, *Les Touaregs Kel Adagh : Dépendances et révoltes : du Soudan français au Mali contemporain*, *op. cit.*, p. 49-51.

Ensuite, la fonction préventive de ce dispositif permettrait aux autorités de purger plus rapidement les problèmes politiques tout en évitant les déboires actuels d'une mobilisation de la Haute cour de justice[27]. Nous savons, d'expérience, que les procès politiques désacralisent le pouvoir au lieu de le légitimer. Plus fondamentalement, l'évolution de la démocratie paraît aller davantage dans le sens de la mise en place de mécanismes de contrôle de la pertinence des choix des politiques ayant reçu la confiance du peuple ou de ses mandataires que dans celui d'une juridictionnalisation complexe et inefficace de la responsabilité présidentielle. Enfin, la gouvernance se trouverait affermie en ce que ces réformes faciliteraient la formation d'un véritable « cercle herméneutique » malien entre les dirigeants et les citoyens : leurs relations ne se limiteraient plus aux rendez-vous électoraux. La proximité des députés peut et doit servir d'électrocardiogramme politique : en prenant et en intégrant le pouls du peuple, ils calqueraient leur commandement sur ses pas sans qu'il y ait de mandats impératifs. Ce renforcement du Parlement ferait donc primer les idées sur l'homme et son clan. L'expérience locale enseigne que ce système permet l'accession de candidats indépendants à la présidence de la République avec le consensus comme unique programme politique.

B/ Du contrôle du pouvoir de nomination du président de la République aux emplois civils et militaires supérieurs

385. Le hiatus entre la démocratie et l'État de droit. – Depuis la célèbre décision *Marbury versus Madison* de la Cour suprême américaine de 1803[28], le voile a été levé sur une faille majeure des démocraties modernes. En marge de la technicité de la question de la préservation des droits acquis ou de la continuité de l'État, cet arrêt a démontré comment l'appréciation souveraine du pouvoir de nomination des présidents de la République pouvait être abusivement instrumentalisée. À vrai dire, cette méthode d'utilisation des compétences constitutionnelles en vue d'entraver la réalisation de la volonté populaire forme un hiatus avec les fondements du concept de démocratie. Au mieux, elle constitue une violation du principe d'égalité devant les charges publiques, parce qu'elle peut faire bénéficier certains hauts fonctionnaires temporaires et parfois sans mérites particuliers

[27] T. DIALLO et G. KERVIEL, « La Haute Cour de justice mise en place au Mali », *Reuters général*, jeudi 27 mars 2014. Décision n° 086/P-AN-RM du 11 avril 2014 portant convocation des membres de la haute cour de justice, *JORM* n° 2014-15 du 11 avril 2014, p. 590. ; Décret n° 2016 – 0026/P-RM du 26 janvier 2016 fixant les indemnités et avantages accordés aux membres de la Haute Cour de Justice, aux membres du Ministère public et de la Commission d'instruction de la Haute Cour de Justice, *JORM* n° 2016-06 du 5 février 2016, p. 210.

[28] « Marbury v. Madison 5 U.S. (1 Cranch) 137 (1803) : Contrôle judiciaire de constitutionnalité des lois. Pour de judicial review » dans : E. ZOLLER, *Les grands arrêts de la Cour suprême des États-Unis*, Éditions PUF, Collection Droit fondamental, Paris, 2000, p. 71-106. Plus particulièrement p. 71.

de l'ensemble des avantages liés à leur sélection par un gouvernant en déclin. En effet, cette procédure permet au chef de l'État sortant d'augmenter les dépenses de fonctionnement des institutions sans se soucier des principes habituels du droit des finances publiques. Au pire, elle bloque le processus transitionnel à travers un détournement stratégique du pouvoir d'interprétation des anciens responsables politiques.

386. L'usage abusif du pouvoir de nomination du président de la République. – Malheureusement, il se trouve que l'expérience du Mali de la transition constitue la parfaite démonstration de la non-pertinence du maintien en l'état des prérogatives présidentielles. L'article 46 de la Constitution malienne dispose que : « Le Président de la République signe les ordonnances et les décrets pris en Conseil des Ministres. Il nomme aux emplois civils et militaires supérieurs déterminés par la loi. Le Grand Chancelier des Ordres Nationaux, les Officiers Généraux, les Ambassadeurs et Envoyés Extraordinaires, les Gouverneurs de Région, les Directeurs des Administrations Centrales sont nommés par décret pris en Conseil des Ministres. »[29] Cette rédaction doit impérativement être modifiée pour que la transition de l'État ait vraiment un sens national. Pour illustration, nous rappelons que c'est conformément à cette disposition que les forces armées et de sécurité maliennes se sont retrouvées entravées en raison de la présence d'une pléthore d'officiers supérieurs sans grande efficacité. Selon monsieur Aliou BADRA,

> « L'ancien Président Amadou Toumani Touré aurait nommé 37 Officiers Généraux dans l'armée et 15 Inspecteurs Généraux de police, soit au total 52 Généraux. Ses prédécesseurs en ont nommé 18 au total. En huit ans de pouvoir, le regretté Modibo Kéïta en avait nommé qu'un seul : Général Abdoulaye Soumaré. En 23 ans de dictature, le Général Moussa Traoré a été aussi très avare dans les nominations à ce prestigieux poste. Ils étaient neuf (9) à bénéficier des avantages de ce grade sous la deuxième République. En dix ans de règne, le premier président démocratiquement élu, Alpha Oumar Konaré, en avait fait presque autant avec huit (8) nominations. »[30]

---

[29] Décret n° 92-073/P-CTSP du 25 février 1992 portant promulgation de la Constitution, *op. cit.*, p. 120.

[30] A. BADRA, « Armée malienne : Nommés par ATT : A quand leur mise à la retraite anticipée des Généraux ? », *Le Politicien Africain* du 25 mai 2012, disponible sur : *http://www.maliweb.net/armee/armee-malienne-nommes-par-att-a-quand-leur-mise-a-la-retraite-anticipee-des-generaux-68995.html* (Consulté le 18 septembre 2016) ; cf. également les résultats de l'enquête de M. GROCA-DABA qui a précisé que : « [...] à une bureaucratie inefficace et coûteuse s'ajoute souvent un trop grand nombre d'officiers supérieurs, comme l'a montré la crise malienne : 50 généraux pour 20 000 hommes, toutes armées et unités paramilitaires confondues, ce qui représente un général pour 400 hommes ! » M. GROCA-DABA, « Les 7 péchés capitaux : Des états-majors jusqu'aux hommes de troupe, des forces spéciales en passant par les unités de soutien... Tour d'horizon de tout ce qui ne va pas », *Jeune Afrique n° 2709*, du 9 au 15 décembre 2012, p. 32.

Pire, de même que dans les États-Unis d'Amérique de *Marbury versus Madison,* le 15 août 2013 – soit trois jours après le second tour de l'élection présidentielle remportée par Ibrahim Boubacar KEÏTA —, c'est grâce à cette même disposition de la Constitution que le capitaine Amadou Haya SANOGO, le chef des auteurs du coup d'État du 22 mars 2012, a été promu général par l'article premier du décret du 15 août 2013 portant nomination au grade de général de corps d'armée à titre exceptionnel en Conseil des ministres[31]. En raison du caractère souverain de cette appréciation, l'inconstitutionnalité manifeste de cette nomination ne pouvait pas être déclarée par la Cour constitutionnelle, malgré les prescriptions du dernier alinéa de l'article 121 de la Constitution. Cet article dispose que : « Tout coup d'État ou putsch est un crime imprescriptible contre le peuple malien. »[32] En plus de la méconnaissance de cette disposition, nous pouvons distinguer un acte de pure voie de fait de l'exécutif qui a agi en dehors de toute légitimité et de toute rationalité, car comme l'indique l'alinéa premier de ce même article, « Le fondement de tout pouvoir en République du Mali réside dans la Constitution. »[33] Ainsi, l'absence totale de contrôle aggrave la banalisation de la délinquance constitutionnelle, elle entrave l'effectivité de l'État de droit et celle de la démocratie libérale dont se réclament officiellement les autorités de la transition.

387. Justifications historiques de notre proposition de contrôle du pouvoir de nomination du président de la République. – Ce concours de circonstances défavorables laisse peu de possibilités d'ouverture vers un renforcement de la démocratie malienne. Une comparaison des nominations effectuées avant et après la transition constitutionnelle de 1992 manifeste la présence d'un paradoxe. Les régimes qualifiés de dictatoriaux accordaient moins de promotions que ceux évoluant sous le label de démocraties occidentales. La synarchie semble constituer la seule explication valable de cet état de choses. Le fait qu'il y est eu moins d'abus lors deux premières Républiques du Mali découle de l'existence de la collégialité dans les mécanismes d'exercice du pouvoir. La nature équivoque du sens de l'État des gouvernants d'alors questionne la fonction exercée par le parti unique. En réalité, Modibo KEÏTA et Moussa TRAORÉ devaient impérativement rendre des comptes aux membres de l'organe de direction de leur parti, qui jugeaient la pertinence des promotions de hauts fonctionnaires. Si le système de commandement malien veut conserver son caractère démocratique, il doit donc mettre fin à ce *fait du prince*. Pour ce faire, l'intervention des pouvoirs législatifs et judiciaires semble indispensable, en vue de la rationalisation de

[31] Décret n° 2013-663/P-RM du 15 août 2013 portant nomination au Grade de Général de Corps d'Armée à titre exceptionnel, *JORM* n° 2013-38 du 20 septembre 2013, p. 1496.

[32] Décret n° 92-073/P-CTSP du 25 février 1992 portant promulgation de la Constitution, *op. cit.*, p. 126.

[33] *Ibid.*, p. 126.

l'exercice de cette liberté présidentielle. Notons enfin que le risque d'absolutisme est renforcé dans ce cas précis par des considérations d'ordre médical, notamment la possibilité de trouble mental, même passager, du chef de l'État. Cette faille du cadre juridique malien exhume l'hypothèse du « régent fou », qui elle aussi légitime l'institutionnalisation plus poussée du pouvoir politique.

388. La logistique du contrôle du pouvoir de nomination du président de la République. – Face à ces craintes, se pose évidemment la question des modalités de collaboration de pouvoirs distincts. Comment faire intervenir les autres détenteurs de la souveraineté interne ? L'instauration d'une obligation de proposition des candidats du chef de l'État aux commissions permanentes du Parlement peut constituer un moyen de vérification efficace. Elle pourrait se faire de deux manières. Premièrement, les élus de la nation seraient tenus d'examiner l'opportunité de ce choix présidentiel. De même qu'aux États-Unis d'Amérique, ils pourraient ainsi auditionner l'intéressé afin de s'enquérir de la pertinence de ses aptitudes et de la conformité de ses projets avec les préceptes reconnus de la *modalité d'être* de la société. Après ces contrôles d'usages, ils communiqueraient leurs observations à la présidence de la République à travers un avis publié au journal officiel. Si nous mettons de côté la possibilité de contradiction entre les deux pouvoirs, une hypothèse reste non couverte par cette procédure. Il s'agit de celle où le chef de l'État déciderait de faire abstraction de l'avis des représentants de la nation. C'est à ce niveau qu'intervient la seconde proposition : la consultation de la conférence des présidents de l'Assemblée nationale. Cette dernière option emporte davantage notre conviction pour deux raisons principales.

En premier lieu, elle permettrait au chef de file de l'opposition – sous réserve des précisions ultérieures du dispositif de la loi du 4 mars 2015 portant statut de l'opposition politique[34] – de jouer un véritable rôle de contestation des actions de l'exécutif. Cela serait plus profitable que ses attributions actuelles d'ambassadeur des exclus du régime. En effet, excepté les avantages financiers et logistiques offerts à ce personnage de l'État par son article 15, cette loi reste insignifiante en matière de contrepoids et de critique politique. Pire, les articles 16, 17 et 18 de ce même texte donnent l'impression de voir dans cette institution, une volonté de consolidation de l'encadrement de la dissidence politique.

En second lieu, si le nouveau projet de modernisation du règlement intérieur de l'Assemblée nationale l'intègre dans la conférence des présidents, cette institution pourrait contribuer à l'amélioration de la fonction démiurgique de l'État, notamment en permettant à certains élus d'apporter des critiques constructives et en multipliant les interventions du juge

[34] Loi n° 2015-007 du 4 mars 2015 portant statut de l'opposition politique, *JORM* n° 2015-13 du 20 mars 2015, p. 483 et s.

constitutionnel. En effet, une légère retouche de l'article 46 de la Constitution suffirait à ouvrir une saisine en contestation de la Cour constitutionnelle par cet organe d'encadrement du Parlement. En attendant, la formulation actuelle de l'article 88 pourvoirait largement à l'accomplissement de cette mission de soutien de la rationalisation de l'exercice du pouvoir. Cette nouvelle attribution entrerait sans grande difficulté dans le domaine de compétence du second alinéa de l'article 85, qui fait de la Cour constitutionnelle l'« organe régulateur du fonctionnement des institutions et de l'activité des pouvoirs publics. »

389. Les principaux apports de la proposition. – La mise en œuvre de l'une de ces propositions apporterait sans doute davantage d'efficacité au système de gouvernance. La démocratie se redynamiserait et l'État de droit s'affermirait grâce à la préservation de la volonté populaire. Nous sommes convaincu que certaines formes de contestation sont plus bénéfiques que la totalisation consensuelle. Sans cela, les frustrations internes aux institutions ne cesseront de grandir parallèlement et au même rythme que la défiance populaire. Ces mesures préventives renforceraient la confiance des subalternes et des administrés qui seront persuadés d'avoir des dirigeants légitimés par l'abnégation, l'excellence au travail et le mérite en lieu et place du népotisme et de l'aristocratie. En agissant dans ce domaine habituellement réservé au chef de l'État, les Sages maliens joueraient en quelque sorte le rôle des *Kon gbèn wolo* (le mode de surveillance collective) de l'article 6 de la charte de 1236, car ils lutteraient contre la paresse et l'oisiveté des élites maliennes. Cela permettrait à ce pays de reprendre le chemin de la prospérité sur une *natte* endogène.

SECTION 2 :
La refondation de la gouvernance par le renouvellement des structures mentales

390. Rappel de la place stratégique de l'éducation dans le processus colonial. – Comme l'explique Joseph KI-ZERBO, dans son ouvrage *Éduquer ou périr*[35], ce n'est pas par hasard que la loi-cadre du 23 juin 1956 a maintenu le pouvoir d'appréciation de la métropole dans la définition du contenu des programmes de l'enseignement. La tenue de ce secteur hors de la portée des autorités locales témoigne de son importance politique. En effet, l'article 4 de cette loi prévoyait que :

> « Le gouvernement pourra [...] prendre toutes mesures tendant à élever le niveau de vie dans les territoires relevant du ministère de la France de l'outre-mer, à y favoriser le développement économique et le progrès social et à faciliter la coopération économique et financière entre la métropole et ces

[35] J. KI-ZERBO (dir.), *Éduquer ou périr, op.cit.*, p. 112.

territoires, notamment : Par la généralisation et la normalisation de l'enseignement [...] »[36].

Cette sérialisation des consciences maliennes s'est poursuivie de « l'école des otages » à celle de l'État de la transition et a créé une forme douce du syndrome de Stockholm. L'intelligentsia africaine a été assimilée à la rationalité occidentale. C'est la raison pour laquelle celle-ci a toujours peur de l'être qui se trouve derrière son masque, sa *persona*[37]. C'est précisément cette phobie que la transition de l'État sur la *natte* nationale devrait combattre vigoureusement.

391. La place stratégique de l'éducation dans le processus de retour à soi. – La constitutionnalisation des normes de la « civilisation négro-arabo-berbère » doterait la République d'une *natte* endogène. Et celle-ci devrait également servir de fondation à la rationalité nouvelle qui guiderait des citoyens aux structures mentales renouvelées. Ce changement ne conserverait son sens qu'à la suite d'une adaptation des mécanismes mentaux de la majorité du public visé. Pour ce faire, il conviendrait de renouveler les circuits intellectuels des Maliens afin de les débarrasser de l'emprise occidentale. Sans cette renaissance, la question des déterminants de la personnalité malienne resterait à jamais sans réponse. L'émancipation des élites du système de commandement de la technocratie occidentalisée ne pourrait prendre forme que par la réappropriation par les Maliens de leur propre destin. Les citoyens maliens devraient donc disposer de ressources nécessaires à la redécouverte de la *modalité d'être* de leur nation historique. Il ne s'agirait absolument pas de nier telle ou telle phase de l'existence de la société malienne et ses conséquences, mais de trouver dans l'éducation des consciences personnelles les voies et moyens qui permettraient de mener à bien ce passage. Cela faciliterait le remplacement de la connaissance de soi influencée par l'Occident par des procédés plus familiers. Conformément à la thèse d'Alan MONTEFIORE,

> « le fait d'avoir vécu à l'étranger les trente dernières années et d'être ainsi devenu une personne très différente de celle qu'on était n'indique pas nécessairement un changement dans les aspects moraux de son identité. Mais un profond engagement en faveur de certaines – valeurs un engagement qui se manifeste autant dans les dispositions pratiques et le comportement observable que dans ce qu'on dit (ou ne dit pas) explicitement à soi-même et aux autres – peut certainement former une caractéristique centrale du

---

[36] Loi n° 56-619 du 23 juin 1956 autorisant le gouvernement à mettre en œuvre les réformes et à prendre les mesures propres à assurer l'évolution des territoires relevant du ministère de la France d'outre-mer (Arrêté de promulgation n° 1059 APA du 10 août 1957), *JORF* du 15 août 1957, p. 434.

[37] O. NAVARRE et E. CUQ, « Persona », dans : Ch. DAREMBERG et E. SAGLIO (dir.), *Dictionnaire des antiquités grecques et romaines. Tome quatrième. Deuxième partie, R-S*, Éditions Hachette, Paris, 1911, p. 406-418. ; É. LE ROY, « Le for intérieur, un artefact de la tradition occidentale. Variations anthropologiques sur le tribunal des consciences », dans : *Le for intérieur*, CURAPP-AFSP, Éditions PUF, 1995, p. 59.

caractère, au point de constituer ce qu'on peut tout à fait considérer comme l'identité morale, une caractéristique en l'absence de laquelle on ne serait plus raisonnable comme la même personne au "plein sens moral du terme". [...]
Si une personne intègre est une personne qui ne triche pas avec ce qu'elle défend fondamentalement, une personne qui défend aujourd'hui ce qu'elle défendait hier, ou qui, dans le cas contraire, "intègre" néanmoins ce passé à son présent en assumant la responsabilité de son changement de position – un changement réfléchi et authentique – est une personne qui a une certaine identité morale "essentielle", que l'on trouve naturel ou non d'employer ces termes. Et il n'est peut-être pas sans importance de rappeler, en conclusion que l'on peut dire des groupes aussi qu'ils possèdent ou non une intégrité ou une identité morale propre : et cela peut, dans un cas comme dans l'autre, avoir un effet non négligeable sur l'intégrité ou l'identité morale des personnes qui, d'une manière ou d'une autre, composent ces groupes. »[38]

Ainsi, le problème de l'identité nationale ne serait qu'une question de responsabilisation et de volition.

392. Critique de la raison occidentale et réappropriation de l'histoire nationale. – L'actuelle survivance de la rationalité endogène laisse à l'État de la transition des espoirs de concordance entre les deux modalités d'être : celle de la nation traditionnelle et ses normes ataviques et celle de l'État importé. L'État de la transition peut donc rester l'éternel étranger de la *natte* des autres ou le maître de sa propre *natte*. La renaissance de la personnalité malienne résulterait de la reprise du projet de décolonisation des esprits entrepris par les fondateurs de la République. Sans ce renouvellement des circuits gouvernementaux et mentaux, cette métamorphose sociétale renouvellerait la schizophrénie créée par l'emprise occidentale. Cette reconquête des composantes constitutives de l'atavisme malien issue de la « civilisation négro-arabo-berbère » ne serait viable qu'à travers la domestication des peurs générées par le manque de connaissance et d'information sur soi. Les citoyens de l'État nouvellement saisi par la nation ne retrouveront la place qui leur revient dans ce monde de la technique qu'au moyen d'une mise à distance de l'universalité de certaines catégories occidentales **(§1).** En restituant ces objets techniques internationaux dans leurs origines instrumentales, les Maliens pourraient régler les interrogations liées à leur identité – c'est-à-dire leur statut et leur rôle – à travers la réappropriation de leur histoire nationale **(§2).**

[38] A. MONTEFIORE, « Identité morale : L'identité morale et la personne », dans : M. CANTO-SPERBER (dir.), *Dictionnaire d'éthique et de philosophie morale, op. cit.*, p. 696-697.

§ 1 : Le renouvellement des structures mentales par le réexamen de l'universalité des objets techniques occidentaux

393. Le retour en force du religieux : la conséquence de l'absence de rationalité politique endogène. – Dans un récent ouvrage traitant de la question de *l'Esclavage au Mali,* une victime portant le prénom de Malamine déclare :

> « Je suis l'esclave du Cheick [leader religieux] de notre ville. Je suis même fier de l'être. Je suis conforté dans ma position, car je vois ici les grands responsables nationaux de chez nous qui viennent pour se mettre à son service. Nous sommes des esclaves, mais cela ne nous empêche pas de bénéficier des mêmes avantages que ceux qui sont des nobles et c'est pour cela que je trouve que cette question d'esclavage est un faux débat. »[39]

L'existence de ce phénomène et l'acquiescement de cette victime attestent d'une panne de l'État de la transition dans la protection des droits et libertés fondamentaux de la personne humaine. La normalisation de cet état de choses, c'est-à-dire le fait que des autorités officielles et des victimes de cette abomination se trouvent sous l'autorité d'un chef religieux en est la première et parfaite illustration. La situation de cette victime est malheureusement représentative de la mentalité actuelle de la majeure partie de la population malienne. Les citoyens, dans leur globalité, ont intériorisé leur situation de sujet de l'emprise occidentale ; ils s'en sont tout simplement accommodés. Cela a donné lieu à une forme d'aliénation des souverainetés individuelles et collectives. La personnalité de l'État est étrangère à la nation parce que les Maliens de la transition sont de plus en plus excentrés par rapport à leur personnalité. De nos jours, être citoyen de ce pays n'est pas synonyme de faire partie d'une communauté culturelle ou de droit, mais c'est d'abord appartenir à la rationalité universelle, l'autre nom de l'instrument technique occidental de capture des consciences et des sociétés humaines.

394. Les voies de la reconstitution de la rationalité politique. – Ainsi, l'État de la transition ne disposerait que de deux possibilités pour refonder les termes de la gouvernance : il pourrait soit continuer sur la voie de la banalisation des sauvetages occidentaux, soit décider de remplacer les caractéristiques de l'universalité de certains concepts tel celui des droits et libertés de la personne humaine. En d'autres termes, l'État endogène devrait forcément faire un choix entre, d'une part, abandonner une maîtrise de l'exception obtenue à l'aide de la subordination de l'État de la transition par les *nattiers* occidentaux ; et d'autre part, remplacer et adapter ces représentations occidentales par des homéomorphes fonctionnels plus en phase avec les modalités d'être de son peuple. Il s'agira pour lui de faire une sélection entre continuer à se contenter de la tranquillité de sa soumission à

---

[39] N. KEITA (dir.), *Esclavage au Mali : Des victimes témoignent, op. cit.*, p. 51.

la *doxa,* ou s'émanciper et affronter pleinement son avenir avec les incertitudes que cela comporte. Conformément à l'audacieux retrait des pères fondateurs de la Zone franc et dans la ligne de notre approche endogène, c'est évidemment la deuxième option qui emporte notre conviction. Les autorités de la transition de l'État sur la *natte* endogène devraient donc bien faire comprendre aux citoyens qu'il n'y a rien d'universel en soi en matière de commandement politique. Elles devraient également convaincre de la légitimité du projet de retour à soi dont elles sont porteuses. Ce cheminement de la construction de l'identité sociale endogène malienne est d'ailleurs conforme à une certaine conception de la psychologie sociale selon laquelle :

> « [...] l'identité sociale se réfère toujours, d'une manière ou d'une autre, à une relation de pouvoir, c'est-à-dire qu'elle est déterminée par le système d'influence mis en œuvre par les individus pour définir leur position et atteindre leurs buts. Ainsi, l'identité s'élabore à travers les stratégies des acteurs sociaux, qui déterminent un jeu d'interaction en créant en permanence des zones d'incertitudes, pour échapper partiellement au pouvoir des autres. L'identité apparaît donc comme un élément de la dynamique sociale qui oblige les individus à entrer dans des systèmes d'interactions et à définir le jeu qu'ils sont capables d'y jouer. »[40]

Pour reconstruire leur société, il importe de soumettre à la question la vision de l'universel héritée de l'Occident et de donner un nouveau statut aux objets qui sont ainsi labélisés. Les composantes stratégiques de cette universalisation empêchent en effet la renaissance sociétale par l'effet de leur fonction instrumentale. La réconciliation entre la *forme* et la *vie* de l'État-nation **(B)** pourrait gagner le monde des faits grâce à la mise en évidence de la dualité du phénomène de l'universalité du politique **(A).**

A/ Le dualisme de la conception occidentale de l'autorité : l'universalisation du politique

395. L'instrumental et le conceptuel : les deux faces de la conception occidentale de l'autorité. – Comme il a déjà été démontré, les Occidentaux se sont servis de l'objet artificiel qu'ils ont créé pour sortir la souveraineté politique de l'impasse dans laquelle elle se trouvait et changer la manière dont les humains pensaient les relations de gouvernement des conduites humaines. Il s'agissait donc d'un outil endogène à l'Occident qui remplissait des fonctions d'instrument d'arraisonnement à l'international. En fait, la découverte de l'État moderne va donner aux Occidentaux un avantage compétitif qu'ils développeront pour des raisons hégémoniques. Il suffit de se reporter, une fois encore, à la thèse de Gilbert SIMONDON pour le comprendre. Selon lui,

---

[40] G. – N. FISCHER, *Les concepts fondamentaux de la psychologie sociale*, 5 e édition revue et augmentée, Éditions DUNOD, Paris, 2015, p. 243.

« [...] les hommes qui connaissent les objets techniques et sentent leur signification cherchent à justifier leur jugement en donnant à l'objet technique le seul statut actuellement valorisé en dehors de celui de l'objet esthétique, celui de l'objet sacré. Alors naît un technicisme intempérant qui n'est qu'une idolâtrie de la machine et, à travers cette idolâtrie, par le moyen d'une identification, une aspiration technocratique au pouvoir inconditionnel. Le désir de puissance consacre la machine comme moyen de suprématie, et fait d'elle le philtre moderne. L'homme qui veut dominer ses semblables suscite [l'État moderne,] la machine androïde. Il abdique alors devant elle et lui délègue son humanité. Il cherche à construire la [personne, la] machine à penser, rêvant de pouvoir construire la machine à vouloir, la machine à vivre, pour rester derrière elle sans angoisse, libéré de tout danger, exempt de tout sentiment de faiblesse, et triomphant médiatement par ce qu'il a inventé. Or, dans ce cas, la machine devenue selon l'imagination ce double de l'homme qu'est le robot [c'est-à-dire le Léviathan], dépourvu d'intériorité, représente de façon bien évidente et inévitable un être purement mythique et imaginaire. »[41]

Cet artifice vise à prendre les consciences individuelles et les sociétés politiques au *jeu* de l'universalité des objets techniques, pour entrer indirectement en possession de leurs volontés. Le succès est tel, qu'il arrive que les résultats dépassent les attentes, comme dans le Mali de la transition.

396. L'explication de la résistance au changement par l'absence de *substantia*. – La question de l'obsolescence de l'universalité des catégories juridiques a d'abord été occidentale avant d'être malienne. Lors du passage de l'Ancien Régime à la modernité étatique, la pensée occidentale a subi une révolution antimétaphysique. C'est à l'aide de l'absolutisme du concept de souveraineté que les monarchomaques protestants, puis les penseurs des Lumières ont séparé la gouvernance civile de celle des religions. Cette révolution a également impacté les fondations de l'État, qui est passé d'une forme substantielle et nouménale à celle de phénomène construit abstraitement grâce à l'omniprésence du concept de raison. En d'autres termes, c'est le moment où les éléments constitutifs de l'identité d'une entité politique sont passés du statut de données substantielles et sociologiques à celui d'artéfact doté d'une personnalité construite de manière autoritaire et unilatérale. La métaphysique de l'être, la *substantia* (l'élément sensible permanent qui se tient dessous et qui fonde la société politique[42]) a cédé la place à une représentation eidétique fondée sur le principe de raison. Dorénavant, la raison est l'unique repère qui fonde l'être et la société politique, quoiqu'elle relève elle-même de la catégorie des objets techniques. Cette conception moderne de l'être en tant que créature est familière aux Maliens qui la traduisent par les notions de *dánfɛn* (une chose créée*)*, de *fɛn* (une chose, un élément) ou de *nímajɔn* (un esclave vivant) de la langue

---

[41] G. SIMONDON, *Du mode d'existence des objets techniques, op. cit.*, p. 10.
[42] P. DULAU, *Heidegger : pas à pas*, Éditions Ellipses, Paris, 2008, p. 103.

bambara[43]. Le point de rencontre entre l'acception occidentale moderne et la représentation bambara de la réalité politique reste l'*a priori* de la soumission volontaire à l'autorité souveraine.

397. La réincarnation de la *substantia* dans la technique. – Cependant, au-delà de ce point de rencontre, des différences importantes subsistent entre les deux logiques politiques. Il s'agit là d'une manifestation de la stratégie occidentale. Après s'être émancipés de la domination de l'universalité des Églises, les promoteurs occidentaux de cette nouvelle *manière d'être* des sociétés politiques instrumentaliseront leur objet technique, qui avait déjà fait ses preuves. Désormais, toutes les créations humaines en matière de domination politique doivent se soumettre à l'universalité de la raison occidentale et remplacer la transcendance divine. Avec le recul, nous savons pertinemment que cette réincarnation de la souveraineté politique dans un objet technique occidental a constitué une nouvelle forme de subordination du monde à un dogme humain.

B/ Le retour à l'unité : l'État intégrateur

398. La légitimation de la constitution par une conception atypique de l'autorité. – Face à la conception d'un monde dominé par la technique occidentale, l'État endogène devrait commencer par actualiser l'universel en lui donnant une définition nationale. Ce procédé rendrait justice à la grande famille humaine en reconnaissant la pluralité des raisons et des voies conduisant à l'efficacité des organisations sociales. Il pourrait donc légitimement y avoir autant de chefs que de moyens menant à la satisfaction des volontés des souverains primaires ou dérivés. Cet ajustement rendrait certainement mieux compte de l'état actuel des dispositifs de direction des consciences individuelles.

Compte tenu du caractère non scientifique de l'agencement des mécanismes d'influence et d'exercice du commandement, la persistance de l'universalité de la rationalité occidentale est susceptible de dénoter deux choses : le conservatisme stratégique des leaders occidentaux et assimilés, ou une forme de résistance instinctive de l'homme au changement. Il semble ainsi banal que des citoyens ordinaires soient bloqués par ce mur de l'habitude, mais le fait que celui-ci ait également arrêté certains théoriciens nationaux de la connaissance des normes juridiques est plus grave.

399. La prise en compte des « petites différences ». – Que déduire de cet état de fait indéniable et néanmoins dérangeant pour nos consciences façonnées par des enseignements monothéistes ? Prenons conscience d'un fait simple : le commandement constitue l'unique élément commun à l'espèce humaine. Il s'agit de la *religio* moderne, ce qui relie les génies humains qui ne pourront jamais se diriger vers un objectif transcendant

[43] G. DUMESTRE, *Dictionnaire bambara-français, op. cit.*, p. 1111.

rassemblant toutes les autres formes de représentations du monde. C'est notamment en faisant abstraction de la place occupée par la légitimité des prescriptions souveraines que de nombreuses tentatives historiques d'édification de la paix perpétuelle – par la création de superstructures matérialisant la sortie de l'état de nature étatique – ont échoué[44].

400. L'intégration des Africains. – Dans le même sens, nous comprenons pourquoi les expériences d'universalisation pertinentes sont celles qui complètent les mécanismes domestiques de protection des droits de l'homme et celles qui ont été consenties par les États. Les recettes de cette réussite résident dans l'intériorisation de la priorité donnée aux mécanismes de règlement des contentieux prévus par les droits nationaux. C'est notamment le cas de la Cour et de la Commission africaine des droits de l'homme et des peuples qui conditionnent la recevabilité des demandes concernant des atteintes manifestes aux droits et libertés individuelles à l'épuisement des voies de droit interne (article 56 de la Charte africaine des droits de l'homme et des peuples) ; et dont l'exécution des décisions et communications est laissée à la bonne volonté des États. Le cas échéant, c'est au Conseil des ministres de l'Union africaine d'exercer une pression politique sur les États récalcitrants qui le plus souvent cherchent à conserver leur image de marque. En toute hypothèse, la primauté constitutionnelle consacrée par les articles 37 et 117 de la Constitution malienne du 25 février 1992 admet une soumission de l'ensemble des autorités nationales à la portée de ces jurisprudences continentales.

Par ailleurs, ce même état de fait montre que la clef de la promotion de ces droits de la personne humaine se trouve d'abord dans l'efficacité des instruments de commandement nationaux suivis des mécanismes internationaux, le cas échéant. Cette mise à nu et la publicité de la métaphysique que cache l'universalité de ces concepts occidentaux changeraient les donnes actuelles. Les Maliens et plus largement les Africains ressentiraient leur appartenance à la grande famille humaine et non plus à une catégorie technique créée sans eux et sur laquelle ils n'ont aucune prise. En refondant leur conception nationale de l'universel, leur histoire nationale, ils poseraient les jalons d'une reconnaissance réciproque des autres composantes de la communauté mondiale. Outre d'être en conformité

---

44 N. BOBBIO, *L'État et la démocratie internationale*, *op. cit.*, p. 146-147. Il s'agit, plus récemment, de la proposition de création d'une Cour constitutionnelle internationale du président tunisien M. M. MARZOUKI faite devant le l'Assemblée générale des Nations-Unies le 26 octobre 2013. cf. O. BEN ATTAR, « Note d'actualité concernant la proposition du Président de la République tunisienne Mohamed Moncef Marzouki lors du débat général le 26 octobre 2013 devant l'Assemblée générale des Nations Unies de créer une Cour constitutionnelle internationale », *Civitas europa n° 31 – La crise malienne au regard du droit international*, décembre 2013, p. 285. ; É. GIRAUD, « Le rejet de l'idée de souveraineté : L'aspect juridique et l'aspect politique de la question » dans : *La technique et les principes du droit public : études en l'honneur de Georges Scelle*, *op. cit.*, p. 253-266.

avec la primauté de l'atavisme dans les mécanismes de commandement de la nation, l'officialisation de cette solution dissoudrait le mimétisme des modèles occidentaux qui sont d'abord le résultat d'un phénomène de domination planétaire.

401. Mise en conformité de ces objets techniques avec la conception africaine et indo-européenne de la liberté. – Enfin, si ces propositions étaient suivies d'effet, les autorités de la transition de l'État seraient fidèles au sens véritable de la nouvelle définition de l'universel à laquelle nous aspirons. Nous nous référons ici à ce qu'ont établi Émile BENVENISTE et Cheikh Anta DIOP, respectivement à propos de l'homme libre et de l'individualisme. En effet, le premier a démontré à l'aide de sa grammaire comparative des langues indo-européennes que :

> « [...] la notion de "liberté" se constitue à partir de la notion socialisée de "croissance", croissance d'une catégorie sociale, développement d'une communauté [en l'espèce, nous dirons la communauté humaine]. [...]Nous saisissons les origines sociales du concept de "libre". Le sens premier n'est pas, comme on serait tenté de l'imaginer, "débarrassé de quelque chose" ; c'est celui de l'appartenance à une souche ethnique désignée par une métaphore de croissance végétale. [Donc,] d'une part *swe [c'est-à-dire le particulier, le sien] implique l'appartenance à un groupe de "siens propres", de l'autre il spécialise le "soi" comme individualité. L'intérêt d'une telle notion est évident, tant pour la linguistique générale que pour la philosophie. Ici ce dégage la notion de "soi", du réfléchi. C'est l'expression dont use la personne pour se délimiter comme individu et pour renvoyer à "soi-même". Mais en même temps cette subjectivité s'énonce comme appartenance. La notion de *swe ne se limite pas à la personne même, elle pose à l'origine un groupe étroit comme fermé autour de soi. »[45]

Quant au second – après avoir décrit l'isolement des citoyens et la violence ordinaire de la dictature de la Cité-État de Sparte —, il relève dans son étude comparée des cités antiques gréco-romaines et africaines que :

> « Les familles des différents citoyens qui constituent la cité sont autant de cellules si indépendantes que c'est un sacrilège que les maisons se touchent, ces sentiments d'indépendance remontent à la vie des steppes. Mais chaque individu, chaque chef de famille, chaque citoyen est directement lié à l'État dictatorial par un lien d'airain. Le jour où ce dernier se relâchera, on assistera progressivement à une affirmation d'individus tendant à se poser de nouveau en absolu, en tout cas, n'ayant pas appris à développer une vie communautaire dans le domaine civil. Par contre, le pouvoir de l'État, bien qu'étant centralisé en Afrique, de l'Égypte au reste de l'Afrique Noire, n'a

[45] É. BENVENISTE, *Le vocabulaire des institutions indo-européennes : 1, Économie, parenté, société, op. cit.*, p. 321-333.

jamais assujetti les consciences des citoyens d'une façon aussi forte. Le pharaon que Morêt considère pourtant comme la plus puissante figure morale qui ait existé n'a jamais songé à ordonner des sentiments ou un accoutrement à son peuple ; l'individu s'est toujours senti dépendant vis-à-vis de l'État et de dépendant, socialement parlant, vis-à-vis de ses semblables dans la vie communautaire : en Afrique, il a toujours existé une invasion réciproque des consciences, des libertés individuelles. Autrement dit, on se sent des droits matériels et moraux sur la personnalité d'autrui et réciproquement. Et ceci, à travers tous les régimes politiques. Aujourd'hui encore c'est par réaction superficielle que l'Africain affiche un esprit d'indépendance vis-à-vis de la communauté ; mais il est à peine apte à saisir le fossé qui sépare l'individu occidental du groupe. »[46]

402. Le remplacement de la *substantia* par les souverains modernes. – Suivant cette nouvelle conception du monde, les subjectivités citoyennes seraient unies et tendraient vers le ou les souverains incarnant à la fois le début et la fin de toutes les actions humaines[47]. C'est ainsi que l'universalité s'est étatisée dans le cas des sociétés politiques dotées du label. Elle est devenue une question domestique rattachée à la légitimité des souverains, d'où les usages du concept d'universalité en matière de légalité et de suffrage. Il s'agit là de ce qui a justifié que la souveraineté soit désormais la source de l'ensemble de notre appareillage de pensée : l'accès au monde, le langage, la famille, la nationalité, la moralité, etc. Le remplacement du souverain par des institutions et une forme d'abstraction assure sa pérennisation. La transformation de la souveraineté en compétences attribuées par la Constitution devait également bénéficier de cette inversion des mécanismes de pensée.

Contrairement à la conception *Heideggerienne* du monde de la technique[48], la nouvelle idolâtrie de la technique remplissait à la fois des fonctions d'outil et d'instrument. Il s'agissait d'un nouveau culte créé par l'homme occidental pour arraisonner l'humanité.

---

[46] Ch. A. DIOP, *Étude comparée des systèmes politiques et sociaux de l'Europe et de l'Afrique, de l'antiquité à la formation des États modernes*, *op. cit.*, p. 23-24.

[47] De références élémentaires aux racines latines du moi roi, *rex* et *regis* (celui qui trace la voie à suivre par les conduites personnelles) et à la place terminale donnée à celui-ci dans la notion d'achèvement (mener à chef, c'est-à-dire à la tête, au terme, bout) suffisent pour s'imprégner de la pertinence de cette thèse. cf. A. REY (dir.), *Dictionnaire historique de la langue française*, *op. cit.*, p. 15 pour « achever » et p. 1966-1967 pour « les noms du Roi ».

[48] P. DULAU, Heidegger : pas à pas, *op. cit.*, p. 97. ; M. HEIDEGGER, *Le principe de raison*, *op. cit.*, p. 247.

§ 2 : Le renouvellement des structures mentales par la réappropriation de l'histoire nationale

403. La nature artificielle et instrumentale de l'histoire universelle. – En tant que phénomène de conscience, le temps fait partie des réalités immanentes qui permettent aux individus de se localiser dans le monde. Cette éternité immobile s'est transformée en histoire, c'est-à-dire en un ensemble de connaissances relatives à l'évolution de l'humanité, grâce à des stries et des découpages créés plus ou moins artificiellement. À la suite de la prépondérance du solipsisme occidental, cette catégorisation est devenue l'étalon de mesure de la durée des sociétés labélisées comme modernes. Elle donne des repères aux individus, qui déchiffrent leur passé et règlent leurs problèmes d'identité à l'aune de ce passé. Ils peuvent ainsi raccorder les événements de leur existence et ceux de leur nation à cette grande lignée de la famille humaine. Il ne faut pas s'y tromper, la question de l'accès aux origines est fondamentale et indispensable au développement des personnalités, des consciences propres et collectives comme le prévoyait Abderrahman ES-SA`DI, le savant soudanais du XVI-XVIIe siècle[49]. C'est ainsi que l'histoire en vient à structurer le quotidien des hommes, en particulier ceux qui sont pris dans des liens de domination.

404. L'utilisation de l'histoire nationale pour construire une personnalité et une conscience malienne. – Les Maliens pourraient régler les nombreux complexes liés à leur situation de citoyens d'un pays appartenant à la catégorie des pays moins avancés ou sous-développés en valorisant l'histoire nationale **(B)**. Étant donné que la nature phénoménale et circulaire de la souveraineté politique n'est pas compatible avec la logique linéaire de l'histoire occidentale[50], la rationalisation et la réappropriation de l'histoire nationale rendraient possible un renouvellement de la personnalité malienne **(A)**.

A/ La régénération de la personnalité malienne par la réappropriation de l'histoire nationale

405. La nécessité d'une étatisation des instruments de mesure de la durée. – Malheureusement, un simple regard sur les différents calendriers maliens permet de comprendre que le processus d'appropriation du passé national n'a pas été achevé. Il y a d'une part un officiel guidé par le calendrier grégorien à qui la *doxa* a conféré un caractère universel ; et d'autre part, l'existence de la nation atavique rythmée par le calendrier

---

49 Sadi, *Tarikh es Soudan*, Traduction d'O. Moudas, Éditions Ernest Leroux, Paris, 1900, chapitre XI, p. 3. ; Ch. A. DIOP, *Étude comparée des systèmes politiques et sociaux de l'Europe et de l'Afrique, de l'antiquité à la formation des États modernes*, *op. cit.*, p. 136-137.

50 A. EINSTEIN, *Comment je vois le monde*, *op. cit.*, p. 177-178.

hégirien – amorcé à partir de l'exil du prophète Mahomet à la Mecque – et diverses techniques traditionnelles de mesure de la durée. Cette pluralité des calendriers démontre l'incomplétude de la construction des consciences individuelles maliennes et la persistance du rattachement de ces dernières aux objets techniques importés. En écho aux propositions contenues dans les *Prolégomènes*, le passé des Africains et de leurs sociétés politiques endogènes a été jalonné d'exclusions successives du temps universel. Ils ont tour à tour connu la déshumanisation de l'universalité religieuse et un classement dans la préhistoire, cette sous-catégorie de l'histoire humaine, en raison de la peur de l'altérité de certains penseurs des Lumières qui ont inspiré l'actuelle rationalité occidentale.

Selon Joseph KI-ZERBO, cet état de choses ne doit pas surprendre, car :

> « on ne mondialise pas innocemment. Je pense que nous pouvons difficilement prendre une place dans la mondialisation, parce que nous avons été déstructurés et que nous ne comptons plus en tant qu'êtres collectifs. Si vous comparez le rôle de l'Afrique à celui des États-Unis, vous verrez les deux pôles de la situation dans la mondialisation : entre les mondialisateurs que sont les États-Unis et les mondialisés que sont les Africains. [...] L'Afrique en tant que continent, se situe plutôt dans cette catégorie parce que c'est une question de rapport de force. C'est une question de savoir si on est sujet de l'histoire, si on est là pour jouer un rôle dans la pièce de théâtre. En réalité, il n'y a pas de pièce où il n'y a que des acteurs. Il y a aussi des figurants, et nous Africains, avons été classés parmi les figurants, c'est-à-dire les ustensiles et les faire-valoir pour les rôles des acteurs. »[51]

406. La nécessité d'une redistribution des rôles dans l'histoire humaine. – Cette métaphore théâtrale est primordiale en matière de construction de la personnalité, puisque ce concept n'est que la francisation du latin *personna*[52] qui a donné naissance à la notion de personnage, de rôle, d'acteur et enfin l'individu juridique doté de droits et de devoirs que nous connaissons de nos jours. Cela dit, les contingences de l'histoire ont ralenti l'œuvre des ingénieurs de la décolonisation. Par la suite, sans régler cette question existentielle, l'acte fondateur de la troisième République du Mali a, paradoxalement, fait la part belle aux droits et devoirs de l'homme issus de cet universel occidental qui forment son titre premier. Le pouvoir constituant malien a ainsi occidentalisé son œuvre de manière unilatérale en l'adaptant notamment à la conception moderne de l'homme juridique, comme si l'individualisation des droits et devoirs de la personne humaine faisait partie du domaine public mondial. Il n'en est rien, évidemment. Cette erreur devrait être corrigée par le processus de transition de l'État sur la *natte* endogène. Ce processus devrait impérativement commencer par l'officialisation et la promotion de l'histoire nationale à travers le

---

[51] J. KI-ZERBO, *À quand l'Afrique ? Entretien avec René Holenstein*, *op. cit.*, p. 24.

[52] M. – T. MEULDERS-KLEIN, « Personne », dans : A.-J. ARNAUD, *Dictionnaire encyclopédique de théorie et de sociologie du droit*, *op. cit.*, p. 435-438.

raccordement du système éducatif à l'évolution de la nation. Car, comme le rappelle le proverbe africain chéri et rendu célèbre par Chinua ACHEBE[53] « tant que les lions n'auront pas leurs propres historiens, l'histoire de la chasse glorifiera toujours le chasseur ». Les autorités de la transition de l'État et leurs conseillers devraient remettre en question l'intériorisation de ces idées reçues par ses citoyens, au plan interne et à l'international, en créant de nouvelles fondations aux rapports sociaux.

407. Avantages pragmatiques de cette méthode. – Pour ce faire, ils devraient mettre en valeur l'histoire nationale sur le plan scolaire et politique, sans tomber dans une forme de chauvinisme. Ce procédé de réinscription est indispensable à l'effectivité d'un « cercle herméneutique » malien qui rendrait davantage service aux mécanismes de commandement de l'État-nation, tout en favorisant les échanges internationaux en donnant de la cohérence et de la prévisibilité à la gouvernance. Effectivement, si les rapports sociaux gagnaient en transparence et pouvaient devenir de notoriété publique, les relations intersubjectives gagneraient en efficacité. C'est ce que souligne ainsi, à sa façon, Ludwig WITTGENSTEIN :

> « D'un homme aussi nous disons qu'il nous est transparent. Mais, par rapport à telle considération, le fait qu'un homme puisse être une énigme totale pour un autre a son importance. Nous en faisons l'expérience lorsque nous arrivons dans un pays étranger dont les traditions nous sont totalement étrangères, et cela même si nous en maîtrisons la langue. Nous ne *comprenons* pas les gens. (Et ce n'est pas parce que nous ne savons pas ce qu'ils se disent à eux-mêmes.) Nous ne pouvons nous retrouver en eux. "Je ne peux pas savoir ce qui se passe en lui" est avant tout une *image*. C'est l'expression convaincante d'une conviction. *Celles-ci* ne sont pas directement accessibles. Quand bien même un lion saurait parler, nous ne pourrions le comprendre. »[54]

408. Rappel de la place de l'histoire dans la construction de l'État-nation. – À côté de la question de la destruction des mausolées classés au patrimoine mondial de l'UNESCO et des nombreuses atteintes aux droits et libertés fondamentaux de l'homme, la crise de 2012 a dévoilé une autre faille de l'étatisation malienne. Il s'agit du manque d'intérêt accordé par les autorités de l'État de la transition à l'histoire nationale. Depuis le changement de paradigme, ces dernières se sont contentées d'un recentrage doctrinal sur la *natte* occidentale, sans même prendre la peine d'institutionnaliser et de diffuser ces pans entiers du passé de son peuple. Cette négligence a reproduit la dualité historique de la période coloniale. La narration et la transmission de l'histoire nationale sont laissées aux griots, qui n'ont plus d'autorité officielle ; quant à l'histoire officielle, elle demeure l'inlassable auxiliaire de la conception et des intérêts occidentaux.

---

[53] Ch. ACHEBE, *Tout s'effondre*, Traduction de P. GIRARD, Éditions Actes Sud, Arles 2013, 230 p.

[54] L. WITTGENSTEIN, *Recherches philosophiques, op.cit.*, p. 313.

B/ La régénération des structures mentales par la revalorisation et la rationalisation de l'histoire nationale

409. Critique de la relégation de l'histoire nationale dans l'informel. – Il suffit d'observer la marchandisation manifeste des éléments de l'histoire nationale malienne pour comprendre la nécessité de sa rationalisation et de sa revalorisation. Sur le plan officiel en effet, la conservation des manuscrits a une finalité plus touristique que constitutive de l'identité malienne. Une grande partie des archives ayant une valeur hautement nationale reste toujours détenue par des familles de notables, qui les entretiennent avec leurs maigres moyens dans leur patrimoine et les transmettent de manière atavique, comme c'était le cas avant l'indépendance nationale.

410. Le manque de cohérence actuelle de la réglementation en la matière. – Même de nos jours, l'avancée demeure plus symbolique que significative. L'article 5 de la loi du 30 décembre 2010 portant modification de la loi du 26 juillet 1985 relative à la protection et à la promotion du patrimoine culturel national[55] ne prévoit en substance qu'une inscription de ces morceaux d'histoire à l'inventaire et leur classement dans le patrimoine culturel national. Son article premier a contourné la question de leur propriété par une curieuse association des communautés locales à l'État et aux collectivités territoriales dans la mise en œuvre de leur préservation. Cette disposition heurte les consciences parce qu'elle change de manière implicite les donnes constitutionnelles. L'acte fondateur de la République du Mali ne fait allusion au concept de communauté qu'à deux niveaux : le quatrième alinéa du préambule parle de communauté nationale en interne et l'article 117 évoque la possibilité d'abandon partiel ou total de la souveraineté au profit d'une communauté africaine[56]. Non seulement cette disposition inconstitutionnelle porte atteinte au principe d'indivisibilité de la République, mais encore elle n'est pas en mesure de justifier la défaillance des autorités étatiques.

411. L'inconstitutionnalité de la démission des politiques. – Il convient de rappeler que, l'occupation préalable de certaines villes historiques par des terroristes et narcotrafiquants notoires n'a donné lieu à aucune initiative significative de la part des pouvoirs publics maliens qui ont, paradoxalement, préféré y distinguer un problème principalement occidental. Ils ont considéré l'invasion de la majeure partie du nord du territoire national par AQMI comme une question relevant des États occidentaux qui étaient les cibles originelles de ces attaques. Seul

---

[55] Loi n° 2010-061 du 30 décembre 2010 portant modification de la loi n° 85-40/AN-RM du 26 juillet 1985 relative à la Protection et à la Promotion du Patrimoine culturel national, *JORM* n° 2011-01 du 7 janvier 2011, p. 7.

[56] Décret n° 92-073/P-CTSP du 25 février 1992 portant promulgation de la Constitution, *op. cit.*, p. 117 et 126.

l'irrédentisme touareg relèverait de l'État malien. Ainsi, en s'en remettant entièrement à la rationalité occidentale, les pouvoirs publics maliens ont aboli les acquis des fondateurs, tout en faillant à leurs obligations légales et constitutionnelles. Le préambule de l'acte fondamental de la démocratie malienne précise que : « Le Peuple souverain du Mali, fort de ses traditions de lutte héroïque, engagé à rester fidèle aux idéaux des victimes de la répression et des martyrs tombés sur le champ d'honneur pour l'avènement d'un État de droit et de démocratie pluraliste [...] s'engage à assurer l'amélioration de la qualité de la vie, la protection de l'environnement et du patrimoine culturel » ; alors que l'article 70 place la protection du patrimoine culturel et archéologique dans le domaine de la loi[57]. En fait, cette négligence constitue une violation d'un objectif de valeur constitutionnelle, sans oublier ses avantages sociaux qui restent inestimables. Parallèlement à l'élaboration et la mise en œuvre de la dernière Constitution, des historiens étrangers et engagés qui s'intéressaient à ce passé glorieux ont pu constater que :

> « au Mali [c'est-à-dire dans l'empire du Mali], un développement remarquable attesté par les savants et voyageurs de l'époque avait intégré l'écriture et la civilisation autochtone du savoir et du pouvoir. Aux XIIIe et XIVe siècles, la ville de Tombouctou était plus scolarisée que la plupart des villes analogues en Europe. Scolarisée en arabe, bien entendu, mais parfois on exprimait les langues subsahariennes aussi par l'écriture arabe. Y professaient des savants et des maîtres de l'enseignement supérieur qui étaient si prisés dans le monde de l'intelligentsia – aussi bien de l'Afrique que du monde arabe et de l'Europe – que des disciples traversaient le Sahara pour venir écouter ces maîtres de Tombouctou, de Djenné et de Gao. »[58]

412. Avantages d'une rationalisation de l'histoire nationale. – La légitimité de l'État endogène se consoliderait à travers une nationalisation de ces documents qui quitteraient les patrimoines privés pour celui des personnes publiques. La consécration d'une place de choix dans les programmes scolaires leur accorderait la propagation nécessaire à une rééducation citoyenne. Ces textes pourraient également être traduits dans les langues nationales qui servent habituellement de supports aux commandements officiels en manque d'efficacité. À cela, il faut ajouter l'article 8 du décret du 30 juin 2011 relatif à la révision de la Constitution du 25 février 1992, qui prévoit de remplacer les huitième et neuvième alinéas de l'article 25 par les dispositions suivantes : « Les langues nationales et le français sont les langues d'expression officielle. La loi en fixe les modalités de mise en œuvre. » L'adoption de cette disposition en l'état ferait de notre proposition de traduction et de diffusion des données du commandement officiel une obligation constitutionnelle de l'État et un « droit-réflexe » des

---

[57] *Ibib.*, p. 121.
[58] J. KI-ZERBO, *À quand l'Afrique ? Entretien avec René Holenstein, op. cit.*, p. 25.

citoyens qui pourraient exiger son effectivité par la mise en œuvre de l'article 71 du décret du 30 juin 2011 relatif à la révision de la Constitution du 25 février 1992[59]. En revalorisant et rationalisant leur histoire nationale, les autorités publiques capteraient le mana des « spécialistes » et autres privilégiés du monde de la technique occidentale comme le prévoyait Gilbert SIMONDON avec son concept d'*Encyclopédisme*[60].

413. Justification de notre proposition de rationalisation des sources écrites de l'histoire nationale. – Dans cette quête des meilleurs moyens de renaissance du Malien, nous préférons cette hypothèse de valorisation des documents historiques à celle de la promotion des bibliothèques vivantes. La contradiction manifeste qui existe entre l'oralité et la culture de l'écriture dans la rationalité occidentale ne facilite pas l'instrumentalisation des outils de cette dernière. N'oublions pas que les griots ne sont que des hommes avec tout ce que cela implique en termes de défauts et qualités[61]. De surcroît, l'absence de « cercle herméneutique » solide ne permet pas de dépasser l'intersubjectivité qu'elle entraîne obligatoirement. Le maintien de cette situation en l'état constituerait une mesure perverse semblable aux pratiques de Denys l'Ancien, le tyran de Syracuse, qui mettait les lois promulguées si

---

[59] Décret n° 2011-412/P-RM du 30 juin 2011 relatif à la révision de la Constitution du 25 février 1992, *op. cit.*, p. 1297-1298.

[60] Il rappelle, dans son œuvre *Du mode d'existence des objets techniques*, que « L'*Encyclopédie* aussi manipule et transfère des forces et des puissances ; elle aussi réalise un envoûtement et trace un cercle comme le cercle magique ; seulement, elle n'envoûte pas par le même moyen que celui de l'épreuve dans la connaissance instinctive, et ce n'est pas la même réalité qu'elle met à l'intérieur du cercle du savoir. C'est la société humaine avec ses forces et ses pouvoirs obscurs qui est mise dans le cercle, devenu immense et capable de tout renfermer. Le cercle, c'est réalité objective du livre qui le représente et le constitue. Tout ce qui est figuré dans le livre encyclopédique est au pouvoir de l'individu qui possède un symbole figuré de toutes les activités humaines dans leurs détails les plus secrets. L'*Encyclopédie* réalise une universalité de l'initiation, et par là produit une sorte d'éclatement du sens même de l'initiation ; le secret de l'universel objectivé garde de la notion de secret le sens positif (perfection de la connaissance, familiarité avec le sacré), mais annihile le caractère négatif (obscurité, moyen d'exclusion par le mystère, connaissance réservée à un petit nombre d'hommes). La technique devient mystère exotérique. [...] Une partie du sentiment d'efficacité de la magie primitive est devenue croyance inconditionnelle au progrès. L'objet moderne ou d'allure moderne est revêtu d'un pouvoir d'efficacité presque surnaturelle. Le sentiment du moderne renferme quelque chose de la croyance à un pouvoir illimité et polyvalent d'un objet privilégié. » G. SIMONDON, *Du mode d'existence des objets techniques*, *op. cit.*, p. 94-95.

[61] Selon M. L. TRAORÉ, « La civilisation africaine en est une, malgré ses griots. Ceux-ci ont, en effet, la mémoire plus sélective que celle des historiens occidentaux. Leur savoir, s'il aide à jeter des jalons, ne peut suffire dans la reconstruction du passé africain. Le griot est plus un poète qu'un homme de science ; chaque parole qu'il exprime doit être acceptée par la communauté à laquelle il s'adresse. De sa bouche sort toujours la vérité, car il en est le Maître. Sa vérité est plutôt d'ordre subjectif qu'objectif ; elle est plus proche de la parole du prêtre et du devin que de la vérité du mathématicien. [...] Nous n'avons jamais entendu un griot évoquer les heures tragiques de l'Afrique, les heures des invasions successives, ou bien quand il le fait, c'est pour parler des victoires. De la traite des Noirs, pas un mot ! » M. L. TRAORÉ, *Philosophie et géomancie : vers une philosophie originelle africaine*, *op. cit.*, p. 6.

haut que les citoyens ne pouvaient pas les lire et s'enquérir de leur sens[62]. De même que chez ce despote, les bouts de l'histoire nationale restent inaccessibles aux « apprenants » ordinaires qui cherchent à rétablir leur identité. Finalement, cette dernière évolue dans une sorte de cantonnement informel : être effectivement là sans existence officielle. Cela est préjudiciable pour tous les Maliens parce que ces manuscrits ancestraux forment des points de repère plus adaptés au phénomène d'occidentalisation de cette société. L'intelligentsia de l'État nationalisé pourrait légitimement se servir de l'autorité de ces écrits pour réfuter le dogmatisme des catégorisations hétéronomes tout en demeurant fidèle à elle-même. Cela impliquerait l'effectivité et l'amélioration des prescriptions de l'article 37 de la loi du 30 décembre 2010 portant modification de la loi du 26 juillet 1985 relative à la protection et à la promotion du patrimoine culturel national, qui met la promotion de ces composantes à la charge de l'État. C'est ainsi que ce dernier doit garantir et assurer la promotion du patrimoine culturel par :

> « 1. la création et l'encouragement des musées, de collections de toutes sortes ; 2. la fixation par l'image et le son des traditions culturelles de la nation ; 3. l'organisation des archives écrites, visuelles et sonores ; 4. l'information et l'éducation sous toutes les formes, en particulier par l'insertion des valeurs du patrimoine culturel dans les programmes des établissements, publics et privés, à tous les niveaux ; 5. l'entretien, la conservation et l'enrichissement du patrimoine culturel ; 6. le soutien et l'encouragement des artisans, des artistes, des auteurs et autres créateurs ; 7. des mesures favorisant l'intégration prioritaire des œuvres nationales ou africaines, individuelles ou collectives de toutes sortes dans la vie nationale. »[63]

414. Justification du réengagement de l'État endogène dans le processus de rationalisation de l'histoire nationale. – L'effectivité du respect de ces obligations étatiques réclame, à son tour, une véritable emprise officielle sur l'environnement des connaissances. Cette emprise s'est évaporée avec la transition et l'augmentation incontrôlée des établissements d'enseignement privé qu'elle a entraînée. La prolifération des partis politiques a aussi produit des conséquences identiques à celles des écoles saisies par la logique marchande. C'est dans le but de débanaliser leurs manquements aux obligations d'éducation de la nation que l'article 11 de la loi du 4 mars 2015, portant statut de l'opposition politique en République du Mali[64], a rappelé que les partis politiques ont l'obligation

[62] M. A. MARRAST, La philosophie du droit de Hegel : Essai analytique, Éditions E. MALLET, Paris, 1869, p. 85-86. ; P. AMSELEK, Cheminements philosophiques dans le monde du droit et des règles en général, *op. cit.*, p. 140.

[63] Loi n° 2010-061 du 30 décembre 2010 portant modification de la loi n° 85-40/AN-RM du 26 juillet 1985 relative à la Protection et à la Promotion du Patrimoine culturel national, *op. cit.*, p. 8.

[64] Loi n° 2015-007 du 4 mars 2015 portant statut de l'opposition politique, *op. cit.*, p. 484.

d'œuvrer à l'instauration de la culture démocratique par l'information, la formation et l'éducation des citoyens. La culture politique malienne pourrait avoir une dimension nationale à l'aide d'une appropriation du système éducatif. C'est grâce à des initiatives de cette envergure qu'une *intelligentsia* endogène pourrait émerger. Ce serait certainement elle qui pourrait prendre en charge le projet titanesque imaginé par le professeur Amadou KEÏTA pour qui :

> « Aujourd'hui la tâche qui devrait occuper tous les esprits, c'est la construction d'une doctrine nationale qui aiderait, à son tour, à la construction d'un ordre juridique national à partir des éléments composites mis à jour. Il s'agit aujourd'hui d'étudier le système juridique malien dans ses différentes composantes, afin de mieux appréhender ses fondements, ses tendances et ses contradictions. Ceci, on me rétorquera, est une tâche extrêmement difficile, voire impossible, dans les conditions que nous avons au Mali. J'en conviens bien, mais dans un premier temps, la systématisation de la jurisprudence et sa mise en perspective avec les textes et les coutumes pourraient bien aider à cela [...] Ainsi, c'est grâce à une construction intellectuelle courageuse fondée sur les réalités sociales que les juristes maliens pourront aider le droit national à bien encadrer la société [...] »[65]

La pertinence de cette technique n'est plus à démontrer. Jusqu'à preuve du contraire, des constructions intellectuelles de cette sorte ont été à l'origine de la création des standards et des classifications occidentales, qui ont conduit la République du Mali dans la forme d'impasse logique et politique où elle se trouve. C'est donc à l'aide de la mise en perspective des représentations de l'universel que les Maliens pourront retrouver leur place dans la société internationale.

Conclusion du chapitre second

415. Histoire et technique. – Dans sa conférence sur le principe de raison, l'énigmatique philosophe allemand, Martin HEIDEGGER dévoile ce qui constitue à ses yeux la principale raison de son ralliement à la cause nazie. À travers sa critique de l'ère atomique[66], nous comprenons qu'il a adhéré à cette organisation parce qu'elle défendait, du moins originellement, une conception sociologique de la nation qui échappait *de facto* à l'emprise de la technique moderne. Contrairement à l'extrémisme de l'expérience du troisième Reich, il est juridiquement possible de réconcilier l'histoire nationale malienne avec le monde de la technique. Il suffit, dans le cadre de la transition, de refonder l'outillage étatique sur la rationalité endogène précoloniale qui représente la partie incalculable et inaliénable de la vie publique. Il s'agit, en d'autres termes, de l'unique moyen qui permette de

---

[65] A. KEITA, « Au détour des pratiques foncières à Bancoumana », *op. cit.*, p. 115.
[66] M. HEIDEGGER, *Le principe de raison*, *op. cit.*, p. 255-257.

redonner vie à la part de mystère qu'accompagne la métaphysique de l'autorité démiurgique, l'indomptable du commandement. C'est la raison pour laquelle ce retour symbolique et sélectif aux sources constitue la voie du salut d'un État malien dominé par l'absolutisme du marché occidental et par celui des dogmatismes religieux.

Les citoyens maliens ont besoin que leurs ancêtres soient rétablis dans l'histoire officielle de la famille humaine pour que leur image de la personne humaine, leur masque, soit identifiable et que leurs commandements gagnent en légitimité. Cela couronnerait et donnerait du sens à la nationalisation de la gouvernance à travers la constitutionnalisation de la charte de Kurukan fuga de 1236. Pour ce faire, *l'intelligentsia* locale devrait systématiquement soumettre à l'épreuve de la critique phénoménologique le label d'universalité apposé sur certaines catégories occidentales comme les instruments de mesure du temps ainsi que les outils juridiques de protection des individus. Ce retour aux choses mêmes décoloniserait les esprits et les mécanismes de commandement, tandis que la transition de l'État compléterait la personnalité nationale au sein d'un officiel intériorisé. Cette mise en adéquation de la pensée sur le monde avec l'effectivité de sa *modalité d'être* ferait parallèlement progresser la question du statut et des rôles des minorités nationales et internationales dans la rédaction des nouvelles pages d'une aventure qui impliquera l'intégralité de l'espèce humaine.

L'inefficacité actuelle de l'interprétation hétéronome du principe d'égalité apporte la preuve de son manque de pertinence. Ainsi, en recouvrant leur dignité, les Maliens s'armeront mieux pour affronter le monde de la technique et celui des dogmatismes religieux pendant que l'humanité panse ses plaies. En consacrant un espace privilégié à sa nation atavique et à ses règles, l'État de la transition renouvellera les circuits mentaux des Maliens, qui pourraient enfin tirer profit de leur environnement national. En conséquence, ces derniers quitteraient la place de figurants de leur propre existence – qui leur a été attribuée de manière hétéronome et discriminatoire – pour celle de responsables de leurs destins individuels et collectifs dans une communauté globalisée.

Conclusion du titre second

416. Rappel de la nécessité de l'effectivité de la liberté entéléchique. – Quand ils se sont emparés de leur indépendance nationale, les Maliens clamaient partout *An yan yɛrɛta*[67] ou *An yan ka yere ma hɔrɔnya ta*, ce qui signifie littéralement : nous nous sommes pris en charge nous-mêmes, nous nous sommes autoanoblis. L'actuelle défaillance de l'État de la

[67] J. KI-ZERBO (dir.), *Éduquer ou périr, op. cit.*, p. 116.

transition contraint à tendre à nouveau l'oreille à cet appel, à redonner vie à ce rêve de liberté nourri par les membres de cette nation atavique. Cette émancipation doit se traduire dans les faits, par une appropriation du système de commandement par le peuple. C'est la raison pour laquelle, les fondateurs ont choisi un socialisme d'État considéré comme l'homéomorphe fonctionnel occidentalisé des valeurs constitutives de la société africaine. Les circonstances de l'époque ne leur ont pas permis de libérer la plupart des citoyens, stratégiquement relégués dans l'informel.

417. La reconstruction de l'État-nation : un détour nécessaire. – En tant que réaménagement total du mobilier républicain, ou comme déménagement de l'État sur la *natte* de la nation, la reconstruction de l'État-nation devra corriger cette inégalité handicapante aggravée par la mutation de l'économie de marché en société de marché. Plus concrètement, cette mutation devrait mettre fin à l'aristocratie toute puissante de la technique occidentale. C'est en élargissant de manière significative la protection de la loi à la partie réelle du peuple que les prescriptions de celle-ci deviendraient pertinentes. L'imperméabilité de cette partie du peuple aux instruments officiels de direction des conduites peut s'expliquer par plusieurs motifs liés à leur situation sociale. Ils restent les grands oubliés de l'étatisation malienne, des citoyens de seconde zone classés de manière implicite dans l'informel, parce que visés par des normes inapplicables en raison de leur nature hétéronome. C'est en se mettant aux pas de la majorité malienne que les commandements publics gagneront en efficacité. La récente crise a fait prendre conscience au monde que la viabilité de la République malienne nécessitait de profondes réformes. L'avenir de cette reconstruction de l'État-nation dépendra des capacités de l'entité nouvelle à faire confiance à la nation ancestrale et à ses règles ataviques. Il s'agit là du tribut de la dynamisation de sa démocratie et de l'effectivité de l'État de droit dans la configuration géographique issue des circonstances de l'indépendance nationale.

418. La Fédération, l'autre cheminement. – Le cas échéant, pour qu'il y ait toujours un *compté-pour-un* malien, la refondation de l'État pourrait être encore durable en prenant une forme fédérale conformément aux volontés initiales des architectes de cette République qui n'y ont d'ailleurs jamais renoncé. Pour les contemporains, cela implique une totale désacralisation de cette hypothèse. C'est-à-dire qu'il ne faut pas surestimer les récentes campagnes politiques, qui ne sont que des leurres destinés à détourner l'attention sur la perte d'une partie de la souveraineté territoriale. Les constantes de l'histoire locale permettent de soutenir que l'État-nation peut aussi incarner un véritable danger. Le fédéralisme peut donc apparaître à bien des égards comme une solution conforme aux normes constitutives de l'identité malienne.

TITRE SECOND :

La refondation de l'état fédéral

« *Maa ka maaya ka ca a yere kono* (Les personnes de la personne sont multiples dans la personne) »
Amadou Hampâté BÂ[1]

419. Rappel de quelques contraintes idéologiques. – La personnification de la nation malienne par l'État a conduit à la standardisation d'une forme de confusion dans les consciences. L'incarnation de la souveraineté par l'État-nation a cristallisé l'idée d'universalité dans la seule raison occidentale. Les caractéristiques césariennes de cet archétype idéel ont à leur tour occulté la nature de l'objet technique qu'est l'État moderne. Les contemporains ont majoritairement oublié que la nation moderne a été pensée et inventée – entre autres comme il a déjà été dit – par les monarchomaques protestants[2] dans le but de régler

[1] A. Hampâté BÂ, « La notion de personne en Afrique noire », dans : *La notion de personne en Afrique noire*, Éditions l'Harmattan, « Collection : Colloques internationaux du CNRS n° 544 », Paris, 1993, p. 182.

[2] Selon le professeur J. – P. BRANCOURT, « Cette nouvelle mentalité de la doctrine politique s'accompagne d'une déchristianisation de la vision du monde. Au XVIe siècle, jusqu'à l'apparition des morchomaques et des "*Politiques*", les théories politiques se situent dans un univers chrétien composé d'êtres hiérarchisés. Chasseneux illustre parfaitement cette tradition. Loyseau, Cardin Le Bret, Louis XIV ne font plus à la religion que des références de "style" : l'idée de souveraineté les intéresse bien davantage et la cosmologie chrétienne, si présente au XVIe siècle, a disparu de leurs ouvrages. L'expression "le métier de roi" révèle une laïcisation de la pensée, de la conception de la société, de l'État et de son chef. Au fur et à mesure s'élève l'hypostase de l'État et qu'il se détache de l'ancienne chrétienté, il se coupe, au profit d'un mode de gouvernement purement "rationnel", du monde des intérêts réels et des rapports directs, personnels, qui constituait la substance de la [polis, cité] grecque et de l'État chrétien. Les guerres de religion ont permis et précipité en France un pareil bouleversement auquel tendait, depuis le XVe siècle, une fraction de la doctrine mais que les politiques ne pouvaient espérer en l'absence de circonstances exceptionnelles. [...] Dans le cours du XVIIIe siècle, le langage politique français s'enrichit d'une nouvelle abstraction : la nation. En juillet 1717 dans l'édit sur les princes légitimes, ce mot est pris comme le synonyme exact de celui

des problèmes de commandement semblables à ceux que connaît l'actuelle République du Mali. C'est la raison pour laquelle les autorités de la transition de l'État devraient garder à l'esprit que l'État-nation moderne – c'est-à-dire la manière actuelle de ramener la diversité à l'unité en la *comptant-pour-un* – est né de l'incapacité des mécanismes juridiques traditionnels à capturer la multiplicité des croyances religieuses. Pour aller plus loin que cette équation de l'État-nation, la méthode qui s'impose une fois encore est le pragmatisme.

Si elles admettaient que l'État moderne n'est que le *compté-pour-un*, les autorités politiques qui auront la charge du renouvellement de l'État comprendraient que le succès de cette opération dépend de l'efficacité et de la légitimité du modèle théorique mobilisé. Or, la crise de 2012 a démontré l'inadaptation du processus actuel d'étatisation par rapport aux réalités nationales et sous-régionales. D'une part, les autorités maliennes ont fait la preuve de leurs limites face à la recrudescence de l'irrédentisme touareg[3] ; et d'autre part, les institutions régionales se sont illustrées par leur incapacité à mobiliser les moyens nécessaires à leur sécurisation. Le fait que l'élan d'une solution soit venu de l'ancien colonisateur dénote une absence de maîtrise de l'exception dans ces différents domaines. Cet état de fait ne peut être réduit aux dimensions d'une erreur de trajectoire.

L'ampleur de ces événements oblige l'observateur à prendre de la hauteur pour avoir une vision d'ensemble et un point de vue critique. Nous avons pris conscience dans les pages précédentes que l'État-Léviathan et sa variante malienne doivent être pris pour ce qu'ils sont, c'est-à-dire des artefacts inefficaces qui tirent leur maigre efficacité de la durée, alors que celle-ci devrait provenir de la communauté humaine gouvernée. En conséquence, les promoteurs de la régénération du cadre politique pourront et devront saisir et protéger les diversités concrètes en présence, au lieu de les occulter. Pour ce faire, il leur faudra s'approprier les projets de Fédération des pères de l'indépendance en les refondant. Nous allons tenter d'établir la plausibilité de cette voie du fédéralisme qui, ouverte depuis longtemps, n'a jamais été refermée.

420. Les fédéralismes et la crise. – Bien entendu ce fédéralisme n'est pas et ne sera pas celui auquel sont accoutumés les juristes occidentaux. Il

---

d'État. Louis XV l'utilisa peu, mais les cours de justice le brandirent contre le roi à la longueur de remontrances : elles se prétendaient l'organe de la nation, le représentant de la nation, elles prêtaient hommage à la loi au nom de la nation. Les expressions "vos sujets" ou "vos peuples", utilisées jusque-là dans les remontrances au roi et recouvrant des réalités vivantes, étaient abandonnées au profit d'une entité que l'on opposait au roi. Le simple recours à cette abstraction suggérait l'idée d'un contrat entre le roi et la nation. Louis XVI finit par user de cette terminologie. La révolution était aux portes. » J.-P. BRANCOURT, « Des "estats" à l'État : évolution d'un mot », *op. cit.*, p. 53-54.

[3] cf. P. BOILLEY, *Les Touaregs Kel Adagh : Dépendances et révoltes : du Soudan français au Mali contemporain*, *op. cit.*, p. 409.

s'agit d'une variante adaptée aux réalités maliennes et africaines qui devront faire peau neuve. Pour l'instant, contentons-nous de dessiner à grands traits le projet imaginé. Il est question ici de la création de deux entités fédérales endogènes : l'une dissociative au plan national et l'autre associative au niveau sous-régional. Cette solution peut être considérée, au moins dans un premier temps, comme une réponse appropriée à la crise ouverte par la double aporie de la technique occidentale et de la politisation du religieux. Cette prise de position en faveur de la Fédération paraît être une réponse adaptée aux exigences de la rationalité endogène à des sociétés dont l'histoire récente et lointaine regorgent d'expériences similaires[4]. De manière plus pragmatique – et s'il fallait instaurer une hiérarchie entre les deux formes de Fédérations que nous envisageons –, la finalisation de l'unification régionale et continentale **(Chapitre second)** constituerait la meilleure des options, parce qu'elle permettrait à des entités différenciées de se réunir dans un même bloc sans renouer pour autant avec l'utopie de la Fédération par association des indépendances. Dans ce sens, la constitution des États-Unis d'Afrique occidentale refonderait d'une part le noyau dur indispensable à l'unification du continent. D'autre part, elle donnerait de la suite à l'une des principales motivations de l'émancipation des anciennes colonies, tout en procurant des avantages considérables aux membres de cette famille d'États balkanisés et affaiblis. Cette solution est un aboutissement, mais pas une fin en soi. S'il fallait classer ces propositions en fonction de leur degré d'urgence, la primauté aurait bien entendu été donnée à la Fédération par dissociation, qui consisterait à transformer l'État-nation actuel en un État fédéral **(Chapitre premier).** Ces propositions bousculent beaucoup de dogmes, à commencer par les critères de définition classiques des différentes formes d'États. Ce qui va suivre traduit notre volonté de nous soumettre aux lois de la nécessité imposée par le calendrier de la construction de la paix et non d'une quelconque préférence nationale[5].

---

[4] cf. É. LE ROY, « Le for intérieur, un artefact de la tradition occidentale. Variations anthropologiques sur le tribunal des consciences », *op. cit.*, p. 59.

[5] cf. M. SOW, « Du coq à l'âne. Variations sur le thème de la démocratie par le temps de crise politique », dans : D. KONATÉ (dir.), *Le Mali entre doutes et espoirs : Réflexions sur la Nation à l'épreuve du Nord, op. cit.*, p. 127.

CHAPITRE PREMIER :

La refondation des États-Unis du Mali par la Fédération par dissociation

> « J'entends par [la "parasouveraineté"], une forme de gouvernement dans laquelle les centres sociaux du pouvoir ainsi que des groupes non-étatiques importants se sont accaparé ou s'accaparent d'une part des droits de souveraineté du pouvoir central ou des tâches qui lui sont assignées formellement, et donc juridiquement la plupart du temps, dans le domaine de l'administration étatique. Ce transfert de pouvoir et de tâches n'est pas prévu par la Constitution, ce qui serait le cas sous la forme d'un ordre fédératif. »
>
> Trutz Von TROTHA[1]

421. Récusation de la conception doxique de la Fédération par dissociation. – L'unification des manières d'être d'une société politique par la Fédération dissociative est victime de l'emprise d'une certaine conception de la souveraineté. Comme pour l'État moderne, une forme de fausse certitude réserve encore le label « Fédération » à une seule catégorie juridique : le fédéralisme par association[2]. Selon cette doxa, cette catégorie juridique serait le résultat d'un acte collectif de plusieurs volontés émanant d'entités distinctes qui décident d'abandonner une part de leurs prérogatives en vue de la constitution d'une Fédération. Il suffit de se référer aux écrits du professeur Olivier BEAUD pour prendre la mesure de la réticence générée

[1] T. Von TROTHA, « De l'État à la parasouveraineté. Remarques sur la sociologie du pouvoir dans l'État colonial et post-colonial en Afrique occidentale », Traduction d'I. Von SRACHWITZ, dans : É. et J. Le ROY (dir.), *Un passeur entre les mondes : Le livre des anthropologues du droit, disciples et amis du Recteur Michel Alliot*, *op. cit.*, p. 194.

[2] Il suffit de se référer à la critique du professeur P. AMSELEK pour prendre la teneur de la propension de la doctrine juridique à prétendre que ces idéalités typiques incarnent le vrai droit, le droit orthodoxe. P. AMSELEK, *Cheminements philosophiques dans le monde du droit et des règles en général, op. cit.*, p. 133-134.

parmi les juristes de doctrine à l'égard des autres formes de Fédérations[3]. L'emprise de cette fausse idée claire est également la source de graves craintes chez les profanes. À cause de l'axiome du couple État-nation, les discours autonomistes ne sont pas audibles au Mali. C'est aussi la principale raison de l'occultation de l'évidente divergence entre les rationalités et les fonctions sociales du commandement juridique au Mali et en Occident. Ce sont les raisons pour lesquelles nous sommes convaincu que le salut de l'étatisation malienne découlera du dépassement de ce blocage. Il s'agit de l'une des clefs du succès de la conformation de l'ordonnancement juridique avec les différentes manières d'être du peuple. Nous établirons donc notre proposition de création des États-Unis du Mali par la Fédération par dissociation sur la plus sûre des sources, le fondement de toute légitimité : le peuple malien. Contrairement au modèle constitutionnel français mimé par les autorités de l'État de la transition, le peuple malien est et reste le souverain, car une « révision de la constitution n'est définitive qu'après avoir été approuvée par référendum. »[4] Les corps institués proposent au peuple souverain qui dispose irrévocablement.

422. Errances du mimétisme politique. – Il est pourtant possible d'observer, à la suite de ce qui précède, que les différentes autorités maliennes et leurs conseils n'ont fait que reproduire, parfois avec de légères altérations, le modèle de domination qui leur a été inculqué ou recommandé.

---

[3] Le juriste français précise dans son article « Fédéralisme et souveraineté : Notes pour une théorie constitutionnelle de la Fédération » que sur le rapport entre Fédération et *fédéralisme* : « on s'inspirera d'un auteur anglais, Preston King, pour distinguer, par convention, entre le terme de Fédération et celui de *fédéralisme*. Le fédéralisme est une *idée politique*, alors que la Fédération est une idée transformée en institutions (P. KING, *Federalism and Federation*, London, Croom Helm, 1982, p. 20-21. Par exemple, l'idée d'unification pour l'Europe relevait jadis du fédéralisme, mais il est devenu impossible d'envisager l'Europe comme Fédération depuis qu'elle s'est institutionnalisée après la Seconde Guerre mondiale). La distinction entre Fédération et fédéralisme est donc précieuse pour le juriste ; en effet, la Fédération est similaire à l'État en ce qu'elle repose sur des institutions et qu'elle peut donc faire l'objet d'une étude juridique. Tout comme l'État d'ailleurs, la notion de Fédération est d'origine récente. En effet, si l'idée fédérale conçue de manière intemporelle renvoie à une union entre des unités politiques, sa réalisation historique dans les Temps modernes prend la forme de Fédération, c'est-à-dire d'une *union d'États*, les États étant les unités politiques modernes. » O. BEAUD, « Fédéralisme et souveraineté : Notes pour une théorie constitutionnelle de la Fédération », *RDP*, 1998, p. 85. Il confirmera plus clairement dans sa *Théorie de la Fédération* que : « La Fédération ici envisagée ne recouvre pas les figures fédératives qui correspondent au "fédéralisme par désagrégation", c'est-à-dire les cas où un État unitaire se transforme en État fédéral. C'est une théorie de la Fédération et non pas du Fédéralisme, dit Schönberger, ce qui signifie que notre étude se limitera au cas, selon nous le plus intéressant, d'un fédéralisme "par agrégation" qui désigne le cas où des collectivités décident de s'unir et de s'assembler dans un nouvel ensemble politique – bref, de se fédérer. Un tel choix conduit à écarter de l'enquête une série de phénomènes contemporains comme la fédéralisation de la Belgique, la régionalisation de l'Italie et de l'Espagne. » O. BEAUD, *Théorie de la Fédération*, Éditions PUF, Collection Léviathan, Paris, 2007, p. 32-33.

[4] Décret n° 92-073/P-CTSP du 25 février 1992 portant promulgation de la Constitution, *op. cit.*, p. 126.

Cela s'est traduit en pratique par une infantilisation du peuple par les élites. Il suffit de se reporter aux conditions de l'indépendance, notamment au fait que les lois constitutionnelles de transferts de compétences ont été transposées par de simples lois ordinaires, pour comprendre que la souveraineté était plus nationale que populaire. En plus de contrevenir à l'article 3 de la Constitution de la Ve République française (le régime auquel appartenait le Soudan français avant la fin de la procédure de décolonisation), ce procédé enfreignait les prescriptions de l'article 2 de la Constitution malienne du 22 septembre 1960 (le régime créé à la suite de l'indépendance nationale). En effet, l'Assemblée législative soudanaise a adhéré à la Fédération du Mali avec le Sénégal au moyen de la loi du 7 juin 1960 portant ratification de l'accord de transfert de compétences à la République soudanaise[5]. C'est par la même voie normative que la même institution a, le 22 septembre 1960, donné la désignation de l'ancienne Fédération à la République rebaptisée et libérée de tous les engagements et liens politiques antérieurs[6].

Une trentaine d'années plus tard, les citoyens n'ont plus cautionné le système juridique édifié pour eux et en leur nom, alors que les règles du *jeu* institutionnel étaient censées avoir été adaptées à leur volonté. Cela est toujours vrai aujourd'hui, en pleine période de crise. Bien que la démocratie ait été instaurée en 1992, le peuple est encore tenu à l'écart du processus de négociation et d'exécution des nombreux accords de paix établis des deux côtés et chez les forces rebelles et dans le camp gouvernemental. Cette précarité est également partagée par l'État de droit dont les garants (les pouvoirs judiciaires, et la Cour constitutionnelle) furent mis en marge des pourparlers politiques. Comme dans une sorte d'éternel recommencement, les parties belligérantes maliennes construisent à nouveau, de manière autoritaire et autarcique, la ligne de conduite qu'elles jugent convenable pour l'ensemble des citoyens. Après quoi, elles tenteront d'assimiler au forceps les principaux intéressés. En contradiction directe avec les principes fondamentaux de l'actuelle République, ce *modus operandi* manque de cohérence. Il suscite une nouvelle fuite en avant qui consiste à concevoir des solutions hétéronomes contrôlées par des acteurs externes.

423. Justification de la nature entéléchique de notre postulat cherchant à unifier la *forme* et la *vie* du peuple par l'institution d'une Fédération par dissociation. – Les réponses idoines à cette crise du vivre

[5] Loi n° 60-1 AL-RS portant ratification de l'accord de transfert de compétence, des accords concernant les dispositions transitoires et transfert à la Fédération du Mali des compétences précédemment détenues par la Communauté, *op. cit.*, p. 550.

[6] Loi n° 60-34 AL-RS abrogeant les dispositions de la loi n° 60-1 AL-RS du 17 juin 1960 relative à la ratification et à la rétrocession à la Fédération du Mali des compétences transférées à la République soudanaise par la Communauté en vertu des accords signés le 4 avril 1960 à Paris, *JORM* n° 1960-65 *op. cit.*, p VIII.

ensemble dépendent de la faculté des autorités maliennes à faire confiance en leur peuple, c'est-à-dire en ses capacités à trouver en lui-même les sources de son renouveau. À cet égard, le survol du processus d'édification de la démocratie malienne dévoile une forme de dépendance et de complémentarité *a priori* insoupçonnée entre le Nord et le Sud. Au-delà des considérations politiques et de la persistance de préjugés raciaux, la majorité des citoyens partagent le refus de l'hétéronomie des mécanismes de commandement. Cette désaffection collective est due au fait que cet objet technique dirige les nations grâce à l'aliénation du peuple, c'est-à-dire qu'il rend le citoyen étranger à lui-même et aux autres dans un espace donné. En séparant les choses les plus quotidiennes de l'existence de toute sensibilité, l'État-nation moderne prive les autochtones et les minorités de leur authenticité eidétique et de leurs traditionnels repères symboliques. Cet état de choses a engendré un véritable *air de famille* typiquement malien qui ne se résume pas au simple rejet des institutions occidentales. Il concerne également la volonté d'émancipation endogène qui anime ce lieu de brassage culturel ancestral qu'est le Mali. Il convient de préciser dans le même sens que c'est à la suite de la révolte touarègue de 1990 qui a commencé à Ménaka, que des étudiants du Sud ont pu abattre la dictature militaire en place depuis 1968. Plus récemment, les événements de 2012 ont fait le même trajet en sens inverse. Cette fois, ce sont les mouvements du Nord qui ont profité du désordre – créé par les groupuscules terroristes et le coup d'État de mars 2012 perpétré par les mutins sudistes – pour occuper plus de la moitié de la superficie de l'État et se libérer de l'emprise de la démocratie consensuelle.

A posteriori, il est permis d'affirmer que la volonté de liberté dans la société politique subsiste bien en tant que dessein partagé par tous les Maliens, malgré la manifeste dissemblance dans les parcours et conditions de l'émancipation coloniale selon les régions. Contrairement aux violences ordinaires de l'exploitation de la partie sud, le nord de la République en particulier l'Adagh a bénéficié d'une forme de *modus vivendi* assimilable à un protectorat de la part des Français. Cette particularité historique malienne jointe à l'envie d'affranchissement réclame de l'habileté et de l'inventivité dans le commandement. Ces qualités sont étrangères au système d'État-nation occidental qui a été conçu et qui fonctionne de manière pyramidale[7].

---

[7] E. PISANI et A. B. MISKÉ précisent dans leur Rapport non publié de septembre 1991 remis à A. T. TOURÉ, alors président du CTSP, que : « [...] le problème que pose au Mali l'existence de communautés du désert, nomades, se réclamant d'une histoire et d'une civilisation originales, n'est pas un problème spécifique, il est un problème moderne. Des États-Nations ayant une longue histoire unitaire, des ensembles soumis depuis des générations à des pouvoirs centraux forts connaissant aujourd'hui l'émergence, parfois violente, de revendications identitaires [...] » Ch. O. DIARRAH, *Le défi démocratique au Mali*, *op. cit.*, p. 44-45.

C'est la raison pour laquelle les Maliens refoulent leurs difficultés intestines dans des accords de paix successifs sans effets probants[8].

424. Refonder l'unité de la société politique sur la reconnaissance et la maîtrise des singularités nationales. – Persuadé que les problèmes de légitimité des prescriptions officielles ne se régleront jamais dans l'opacité, nous pensons que le changement des circonstances de fait induit par la crise récente exige une mutation fondamentale : la constitution des États-Unis du Mali. Cet ajustement des mécanismes juridiques viendra consacrer les nombreuses avancées politiques et législatives qui ont déjà eu lieu, tout en dissolvant l'informel institutionnel néfaste à la consolidation de l'accalmie qui se profile. En effet, les violents événements de 2012 dénotent une cristallisation de la crise politique. L'État malien est devenu un instrument d'oppression des citoyens qui ne se reconnaissent plus dans cet artéfact technocratique. Il convient donc de le transformer en un État fédéral qui donnerait de la suite au dessein d'unité du peuple, du but et de la foi dans le sillage des pères fondateurs **(Section 2).** Cela sécuriserait également les acquis sociaux grâce au renforcement du pouvoir juridictionnel. Les juges pourront ainsi desserrer le nœud gordien actuel en faisant contrepoids face à l'emprise du politique en général et de l'exécutif en particulier **(Section 1).**

SECTION 1 :
La fondation de la Fédération sur la pluralité des pratiques et manières d'être

425. La reconnaissance de la pluralité des manières d'être comme profil génétique de la société malienne. – Étant donné que l'empire du Mali, le Soudan français et la Fédération du Mali disposaient déjà d'une multiplicité des pratiques et manières d'être locales, la récente dégradation de l'autorité n'a fait que dévoiler la continuité de cet état de fait dans l'État-nation. Les choix circonstanciels qui ont été faits par l'État malien ont relégué cette richesse culturelle dans l'informel du commandement. Dans

[8] De manière non exhaustive, nous pouvons évoquer :
– *l'Accord sur la cessation des hostilités* signé par le gouvernement de la République du Mali, Mouvement populaire de l'Azaouad (MPA) et le Front islamique arabe (FIA) à Tamanrasset le 6 janvier 1991 ;
– *le Pacte de réconciliation nationale* signé à Bamako le 11 avril 1992 par le gouvernement de la République du Mali et un groupe de coordination des rebelles touaregs ;
– *les Accords de Bourem* du 11 janvier 1995 signés par le Mouvement patriotique Ganda Koi (MPGK) et le Front populaire pour la libération de l'AZAWAD (FPLA) ;
– les *Accords d'Alger* signés par le gouvernement de la République du Mali et l'Alliance démocratique pour le changement (ADC) le 4 juillet 2006 ;
– *l'Accord pour la paix et la réconciliation au Mali* signé à Bamako les 15 mai et 20 juin 2015 par le gouvernement de la République du Mali et les Mouvements signataires de la feuille de route du 24 juillet 2014.

ces conditions, il semble pertinent d'affirmer que la tentative de maintien du *statu quo* par l'État de la transition n'est évidemment pas la meilleure des solutions. Nous ne disons pas qu'il est impossible de conserver les singularités historiques du peuple en les encastrant dans un système étatisé comme le prévoyaient les architectes de la nouvelle rationalité mondiale[9]. Nous soutenons seulement que quand ces singularités populaires se révoltent, il reste peu de marge de manœuvre aux politiques qui en avaient vaguement auparavant.

Depuis l'édition du *Prince* de Machiavel, nous savons qu'il y a principalement trois manières d'administrer les cités ou les principautés qui, avant d'être occupées par une puissance étrangère, vivaient selon leurs propres lois :

> « Quand ces états, qui s'acquièrent comme il est dit, sont accoutumés à vivre selon leurs lois et en liberté, à vouloir les tenir, il y a trois manières – la première, les ruiner ; l'autre, aller y habiter personnellement ; la troisième, les laisser vivre selon leurs lois, en en tirant une pension et en y créant un état de petit nombre, qui te le conservera ami, parce que, cet état étant créé par ce prince, il sait qu'il ne peut durer sans son amitié et sa puissance et doit tout faire pour le maintenir ; et on tient une cité habituée à vivre libre plus facilement par le moyen de ses citoyens que par aucun autre, si on veut la préserver. »[10]

426. Comment transformer cette particularité en un moyen de renforcement de la Fédération par dissociation. – Dans la mesure où la ruine et la colonisation ont montré leurs limites, l'édification d'un État fédéral par dissociation de l'État-nation reste l'unique possibilité de rétablissement de la confiance populaire et de l'autorité de l'État. Cette conformation de l'architecture juridique avec les modalités d'existence du peuple malien permettra de relever les défis qui ont eu raison de l'État-nation de la transition. Ainsi, le fédéralisme étatique en tant que forme de société opposée à l'État-nation facilitera l'intégration du nomadisme **(§1).** En cautionnant la pluralité des dynamiques citoyennes, la Fédération augmentera la légitimité des mécanismes de direction des conduites humaines tout en renforçant la représentativité politique. Cette adaptation des mécanismes étatiques à la vie nomade s'accompagne d'une reconnaissance constitutionnelle et sélective des conventions locales **(§2).** Cette méthode vise à élargir le domaine d'action des outils de

---

[9] cf. N. ROULAND, « L'émergence du droit des minorités et des peuples autochtones dans les conventions et traités internationaux », dans N. ROULAND (dir.), *Le droit à la différence,* Éditions Presses Universitaires d'Aix-Marseille, Aix-en-Provence, 2002, p. 193. ; R. MONACO, « Minorités nationales et protection internationale des droits de l'homme » dans : *Amicorum Discipulorumque Liber. Problème de protection internationale des droits de l'homme, Mélanges René Cassin,* tome I, Éditions Pédone, Paris, 1969, p. 181.

[10] N. MACHIAVEL, *Le Prince,* Traduction, présentation et notes de M. GAILLE-NIKODIMOV, *op. cit.,* p. 74.

commandement officiels, en faisant des minorités et des autochtones les morceaux d'un puzzle uniformisé par la Constitution fédérale et non plus des laissés pour compte de l'officiel[11].

§ 1 : Le renforcement de la démocratie par l'intégration du nomadisme

427. L'indispensable réhabilitation du nomadisme comme mode de vie. – Il s'agira ici d'analyser les caractéristiques du concept de nomadisme dans l'étatisation malienne **(A)** pour, ensuite, comprendre les éventuels avantages que son intégration devrait apporter dans le cadre des États-Unis du Mali **(B)**.

A/ L'incompatibilité conceptuelle entre nomadisme et État-nation

428. Les racines sédentaires de la construction de l'État et du droit modernes. – Au cours de sa « recherche du paradigme perdu du foncier pastoral dans les sociétés sahéliennes », le professeur Étienne LE ROY donne un aperçu de la différence conceptuelle qui existe entre les États-nations modernes et le nomadisme[12]. L'anthropologue du droit français démontre que le renouvellement et l'universalisation des moyens de repérage dans l'espace se sont faits au moyen du bornage et d'élimination des représentations opposées. C'est ainsi que, désormais, seules les surfaces striées serviront de fondations à la *modalité d'être* inédite des sociétés politiques. Selon ces règles récentes, la nation personnifiée repose sur l'existence de sujets étrangers à eux-mêmes et aux autres et sur celle d'un territoire assujetti à la même Constitution. Cette référence indirecte à l'homme et à la terre n'est pas arbitraire, mais découle du fait qu'ils partagent une étymologie commune[13]. Grâce à l'institution du travail et de la propriété, *l'avoir lieu* des populations sur la parcelle de l'État-nation devient évaluable et maîtrisable par le souverain, qui peut ainsi compenser l'absence de fond substantiel de son autorité. L'enquête sociologique de Pierre BOURDIEU sur le marché de la maison individuelle[14] le prouve aisément. Les communautés humaines qui n'entrent pas dans ces moules, comme les

---

[11] O. BEAUD, « La notion d'État », *Archives de philosophie du droit*, t. 35, Éditions Sirey, Paris, 1990, p. 129.

[12] É. LE ROY, « À la recherche d'un paradigme perdu : Le foncier pastoral dans les sociétés sahéliennes », dans : A. BOURGEOT (dir.), *Horizon nomade en Afrique sahélienne : Sociétés, développement et démocratie, op. cit.*, p. 397-411.

[13] A. REY (dir.), *Dictionnaire historique de la langue française, op. cit.*, p. 1034-1035. Il s'agit, notamment, de la racine indoeuropéenne *Ghyom* (terre) qui a donné le *Khthôn,* la terre en grec (la racine du mot autochtone), l'*Humus* et le *Homo* désignant respectivement la terre en latin (la racine d'humble) et l'être humain, né de la terre au sens propre (la racine de l'Homme et du On, le pronom personnel de la troisième personne exprimant l'idée d'animé humain et fonctionnant toujours comme sujet).

[14] P. BOURDIEU, *Sur l'État..., op. cit.*, p. 34-35.

nomades, sont évidemment exclues de cette catégorisation et de cette rationalisation.

429. Conséquences de la sédentarisation. – Cet éclairage donne un aperçu liminaire sur l'inadéquation du maintien de l'État-nation malien. C'est parce que ce concept a été créé par et pour des sédentaires que ses caractéristiques (indivisibilité de la nation et du peuple, intégrité territoriale, etc.) sont incompatibles avec la fluidité de la vie des nomades sahéliens et autres gens du voyage. Par conséquent, choisir cette forme de société c'est opter pour l'assimilation par le développement économique ou l'exclusion pure et simple de toutes les minorités non sédentaires. Les contraintes politico-économiques de l'État de la transition ne permettent pas la dilution des minorités et des autochtones qui bénéficient de la compassion des opinions publiques occidentales. Les Maliens n'ont actuellement d'autre alternative que de reconnaître avec Gilles DELEUZE et Félix GUATTARI[15] que le nomadisme ne constitue pas un stade primitif préalable à l'institutionnalisation du pouvoir politique, mais représente une véritable philosophie de vie échappant à l'appareillage de capture classique des États-nations modernes. Ces derniers auteurs ont démontré, à travers une analyse de l'espace nomade et de ses interactions sur la structuration du commandement, que c'est la conception lisse de l'espace nomade qui justifie l'existence des machines de guerre dans ces sociétés.

430. Le fédéralisme comme moyen de libération de l'homme et de la terre par leur re-encastrement dans le commandement. – À côté de leur dimension théorique, les travaux sociologiques et anthropologiques déjà mentionnés font prendre conscience de l'incompatibilité fondamentale qui subsiste entre le mode d'existence des nomades et la logique de la personnification de la nation par l'État. Les enjeux de l'intégration du nomadisme conduisent forcément à un dépassement de l'État-nation. En réalité, sa consécration produira l'émancipation d'un informel indomptable, l'identification des particularismes communautaires de l'espace juridique, l'*endogénisation* du système de commandement qui renforcera également la démocratie. C'est dans cette perspective que le fédéralisme dissociatif conviendra parfaitement aux problèmes nés de l'étatisation malienne.

B/ Les apports de la consécration du nomadisme dans la Constitution fédérale

431. Présentation des apports normatifs de la réhabilitation du nomadisme. – En tant que libération constitutionnelle maîtrisée de l'espace, notre proposition de création des États-Unis du Mali donnera de la cohérence aux nombreuses concessions tacitement consenties par les Gouvernements

[15] G. DELEUZE, F. GUATTARI, « 1227 – Traité de nomadologie : la machine de guerre », *Capitalisme et schizophrénie : Mille plateaux*, *op. cit.*, p. 434-527.

successifs de l'État de la transition. Pour illustration, il est possible de voir, avec le recul et par analogie, que les dispositions contestables de la loi du 30 décembre 2011 portant Code des personnes et de la famille – dont l'inconventionalité et l'inconstitutionnalité furent démontrées *supra* – ne font qu'abonder dans le sens de la reconnaissance partielle d'institutions semblables aux fractions, les communautés de base chez les nomades rétablies par l'article 60 de la loi du 27 janvier 1995 portant Code des collectivités territoriales en République du Mali[16]. Le législateur de la décentralisation malienne a pris le soin, dans le cadre de l'article 61 de la loi précitée, de faire de la fraction une catégorie juridique intermédiaire entre la commune et les citoyens tout en la privant de la personnalité morale et de l'autonomie financière octroyée à toutes les collectivités décentralisées. L'article 62 du même dispositif[17] a confié aux autorités de tutelle le pouvoir d'entériner la nomination des chefs de fractions et de quartiers préalablement investis par le Conseil de leur communauté. Les citoyens ordinaires des groupements de bases de la décentralisation n'interviennent directement que pour l'élection des conseillers qui ne peuvent que proposer le nom de leur chef au préfet, disposant sur ce point d'un pouvoir souverain d'appréciation. Il est ainsi possible de soutenir que le législateur a simplement cherché à doter le tandem local – réunissant les élus des collectivités décentralisées et les autorités de tutelle – d'une marge d'appréciation favorable à leur prédominance. Au demeurant, ce raisonnement a été confirmé par le gouvernement. Ce dernier a précisé dans l'article l4 de l'arrêté du 4 février 2008 fixant les modalités de création, de fusion et de suppression des villages, fractions et quartiers que : « Le village, la fraction ou le quartier peut être supprimé [...] par décision de l'autorité administrative pour des raisons de sécurité ou d'intérêt général »[18] ; en plus des causes naturelles d'urbicide qui doivent également être constatées par un arrêté du représentant de l'État dans la région.

Même si ces procédés semblent, *a priori*, en contradiction manifeste avec les schémas directeurs de la décentralisation prévus dans l'article 98 de la Constitution (qui privilégie la libre administration des collectivités territoriales par des Conseils élus), ils sont conformes à la prévalence de la sédentarité implicitement contenue dans les articles 5 et 19 du même texte. Cette tendance constitutionnelle a d'ailleurs été confirmée par l'article 181 de la loi du 20 août 2001 portant Code pénal en République du Mali qui interdit le vagabondage. En définissant ce mode de vie de manière ambiguë,

---

[16] « Loi n° 95-034 du 12 avril 1995 portant Code des collectivités territoriales en République du Mali », dans : *Recueil des codes et textes usuels de la République du Mali, Tome 1, op. cit.*, p. 502.

[17] L'équivalent de l'article 4 de *l'arrêté n° 08-0269/MATCL-SG du 4 février 2008* fixant les modalités de nomination des chefs de villages, de fraction et de quartier, *JORM* n° 2009-22 du 13 mars 2009, p. 869.

[18] Arrêté n° 08-0268/MATCL-SG du 4 février 2008 fixant les modalités de création, de fusion et de suppression des Villages, fractions et quartiers, *ibid.*, p. 868.

le législateur facilite la confusion entre vagabondage et nomadisme : « Le travail est un devoir pour tout Malien et pour toute personne résidant sur le territoire national. Les vagabonds ou gens sans aveux sont ceux qui n'ont ni domicile certain, ni moyens de subsistance et qui n'exercent habituellement ni métier ni profession. »[19]

432. L'adaptation des formes du système de commandement à l'environnement : les conséquences territoriales de la Constitution fédérale. – La constitutionnalisation du mode de vie que nous proposons entraînera sans aucun doute une meilleure maîtrise des compétences transférées et renforcera de plus la démocratie et l'État de droit. La structuration des institutions fédérales qu'elle implique consolidera l'efficacité des interventions gouvernementales grâce au renouvellement du cadre de l'existence des hommes qui ne sera plus maintenu à l'aide de tractations politiques.

Sur le plan territorial, elle se traduira par l'adaptation de la cartographie des grands centres urbains qui sont parfois hostiles aux modes de vie non sédentaires. Cela est prouvé par les nombreux contentieux et désagréments liés aux transhumances dans les zones agricoles et citadines. En effet, l'article 33 du décret du 18 novembre 2010 fixant les modalités de la transhumance en République du Mali se contente de préciser que : « Les animaux en transhumance doivent obligatoirement utiliser les pistes pastorales là où elles existent. »[20] Sauf que c'est quand elles sont absentes que les contentieux naissent et se développent.

433. La rationalisation des formes du système de commandement : les implications théoriques de la Constitution fédérale. – Sur le plan théorique, cette consécration soulagera le système de sa schizophrénie perceptible dans l'acharnement de l'État de la transition à préserver les apparences de l'unité nationale. La volonté de reproduction des œuvres des fondateurs de la République a renforcé la banalisation de la délinquance constitutionnelle. Plus précisément, nous visons par là l'occultation de fait de la dimension fédérale de l'État, après la conclusion de l'Accord sur la cessation des hostilités de Tamanrasset du 6 janvier 1991. De manière plus récente, nous pouvons également nous référer aux paradoxes qui existent entre les buts de la Constitution de l'État-nation et le deuxième alinéa de l'article 5 du protocole d'*Accord pour la paix et la réconciliation au Mali* signé à Bamako les 15 mai et 20 juin 2015 par le gouvernement et les Mouvements rebelles. Les parties contractantes y précisent que :

> « L'appellation AZAWAD recouvre une réalité socio-culturelle, mémorielle et symbolique partagée par différentes populations du Nord du Mali, constituant des composantes de la communauté nationale. Une compréhension commune

---

[19] Loi n° 01-079 du 20 août 2001 portant Code pénal en République du Mali, *op. cit.*, p. 2 et 5.

[20] Décret n° 10-602/P-RM du 18 novembre 2010 fixant les modalités de la transhumance en République du Mali, *JORM* n° 2010-50 du 10 décembre 2010, p. 1976.

de cette appellation qui reflète également une réalité humaine, devra constituer la base du consensus nécessaire, dans le respect du caractère unitaire de l'État malien et son intégrité territoriale. »[21]

C'est donc à l'aide d'un subterfuge de langage que les signataires de l'Accord pour la paix et la réconciliation ont incorporé l'AZAWAD – qui avait unilatéralement proclamé son indépendance le 6 avril 2012 – à la communauté nationale et essayé d'accorder cette sécession dans les faits avec le préambule de la Constitution du 25 février 1992[22]. Le pouvoir constituant y déclare tout aussi paradoxalement que : « Le peuple souverain du Mali [...] proclame sa détermination à défendre [...] la diversité culturelle et linguistique de la communauté nationale ». Cet alinéa semble contradictoire avec les principes constitutionnels de l'unité du peuple, de la nation et l'indivisibilité de la République prévus à l'article 25 du même texte. Le principe d'ordre contenu dans le texte constitutionnel semble également incompatible avec la reconnaissance discrète des particularités, comme la légalisation portant officialisation et promotion des langues nationales. Il suffit de se référer à l'article 8 du décret du 30 juin 2011 relatif à la révision de la Constitution du 25 février 1992[23] et aux travaux du professeur Norbert ROULAND sur l'attitude des autorités françaises face à la Charte européenne des langues régionales ou minoritaires[24] pour identifier, par analogie, les apories qui persistent actuellement sur tous ces sujets dans la construction du système juridique malien. Le constituant propose de remplacer le huitième et le neuvième alinéa de l'article 25 de la

---

[21] Accord pour la paix et la réconciliation au Mali signé à Bamako les 15 mai et 20 juin 2015, *op. cit.*, p. 5.

[22] Quand F. SOUDAN et F.-X. FRELAND ont demandé à III. B. KEITA, président de la République malienne, si ces accords ne donnaient-ils pas trop d'importance et de pouvoirs aux régions et à leurs futurs exécutifs, au point que certains parlent déjà de fédéralisme, ce dernier rétorque que c'est : « À tort. Le Mali s'est engagé très fortement, dès l'avènement de la démocratie, en 1992, sur la voie de la décentralisation – car c'est bien cela et seulement cela qu'il convient de poursuivre et de parachever en consacrant la régionalisation. Nous avons beaucoup travaillé là-dessus pour construire les fondations de cette réforme qui, à bien des égards, rappelle par son ampleur historique celle que Jean-Marcel Jeanneney et son équipe ont préparé pour la France à la fin des années 1960. Tout a été étudié, discuté avec les populations, à commencer par la conformité historique, géographique et économique des régions. Je suis convaincu que chemin est le bon [...] » F. SOUDAN, F. – X. FRELAND, « Grand angle : Mali interview d'Ibrahim Boubacar Keïta, chef de l'État », *Jeune Afrique* n° 2866 du 13 au 19 décembre 2015, p. 26-33.

[23] Il y est précisé que : « Le huitième et le neuvième alinéas de l'article 25 de la Constitution sont remplacés par les dispositions suivantes : "Les langues nationales et le français sont les langues d'expression officielle. La loi en fixe les modalités de mise en œuvre". » Décret n° 2011-412/P-RM du 30 juin 2011 relatif à la révision de la Constitution du 25 février 1992, *op. cit.*, p. 1291.

[24] N. ROULAND, « L'émergence du droit des minorités et des peuples autochtones dans les conventions et traités internationaux », *op. cit.*, p. 196-202.

Constitution du 25 février 1992 par les dispositions suivantes : « Les langues nationales et le français sont les langues d'expression officielle. »[25]

434. La restitution de la maîtrise du destin de la société politique au peuple malien. – Subséquemment, cette mutation de l'État-nation exogène en un État fédéral endogène donnera une meilleure suite au projet d'émancipation du peuple malien voulu par les pères fondateurs et le corps constituant de la troisième République. Conformément aux précisions des *Prolégomènes*, les dirigeants traditionnels avaient l'habitude de viser les consciences avant la terre qui n'était souvent pas une possession du prince. Cette dernière était souvent administrée par des autorités d'un autre ordre (notamment des prêtres). Par exemple, la négation de cette particularité nationale qui consiste à donner la primauté du commandement aux hommes a donné lieu à un conflit interethnique qui s'est soldé par la signature des Accords de Bourem du 11 janvier 1995 conclus entre le Mouvement patriotique Ganda Koï (MPGK) et le Front populaire pour la libération de l'AZAWAD (FPLA). Ce conflit reposait sur un problème de partage ancestral de compétences entre les Songhaï Ganda Koï (ce qui signifie littéralement en Songhaï « les maîtres de la terre »), propriétaires coutumiers de la majeure partie du territoire, et les Touaregs nomades de l'AZAWAD, qui revendiquaient le même territoire.

Contrairement aux autorités de l'État de la transition, le jacobinisme des fondateurs était justifié par les circonstances qui leur étaient défavorables sur le plan national et international. Cela explique qu'ils aient choisi la voie du socialisme africain pour atteindre cet objectif ambitieux et populaire. Nous sommes convaincu que notre proposition de conformation des mécanismes officiels de commandement avec les modalités d'existence de la communauté touarègue apportera, dans le sens que les pionniers avaient souhaité, de nouvelles solutions au problème de l'irrédentisme. De plus, conformément aux conventions ayant conduit à l'indépendance, elle ouvrirait la voie à une communauté de droit populaire et maîtrisée. Si tel n'est pas le cas, si ces changements suggérés ne se font pas, les principes constitutionnels donneront toujours lieu à des marchandages semblables à ceux contenus dans l'article 3 du protocole d'*Accord pour la paix et la réconciliation au Mali* signé à Bamako les 15 mai et 20 juin 2015 qui prévoit que : « Les Institutions de l'État malien prendront les dispositions requises pour l'adoption des mesures réglementaires, législatives, voire constitutionnelles nécessaires à la mise en œuvre des dispositions du présent Accord, en consultation étroite avec les Parties et le soutien du Comité de suivi prévu par le présent Accord. » Dans le même sens, les déclamations prononcées lors de la célébration de l'indépendance nationale *An yan yɛrɛta* ou *An yan ka yere ma hɔrɔnya ta*, (ce qui signifie littéralement : nous nous

---

[25] Décret n° 92-073/P-CTSP du 25 février 1992 portant promulgation de la Constitution, *op. cit.*, p. 118.

sommes pris en charge nous-mêmes, nous nous sommes autoanoblis) continueraient de symboliser pour les nomades maliens, et ceux de l'Adagh en particulier, leur abandon à des sédentaires du Sud qu'ils connaissent peu, ainsi que leur soumission à un *jeu* de domination dont les règles leur sont tout aussi étrangères[26].

435. Récapitulatif. – En tant que fondement de la constitutionnalisation des différentes modalités d'existence d'une partie du peuple, l'intégration du nomadisme posera les structures d'une nouvelle gouvernance locale dépassant les simples critères de localisation géographique. Cette édification du fédéralisme étatique renforcera la démocratie malienne en faisant des acteurs locaux la source et le centre de leurs normes. Elle pourrait également garantir l'État de droit en rendant effectives les conventions locales déjà en vigueur dans la pratique institutionnelle.

§ 2 : Le renforcement de la démocratie par la sécurisation des conventions locales

436. L'indispensable revalorisation des conventions locales : leur intégration parmi les mécanismes de commandement. – Dans cette analyse des conventions locales maliennes, nous allons avoir recours à ce que les Bambaras nomment *bɛ́nkan* (le résultat de la mise en accord des voix, ou les paroles convenues)[27]. Tout d'abord, il s'agira d'analyser les spécificités de ce concept largement utilisé dans la gouvernance des collectivités de l'étatisation malienne **(A)**. Ensuite, à travers une étude des accords de paix consentis par le gouvernement et les rebelles, nous tenterons de déduire les possibles avantages de leur consécration constitutionnelle dans les États-Unis du Mali **(B)**.

A/ La précarité des bɛ́nkan (ou conventions locales) dans l'État-nation

437. Présentation des *bɛ́nkan* comme outils endogènes de direction des conduites humaines. – Dans leur quotidien, la majeure partie des Maliens privilégient les *bɛ́nkan* (ou conventions locales) issus du droit traditionnel qui leur est plus familier au détriment de la confrontation directe et de la violence des méthodes étatiques. Il s'agit principalement de normes et techniques appartenant à ce que les Occidentaux nomment les modes alternatifs de règlement des conflits (MARC). Dans la mesure où nous leur

---

[26] cf. P. BOILLEY, *Les Touaregs Kel Adagh : Dépendances et révoltes : du Soudan français au Mali contemporain*, *op. cit.*, p. 348-350.

[27] G. DUMESTRE, *Dictionnaire bambara-français*, *op. cit.*, p. 107. ; M. DJIRÉ, A. K. DICKO, *Les conventions locales face aux enjeux de la décentralisation au Mali*, Éditions Karthala, Paris, 2007. 280 p.

donnons la primauté dans la Fédération projetée, il serait loisible de les replacer dans leur situation fondamentale, notamment en leur retirant ce label réducteur. La justesse d'une telle qualification dépend de la conception du droit qui prévaut et du rôle social attaché aux outils de commandement. Les mécanismes de direction des conduites humaines maliennes sont également conçus pour renforcer la cohésion sociale entre les différentes individualités qui peuplent l'espace de validité de la règle. C'est dans cette logique qu'il est souvent fait appel aux conventions locales. Les autochtones avaient compris dès la période des royaumes et des empires que cette technique de production et d'application du droit était efficace parce qu'elle ne souffrait d'aucun problème de légitimité. L'avènement de l'État-nation a entraîné son métissage, mais non sa disparition. Depuis lors, ces outils endogènes se développent dans un cadre juridique informel. Ce sont les raisons pour lesquelles, cette nouvelle manière de penser la démocratie malienne à travers le consensus de l'ensemble des personnes visées par le dispositif technique ou directif des conduites humaines a handicapé la troisième République[28]. Le flou normatif qui les caractérise dans l'administration des collectivités territoriales décentralisées est significatif en ce sens.

438. Présentation des *bɛ́nkan* : des outils de gouvernance des collectivités territoriales. – Sur le plan de la gouvernance des collectivités territoriales, les actes juridiques qui découlent des concertations populaires portent également le nom bambara de *bɛ́nkan.* Ils sont donc officiellement qualifiés de conventions locales. Il s'agit d'une conséquence de la primauté du droit d'aînesse prévue dans l'article 18 de la charte de Kurukan fuga de 1236 ou le *màndèn sìgìkán* (les paroles fondatrices du Mandé). Cette primauté est l'indispensable règle constitutive de la nation traditionnelle malienne. Nous entendons par droit d'aînesse la prévalence reconnue à l'antériorité de la naissance, critère de prédilection des Maliens dans le choix des outils juridiques. Il reste même de nos jours la source d'autorité et de légitimité partagée par la majeure partie des héritiers de la « civilisation négro-arabo-berbère ». Il représente d'ailleurs l'une des principales motivations du rejet de l'État-nation qui n'a été introduit qu'à la suite de l'indépendance. Cela n'avait pas échappé au colonisateur, qui avait mobilisé d'innovantes solutions en accordant ses propres mécanismes de commandement à cette réalité.

439. La subsomption des *bɛ́nkan* sous les principes de la rationalité occidentale par l'administration coloniale. – Durant l'ère coloniale, les administrateurs ont trouvé le moyen de concilier l'effectivité des *bɛ́nkan* avec l'officialisation du droit occidental grâce à la dualité des statuts. Hormis les violences et les insécurités dues aux excès de certains allochtones, cette

[28] M. KÉITA, A. DAKOUO (dir.), *Gouvernance participative et pratiques démocratiques au Mali*, Éditions l'Harmattan, Paris, 2013, p. 154-155.

technique de différenciation offrait de la clarté aux justiciables et une plus grande maîtrise de l'exception par l'occupant qui faisait primer son droit dans les domaines concernant l'exercice de sa domination. En permettant aux autochtones de régler leurs contentieux mineurs par leurs propres mécanismes juridiques, les autorités administratives s'attribuaient un rôle confortable d'arbitre. Nonobstant l'instauration de l'unification politique des outillages normatifs par la Constitution de la quatrième République française, les pouvoirs publics maliens ont conservé cet héritage colonial. Sauf que cette fois, les conventions locales n'étaient plus à la marge de la légalité. Il s'agissait, pour la bureaucratie du Soudan français, d'une solution préalable à la transformation du *statu quo* en *modus vivendi.* L'octroi aux *bɛ̃nkan* d'un statut juridique constituait une étape préalable à l'assimilation des autochtones et de leurs responsables. Le mimétisme de cette stratégie a produit des effets pervers dans l'étatisation postcoloniale.

440. L'étrange *statu quo ante* des autorités de la République du Mali. – En effet, les citoyens du jeune État malien se sont distingués dans le choix des méthodes employées pour gérer le nord de leur pays après la rébellion de l'Adagh de 1963-1964. Comme l'a démontré Trutz Von TROTHA, la méfiance du gouvernement socialiste de l'époque a favorisé l'émergence de la parasouveraineté de la chefferie traditionnelle[29]. C'est malheureusement dans les mêmes conditions que les autorités de la transition ont transféré leurs problèmes aux collectivités territoriales impotentes et fraîchement créées. Il suffit de se référer à la traduction officielle de la décentralisation par *mara sékin so* (le retour de l'administration à la maison)[30] pour saisir toute l'ambiguïté de cette opération de délocalisation des problèmes politiques. Comme l'expliquent le professeur Moussa DJIRÉ et monsieur Abdel Kader DICKO dans leur ouvrage *Les conventions locales face aux enjeux de la décentralisation au Mali*, les architectes de la décentralisation n'ont pas réglé la question du statut de ces conventions locales[31]. C'est cette forme d'institutionnalisation de l'occultation qui a donné naissance à ce que le professeur Pierre BOILEY a qualifié de « zones grises »[32]. Il s'agit de villes entières échappant au

---

[29] T. Von TROTHA, « De l'État à la parasouveraineté. Remarques sur la sociologie du pouvoir dans l'État colonial et post-colonial en Afrique occidentale », *op. cit.*, p. 202-203.

[30] M. DJIRÉ, « Un peuple, un but, une foi... mais plusieurs droits ? Dynamiques locales et sécurisation foncière dans un contexte de décentralisation à Sanankoroba », *op. cit.*, p. 70.

[31] M. DJIRÉ, A. K. DICKO, *Les conventions locales face aux enjeux de la décentralisation au Mali, op. cit.*, p. 124-137.

[32] P. BOILLEY, « Géopolitique africaine et rébellions touarègues. Approches locales, approches globales (1960-2011) », *L'Année du Maghreb*, VII, 2011, p. 151-162. Selon le professeur français : « L'absence d'État, les sursauts récurrents de rébellions mineurs, le jeu des intérêts des acteurs locaux firent des régions sahariennes du Sahel ce qu'on appela vite des "zones grises", qui permirent d'une part l'accroissement des trafics en tout genre, tout particulièrement ceux de drogues dures, et d'autre part l'installation de mouvements islamistes armés en provenance d'Algérie. [...] Le matériel militaire d'État fut aussi utilisé par les officiers intégrés pour créer des

contrôle des nouvelles collectivités territoriales et à la plupart des dispositifs du gouvernement national. La reproduction du pouvoir s'y effectue à l'aide de conventions locales endogènes et juridiquement précaires. Contrairement à la traduction officielle, la décentralisation n'était pas une relocalisation, car les chefs coutumiers n'étaient plus l'unique support de la légitimité politique. L'autorité dont ils avaient été privés n'était pas revenue dans l'escarcelle de leur famille ou de leur clan. Elle s'était métissée. Elle était dorénavant multiple et complexe. La nature démocratique et transactionnelle de ces *bɛ́nkan* contrevient souvent aux dispositions officielles avec lesquelles elles coexistent. Ce pluralisme juridique non contrôlé a donné lieu au développement d'un *forum shopping* nuisible à la bonne direction des collectivités décentralisées[33].

441. L'inefficacité des acquis endogènes de la République du Mali. – L'efficacité de ces acquis est neutralisée par l'imprécision juridique qui l'entoure et l'absence de maîtrise qu'ils entraînent. Cette situation a, en quelque sorte, dévoyé la culture du compromis inscrite dans le profil génétique malien. Telles sont les raisons pour lesquelles, cette proposition de dissociation de l'État-nation sécurisera les conventions locales qui pourront servir d'assises aux Constitutions des États fédérés nouvellement créés.

B/ Les apports de la consécration des conventions locales dans la Constitution de l'État fédéral

442. L'intériorisation des mécanismes de contrôle de la crise du Nord par la constitutionnalisation des *bɛ́nkan*. – Comme les collectivités locales, le gouvernement malien conclut des accords symboliques et sans grande valeur juridique chaque fois qu'il est dépassé par une crise. Il reproduit à l'identique les conventions locales de gouvernance dévoyées de l'État de la transition. Ni ses actes consentis ni ses cocontractants ne sont dotés d'une légitimité officielle et démocratique. Leurs statuts juridiques se trouvent dans la même situation. Ce sont les raisons pour lesquelles, il paraît impossible de se prononcer avec certitude sur la valeur juridique des conventions conclues entre l'exécutif et les nombreux groupes rebelles. Les

---

milices servant tout autant pour les conflits internes que pour les trafics, créant un climat social délétère et un peu plus d'insécurité dans la mesure où il est plus rentable de se servir des armes pour sécuriser un transport de drogue que de "prendre la montagne" en espérant un hypothétique dividende de cette action. Plus gravement, des mesures persistantes accusent des personnes haut placées au Mali et au Niger, mais aussi les réseaux algériens constitués, y compris institutionnels (tels que la toute puissante Sécurité militaire devenue en 1990 Département de renseignement et de sécurité – DRS), d'être impliqués dans ce trafic, donnant tout son intérêt à ce que la zone reste "grise", incontrôlée et de plus en plus vide de forces officielles de maintien de l'ordre, dans le plus grand intérêt de l'Algérie. »

[33] O. AG MOHAMEDOUN, « La fixation des populations tamacheq nomades sur les terres agro-pastorales : Cas du site d'Erin-Tedjeft », dans : G. HESSELING, M. DJIRÉ, B. M. OOMEN, *Le droit en Afrique : Expériences locales et droit étatique au Mali*, *op. cit.*, p. 279.

vices de forme et de fond qu'elles comportent compromettent leur qualification et leur appréhension par le droit étatique. La propagation des problèmes des pactes locaux à cette échelle affecte le cœur du système de commandement et dénote l'absence de contrôle de l'exception. Le plus souvent, la garantie de leur mise en œuvre est laissée à la communauté internationale. Or, l'efficacité de cette dernière est conditionnée à la conformité des objectifs de l'accord avec ses intérêts stratégiques. Il suffit d'examiner la virulente tribune d'Ahmed Baba MISKÉ, l'un des médiateurs internationaux de la crise de 1990, parue dans *Le Monde* du 24 août 1994[34] pour en prendre la mesure. Ce dernier a alerté l'opinion publique à propos de l'inaction de la communauté internationale qu'il accusait ouvertement de non-assistance à paix en danger. Deux décennies plus tard, c'est pourtant cette même communauté internationale que l'article 54 a chargé de la mise en œuvre scrupuleuse du protocole d'*Accord pour la paix et la réconciliation au Mali* des 15 mai et 20 juin 2015. Cette erreur d'appréciation de l'exécutif malien est évidemment préjudiciable à la pérennité de l'État. C'est encore vrai pour un pays qui avait déjà été abandonné à sa naissance par cette même communauté internationale, qui la maintient en vie actuellement. Les conditions du démantèlement de la Fédération éphémère qui unifiait le Soudan français et le Sénégal en 1960 constituent une illustration historique de la dangerosité de ces méthodes hétéronomes[35]. Dans la mesure où le MNLA s'adonne à un double jeu[36], le système constitutionnel malien ne dispose d'aucune garantie susceptible de le préserver d'une dislocation effective. L'État-nation n'incarne encore le *compté-pour-un* que grâce au soutien incertain apporté par les autorités de la rationalité universelle.

443. Le fonctionnement des mécanismes de maîtrise de l'exception issus de la constitutionnalisation des *bɛ́nkan*. – La consécration de ces accords dans la Constitution fédérale devrait donc s'attacher à la dissolution de cette hétéronomie fatale. Cette consécration constitutionnelle sécurisera les *bɛ́nkan,* qui cesseront d'apparaître comme une banalisation de l'informel. Les populations des régions concernées pourront ainsi se prononcer librement sur les normes dont elles souhaiteraient se doter dans une égalité

---

[34] A. B. MISKÉ, « La paix en danger au Mali », *Le Monde*, 24 août 1994, p. 6.

[35] A. GANDOLFI, « Naissance et mort sur le plan international d'un État éphémère : la Fédération du Mali », *op. cit.*, p. 896-906.

[36] Quand le journaliste F. SOUDAN a demandé au président de la République I. B. KEITA qu'était advenu de sa promesse de rétablissement de la légalité républicaine à Kidal, il a dénoncé la duplicité du MNLA en affirmant que : « Au moment où nous parlions réconciliation et décentralisation, voilà que Bilal AG Acherif, le secrétaire général du MNLA, se rend à Moscou à la mi-mars pour y demander des armes et des instructeurs russes, en échange d'un accès privilégié au sous-sol de la région une fois l'autonomie ou l'indépendance obtenue. [...] Ces gens ont été reçus par le vice-ministre russe des Affaires étrangères, Mikhaïl Bogdanov. J'ai eu le compte rendu des entretiens par la partie russe elle-même, qui a eu la courtoisie de m'en informer. » F. SOUDAN, « interview d'Ibrahim Boubacar KEITA », *Jeune Afrique* n° 2783 du 11 au 17 mai 2014, p. 31.

parfaite. Cette implication populaire responsabilisera les Gouvernements des États fédérés, qui devront désormais rendre des comptes dans un cadre constitutionnel maîtrisé au niveau fédéral. Au-delà de cette responsabilité politique des Gouvernements locaux vis-à-vis des citoyens, les autorités judiciaires de l'État fédéral pourront procéder aux arbitrages nécessaires au maintien de la société politique en garantissant l'effectivité de la Constitution fédérale. La démocratie et l'État de droit s'en trouveront renforcés. L'adaptation des mécanismes de commandement aux particularités locales qu'implique l'institution des États-Unis du Mali restituera aux deux niveaux étatiques l'autorité et la légitimité qui leur manquent présentement.

Par ailleurs, la délégation de compétences et le dédoublement administratif qu'entraînerait l'établissement des États-Unis du Mali pourraient apporter une solution pérenne à l'épineux problème des clauses de préférence locale consenties par le gouvernement au nom de l'État. Le hiatus entre ces dispositifs discriminatoires et le principe d'égalité prévu par l'article 2 de la Constitution sera comblé de ce fait. Le constituant de la troisième République précise dans cette disposition que : « Tous les Maliens naissent et demeurent libres et égaux en droits et en devoirs. Toute discrimination sur l'origine sociale, la couleur, la langue, la race, le sexe, la religion et l'opinion politique est prohibée. » La clarté de cette prescription fondamentale n'a, pourtant, pas empêché les Gouvernements successifs d'incorporer les anciens rebelles dans la fonction publique militaire et civile, tout en s'appuyant sur le seul motif de leur appartenance à ces mouvements de révolte. Il suffit, pour bien le percevoir, de se référer aux précisions données par monsieur Cheick Oumar DIARRAH à propos de l'opération d'incorporation prévue dans l'article 8 des Accords de Tamanrasset du 6 janvier 1991 et le Pacte national de Bamako du 11 avril 1992. Cet ancien acteur de la transition précise que l'application de ces dispositions inconstitutionnelles a :

> « permis d'intégrer, dans une première phase, six-cent quarante combattants des MFUA [Mouvements et fronts unifiés de l'AZAWAD] au sein de l'armée de Terre avec les grades suivants : un commandant, sept capitaines, huit lieutenants, six sous-lieutenants, sept adjudants-chefs, soixante caporaux et quatre cent vingt-quatre soldats. Lors des rencontres d'avril et de mai 1994 en Algérie, destinée à permettre l'évaluation de l'application du Pacte National, il a été convenu entre les deux parties que l'opération d'intégration prendrait fin par l'incorporation définitive dans les corps en uniforme de l'État de 1250 combattants supplémentaires en 1994 et de 250 autres à partir de janvier 1995. Mais cette deuxième phase d'intégration a été retardée à cause de la détérioration de la situation enregistrée dans le nord du pays à la fin du premier semestre 1994. [...] Au cours de la rencontre d'Alger (du 10 au 15 mai 1994), les deux parties ont convenu du principe de l'intégration de 150 cadres des MFUA dans la fonction publique en 1994 et de 30 autres en 1995. Cependant, ce principe n'a pu être concrétisé à cause des dérapages

> enregistrés au cours du premier semestre 1994. Cependant, des cadres des MFUA ont été nommés conseillers techniques auprès des ministres directement impliqués dans la mise en œuvre du Pacte National et auprès des gouverneurs des trois régions du Nord. »[37]

Plus récemment, le gouvernement a pris à son compte les erreurs commises par les garants de la mise en œuvre du Pacte national, dans le protocole d'*Accord pour la paix et la réconciliation au Mali* approuvé à Bamako les 15 mai et 20 juin 2015[38]. Il s'est effectivement engagé à cette occasion, dans le troisième alinéa de l'article 16, au nom de l'État à « favoriser le recrutement dans la fonction publique des collectivités territoriales, dont les effectifs seront majoritairement réservés aux ressortissants des régions du Nord ». Comme ses prédécesseurs, il s'est contraint (dans l'article 22) à y inclure un nombre significatif de personnes originaires des régions nord y compris dans le commandement afin d'y conforter le retour de la confiance et de faciliter la sécurisation.

444. La sécurisation des populations locales. – Dans les circonstances actuelles, le fédéralisme par dissociation demeure l'unique moyen de garantir la crédibilité et l'efficacité des conventions locales et gouvernementales ; ainsi que la sécurité des populations civiles, qui restent les premières victimes des troubles. D'une part, l'unité et l'autorité du concept de peuple malien obligeront les mouvements de la rébellion à se doter d'une légitimité locale qui les responsabilisera. D'autre part, l'effectivité du contrôle des entités fédérales conjurera les conséquences désastreuses de cette technique de construction de la paix à l'aide de primes à la révolte[39].

445. Récapitulatif. – Ainsi, la Fédération par dissociation peut être un vecteur d'unification populaire en ce qu'elle assemble la diversité des manières d'être. Grâce à l'habileté du commandement, il est parfaitement possible de donner du sens et même de renforcer la légitimité du *compté-pour-un*.

---

[37] Ch. O. DIARRAH, *Le défi démocratique au Mali, op. cit.*, p. 59-60.

[38] Accord pour la paix et la réconciliation au Mali signé à Bamako les 15 mai et 20 juin 2015, *op. cit.*, p. 9-10.

[39] Ch. O. DIARRAH, *Le défi démocratique au Mali, op. cit.*, p. 59-60. L'auteur malien explique que l'inefficacité de ces mesures a été prouvée par l'attitude des deux parties (une partie de l'armée régulière et les MFUA).

SECTION 2 :
La fondation de la Fédération sur une bonne stratégie de dissociation

446. Le caractère approximatif des conceptions traditionnelles de la souveraineté. – À l'heure des démocraties modernes, la souveraineté relève davantage de la possession de compétences hégémoniques dévolues par le peuple constituant et de la maîtrise de l'exception. En raison de cette inversion de sens, elle n'incarne plus une quelconque unité ontologique, mais relève du *compté-pour-un* normatif. Cette nouvelle conception de la souveraineté est une donnée indéniable de nos jours, même si certains juristes dogmatiques s'accrochent à l'ancienne architecture. Nous songeons en particulier aux travaux du professeur Olivier BEAUD précités et à la *Théorie réaliste de l'interprétation* du professeur Michel TROPER[40]. Cette dernière doctrine localise la souveraineté et le pouvoir de décision chez les seuls interprètes authentiques de la Constitution. Cela semble difficilement conciliable avec la prescription du deuxième alinéa de l'article 118 précité de la Constitution malienne. La souveraineté du peuple malien n'est pas une solution compromissoire ou une erreur d'inattention du constituant. Il s'agit d'une véritable norme constitutive de la République. C'est un garde-fou mis en place par le constituant pour empêcher l'accaparement de l'autorité souveraine par les corps institués, comme ce fut le cas des deux premières Républiques devenues dictatoriales par ce biais. Conformément à cet éclairage sur les nouvelles sources du gouvernement des sociétés politiques, la souveraineté paraît parfaitement adaptable à la Fédération par désagrégation de l'État-nation. En toute hypothèse, la question de la pertinence d'une institution juridique dépend plus de son agencement que nous le croyons généralement. En l'espèce, l'architecture technique peut devenir un gage d'efficacité de l'exercice de la souveraineté si elle permet au système fédéral envisagé de pacifier le cadre étatique tout en le préservant à l'aide d'une application correcte des normes constitutionnelles. Par conséquent, la séparation des pouvoirs et la synarchie, par exemple, pourraient satisfaire cette visée en conciliant plus facilement la volonté populaire avec la pluralité des méthodes de gouvernance des affaires publiques.

447. La méthode : renforcement de l'unité fédérale par la stratégie de dissociation. – Le constituant des États-Unis du Mali pourrait donc établir et renforcer l'union à travers la consécration d'une autonomie constitutionnelle maîtrisée **(§2).** Il s'agirait dans ce cadre de renforcer le

[40] M. TROPER, « Une théorie réaliste de l'interprétation », *op. cit.*, p. 64.

pouvoir des juridictions fédérales et de contrôler l'exception grâce à un partage judicieux des compétences institutionnelles. Les autorités juridictionnelles s'en trouveraient revalorisées et pourraient ainsi se libérer de la marginalité dans laquelle l'État-nation les a confinées. Elles pourraient notamment jouer pleinement leur rôle de consolidation du lien social et de maîtrise de l'exception fédérale. L'accompagnement de cette dernière par la création d'une chambre législative haute **(§1)**, qui représenterait les *formes de vie* autres qu'humaines, renforcerait l'unité du peuple malien en légitimant et en dépassant l'ensemble des institutions nationales à la Constitution.

§ 1 : La création d'une seconde chambre législative

448. Le renforcement de la légitimité des outils de commandement par l'amélioration de la représentativité. – En sa qualité d'objet technique encadrant la vie des sociétés politiques souveraines, la réussite de l'État dépend de la légitimité que ces dernières accordent aux commandements émis par ses soins. Plus les sociétés politiques sont intimement unies à leurs méthodes d'existence, plus les outils de direction des conduites humaines sont efficaces. Il est par conséquent indispensable pour les différentes sensibilités du peuple malien de se rencontrer et de raconter des histoires pour que l'individualisme occidental puisse se réconcilier avec une forme de représentation politique plus en adéquation avec le quotidien de la majeure partie des citoyens. Ces derniers auraient ainsi l'impression de peser dans la programmation de leur destinée.

La création d'une seconde chambre législative jouera ce rôle en réunissant le Haut conseil des collectivités et le Conseil économique, social et culturel **(B)**, qui agirait au nom de toutes les personnes autres que physiques. Seulement, pour bien prendre la mesure de cette proposition, il convient de procéder à une analyse critique de la situation actuelle du Haut conseil des collectivités, pourtant pressenti par le pouvoir constituant dérivé pour devenir le Sénat malien **(A)**.

A/ L'inadéquation de l'actuelle situation du Haut conseil des collectivités

449. Le Haut conseil des collectivités : la mauvaise allégorie du progrès démocratique. – Conformément aux recommandations de la Conférence nationale de 1991 et compte tenu des circonstances, le constituant de la troisième République était censé innover en créant le Haut conseil des collectivités. Il n'en fut rien, à cause des difficultés liées à son état civil et à sa fonction institutionnelle.

450. Les quiproquos de la décentralisation malienne. – Les contraintes de la réviviscence malienne ont déteint sur cette institution et ont cristallisé les équivoques de la décentralisation et de la démocratisation. Comme un mauvais présage, tout commence dès l'acte de naissance. Le deuxième alinéa de l'article 25 de la Constitution le cite parmi les institutions républicaines en ajoutant le qualificatif de « territoriales » (HCCT), tandis que les sept articles du titre XII, qui lui sont spécialement consacrés, évoquent le Haut conseil des collectivités (HCC). En effet, selon l'article 99 de la Constitution par exemple :

> « Le Haut Conseil des Collectivités a pour mission d'étudier et de donner un avis motivé sur toute politique de développement local et régional.
> Il peut faire des propositions au gouvernement pour toute question concernant la protection de l'environnement et l'amélioration de la qualité de la vie des citoyens à l'intérieur des collectivités.
> Le gouvernement est tenu de déposer un projet de loi conforme dans les quinze jours de sa saisie sur le bureau de l'Assemblée Nationale.
> Le gouvernement est tenu de saisir pour avis le Haut Conseil des Collectivités pour toutes actions concernant les domaines cités dans le présent article. »[41]

Ce n'est qu'à partir de l'arrêt du 2 avril 2004 de la Cour constitutionnelle que ce problème d'état civil sera résolu. Les Sages maliens ont déclaré à cette occasion non conforme à la Constitution l'adjonction du qualificatif de « territoriales », faite par les Conseillers nationaux au moment de la première relecture du règlement intérieur du Haut conseil des collectivités.

451. La nature aporétique de l'institution du Haut conseil des collectivités. – Cette jeune institution souffre d'insuffisance. De fait, elle n'est devenue fonctionnelle qu'à partir de 2002, soit une décennie après l'avènement de la troisième République et la décentralisation qu'elle a entraînée. La loi organique fixant le nombre des Conseillers nationaux, leurs indemnités, les conditions d'éligibilité, le régime des inéligibilités et des incompatibilités ainsi que les conditions de leur remplacement, indispensable à sa mise en activité, n'a quant à elle été adoptée que le 24 avril 2001[42].

Pris isolément, le Haut conseil des collectivités n'a pas de prérogatives souveraines institutionnellement pertinentes, il n'est qu'un doublon du Conseil économique, social et culturel. Il ne peut que donner des avis motivés au gouvernement dans les domaines prévus à l'article 99 précité. C'est ce dernier qui doit jouer les intermédiaires en déposant le projet de loi conforme sur le bureau de l'Assemblée nationale qui peut complètement réécrire le projet en l'amendant. De plus, selon l'arrêt du 2 avril 2004 de la

---

[41] Décret n° 92-073/P-CTSP du 25 février 1992 portant promulgation de la Constitution, *op. cit.*, p. 125.

[42] Loi n° 01-006 du 24 avril 2001 portant loi organique fixant le nombre des conseillers nationaux, leurs indemnités, les conditions d'éligibilité, le régime des inéligibilités et des incompatibilités, ainsi que les conditions de leur remplacement, *JORM* n° 2001-14 du 20 mai 2001, p. 523 et s.

Cour constitutionnelle, le Haut conseil des collectivités n'a pas de véritable pouvoir de représentation des collectivités territoriales, car il n'a pas de pouvoir législatif, malgré l'étrange formulation de l'article 105 de la Constitution[43]. En effet, comme l'explique le professeur Éloi DIARRA :

> « De façon plus générale [et conformément à l'article 105 de la Constitution] le président de l'Assemblée nationale et le président du haut Conseil peuvent provoquer une session commune des députés et des conseillers nationaux. Cette virtualité pose un problème : celui de la nature des textes qui auront été délibérés et adoptés. S'agit-il de lois ? On pourrait le déduire puisque l'une des composantes a compétence pour élaborer la loi. Mais dans ce cas, pourquoi une session commune ? Si la Constitution a éprouvé le besoin de prévoir cette possibilité, c'était pour que ces actes particuliers puissent en résulter. Mais alors, attribuer à ces actes la qualité de lois, c'est ériger indirectement le haut Conseil en organe législatif. Ce qui est contraire à la lettre du texte constitutionnel. On s'aperçoit ainsi que le constituant malien n'a pas été jusqu'au bout de sa logique et que la situation actuelle est en fait bancale. Il aurait été plus simple d'ériger une vraie chambre représentative des collectivités locales avec compétence législative, d'autant plus qu'en l'état actuel, cela crée en fait deux instances consultatives. Ce qui peut être paralysant pour l'action. »[44]

C'est très certainement fort de toutes ces considérations que le pouvoir constituant dérivé a envisagé la transformation du Haut conseil des collectivités en seconde chambre du Parlement dans le décret du 30 juin 2011 relatif à la révision de la Constitution du 25 février 1992[45].

B/ Présentation et démonstration de la pertinence de notre proposition de solution

452. Spécificités de notre proposition d'aménagement institutionnel. – Il s'agira de mener le raisonnement du pouvoir constituant dérivé à son terme en créant une chambre législative haute qui fusionnerait le Haut conseil des collectivités et le Conseil économique, social et culturel. Cette nouvelle chambre parlementaire représenterait les entités non citoyennes, c'est-à-dire les collectivités territoriales converties en États fédérés, les représentants des Maliens de l'extérieur, les corporations professionnelles et culturelles ; en quelques mots, tous les éléments dynamiques de la société civile. Ainsi le Parlement sera composé d'une part par une Assemblée nationale rassemblant des députés élus au suffrage universel direct par des personnes physiques de nationalité malienne ; et d'autre part, une chambre haute réunissant des sénateurs élus au suffrage

[43] Décret n° 92-073/P-CTSP du 25 février 1992 portant promulgation de la Constitution, *op. cit.*, p. 125.

[44] É. DIARRA, « Constitution et État de droit au Mali », *op. cit.*, p. 277.

[45] Décret n° 2011-412/P-RM du 30 juin 2011 relatif à la révision de la Constitution du 25 février 1992, *op. cit.*, p. 1291 et s.

universel indirect, représentant toutes les personnes morales des États-Unis du Mali. Cela renforcerait l'unité de la Fédération tout en dynamisant un parlementarisme davantage familier aux citoyens et aux cultures constitutives de cette société.

La présentation des apports de cette proposition peut être divisée en deux grandes catégories qui sont d'ordinaire associées : la théorie et la pratique institutionnelle.

453. Apports théoriques. – Sur le plan théorique, cette proposition de constitution du Sénat permettrait de combler la faille de la représentation politique qui renforce l'hétéronomie des mécanismes de commandement. Elle pourrait également écarter la fausse idée reçue de l'incompatibilité matérielle entre la Fédération et l'État-nation.

454. Représenter politiquement la plus significative des manières d'être maliennes. – Dans une première perspective, l'institution de cette seconde chambre conformerait la forme de la représentation politique à la conception endogène, les modalités d'être du peuple indiquées dans la Charte du Mandé. Contrairement à l'individualisme de la démocratie occidentale qui s'exprime principalement dans des isoloirs, la conception malienne de l'organisation de la société est communautaire. Pour la partie traditionnelle du peuple malien, les manifestations d'un individu ne sont prévisibles et valides que lorsqu'elles sont classées dans une catégorie préétablie et connue de tous. D'une part, en ce qui concerne la démonstration de la nature fondamentale de ces catégorisations sociales, une référence aux mécanismes de « l'éducation originelle » africaine de Joseph KI-ZERBO[46] suffit pour le comprendre. D'autre part, un renvoi aux difficultés découlant de la multiplicité des *statuts* de certains protagonistes de la crise du nord du pays[47] permet aussi de prendre la mesure des inconvénients causés par l'utilisation de cette forme de rationalité par le gouvernement. De nos jours, des différences conceptuelles privent ces principales normes constitutives de l'identité et de la légitimité qui devraient leur revenir, en cas d'adoption du décret du 30 juin 2011 relatif à la révision de la Constitution du 25 février 1992. Pour illustration, le premier article de la Charte de Kurukan fuga dispose : « La société du grand mandé est divisée en seize (16) porteurs de carquois, cinq (5) classes de marabouts, quatre classes (4) de nyamakalas.

---

[46] J. KI-ZERBO (dir.), *Éduquer ou périr, op.cit.*, p. 46-47.

[47] Selon R. CARAYOL, « Pour le civil, le prédateur prend tour à tour le visage du jihadiste, du rebelle, du milicien pro-Bamako, du bandit, et parfois même du soldat de l'armée malienne. Le même peut changer de casquette du jour au lendemain. El Hadji Ag Gamou, général réputé de l'armée malienne, est également le chef officieux du Gatia, une milice pro-Bamako, et le leader officiel de la communauté des Imghads. Un mélange des genres qui devient incompréhensible, même pour ceux qui vivent sur place. "Les frontières entre les différents groupes sont très floues. On passe de l'un à l'autre sans difficulté. Et les jihadistes ont compris tout l'intérêt qu'ils avaient à jouer sur des conflits communautaires anciens", relate un agent des renseignements malien. » R. CARAYOL « Mali la menace fantôme », *Jeune Afrique* n° 2878 du 6 au 12 mars 2016, p. 24.

Chacun de ces groupes a une activité et un rôle spécifiques ». De même, le premier alinéa de l'article 4 rappelle : « La société est divisée en classes d'âge. À la tête de chacune d'elles est élu un chef. Sont de la même classe d'âge les personnes (hommes ou femmes) nées au cours d'une période de trois années consécutives. » La fusion du Haut conseil des collectivités avec le Conseil économique, social et culturel serait une réponse à cette complexité. Elle comblerait cette lacune de la construction de la société politique malienne.

455. Faire évoluer la représentation de la souveraineté étatique dans les consciences. – Dans une seconde perspective, cette fusion ferait reculer la croyance selon laquelle la souveraineté a la capacité concrète de ramener l'unité d'une société politique à un Léviathan substantialisé ou humanisé. Ce dogme est particulièrement saillant dans les précisions apportées par le professeur Olivier BEAUD :

> « La doctrine juridique dominante n'attribue pourtant qu'une faible importance à la question de l'étendue des domaines d'action de la Fédération et les États membres. Elle la relativise au nom du dogme selon lequel le critère formel serait toujours plus opératoire que le critère matériel. En France, depuis Carré de Malberg, elle a décrété que la question essentielle portait sur la révision de la Constitution fédérative. Au rebours de cette tendance doctrinale qui tend à réduire la question de la Fédération *lato sensus* à la question, très formelle, de la modification du régime juridique, il faut réintroduire, au centre la discussion sur la nature de la Fédération, la question de la répartition des compétences ; celle-ci montre que la souveraineté est antinomique à la Fédération. En effet, l'indivisibilité de la souveraineté débouche sur ce que nous avons appelé le *principe d'omnicompétence de l'État :* l'État peut se saisir de toute affaire politiquement importante. Interprétée comme principe d'omnicompétence, la souveraineté de l'État est rebelle à la limitation du champ d'intervention de l'État lui-même. Or, la Fédération ignore ce principe d'omnicompétence qui lui est structurellement étranger. En effet, la Fédération *stricto sensu* représente l'entité fédérative à l'extérieur et la fait apparaître comme étant un État aux yeux des États. Vue de l'extérieur, la Fédération ressemble à un sujet normal de droit international. Mais, à l'intérieur, il lui manque le pouvoir suprême de domination sur l'ensemble du territoire puisqu'elle se heurte à l'existence des États membres dont elle doit respecter les droits [...] »[48]

Cette proposition conforte la théorie de la Fédération en restaurant dans sa nature ambivalente et en reliant la primauté formelle des mécanismes de commandement avec la pluralité des modalités d'existence matérielle des sociétés politiques. En pensant la Fédération comme une *manière d'être* particulière de la société politique, il est possible de rendre davantage compte de sa réalité, ainsi que de la qualité eidétique de cette *forme de vie.*

---

[48] O. BEAUD, « Fédéralisme et souveraineté : Notes pour une théorie constitutionnelle de la Fédération », *op. cit.*, p. 105.

Sa pertinence découle de l'effectivité de la congruence liant la forme du système de commandement aux modalités d'existence du peuple. L'essor actuel des droits et libertés fondamentaux a rendu obsolète la conception « omnicompétente » de la souveraineté. C'est dans ce sens que le pouvoir constituant dérivé a proposé, à travers l'article 71 du décret du 30 juin 2011 précité, l'introduction d'un article 90,2 dans la Constitution du 25 février 1992 disposant que :

> « Dans le cadre d'une réclamation mettant en cause une décision administrative insusceptible de recours juridictionnel, l'autorité chargée de la gestion des réclamations peut [...] solliciter l'avis de la Cour constitutionnelle sur la constitutionnalité de la loi ou de l'engagement international qui fonde ladite décision, s'il estime qu'il viole un droit fondamental de la personne humaine ou une liberté publique reconnue et garantie par la Constitution. »[49]

Conformément à ces visées du pouvoir constituant dérivé malien, il est parfaitement possible de réserver des compétences aux États membres d'une Fédération qui seraient très proches de celles des outils de direction des conduites privées. C'est le sens des observations développées par le professeur Paul AMSELEK à propos des commandements privés[50], cette seconde chambre législative serait une sorte de chasse gardée des États membres et des autres personnes morales. Il s'agirait d'un domaine de représentation qui s'occuperait de l'organisation et du fonctionnement des entités fédérales, un espace des entités autres qu'humaines. C'est la raison pour laquelle, il serait inaccessible au gouvernement fédéral dont le contrôle reviendrait toujours à l'Assemblée nationale. Cette proposition serait théoriquement plus salutaire que problématique, car elle associerait la maîtrise de l'exception avec la démocratisation de la Fédération, tout en renforçant la séparation des pouvoirs indispensable à l'équilibre normatif et à la justesse du *compté-pour-un*.

456. Apports sur le plan pratique. – Cette proposition atténuerait les difficultés de pertinence du Haut conseil des collectivités et du Conseil économique, social et culturel en réduisant l'inflation institutionnelle. Contrairement aux dispositions de l'article 106 de la Constitution du 25 février 1992[51] et conformément aux analyses de la première partie de cette étude, ce n'est pas ce Conseil qui détient la maîtrise de l'exception en matière de développement économique, social et culturel. Ces questions sont généralement traitées de deux façons : soit de manière hétéronome avec l'aide des bailleurs de fonds ; soit de manière technocratique avec des experts comme ce fut le cas de la *Commission de réflexion sur la*

---

[49] Décret n° 2011-412/P-RM du 30 juin 2011 relatif à la révision de la Constitution du 25 février 1992, *op. cit.*, p. 1298.

[50] P. AMSELEK, *Cheminements philosophiques dans le monde du droit et des règles en général*, *op. cit.*, p. 357.

[51] Décret n° 92-073/P-CTSP du 25 février 1992 portant promulgation de la Constitution, *op. cit.*, p. 125.

consolidation de la démocratie au Mali dirigée par monsieur Daba DIAWARA précitée. Ces deux schémas semblent devoir être écartés.

457. La réduction de l'inflation institutionnelle. – Si les autorités de la transition de l'État ne procédaient pas à la fusion proposée, elles seraient tôt ou tard, contraintes de supprimer l'une de ces deux institutions pour se conformer à la nouvelle *manière d'être* de la rationalité occidentale. Nous nous refusons à cette hypothèse parce qu'elle réduirait le champ de la représentation d'une partie des personnes morales maliennes, au lieu de maintenir en l'état ou de renforcer leurs droits durement conquis. Si le décret précité du 30 juin 2011 relatif à la révision de la Constitution du 25 février 1992[52] est confirmé en l'état, nous continuerons à assister au spectacle de l'impuissance bavarde d'institutions budgétivores.

458. Décentralisation et efficacité. – À titre indicatif, les autorités de la transition de l'État pourraient, grâce à cette version de la nouvelle chambre haute du Parlement, écarter les quiproquos liés à la place institutionnelle du Haut conseil des collectivités. Elles pourraient également donner du sens à la décentralisation et à la déconcentration du pouvoir qu'entraînerait la création des États-Unis du Mali. Elles réencastreraient par la même occasion la gestion de l'irrédentisme touareg dans les mécanismes endogènes de commandement, notamment à l'aide de l'espace de liberté normative que laisserait la fondation des États-Unis du Mali. Ce Sénat pourrait donc régler les problèmes juridico-politiques consignés dans les accords de paix, qui sont pour le moment des objets juridiques non identifiés en raison du silence gardé par la Cour constitutionnelle malienne à propos de la valeur juridique de ces actes singuliers. Dans son arrêt du 5 mai 2016 portant contrôle de la constitutionnalité de la loi du 31 mars 2016[53], la Cour constitutionnelle s'est contentée d'un simple renvoi à l'Accord pour la paix et la réconciliation au Mali issu du processus d'Alger évoqué dans l'argumentaire du gouvernement. L'exécutif avait commencé par préciser dans son mémoire du 28 avril 2016 que : « cet Accord [...] constitue un acte consensuel qui engage l'État ». Il a, ensuite, ajouté qu'il « l'a signé dans une période exceptionnelle en vue de juguler une situation anormale née et en se fondant sur les responsabilités constitutionnelles du Président de la République (art. 29 de la Constitution) ». C'est donc en l'absence de précisions supplémentaires des Sages que ces objets juridiques bénéficient du statut d'*argumentum ad verecundiam*. En attendant leur qualification par des autorités officielles, toute tentative d'intériorisation du point de vue gouvernemental contraindrait

[52] Décret n° 2011-412/P-RM du 30 juin 2011 relatif à la révision de la Constitution du 25 février 1992, *op. cit.*, p. 1290.

[53] Cour constitutionnelle, « Arrêt n° 2016-05/CC du 5 mai 2016 portant contrôle de constitutionnalité de la loi n° 2016-11 n° 2016-11/AN-RM du 31 mars 2016 portant modification de la loi n° 2012-007 portant Code des Collectivités Territoriales », *JORM* n° 2016-19 du 6 mai 2016, p. 746-753.

son auteur à faire des choix qui lui sont interdits par le deuxième alinéa de l'article 118 de la Constitution malienne précité.

Comme le prévoyait monsieur Ali CISSÉ[54], ces réformes diminueraient la gabegie financière qu'occasionne l'inflation institutionnelle. En effet, la situation de pays pauvre très endetté (PPTE) du Mali de la transition exige de sa part une rigueur comptable qui ne pourrait être atteinte que par l'intériorisation républicaine de l'efficience et de l'efficacité budgétaires. Il y a véritablement une contradiction manifeste dans le fait qu'une République dépendante de l'aide extérieure puisse envisager de vivre plus confortablement que ses soutiens occidentaux, qui commencent à banaliser l'austérité financière. Une simple référence aux deux premiers articles du décret du 4 octobre 2004 [55] et aux articles 34 et 35 de la loi du 27 juillet 2004[56] suffit pour prendre la mesure du risque de renforcement de la dépendance extérieure que ces institutions font courir à la République. Dans une logique qui leur est propre, le législateur et le gouvernement ont concédé aux présidents de ces deux institutions la gratuité du logement dans l'article premier du décret du 4 octobre 2004 et le premier alinéa de l'article 34 de la loi du 27 juillet 2004. Plus particulièrement, selon le troisième alinéa de l'article précité, le président du Conseil économique, social et culturel bénéficie d'une indemnité d'entretien de 300 000 FCFA censée couvrir ses frais de consommation d'eau, d'électricité et de téléphone à domicile – l'équivalent du traitement mensuel d'un cadre supérieur de la fonction publique malienne –, à laquelle il faut ajouter une indemnité mensuelle calculée sur l'indice 1 200 (soit 351 000 FCFA[57]).

§ 2 : La consécration d'une autonomie constitutionnelle maîtrisée

459. Sur une métaphore familiale. – L'État fédéral n'est qu'un super État qui a le pouvoir d'imposer sa volonté dans son ressort de compétence et cette volonté se réalisera sur le territoire même de chacun des États fédérés[58]. En d'autres termes, il s'agit d'une forme particulière de maîtrise de l'exception dans des domaines de compétence préétablis et

---

[54] A. CISSÉ, *Mali : Une démocratie à refonder, op. cit.*, p. 146-147.

[55] Décret n° 04-445/P-RM du 4 octobre 2004 accordant certains avantages au président et aux membres du Haut conseil des collectivités, *JORM* n° 2005-03 du 31 janvier 2005, p. 89.

[56] Loi n° 04-027 du 27 juillet 2004 portant modification la loi n° 92-031 du 19 octobre 1992 fixant l'organisation, le fonctionnement et les modalités de désignation des membres du Conseil économique, social et culturel, *JORM* n° 2004-25 du 10 septembre 2004, p. 964.

[57] Somme obtenue à partir des données fournies dans l'article 2 du décret n° 99-250/P-RM du 15 septembre 1999 portant majoration des traitements indiciaires des fonctionnaires et des salaires de base des agents de l'État et du secteur d'État et fixation de la valeur du point d'indice, *JORM* n° 1999-27 du 30 octobre 1999, p. 1060.

[58] É. GIRAUD, « Le rejet de l'idée de souveraineté : L'aspect juridique et l'aspect politique de la question », *op. cit.*, p. 256.

constitutionnalisés. Sur ce plan, le législateur malien a dans un certain sens déjà fait ses preuves. Il est fait allusion ici à la conception malienne de la famille, le cadre le plus intime du commandement humain. Effectivement, les *diseurs de droit* maliens ont su fédérer les singularités et les perceptions du mariage en faisant du mari le chef du foyer, l'autorité de la cellule souche de la société politique. L'institution de ce maître de l'exception leur a permis, d'une part, de concilier la coutume de la polygamie avec la conception occidentale de la famille et d'autre part, de maintenir cet habitus endogène parmi les options matrimoniales. C'est dans le but d'assurer la continuité de cette prescription atavique que le législateur de la récente loi du 30 décembre 2011 portant Code des personnes et de la famille a prévu un article 307 qui consacre la polygamie, un article 316 qui rappelle le devoir d'obéissance de la femme et un article 319 qui établit le mari comme chef de famille et lui donne le droit exclusif de déterminer la résidence familiale[59]. Si nous mettons de côté les jugements de valeur habituellement attachés à la polygamie, qui reste une option matrimoniale, nous pouvons y distinguer une preuve de l'exploit dont est capable le génie créateur de la communauté malienne.

Il y a véritablement quelque chose de sublime dans le fait d'engendrer et de viabiliser un modèle de liberté contractuelle et une conception atypique de la famille – et plus largement de la société – qui échappe à l'universalité de la monogamie. La nature artificielle et idéologique de cette opposition entre polygamie et monogamie peut valablement servir d'*image fondatrice*, de métaphore, pour les constructeurs de la Fédération par dissociation. Cet aspect de la Fédération serait dans l'ordre politique malien l'équivalent de la polygamie pour le monde occidental, c'est-à-dire une technique d'unification de plusieurs cellules humaines parfois antagonistes qui fait viscéralement peur. Cependant, si nous considérons ces cas de figure de plus près, un certain *air de famille* se dégage clairement. En effet, comme précisé dans les *Prolégomènes*, l'union entre la nouvelle *forme* et la *vie* de la société malienne a été célébrée par les pères fondateurs et leurs homologues occidentaux, en l'absence d'une partie de ce peuple (l'Adagh) qui allait pourtant être gouvernée par les mécanismes de commandement édifiés. Dans la logique familiale, cette formation de l'État-nation malien correspondrait à un mariage monogamique arrangé avec des insatisfaits dont le consentement aurait été *compté-pour-un* par pure convenance stratégique. L'intégration effective de ces minorités ne pourrait pas se faire en l'état, c'est-à-dire dans le cadre de la rationalité exclusivement sédentaire de l'État-nation malien avec ses maigres moyens techniques et financiers. Leur incorporation à la communauté de droit ne pourrait se faire que de deux manières : soit par l'aménagement de statuts particuliers, ce qui briserait officiellement l'unité

---

[59] Loi n° 2011-087 du 30 décembre 2011 portant Code des personnes et de la famille, *op. cit.*, p. 25-26.

du Léviathan fondée sur l'égalité citoyenne et viderait l'État-nation de toute sa substance ; soit par le remplacement de l'État-nation par une Fédération par dissociation réformant un système de maîtrise de l'exception défavorable à l'assimilation des particularités. En empruntant la grammaire matrimoniale, nous aurions donc le choix entre l'instauration d'une égalité parfaite des effets juridiques formels et informels de l'union monogamique de l'État avec la nation et l'admission de la polygamie. L'institution d'un super-État serait comparable au mari du nouveau Code des personnes et de la famille en ce qu'il unifierait les sociétés politiques fonctionnant métaphoriquement comme des ménages. Il convient de garder à l'esprit que derrière l'acharnement des Maliens pour le maintien de cet État-nation de la transition inefficace, se dissimule une idéologie hétéronome qui prend le pas sur la raison endogène. La particularité de cette forme d'obscurantisme est de fusionner parfaitement avec la résistance naturelle de l'homme au changement. Les nationalistes maliens cherchent ainsi à conserver ici ce qui leur a été donné par l'ancien colonisateur, dont il fallait pourtant se détacher idéologiquement.

Par ailleurs, le choix de cette figure de style résulte également de l'utilisation courante de ces métaphores familiales par la doctrine spécialisée en matière de Fédération. Le cas du concept de *Sister-State* de la Cour suprême américaine repris par le professeur Olivier BEAUD – qui l'a trouvé intraduisible et inconciliable avec l'autonomie des États fédérés[60] – constitue la parfaite illustration de la pertinence de cette utilisation métaphorique de la conception malienne de la famille. Les propos de Léopold S. SENGHOR cités par Georges BIDAULT confirment les critiques formulées sur l'état de la Communauté française après l'introduction de l'article 86 *bis* dans la Constitution[61]. Ils permettent également de comprendre et de prendre la mesure de la pertinence de cette allégorie entre Fédération et polygamie.

460. Banalisation des conflits familiaux ou sublimation des moyens ordinaires de résolution des conflits. – Les propositions qui vont suivre s'appuieront sur des mécanismes ordinaires de maîtrise de l'exception dans les réalités maliennes et kabyles pour dissoudre simplement les inquiétudes que pourraient générer d'éventuels conflits normatifs entre les États fédérés. Les Bambaras utilisent la notion de *fàdènya*[62] (qui signifie littéralement enfants du même père) pour désigner à la fois la fraternité et la rivalité, à l'instar des Kabyles qui pensent que : *mon frère est un ennemi, mais son ennemi est aussi le mien*[63]. Qu'il s'agisse de Fédération ou de famille, la clef se trouve bien dans les mains des souverains. De plus, les difficultés de

---

60 O. BEAUD, *Théorie de la Fédération, op. cit.*, p. 215-216.

61 G. BIDAULT, *op. cit.*, p. 1234.

62 cf. G. DUMESTRE, *Dictionnaire bambara-français, op. cit.*, p. 284. ; M. L. TRAORÉ, *Philosophie et géomancie : vers une philosophie originelle africaine, op. cit.*, p. 73-74.

63 P. BOURDIEU, Sur l'État..., *op. cit.*, p. 503.

coordination liées à cette logique endogène sont couramment transcendées dans les vestibules maliens[64].

461. Problématique. – De même que les autorités traditionnelles, le souverain originaire de la future Fédération gagnerait en cohérence en dotant les États-Unis du Mali de compétences habilement partagées entre les États fédérés et l'État fédéral **(A)**. Sur un autre plan, le renforcement de l'indépendance du juge constitutionnel ferait de cette institution un solide repère destiné à assurer, autant que faire se peut, la primauté du droit sur le politique **(B)**.

A/ Un partage pondéré des compétences institutionnelles

462. Présentation générale. – Le pouvoir constituant de la Fédération par dissociation pourrait renforcer l'unité nationale par la répartition tripartite classique des compétences constitutionnelles et institutionnelles entre l'État fédéral et les États membres. Plus concrètement, il s'agirait d'une part, de réserver des compétences exclusives à l'État fédéral et aux États fédéraux et d'autre part, de prévoir des domaines de compétences concurrentes dans lesquels les deux niveaux de représentation devraient étroitement collaborer.

463. Les domaines réservés aux autorités fédérales. – Ainsi, les institutions fédérales s'occuperaient des champs habituels de souveraineté : la représentation diplomatique, la politique étrangère, la défense nationale, la douane, la détermination des grandes lignes du statut des individus, la monnaie au cas où les États-Unis du Mali décideraient de s'en doter. Dans la hiérarchie des normes, les compétences fédérales relèveraient principalement du cadre constitutionnel et conventionnel, les domaines législatifs et réglementaires étant partagés avec les régions transformées en États membres. Le constituant des États-Unis du Mali pourrait notamment réserver la fixation des droits et devoirs de la personne humaine à l'État fédéral en maintenant en l'état les 24 articles du titre premier de la Constitution du 24 février 1992.

464. Les domaines partagés entre autorités fédérales et fédérées. – Les autorités fédérales devraient par la suite collaborer avec les assemblées et les autres instances de représentation locale en ce qui concerne : les techniques d'harmonisation des systèmes économiques, les programmes en réseau, l'application des commandements et directives fédérales. Pour la première catégorie, il serait question d'interconnecter et d'uniformiser les prestations et les ouvrages publics des différents États membres en vue de rendre effective la constitution de services publics universels fédéraux indispensables tels que les réseaux routiers, électriques et de télécommunication ; en quelques mots : tout ce qui de près ou de loin contribuerait au renforcement de l'unité et de la cohésion des États fédérés. En ce qui concerne la seconde catégorie, il s'agirait

---

[64] cf. M. DJIRÉ, « Un peuple, un but, une foi... mais plusieurs droits ? Dynamiques locales et sécurisation foncière dans un contexte de décentralisation à Sanankoroba », *op. cit.*, p. 37-38.

des modalités d'application des commandements fédéraux : les règlements adoptés par le gouvernement fédéral, les lois organiques mises en vigueur par le Parlement, ainsi que la garantie de l'effectivité des décisions des juridictions suprêmes fédérales (les deux sections de la Cour suprême) et de la Cour constitutionnelle.

465. Les domaines réservés aux autorités des États membres. – Quant aux États membres, ils disposeraient d'une totale liberté en ce qui concerne l'aménagement institutionnel de leurs structures de direction des conduites humaines et ils jouiraient d'une appréciation souveraine dans le traitement des questions culturelles et éducatives. Cela impliquera une révolution de la logique actuelle de la décentralisation consistant principalement à placer les collectivités territoriales dans un cadre légal et sous une tutelle informelle assez stricte. Pour prendre la mesure de la pertinence de cette proposition, il faut se référer aux stratégies des représentants de l'État dans les communes analysées par le professeur Djibonding DEMBÉLÉ[65] ou à l'institutionnalisation d'un ministère du Domaine de l'État et des Affaires foncières[66] malgré la mise en marche du processus de décentralisation.

466. Les affectations des anciennes autorités de tutelle. – Dans la Fédération envisagée, les autorités fédérées pourront se doter de leurs propres lois, ce qui priverait les actuelles autorités de tutelles de la majeure partie de leur raison d'être. Ces dernières pourront néanmoins continuer à leur porter assistance et conseil. Le cas échéant elles pourraient saisir les juridictions fédérales. Cela s'apparenterait à un recours d'*amparo* constitutionnel objectif (pour le respect de la constitutionnalité des normes fédérales) et subjectif (pour

---

[65] Dj. DEMBÉLÉ, « Réforme législative et pratiques administratives : La tutelle sur les communes rurales de Yélékébougou et Sanankoroba », *op. cit.*, p. 173-174.

[66] cf. Décrets n° 00-057/P-RM et n° 00-058/P-RM du 21 février 2000 portant respectivement nomination des membres du gouvernement (acte de création officielle de ce portefeuille ministériel classé à la 18 e place du gouvernement de M. SIDIBÉ) et fixant les attributions spécifiques des membres du gouvernement *JORM* n° 2000-13 du 10 janvier 2000, p. 489-495. Selon l'article 18 du dernier décret : « Le ministre du Domaine de l'État et des Affaires Foncières a pour mission d'élaborer et de mettre en œuvre la politique de l'État relative au domaine national et à la propriété foncière. À ce titre, il est chargé de : – l'élaboration et l'application de la législation domaniale et foncière ; – la détermination des biens du domaine public et privé de l'État et des collectivités territoriales et l'étude de toutes les questions relatives à ces biens ; – la gestion des biens du domaine de l'État ; – le suivi de la gestion des biens du domaine des collectivités territoriales et des autres personnes publiques [...] »
Cette institution étrange a été revalorisée par le décret n° 2015 – 0633/P-RM du 15 octobre 2015 fixant les attributions spécifiques des membres du gouvernement qui lui a réservé la quatrième place et des pouvoirs plus étendus sur le domaine des collectivités territoriales, car : « il est [de nos jours] compétent pour : – l'élaboration, l'application ou le contrôle de l'application de la législation domaniale et foncière ; – la mise en place des cadastres, – le recensement et l'immatriculation des bâtiments et ouvrages publics et le suivi de leur réalisation, de leur affectation et de leur entretien ; – l'appui à la gestion du foncier agricole et des espaces pastoraux. » *JORM* n° 2015-45 du 16 octobre 2015, p. 1783.

les personnes privées)[67]. Ces compétences inédites des anciennes autorités de tutelle seraient d'ailleurs en parfaite adéquation avec les volontés du gouvernement agissant comme pouvoir constituant dérivé. En effet, dans leur formulation actuelle, les nouveaux articles 90.1 et 90.2 de la Constitution proposés par l'article 71 du décret du 30 juin 2011[68] présentent une certaine similitude avec notre suggestion d'importation du recours d'*amparo*. Le constituant des États-Unis du Mali n'aurait qu'à élargir la portée de l'article 34 de la loi du 11 février 1997 portant loi organique et déterminant les règles d'organisation et de fonctionnement de la Cour constitutionnelle ainsi que la procédure suivie devant elle. Cet article dispose que :

> « La Cour Constitutionnelle est saisie par requête écrite, datée et signée, adressée à son Président. La requête peut également être remise contre récépissé au Représentant de l'État dans la circonscription administrative qui avise immédiatement par télégramme, télécopie ou tous autres moyens de communication rapide le Président de la Cour Constitutionnelle. Le représentant de l'État dans la circonscription administrative assure la transmission de la requête au Président de la Cour. »[69]

467. Inversion de sens du rapport entre droit et politique. – Il convient d'aborder maintenant les avancées que cette proposition pourrait procurer dans le traitement des crises nées de la pratique institutionnelle. Cette méthode de partage des compétences institutionnelles pourrait d'une manière générale réduire l'emprise exercée par les politiques sur le droit malien, tout en améliorant l'efficacité des mécanismes de commandement. Elle permettrait de concilier certaines concessions consenties par les cocontractants dans la gestion de la crise du Nord avec la *forme de vie* officielle de la société politique.

468. L'autonomie des États membres. – Le fait d'accorder une véritable autonomie aux États membres promouvrait la fixation de la rationalité endogène. La forme du système juridique renouerait avec la *manière d'être* de la société. Elle contribuerait également au renforcement de la structure politico-juridique plébiscitée depuis la mise en marche du processus de décentralisation. Effectivement, chaque fois qu'elles ont été confrontées à des problèmes de communication de la part des collectivités territoriales, les autorités de l'État de la transition ont simplement cherché à affermir la configuration de leurs mécanismes de prescription, comme à leur habitude. Elles ont par conséquent fait savoir que l'inefficacité de leurs

---

[67] C.RUIZ MIGUEL, « L'*amparo* constitutionnel en Espagne : droit et politique », Traduction de D. JEAN-CHARLES, *Cahiers du Conseil constitutionnel n° 10 (Dossier : L'accès des personnes à la justice constitutionnelle)* – mai 2001, p. 90-98.

[68] Décret n° 2011-412/P-RM du 30 juin 2011 relatif à la révision de la Constitution du 25 février 1992, *op. cit.*, p. 1297-1298.

[69] Loi n° 97-010 du 11 février 1997 portant loi organique déterminant les règles d'organisation et de Fonctionnement de la Cour constitutionnelle ainsi que la Procédure suivie devant elle, *JORM* n° 1997-03 du 15 février 1997, p. 117.

dispositifs relevait de l'éloignement physique des lieux de décision ce qui a conduit à la promulgation de la loi du 2 mars 2012 portant création de circonscriptions administratives en République du Mali[70]. Elles ont par la suite procédé au renforcement des autorités étatiques en adoptant le décret du 20 février 2014 portant création du Comité interministériel sur les Régions du nord[71] et à la consolidation d'un même système juridique grâce à l'entrée en vigueur de l'ordonnance du 19 mars 2012 modifiant l'ordonnance du 18 juillet 2007 portant création du Centre de formation des collectivités territoriales[72]. Étant donné que les raisons profondes de cette inadéquation des outils de commandement résidaient essentiellement dans l'insensibilité des destinataires locaux et dans la faiblesse des moyens techniques de l'État de la transition, notre proposition de partage des compétences constitutionnelles serait la bienvenue. Elle pourrait par exemple éviter aux maigres deniers publics maliens la gabegie financière qu'entraînera l'inflation institutionnelle qui se profile. Car, en toute hypothèse, ces difficultés ne résultent pas de l'ignorance, mais du manque de volonté de la majorité des citoyens d'adapter leurs manières d'être à la rationalité occidentale. Dans ce cas, l'importance numérique et la localisation géographique de l'administration étatique importent peu. C'est précisément à ce stade que notre proposition pourrait s'avérer utile en ce qu'elle résoudrait les problèmes du « cercle herméneutique » en conformant les outils officiels de direction avec les avantages accordés aux citoyens du Nord.

469. La mise en conformité des mécanismes de commandement avec les avantages accordés aux populations du Nord. – Une simple analyse du protocole d'*Accord pour la paix et la réconciliation au Mali* signé à Bamako les 15 mai et 20 juin 2015 par le gouvernement de la République du Mali et les Mouvements signataires de la feuille de route du 24 juillet 2014 permet de confirmer la pertinence de ce qui vient d'être dit. Les parties ont souscrit à une inversion totale des mécanismes étatiques de partage des compétences institutionnelles. Dans l'article 5, par exemple, elles se sont mises d'accord sur les points suivants :

> « le règlement définitif du conflit nécessite une gouvernance qui tienne compte des spécificités locales et qui s'articule autour des éléments suivants :

[70] Loi n° 2012-017 du 2 mars 2012 portant création de circonscriptions administratives en République du Mali, *JORM* n° 2012-10 du 9 mars 2012, p. 364-365. À travers son premier article, le nombre de Régions a plus que doublé ; il est passé des 7 habituelles pour atteindre le nombre de 19 en plus du District de Bamako.

[71] Décret n° 2014 – 0105/PM-RM du 20 février 2014 portant création du Comité interministériel sur les régions du nord, *JORM* n° 2014-09 du 28 février 2014, p. 337.

[72] Ordonnance n° 2012-017/P-RM du 19 mars 2012 modifiant l'ordonnance n° 07-019/P-RM du 18 juillet 2007 portant création du Centre de formation des collectivités territoriales (ce dispositif a été ratifié par la Loi n° 2013-007 du 6 mai 2013 portant ratification de l'ordonnance n° 2012-017/P-RM du 19 mars 2012 modifiant l'ordonnance n° 07-019/P-RM du 18 juillet 2007 portant création du Centre de Formation des Collectivités Territoriales), *JORM* n° 2012-12 du 23 mars 2012, p. 448-449.

- la mise en place d'une architecture institutionnelle fondée sur des Collectivités territoriales dotées d'organes élus au suffrage universel et de pouvoirs étendus ; - la gestion par les populations des régions concernées de leurs propres affaires sur la base du principe de la libre administration ; - une plus grande représentation des populations du Nord au sein des institutions nationales ; - le renforcement de l'État de droit en rapprochant la justice des justiciables ; - la mise en place d'un système de défense et de sécurité basé sur les principes d'unicité, d'inclusivité et de représentativité ; - une participation active et significative des populations, en particulier celles du Nord, à la gestion de la sécurité locale ; - un redéploiement progressif des forces armées et de sécurité reconstituées du Mali »[73].

Si ces dispositions étaient appliquées en l'état, comme le laissent présager les avancées institutionnelles en la matière[74], la voie de la Fédération par dissociation ne serait plus une simple option, mais une nécessité indispensable au maintien de ce qui resterait de commun à la société politique malienne. C'est la raison pour laquelle la désagrégation de l'État-nation ne devrait avoir lieu qu'à la suite d'une mûre réflexion citoyenne et dans un cadre maîtrisé. Pour ce faire, le renforcement de l'indépendance des Gardiens de la Constitution et l'élargissement de leur saisine sont incontournables.

B/ Le renforcement de l'indépendance de la Cour constitutionnelle

470. L'accès limité à la Cour et ses conséquences. – La configuration actuelle du contrôle de constitutionnalité malien est trop restrictive pour que les normes fondatrices de cette République deviennent de véritables règles directives des conduites des citoyens de l'État de la transition ou de la Fédération. En effet, les textes de référence sont au nombre de deux. D'une part, les deuxièmes alinéas des articles 88 de la Constitution[75] et 45 de la loi du 11 février 1997 portant loi organique déterminant les règles d'organisation et de fonctionnement de la Cour constitutionnelle ainsi que la procédure suivie

[73] Accord pour la paix et la réconciliation au Mali signé à Bamako les 15 mai et 20 juin 2015, *op. cit.*, p. 4-5.

[74] cf. les trois premiers articles du décret n° 2015 – 0488/PM-RM du 27 juillet 2015 portant création, organisation et modalités de fonctionnement du Comité national de Coordination de la mise en œuvre de l'Accord pour la Paix et la Réconciliation au Mali, *JORM* n° 2015-36 du 14 août 2015, p. 1413. ; et des décrets n° 2015 – 0894/P-RM et n° 2015 – 0895/P-RM du 31 décembre 2015 portant respectivement création, organisation et modalités de fonctionnement de la Commission nationale de Désarmement-Démobilisation-Réinsertion (DDR) au Mali et création, organisation et modalités de fonctionnement de la Commission d'Intégration, *JORM* n° 2016-03 du 15 janvier 2016, p. 92-94.

[75] Décret n° 92-073/P-CTSP du 25 février 1992 portant promulgation de la Constitution, *op. cit.*, p. 124.

devant elle[76]. Ces textes ne l'autorisent à recevoir que les requêtes formulées par des représentations institutionnelles, voire par leurs seuls chefs[77]. D'autre part, deux articles du titre XI de la Constitution traitant des collectivités territoriales[78] octroient une réserve législative. Les entités décentralisées maliennes sont donc créées et dirigées par des normes sur lesquelles elles n'ont qu'une faible influence politique et aucune emprise juridique. Ce sont les raisons pour lesquelles, il paraît difficile de parler de libre administration des collectivités territoriales. Cet état de fait regrettable a d'ailleurs récemment été confirmé par les Sages maliens eux-mêmes, dans leur arrêt du 5 mai 2016 portant sur le contrôle de la constitutionnalité de la loi du 31 mars 2016 portant modification de la loi n° 2012-007 portant Code des Collectivités territoriales. Ils y ont clairement indiqué que : « [...] la libre administration des collectivités territoriales suppose nécessairement que celles-ci soient habilitées par la loi à disposer d'une réelle capacité de décision, qui leur permette de gérer leurs propres affaires »[79]. Cette qualification équivoque leur a permis de juger que la : « [...] substitution aux organes actuels de gestion des collectivités territoriales, des autorités intérimaires [nommées par le pouvoir central et ses représentants] dont la composition, les attributions et la durée du mandat sont définies par la loi, ne compromet nullement l'effectivité de la libre administration des collectivités territoriales. » Ces extraits font ressortir clairement les équivoques que renferme la décentralisation malienne. Plus particulièrement, ils démontrent que le problème de l'effectivité de la loi face à la Constitution n'est que l'arbre qui cache la forêt. Car cette décision institue également le gouvernement en maître incontesté de l'exception républicaine, notamment en l'autorisant à organiser et à assurer l'intérim des élus locaux.

Ainsi, l'agencement institutionnel des États-Unis du Mali devrait impérativement modifier cette situation, dont la nocivité a été confirmée par le désarroi manifesté par les conseillers du village de Mafélé. Quand ces derniers ont voulu contester la constitutionnalité du rattachement officiel et unilatéral de leur circonscription à la commune de N'Golodiana, ils ont été déboutés par l'arrêt de la Cour constitutionnelle du 14 février 1997 portant appréciation de la légalité de la loi portant création des communes rurales[80]. Cette décision permet

---

[76] Loi n° 97-010 du 11 février 1997 portant loi organique déterminant les règles d'organisation et de fonctionnement de la Cour constitutionnelle ainsi que la procédure suivie devant elle, *op. cit.*, p. 118.

[77] Cour constitutionnelle, « Arrêt n° 01-126 du 2 octobre 2001 compétence des juridictions de droit commun pour connaître d'une infraction reprochée à un ministre dans l'exercice de ses fonctions », *JORM* n° 2001-29 du 20 octobre 2001, p. 1152.

[78] Décret n° 92-073/P-CTSP du 25 février 1992 portant promulgation de la Constitution, *op. cit.*, p. 125.

[79] Cour constitutionnelle, « Arrêt n° 2016-05/CC du 5 mai 2016 portant contrôle de constitutionnalité de la loi n° 2016-11 n° 2016-11/AN-RMdu 31 mars 2016 portant modification de la loi n° 2012-007 portant Code des Collectivités Territoriales », *op. cit.*, p. 752.

[80] Cour constitutionnelle, « Arrêt n° 97-011 du 14 février 1997 sur la légalité de la loi portant création des communes rurales », *JORM* n° 1997-06 du 31 mars 1997, p. 267.

de prendre la mesure de l'actuelle aporie qui mine la décentralisation et de comprendre l'avancée significative que représentent les nouveaux articles 90.1 et 90.2 de la Constitution proposés par l'article 71 du décret du 30 juin 2011 précité[81].

471. Le renforcement de l'indépendance de la Cour constitutionnelle. – La Fédération envisagée devrait aller plus loin que le pouvoir constituant originaire et dérivé de l'État de la transition. Elle devrait renforcer davantage l'indépendance des neuf Sages par rapport aux autorités qui les ont nommés. Il conviendrait de dépasser l'inviolabilité de la fonction prévue à l'article 7 de la loi organique du 11 février 1997[82] en consacrant la perpétuité des conseillers de la cour. Cela viendrait compléter les nombreux acquis économiques et financiers consentis aux Sages et à l'institution[83]. Étant donné que les conseillers de la Cour constitutionnelle fédérale devraient veiller sur l'unique acte de volonté qui assurera l'unité des modalités d'existence de la société politique malienne, il serait bon qu'ils bénéficient d'un emploi à vie comme leurs homologues des États-Unis d'Amérique.

472. L'immunité des Sages contre les attaques des politiques. – Cette immunité concernerait les Gardiens du dessein fédéral et les protégerait contre les attaques et emprises des politiques, tout en préservant la Fédération de la banalisation du *yùrùguyurugu* constitutionnel de l'État de la transition. L'institution pourrait ainsi jouer librement son rôle de régulateur du système transitionnel comme son équivalent sud-africain qui a su réconcilier la démocratie avec l'État de droit[84].

Cependant, les gouvernants de la transition n'ont pas complètement abandonné la représentation d'une idéologisation de l'institution, comme en témoignent les avis de la Cour constitutionnelle du 13 mars 2012 et du 4 octobre 2001 traitant respectivement de la loi portant révision de la

---

[81] Décret n° 2011-412/P-RM du 30 juin 2011 relatif à la révision de la Constitution du 25 février 1992, *op. cit.*, p. 1297-1298.

[82] Loi n° 97-010 du 11 février 1997 portant loi organique déterminant les règles d'organisation et de fonctionnement de la Cour constitutionnelle ainsi que la procédure suivie devant elle, *op. cit.*, p. 115.

[83] Les conseillers bénéficient d'un traitement mensuel calculé sur la bas de l'indice 1200 (soit 351 000 FCFA en se fondant sur l'article 2 du décret n° 99-250/P-RM du 15 septembre 1999 portant majoration des traitements indiciaires des fonctionnaires et des salaires de base des agents de l'État et du secteur d'État et fixation de la valeur du point d'indice), d'une indemnité de responsabilité non imposable de 300 000 FCFA pour le président et 250 000 pour les autres, d'une prime de logement de 100 000 FCFA non cumulable avec toute autre indemnité de logement, sinon toutes les autres composantes sont cumulables avec leurs anciens émoluments publics. Quant à l'institution, elle jouit de l'autonomie de gestion et de l'inscription de son budget au budget général de l'État, en plus de la possibilité de recevoir des crédits supplémentaires de l'État pour l'accomplissement de ses fonctions de juge des élections. Pour aller plus loin, cf. décret n° 05-302/P-RM du 8 juillet 2005 fixant le traitement, les indemnités et autres avantages accordés aux membres de la Cour constitutionnelle, *JORM* n° 2005-27 du 30 septembre 2005, p. 1053. ; *Ibid.*, p. 114 et s.

[84] X. PHILIPPE, « L'amnistie devant le juge constitutionnel », *Constitutions*, 2013, p. 225 et s.

Constitution du 25 février 1992[85] et du décret du 8 février 2012 portant convocation du collège électoral, ouverture et clôture de la campagne électorale à l'occasion du référendum constitutionnel[86]. Dans le premier avis, le constituant avait essayé d'écarter la consultation préalable obligatoire des Sages en matière référendaire en modifiant l'article 41 de la Constitution. C'est la raison pour laquelle les neuf Gardiens ont rappelé que : « l'avis de la Cour constitutionnelle est [en plus d'être d'intérêt national évident] aussi et surtout destiné à l'information du public par sa publication au journal officiel avant la convocation du collège électoral pour le vote référendaire. » Dans le second avis, les constituants dérivés avaient prévu dans la loi du 2 août 2011 portant révision de la Constitution du 25 février 1992 l'intégration d'office et à vie des anciens présidents de la République, le renouvellement triennal par tiers des autres membres grâce à la réécriture de l'article 91 de Constitution et la nomination du président de la Cour par le chef de l'État au moyen d'une reformulation de l'article 92-1 de la Constitution (proposition de l'article 75 de la loi de réforme de la constitution). Les Gardiens de la volonté populaire ont rétorqué que :

> « — la présence des anciens présidents de la République comme membres de droit et à vie de la cour est une politisation de celle-ci au regard des plus hautes fonctions qu'ils ont eu à occuper. – Sur la durée du mandat, il y a lieu de relever qu'en réalité, le mandat varie de trois (3) à neuf (9) ans. [...] L'article 75 de la loi portant révision [...] est un recul voire une atteinte à l'indépendance de la cour. L'article 92 de la Constitution doit être maintenu sur ce point. En réalité, le président de la Cour constitutionnelle, bien qu'élu par ses pairs, participe activement aux séances de travail et de délibérations ; en cas de partage de voix, sa voix est même prépondérante. »[87]

473. La conciliation de la pérennisation des Sages avec le libre exercice de la démocratie fédérale. – Compte tenu des défaillances de l'État de la transition, nous ne pouvons que donner raison à la Cour et la soutenir afin d'éviter que de telles contradictions ne surviennent pas dans la future Fédération. Il suffirait, pour ce faire, d'ajouter les garanties de l'indépendance des Sages dans la liste des normes non révisables de la Constitution fédérale. Elles auraient ainsi la même valeur juridique que la forme républicaine du gouvernement la laïcité et le multipartisme qui ne peuvent être techniquement reformés que par le peuple souverain. Cette mesure pourrait faire courir aux États-Unis du Mali le risque peu probable du gouvernement des juges. La Cour constitutionnelle pourrait décider souverainement, aviser librement les autres corps institués et arrêter des

---

[85] Cour constitutionnelle, « Avis n° 01-001/Référendum du 4 octobre 2001 », *op. cit.*, p. 1148 et s.

[86] Cour constitutionnelle, « Avis n° 12-002/Référendum du 13 mars 2012 », *op. cit.*, 6 p. ; Pour l'un des deux objets de l'avis cf. Décret n° 2012-078/P-RM du 8 février 2012 portant convocation du collège électoral, ouverture et clôture de la campagne électorale à l'occasion du référendum constitutionnel, *JORM* n° 2012-08 du 24 février 2012, p. 304-305.

[87] *Ibid.*, p. 5.

interprétations authentiques de la Constitution. En réalité, la jeunesse et la fragilité du contrôle de constitutionnalité résultant de son éloignement des valeurs démocratiques dans l'État de la transition pousseraient très certainement les Sages à ne pas aller à l'encontre de la volition des politiques approuvées démocratiquement par le peuple électeur, législateur ou souverain. Il suffit pour s'en convaincre de se reporter aux arguments déployés par eux dans l'avis du 13 mars 2012 précité et dans l'arrêt de la Cour constitutionnelle du 10 avril 2012 relatif à la vacance de la présidence de la République[88]. À l'aune de ces deux décisions, le renforcement de l'indépendance des juges constitutionnels dans la Fédération ne devrait pas être synonyme d'accaparement des compétences des politiques. L'institution voudrait sans doute se doter d'une légitimité découlant de son impartialité et de sa capacité d'adaptation aux nécessités de la Fédération. Elle serait en quelque sorte dans la position des institutions de régulation de toutes les démocraties du monde, qui ont dû gagner la confiance des acteurs (concurrents, consommateurs, juges, gouvernants) par leur neutralité, la pertinence de leurs actions et l'accroissement significatif de l'efficacité des secteurs pris en charge[89]. Cela dit, au cas où des blocages adviendraient, ils seraient jugulés par voie législative ou réglementaire. Les hypothèses les plus répandues en la matière restent : l'augmentation des domaines de compétence ou du nombre de conseillers, la diminution du budget de l'institution, l'appel à l'arbitrage du peuple par la voie du référendum... Quant aux avantages, ils pourraient aller du recadrage du *yùrùguyurugu* des politiques à la stabilisation de la nature phénoménale des manières d'être, au maintien et au renforcement des grands équilibres structurels. En quelques mots, il s'agirait d'une réappropriation des mécanismes de commandement exclusivement détenus par l'exécutif par le peuple.

Conclusion du chapitre premier

474. Portée et limites de nos propositions. – Cette exploration des potentialités que recèle l'application correcte de la proposition de Fédération par dissociation a le mérite de révéler que la mise des consciences individuelles au pas du monolithisme étatique reste l'une des pierres d'achoppement de la crise que traverse la République du Mali. D'une part, des experts et des acteurs occultent les thèses prônant la viabilité d'une reconnaissance constitutionnelle et maîtrisée de la pluralité des *formes de vie* qui occupent ce territoire. Or, comme l'avait précisé Émile GIRAUD,

[88] Cour constitutionnelle, « Arrêt n° 2012-001/CC/VACANCE du 10 avril 2012 relatif à la vacance de la Présidence de la République », *op. cit.*, p. 583-584.

[89] P. ROSANVALLON, *La légitimité démocratique : Impartialité, réflexivité, proximité*, Éditions du Seuil, Paris, 2008, p. 121-138.

l'enseignement reste l'une des principales clefs du progrès et du renouvellement de la conception occidentale de la souveraineté[90]. Le fait que le gouvernement continue de lier les institutions officielles par d'étranges conventions passées avec des interlocuteurs et cocontractants insolites n'étonne plus, bien que la légitimité et la nature juridique de ces derniers demeurent problématiques. Ces experts et acteurs paraissent plus attirés par l'appel du *yùrùguyurugu* politique qui se cache derrière les nombreux accords symboliques. D'autre part, ce camouflage des élites a, par voie réflexe, popularisé le rejet de la création des États-Unis du Mali à partir de la dissociation de l'État-nation. La population se montre insensible à la Fédération par dissociation et les gouvernants restent techniquement incapables d'imposer leur autorité sur l'ensemble du territoire.

C'est dans le but de pallier cette incohérence entre la *forme* de la société politique et la *vie* ordinaire du peuple qu'il serait parfaitement possible de remplacer l'État-nation inadapté et obsolète par les États-Unis du Mali, une Fédération bâtie sur l'unité historique du peuple et une bonne méthode de dissociation. Étant donné la distinction fondamentale entre pouvoir constituant originaire et dérivé, le concept de souveraineté a une connotation particulière au Mali. Nous avons essayé de prouver que l'accompagnement de cette volonté populaire par un aménagement endogène des institutions et des divers mécanismes juridiques serait susceptible de refonder l'unité du *compté-pour-un*.

Cela dit, si malheureusement les choses restent en l'état, il serait possible de substituer à l'État-nation de la transition la forme dans laquelle les anciennes colonies de l'AOF ont conquis leur indépendance, soit une Fédération par association. Même si cette hypothèse d'expansion du cadre fédéral semble peu probable, elle pourrait s'avérer être salutaire et pérenne à plusieurs égards. En effet, si toutes les organisations régionales faisaient de même, l'intégration africaine gagnerait en efficacité et le rêve initié par les pères fondateurs pourrait devenir réalité.

---

[90] É. GIRAUD, « Le rejet de l'idée de souveraineté : L'aspect juridique et l'aspect politique de la question », *op. cit.*, p. 257.

CHAPITRE SECOND :

La refondation des États-Unis d'Afrique par la Fédération par association

« Le Ghana a expliqué sa position en termes sans équivoques. Notre constitution républicaine prévoit l'abandon de notre souveraineté, tout ou partie, dans l'intérêt supérieur de l'unité africaine. La Guinée en a fait autant, ainsi que le Mali, la Tunisie et la R.A.U. [La République arabe unie] Chaque Africain décidera par lui-même quelle opinion est la plus progressiste et la plus réaliste, laquelle est totalement consacrée aux besoins pratiques et aux intérêts de l'Afrique, sans se laisser influencer par la peur de contraintes extérieures, laquelle, enfin, est l'écho de l'opinion africaine authentique. »

Kwame NKRUMAH[1]

475. L'inefficacité de l'unification du continent : l'oubli de la naissance précoloniale des sociétés politiques africaines. – L'ineffectivité de l'unification de l'Afrique et l'inefficacité des instruments d'intégration régionale et continentale sont des problèmes plus conceptuels que techniques. L'unité africaine ne fait pas sens en raison de l'incapacité de ses différents protagonistes à se souvenir de l'antériorité de leur passé précolonial et à tirer des conséquences concrètes de cette partie de l'histoire qu'ont en partage les sociétés politiques africaines. Il s'agit de ce que madame Mariam K. SIDIBÉ, l'ancienne secrétaire exécutive de la Communauté inter-États de lutte contre la sécheresse au Sahel, a identifié comme l'élément signifiant du besoin obsessionnel d'unité d'États pourtant réputés sans tradition démocratique ni culture de l'État de droit[2]. Selon cette

---

[1] K. NKRUMAH, *L'Afrique doit s'unir, op. cit.*, p. 176.

[2] M. K. SIDIBÉ, « Commentaire », dans : B. SANANKOUA (dir.), *Les États-nations face à l'intégration régionale en Afrique de l'Ouest : Le cas du Mali,* Éditions Karthala, Paris, 2007, p. 43-45.

dernière, il y aurait là en creux un trait commun à toutes ces sociétés : leur assise institutionnelle écartée de la pragmatique des mécanismes juridiques officiels pour des motifs stratégiques tenant aux intérêts égoïstes de certains États. La technicisation des chevilles ouvrières de l'émancipation du continent a réussi une prouesse que l'administration coloniale n'a pu réaliser durant l'occupation. Cette impuissance a aussi d'autres causes.

476. L'emprise idéologique. – S'il fallait établir une hiérarchie des obstacles à l'unité africaine, ce décalage historique viendrait en première place. L'occultation de l'ordinaire des rationalités originelles a empêché les architectes de l'unification de ressusciter et rendre fonctionnelle une *natte* d'intégration légitime et véritablement endogène liant gouvernants et gouvernés. L'absence de ce préalable vital a fait perdre aux projets d'intégration toutes leurs assises démocratiques. En effet, de l'Organisation de l'unité africaine (ci-après OUA)[3] à l'Union africaine (ci-après UA)[4], la partie occidentalisée des sociétés politiques et leurs collaborateurs étrangers restent les principales cibles et bénéficiaires des instruments du processus d'intégration. Cette omniprésence de l'Occident dépasse le cadre des matériaux, c'est-à-dire des éléments dont l'agglomération est censée déboucher sur l'unification totale du continent. Elle touche désormais les instruments, ce qui renvoie l'image d'une profusion des normes techniques et de divers standards occidentaux. À ce titre, cette hétéronomie relève en partie de la science politique, comme le révélaient Harold J. LASKI et le professeur Constance GREWE à travers le concept de fédéralisme coopératif[5]. Ce concept a été inventé dans l'entre-deux-guerres comme une sorte de moyen d'adaptation des diverses Fédérations existantes aux questions du moment, par la promotion empirique des formes originales d'association et de collaboration entre États membres. Il allait de pair avec la montée en puissance de l'État providence. Dans le cas de l'Afrique, ce modèle peut revêtir la forme d'une association classique d'États autour d'intérêts socio-économiques à partir d'une mémoire commune. Les protagonistes de l'intégration africaine sur la *natte des autres* ont toujours volontairement rattaché leur œuvre à l'universalité présumée – et aux qualités inhérentes à celle-ci – de certains instruments occidentaux

---

[3] cf. notamment : E. KODJO, « Préface de "Edmond Jouve : l'Organisation de [l'Unité] Africaine" (1984) » dans : *Vers un monde nouveau : Mélanges, textes et documents offerts au professeur Edmond Jouve*, Éditions Bruylant, Bruxelles, 2010, p. 919-925.

[4] cf. notamment : M. M. MBENGUE, O. O. ILLY, « La Communauté économique africaine », dans : A. A. YUSUF, F. OUGERGOUZ (dir.), *L'Union africaine : cadre juridique et institutionnel*, Éditions A. Pédone, Paris, 2013, p. 169-181.

[5] H. J. LASKI, *The Foundations of sovereignty and other essays,* Éditions New Haven: Yale University press, Connecticut, 1931, 317 p. Pour aller plus loin sur cette question et avoir une version plus contemporaine de cette question, conférer : C. GREWE-LEYMARIE, *Le fédéralisme coopératif en République fédérale d'Allemagne,* Éditions Economica, Paris, 1981, 233 p.

(Déclaration universelle des droits de l'homme, la Charte des Nations-Unies, etc.)[6]. De tels instruments sont insuffisants à fonder un processus fédératif.

Ces perturbations découlent principalement de la transformation de l'économie de marché en société de marché. En effet, le « principe de spécialité » de la Cour internationale de justice[7] qui caractérisait les institutions et instruments internationaux a volé en éclats. L'omniprésence de la rationalité économique occidentale a entraîné une omnicompétence des dispositifs d'intégrations initialement prévus pour la promotion de la croissance dans un contexte européen. Compte tenu de ces données factuelles, l'harmonisation des législations et espaces juridiques nationaux ne suffit plus. L'imputation de ces échecs aux seules considérations techniques, comme l'absence de culture démocratique ou de bonne gouvernance, dissimule en fait un acquiescement non assumé de l'héritage colonial. Ainsi, l'option pour une intégration respectant l'intangibilité des frontières issues des indépendances correspond à un mimétisme de la construction européenne[8]. Pire, il s'agit en quelque sorte d'une soumission inconsciente aux normes instituées par la Conférence de Berlin de 1885, qui ont doté l'Afrique d'un simple statut de marché, un continent d'opportunité composé de sujets sans maîtres à conquérir et à exploiter par l'Occident. Force est de reconnaître que même de nos jours, l'Afrique ne s'est pas émancipée de cette vocation qui lui a été assignée de manière autoritaire et hétéronome. Oui, l'Afrique ne s'est toujours pas donné les moyens de fonctionnement d'un Léviathan cohérent qui ne serait pas seulement mû par des considérations idéologiques.

477. Présentation de la solution proposée. – La révolution imaginée de permettrait de résorber l'ambivalence étymologique de ce concept en respectant notamment les avancées consenties depuis la pose de la première

---

[6] C'est notamment le cas de l'objectif numéro (e) de l'article 3 de l'Acte constitutif de l'Union africaine, qui précise que cette institution vise à « favoriser la coopération internationale, en tenant dûment compte de la charte des Nations-Unies et de la Déclaration universelle des droits de l'homme ; » l'équivalent de l'article 3 du Traité modifié de l'Union économique et monétaire ouest-africain ratifié par le Mali à travers le : décret n° 08-611/P-RM du 9 octobre 2008 portant ratification du Traité de l'Union monétaire ouest-africaine (UEMOA), signé à Ouagadougou (Burkina Faso), le 20 janvier 2007, *JORM* n° 2008-47 du 21 novembre 2008, p. 1843.

[7] Cour internationale de Justice, « La licéité de l'utilisation des armes nucléaires par un État dans un conflit armé », *Avis consultatif du 8 juillet 1996*, Recueil 1996, p. 79, § 25.

[8] Il est évidemment fait référence ici à jurisprudence née de la solution dégagée au conflit frontalier qui avait opposé le Mali de monsieur M. TRAORÉ au Burkina Faso de Th. SANKARA. Cour internationale de Justice, « Différend frontalier Burkina Faso c./République du Mali », *Arrêt du 22 décembre 1986*, Recueil 1986, p. 565-566, § 19. cf. également, Message envoyé le 24 décembre 1986 au président de la Chambre par Th. SANKARA le chef d'État et de gouvernement du Burkina Faso et le Message envoyé le 10 janvier 1987 au président de la Chambre par monsieur M. TRAORÉ, alors président de la République du Mali figurant dans Cour internationale de justice, « Réactions faisant suite à l'arrêt du 22 décembre 1986 en l'affaire du différend frontalier Burkina Faso/République du Mali », *Communiqué n° 87/1,* 16 janvier 1987, p. 2-4.

pierre d'unification de l'Afrique. En adoptant un point de vue pragmatique, il serait souhaitable d'envisager la dissolution des États-nations dans des Communautés économiques régionales (ci-après CER) transformées en États fédéraux **(Section 1)**. Ces préconisations sont donc complémentaires des précédentes et envisagent le fédéralisme comme la technique d'organisation qui pénètre mieux l'ensemble des rouages du « pouvoir africain »[9]. Ces CER converties en États fédéraux constitueraient les noyaux durs de la transition finale, celle de l'unification continentale **(Section 2)**.

SECTION 1 :
La transformation des CER en États fédéraux : la création des « blocs »

478. Explication et justification de la démarche proposée. – Ce qui est d'ordinaire nommé Union africaine est le résultat de l'addition de huit Communautés économiques régionales représentant les sous-régions géographiques du continent. Il s'agit en l'occurrence de la Communauté économique des États de l'Afrique de l'Ouest (CEDEAO), de l'Union du Maghreb arabe (UMA), de la Communauté d'Afrique de l'Est (CAE), de l'Autorité intergouvernementale pour le développement (IGAD), de la Communauté de développement de l'Afrique australe (SADC), du Marché commun de l'Afrique de l'Est et de l'Afrique australe (COMESA), de la Communauté économique des États de l'Afrique centrale (CEEAC) et enfin de la Communauté des États Sahélo-Sahariens (CEN-SAD). Ces organisations géographiques avaient initialement été créées comme des piliers de l'intégration économique continentale par le Traité d'Abuja du 3 juin 1991, établissant la Communauté économique africaine (ci-après CEA). Ces huit CER reconnus avaient pour mission de fournir le cadre général de l'intégration économique. Pourtant, une prise en considération du niveau des États et celui des normes constitutives de ces CER, fait apparaître que leurs objectifs sont plus stratégiques et moins ambitieux sur le plan de la géographie. Ces CER ont assuré la transition et assumé l'intérim de l'ONU qui s'était conjoncturellement désengagée de la gestion des questions sécuritaires du continent[10]. Ce thème se heurte à plusieurs problèmes qui tiennent à l'incompatibilité politique empêchant les divers niveaux

---

[9] cf. M. M. B. COULIBALY, *Mali : La nation trahie, op. cit.*, p. 78-89. ; J. ZIÉGLER, Le pouvoir africain : éléments d'une sociologie politique de l'Afrique noire et de sa diaspora aux Amériques, Éditions du Seuil, Paris, 1971, 233 p.

[10] Pour aller plus loin sur cette transition, ou mutation institutionnelle de la CEDEAO, cf. L. MVE ELLA, « Le rôle des organisations africaines dans la crise malienne », *Civitas europa n° 31 – La crise malienne au regard du Droit international, op. cit.*, p. 124-130.

d'intégration de s'emboîter correctement **(§1)** et à la mise en perspective permettant des avantages comparatifs de la révolution imaginée **(§2).**

§ 1 : L'incompatibilité conceptuelle entre le conservatisme de l'UA et le pragmatisme des CER

479. Explication et justification de la démarche proposée. – L'UA et les CER ont des objectifs et des méthodes différents et difficilement conciliables en l'état. Une simple référence aux textes constitutifs de ces institutions permet de le comprendre. L'OUA puis l'UA se sont construites dans une posture militante et non entéléchique : libérer le continent de la domination coloniale, renforcer la cohésion entre les sociétés politiques nouvellement créées et assurer l'effectivité des droits subjectifs universellement reconnus aux hommes. Cela explique la présence de nombreux paradoxes dans l'Acte constitutif de l'UA. Un rapide survol du préambule et de son article 3 permet d'appréhender l'antagonisme qu'elle recèle : unir les peuples et les États du continent en gardant intactes leurs singularités nationales et leur souveraineté[11]. Cette *insuffisance normative* s'est déportée sur le plan de la pratique institutionnelle pour former ce que nous avons décidé de nommer l'excès de délicatesse de l'UA **(A).** Les CER quant à elles se trouvent sur un tout autre registre : celui de l'efficacité politique et de l'efficience économique. La CEDEAO n'a pas hésité à préciser dans le préambule de son Traité révisé signé à Cotonou le 24 juillet 1993[12] que les chefs d'États et de gouvernement des États membres étaient bien conscients de consentir à un transfert partiel de souveraineté en faveur des institutions de la CER devant disposer de pouvoirs conséquents. Dans l'article 2 du même texte, il est prévu qu'elle deviendra l'unique Communauté économique de la sous-région qui contribuera à la réalisation des objectifs de la CEA. Les origines économiques de ces organisations et leurs tailles raisonnables leur ont donné la légitimité et l'efficacité nécessaires à la réalisation de leurs objectifs **(B).**

A/ L'excès de délicatesse de l'Union africaine ou l'omniprésence de la souveraineté politique des États-nations

480. Les ambiguïtés de la position de l'UA par rapport à la souveraineté des États membres. – Le passage de l'OUA à l'UA oblige

---

[11] L'Acte constitutif de cette nouvelle institution a été ratifié par la République du Mali à travers le : décret n° 00-390/P-RM du 11 août 2000 portant ratification de l'acte constitutif de l'Union africaine, signé à Lomé le 12 juillet 2000, *JORM* n° 2000-28 du 10 octobre 2000, p. 1112.

[12] Ce nouveau traité a été ratifié par la République du Mali à travers le : décret n° 94-182/P-RM du 26 mai 1994 portant ratification du Traité révisé de la CEDEAO, signé à Cotonou le 24 juillet 1993, *JORM* n° 1994-11 du 15 juin 1994, p. 364.

tout esprit circonspect à se questionner sur le véritable sens de cette *forme* nouvelle de la *vie* politique du continent. Il contraint le juriste – ou tout autre investigateur intéressé – à se demander si cette transition institutionnelle constitue une réponse au manque de pragmatisme de l'OUA ou une nouvelle déclaration de volonté politique seulement dotée d'une force symbolique. La différence entre ces deux institutions se situe dans le traitement réservé à la souveraineté des États membres. Comme il sera précisé ci-dessous, la réponse à cette interrogation fondamentale n'est pas aisée dans le cadre de l'UA en raison de l'excès de délicatesse dont elle est obligée de faire preuve dans son fonctionnement pour dépasser les contradictions de son statut. Selon le professeur Tiyanjana MALUWA, cette nouvelle forme d'unification des sociétés politiques africaines a, dès sa naissance, manqué d'égards à l'endroit de quelques-uns de ses principes fondamentaux : l'effectivité de la légitimité populaire et la fonction directive des normes constitutives[13].

481. Les racines profondes des problèmes de légitimité de l'UA : l'intégration de la *forme* sans la *vie* africaine. – D'une part, la participation citoyenne prévue par le quatrième principe de l'Acte constitutif de l'Union africaine n'a jamais vu le jour. D'autre part, le 5e Sommet extraordinaire de l'OUA qui s'est tenu à Syrte les 1er et 2 mars 2001 pour marquer le lancement de l'UA a confirmé sa nature phénoménale. En fait, la non-satisfaction de l'exigence d'un quorum des deux tiers prévu par l'article 28 de son Acte constitutif – qui imposait la ratification par au moins 36 des 54 États membres nécessaires à son entrée en vigueur du traité constitutif – n'a pas empêché la Conférence des chefs d'États et de gouvernements d'officialiser la naissance de l'Union africaine. L'UA a donc été établie sans aucune légitimité. À cette absence des peuples, s'ajoute le fait préoccupant de la non-représentativité de certaines des délégations présentes. Il est notamment fait allusion à Mouammar KADHAFI, pourtant instigateur de la redynamisation de l'intégration continentale à travers le remplacement de l'OUA par l'UA.

La rigueur du constat s'estompe en adoptant une posture moins radicale pouvant paraître décalée, à première vue, mais qui est justifiée par la nature de cette négociation internationale. La théorie de la relativité des énoncés du philosophe du langage John Langshaw AUSTIN, mise en lumière par le professeur Paul AMSELEK permet en effet d'appréhender cet acte de la Conférence de l'UA comme une déclaration performative politico-diplomatique[14]. C'est-à-dire une forme indirecte de commandement des conduites humaines dont la véracité ou la fausseté dépend principalement du niveau d'efficacité consenti par ses destinataires (les citoyens africains). En d'autres termes, ce consensus de façade résulte de l'accaparement indu de la

---

[13] T. MALUWA, « La transition de l'Organisation de l'Unité africaine à l'Union africaine », A. A. YUSUF ET F. OUGUERGOUZ (dir.), *op. cit.*, p. 35-56.
[14] P. AMSELEK, *Cheminements philosophiques...*, *op. cit.*, p. 287-292.

souveraineté des États-nations par les membres de la Conférence des chefs d'États et de gouvernements. La maîtrise de la personnalité morale des États-nations permet à ces derniers de préserver leurs sociétés politiques des conséquences juridiques de leur négligence coupable. Le seul problème qui résisterait à une telle analyse reste l'incompatibilité de cette attitude d'accaparement avec la nature occidentale de la *natte* choisie pour satisfaire les buts qui ont été assignés à cette jeune institution. La raison occidentale obéit à des règles spécifiques qui donnent du sens au *jeu* institutionnel de certaines organisations. Malheureusement pour l'intégration africaine, ce résultat ne peut être atteint dans son cas par le biais de recommandations sans conviction, ou l'occultation de la vocation normative d'une institution comme l'UA. L'éloignement des centres de décision de cette institution doit être compensé par une grande efficacité de ses outils de commandement pour qu'elle prenne place au centre de l'ordinaire de la vie des citoyens africains. L'observation de la méthode d'universalisation des objets techniques *occidentalocentrés* est éclairante en la matière.

482. Quelques paradoxes liés à cette posture. – Ce défaut de fabrication va prospérer comme un mauvais présage, car l'UA ne parvient toujours pas à transcender la souveraineté politique des États-nations dont elle tente d'unifier les marchés et les territoires. Cette absence de la dimension transnationale fait de l'UA la nouvelle enveloppe de la défunte OUA. Une simple référence à la gestion désastreuse de la crise burundaise générée par la délinquance constitutionnelle de monsieur Pierre NKURUNZIZA permet de prendre la mesure du phénomène : la volonté de l'UA consistant à unir des États sans aucune forme d'ingérence dans leurs affaires internes[15]. Ce politique burundais s'est ouvertement opposé au déploiement de 500 hommes programmé par le Conseil de paix et de sécurité de l'UA pour aider au rétablissement de la légalité constitutionnelle.

Cette prégnance des États dans le fonctionnement des mécanismes d'intégrations se fait également sentir dans la banalisation des diplomaties parallèles, qui n'hésitent plus à remplacer les circuits officiels par des organisations sous-régionales plus efficaces telles que l'OHADA ou l'UEMOA. Même si ces dernières n'ont pas été officiellement intériorisées par les mécanismes continentaux, elles restent les outils sous-régionaux les plus pertinents. C'est parce qu'elle abondait dans ce sens que la Cour de justice de l'UEMOA, par exemple, n'a pas hésité à rappeler, dans son avis du 18 mars 2003 relatif à la création d'une Cour des comptes au Mali, l'absolue primauté des normes communautaires sur l'ensemble des règles nationales disposées dans l'article 43 du Traité[16]. Cette juridiction a dû

---

[15] J. TILOUINE, « L'Union africaine affaiblie par son inaction », *Le Monde*, 16 juin 2016, p. 32.

[16] Cour de justice de l'UEMOA, « Avis n° 01/2003 du 18 mars 2003 relatif à la création d'une Cour des comptes au Mali », *Recueil de la jurisprudence de la Cour*, 01-2004, UEMOA, Ouagadougou, 2004, p. 67-74.

s'appuyer sur la forte légitimité des mécanismes de l'UEMOA pour proclamer et réclamer la supériorité des directives communautaires sur la Constitution malienne. Sans sa fétichisation populaire et l'adhésion sans faille des éléments nationaux, cette décision serait dépourvue de sa portée si significative pour l'intégration africaine. En réalité, cette jurisprudence de la Cour de justice de l'UEMOA n'est pas un fait isolé. Elle reflète la primauté du pragmatisme des unions économiques sous-régionales qui n'hésitent pas à se servir de la souveraineté économique de leurs États membres comme une arme permettant d'accéder à la direction de leurs volontés.

B/ La sacralisation de l'efficacité dans les CER : l'instrumentalisation de la souveraineté économique des États membres

483. Les origines coloniales de l'efficacité des CER : la consécration d'une *manière d'être* pragmatique. – La plupart des CER actuelles ont été créées par les colonisateurs occidentaux, qui cherchaient à rationaliser administrativement et économiquement leurs possessions sur le continent. C'est la raison pour laquelle, ils ont mis en réseau un certain nombre d'infrastructures. Cette interconnexion des marchés nationaux, qui devait garantir la prospérité, est devenue le moyen privilégié des États indépendants pour assurer leur croissance économique et politique. Cette dimension nettement stratégique des CER les a placé au cœur de la balkanisation du continent. L'efficacité de ces unions est ainsi devenue le point de convergence partagé par tous les niveaux politiques (États-nations, CER et UA). C'est en cherchant à pallier cette incohérence des États nouvellement indépendants que les CER vont séduire les gouvernants de ces États au point d'apparaître comme l'étape institutionnelle intermédiaire dans le processus de l'unification de l'Afrique. Ce choix d'intégration s'explique également, du moins en partie, par le pragmatisme dont elles ont toujours fait preuve dans leur fonctionnement. D'une part, une référence aux manœuvres communautaires ciblées et mobilisées par les organisations économiques ouest-africaines et les États limitrophes du Mali de Modibo KEÏTA évoquées dans les analyses sur la Zone franc peut être éclairante. D'autre part, c'est l'analyse des méthodes de gestion des crises sécuritaires par la CEDEAO qui pourrait donner une idée sur la manière dont cette CER pérennise son habitus pragmatique.

484. Pérennisation du pragmatisme des CER : cas de la gestion des crises sécuritaires par la CEDEAO. – La révision du Traité de la CEDEAO du 24 juillet 1993 à Cotonou a servi d'opportunité pour ses États membres d'instaurer le principe de la supranationalité des institutions communautaires clairement disposé dans l'article 5 de son statut. Plus récemment, la Commission a rappelé dans le Document-cadre de prévention des conflits de janvier 2008 que :

« [...] dans le cadre de la nouvelle vision stratégique de la CEDEAO, des mesures sont prises afin de transformer “la CEDEAO des États” en une “CEDEAO des Peuples” ; l’opposition entre souveraineté et supranationalité d’une part et entre sécurité des régimes et sécurité des personnes d’autre part, sera progressivement aplanie en faveur de la supranationalité et de la sécurité des personnes respectivement. Par conséquent, la société civile sera de plus en plus amenée à jouer un rôle crucial, aux côtés des États membres, dans le maintien et la défense de la paix et de la sécurité. Dans cet ordre d’idées, le principal rôle de la CEDEAO sera d’apporter son concours aux interventions créatives de désamorçage des conflits menées par les États membres et la société civile. »[17]

Contrairement à l’UA, la CEDEAO n’a aucun problème de positionnement face à la souveraineté de ses États membres. Son credo est celui de la subsidiarité et de l’efficience en toute matière. Cela consiste à laisser les sociétés politiques qui la composent assumer leurs responsabilités politico-économiques chaque fois qu’elles en sont capables et s’y substituer seulement le cas échéant. Elle joue un rôle de maître de l’exception des États qu’elle a sous son autorité. Ainsi, conformément aux prescriptions de l’article 58 du Traité révisé, elle a établi le Protocole relatif au mécanisme de prévention, de gestion, de règlement des conflits, de maintien de la paix et de la sécurité de décembre 1998 mis au goût du jour par le règlement de la Commission portant Document cadre de prévention des conflits de janvier 2008. Même si ces instruments ne permettent pas toujours d’atteindre le niveau de réactivité des États-nations, ils sont d’une efficacité considérable et rarement égalée sur le continent. Leur mobilisation dans la gestion de la crise multiforme qui a secoué la République du Mali en est l’illustration parfaite. Quand les émissaires (la délégation de haut niveau composée des six chefs d’États africains) n’ont pas pu atterrir à Bamako en raison des troubles constatés à l’aéroport, leur réponse a été à la hauteur de l’événement. Le mini-sommet d’urgence des chefs d’État et de gouvernement tenu à Abidjan le 29 mars 2012[18] a donné lieu à des sanctions plus dures que celles subies par la Première République du Mali quand ce dernier s’était retiré de la Zone franc pour créer sa propre monnaie. En effet, après avoir mis les membres de la CNRDRE face à leurs responsabilités concernant la sécurité d’Amadou Toumani TOURÉ, l’institution communautaire a encouragé les autres niveaux politiques (l’UA, l’UE et l’ONU) à serrer les rangs derrière elle pour défendre le retour à l’ordre constitutionnel et la défense de l’intégrité territoriale du Mali. Pour mettre toutes les chances de leur côté, ils ont isolé totalement le pays en mettant en

---

[17] Commission de la CEDEAO, Règlement MSC/REG.1/01/08 portant Document-cadre de prévention des conflits, CEDEAO, Abuja, janvier 2008, p. 6.

[18] Conférence de la CEDEAO, « Mini-sommet d’urgence des chefs d’État et de gouvernement de la CEDEAO sur la situation au Mali », *Communiqué de presse n° 092/2012*, CEDEAO, Abidjan, 2012, 5 p.

place à un blocus. Le recul du temps permet de reconnaître que la stratégie a été payante, étant donné qu'elle a fluidifié la transition qui avait complètement « emboîté le pas des godillots ». Sans cette instrumentalisation de la souveraineté économique, les *diseurs de droit* malien n'auraient pas obtenu le consensus qui a désamorcé la situation. Comme il a été fait remarquer dans les précédents commentaires de l'arrêt de la Cour constitutionnelle malienne du 10 avril 2012 relatif à la vacance de la présidence de la République[19], les Sages ont appliqué l'Accord-cadre de mise en œuvre de l'engagement solennel du 1er avril 2012 conclu entre le médiateur de la CEDEAO et le CNRDRE. Le fait de voir réapparaître cet acte – discutable dans une logique purement étatique – d'un point de vue communautaire change complètement la perspective. L'utilisation de cet Accord-cadre informel comme fondement juridique de l'arrêt des Gardiens de la Constitution malienne en fait un acte à la fois légitime et efficace dans la perspective d'une transformation des CER. Si les homologues de la CEDEAO parviennent à imposer leurs vues aux juges constitutionnels nationaux, c'est que les lignes des États-nations africains évoluent vers un Fédéralisme à la fois informel et originel.

§2 : Résolution des problèmes techniques par la transformation des CER en États fédéraux régionaux

485. Explication et justification de la démarche proposée. – Pour des raisons de clarté heuristique, nous tenons à rappeler que l'objectif visé ici n'est évidemment pas la remise en question brutale ou idéologique des acquis consentis en matière d'unification du continent. Il s'agit surtout de trouver des voies et moyens, autoréférentiels de préférence, pouvant les mettre au goût du jour. En d'autres termes, nous actualiserons d'anciennes solutions en les refondant au sein des CER transformées en Fédérations. Cette réadaptation des vieux sentiers vise à réconcilier les instruments d'intégration avec le pragmatisme et l'efficacité, qui touchent l'ensemble des institutions modernes. Dans cette optique, la transformation des CER en États fédéraux pourrait s'avérer opportune à plusieurs égards. Ainsi, les États-nations et les actuelles CER pourraient d'une part, facilement s'appuyer sur la règle du précédent originel des grands ensembles des indépendances – comme la Fédération du Mali qui devait regrouper les anciennes colonies de l'AOF **(A)** – sans reproduire les mêmes erreurs. D'autre part, cette refondation des États fédéraux sous-régionaux soulagerait les institutions communautaires du paradoxe inutile dû au manque de clarté dans la posture à tenir face à un héritage colonial omniprésent. La résurrection officielle de la question de l'union des sociétés politiques

[19] Cour constitutionnelle, « Arrêt n° 2012-001/CC/VACANCE du 10 avril 2012 relatif à la vacance de la Présidence de la République », *op. cit.*, p. 583.

africaines occidentalisées dans le cadre de la rationalité occidentale résoudrait sans doute un certain nombre de problèmes techniques qui nuisent à la viabilité de l'intégration du continent **(B)**.

A/ Refondation des États fédéraux régionaux : cas des États membres de la CEDEAO

486. Présentation de la faisabilité de la proposition : la convergence des sociétés politiques et de leur histoire. – La transformation des CER en Fédérations par association d'États envisagée reste un projet réalisable et presque en vigueur pour plusieurs raisons. D'une part, le partage de l'héritage traditionnel et colonial a créé des liens historiques assez forts entre ces États, qui les pérennisent à leur manière dans la configuration actuelle des CER et de l'UA. D'autre part, les Constitutions des États membres de ces institutions communautaires censées former le mur entre le national et l'international sont toutes ou presque[20] ouvertes à l'idée d'une Fédération par association. Au sein de la CEDEAO, par exemple, cette idée est clairement prévue dans les dispositions suivantes : articles 145, 148 et 149 de la Constitution béninoise du 11 décembre 1990 ; article 146 de la Constitution burkinabé du 27 janvier 1997 ; 3e alinéa de l'article 18 de la Constitution bissau-guinéenne du 16 mai 1984 ; article 133 de la Constitution nigérienne du 9 août 1999, etc. La non-exhaustivité de ces dispositions constitutionnelles est assez éloquente en soi. Néanmoins, le langage ne se suffisant pas à lui-même en matière de commandement des volitions individuelles, il a besoin de trouver une continuité dans les actes pour que la règle de droit remplisse sa mission de mécanisme artificiel visant l'encadrement des conduites humaines. Notre proposition de dynamisation de l'unification du continent par la mutation des CER se situe dans cette optique pragmatique. C'est également sur cette même voie que l'expérience éphémère de Fédération du Mali qui regroupait les pays de l'Afrique de l'Ouest pourrait être doublement utile aux autorités qui voudraient sortir ce continent de la balkanisation. En effet, cette tentative d'unification sous-régionale pourrait jouer à la fois le rôle d'un étalon de mesure à imiter et celui d'expérience à ne pas reproduire, sur un autre plan. Cette Fédération a laissé des traces juridiques et institutionnelles qui pourraient servir à la construction d'un avenir commun aux actuels États membres de la CEDEAO, au-delà de la marque qu'elle aura laissée dans l'histoire de l'intégration africaine. Pour le dire plus simplement, son espérance de vie assez brève n'a pas altéré ses avantages heuristiques.

---

[20] Comme à son habitude c'est la Côte d'Ivoire qui constitue l'exception à cette règle. La formulation des deux articles du titre XIII de sa Constitution du 23 juillet 2000 laisse entrevoir sa volonté d'adhésion à une association d'États tout en conservant certains éléments de sa souveraineté nationale.

487. Mise en perspective de la Constitution fédérale envisagée : l'apport de la Fédération du Mali. – Comme toute institution moderne, la principale source normative de la CEDEAO transformée en Fédération serait sa Constitution. L'élaboration de cette dernière ne devrait pas poser de problèmes majeurs pour deux raisons essentielles. La première serait de l'ordre de sa légitimité : l'ouverture des dispositions constitutionnelles précitées montre que cette Constitution fédérale n'aurait aucun mal à accéder aux volitions étatiques. Quant à la seconde difficulté, d'ordre matériel, la Constitution pourrait s'inspirer de la défunte Fédération du Mali. Au même titre que cette dernière, la singularité de sa Constitution résiderait dans son positionnement par rapport à la souveraineté de ses membres. La Fédération du Mali se démarquait des pactes fédératifs ordinaires par son antériorité à la naissance officielle des États qu'elle regroupait. En effet, quand l'idée de sa création a commencé à germer, les critères d'identification des sociétés politiques qui en ont été membres n'étaient pas la souveraineté, du moins dans sa conception endogène ou entéléchique. Ces sociétés politiques étaient *sous le jet* de la puissance coloniale, pour qui la seule entité significative restait à l'époque l'AOF dont sont issus la plupart des actuels États membres de la CEDEAO. Ce serait donc un retour salutaire aux sources que d'étendre le projet de Fédération envisagé aux membres de cette CER qui ne faisaient pas partie de l'AOF.

Il s'agirait ainsi de remplacer l'ancienne puissance coloniale par une CEDEAO transformée qui deviendra de façon inédite la maîtresse de l'exception locale. Dans cette optique, les nombreux *airs de famille* déjà partagés par la forme actuelle de la CEDEAO et les autres CER reconnues et acceptées par l'UA épauleraient la démarche. De fait, les nouvelles conditions des échanges politiques ne se feraient plus sur une *natte* exogène et technocratique comme sous l'ère de la communauté économique. La maîtrise de l'exception fédérale serait désormais fondée sur le souci de la construction d'une solidarité reposant sur la liberté et la double appartenance disposées dans l'article 2 de la Constitution de la défunte Fédération du Mali[21], l'équivalent de l'article 5 du Traité révisé de la CEDEAO. Le respect scrupuleux de ce principe fédéral permettrait aux niveaux politiques inférieurs, composés par les États et leurs collectivités territoriales actuelles, d'avoir une liberté et une autonomie de la décision encadrées par des normes et institutions fédérales. Cet équilibre savant pourrait être atteint grâce à une inversion de la logique de la représentation politique non représentative qui prévalait au sein de la Fédération du Mali. L'article 3 de sa Constitution imposait la représentation nationale, qui était mise au même niveau que la démocratie. Ce choix discutable peut être évité grâce à l'intégration effective

[21] Loi constitutionnelle n° 60-11 du 18 juin 1960 modifiant les dispositions de la Constitution de la Fédération du Mali votée par l'Assemblée constituante fédérale le 17 janvier 1959 et la loi n° 59-5 du 22 avril 1959 de l'Assemblée fédérale, *JORM* n° 1960-59 du 15 juillet 1960, p. 539.

et opérative du concept de peuple souverain. La souveraineté ne devrait pas y être le matériel que des seuls interprètes authentiques de la Fédération et des États fédérés. Pour illustration, cette mobilisation du peuple fédéral permettrait de juguler des crises d'interprétations semblables à celle qui a eu raison de la Fédération du Mali. Elle pourrait également éviter l'accaparement de la volonté souveraine par une institution comme il est souvent reproché aux Sages de la Cour suprême des États-Unis d'Amérique. Pour ce faire, il serait opportun de prévoir une large accessibilité au peuple par la consécration des référendums d'initiative minoritaire. La conciliation du gouvernement de la majorité démocratique avec l'émancipation des sensibilités différentes deviendrait perceptible, ce qui dynamisera la démocratie fédérale et l'État de droit. Quand la voie des urnes n'est pas ouverte aux opposants, celle du juge reste le moyen de contestation préféré. En plus des conflits politiques internes, cette rationalisation de la CEDEAO et des autres CER pourrait régler un certain nombre de problèmes liés à la technicisation des mécanismes de commandement.

B/ La légitimation des normes et institutions communautaires par la refondation des États fédéraux

488. Restitution des problèmes de légitimité dans leur cadre institutionnel. – Certaines décisions et méthodes des actuelles CER sont largement contestées en raison de leurs origines technocratiques. Ce dernier concept doit être compris ici comme désignant l'éloignement théorique et géographique des dirigeants et des procédés communautaires. Comme relevé plus haut, cette tare génétique ne peut être compensée que par le renforcement de l'efficacité, voire de l'efficience, des outils d'encadrement des conduites humaines. Dans cette optique, l'édification des Fédérations régionales pourrait être porteuse d'un certain nombre de solutions. Il est par exemple possible d'observer dans le cadre de la CEDEAO un système de commandement à deux niveaux qui parasite et vide la supranationalité de cette CER de toute sa substance. D'une part, les institutions régionales fonctionnent comme des maîtresses de l'exception dans leurs domaines réservés et d'autre part les États membres exercent également leur souveraineté comme s'ils n'avaient pas consenti à la supraconstitutionalité des règles et institutions communautaires. Les citoyens – c'est-à-dire les seules personnes visées par ces normes et institutions – sont les premières victimes de cette construction politique à deux vitesses. Ils sont en quelque sorte entre le marteau de la technocratie communautaire et l'enclume de la souveraineté populaire ou nationale détenue par les États membres. Une référence aux précisions données par monsieur Ousmane Oumarou SIDIBÉ aide à comprendre que :

> « au niveau de la CEDEAO, le poids des États membres est tel que le secrétariat exécutif apparaît comme un simple organe technico-administratif,

confiné dans des tâches subalternes. Dans ces conditions, il est clair qu'il ne peut pas jouer le rôle de moteur de l'intégration régionale pourtant attendu de lui par les citoyens de la région, et paradoxalement par les chefs d'État eux-mêmes. La prépondérance des intérêts nationaux est encore renforcée par la règle du consensus qui apparaît davantage comme une "disposition de sûreté" assurant le conditionnement des actes de l'organisation par les souverainetés nationales. Cette règle réduit en effet considérablement la capacité d'impulsion et d'innovation des instances communautaires. »[22]

489. Présentation des illustrations jurisprudentielles des problèmes et mise en perspective des solutions proposées. – L'absence de coordination de ces deux niveaux de commandement, constitués par la légitimité politique endogène et la rationalité technique hétéronome, nuit gravement à l'efficacité des normes et instruments communautaires. Une référence à deux arrêts de principe de la Cour de justice de la CEDEAO aide à prendre la mesure de ce problème et par voie de conséquence à mettre en perspective ce qu'apporterait notre proposition de transformation des CER en États fédéraux régionaux. Il s'agit d'une part, de l'arrêt du 5 novembre 2013 opposant Hissein HABRÉ, l'ancien dictateur tchadien, à la République du Sénégal[23] ; et d'autre part, du contentieux du 22 février 2013 ayant confronté madame Simone EHIVET et monsieur Michel GBAGBO, l'ex première dame ivoirienne et son beau-fils, à l'État ivoirien[24]. Comme l'a précisé la Cour, le premier différend portait sur :

> « — l'appréciation de la validité de l'Accord conclu entre la République du Sénégal et l'Union africaine ainsi que du Statut qui y est annexé au sujet de la création des Chambres Extraordinaires Africaines au sein des juridictions sénégalaises pour juger et punir les auteurs des crimes internationaux commis au Tchad entre le 7 juin 1982 et le 1er décembre 1990,
> – l'appréciation de leur compatibilité et de celle des mesures subséquentes prises par la République du Sénégal dans le cadre de leur mise en œuvre avec les engagements communautaires du Sénégal notamment l'obligation de respecter l'arrêt de la Cour de céans du 18 novembre 2010 et les droits de l'homme sur son territoire, d'une part
> – L'existence de vices affectant la mise en place des Chambres Extraordinaires Africaines, d'autre part. »[25]

Quant au second, la juridiction communautaire devait se prononcer sur la légalité de l'arrestation et de la détention des membres de l'ancienne famille

---

[22] O. O. SIDIBÉ, « L'intégration en Afrique de l'Ouest : Évolution des questions institutionnelles et politiques », dans : B. SANANKOUA (dir.), *Les États-nations face à l'intégration régionale en Afrique de l'Ouest : Le cas du Mali, op. cit.*, p. 33-34.

[23] Cour de justice de la CEDEAO, « Arrêt n° ECW/CCJ/RUL/05/13 du 5 novembre 2013, Hissein HABRÉ c./Sénégal », *Rôle général n° ECW/CCJ/APP/11/13*, Abuja, 2013, 17 p.

[24] Cour de justice de la CEDEAO, « Arrêt n° ECW/CCJ/JUD/03/13 du 22 février 2013, Simone EHIVET et Michel GBAGBO c./Côte d'Ivoire », *Rôle général n° ECW/CCJ/APP/18/11,* Abuja, 2013, 30 p.

[25] Cour de justice de la CEDEAO, « Arrêt n° ECW/CCJ/RUL/05/13 du 5 novembre 2013, Hissein HABRÉ c./Sénégal », *op. cit.*, p. 12-13.

présidentielle ivoirienne. Elle devait vérifier que les autorités de la transition ivoirienne avaient correctement concilié la maîtrise de l'exception occasionnée par la crise de légitimité politique avec l'effectivité des droits et libertés fondamentaux des requérants.

Il est vrai qu'au premier abord, ces deux affaires peuvent paraître n'avoir aucun trait commun. Comme il sera précisé ci-dessous, il n'en est rien. Il y a en réalité entre elles une connexité logique qui sera démontrée grâce à une analyse détaillée du premier contentieux avant de poursuivre avec le second. La particularité de ces cas tient à l'inefficacité de l'intervention de la juridiction communautaire s'inscrivant pourtant dans une posture normativiste et supranationale louable. Ces jurisprudences révèlent la raison pour laquelle les deux ordres ne parviennent pas à s'imbriquer : l'insuffisance de la place réservée aux règles juridiques dans ces sociétés politiques. Quand les prescriptions institutionnelles sont correctement respectées, le système fonctionne correctement.

490. Analyse de la première affaire. – La première jurisprudence fait transparaître des problèmes de préséance entre le politique et le juridique. Elle montre, d'une part, la manière dont le premier cité maîtrise le second par une sélection stratégique de la qualité des requérants. D'autre part, elle illustre comment les politiques locaux se placent en dehors de la hiérarchie des normes quand les décisions juridiques ne vont pas dans le sens de leurs intérêts contingents. Ces problèmes de compétence sont en tous points analogues à ceux évoqués plus haut à propos du juge constitutionnel malien. En effet, dans un arrêt du 18 novembre 2010, la Cour de justice de la CEDEAO avait constaté l'existence de probables indices concordants de nature à porter atteinte aux droits de l'homme dans le cas d'Hissein HABRÉ[26]. Cela a conduit cette dernière à rappeler aux dirigeants sénégalais leur obligation de respect absolu de l'autorité de la chose jugée des juridictions nationales et du principe de non-rétroactivité. La légitimité de cette décision régionale n'a pourtant pas empêché le président de la République sénégalaise de faire réassigner le prévenu devant un tribunal *ad hoc* « au nom de l'Afrique » avec un mandat de l'Union africaine. Quand la juridiction communautaire a été saisie une nouvelle fois par monsieur HABRÉ, elle a rappelé le cadre restrictif dans lequel elle se trouvait en matière d'exécution de ces décisions, avant de déclarer la demande irrecevable en ces termes :

> « Attendu qu'en ce qui concerne l'inexécution par la République du Sénégal des décisions rendues par la Cour de Céans les 14 mai et 18 novembre 2010 dans l'Affaire Hissein Habré c/République du Sénégal, la Cour rappelle, comme elle l'a déjà souligné dans l'Affaire Karim Wade c/République du Sénégal, que le contentieux de l'exécution des décisions de la Cour obéit à

[26] Cour de justice de la CEDEAO, « Arrêt n° ECW/CCJ/JUD/06/10 du 18 novembre 2010, Hissein HABRÉ c./Sénégal », *Rôle général n° ECW/CCJ/APP/07/08*, Abuja, 2010, 14 p.

une procédure spécifique définie par l'article 15 de l'Acte Additionnel du 17 février 2012 ; qu'aux termes de cet article, la requête tendant à déterminer si un État Membre s'est conformé ou non à une décision de la Cour relève de l'examen des manquements des Etats Membres à leurs obligations envers la Communauté et ne peut être introduite que par les Etats Membres ou le Président de la Commission conformément à l'article 10 du Protocole Additionnel du 19 janvier 2005. La Cour estime dès lors que le recours introduit par une personne physique ou morale autres que ceux prévus par ce texte contre une de ses décisions est, pour le motif sus-évoqué, irrecevable. »[27]

Au-delà du passé douteux du requérant, ce contentieux lève le voile sur l'un des problèmes majeurs de la gouvernance des sociétés politiques africaines. Les chefs de ces dernières créent des institutions ambitieuses qui n'ont malgré tout aucune répercussion significative dans leur mode de commandement et dans la vie de leurs concitoyens. Si la même chose advenait dans le cadre de la CEDEAO transformée, ce problème aurait une autre issue, car le fédéralisme constitue par lui-même un changement dans les structures élémentaires de la société politique. D'abord, la Cour de justice n'aurait plus besoin des États membres pour assurer l'effectivité de ses arrêts. Ensuite, le non-respect de la force exécutoire de ses décisions pourrait recevoir une qualification et aurait des incidences sociales plus graves. Enfin, l'interdépendance des intérêts du politique et du juridique qui résulte de la structure fédérale entraînerait à son tour une réciprocité de la légitimité garantissant la primauté du droit sur le politique. Les dirigeants et les prétendants à la chefferie n'auraient d'autre choix que de respecter les principes de la modernité étatique afin d'accéder aux commandes des volontés individuelles.

491. Le prolongement logique de la première affaire dans le second contentieux. – La pertinence de ces dernières analyses est confirmée par la seconde jurisprudence plus démonstrative des dérives et des avancées alléguées ci-dessus. En l'espèce, la Cour communautaire a écarté les circonstances de fait et de droit invoquées par l'État ivoirien pour justifier les nombreuses irrégularités de l'arrestation et des conditions de détention de monsieur Michel GBAGBO. Rappelons qu'au titre des arguments de droit contestés par la juridiction communautaire figurait la portée de l'arrêt n° 2011-EP-36 du 4 mai 2011 du Conseil constitutionnel ivoirien qui assurait avoir : « [pris] acte des décisions prises par le Président Alassane Ouattara et les [a déclaré] valides »[28]. Il s'agit là de la remise en cause de l'interprétation des organes investis par la Constitution ivoirienne du fait d'une institution supranationale dont le champ opératoire de la décision ne dépasse pas le seul monde du droit communautaire. La référence au monde du droit n'est pas

---

[27] *Ibid.*, p. 14.

[28] Cour de justice de la CEDEAO, « Arrêt n° ECW/CCJ/JUD/03/13 du 22 février 2013, Simone EHIVET et Michel GBAGBO *c.*/Côte d'Ivoire », *op. cit.*, p. 23.

neutre[29]. Elle procède du dédoublement de l'univers de la pratique juridique locale. Le monde du droit n'a jamais vu naître le décret d'assignation du prévenu évoqué par l'État ivoirien qui a fonctionné en parfaite autarcie et sur le fondement de la seule légitimité politique[30]. La principale pierre d'achoppement reste ici le hiatus entre cette manière de faire contestable et les règles constitutives de ce monde de la normativité.

Par ailleurs, l'inefficacité de cette décision – comme celle de la première – prouve que le problème ne pouvait pas être résorbé en l'état, c'est-à-dire avec l'accaparement de la souveraineté par les États membres. Au mieux, il aurait fallu ouvrir le champ de la saisine de la Cour à des personnes physiques lésées par l'inexécution de ses arrêts. Cela aurait certainement résolu le premier contentieux, mais pas le second. Les autorités ivoiriennes ont neutralisé la portée de la décision communautaire en poursuivant le requérant pour d'autres chefs d'accusation. La même Cour a conclu son raisonnement par le dispositif suivant : « Monsieur Michel Gbagbo étant inculpé et détenu devant les juridictions nationales pour d'autres causes, la Cour ne peut faire droit à sa demande de mise en liberté »[31]. À la lumière de ces analyses, nous devons admettre que l'intégration des États-nations dans des CER souveraines reste la meilleure des options dont disposent les Africains pour s'unir par des normes et institutions légitimes et efficaces.

SECTION 2 :
La réalisation des aspirations de « l'Agenda 63 » par l'intégration des fédérations régionales

492. La nécessité d'une réconciliation de l'intégration africaine avec des objectifs ambitieux et pragmatiques. – Après l'échec de l'OUA de la coopération étatique et celui de la stratégie d'intégration en cinq étapes successives de la CEA[32], la Commission de l'UA a adopté, lors du cinquantième anniversaire de l'établissement de l'OUA en mai 2013, « l'Agenda 2063 ». Ce document pose les fondations d'une vision ambitieuse, presque idyllique, du continent sur les cinquante prochaines années. Pour donner toutes les chances de réussite à ce projet, la Commission de l'UA l'a doté du premier plan décennal de son existence. Il doit couvrir les objectifs du cadre stratégique commun pour une croissance

[29] Pour plus d'informations sur ce concept, cf. V. PETEV, « Réalité juridique », dans : A.-J. ARNAUD (dir.), *Dictionnaire encyclopédique de théorie et de sociologie du droit, op. cit.*, p. 513-515.
[30] *Ibid.*, p. 22.
[31] *Ibid.*, p. 30.
[32] M. M. MBENGUE, O. O. ILLY, « La Communauté économique africaine », *op. cit.*, p. 169-181.

inclusive et un développement durable pour la période 2014-2023 ; et les sept aspirations fondamentales suivantes ont été énoncées :

> « 1. Aspiration 1 : Une Afrique prospère portée par une croissance inclusive et le développement durable ; 2 Aspiration 2 : Un continent intégré, politiquement uni et fondé sur les idéaux du Panafricanisme et la Vision de la Renaissance africaine ; 3 Aspiration 3 : Une Afrique de bonne gouvernance, de respect des droits de l'homme, de justice et d'État de droit ; 4 Aspiration 4 : Une Afrique en paix et en sécurité ; 5 Aspiration 5 : Une Afrique d'identité culturelle forte, avec des valeurs, une éthique et un patrimoine communs ; 6 Aspiration 6 : Une Afrique dont le développement est assuré par les peuples, puisant dans le potentiel de ses peuples, en particulier les femmes et les jeunes et se préoccupant de ses enfants ; 7 Aspiration 7 : une Afrique, en tant qu'acteur et partenaire fort, uni, résilient et influent dans le monde »[33].

La proposition d'un schéma d'intégration pragmatique fondé sur des CER transformées en Fédérations par association vise à assurer l'effectivité et la pérennité de ces objectifs ambitieux. Il serait simpliste de croire que la réalisation de l'union africaine pourrait se faire par la simple coordination des normes et des espaces des États-nations et des CER après leur nivellement technique. Comme il a été vu tout au long de ce travail, la direction des conduites humaines passe par la reconnaissance d'une légitimité des chefs qui ne peut elle-même découler de la simple édiction de normes juridiques. En effet, l'adhésion des consciences nécessite des stratégies qui ne peuvent se déployer dans un cadre purement technocratique ou légal-rationnel. À l'image de tous les ordres symboliques, l'UA aura besoin de racines « autoritaires » pour transformer la vue de l'esprit qu'est « l'Agenda 2063 » en actes institutionnels légitimes. C'est sans aucun doute la maîtrise de l'exception dans les inconscients collectifs qui lui permettra de fondre ce projet dans le décor continental. La finalisation de l'émancipation qui a commencé dans le cadre des sociétés politiques africaines **(§1)** et la réhabilitation de la personnalité africaine dans le monde **(§2)** constituent le prix à payer pour que les vœux exprimés dans l'Agenda 2063 deviennent des éléments d'une réalité africaine opérative et pérenne.

§ 1 : La finalisation de l'émancipation des sociétés politiques africaines

493. Indépendance africaine et unification du continent : deux réalités inséparables. – Les dispositions du préambule de l'Acte constitutif de l'Union africaine montrent que le panafricanisme des pères fondateurs initié par la création de l'OUA vise inlassablement à l'édification d'une

[33] Commission de l'UA, « Premier plan décennal de mise en œuvre 2014-2023 du Cadre stratégique commun pour une croissance inclusive et un développement durable », dans : *Agenda 2063 : L'Afrique que nous voulons*, Addis-Abeba, septembre 2015, p. 18.

identité commune de l'Afrique, à l'affirmation d'une singularité caractéristique des citoyens du continent. C'est la raison pour laquelle, les constituants de l'UA ont commencé par rendre un vibrant hommage aux pionniers des indépendances qui ont particulièrement lutté pour la libération politique et économique de leurs Républiques respectives et de l'Afrique en général dans les quatre premiers alinéas du préambule. Ils ont par la suite reconnu la nécessité vitale de la réconciliation du panafricanisme de l'UA avec l'efficacité et le pragmatisme caractéristiques des institutions modernes. Cette concrétisation de l'intégration africaine peut se réaliser par la recontinentalisation de la maîtrise de l'exception **(A),** qui formerait le début d'une réconciliation pérenne entre la *forme* des sociétés politiques locales et la *vie* des peuples **(B)**.

A/ La recontinentalisation de la maîtrise des exceptions souveraines

494. Une finalisation de l'indépendance africaine. – Comme il a déjà été prouvé, l'hétéronomie des États labellisés africains est une évidence. Il est même possible de parler de normalisation du mimétisme dans les sociétés politiques anciennement colonisées par des pays de tradition civiliste. Ce phénomène a été aggravé par la technicisation des règles mondialisées. La convergence de ces facteurs défavorables a conduit les Africains au repli vers des mécanismes politico-juridiques plus légitimes et plus efficaces à leurs yeux. Cette omniprésence de l'Autre a également fait perdre de vue les préceptes du panafricanisme des fondateurs : les outils d'intégration sont devenus de ce fait des instruments d'asservissement technique. Au lieu de chercher à créer une singularité continentale, ils ont contribué à renforcer des systèmes de commandement et de fonctionnement parallèles, comme l'économie informelle ou les modes alternatifs de règlement des conflits. Ce problème de coordination entre la *forme* des mécanismes de commandement et la *vie* africaine est l'une des principales clefs du problème et la cause principale de l'absence de maîtrise de l'exception dans ces sociétés politiques. Une simple référence aux deux derniers arrêts de la Cour de justice de la CEDEAO analysés ci-dessus suffit pour comprendre l'existence d'une réelle volonté de l'UA de réimplanter la souveraineté de l'Afrique en son sein.

495. Illustration jurisprudentielle des perspectives offertes par la méthode d'intégration continentale proposée : le cas d'Hissein HABRÉ. – Concernant cette affaire, l'accord du 22 août 2012 conclu entre le Sénégal et l'UA, fixant les conditions de création et de fonctionnement de la juridiction *ad hoc* chargée de son jugement, peut paraître plus politique que juridique au niveau national ou régional. En effet, comme l'a affirmé madame Aminata TOURÉ, ministre de la Justice du Sénégal, « cet accord est l'expression d'une volonté politique »[34]. Cependant, la perspective change complètement au niveau continental, car cette délégation de compétence de l'UA à l'État sénégalais apparaît dans sa nature véritablement juridique. Pour le juge communautaire, cet accord avait donné un mandat universel aux dirigeants sénégalais dont les agissements avaient acquis une dimension internationale. C'est la raison pour laquelle la Cour de justice de la CEDEAO a clairement rappelé que :

> « Pour la Cour, les Chambres Extraordinaires Africaines, même si elles ont été créées au sein des juridictions nationales sénégalaises, n'ont pas moins un caractère international du fait de leur mode de création d'une part (Accord international) et leurs règles propres de fonctionnement différentes de celles des juridictions nationales sénégalaises (statut des Chambres), d'autre part ; que l'existence sur un territoire national (en l'espèce le Sénégal) et la composition du moins partielle au sein de ces Chambres de juges nationaux (Sénégalais en l'occurrence) n'enlèvent en rien à ces juridictions leur caractère international, que, dès lors, la Cour estime que l'Accord international qui a créé les Chambres Extraordinaires Africaines et leurs propres règles de fonctionnement déterminées dans leur statut confèrent à celles-ci un caractère international. »[35]

Il y a, sans aucun doute, une invraisemblance dans cette posture de la Cour de justice de la CEDEAO, qui avait imposé le respect de l'autorité de la chose jugée aux dirigeants sénégalais dans l'arrêt du 18 novembre 2010 précité[36]. Selon nous, l'arraisonnement et la direction des volontés africaines et occidentales reste la seule explication valable. En effet, les juges communautaires avaient compris que les enjeux de cette affaire dépassaient le conflit normatif. Le Royaume de Belgique avait obtenu de la Cour internationale de justice le constat d'un manquement du Sénégal à l'obligation prévue dans le premier paragraphe de l'article 7 de la Convention des Nations-Unies contre la torture et autres peines ou traitements cruels, inhumains ou dégradants du 10 décembre 1984. Cela a conduit les membres de cette juridiction à juger à l'unanimité que : « la République du Sénégal doit, sans autre délai, soumettre le cas de M. Hissène Habré à ses autorités compétentes pour l'exercice de l'action pénale, si elle ne l'extrade pas. »[37] Ils avaient donc compris que ce cas pouvait en réalité porter le message d'autodétermination que des institutions nationales et continentales souhaitaient envoyer au monde : celui de la volonté de

---

[34] Pour aller plus loin sur cette question cf. S. MAUPAS, « Le cas Habré marque un tournant pour la justice en Afrique : L'ancien président tchadien sera jugé au Sénégal par un tribunal spécial africain », *Le Monde,* 25 août 2012, p. 4.

[35] Cour de justice de la CEDEAO, « Arrêt n° ECW/CCJ/RUL/05/13 du 5 novembre 2013, Hissein HABRÉ c./Sénégal », *op. cit.,* p. 15.

[36] Cour de justice de la CEDEAO, « Arrêt n° ECW/CCJ/JUD/06/10 du 18 novembre 2010, Hissein HABRÉ c./Sénégal », *op. cit.,* p. 13.

[37] Cour internationale de Justice, *Questions concernant l'obligation de poursuivre ou d'extrader (Belgique c./Sénégal),* arrêt du 20 juillet 2012, Recueil 2012, p. 461-463 (§118-122).

réappropriation de la maîtrise de l'exception africaine par les institutions africaines. C'est d'ailleurs pour cette raison que le mandat d'arrêt international du 19 septembre 2005 émis par un juge belge contre monsieur HABRÉ pour crimes contre l'humanité, crimes de guerre et actes de torture, ainsi que la demande de son extradition n'ont pas été suivis d'effets par le Sénégal qui a opéré selon son propre calendrier. Ces derniers éléments éclairent ce passage étrange de la décision de la Cour de justice de la CEDEAO qui avait dit au sujet de l'État sénégalais : « que le mandat reçu de l'Union africaine lui confère plutôt une mission de conception et de suggestion de toutes modalités propres à poursuivre et faire juger dans le cadre strict d'une procédure spéciale ad hoc à caractère international telle que pratiquée en Droit international par toutes les Nations civilisées »[38]. Cette référence aux « Nations civilisées » n'est évidemment pas une figure de style. Elle signifie que l'intégration continentale est actuellement à l'image des différents protagonistes de cette affaire (le Sénégal, le Tchad et l'UA). Pour le dire plus simplement, elle est en quête de souveraineté. Elle prouve, en outre, que les Africains ne veulent plus se fonder sur une conception mimétique ou hétéronome de la souveraineté pour résoudre des contentieux politiquement sensibles.

496. Illustration jurisprudentielle des perspectives offertes par la méthode d'intégration continentale proposée : le cas de madame Simone GBAGBO. – Comme démontré plus haut, la coordination de ces différents niveaux de commandement n'a pu avoir lieu qu'au prix du sacrifice de certains droits subjectifs d'Hissein HABRÉ. Il a fallu que la Cour de justice de la CEDEAO recommande une conduite à l'État sénégalais, dans une réserve d'interprétation, pour que son raisonnement conserve un semblant de logique. Les institutions d'unification pourraient facilement soutenir cette tentative de réappropriation de la maîtrise de l'exception – voire la faire prospérer – dans le cadre de l'intégration que nous proposons. Le déplacement du curseur de la souveraineté du niveau de l'État-nation à celui des Fédérations régionales éviterait de semblables entorses à la pratique juridique communautaire. Une simple référence au contentieux du 22 février 2013 ayant confronté madame Simone EHIVET et monsieur Michel GBAGBO à l'État ivoirien permet d'en prendre la teneur. En effet, dans l'esprit de la jurisprudence communautaire, madame GBAGBO devait bénéficier du traitement réservé à son époux, c'est-à-dire être traduite devant la Cour pénale internationale[39]. L'autorité de chose jugée revêtue par les

---

[38] Cour de justice de la CEDEAO, « Arrêt n° ECW/CCJ/RUL/05/13 du 5 novembre 2013, Hissein HABRÉ c./Sénégal », *op. cit.*, p. 13.

[39] Il a été précisé que : « 24. La Cour rappelle que saisie d'une requête par Monsieur Laurent Gbagbo en rapport avec lesdits événements et en considérant le transfèrement de celui-ci à La Haye en exécution du mandat d'arrêt émis par la Chambre préliminaire III de la Cour Pénale Internationale, elle a rendu l'Arrêt du 23 mars 2012.

paragraphes 19 à 27 de la décision consacrés à la situation de madame GBAGBO consécutive au mandat d'arrêt émis contre elle par la CPI n'a pas empêché les autorités ivoiriennes de la traduire devant des juridictions nationales plus qu'équivoques[40]. La mise en œuvre correcte de notre schéma d'intégration permettrait d'éviter de tels échecs pour les institutions nationales et pour la justice communautaire. Étant donné que les problèmes de légitimité que pose l'État ivoirien n'existeraient plus dans la configuration nouvelle, les Africains pourront recouvrer la confiance en leurs systèmes de commandement respectifs. Ils pourraient ainsi ouvrir la voie à une réconciliation pérenne – et peut être endogène par la suite – entre la *forme* et la *vie* de leurs sociétés politiques.

B/ La réconciliation de la forme des sociétés politiques locales avec la vie du peuple

497. Rappel de la place fondamentale occupée par ce dessein dans les indépendances nationales. – Comme évoqué à de nombreuses reprises dans cette étude, l'émancipation pensée par les fondateurs des sociétés politiques africaines était également synonyme de réappropriation des mécanismes de commandement. C'est ainsi que les Maliens par exemple clamaient ainsi leur indépendance en langue bambara *An yan yɛrɛta* ou *An yan ka yere ma hɔrɔnya ta* – ce qui signifie littéralement : nous nous sommes pris en charge nous-mêmes, nous nous sommes autoanoblis. Il y a, en toute hypothèse, une certaine incohérence dans le fait de vouloir se détacher d'un dominant tout en conservant les formes de commandement de cet Autre. Quand les instruments hétéronomes de ce dernier ont été acceptés par la ruse et « l'air bon enfant du Noir », la nécessité du retour aux sources de ces sociétés politiques se fait encore plus pressante[41]. Les indépendances

---

25. La Cour observe que l'affaire concernant Madame Simone Gbagbo a été portée également devant la Cour Pénale Internationale et qu'en raison de l'émission d'un mandat d'arrêt contre elle, sa situation s'apparente à celle de Monsieur Laurent Gbagbo dans laquelle, au demeurant, elle avait décidé qu'il résultait du transfèrement de ce-dernier devant la CPI "un changement de circonstances" qui commande dans "l'intérêt de la justice", la suspension de la procédure jusqu'à la fin de l'instance devant la CPI. [Décision du 23 mars 2012, Laurent Gbagbo c. République de Côte d'Ivoire et Alassane Ouattara ; §33]
26. La Cour dit alors qu'en l'espèce, elle ne trouve aucun motif pour se départir de sa position antérieure. En conséquence, elle dit qu'il y a lieu de suspendre la procédure à l'encontre de Madame Simone Ehivet Gbagbo jusqu'à la fin de l'instance devant la CPI. » Cour de justice de la CEDEAO, « Arrêt n° ECW/CCJ/JUD/03/13 du 22 février 2013, Simone EHIVET et Michel GBAGBO c./Côte d'Ivoire », *op. cit.*, p. 8.

[40] cf. C. BENSIMON, « Simone Gbagbo de nouveau devant la justice ivoirienne : L'ex-première dame risque la perpétuité pour "crimes contre l'humanité" », *Le Monde*, 2 juin 2016, p. 5.

[41] Selon le philosophe malien, M. L. TRAORÉ, les Nègres d'Afrique et d'Amérique opposèrent à la force « la ruse et "l'air bon enfant du Noir", convaincus que le Blanc ne savait pas voir l'invisible, cet invisible qui, cette fois-ci se cachait derrière les masques qui ne pâlissaient pas. Mais le Blanc prit des enfants en otage et les mit à l'école pour, contre leur gré, les "civiliser" (la

nationales devaient également donner lieu à la promotion des *formes de vie* endogènes qui avaient été stratégiquement occultées par l'administration coloniale. La réappropriation de la maîtrise de l'exception continentale par les institutions de l'UA et les citoyens pourrait servir de fondement à une autoréalisation juridique.

498. Les apports de notre proposition d'intégration à la réalisation de cette unification de *la forme de vie*. – Dans le modèle d'intégration envisagé, cette vocation constitutive des États africains pourrait renaître dans le cadre d'une familiarisation plus profonde des individus avec les outils de gouvernement de leurs actes. Pour ce faire, la *forme* – c'est-à-dire la somme du cadre des sociétés et de leurs mécanismes de direction des conduites – devrait redevenir la cristallisation extérieure de la *vie* ordinaire des personnes concernées. En d'autres termes, l'emprise sur les volontés individuelles inverserait la logique d'orientation des systèmes juridiques. L'occidentalisation de ces sociétés politiques céderait progressivement la place à une promotion de mécanismes reconnaissables par le plus grand nombre de citoyens. Cela pourrait se faire grâce à la dissolution des frontières héritées de l'indépendance. Car comme l'explique Pascal Baba COULIBALY,

> « très loin dans le temps, depuis au moins l'empire du Ghana jusqu'à la colonisation, les Africains ignoraient jusqu'au nom des entités politiques qui les côtoyaient. On se référait au nom des ethnies tout simplement aux quatre coins cardinaux pour les désigner. Or, ce fut l'époque du plus grand échange, non seulement entre les pays africains, mais entre l'Afrique et le Maghreb, voire le Moyen Orient. Ce sont les frontières coloniales qui ont parqué les Africains dans les réserves de leurs micro-États. Touchant l'intégration, si les conditions de ré-appropriation de leur espace social, politique et économique peinent à être établies, comment convaincre les Africains que les choses avancent, quand aujourd'hui, encore ils sont traqués aux frontières expulsés *mane militari*, quand ils ne se servent pas tout simplement de boucs émissaires lors des crises de régimes ? »[42]

---

première école au Soudan s'appelait significativement "école des otages"). On christianisa "à coup de sabre" ; la vérité révélée s'est présentée en Afrique comme une vérité imposée. Foi et civilisation ne pouvant être imposées, mais acceptées et donc créées par ceux qui les acceptent, nos païens, après les signes de croix, vont encore écouter les signes de leurs dieux tandis que, dans le sac, dans la tête de leurs enfants se battent livres et amulettes. Aujourd'hui, les commis, "les otages" du colonialisme se sont mués en "intellectuels". Intellectuels ! Face à leurs peuples, ce sont de nouveaux magiciens, les magiciens qui parlent aux livres et auxquels les livres répondent, qui confient au papier des paroles qu'eux seuls et le papier peuvent entendre. Mais quand leur magie devient impuissante, ils courent chez les féticheurs, les voyants et les devins. Eux, les tard-venus courent derrière les "attardés". Face à l'Europe, ils cachent leurs fétiches, leurs amulettes et deviennent des Européens. Dans leur réalité, ils sont toujours face à l'Europe, fascinés et honteux de l'être, tirant leur puissance de l'Europe mais la perdant aussi de ce fait. » M. L. TRAORÉ, *Philosophie et géomancie : vers une philosophie originelle africaine, op. cit.*, p. 129.

[42] P. B. COULIBALY, « Commentaire », dans : B. SANANKOUA (dir.), *Les États-nations face à l'intégration régionale en Afrique de l'Ouest : Le cas du Mali, op. cit.*, p. 122. Pour aller plus loin

Ces catégorisations occidentales des sociétés politiques africaines ont balkanisé le continent. En privilégiant leurs propres intérêts, les autorités coloniales ont entravé les machineries endogènes qui permettaient aux autochtones de coexister pacifiquement et de faire prospérer les échanges commerciaux. L'institution des Fédérations régionales qui composeraient l'UA transcenderait le principe juridique de l'intangibilité des frontières. Sur le plan du commandement, la transformation des CER en Fédérations opératives et unifiées permettra par exemple aux minorités nationales dispersées entre certains États-nations de bénéficier d'un statut particulier, favorable à leur mode de vie séculier. Ce pourrait être notamment le cas des communautés nomades et semi-nomades du Sahara et du Sahel qui ont toujours du mal à bénéficier des bienfaits des mécanismes de commandement *occidentalocentrés* qu'ils ne comprennent pas. De nos jours, le secteur qualifié d'informel, c'est-à-dire la partie dynamique du négoce transfrontalier, reste la principale victime de la conservation des instruments occidentaux. Les petits commerçants qui en font partie sont les premiers à souffrir de la banalisation des nombreuses tracasseries administratives ayant libre cours le long des frontières poreuses[43].

Par ailleurs, la libre circulation des personnes et des biens que cette transformation entraînerait pourra devenir un atout pour l'émergence africaine, en lieu et place de la rude lutte menée par les États-nations et les CER pour attirer les maigres investissements étrangers réalisés sur le continent. En effet, la maîtrise de ce vaste espace transformerait l'actuel « syndrome du Delaware »[44] en un facteur d'émulation fraternelle et entéléchique. La dilution des États-nations et de leurs élites dans les Fédérations régionales réconcilierait les Africains avec les outils de commandement de leurs dirigeants. Les prescriptions seraient légitimées par leur efficacité et leur efficience. L'élargissement du champ politique qu'elle entraînerait empêchera mécaniquement ces derniers d'accaparer de manière arbitraire les deniers publics[45]. Dans l'hypothèse où le cap actuel serait malheureusement conservé, l'exercice de la souveraineté pourrait se conformer aux préceptes modernes de la rationalité occidentale. Pour

---

sur cette question de l'instrumentalisation politique de la xénophobie sur le continent cf. Commission africaine des droits de l'Homme et des peuples, « Fédération internationale des Ligues des Droits de l'Homme, Union Interafricaine des Droits de l'Homme, Rencontre africaine des Droits de l'Homme, Organisation nationale des Droits de l'Homme au Sénégal et Association malienne des Droits de l'Homme c./Angola », *Communication 159/96 du 11 novembre 1997*, 22e Session ordinaire, 2 - 11 novembre 1997, Banjul, 1997, 3 p. Disponible sur : *http://www.achpr.org/files/sessions/22nd/comunications/159.96/achpr22_159_96_fra.pdf* (Consulté le 18 septembre 2016)

[43] *Ibid.*, p. 121.

[44] L. USUNIER, « La concurrence normative, un modèle de représentation des rapports entre systèmes juridiques en vogue », dans : R. SETFON-GREEN et L. USUNIER (dir.), *La concurrence normative : Mythes et réalités*, *op. cit.*, p. 21.

[45] M. M. B. COULIBALY, *Mali : La nation trahie*, *op. cit.*, p. 75.

illustration, les missions obligatoires des États telles que la diplomatie, la sécurité des citoyens seraient assurées par une fonction publique moins pléthorique et plus efficace[46].

La conjugaison de la maîtrise totale de l'exception sur le continent avec la mobilisation des mécanismes de commandement endogènes réhabiliterait accessoirement la personnalité africaine dans le monde. Enfin, cette réorganisation des rôles pourrait être réalisée grâce au développement de la résilience économique et à l'accroissement de l'influence diplomatique d'une Afrique intégrée.

§ 2 : La réhabilitation de la personnalité africaine

499. Sur la place des *a priori* dans les relations internationales. – Les États africains sont généralement considérés comme des ersatz en raison de l'image qu'ils renvoient au monde. L'existence de cette situation presque involontaire s'explique, en partie, par l'inadéquation des moyens techniques et économiques du continent et de ses ressortissants à la réalisation d'une « image ». Effectivement, la banalisation du décalage entre la forme et le fond endogène a engendré une certaine excentricité des agissements officiels labellisés comme africains. S'ils ne sont pas en deçà, comme la majeure partie des 54 pays du continent, ils sont dans l'extravagance. Ce problème de *tempo* peut apparaître comme un détail mineur, mais il reste d'une importance capitale pour le fonctionnement du système normatif. La plupart du temps, nous obéissons aux règles dès l'instant où nous comprenons que les choses sont à leur place, quand la personne qui s'est accordée le droit de diriger les volontés a effectivement la légitimité nécessaire pour le faire. Dans la pratique juridique, les chefs ont également besoin de leurs gouvernés dont ils doivent recevoir l'assentiment implicite. Conformément aux précédents développements, cet assentiment implicite ne peut être obtenu par l'assurance de l'effectivité d'une contrainte. Ces *a priori* constitutifs du concept de personne et de son identité sont également indispensables au bon fonctionnement du commandement interétatique. Jusqu'à preuve du contraire, l'hégémonie émanant d'une société politique suffit très souvent à assurer l'observation des prescriptions garanties à ses citoyens par la législation internationale ou par l'effet de ses propres décisions.

500. Une réhabilitation de la personnalité africaine. – L'image toujours renvoyée par l'Afrique ne permet pas à ses interlocuteurs de l'associer avec l'autorité et la légitimité réservées d'ordinaire aux sociétés politiques modernes. Cela est bien illustré dans l'article de monsieur Pierre

---

[46] Pour des investigations plus approfondies sur cette question cf. F. SOUDAN, « Armées africaines : Pourquoi sont-elles si nulles ? », *Jeune Afrique* n° 2709 du 09 au 15 octobre 2012, p. 26-33.

JACQUEMOT consacré au Mali[47]. Le cadre d'intégration continentale proposé pourrait – après avoir réglé ses problèmes de suzeraineté – révolutionner les idées reçues grâce au développement de l'autosuffisance économique **(A)** et à l'accroissement de son influence, de son « hégémonie » diplomatique, terme dont l'emploi sera évidemment justifié **(B)**.

A/ Renforcement de la résilience économique par la revalorisation du potentiel humain

501. La nécessité d'une revalorisation de l'homme et de son potentiel créatif. – Le renversement de la logique de développement économique du continent est indispensable à la réhabilitation de la personnalité africaine dans le concert des nations. Les précurseurs de l'entéléchie africaine comme Kwame NKRUMAH[48], Cheickh Anta DIOP[49] et Joseph KI-ZERBO[50] ont clairement établi que cette contrée du monde dispose du potentiel culturel, naturel et énergétique susceptible d'engendrer et de pourvoir à son émergence économique. Cependant, cette voie de la croissance durable ne pourra être explorée sans le courage de l'alternative[51], l'audace de l'indépendance et de la divergence dans la conduite des affaires mondiales. Compte tenu de la nature répétitive et imitative du commandement local, nous pouvons légitimement présager que ces changements ne se produiront que dans le cadre des États fédéraux africains caractérisés par leur volonté d'évasion de la *natte des autres*. Ils devraient accompagner l'intégration géographique et juridique d'une nouvelle exploration des voies économiques ouvertes par les fondateurs des sociétés politiques qui composent actuellement l'UA.

502. Présentation de la proposition et mise en perspective. – La disparition des États-nations atomisés diminuera considérablement les risques d'échec. L'application du credo de l'entéléchie au plan économique s'accompagnera d'un changement dans l'orientation des politiques publiques. Ce changement permettrait aux Africains d'éviter les scénarios de négociations internationales semblables à ceux des *green-room-meetings*. Cette expression renvoie aux entrevues informelles organisées dans le bureau du directeur général de l'OMC. Les Occidentaux y rencontrent les

---

47 P. JACQUEMOT, « Le proto-État africain : quelques réflexions autour de l'histoire contemporaine du Mali », *Tiers-Monde* 1983, Volume 24 Numéro 93 p. 127-141.

48 K. NKRUMAH, *L'Afrique doit s'unir*, *op. cit.*, p. 251.

49 Ch. A. DIOP, *Les fondements économiques et culturels d'un État fédéral d'Afrique Noire*, *op. cit.*, 124 p.

50 J. KI-ZERBO, « Le développement clé en tête », *op. cit.*, p. 1-71.

51 Pour aller plus loin sur cette question, cf. B. MALLARD, « Pourquoi envisager des alternatives ? : Une réflexion sur la pauvreté et le progrès social », dans : Ch. EBERHARD (dir.), *Le courage des alternatives*, Éditions Karthala, Paris, 2012, p. 83-98.

émissaires des pays qu'ils souhaitent influencer. Les représentants des États africains sont souvent invités à ces réunions en raison de la réputation qui les précède. En d'autres termes, les citoyens de la nouvelle UA pourraient se délivrer des préjugés qui les entourent en abandonnant simplement la logique de développement actuelle, celle de l'exploitation intensive de la terre et des ressources naturelles.

Ce modèle d'intégration de l'UA devrait donner la primauté à un idéal bifront réunissant la valorisation des potentiels endogènes et la promotion de l'économie informelle, la plus familière aux ressortissants du continent. Il ne devrait plus être question de reproduction des modèles et programmes éducatifs vétustes et hétéronomes[52], mais de création de passerelles dynamiques entre le monde de la connaissance et celui du profit. Il s'agirait en outre de fonder les futurs mécanismes de commandement sur la souplesse de fonctionnement de la branche la plus résistante et la plus encastrée de l'économie. La nouvelle UA pourrait « faire face de manière plus efficace aux défis de la mondialisation » comme le prévoit le sixième alinéa du préambule de l'Acte constitutif de l'UA par l'instruction et l'éducation des jeunes populations. Il s'agit là du meilleur moyen de fixer les cerveaux et les mains-d'œuvre indispensables à la création et à la transmission des savoirs. Dans l'Afrique que nous envisageons, les commandes des volontés endogènes et exogènes reviendraient aux individus et non aux Fédérations continentales (l'UA et les CER transformées) ou universelles (l'ONU, le FMI et la Banque mondiale). Ces dernières s'occuperaient principalement de conserver le cap fixé par les constituants. Elles auraient la charge d'ajuster les mécanismes de commandement aux visées que les sociétés politiques se seraient autoritairement assignées. Ce nouveau cadre d'intégration endiguerait la corruption endémique et ferait reculer la banalisation des replis identitaires qui minent les États-nations et autres institutions de l'UA. Il restaurerait la force de la loi grâce, d'une part, à l'intensification des systèmes d'échange d'étudiants et d'enseignants, et d'autre part, à l'aide des mutations ponctuelles des fonctionnaires fédéraux. En effet, l'absence de parenté directe entre les membres de la fonction publique et le monde des affaires est de nature à améliorer mécaniquement les termes des relations humaines. Ces dernières seraient uniquement structurées par des rapports de droit.

Nous avons bien conscience du fait que ces propositions semblent aller de soi, au vu de la nature des sociétés politiques actuelles. L'être sensible

---

[52] cf. B. MVÉ ONDO (dir.), « La gouvernance universitaire au Mali : vers une réforme du cadre juridique, opératoire et institutionnel », *Rapport d'évaluation de la gouvernance universitaire au Mali,* Institut panafricain de gouvernance universitaire (IPAGU), Bamako, 2010, p. 5. Également disponible sur le site web de l'Institut de la Francophonie pour la gouvernance universitaire (IFGU) : *http://ifgu.auf.org/media/document/Evaluation_Mali3.pdf* (Consulté le 18 septembre 2016)

reste le seul élément de la pratique juridique capable de résilience, c'est-à-dire apte à résister aux chocs violents de l'existence. La survie des institutions, labels et autres fétiches de la modernité, dépend de la propension de cet être sensible à garder l'espoir, et de sa libre adhésion. Dans ces conditions, l'éducation des générations futures est le meilleur investissement économique que peuvent réaliser les autorités continentales. C'est en comprenant mieux les rouages du monde qu'elles pourront s'y comporter en créateurs et non plus en tant que simples consommateurs. Comme le dit le proverbe africain, repris par Joseph KI-ZERBO, « pour conduire cent moutons, il suffit d'un bâton ; pour conduire cent êtres humains, il faut autant de bâtons que de personnes »[53]. Il ne s'agit pas ici de prôner une anarchie internationale, mais de tenter de concilier la singularité du génie africain avec l'efficacité des outils de direction des conduites labellisés comme mondiaux. Cela garantirait l'effectivité du concept universel d'égalité pour lequel les pères de l'indépendance se sont tant battus. L'humanité serait alors unie par la globalisation des mécanismes de commandement. À titre d'exemple, l'introduction du système monétaire actuel dans les programmes scolaires primaires pourrait conforter et dynamiser le projet de création d'une devise continentale unique qui serait flottante comme celles de la plupart des autres puissances. Cela déchargerait les anciens colonisateurs des contraintes de leur obligation en matière de garantie de la convertibilité des avoirs de leurs zones monétaires compartimentées. Ainsi, la France et le Portugal par exemple pourraient aisément se conformer aux nouvelles circonstances de droit induites par leur adhésion à la Zone euro. La bonne conduite de ces visées ambitieuses réclamerait une discipline de fer de la part des nouvelles institutions continentales, ce qui contraindra par voie de conséquence leurs futurs interlocuteurs à les prendre au sérieux. Ce n'est qu'en promouvant ces qualités que l'Afrique pourra acquérir et conserver des avantages compétitifs. Elle pourra ainsi espérer retourner au-devant de la scène internationale comme toutes les puissances comparables.

B/ Renforcement de l'hégémonie diplomatique de l'Afrique

503. L'évanescence de la diplomatie africaine. – L'UA que nous envisageons devrait être à l'image de toutes les institutions modernes, c'est-à-dire un moyen autoritaire destiné à conjurer la mort d'une *forme de vie* créée par l'homme. En l'espèce, il s'agirait d'assurer une place – de choix de préférence – à l'Afrique, à la table de ceux qui parviennent à tirer profit de la mondialisation contemporaine. Il lui faudrait pour ce faire recouvrer l'hégémonie diplomatique qui a permis aux pères fondateurs de libérer le

[53] J. KI-ZERBO (dir.), *Éduquer ou périr*, *op.cit.*, p. 115.

continent de la domination coloniale[54]. Au lendemain des indépendances, des nouveaux venus sur la scène internationale ont milité pour l'établissement d'un « Nouvel ordre mondial ». Ces contestations ont prospéré au sein d'organisations internationales comme la Conférence des Nations-Unies sur le commerce et le développement (CNUCED) ou le Mouvement des non-alignés jusqu'à leur déclin occasionné par la globalisation des transitions politiques et économiques des années quatre-vingt[55]. Cette redynamisation de la diplomatie africaine serait facilitée par la résolution des problèmes de trésorerie qui minent l'UA. L'institution panafricaine est majoritairement financée par des ressources étrangères[56]. Par exemple, la réaffectation automatique des dépenses effectuées par les États-nations actuels dans l'entretien de leurs représentations diplomatiques internes et externes au continent sera un bon début de solution. Le rayonnement diplomatique de l'UA pourra également lui permettre de régler le problème de son financement interne. Ses difficultés de trésorerie sont en grande partie dues à l'absence de régularité des États dans le payement de leurs cotisations. En outre, la réalisation de l'unification des sociétés politiques donnerait un poids considérable au continent qui parlera d'une seule voix, au nom des 54 anciens États-nations qui le composent.

504. Illustrations de la nécessité de la démarche proposée. – L'hégémonie diplomatique de l'UA renouvelée devrait compenser la faiblesse de ces institutions internationales. L'emploi du concept d'hégémonie diplomatique n'est évidemment pas neutre. Il résulte du constat de l'existence d'un *air de famille* qui le lie à l'autorité caractérisant l'État et le droit. Il suffit de se rapporter aux précisions linguistiques faites par Alain REY pour prendre la mesure de cette interconnexion. La lexicographie prouve que l'hégémonie est la francisation de *l'hêgemonia* dérivé de l'*hêgemôn* grec. Ces termes grecs renvoient respectivement au chef, au guide et à l'autorité, la prééminence, la souveraineté d'un État sur ses semblables[57]. Quant à la diplomatie, ce même auteur a prouvé qu'elle était issue de la francisation du *diploma*, expression latine renvoyant à une pièce officielle, à une charte[58]. Ainsi, étudier l'hégémonie diplomatique africaine reviendrait à vérifier la déférence réservée aux commandements et titres émis autoritairement par ses sociétés politiques. C'est dans ce sens que se situe la deuxième illustration.

---

[54] Ch. O. DIARRAH, *Le Mali de Modibo KEITA, op. cit.*, p. 49-60.

[55] Ch. O. DIARRAH, *Mali : bilan d'une gestion désastreuse, op., cit.*, p. 81-87.

[56] J. M. BISWARO, « La Conférence, le Conseil exécutif et la Commission », dans : A. A. YUSUF, F. OUGERGOUZ (dir.), *L'Union africaine : cadre juridique et institutionnel, op., cit.*, p. 87-88.

[57] A. REY (dir.), *Dictionnaire historique de la langue française, op. cit.*, p. 1013-1014.

[58] *Ibid.*, p. 655-656.

En effet, une simple analyse de la portée de la décision du juge des référés du Conseil d'État français du 16 juillet 2009[59] suffit pour se convaincre de la nécessité de la réforme proposée. Le juge administratif d'appel y a annulé l'ordonnance du juge des référés du tribunal administratif de Cergy-Pontoise du 8 juin 2009. Ce dernier avait reconnu, en première instance, la valeur de titre de document de voyage – l'équivalence du passeport – au « sauf-conduit » du 20 avril 2009 délivré par le consulat général du Mali en France à un citoyen malien résident en France pour lui permettre de se rendre à Bamako. Néanmoins, en jugeant que cet acte juridique à vocation internationale ne constituait pas un document de voyage tenant lieu de passeport au retour de l'intéressé, les institutions françaises ont officiellement entériné l'incapacité des autorités maliennes en particulier, et africaines en général, à lui imposer l'observation du droit international au bénéfice de leurs ressortissants. Cette interprétation est fondée sur un constat simple, celui de l'incompatibilité de la position de l'administration française avec le principe juridique du parallélisme des formes. L'appréciation souveraine par l'administration française de la conformité de cet acte administratif aurait dû respecter ce principe dans les deux sens du voyage du défendeur. La posture finale de l'administration manque de cohérence : elle n'aurait pas dû accepter l'utilisation de ce titre lors du départ du citoyen malien. Le « sauf-conduit » reste un document délivré par une autorité ayant pour dessein de garantir la libre circulation à son porteur à l'occasion d'un voyage ou d'une mission[60].

505. Mise en perspective. – Il s'agit d'une part, par cet ensemble de propositions, de créer les conditions indispensables à l'effectivité des droits subjectifs des individus prévus par les normes du droit international privé. D'autre part, il était également question de garantir la survie de la *manière d'être* africaine dans le monde d'aujourd'hui et de demain. Dans ce sens, la forme d'intégration proposée devra au mieux permettre à l'Afrique d'obtenir un siège de membre permanent au Conseil de sécurité de l'ONU grâce à la révision de l'article 23 de la Charte des Nations-Unies[61]. La représentation du continent dans le centre décisionnel des relations internationales légitimerait davantage ses résolutions qui n'apparaîtront plus comme des instruments occidentaux. Si l'ONU conserve sa configuration, l'UA devrait s'inspirer de l'existence de ses propres citoyens, en s'emparant de manière informelle et stratégique des privilèges et prérogatives liés à une telle

---

[59] Conseil d'État, Juge des référés, « M. Bouyagui A. », 16 juillet 2009, *Inédit au Recueil Lebon*

[60] Cf : Commission internationale de diplomatique, Comité international des sciences historiques, *Vocabulaire international de la diplomatique,* Éditions Universitat de Valencia, Valence, 1997, p. 120. ; A. REY (dir.), *Dictionnaire historique de la langue française*, *op. cit.*, p. 2039.

[61] Pour connaître la teneur de cette disposition, cf. M. BENCHIKH, « Article 23 : Composition du Conseil de sécurité », dans : J.-P. COT, A. PELLET (dir.), *La Charte des Nations-Unies : Commentaire article par article*, 3e éd., Éditions Economica, Paris, 2005, p. 867-878.

représentation. Cela fera d'elle un acteur incontournable de la conduite des affaires mondiales. C'est à ce stade que ses réserves naturelles pourront s'avérer utiles au commandement et au rayonnement du continent : son unification lui permettra de les exploiter et de les consommer localement.

Conclusion du chapitre second

506. Récapitulation. – Nous ferons deux observations, au terme de cette exploration du potentiel de la Fédération par association. La première est la reconnaissance de l'existence sur le continent de tous les ingrédients permettant de réconcilier son processus et ses mécanismes d'intégration avec le pragmatisme et l'efficacité caractérisant les sociétés politiques modernes. La seconde concerne le flou institutionnel volontairement gardé à propos de la forme à donner à la prochaine organisation africaine. Nous étions confronté à deux impératifs contradictoires, entre lesquels il était difficile d'arbitrer. D'une part, il y avait le manque de viabilité de la Fédération continentale dû principalement aux contraintes de son articulation juridique, en dépit de sa défense par les progressistes radicaux. D'autre part, il fallait garder à l'esprit que l'autorité nécessaire au choix entre la Fédération et la Confédération des États-Unis d'Afrique n'est certainement pas du ressort de la doctrine juridique. Ce silence résulte donc d'une intention indispensable à la formulation des réformes devant conduire à la transition de l'État malien tout d'abord, africain ensuite. Ce sont les raisons pour lesquelles il convenait d'adopter les points de vue des autorités officielles en reprenant et en mettant en perspective les sentiers de la régionalisation ouverts par les institutions d'intégration. C'est à ces conditions que le panafricanisme des fondateurs pourra se libérer des fausses bonnes idées qui ternissent l'éclat de sa simplicité et aller à l'essentiel des difficultés de l'intégration africaine. Un schéma d'unification rationnel et pragmatique, fondé principalement sur la transformation des CER en Fédérations régionales pourra débarrasser le continent des obstacles qui le minent et dotera les États-nations et l'UA de fondations politico-normatives plus solides. Au niveau national, leur institution sera aussi une forme de retour aux sources des sociétés politiques africaines. Il s'agira en quelque sorte de conformer leurs mécanismes de commandement avec l'état qui leur est le plus familier, étant donné qu'elles ont toujours prospéré dans de vastes ensembles politiques. Cela est particulièrement vrai pour la plupart des anciennes colonies françaises qui ont évolué sous cette forme pendant et avant leur *capture* par les concepts occidentaux.

Conclusion du titre second

507. L'incarnation de la Fédération pour l'achèvement de la révolution malienne et l'unité africaine. – Les États africains sont inachevés. Ils incarnent de mauvaises transpositions de la rationalité occidentale ; ils ont également été balkanisés, stratégiquement bloqués dans leurs territoires nationaux respectifs. Selon la conception occidentale, ils doivent être représentés par un souverain totalisant les individualités citoyennes. Ainsi, les êtres qui le composent ne deviennent juridiquement signifiants, des sujets de droit *comptés-pour-un* qu'en étant *sous le jet* d'un *Léviathan* incarnant à la fois la source et la finalité des actions commandées. La forme et le fond de ces nouvelles configurations des sociétés africaines ne s'accordent pas, parce que la conception africaine de la vie est davantage représentée par l'« humanitude » communautaire. Il s'agit en outre du *mɔgɔya* des Bambaras, l'homéomorphe fonctionnel du concept sud-africain d'*Ubuntu* qui signifie « je suis ce que je suis grâce à ce que nous sommes tous ». Sur cette *natte* endogène, la Fédération constitue la norme, l'habitus ordinaire et l'État-nation l'exception, l'objet importé. Il suffit, pour s'en convaincre, de se référer à la configuration de l'empire du Mandé fondé par la Charte de Kurukan fuga de 1236 et à la Fédération du Mali qui a précédé la création de la République du même nom. Ces sociétés politiques hégémoniques coloniales et précoloniales ont été instituées dans une forme plus proche des Fédérations que nous proposons de refonder. Elles se caractérisaient par l'intégration qu'elles prônaient et non l'assimilation des manières d'être individuelles et communautaires inhérente à ce système de commandement. En tenant compte de toutes ces données, la refondation de l'État fédéral par dissociation ou par association constitue un procédé de conciliation de la *forme* et de la *vie* endogènes. Cette collectivisation de l'entéléchie reste l'un des meilleurs moyens menant à la finalisation de la révolution débutée par les pères fondateurs.

Conclusion de la seconde partie

508. La transition de l'État et l'achèvement de la révolution malienne. – L'État moderne n'étant qu'une *manière d'être* particulière des sociétés politiques formée par l'abstraction et le concept de raison, les Maliens et plus largement les Africains sont en mesure d'achever la construction de leurs sociétés politiques en les adaptant aux réalités endogènes et ataviques, comme le prévoyaient les normes constitutives de l'indépendance. Sans préjuger ni prendre parti, nous avons déconstruit les différentes possibilités qu'impliquera la mise en œuvre de la transition. Nous avons procédé ainsi afin de concilier neutralité méthodologique et nature hautement autoritaire de la mise en œuvre de cette révolution. Cette dernière a en effet été conçue pour que les souverains locaux aient à leur disposition le plus large panel de formes et procédés au moment où ils se décideront à parfaire le chantier laissé en déshérence par leurs prédécesseurs. Ils auront notamment le choix entre une totale réadaptation de l'État-nation et le rétablissement des Fédérations d'États si chères aux forces endogènes. Le potentiel de ces possibilités a été poussé à leur maximum pour aboutir à un véritable glissement du sens de l'État malien et africain. Ainsi, l'exécution correcte de ces propositions devra rendre l'État malien et africain méconnaissables aux contemporains qui ne les auraient appréhendés que sous leur configuration occidentale. Cela contribuera à faire de ces États des *formes de vie* parfaitement intégrées à leur environnement.

Conclusion générale

« On n'a jamais vu un pays exister internationalement – sinon comme élément de trouble – sans un État, c'est-à-dire sans une organisation qui dirige l'ensemble des citoyens, qui soit acceptée, reconnue par la masse des habitants et qui mène le pays tout entier vers le mieux. Cela est capital, encore une fois, et, croyez-moi, ce que le monde va regarder dans votre Mali qui s'organise c'est avant tout la façon dont s'organisera et dont fonctionnera votre État. »

Charles De GAULLE[1]

509. Récapitulation générale. – Au bout du compte, l'étonnement et le doute générés par la crise de 2012 ont démontré que l'État malien était bien une configuration défaillante de la société politique. La brutalité de ces événements a prouvé que cette faiblesse était structurelle et non accidentelle ou consécutive à un endettement devenu insupportable, comme le prétend la *doxa occidentalocentrée*. En effet, le processus de transition politique et économique, entamé dans les années quatre-vingt, a bouleversé les normes constitutives et endogènes de la République en les remplaçant par une occidentalisation utopique. L'« humanitude » communautaire des sociétés africaines – c'est-à-dire le *mɔgɔya* de la langue bambara – qui a été véhiculée dans le socialisme africain des pères fondateurs a été remplacée par une logique inopérante du « tout marché ». C'est dans le but de saisir les incidences de ce phénomène sur la construction de l'État malien, compris comme une configuration nouvelle de cette société atavique, que ce concept a été soumis à une analyse de type phénoménologique. Les ressources du langage ont été mobilisées afin de remonter l'arbre généalogique de cet État, jusqu'à ses racines occidentales. Ce retour aux sources de l'État moderne a

[1] Extrait de l'allocution prononcée à l'Assemblée fédérale du Mali le 13 décembre 1959. Disponible sur : *http://www.charles-de-gaulle.org/pages/l-homme/accueil/discours/discours-au-monde-1958-1969/allocution-prononcee-a-l-assemblee-federale-du-mali-13-decembre-1959.php* (Consulté le 18 septembre 2016)

dévoilé sa nature phénoménale et mouvante. Celui-ci s'est révélé n'être qu'une modalité d'organisation particulière de la société politique résultant de la superposition de plusieurs héritages. Les origines protestantes de cette conception du gouvernement ont fait de l'abstraction politique et du concept de raison des principes fondateurs. Les Lumières lui ont ensuite conféré un faux label de scientificité qui a légitimé son universalisation comme l'archétype du politique. Au nom de cette conception hégémonique de la logique occidentale, les sociétés politiques différentes ont été colonisées, c'est-à-dire capturées, dénaturées et surdéterminées par une certaine idée du progrès. La modernité est ainsi devenue un accident de l'histoire humaine, le terme d'une évolution présentée comme rationnelle et nécessaire. Cette tentative occidentale de rationalisation du politique n'a en vérité aucunement touché le fond « autoritaire » de la direction des conduites. L'ensemble des données recueillies dans cette généalogie de l'archétype du politique est de nature formelle et épiphénoménale. Au regard des réalités africaines et occidentales, aucune révolution dans la méthode n'a été opérée. Nous nous sommes borné à prendre acte du fait que les pratiques de l'État malien devaient revêtir d'autres noms pour cerner les nuances de cette expérience d'appropriation. C'est ce qui justifie l'emploi de vocables spécifiques et d'une grammaire en adéquation avec le processus d'étatisation malien.

S'agissant de la transition, la vision hégémonique et *occidentalocentrée* du monde qui avait conduit au colonialisme s'est réincarnée dans une représentation du développement politique et de la bonne gouvernance, elle-même véhiculée par une conception unilatérale de la technique. L'analyse de ce phénomène de reconquête occidentale de la rationalité étatique a confirmé l'existence d'une sorte d'éternel recommencement, d'une logique de domination qui ne peut être entravée que par une relance de la révolution entreprise par les fondateurs. Il s'agit là d'une réinitialisation de l'État malien prenant pour point de restauration les lendemains de l'indépendance nationale. Cette période de l'histoire de la construction politique a été choisie à cause de son exemplarité : des contraintes de type à la fois endogène et exogène s'y sont combinées pour donner naissance à une *République métissée*. Cette période de l'indépendance est porteuse d'espoir et au surplus, elle représente la seule – depuis le 22 septembre 1960 – où l'unité entre le peuple et la nation ainsi que l'équilibre entre l'atavisme des normes constitutives de la « civilisation négro-arabo-berbère » et les mécanismes de commandement officiels ont pu faire sens. Les fondateurs ont effectivement voulu donner du sens à l'indépendance, en remplaçant l'occidentalisation asservissante de l'État qu'ils organisaient par des éléments typiquement endogènes, empruntés au passé glorieux de l'ère précoloniale. Nous avons – pour vérifier la faisabilité de cette hypothèse – exploré les différentes possibilités qui pourraient se présenter à de futurs leaders courageux et déterminés, en vue d'offrir autre chose aux citoyens que l'occidentalisation utopique de la transition et la politisation de la rationalité islamique. Nous avons proposé de remplir le vide laissé par l'abandon du projet d'unification de la forme et du fond des techniques de commandement des pères fondateurs par une officialisation des normes juridiques qui inspirent la partie endogène du peuple malien. Une issue à la crise de l'État pourrait être trouvée grâce à une renaissance du politique qui passera par la conservation de l'État-nation et/ou la refondation des anciennes thèses fédérales.

510. Le rêve et l'espoir. – En définitive, ce travail n'a eu pour objectif que de ramener l'espoir et permettre aux hommes de conjurer leur condition en instituant, calculant, prévoyant et maîtrisant l'exception. Il faut croire en la capacité des Maliens, plus largement des Africains, de trouver en leur sein les éléments indispensables au rétablissement de l'équilibre du pouvoir. Il leur suffira de faire correspondre la personnification juridique de leurs sociétés politiques avec les modalités d'existence de la plus grande partie de leurs citoyens, c'est-à-dire les conditions socio-économiques de leur existence de tous les jours. En rétablissant cet ordinaire populaire dans l'officiel, les contemporains maliens retrouveraient l'harmonie qui prévalait lors de la création de cette *forme de vie*. Comme le dieu romain des portes, ils pourront ainsi reprendre leur dû : le bâton et la clef du commandement qui leur permettront de présider efficacement à la destinée de leur *fàso*. Les États africains deviendront alors *l'alpha* et le *janvier* de la majorité. Compte tenu de la nature élitiste de l'occidentalisation utopique et de la faiblesse chronique des moyens de l'État de la transition, les chefs maliens et africains devront faire entrer et sortir leurs gouvernés par le même vestibule en rendant le balisage des voies compréhensible pour la majeure partie d'entre eux. Nous sommes en définitive intimement convaincu que la crise actuelle aura une fin et que celle-ci permettra l'achèvement du processus que nous avons décrit, sans pouvoir écrire l'ensemble des termes et délimitations temporelles. Tout cela sera possible quand la volonté humaine sera au rendez-vous dans les cœurs et les esprits. C'est à la facilitation de l'avènement et de la réalisation de ce moment décisif que cette étude voudrait contribuer, en laissant une marge indispensable à l'épanouissement de la créativité des acteurs de la transition finale. Il est temps que le rêve de l'éveil malien et africain, tant de fois invoqué par le passé, devienne une réalité.

Bibliographie sélective

Section 1 : Ouvrages

ACKERMAN B. A., *Au nom du peuple : les fondements de la démocratie américaine*, Paris, France : Calmann-Lévy, 1998, 434 p.

AGAMBEN G., *Homo sacer : le pouvoir souverain et la vie nue,* Traduction de M. RAIOLA, Paris, France : Éditions du Seuil, 1997, 213 p.

AMAÏZO Y. E., *L'Afrique est-elle incapable de s'unir ? : lever l'intangibilité des frontières et opter pour un passeport commun*, Paris, France : L'Harmattan, 2002, 664 p.

AMIN S., *Impérialisme et sous-développement en Afrique*, Paris, France : Anthropos : diffusion Économica, 1988, 585 p.

— *L'Afrique de l'Ouest bloquée : l'économie politique de la colonisation 1880-1970*, Paris, France : Les Éd. de Minuit, 1978, 322 p.

AMSELEK P., *Cheminements philosophiques dans le monde du droit et des règles en général*, Paris, France : A. Colin, 2012, 647 p.

— *Méthode phénoménologique et théorie du droit*, Paris, France : Librairie générale de droit et de jurisprudence, 1964, 464 p.

— *Perspectives critiques d'une réflexion épistémologique sur la théorie du droit : essai de phénoménologie juridique*, Paris, France : Librairie générale de droit et de jurisprudence, 1964, 464 p.

— *Science et déterminisme, éthique et liberté : essai sur une fausse antinomie*, Paris, France : Presses universitaires de France, 1988, 164 p.

ARISTOTE, *« Éthique à Nicomaque », Livres VIII et IX, Aristote*, Paris, France : Ellipses, 2015, 125 p.

— *Les Politiques*, Paris, France : Flammarion, 2015, 589 p.

— *Métaphysique*, Paris, France : Librairie Philosophique J. Vrin, 2015, 230 p.

— *Œuvres : éthiques, politique, rhétorique, poétique, métaphysique*, Paris, France : Gallimard, 2014, 1619 p.

ARNAUD J.-C., *Atlas du Mali*, Paris, France : Éd. du Jaguar, 2001, 80 p.

BACHELARD G., *La formation de l'esprit scientifique : contribution à une psychanalyse de la connaissance*, Paris, France : J. Vrin, 2004, 305 p.

— *Le nouvel esprit scientifique*, Paris, France : Presses universitaires de France, 2013, 183 p.

BADIAN S., *Sous l'orage (Kany) : roman*, Paris, France : Présence africaine, 1973, 253 p.

BADIE B., *Le Développement politique*, Paris, France : Économica, 1978, 155 p.

BADIOU A., DELEUZE G., *Deleuze : « la clameur de l'être »*, Paris, France : Hachette, 1997, 184 p.

BADIOU A., *L'être et l'événement*, Paris, France : Édition du Seuil, 1988, 560 p.

BAH T., *Mali : le procès permanent*, Paris, France : Harmattan, 2010, 198 p.

BAILLY M., DUFOUR P., *L'aide au développement à l'heure de la mondialisation*, Toulouse, France : Milan, 2002, 63 p.

BALANDIER G., *Afrique ambiguë*, Paris, France : Plon, 2015, 32 p.

— *Anthropologie politique*, Paris, France : Presses universitaires de France, 2013, 254 p.

— *Recherche du politique perdu*, Paris, France : Fayard, 2015, 121 p.

— *Sens et puissance : les dynamiques sociales*, Paris, France : Presses universitaires de France, 2004, 334 p.

BARRO R. J., *Les facteurs de la croissance économique : une analyse transversale par pays*, Paris, France : Economica, 2000, 120 p.

BASDEVANT-GAUDEMET B., *Charles Loyseau : 1564-1627*, Paris, France : Economica, 1977, 306 p.

BEAUD M., *Histoire du capitalisme : 1500-2010*, Paris, France : Points, 2010, 457 p.

BEAUD O., *Théorie de la fédération*, Paris, France : Presses universitaires de France, 2007, 433 p.

BÉLIME É. L., *Les irrigations du Niger : Études et projets*, Paris, France : E. Larose, 1921, 160 p.

— *Les Travaux du Niger*, Ségou, Mali : Office du Niger, 1940, 222, 10 p.

BELLOCQ G., *La protection sociale dans l'entreprise*, Paris, France : l'Argus, 2006, 347 p.

BENOT Y., *Massacres coloniaux : 1944-1950, la IVe République et la mise au pas des colonies françaises*, Paris, France : Éd. la Découverte, 2001, 202 p.

BENVENISTE É., *Le vocabulaire des institutions indo-européennes 1, Économie, parenté, société*, Paris, France : Éd. de Minuit, 1969, 376 p.

— *Le vocabulaire des institutions indo-européennes 2, Pouvoir, droit, religion*, Paris, France : Éd. de Minuit, 1969, 376 p.

BOBBIO N., *De la structure à la fonction : nouveaux essais de théorie du droit*, Paris, France : Dalloz, 2012, 186 p.

— *Droite et gauche : essai sur une distinction politique*, Paris, France : Éd. du Seuil, 1996, 153 p.

— *L'État et la démocratie internationale : de l'histoire des idées à la science politique*, Bruxelles, Belgique : Éd. Complexe, 2001, 277 p.

— *Le futur de la démocratie*, Paris, France : Éditions du Seuil, 2007, 300 p.

— *Le sage et la politique : écrits moraux sur la vieillesse et la douceur*, Paris, France : Albin Michel, 2004, 153 p.

— *Libéralisme et démocratie*, Paris, France : les Éd. du Cerf, 1996, 123 p.

BOILLEY P., *Les Touaregs Kel Adagh : dépendances et révoltes*, Paris, France : Éd. Karthala, 1999, 644 p.

BOURDIEU P., *La domination masculine*, Paris, France : Éditions Points, 2014, 177 p.

— *Langage et pouvoir symbolique*, Paris, France : Points, 2014, 423 p.

— *Les structures sociales de l'économie*, Paris, France : Seuil, 2000, 289 p.

— *Propos sur le champ politique*, Lyon, France : Presses universitaires de Lyon, 2000, 110 p.

— *Sur l'État : cours au Collège de France (1989-1992)*, Paris, France : Éd. Points, DL 2015, 702 p.
BRAIBANT G., *Le Droit administratif français*, Paris, France : Presses de la Fondation nationale des sciences politiques : Dalloz, 1984, 547 p.
BRAIBANT G., STIRN B., *Le droit administratif français*, Paris, France : Presses de Sciences Po : Dalloz, 2005, 652 p.
CARRE DE MALBERG R., *Contribution à la théorie générale de l'État*, Paris, France : Sirey, 1920, 837 p.
CHARVIN R., *Les Tiers mondes : du Sud aux suds*, Paris, France : Publisud, 2013, 249 p.
CHARVIN R., SUEUR J.-J., *Droits de l'homme et libertés de la personne*, Paris, France : LexisNexis-Litec, 2007, 291 p.
CHAZEL F., *Normes juridiques et régulation sociale*, Paris, France : Librairie générale de droit et de jurisprudence, 1991, 426 p.
CISSÉ A., *Mali : une démocratie à refonder*, Paris, France : L'Harmattan, 2006, 206 p.
CLARY F., *La destinée manifeste des États-Unis au XIXe siècle : aspects culturels, géopolitiques et idéologiques*, Rouen, France : Université de Rouen, 2000, 220 p.
COLIN R., *Kènèdougou au crépuscule de l'Afrique coloniale : mémoires des années cinquante*, Paris, France : Présence africaine, 2004, 391 p.
CONDORCET J.-A.-N. DE C., PONS A. É. SCIENTIFIQUE., *Esquisse d'un tableau historique des progrès de l'esprit humain*, Paris, France : Flammarion, 1988, 350 p.
CORTIER M., *D'une rive à l'autre du Sahara : Mission Arnaud-Cortier 15 février-24 juin 1907*, Paris, France : E. Larose, 1908, 416 p.
COULIBALY M. M. B., *Mali : La Nation trahie*, Bamako, Mali : Imprim Color, 2012, 95 p.
CRESSON A., SERREAU R., *Hegel, sa vie, son œuvre, avec un exposé de sa philosophie*, Paris, France : Presses universitaires de France, 1963, 152 p.
Da CUNHA P. F., *Constitution et mythe,* Laval, Canada : Éditions Presses universitaires Laval, 2014, p. 364.
DELEUZE G., GUATTARI F., *Capitalisme et schizophrénie : 1, L'anti-Œdipe*, Paris, France : Éd. de Minuit, 1973, 493 p.
— *Capitalisme et schizophrénie : 2, Mille plateaux*, Paris, France : Les Éditions de Minuit, 1980, 646 p.
DELMAS-MARTY M., *La refondation des pouvoirs*, Paris, France : Éditions du Seuil, DL 2007, 299 p.
— *Le flou du droit : du Code pénal aux droits de l'homme*, Paris, France : Presses universitaires de France, 1986, 332 p.
DELVOLVÉ P., *Droit public de l'économie*, Paris, France : Dalloz, 1998, 799 p.
DIALLO S., *L'expérience de la privatisation au Mali*, Bamako, Mali : Centre Djoliba, 1989, 25 p.
DIARRA A., *Démocratie et droit constitutionnel dans les pays francophones d'Afrique noire : le cas du Mali depuis 1960*, Paris, France : Éd. Karthala, 2010, 371 p.
DIARRAH Ch. O., *Le défi démocratique au Mali*, Paris, France : Éd. L'Harmattan, 1996, 313 p.
— *Le Mali de Modibo Keïta*, Paris, France : l'Harmattan, 1986, 187 p.
— *Mali : bilan d'une gestion désastreuse*, Paris, France : L'Harmattan, 1990, 203 p.

— *Vers la Troisième République du Mali*, Paris, France : l'Harmattan, 1991, 233 p.
DIAWARA D., *Les grands textes de la pratique institutionnelle de la IIIe République*, Bamako, Mali : Société malienne d'édition, 1994, 286 p.
DIOP Ch. A., *Civilisation ou barbarie : anthropologie sans complaisance*, Paris, France : Présence africaine, 1981, 526 p.
— *L'Afrique noire pré-coloniale*, Paris, France : Présence africaine, 1960, 260 p.
— *L'Unité culturelle de l'Afrique noire : domaines du patriarcat et du matriarcat dans l'antiquité classique*, Paris, France, Sénégal : Présence africaine, 1982, 219 p.
— *Les Fondements économiques et culturels d'un État fédéral d'Afrique noire*, Paris, France, Pays multiples : Présence africaine, 1990, 124 p.
— *Nations nègres et culture : de l'antiquité nègre égyptienne aux problèmes culturels de l'Afrique Noire d'aujourd'hui*, Paris, France, Sénégal : Présence africaine, 1999, 564 p.
DJIRÉ M., DICKO A. K., *Les conventions locales face aux enjeux de la décentralisation au Mali*, Paris, France : Karthala, 2007, 280 p.
DJIRÉ M., *Mythes et réalités de la gouvernance locale : l'expérience de la commune rurale de Sanankoroba, Mali*, London, Royaume-Uni de Grande-Bretagne et d'Irlande du Nord : IIED, 2004, 40 p.
DOUGLAS M., *Comment pensent les institutions*, Paris, France : la Découverte, 2008, 218 p.
DOUMBI F., *Le Mali sous Alpha Oumar Konaré*, Yaoundé, Cameroun : Éd. Silex : Nouvelles du Sud, 2004, 215 p.
DUGUIT L., MODERNE F., *L'État : le droit objectif et la loi positive*, Paris, France : Dalloz, 2003, 623 p.
DULAU P., *Heidegger pas à pas*, Paris, France : Ellipses, 2008, 251 p.
DUMÉZIL G., *Mythes et dieux des Indo-Européens*, Paris, France : Flammarion, DL 2011, 2011, 830 p.
DUMONT R., *Afrique noire, développement agricole : reconversion de l'économie agricole*, Paris, France : Presses universitaires de France, 1961, 212 p.
— *L'Afrique noire est mal partie,* Paris, France : Éd. du Seuil, 2012, 286 p.
DWORKIN R., *Religion sans Dieu*, Genève, Suisse : Labor et Fides, 2014, 123 p.
EBERHARD C., *Droits de l'homme et dialogue interculturel*, Paris, France : Connaissances et Savoirs, 2012, 590 p.
EINSTEIN A., *Comment je vois le monde*, Paris, France : Flammarion, DL 2009, 245 p.
ERRÁZURIZ MACKENNA C. J., *La Teoria pura del derecho de Hans Kelsen. Vision critica*, Pamplona : Eunsa, 1986, 602 p.
ESPAGNO D., *« Léon Duguit » : de la sociologie & du droit*, Le Mans, France : Éd. l'Épitoge, 2013, 188 p.
ESTIVAL J.-P., *L'Europe face au printemps arabe : de l'espoir à l'inquiétude*, Paris, France : l'Harmattan, 2012, 198 p.
FALL B., *Le travail forcé en Afrique-Occidentale française : 1900-1946*, Paris, France : Karthala, 1993, 346 p.
FANON F., *Les damnés de la terre*, Paris, France : Éd. de la Découverte, 1987, 237 p.
FARJAT G., *Pour un droit économique*, Paris, France : Presses universitaires de France, 2004, 209 p.
FISCHER G.-N., *Les concepts fondamentaux de la psychologie sociale – 5e éd.*, Paris, France : Dunod, 2015, 331 p.

FITOUSSI J.-P., *La démocratie et le marché*, Paris, France : B. Grasset, 2004, 103 p.
FLEURY C., *La fin du courage*, Paris, France : Fayard, 2010, 71 p.
FOUCAULT M., *L'archéologie du savoir*, Paris, France : Gallimard, 2008, 288 p.
— *Le gouvernement de soi et des autres : cours au Collège de France 1982-1983*, Paris, France : Gallimard : Le Seuil, 2008, 382 p.
FRIEDMAN M., *La monnaie et ses pièges*, Paris, France : Dunod, 1992, 270 p.
GASPARINI É., GOJOSSO É., *Introduction historique au droit et aux institutions*, Paris, France : Gualino-Lextenso éd., 2009, 423 p.
GODIN C., HEGEL G. W. F., *Hegel*, Paris, France : Ellipses, 2016, 191 p.
GONIDEC P. F., *Les Systèmes politiques africains*, Paris, France : Librairie générale de droit et de jurisprudence, 1978, 431 p.
GRANVAUD R., *Areva en Afrique : une face cachée du nucléaire français*, Marseille, France : Agone, 2012, 300 p.
GROS M., *Droit administratif : l'angle jurisprudentiel*, Paris, France : L'Harmattan, 2012, 393 p.
ḤAMIDULLAH M., *Le Saint Coran : essai de traduction en langue française du sens de ses versets*, Beyrouth, Liban : Albouraq, 2010, 653 p.
HAYEK F. A., *Droit, législation et liberté : une nouvelle formulation des principes libéraux de justice et d'économie politique*, Paris, France : Presses universitaires de France, 2013, 948 p.
— *La route de la servitude,* Paris, France : Presses universitaires de France, 2002, 176 p.
— *L'ordre politique d'un peuple libre*, Paris, France : Presses universitaires de France, 1995, 253 p.
— *Le mirage de la justice sociale*, Paris, France : Presses universitaires de France, 1995, 221 p.
— *Règles et ordre*, Paris, France : Presses universitaires de France, 1995, 208 p.
HAZARD P., *La Crise de la conscience européenne : 1680-1715*, Paris : Gallimard, 1961, 312 p.
HEATON H., *Histoire économique de l'Europe*, Paris, France : A. Colin, 1950, 340 p.
HEGEL G. W. F., *La raison dans l'histoire : texte intégral*, Paris, France : Hatier, 2012, 119 p.
— *Phénoménologie de l'esprit*, Paris, France : Flammarion, 2012, 684 p.
— *Principes de la philosophie du droit*, Paris, France : PUF, 2013, 798 p.
— *Science de la logique : index des matières*, Paris, France : Éditions Kimé, 2015, 517 p.
HEIDEGGER M., *Le principe de raison*, Paris, France : Gallimard, 1983, 270 p.
HELLER H., *La crise de la théorie de l'État*, Paris, France : Dalloz, 2012, 55 +58 p.
HERBART P., *Le Chancre du Niger*, Paris, France : Gallimard, 1939, 124 p.
HOBBES Th., *Léviathan : traité de la matière, de la forme et du pouvoir de la république ecclésiastique et civile*, Paris, France : Sirey, 1992, 780 p.
HUEBER O., *Économie générale : IUT, BTS, AES, Écoles de commerce*, Paris, France : Éd. Technip, 2005, 265 p.
JACQUES V., *Deleuze*, Paris, France : Ellipses, 2014, 223 p.
JENNAR R. M., KALAFATIDES L., *L'AGCS : quand les États abdiquent face aux multinationales*, Paris, France : Raisons d'agir, 2007, 142 p.
JHERING R. VON., *Études complémentaires de l'esprit du droit romain*, Paris, France : A. Chevalier-Marescq, 1903, 597 p.

KANTOROWICZ E. H., *Les deux corps du roi : essai sur la théologie politique au Moyen âge*, Paris, France : Gallimard, 1989, 638 p.

KÉITA N., *Esclavage au Mali : des victimes témoignent*, Paris, France : l'Harmattan, 2014, 2014, 165 p.

KELSEN H., *Théorie générale du droit et de l'État*, Paris, France, Belgique : LGDJ, 1997, 517 p.

— *Théorie pure du droit*, Paris, France, Belgique : LGDJ, 1999, 367 p.

KI-ZERBO J., *Culture et développement*, Genève, Suisse : Institut international d'études sociales, 1976, 33 p.

— *Éduquer ou périr*, Abidjan, Côte d'Ivoire, Pays multiples : Bureau régional de l'UNICEF pour l'Afrique de l'Ouest et du Centre, 1990, 120 p.

— *Histoire de l'Afrique noire : d'hier à demain*, Paris, France : Hatier, 1972, 702 p.

— *Histoire générale de l'Afrique*, Paris, France : UNESCO, 2011, 858 p.

— **HOLENSTEIN R.**, *À quand l'Afrique ? : entretien avec René Holenstein*, Ivry-sur-Seine, France, Suisse, Côte d'Ivoire : les Éd. de l'Atelier-les Éd. ouvrières, 2013, 239 p.

— *Joseph Ki-Zerbo*, Genève, Suisse : Cetim, 2015, 95 p.

— *Le Monde africain noir : Histoire et civilisation*, Paris, France : Hatier, 1972, 96 p.

— *Perspectives de l'éducation*, Paris France : CODIAM, 1973, 19 p.

KIPRÉ P., *Le Congrès de Bamako ou la naissance du RDA en 1946*, Paris, France, Pays multiples : Chaka, 1989, 190 p.

KOJÈVE A., *La notion de l'autorité*, Paris, France : Gallimard, 2004, 204 p.

KOUNKOU D., *Monnaie africaine : la question de la zone franc en Afrique centrale*, Paris, France : L'Harmattan, 2008, 347 p.

KOUVIBIDILA G.-J., *Histoire de la construction de l'Afrique*, Paris, France : L'Harmattan, 2011, 445 p.

KOUYATÉ M., NIANE D. T., *Soundjata ou L'épopée mandingue*, Paris, France : Présence africaine, 1976, 153 p.

LACHAUME J.-F., PAULIAT H., BRACONNIER S., *Droit administratif : les grandes décisions de la jurisprudence*, Paris, France : Presses universitaires de France, 2014, 962 p.

LAMBERT É., MODERNE F., *Le gouvernement des juges et la lutte contre la législation sociale aux États-Unis : l'expérience américaine du contrôle judiciaire de la constitutionnalité des lois*, Paris, France : Dalloz, 2005, 276 p.

LASKI H. J., *The Foundations of sovereignty and other essays*, New Haven, Etats-Unis d'Amérique: Yale University press, 1931, 317 p.

LAVROFF D. G., *Les Systèmes constitutionnels en Afrique noire : les États francophones*, Paris, France : éditions A. Pedone, 1976, 438 p.

LE COUR GRANDMAISON O., *Coloniser, exterminer : sur la guerre et l'État colonial*, Paris, France : Fayard, 2005, 365 p.

LECLERCQ-BOLLE DE BAL F., *Le portier du Temple : visages secrets de Janus, dieu duel*, Paris, France : Detrad-AVS, 1999, 149 p.

LISETTE G., *Le Combat du Rassemblement démocratique africain pour la décolonisation pacifique de l'Afrique noire*, Paris, France, Pays multiples : Présence africaine, 1983, 398 p.

LOYSEAU C., *Cinq livres du droict des offices, avec le livre des seignevries et celuy des ordres par Charles Loyseau parisien, seconde édition, corrigée &*

augmentée par l'autheur, Paris, France : Chez la veuve Abel l'Angelier, 1614, 20 p.
MACHIAVEL., *Le Prince,* Paris, France : Librairie générale française, 2000, 192 p.
MADELIN P., *L'or des dictatures,* Paris, France : Fayard, 1993, 470 p.
MARTINET A., *Statolatrie, ou, Le communisme légal*, Paris France : Librairie Jacques lecoffre, 1848, 112 p.
MARX K., ENGELS F., *L'idéologie allemande*, Paris, France : Éditions sociales, 1968, 154 p.
MASON E. S., *The World Bank since Bretton Woods: The Origins, Policies, Operations, and Impact of the International Bank for Reconstruction and Development and the Other Members of the World Bank Group: the International Finance Corporation, the International Development Association [and] the International Centre for Settlement of Investment Disputes*, New York, Etats-Unis d'Amérique: Brookings Institution Press, 2010, 956 p.
MAUSSA P., *Les Nations prolétaires*, Paris, France : PUF, 1959, 201 p.
MENDE T., *De l'aide à la recolonisation : les leçons d'un échec*, Paris, France : Éd. du Seuil, 1972, 315 p.
MENOUNI A., *Le syndicalisme ouvrier au Maroc*, Casablanca, Maroc : Éditions Maghrébines, 1979, 520 p.
MEZGHANI A., *L'État inachevé : la question du droit dans les pays arabes*, Paris, France : Gallimard, 2011, 352 p.
MOOR P., *Dynamique du système juridique : une théorie générale du droit.* Bruxelles, Belgique, France, Suisse : Bruylant, 2010, 337 p.
MORICE A., MIRAS C., *L'État et l'informel*, Paris, France : Éditions L'Harmattan, 1991, 225 p.
MUSSOLINI B., *La Dottrina del Fascismo con una storia del Movimento fascista di Gioacchino Volpe*, Milano, Italie : Instituto della Enciclopedia Italiana, 1933, 154 p.
NKRUMAH K., *L'Afrique doit s'unir*, Paris, France : Présence africaine, 2009, 256 p.
— *Le consciencisme*, Paris, France : Présence africaine, 2009, 141 p.
— *Le néo-colonialisme : dernier stade de l'impérialisme*, Paris, France : Présence africaine, 2009, 269 p.
OMC, *Résultats des négociations commerciales multilatérales du cycle d'Uruguay : textes juridiques*, Genève, Suisse : GATT, 1994, 591 p.
OMOTUNDE J.-P., *La traite négrière européenne : vérité & mensonges*, Paris, France : Menaibuc, 2004, 171 p.
OST F., VAN DE KERCHOVE M., *De la pyramide au réseau ? : pour une théorie dialectique du droit*, Bruxelles, Belgique : Publications Fac Saint-Louis 2002, 606 p.
PAUWELS M.-C., *Civilisation américaine*, Paris, France : Hachette, 1994, 158 p.
PÉAN P., *L'Argent noir : Corruption et sous-développement*, Paris, France : Fayard, 1988, 129 p.
— *L'Homme de l'ombre : Éléments d'enquête autour de Jacques Foccart, l'homme le plus mystérieux et le plus puissant de la V*, Paris, France : Fayard, 1990, 305 p.
PERSON Y., *Relire Yves Person : l'État-nation face à la libération des peuples africains*, Paris, France : Présence africaine, 2015, 463 p.
PLATON, DIÈS A., *La République*, Paris, France : Les Belles Lettres, 1982, 124 p.
PLATON, LEROUX G., *La république*, Paris, France : Flammarion, 2008, 674 p.

POLANYI K., *La Subsistance de l'homme : La place de l'économie dans l'histoire et la société*, Paris, France : Flammarion, 2011, 233 p.

POSTLETHWAYT M., *Considerations on the making of bar iron with pitt, or sea coal fire and thereby to save the nation above two hundred thousand pounds per annum, we at present pay for foreign bar iron in a letter to a member of the Honourable House of Commons by Mr. Postlethwayt*, London, Royaume-Uni de Grande-Bretagne et d'Irlande du Nord: Printed for J. Roberts, 1747, 20 p.

RICHARD P., *Le jeu de la différence : « réflexions sur l'épistémologie du droit comparé »*, Sainte-Foy (Québec), Canada : Les Presses de l'université Laval, 2007, 155 p.

— *Prolégomènes à une anthropologie du droit : une ontologie naïve*, Sainte-Foy (Québec), Canada : Les Presses de l'université Laval, 2012, 155 p.

RIST G., *Le développement : histoire d'une croyance occidentale*, Paris, France : Presses de Sciences Po, 2001, 442 p.

RIVERO J., VEDEL G., *Les problèmes économiques et sociaux et la Constitution du 27 octobre 1946*, Paris, France : Librairie sociale et économique, 1947, 60 p.

RIVERO J., WALINE J., *Droit administratif*, Paris, France : Dalloz, 2011, 550 p.

ROSANVALLON P., *La contre-démocratie : la politique à l'âge de la défiance*, Paris, France : Éd. du Seuil, 2014, 344 p.

— *La crise de l'État-providence*, Paris, France : Points, 2015, 183 p.

— *La légitimité démocratique : impartialité, réflexivité, proximité*, Paris, France : Éd. du Seuil, 2010, 367 p.

— *Le bon gouvernement*, Paris, France : Éditions du Seuil, 2015, 405 p.

— *Le modèle politique français : la société civile contre le jacobinisme de 1789 à nos jours*, Paris, France : Éd. du Seuil, 2006, 445 p.

— *Le parlement des invisibles*, Paris, France : Seuil, 2014, 68 p.

— *Le peuple introuvable : histoire de la représentation démocratique en France*, Paris, France : Gallimard, 2002, 491 p.

ROULAND N., *Le droit à la différence*, Aix-en-Provence, France : Presses universitaires d'Aix-Marseille, 2002, 310 p.

SA'DĪ» ABD AL RAḤMĀN IBN» ABD ALLĀH IBN» IMRĀN IBN» ĀMIR AL–. *Tarikh es-Soudan*, Paris, France : Libr. d'Amérique et d'Orient Adrien-Maisonneuve, 1981, 333 p.

SALMON J., *La reconnaissance d'État : quatre cas, Mandchoukouo, Katanga, Biafra, Rhodésie du Sud...*, Paris, France : A. Colin, 1972, 287 p.

SAWADOGO A., *Un plan Marshall pour l'Afrique ?* Paris, France : L'Harmattan, 1987, 122 p.

SCHREYGER E., *L'Office du Niger au Mali : 1932 à 1982*, Wiesbaden, R.F.A., Allemagne : Steiner, 1984, 394 p.

SENELLART M., *Les arts de gouverner : du regimen médiéval au concept de gouvernement*. Paris, France : Éd. du Seuil, 1995, 311 p.

SIEYÈS E.-J., *Qu'est-ce que le Tiers état ? : 1788*, Clermont-Ferrand, France : Paléo, 2012, 134 p.

STIGLITZ J. E., *La grande désillusion*, Paris, France : Fayard, 2002, 324 p.

SUEUR J.-J., *Pour un droit politique : contribution à un débat*, Québec, Canada : Presses de l'Université Laval, 2011, 331 p.

— *Une introduction à la théorie du droit*, Paris, France : L'Harmattan, 2000, 206 p.

SYLLA K., *L'éducation en Afrique : le défi de l'excellence*, Paris, France : L'Harmattan, 2004, 272 p.
TÊTÊVI G. T.-A., *La question du plan Marshall et l'Afrique*, Paris, France : L'Harmattan, 1989, 195 p.
THOMAS M., *L'Utopie ou Le Traité de la meilleure forme de gouvernement*, Paris, France : Flammarion, 1987, 248 p.
TRAORÉ M. L., *Philosophie et géomancie : vers une philosophie originelle africaine.* Bamako, Mali : Éditions Donniya, 2007, 144 p.
TROPER M., *Pour une théorie juridique de l'État*, Paris, France : Presses universitaires de France, 1994, 358 p.
VANTHEMSCHE G., *La Sabena : l'aviation commerciale belge 1923-2001 : des origines au crash,* Bruxelles, Belgique : De Boeck, 2002, 356 p.
VIGNAIS P., *La biologie, des origines à nos jours : une histoire des idées et des hommes*, Les Ulis, France : EDP sciences, 2001, 478 p.
WING S. D., *Démocratie malienne et dialogue constitutionnel, 1991-2007 : la quête d'un État de choix*, Paris, France : éditions Karthala, 2013, 249 p.
WITTGENSTEIN L., *Carnets secrets : 1914-1916*. Cadenet, France : les Éditions Chemin de ronde, 2008, 121 p.
— *Conférence sur l'éthique*, Paris, France : Gallimard, 2008, 129 p.
— *Correspondance philosophique*, Paris, France : Gallimard, 2015, 902 p.
— *Fiches*, Paris, France : Gallimard, 2008, 167 p.
— *Grammaire philosophique*, Paris, France : Gallimard, 2001, 630 p.
— *Le cahier bleu et le cahier brun*, Paris, France : Gallimard, 2010, 313 p.
— **MCGUINNESS B.**, *Leçons sur la liberté de la volonté*. Paris, France : Presses universitaires de France, 2002, 355 p.
— *Recherches philosophiques*, Paris, France : Gallimard, 2014, 372 p.
— *Tractatus logico-philosophicus: suivi de Investigations philosophiques*, Paris, France : Gallimard, 1999, 128 p.
ZIEGLER J., *Le pouvoir africain : éléments d'une sociologie politique de l'Afrique noire et de sa diaspora aux Amériques*, Paris, France : Éd. du Seuil, 1971, 227 p.
ZOLLER É., *Grands arrêts de la Cour suprême des États-Unis*, Paris, France : Presses universitaires de France, 2000, 1328 p.

Section 2 : Thèses et monographies

AMSELEK P., *Perspectives critiques d'une réflexion épistémologique sur la théorie du droit*, Thèse de Doctorat, Paris, France : Université de Paris, Faculté de droit et des sciences économiques, 1962, 685 p.
BOILLEY P., *Les Kel Adagh : Un siècle de dépendances, de la prise de Tombouctou (1893) au Pacte national (1992),* Thèse de doctorat, France : Université Paris Diderot – Paris 7, 1994, 977 p.
BRUYAS B., *Le Consensus de Washington : Construction et Reconstruction d'une Légitimité*, Mémoire de Séminaire de Science, Pouvoir et Société, Institut d'Études politiques de Lyon, Université lumière Lyon 2, 2009 – 2010, 75 p.
DIARRA D., *Problèmes d'efficacité des entreprises publiques en Afrique noire : le cas des sociétés et entreprises d'état du Mali*, Grenoble, France : Atelier national reproduction des thèses Université de Grenoble 2, 1988, 425 p.

DIARRAH Ch. O., *Finances publiques et politiques de développement au Mali (1960-1980)*, Thèse de 3e cycle, Bordeaux, France : Études africaines : Bordeaux I, 1982, 630 p.

DIATTA M. L., *Les unions monétaires en droit international*, Paris, France : Presses universitaires de France, 2007, 325 p.

DIOP Ch. A., *Étude comparée des systèmes politiques et sociaux de l'Europe et de l'Afrique, de l'antiquité à la formation des États modernes*, Thèse de doctorat en Lettres, Faculté des Lettres et Sciences humaines de l'Université de Paris, 1959, 213 p.

DJIRÉ M., KEITA A., TOGO H., *Citoyenneté et gestion foncière : cas de la commune rurale de Bancoumana*, Dakar, Sénégal : CODESRIA, 2012, 32 p.

DJIRÉ M., *Les paysans maliens exclus de la propriété foncière ? : les avatars de l'appropriation par le titre foncier*, Londres, Royaume-Uni de Grande-Bretagne et d'Irlande du Nord : IIED, 2007, 24 p.

DUMESTRE G., *La geste de Ségou : textes des griots bambara*, Abidjan, Côte d'Ivoire : Université d'Abidjan, Institut de linguistique appliquée, 1974, 579 p.

— *La Geste de Ségou : épopée bambara*, Abidjan, Côte d'Ivoire : CÉDA, 1977, 77 p.

— *La pierre barbue et autres contes du Mali : édition bilingue bambara-français*, Angers France : Ville d'Angers, 1991, 127 p.

— *Le Bambara du Mali : essais de description linguistique*, Lille : A.N.R.T, 1988, 585 p.

GAHDOUN P.-Y, *La liberté contractuelle dans la jurisprudence du Conseil constitutionnel*, Paris, France : Dalloz, 2008, 415 p.

GREWE-LEYMARIE C., *Le fédéralisme coopératif en République fédérale d'Allemagne*, Paris, France : Éditions Economica, 1981, 233 p.

KAMTO M., *Pouvoir et droit en Afrique Noire : Essai sur les fondements du constitutionnalisme dans les Etats d'Afrique noire francophone*, Paris, France : Éditions LGDJ, 1987, 545 p.

KOUNKOU D., *Monnaie africaine : la question de la zone franc en Afrique centrale*, Paris, France : Éditions L'Harmattan, 2008, 345 p.

LECOMTE H., *Le coton : monographie culture – histoire économique*, Paris, France : G. Carré et C. Naud, 1900, 494 p.

MEZGHANI A., *La Pensée juridique d'Ibn Khaldūn*, 1975, Paris, France : Université de Paris II, Faculté de droit et des sciences économiques, 1975, 97 p.

MUGNIER F., *Léon Duguit et la pensée allemande*, Paris, France : Université de Paris II, Faculté de droit et des sciences économiques, 2014, 91 p.

PALLARD R., *L'exception de nécessité en droit civil*, Paris, France : Librairie générale de droit et de jurisprudence, 1949, 380 p.

POYET M., *Le contrôle de l'entreprise publique : Essai sur le cas français*, Thèse de doctorat, Saint-Étienne, Paris, France : Université Jean Monnet, 2001, 402 p.

SAUNIER Ph., *Les Banques régionales de développement*, Thèse de doctorat en droit public, Nice, France : Institut du droit de la paix et du développement, Université de Nice, 1989, 281 p.

SIMONDON G., *Du mode d'existence des objets techniques*, Paris, France : Aubier, 2001, 2001, 333 p.

TRAORÉ M. L., *Vers une pensée originelle africaine : exposé géomantique, critique de la négritude et du consciencisme*, Thèse de 3e cycle, Paris, France : Université Paris-Sorbonne, 1979, 253 p.

Section 3 : Ouvrages collectifs, actes de colloques et de séminaires

AGENCE INTERGOUVERNEMENTALE DE LA FRANCOPHONIE, *Promotion et protection des droits de l'Homme dans l'espace francophone : communications des participants au Séminaire international tenu à Bordeaux du 29 juin au 10 juillet 1992*, Talence, France : Agence de coopération culturelle et technique, 1992, 147 p.

AMSELEK P. (dir.), *La pensée de Charles Eisenmann,* Paris, France : Économica, 1986, 259 p.

— (dir.), *Théorie du droit et science : séminaire du Centre de philosophie du droit,* Paris, France : Presses universitaires de France, 1994, 328 p.

— **BANKOWSKI Z., BOUVERESSE J. (dir.),** *Théorie des actes de langage, éthique et droit,* Paris, France : Presses universitaires de France, 1986, 252 p.

— **CHEVALLIER J. (dir.),** *Interprétation et droit,* Bruxelles, Belgique : Bruylant, 1995, 245 p.

— **GRZEGORCZYK C. (dir.),** *Controverses autour de l'ontologie du droit,* Paris, France : Presses universitaires de France, 1989, 228 p.

ASSOCIATION FRANÇAISE DE SCIENCE POLITIQUE, CENTRE UNIVERSITAIRE DE RECHERCHES SUR L'ACTION PUBLIQUE ET LE POLITIQUE ÉPISTÉMOLOGIE ET SCIENCES SOCIALES, *Le for intérieur,* Paris, France : Presses universitaires de France, 1995, 415 p.

ASSOCIATION FRANÇAISE DES CONSTITUTIONNALISTES, *La continuité constitutionnelle en France de 1789 à 1989 : journées d'étude des 16-17 mars 1989*, Aix-en-Provence, France : Presses universitaires d'Aix-Marseille, 1990, 178 p.

ASSOCIATION FRANÇAISE POUR LA RECHERCHE EN DROIT ADMINISTRATIF, COLLOQUE ANNUEL, *Les droits publics subjectifs des administrés : actes du colloque*, Paris, France : LexisNexis : Litec, 2011, 238 p.

ASSOCIATION TUNISIENNE D'ÉTUDES POLITIQUES, *La Contre-Révolution en Tunisie : les Ve Conférences de l'ATEP, samedi 1er décembre 2012*, Tunis, Tunisie : Association tunisienne d'études politiques, 2013, 221 p.

AUROUX S. (dir.), *Les notions philosophiques : dictionnaire : Tome 1, Philosophie occidentale : A-L*, Paris, France : Presses universitaires de France, 2002, 1517 p.

— *Les notions philosophiques : dictionnaire : Tome 2, Philosophie occidentale M-Z, pensées asiatiques, conceptualisation des sociétés traditionnelles, tables analytiques*, Paris, France : Presses universitaires de France, 2002, 1519 p.

BASTIDE R., DIETERLEN G. (dir.), *La notion de personne en Afrique Noire*, Paris, France : Éditions L'Harmattan, 1993, 618 p.

BEECKMANS R. (dir.), *Voies africaines du socialisme*, Léopoldville, République démocratique du Congo : Bibliothèque de l'étoile, 1963, 176 p.

BEN MANSOUR A. EL H., FRÉMEAUX J. (dir.), *Avec les Arabes : puissance de l'amitié*, Paris, France : Presses de l'Université Paris Sorbonne, 2004, 325 p.

BLANQUER J.-M., MILET M. (dir.), *L'invention de l'État : Léon Duguit, Maurice Hauriou et la naissance du droit public moderne*, Paris, France : Odile Jacob, 2015, 394 p.

BOURGEOT A. (dir.), *Horizon nomade en Afrique sahélienne : Sociétés, développement et démocratie,* Paris, Éditions Karthala, 1999, 491 p.

CHARVIN R., GUESMI, A. (dir.), *L'Algérie en mutation : Les instruments juridiques de passage à l'économie de marché*, Paris, France : Éditions L'Harmattan, 2002, 379 p.

CNRS, *La notion de personne en Afrique noire*, Paris, France : Éditions l'Harmattan, « Collection : Colloques internationaux du CNRS n° 544 », 1993, 596 p.

COMITÉ INTERNATIONAL DES SCIENCES HISTORIQUES, *Histoire et perception des frontières en Afrique du XIIe au XXe siècle dans le cadre d'une culture de la paix ; Des Frontières en Afrique du XIIe au XXe siècle ; 2005 – 139816f.pdf.* Disponible sur : < *http://unesdoc.unesco.org/images/0013/001398/139816f.pdf* > (consulté le 22 août 2016b)

COMPAGNON A. (dir.), *De l'autorité, Colloque annuel du Collège de France,* Paris, France : Éditions Odile Jacob, 2008, 328 p.

CONAC G. (dir.), *Les Cours suprêmes en Afrique : 1, Organisation, finalités, procédure* Paris, France : Economica, 1988, 437 p.

DEFFAINS B., LANGLAIS É. (dir.), *Analyse économique du droit : principes, méthodes, résultats*, Bruxelles, Belgique : De Boeck, 2009, 407 p.

DELMAS J., KESSLER J. (dir.), *Renseignement et propagande pendant la guerre froide, 1947-1953,* Bruxelles, Belgique : Éd. Complexe, 1999, 319 p.

DJIRÉ M., OOMEN B. M., HESSELING G. S. C. M. (dir.), *Le droit en Afrique : expériences locales et droit étatique au Mali*, Leyde, Pays-Bas, France, Pays-Bas : Afrika-Studiecentrum, 2005, 294 p.

EBERHARD Ch. (dir.), *Le courage des alternatives,* Paris, France : KARTHALA, 2012, 326 p.

ESSEKS J. D., BERNIS G. DE, DESSAU N. (dir.), *L'Afrique, de l'indépendance politique à l'indépendance économique*, Paris, France : F. Maspero, 1975, 275 p.

GALY M. (dir.), *La guerre au Mali : comprendre la crise au Sahel et au Sahara*, Paris, France : La Découverte, 2013, 198 p.

GIRAULT R., LÉVY-LEBOYER M. (dir.), *Le plan Marshall et le relèvement économique de l'Europe : colloque tenu à Bercy les 21, 22 et 23 mars 1991*, Paris, France : CHEFF : Imprimerie nationale, 1993, 840 p.

GOUVERNEMENT DU SÉNÉGAL, INSTITUT FRANÇOIS MITTERRAND, *Mitterrand et l'Afrique : colloque de Dakar, 11-12 février 1998*, Dakar, Sénégal : Médiature de la République du Sénégal, 1999, 287 p.

GREWE C., RUIZ FRABRI H., *Droits constitutionnels européens,* Paris, France : Éditions PUF, « Collection Droit fondamental droit politique et théorique », 1995, 661 p.

HAQUANI Z., SAUNIER Ph., *Droit international de l'économie,* 2e éd., Paris, France : Éditions Ellipses, 2007, 215 p.

HOURS B., OULD-AHMED P. (dir.), *Dette de qui, dette de quoi ? : une économie anthropologique de la dette*, Paris, France : l'Harmattan, 2013, 288 p.

KANÉ S. A. (dir.), *Les États-nations face à l'intégration régionale en Afrique de l'Ouest : le cas du Burkina Faso*, Paris, France : KARTHALA Éditions, 2008, 232 p.

KÉITA M., DAKOUO A. (dir.), *Gouvernance participative et pratiques démocratiques au Mali*, Paris, France, Mali : L'Harmattan, 2013, 173 p.

KI-ZERBO J. (dir.), *La natte des autres : pour un développement endogène en Afrique*, Dakar, Sénégal : COSDERIA, Conseil pour le développement de la recherche économique et sociale en Afrique, 1992, 494 p.

KONATÉ D. (dir.), *Le Mali entre doutes et espoirs : Réflexions sur la Nation à l'épreuve du Nord*, Éditions Tombouctou, Alger, 2013, 300 p.

***L'ordre concurrentiel : mélanges en l'honneur d'Antoine Pirovano*,** Paris, France : Frison-Roche, 2003, 688 p.

LE BOHEC J.-B. (dir.), *Norberto Bobbio et la question internationale*, Rennes, France : Presses universitaires de Rennes, 2016, 402 p.

MAUS D., BOUGRAB J. (dir.), *François Luchaire : un républicain au service de la République*, Paris, France : Publications de la Sorbonne, 2005, 383 p.

MAZEAUD V., MONTALIVET P. (dir.), *La crise des institutions : actes du colloque organisé par le centre Marchés, Institutions, Libertés (MIL) le 11 décembre 2014 à la Faculté de droit de l'Université Paris-Est Créteil*, Issy-les-Moulineaux, France : LGDJ-Lextenso éditions, 2016, 120 p.

MOULY J. (dir.), *Le Plan Marshall : mouvements de capitaux et liquidités internationales,* Paris, France : Cahiers de l'Institut de science économique appliquée. Série A. Les plans monétaires internationaux, 1955, 141 p.

OULOMONT P., VAÏSE M. (dir.), *De Gaulle et la décolonisation de l'Afrique subsaharienne*, Paris, France : KARTHALA, 2014, 262 p.

PASSERINI GLAZEL L., « Conférence | La force normative des types : le rôle de la typicité dans la construction des phénomènes juridiques », *Les carnets du CERC*, Disponible sur : < *https://cerc.hypotheses.org/257* > (consulté le 22 août 2016)

PERELMAN C., FORIERS P. (dir.), *Les présomptions et les fictions en droit : études*, Bruxelles, Belgique : E. Bruylant, 1974, 350 p.

— VANDER ELST R. (dir.), *Les notions à contenu variable en droit*, Bruxelles, Belgique : E. Bruylant, 1984, 377 p.

QUENSIÈRE J. (dir.), *La pêche dans le delta central du Niger,* Paris, France : Éd. de l'ORSTOM : Éd. Karthala, 1994, 495 p.

RIGAL, É. (dir.), *Wittgenstein : état des lieux*, Paris, France : J. Vrin, 2008, 400 p.

ROUSSEAU C. (dir.), *La technique et les principes du droit public : études en l'honneur de Georges Scelle, 2 Volumes,* Paris, France : Librairie générale de droit et de jurisprudence, 1950, 913 p.

***Ruptures, mouvements et continuité du droit : autour de Michelle Gobert*,** Paris, France : Économica, 2004, 568 p.

SALMON J., BOISSON DE CHAZOURNES L., *Recueil des cours – Académie de Droit international de La Haye : Quelle place pour l'État dans le droit international d'aujourd'hui ?*, Leiden, Pays-Bas, États-Unis d'Amérique : M. Nijhoff, 2011, 406 p.

SANANKOUA B. (dir.), *Les États-nations face à l'intégration régionale en Afrique de l'Ouest : Le cas du Mali,* Paris, France : Éditions Karthala, 2007, 234 p.

SEFTON-GREEN R., USUNIER L. (dir.), *La concurrence normative, mythes et réalités*, Paris, France : Société de législation comparée, 2013, 298 p.

SENGHOR L. S. (dir.), *Colloque sur les politiques de développement et les diverses voies africaines vers le socialisme : les données du problème*, Paris, Sénégal : Présence africaine, 1962, 14 p.

SUEUR J.-J. (dir.), *Interpréter & traduire : actes du colloque international des 25 et 26 novembre 2005, Faculté de droit de Toulon*, Bruxelles, Belgique : Bruylant, 2007, 366 p.

— *La transgression : actes du colloque international des 24 et 25 novembre 2011, Faculté de droit de Toulon*, Bruxelles, Belgique : Bruylant, 2013, 534 p.

TERRAY E. (dir.), *L'État contemporain en Afrique*, Paris, France : l'Harmattan, 1987, 418 p.

UNIVERSITÉ DE NICE, FACULTÉ DE DROIT ET SCIENCE POLITIQUE, CENTRE DE RECHERCHES EN DROIT ÉCONOMIQUE, *Critique(s) du droit : hommage au professeur Robert Charvin*, Paris, France : Ed. Publisud, 2012, 480 p.

VIDAL-NAQUET A. (dir.), *Le provisoire en droit public*, Paris, France : Dalloz, 2009, 169 p.

WITTGENSTEIN L., ENGELMANN P., MCGUINNESS B. (dir.), *Lettres, rencontres, souvenirs*, Paris, France : Éd. de l'Éclat, 2010, 251 p.

YUSUF A. A., OUGERGOUZ F. (dir.), *L'Union africaine : cadre juridique et institutionnel*, Paris, France : A. Pédone, 2013, 491 p.

Section 4 : Articles, communications, contributions, entrées de dictionnaires, de répertoires et de fascicules

AG MOHAMEDOUN O., « La fixation des populations tamacheq nomades sur les terres agro-pastorales : Cas du site d'Erin-Tedjeft », dans : DJIRÉ M., OOMEN B. M., HESSELING G. S. C. M. (dir.), *Le droit en Afrique : expériences locales et droit étatique au Mali*, Leyde, Pays-Bas, France, Pays-Bas : Afrika-Studiecentrum, 2005, p. 263-280.

ALEXANDROU F., « Patrie, Patriotisme », dans : De ROUGEMONT D. (dir.), *Dictionnaire international du fédéralisme*, Bruxelles, Belgique : Bruylant, 1994, p.128-132.

AMPROU J., CHAUVET L., « Aide publique au développement et lutte contre la pauvreté : Vers une allocation optimale ? », dans : *Rapport moral sur l'argent dans le monde 2006*, Éditions Association d'économie financière, Paris, France : 2006, p. 89-102.

AMSELEK P., « Brèves réflexions sur la notion de sources du droit », *Archives de philosophie du droit*, tome 27, 1982, p. 251-258.

— « L'évolution générale de la technique juridique dans les sociétés occidentales », *Revue du Droit Public*, 1982, p. 275-294.

— « Le doute sur le droit ou la teneur indécise du droit », dans : F. TERRÉ, *Le doute et le droit*, Paris, France : Éditions Dalloz, 1994, p. 57-78.

— « Le droit, technique de direction publique des conduites humaines », *Droits*, 1989-10, p. 7-10.

— « Peut-il y avoir un État sans finances ? », *Revue du Droit Public*, 1983, p. 267-283.

— « Réflexions critiques autour de la conception kelsenienne de l'ordre juridique », *Revue du Droit Public*, 1978, p. 5-19.

AMSELLE J.-L., « Qu'est-ce qu'un kafo ou jamana ? Le cas du Gwanan ou les faux archaïsmes de l'histoire africaine », dans : *Cahiers de l'O.R.S.T.O.M.-Sciences humaines*, 1985, p. 43-56.

— **GRÉGOIRE E.**, « Complexité et conflits entre bourgeoisies d'État et bourgeoisies d'affaires : Au Mali et au Niger», dans : TERRAY E. (dir.), *L'État contemporain en Afrique*, Paris, France : Éditions l'Harmattan, 1987, p. 25.

ARNAUD A.-J. (dir.), *Dictionnaire encyclopédique de théorie et de sociologie du droit*, Paris, France : Librairie générale de droit et de jurisprudence, 1993, 758 p.

AUBERT J.-L., « novation », dans : *Répertoire de droit civil*, Paris, France : Éditions Dalloz, 2011, § 1, 2 et 3.

AUROUX S. (dir.), *Les notions philosophiques : dictionnaire: Tome 1, Philosophie occidentale : A-L*, Paris, France : Presses universitaires de France, 2002, 1517 p.

— *Les notions philosophiques : dictionnaire : Tome 2, Philosophie occidentale M-Z, pensées asiatiques, conceptualisation des sociétés traditionnelles, tables analytiques*, Paris, France : Presses universitaires de France, 2002, 1519 p.

BÂ A. H., « La notion de personne en Afrique noire », dans : *La notion de personne en Afrique noire*, Éditions l'Harmattan, « Collection : Colloques internationaux du CNRS n° 544 », Paris, 1993, p. 182.

BADRA A., *Armée malienne : Nommés par ATT : À quand leur mise à la retraite anticipée des Généraux ?*, 25 mai 2012, Disponible sur : < *http://www.maliweb.net/armee/armee-malienne-nommes-par-att-a-quand-leur-mise-a-la-retraite-anticipee-des-generaux-68995.html* > (consulté le 26 août 2016)

BAGAYOGO S., « L'État au Mali : Représentation, autonomie et mode de fonctionnement », dans : TERRAY E. (dir.), *L'État contemporain en Afrique*, Éditions l'Harmattan, Paris, 1987, p. 91-122.

BAILLY A., EGGER É. (dir.), *Dictionnaire grec-français*, Paris, France : Hachette, 2000, 2230 p.

BANQUE INTERNATIONALE POUR LA RECONSTRUCTION ET LE DÉVELOPPEMENT, *The changing wealth of nations : measuring sustainable development in the new millennium*, Washington, D.C., Etats-Unis d'Amérique: The World Bank, 2011, 221 p.

BARLOW M., JENNAR R. M., « Le fléau de l'arbitrage international : une disposition contestée du grand marché transatlantique », *Le Monde diplomatique*, février 2016, p. 6

BARROUX Y., « La création du franc CFA », dans : OULMONT Ph., VAÏSSE M., *De Gaulle et la décolonisation de l'Afrique Subsaharienne*, Paris, France : Éditions Karthala, 2014, p. 197-202.

BAYART J-F., « Chronique d'une faillite programmée au Mali », *Le Monde*, 23 janvier 2013, p. 19.

BEAUD O., « Fédéralisme et souveraineté. Notes pour une théorie constitutionnelle de la Fédération », *RDP*, 1998, p. 83-122.

— « La notion d'État », *Archives de philosophie du droit*, t. 35, Paris, France : Éditions Sirey, 1990, p. 119-141.

BEN ATTAR O., « Note d'actualité concernant la proposition du Président de la République tunisienne Mohamed Moncef Marzouki lors du débat général le 26 octobre 2013 devant l'Assemblée générale des Nations Unies de créer une Cour constitutionnelle internationale », *Civitas europa n° 31 – La crise malienne au regard du droit international*, décembre 2013, p. 285-299.

BENCHIKH M., « La réhabilitation de l'intervention de l'État dans les relations économiques internationales », dans : *Critique (s) du droit : hommage au professeur Robert Charvin,* Paris, France : Éditions Publisud, 2012, p. 129-151.

— « Article 23 : Composition du Conseil de sécurité », dans COT J.-P., PELLET A. (dir.), *La Charte des Nations-Unies : Commentaire article par article,* 3e éd., Paris, France : Éditions Éditions Economica, 2005, p. 867-878.

BENSIMON C., « Simone Gbagbo de nouveau devant la justice ivoirienne : L'ex-première dame risque la perpétuité pour "crimes contre l'humanité" », *Le Monde,* 2 juin 2016, p. 5.

BENSUSSAN G., ROBELIN J., « Socialisme », dans : LABICA G., BENSUSSAN G. (dir.), *Dictionnaire critique du marxisme,* Paris, France : Éditions PUF, 1985, p. 1063-1068.

BERNARD Y., COLLI J.-C., LEWANDOWSKI D. (dir.), *Dictionnaire économique et financier,* Paris, France : Éd. du Seuil, 1975, 28 p.

BIANQUIS T., « Un médiéviste face à la "crise" politique de l'Orient arabe, 1945-1995 », dans : BEN MANSOUR A. E. H., J. FRÉMAUX (dir.), *Avec Les Arabes : Puissance de l'amitié : Mélanges offerts Au Professeur Dominique CHEVALLIER,* Paris, France : Éditions Presses universitaires de Paris Sorbonne, 2005, p. 41-60.

BISWARO J. M., « La Conférence, le Conseil exécutif et la Commission », dans : YUSUF A. A., OUGERGOUZ F. (dir.), *L'Union africaine : cadre juridique et institutionnel,* Paris, France : Éditions A. Pédone, 2013, p. 79-91.

BLANCK J.-P., TRICART J. L. F., « L'Office du Niger, mirage du développement au Mali ? », *Annales de Géographie,* 1989, Vol. 98, n° 549, p. 567-587.

BLAY M., « Deux moments de la critique du calcul infinitésimal : Michel Rolle et George Berkeley » dans : *Études sur l'histoire du calcul infinitésimal, Revue d'histoire des sciences,* tome 39, n° 3, 1986, p. 223-253.

BLEICHER S. A., « Un v. Ibrd : A Dilemma of Functionalism », *International Organization.* 1970. Vol. 24, n° 1, p. 31-47.

BOILLEY P., « Géopolitique africaine et rébellions touarègues. Approches locales, approches globales (1960-2011) », *L'Année du Maghreb,* 20 décembre 2011, n° VII, p. 151-162.

BOST H., « L'autorité en protestantisme : des institutions de la Réforme aux débats contemporains », dans : VAN MEENEN B., *De l'autorité,* Éditions des Facultés universitaires de Saint-Louis, Bruxelles, 2007, p. 25-40.

BOURDIEU P., « Les juristes, gardiens de l'hypocrisie collective », dans : CHAZEL F., COMAILLE J. (dir.), *Normes juridiques et régulation sociale,* Paris : LGDJ, collection « Droit et société », 1991, p. 95-99.

BOY L., « L'ordre concurrentiel : essai de définition d'un concept », dans : *Mélanges dédiés à Antoine Pirovano (Titre de couverture : L'ordre concurrentiel),* Paris : Frison-Roche, 2003, p. 23-56.

BRANCOURT J.-P., « Des "estats" à l'État : évolution d'un mot », dans : *Archives de philosophie du droit,* t. 21, Paris, France : Éditions Sirey, 1976, p. 39-54.

BUGNICOURT J., « Le mimétisme administratif en Afrique : obstacle majeur au développement », *Revue française de science politique,* 1973, Vol. 23, n° 6, p. 1239-1267.

CANTO-SPERBER M., *Dictionnaire d'éthique et de philosophie morale,* Paris, France : Presses universitaires de France, 1996, 1719 p.

CÁRCEL ORTÍ M. M., COMMISSION INTERNATIONALE DE DIPLOMATIQUE, COMITÉ INTERNATIONAL DES SCIENCES HISTORIQUES (dir.), *Vocabulaire international de la diplomatique*, València, Espagne : Universitat de València, 1997, 308 p.

CHARMES J., *Les origines du concept de secteur informel et la récente définition de l'emploi informel,* Paris, France : IRD, 33 p. Disponible sur : < *http://info.worldbank.org/etools/docs/library/218175/iies%20secteur%20informel.pdf*> (consulté le 26 août 2016 h)

CHEVALLIER J.-J., « De la distinction britannique entre la "Convention constitutionnelle" et le "Droit légal", et de son rôle dans l'évolution du statut de dominion », dans : *Mélanges dédiés à Georges Scelle (Titre de couverture : La technique et les principes du droit public. Tome 1)*, Paris : Librairie générale de droit et de jurisprudence, 1950, p. 179-193.

CHOL É., « Le sous-développement durable », *L'Express*, 29 septembre 2005, p. 128.

CISSOKO S. M., « La notion de frontière dans le Soudan-Mali du XVIIe au XIXe siècle », dans : *Actes de Colloque de Bamako de mars 1999 : Des frontières en Afrique du XIIe au XXe siècle,* Éditions de l'UNESCO, Bamako, 2005, p. 239-246.

COLLIER P., DOLLAR D., "Aid allocation and poverty reduction", *European Economic Review* n ° 46, 2002, p. 1475–1500.

CONFÉRENCE INTERNATIONALE, « Plan pour la relance durable du Mali 2013-2014 d'avril 2013 », Disponible sur : < *https://fr.scribd.com/doc/153953587/Plan-Pour-La-Relance-Durable-Du-Mali-2013-2014* > (consulté le 24 août 2016c)

CONSTANTIN F., COULON C., « Entreprises publiques et changement politique au Mali », dans : ESSEKS J.D. (dir.), *L'Afrique de l'indépendance politique à l'indépendance économique*, Éditions P.U.G., 1975, p. 183.

COULIBALY P. B., « Commentaire », dans : SANANKOUA B. (dir.), *Les États-nations face à l'intégration régionale en Afrique de l'Ouest : Le cas du Mali,* Paris, France : Éditions Karthala, 2007, p. 122.

COULIBALY R. DAO, « Promotion et protection des droits de l'homme au Mali », dans : Agence intergouvernementale de la francophonie et l'École internationale de Bordeaux, *Promotion et protection des droits de l'homme dans l'espace francophone : communications des participants au Séminaire international tenu à Bordeaux du 29 juin au 10 juillet 1992*, Éditions Agence de Coopération culturelle et technique, Collection « Notes et documents, Série Synthèses de sessions », 26, Talence 1992, p. 179-186.

D'ABZAC-EPEZY C., « La perception de la menace aérienne en France, 1947-1953 : renseignement, propagande et opinion publique », dans : DELMAS J., KESSLER J., *Renseignement et propagande pendant la Guerre froide 1947-1953*, Éditions complexe, 1999, p. 243-256.

DE GAULLE Ch., « Allocution prononcée à l'Assemblée Fédérale du Mali, 13 décembre 1959 », Disponible sur : < *http://www.charles-de-gaulle.org/pages/l-homme/accueil/discours/discours-au-monde-1958-1969/allocution-prononcee-a-l-assemblee-federale-du-mali-13-decembre-1959.php* > (consulté le 26 août 2016p)

DELORS J., « Le Plan MARSHALL en mémoire » dans : GIRAULT R., LEVY-LEBYER M., *Le Plan MARSHALL et le relèvement économique de l'Europe*,

Colloque du Comité pour l'histoire économique et financière de la France tenu à Bercy les 21, 22 et 23 mars 1991, Paris, France : Éditions de l'imprimerie nationale, 1993, préface.

DEMBELÉ Dj., « Réforme et pratique administrative : La tutelle sur les communes rurales de Yélékebougou et Sanankoroba », dans : DJIRÉ M., OOMEN B. M., HESSELING G. S. C. M. (dir.), *Le droit en Afrique : expériences locales et droit étatique au Mali,* Leyde, Pays-Bas, France, Pays-Bas : Afrika-Studiecentrum, 2005, p. 153-182.

DEMBÉLÉ M. A., *L'aide publique au développement au Mali,* Secrétariat à l'Harmonisation de l'Aide (S.H.A.), 12 septembre 2011, Disponible sur : < *http://base.afrique-gouvernance.net/fr/corpus_bipint/fiche-bipint-886.html* > (consulté le 23 août 2016m)

DE ROUGEMONT D., SAINT-OUEN F. (dir.), *Dictionnaire international du fédéralisme,* Bruxelles, Belgique : Bruylant, 1994, 475 p.

DESSAU J., « Le Mali : une expérience partielle d'indépendance économique », dans : ESSEKS J. D. (dir.), *L'Afrique de l'indépendance politique à l'indépendance économique,* Éditions F. Maspero et Presses universitaires de Grenoble, Paris et Saint-Martin-d'Hères, 1975, p. 173-197.

DIARRA É., « Constitution et État de droit au Mali », *Revue juridique et politique,* Paris, France : Éditions LGDJ 1995, p. 252-284.

DIOP A., « Le commerce chinois à Dakar. Expressions spatiales de la mondialisation », *Belgeo, Revue belge de géographie,* 31 décembre 2009, n°3-4, p. 405-424.

DIOP Ch. A., *Articles : publiés dans le bulletin de l'IFAN, Institut fondamental d'Afrique noire, 1962-1977,* Dakar, Sénégal : Nouvelles du sud, 2006, 309 p.

DJIRÉ M., « Un Peuple, un but, une foi... mais plusieurs droits ? Dynamiques locales et sécurisation foncière dans un contexte de décentralisation à Sanankoroba », dans : HESSELING G., DJIRÉ M., OOMEN B. M. (dir.), *Le droit en Afrique : Expériences locales et droit étatique au Mali,* Leyde, Pays-Bas, France, Pays-Bas : Afrika-Studiecentrum, 2005, p. 29-74.

DOLLAR D., BURNSIDE C., "Aid, Policies, and Growth", *American Economic Review,* 1990, Vol. 4, p. 847–868.

DREXL J., « La Constitution économique européenne – L'actualité du modèle ordolibéral », *Revue internationale de droit économique,* 1 mars 2012, Vol. t.XXV, n° 4, p. 419-454.

DUMESTRE G., *Dictionnaire bambara-français,* Paris, France : Éditions Karthala, 2011, 1187 p.

ESLIN J.-C., « Autorité et recommencement », dans : Van MEENEN B., *De l'autorité,* Éditions des Facultés universitaires de Saint-Louis, Bruxelles, 2007, p. 79-98.

EYA NCHAMA C.-M., « Développement endogène et droits de l'homme et des peuples », dans : KI-ZERBO J. (dir.), *La natte des autres : Pour un développement endogène en Afrique,* Actes du colloque du Centre de recherche pour le développement endogène (CRDE), Bamako : Éditions CODESRIA/Karthala, Dakar/Paris, 1989, p. 283-298.

FALL B., *Commercialisation du sucre : Les commerçants dénoncent le monopole de fait.* Disponible sur : <*http://bamanet.net/actualite/republicain/commercialisation-du-sucre-les-commercants-denoncent-le-monopole-de-fait.html*> (consulté le 26 août 2016)

FARJAT G., « L'ordre concurrentiel et la formation des hommes », dans : *Mélanges dédiés à Antoine Pirovano (Titre de couverture : L'ordre concurrentiel)*, Paris, France : Frison-Roche, 2003, p. 361-369.

FOLSCHEID D., « Autorité : philosophie générale », dans : AUROUX S. (dir.), *Les notions philosophiques : dictionnaire : Tome 1, Philosophie occidentale : A-L*, Paris, France : Presses universitaires de France, 2002, p. 204-205.

FOUCAULT M., BROCHIER J.-J., « Michel Foucault explique son dernier livre », *Magazine littéraire*, n° 28, avril-mai 1969, p. 23-25.

FRANÇOIS A., « Le concept de développement : la fin d'un mythe : The concept of development : the end of a myth », *L'information géographique*, 2003, Vol. 67, n°4, p. 323-336.

FRIGERIO F., « l'État », dans : DE ROUGEMONT D. (dir.), *Dictionnaire international du fédéralisme*, Éditions Bruylant, Bruxelles, 1994, p. 52-54.

FRINTZ A., « Trafic de cocaïne, une pièce négligée du puzzle sahélien », *Le Monde diplomatique,* 1 février 2013, p. 22-23.

GANDOLFI A., « Naissance et mort sur le plan international d'un État éphémère : la Fédération du Mali », *Annuaire français de droit international*, 1960, Vol. 6, n° 1, p. 881-906.

GHÉRARI H., « L'influence de l'Organisation mondiale du commerce sur le droit de la concurrence (à travers le cas des Etats-Unis et du Mexique », dans : G. CANNIVET (dir.), *La modernisation du droit de la concurrence,* Paris, France : Éditions LGDJ, 2006, p. 249-289.

— « Le réalisme », dans : DAILLIER P., DE LA PRADELLE G., GHÉRARI H., (dir.), *Droit de l'économie internationale*, Paris, France : Éditions A. pédone, 2004, p. 131-136.

— « Vers la fin des préférences commerciales ? », dans DOUMBE-BILLE S., GHÉRARI H., KHERAD R. (dir.), *Droit, liberté, paix, développement : Mélanges en l'honneur de Madjid BENCHIKH,* Paris, France : Éditions A. pédone, 2011, p. 465-480.

GIRAUD É., « Le rejet de l'idée de souveraineté : L'aspect juridique et l'aspect politique de la question » dans : *La technique et les principes du droit public : études en l'honneur de Georges Scelle, 2 Volumes,* Paris, France : Librairie générale de droit et de jurisprudence, 1950, p. 253-266.

GLOCK H.-J., *Dictionnaire Wittgenstein*, Paris, France : Gallimard, 2003, 613 p.

GRAPPIN P., *Dictionnaire général : français-allemand, allemand-français*, Paris, France : Larousse, 2009, 780 p.

GREWE C., « Entre la tour de Babel et l'esperanto : les problèmes du (des) langage(s) du droit comparé », dans : BAUDREZ M., Di MANNO Th. (dir.), *Liber amicorum Jean-Claude Escarras : la communicabilité entre les systèmes juridiques*, Bruxelles, Belgique : Éditions Bruylant, 2005, p. 115-129.

— **RIDEAU J.**, « L'identité constitutionnelle des États membres de l'Union européenne : Flash back sur le *coming-out* d'un concept ambigu », dans : COHEN-JONATHAN G., CONTANTINESCO V. (dir.), *Chemins d'Europe : mélanges en l'honneur de Jean-Paul Jacqué*, Paris, France : Éditions Dalloz, 2010, p. 319-345.

HESSELING G., OOMEN B., « La redécouverte du droit : le trajet parcouru », dans : DJIRÉ M., OOMEN B. M., HESSELING G. S. C. M. (dir.), *Le droit en*

Afrique : expériences locales et droit étatique au Mali, Leyde, Pays-Bas, France, Pays-Bas : Afrika-Studiecentrum, 2005, p. 5-28.

HOTTOIS G., « Technique », dans : CANTO-SPERBER M. (dir.), *Dictionnaire d'éthique et de philosophie morale*, Éditions PUF, Paris, 1996, p. 1495-1999.

HUGON P., « Les réformes de la filière coton au Mali et les négociations internationales », *Afrique contemporaine*, 1 avril 2006, n° 216, p. 203-225.

JACQUEMOT P., « Le proto-État africain : quelques réflexions autour de l'histoire contemporaine du Mali », *Tiers-Monde*, 1983, Vol. 24, n° 93, p. 127-141.

JOUANJAN O., « L'émergence de la notion de droits publics subjectifs dans la doctrine allemande », dans : Actes du colloque de l'AFDA organisé les 10 et 11 juin 2010 sur, *Les droits publics subjectifs des administrés,* Paris, France : Éditions LexisNexis, 2011, p. 28-32.

JOUANJAN O., MILLARD É. (dir.), *Théories réalistes du droit : dossier*, Strasbourg, France : Presses universitaires de Strasbourg, 2000, 236 p.

KEITA A., « 5,4. État-nation du Sahel et citoyenneté à l'épreuve de la démocratie et de la mondialisation : l'exemple du Mali | Fondation Gabriel Péri » Disponible sur : *<http://www.gabrielperi.fr/%C3%A9tat-nation-du-sahel-et-citoyennet%C3%A9-%C3%A0-l%E2%80%99%C3%A9preuve-de-la-d%C3%A9mocratie-et-de-la-mondialisation.html* > (consulté le 23 août 2016)

— « Au détour des pratiques foncières à Bancoumana », dans : DJIRÉ M., OOMEN B. M., HESSELING G. S. C. M. (dir.), *Le droit en Afrique : expériences locales et droit étatique au Mali*, Leyde, Pays-Bas, France, Pays-Bas : Afrika-Studiecentrum, 2005, p. 75-115.

— « Démocratie minimale, démocratie incantatoire : Le "modèle" malien entre l'ici et l'horizon », dans : KONATÉ D. (dir.), *Le Mali entre doutes et espoirs : Réflexions sur la Nation à l'épreuve du Nord*, Alger, Algérie : Éditions Tombouctou, 2013, p. 131.

KELSEN H., « La naissance de l'État et la formation de sa nationalité : les principes ; et leur application au cas de la Tchécoslovaquie », dans : LEBEN Ch., *Hans Kelsen : Écrits français de droit international*, Éditions PUF, Collection doctrine juridique, Paris, 2001, p. 27-57.

— « Une Théorie "réaliste" et la Théorie pure du droit : Remarques sur On Law and Justice d'Alf ROSS », Traduction d'É. MILLARD, G. SOMMEREGGER, dans : MILLARD É., JOUANJAN O. (dir.), *Théories réalistes du droit : dossier*, Strasbourg, France : Presses universitaires de Strasbourg, 2000, p. 25.

KODJO E., « Préface de : Edmond Jouve, L'Organisation de l'Unité africaine (1984) », dans : *Mélanges dédiés à Edmond Jouve (Titre de couverture : Vers un monde nouveau. Tome 1)*, Bruxelles : Bruylant, 2010, p. 919-925.

KOVAR R., « Fasc. 1730-1 : BREVETS, SAVOIR-FAIRE ET INTERDICTION DES ENTENTES. – Introduction. Éléments constitutifs de l'interdiction », *JCl Europe Traité* – date de fraîcheur 25 février 2015, 34 p.

— « La "congolisation" de l'Union Minière du Haut Katanga », *Annuaire français de droit international*, 1967, Vol. 13, n° 1, p. 742-781.

L'HAIRE J.-F., LY O., THORNDAHL M., « Téléservices au Mali : l'art du détournement », *Annuaire suisse de politique de développement.* 1 novembre 2003, n° Vol. 22, n° 2, p. 85-87.

LAGNEAU J., « socialisme », dans : AUROUX S. (dir.), *Les notions philosophiques : dictionnaire : Tome 2, Philosophie occidentale M-Z, pensées asiatiques,* *conceptualisation des sociétés traditionnelles, tables analytiques*, Paris, France : Presses universitaires de France, 2002, p. 2398-2399.

LAURENS H., « Les Palestiniens : l'autorité sans l'État », dans : COMPAGNON A. (dir.), *De l'autorité, Colloque annuel du Collège de France,* Paris, France : Éditions Odile Jacob, 2008, p. 61-76.

LE MARCIS F., « histoire, pouvoirs, pâture forestière et droits d'un groupe peul *Baalinkoobe* (Mali) », dans : BOURGEOT A. (dir.), *Horizon nomade en Afrique sahélienne : Sociétés, développement et démocratie,* Paris, France : Éditions Karthala, 1999, p. 152-168.

LE ROY É., « À la recherche d'un paradigme perdu : Le foncier pastoral dans les sociétés sahéliennes », dans : BOURGEOT A. (dir.), *Horizon nomade en Afrique sahélienne : Sociétés, développement et démocratie,* Paris, France : Éditions Karthala, 1999, p. 397-411.

LE TOUZET J.-L., « Aqmi : La politique en ligne d'émir », *Journal Libération,* 7 octobre 2013, p. 2-5.

LEROYER A.-M., « La notion d'état des personnes », dans : *Ruptures, mouvements et continuité du droit. Autour de M. GOBERT,* Paris, France : Économica 2004, p. 247-283.

LICOURT J., « L'embarras des Occidentaux pour nommer l'État islamique : Reconnaître la qualité d'État au Califat autoproclamé fin juin, à cheval sur l'Irak et la Syrie, serait lui accorder une existence officielle. Pour le moment, aucune appellation commune n'a donc été retenue. », *Le Figaro.fr*, vendredi 12 septembre 2014, disponible sur : <*http://www.lefigaro.fr/international/2014/09/12/01003-20140912ARTFIG00286-l-embarras-des-occidentaux-pour-nommer-l-etat-islamique.php* >(Consulté le 10 septembre 2016).

M'RAD H., « Les islamistes d'ennahdha : Entre la révolution et la contre-révolution », dans : *La Contre-révolution en Tunisie,* Les Ve Conférences de l'Association tunisienne d'études politiques (ATEP), Tunis : 2013, p. 66-69.

MALLARD B., « Pourquoi envisager des alternatives ? : Une réflexion sur la pauvreté et le progrès social », dans : EBERHARD Ch. (dir.), *Le courage des alternatives*, Éditions Karthala, Paris, 2012, p. 83-98.

MALUWA T., « La transition de l'Organisation de l'Unité africaine à l'Union africaine », YUSUF A. A., OUGUERGOUZ F. (dir.), *L'Union africaine : cadre juridique et institutionnel*, Paris, France : Éditions A. Pédone, 2013, p. 35-56.

MANIÈRE L., « Deux conceptions de l'action judiciaire aux colonies. Magistrats et administrateurs en Afrique-Occidentale française (1887-1912) », dans : *Clio @ Thémis*, *Revue électronique de l'histoire du droit,* n° 4, 2011, 34 p.

MAUPAS S., « Le cas Habré marque un tournant pour la justice en Afrique », *Le Monde,* 25 août 2012, p. 4.

MBENGUE M. M., ILLY O. O., « La Communauté économique africaine », dans : YUSUF A. A., OUGERGOUZ F. (dir.), *L'Union africaine : cadre juridique et institutionnel*, Paris, France : Éditions A. Pédone, 2013, p. 169-181.

MERCKAERT J., « Dette des pays du sud : Bilan et perspectives », dans : *Rapport moral sur l'argent dans le monde 2006*, Paris, France : Éditions Association d'économie financière, 2006, p. 103-115.

MILLARD É., « Le rôle de l'état civil dans la construction de l'État », *Mélanges en l'honneur du Doyen F.-P. Blanc,* Perpignan et Toulouse, France : Presses universitaires de Perpignan et Presses universitaires de Toulouse 1 Capitole, 2011, p. 721-727.

MONACO R., « Minorités nationales et protection internationale des droits de l'homme », dans : *Mélanges dédiés à René Cassin (Titre de couverture : René Cassin amicorum discipulorumque liber. 1. Problèmes de protection internationale des droits de l'homme).* Paris, France : Pédone, 1969, p. 175-184.

MONTEFIORE A., « Identité morale : L'identité morale et la personne », dans : CANTO-SPERBER M. (dir.), *Dictionnaire d'éthique et de philosophie morale,* Paris, France : Éditions PUF, 1996, p. 696-697.

MORABITO V., « L'Office du Niger au Mali, d'hier à aujourd'hui », *Journal des africanistes*, 1977, Vol. 47, n° 1, p. 53-82.

MVE ELLA L., « Le rôle des organisations africaines dans la crise malienne », *La crise malienne au regard du droit international*, décembre 2013, p. 124-130.

NAVARRE O., CUQ E., « Persona », dans : DAREMBERG Ch., SAGLIO E. (dir.), *Dictionnaire des antiquités grecques et romaines. Tome quatrième. Deuxième partie, R-S,* Paris, France : Éditions Hachette, 1911, p. 406-418.

ODENT R., « Conclusions Conclusions sur TC 2 février 1950, Radiodiffusion française contre Société de gérance et de publicité du poste de radiodiffusion Radio-Andorre », dans : WALINE M., *Notes d'arrêts de Marcel Waline. Volume I, Les bases du droit administratif : (sources des règles, sujets, actes),* Paris, France : Éditions Dalloz, 2004, p. 191-199.

PANIKKAR R., « La notion des droits de l'homme est-elle un concept occidental ? », dans : *Interculture*, Janvier-Juin 1984, n° 1-2, Volume XVII, p. 17-20

PAYER C., « The World Bank: a critical analysis », *New-York : World Bank: Monthly Review Press*, 1982, 424 p.

PETEV V., « Réalité juridique », dans : ARNAUD A.-J. (dir.), *Dictionnaire encyclopédique de théorie et de sociologie du droit,* Paris, France : Librairie générale de droit et de jurisprudence, 1993, p. 513-515.

PRZEWORSKI A., « Democracy as an equilibrium », *Public Choice*, juin 2005, Vol. 123, n°3-4, p. 253-273.

RAYNAUD P., RIALS S., *Dictionnaire de philosophie politique*, Paris, France : Presses universitaires de France, 1998, 776 p.

RENOUARD C., « L'éthique et les déclarations déontologiques des entreprises », *Études*, 7 avril 2009, Vol. Tome 410, n° 4, p. 473-484.

RÉPUBLICAIN L., *maliweb.net – Révolte populaire à la mine d'or de syama : Les forces de l'ordre tirent sur les manifestants, maliweb.net.* 13 novembre 2012 Disponible sur : < *http://www.maliweb.net/societe/revolte-populaire-a-la-mine-dor-de-syama-les-forces-de-lordre-tirent-sur-les-manifestants-104642.html* > (consulté le 24 août 2016)

RIALS S., « Constitutionnalisme, souveraineté et représentation (La représentation : continuité et nécessité ?) », dans : Association française des constitutionnalistes, *La Continuité constitutionnelle en France de 1789 à 1989 : journées d'études des 16-17 mars 1989,* Éditions Presses universitaires d'Aix-Marseille et Economica, Aix-en-Provence et Paris, 1990, p. 49-78.

RICHARD P., « Les apports de Wittgenstein à la réflexion comparatiste », *Revue internationale de droit comparé*, 2005, Vol. 57, n° 4, p. 899-920.

RIVERO J., « Fictions et présomptions en droit public français », dans : PERELMAN Ch., FORIERS P., *Les présomptions et les fictions en droit*, Bruxelles, Belgique : Éditions Bruylant, 1974, p. 101-114.

ROCHE C., *Regards sur l'histoire du Mali : Le retour des rezzous*, Disponible sur : < *http://aphglyon.free.fr/regards-sur-l-histoire-du-mali.pdf* > (consulté le 23 août 2016b)

ROHAN-CZERMAK G. De, « Ethnie », dans : DABIN P., *l'Encyclopaedia universalis*, Paris, France : Éditions Encyclopaedia universalis France, 1968, p. 674.

ROSSO R., DEMETZ J.-M., « Comment chasser le "calife" ? », *L'Express*, mercredi 17 septembre 2014, p. 64.

ROUQUETTE R., *Dictionnaire du droit administratif : terminologie, expressions, noms propres*, Paris, France : Moniteur, 2002, 891 p.

RUIZ MIGUEL C., « L'*amparo* constitutionnel en Espagne : droit et politique », Traduction de D. JEAN-CHARLES, *Cahiers du Conseil constitutionnel n° 10 (Dossier : L'accès des personnes à la justice constitutionnelle)* – mai 2001, p. 90-98.

SAGOT-DUVAUROUX J.-L., « Quelques traits du Mali en crise », dans : GALY M. (dir.), *La guerre au Mali : comprendre la crise au Sahel et au Sahara*, Paris, France : La Découverte, 2013, p. 91-105.

SALAH M., « Mondialisation et sanction », dans : MARRANI D., RICHARD P., SUEUR J.-J. (dir.), *Droit(s) et sanction,* Paris, France : l'Harmattan, 2013, p, 96-239.

SALMON J. J. A., « Les notions à contenu variable en droit international public », dans : PERELMAN Ch., VANDER ELST R., *Les notions à contenu variable en droit,* Bruxelles, Belgique : Éditions Bruylant, 1984, p. 251-268.

— *Dictionnaire de droit international public*, Bruxelles, Belgique : Bruylant, 2001, 1198 p.

SAMAKÉ M., « Kafo et pouvoir lignager chez les Banmana. L'hégémonie gonkòròbi dans le Cendugu », *Cahiers d'études africaines*, 1988, Vol. 28, n° 111, p. 331-354.

SCHACHTER O., « Les aspects juridiques de la politique américaine en matière de Droits de l'homme », *Annuaire français de droit international*, 1977, Vol. 23, n° 1, p. 53-74.

SEGDEDJI B., « Mali. La République des imams », *Courrier international* n° 1321 du 25 février au 2 mars 2016, p. 16.

SIDIBÉ M. K., « Commentaire », dans : SANANKOUA B. (dir.), *Les États-nations face à l'intégration régionale en Afrique de l'Ouest : Le cas du Mali,* Paris, France : Éditions Karthala, 2007, p. 43-45.

SIDIBÉ O. O., « La responsabilité sociale des entreprises multinationales en Afrique : Le cas du secteur minier au Mali », dans : DAUGAREILH I., *Responsabilité sociale de l'entreprise transnationale et globalisation de l'économie,* Bruxelles, Belgique : Éditions Bruylant, 2010, p. 243-272.

SOW M., « Du coq à l'âne. Variations sur le thème de la démocratie par le temps de crise politique », dans : KONATÉ D. (dir.), *Le Mali entre doutes et espoirs : Réflexions sur la Nation à l'épreuve du Nord*, Alger, Algérie : Éditions Tombouctou, 2013, p. 193-218.

THOMAS J.-P., « socialisme », dans : RAYNAUD P., RIALS S. (dir.), *Dictionnaire de philosophie politique*, Paris, France : Éditions PUF, 1998, p. 609-615.

TILOUINE J., « L'Union africaine affaiblie par son inaction », *Le Monde,* 16 juin 2016, p. 32.

TRAORÉ M. B., « Le système des noms propres chez les Manding du Mali : essai d'analyse socio-anthropologique », dans : *Mélanges dédiés à Michel Alliot (Titre de couverture : Un passeur entre les mondes)*, Paris, France : Publications de la Sorbonne, 2000, p. 159-173.

TRAVERS É., « Droit international et critique de la personnalité étatique chez Léon Duguit », *Recherches philosophiques (Toulouse)*, 2011, Vol. VII, p. 165-183.

TROTHA T. V., « De l'État à la parasouveraineté. Remarques sur la sociologie du pouvoir dans l'État colonial en Afrique occidentale », dans : *Mélanges dédiés à Michel Alliot (Titre de couverture : Un passeur entre les mondes)*, Paris, France : Publications de la Sorbonne, 2000, p. 183-205.

USUNIER L., « La concurrence normative, un mode de représentation des rapports entre les systèmes juridiques en vogue », dans : SEFTON-GREEN R., USUNIER L. (dir.), *La Concurrence normative, mythes et réalités,* Paris, France : Éditions Société de législation comparée, 2013, p. 15-33.

WILLIAMS G., « Les contradictions de la Banque mondiale et la crise de l'État en Afrique », dans : ERRAY E. (dir.), *L'État contemporain en Afrique,* Paris, France : l'Harmattan, 1987, p. 359-385.

WILLIAMSON J., "What Should the World Bank Think about the Washington Consensus?", *The World Bank Research Observer,* 1 août 2000, Vol. 15, n ° 2, p. 251- 264.

ZAC S., « Noumène et différentielle dans la philosophie de Salomon Maïmon », *Revue d'histoire des sciences*, 1986, Vol. 39, n° 3, p. 255-272.

Section 5 : Documents et rapports publics

« Note confidentielle de la commission Ad-hoc, sur la situation des accords monétaires franco-maliens », Bamako, Mali : Archives nationales du Mali, Bamako, 1975, dossier : *RDA/C.M.L.N./UDPM, dossier n° 380*, 34 p.

ANNAN K., *Modalités, forme et organisation de la réunion plénière de haut niveau de la soixantième session de l'Assemblée générale, Rapport du* secrétaire général des Nations-Unies *(A/59/545),* Assemblée générale, New York, États-Unis d'Amérique, 1er novembre 2004, 6 p.

ATLANTIC ENERGY, *Ozwald Boateng, Atlantic Energy et Made in Africa Foundation soutiennent le « Plan Marshall » de 22 Milliards de Dollars de la BAD pour l'Afrique*, 26 septembre 2012, Disponible sur : < *https://appablog.wordpress.com/2012/09/26/ozwald-boateng-atlantic-energy-et-made-in-africa-foundation-soutiennent-le-plan-marshall-de-22-milliards-de-dollars-de-la-bad-pour-lafrique/* > (consulté le 23 août 2016)

AUTORITÉ DE LA CONCURRENCE, *Quatorzième rapport d'activité : année 2000*, Paris, France : Direction des journaux officiels, 2001, 164 p.

BERTHÉ O. I., DOUGNON I., SANOGO S., « L'état de la concurrence au Mali », dans : *Un Temps pour agir : L'analyse des régimes de la concurrence dans des pays sélectionnés d'Afrique de l'Ouest*, Volume II : Burkina Faso, Mali, Sénégal et Togo, CUTS, Jaipur, Inde : 2010, p. 113-200.

BOURAIMA Z., *La place de l'Afrique dans l'histoire et dans le monde,* Centre de documentation Joseph KI-ZERBO, Centre d'études pour le développement de l'Afrique, Ouagadougou, Burkina Faso 2008, 10 p.

BUREAU DU VÉRIFICATEUR GÉNÉRAL DU MALI, *Rapport annuel 2012,* Bamako, Mali, 2013, 141 p.

CIRDI, *Affaires du CIRDI – Statistiques Numéro Spécial – Afrique (Avril 2016),* 37 p. Disponible sur : < *https://icsid.worldbank.org/apps/ICSIDWEB/resources/Documents/ICSID%20 Web%20Stats%20Africa%20 (French) % 20June%203%202016%20Final.pdf* > (consulté le 24 août 2016)

COMMISSION DE L'UA, « Premier plan décennal de mise en œuvre 2014-2023 du Cadre stratégique commun pour une croissance inclusive et un développement durable », dans : *Agenda 2063 : L'Afrique que nous voulons*, Addis-Abeba, Éthiopie, septembre 2015, 24 p.

CONSEIL NATIONAL DE LA RÉSISTANCE, *Le Programme du Conseil national de la résistance* du 15 mars 1944, diffusé clandestinement sous le titre « Les Jours heureux », Disponible sur : < *http://lesjoursheureux.net/wp-content/uploads/2013/10/Livret-CIDEM.pdf* > (consulté le 23 août 2016)

CONTRAT DE CONCESSION DE L'ABATTOIR DE SÉGOU établi entre le gouvernement de la République du Mali représenté par monsieur TRAORÉ A. B., ministre des Finances et la Société malienne de produits carnés SA (SMPCA SA) représentée par monsieur DIOMANDÉ A., son Président directeur général. Disponible aux *Archives de la direction générale de l'administration des biens de l'État*, Bamako, le 8 septembre 2008, 6 p.

CONVENTION DE LOCATION-GÉRANCE DE L'EX-OPÉRATION THÉ SIKASSO établie entre le gouvernement de la République du Mali représenté par madame SOUMARÉ A. SIDIBÉ, ministre des Domaines de l'État et des Affaires foncières et la Société générale des thés du Mali (SOGETM) représentée par monsieur KONÉ S., son Président directeur général. Disponible aux *Archives de la direction générale de l'administration des biens de l'État*, Bamako, le 19 mai 2005, 16 p.

COUR INTERNATIONALE DE JUSTICE, « Réactions faisant suite à l'arrêt du 22 décembre 1986 en l'affaire du différend frontalier Burkina Faso / République du Mali », *Communiqué n° 87/1,* 16 janvier 1987, 4 p.

De DEUS PINHERO J., *Livre vert sur les relations entre l'Union européenne et les ACP à l'aube du 21e siècle,* Luxembourg : Éditions OPOCE, 1997, 108 p.

DÉBATS PARLEMENTAIRES, 9 juin 1960, *JORF n° 30 suite AN du vendredi 10 juin 1960*, 36 p.

DIARRA I., *Rapport d'activité et d'orientation, VIe Congrès de l'U.S.-RDA*, Bamako, Mali : Éditions de la Librairie populaire de Bamako, 1963, p. 88 et s.

DIAWARA D. (dir.), *Rapport de la commission de réflexion sur la consolidation de la démocratie au Mali, remis au chef de l'État en octobre 2008*, Bamako, Mali, 2008, 256 p.

GRIFFITHS R. T. (dir.), *À la découverte de l'OECE*, Paris, France : OCDE, 1997, 301 p.

GROUPE DE LA BANQUE AFRICAINE DE DÉVELOPPEMENT, « Mali : Programme de Restructuration du Secteur des Entreprises Publiques (PRSEP) »,

Rapport d'évaluation de la performance de projet (REPP), Département des évaluations des opérations du groupe de la BAD, 3 février, 1998, 44 p.

INSTITUT DE LA FRANCOPHONIE POUR LA GOUVERNANCE UNIVERSITAIRE, *Rapport d'évaluation de la gouvernance universitaire au Mali,* Bamako, Mali : Institut panafricain de gouvernance universitaire (IPAGU), 2010, 59 p. Également disponible sur le site web de l'Institut de la Francophonie pour la gouvernance universitaire (IFGU) : *http://ifgu.auf.org/media/document/Evaluation_Mali3.pdf* (consulté le 26 août 2016)

KI-MOON B., « Rapport sur la situation au Mali », *S/2012/894,§75,* New York, États-Unis d'Amérique, 28 novembre 2012, 25 p.

MARSHALL G., « Plan Marshall, 5 juin 1947, discours à Harvard, MJP », Disponible sur : < *http://mjp.univ-perp.fr/textes/marshall05061947.htm* > (consulté le 23 août 2016)

MTSEE, *Propositions pour une stratégie financière du secteur d'État,* Bamako, Mali : document ronéotypé, 1976, p. 13.

OBSERVATOIRE DE LA MONDIALISATION (dir.), *Lumière sur l'AMI : le test de Dracula,* Paris, France : L'Esprit frappeur, 1998. 75 p.

ORGANISME DE RÈGLEMENT DES DIFFÉRENDS, OMC, *L'affaire du Coton upland américain de 2009,* Disponible sur : < *https://www.wto.org/french/tratop_f/dispu_f/cases_f/ds267_f.htm* > (consulté le 24 août 2016)

RAPPORT CONFIDENTIEL DU CENTRE D'ANALYSE ET DE FORMULATION DE LA POLITIQUE DE DÉVELOPPEMENT, *L'impact de la politique de désengagement de l'État sur le développement de l'entreprise privée,* Secrétariat général de la Présidence de la République du Mali, Bamako, avril 2000, 62 p.

RAPPORT DE LA DIRECTION NATIONALE DE LA STATISTIQUE ET DE L'INFORMATION, *Comptes économiques du Mali,* Bamako, Mali : 2004, p. 10.

SECRÉTARAIAT POLITIQUE DE L'US-RDA, *Rapport d'Orientation du VIe Congrès de l'U.S-RDA*, Bamako, septembre 1962.

STATUTS ET RÈGLEMENTS DE L'ACADÉMIE FRANÇAISE, signés par le cardinal de Richelieu 22 février 1635, Disponible sur : < *http://www.academie-francaise.fr/sites/academie-francaise.fr/files/statuts_af_0.pdf* > (consulté le 22 août 2016)

TAVERNIER Y., *Rapport d'information sur les activités et le contrôle du Fonds monétaire international et de la Banque mondiale,* Paris, France : Assemblée nationale, 2000, 317 p.

UNION SOUDANAISE DU RASSEMBLEMENT DÉMOCRATIQUE AFRICAIN, *Congrès extraordinaire de l'US-RDA : 22 septembre 1960*, Dakar, Mali : Impr. du Gouvernement du Mali, 1961, 47 p.

Index analytique

(Les numéros renvoient aux paragraphes répertoriés ci-dessus).

A

Accords de Bretton Woods. 111-113, 202
Adagh. 79, 437, 448, 454, 473
Agenda 2063. 506
Aide publique au développement. 96, 124, 130, 144-188
— aides fraternelles. 21
— ajustement structurel. 83, 140, 158, 192-193, 239, 287-288
— Documents stratégiques de réduction de la pauvreté (DSRP). 158
— droit au développement. 143
— la doctrine *trumanienne* du développement. 151
— mains invisibles du développement. 153
— *prime au coup d'État.* 256
Air de famille. 46, 51, 86, 98, 163, 257, 437, 518
Amnésie de la genèse. 28
AQMI. 4, 425
Archétype occidental. 89
Assemblée nationale. 4, 17, 27, 54, 59, 72, 154, 194, 260, 320, 397-402, 418, 465-469
Assimilés. 64, 96, 99, 194, 343
Atavisme. 1, 3, 216, 260, 326, 340, 358-361, 406, 414
— nation atavique. 419, 429-430
Autorité. 46-64
— absence de fond substantielle de l'autorité. 442
— autorité des pères de l'indépendance. 85
— autorité étatique. 51, 252, 282, 305-306, 319-320
— autorité occidentale. 107, 117, 120
— autorité officielle. 1, 261, 322, 374, 385, 422
— autorité politique. 15, 36, 122, 246, 257
— autorité primaire. 49
— *hêgemonia*. 318
— *religio* moderne. 413
— transmission de l'autorité politique. 58
– autorité de la chose jugée. 504, 509
AZAWAD. 4, 447-448, 457

B

Banque africaine de développement (BAD). 137, 203
Banque mondiale. 129-140, 143, 158, 194, 197, 203-208, 286, 290, 302, 516
— Agence multilatérale de garantie et d'investissement. 302
– CIRDI : Société d'exploitation des mines d'or de *Sadiola SA*. 205
BCE. 205, 228-231
BCEAO. 226, 230-231, 239
BCM. 240-241

C

Capital culturel. 170, 206
Catégorisations du temps malien
— ère préétatique. 24
— période précoloniale. 24, 93
— royaumes et des empires. 24, 50, 394, 451
CEA
— objectifs de la CEA. 493
CEDEAO. 320, 492-510
— Document-cadre de prévention des conflits de janvier 2008. 498
— mini-sommet d'urgence des chefs d'État et de gouvernement tenu à Abidjan le 29 mars 2012. 498
CER. 491-520
Cercle herméneutique. 157, 186, 247, 279, 341, 377, 421, 427, 483
Charte du Mandé. 64, 260, 343, 380, 382-383, 387, 390, 468
— charte de Kurukan fuga de 1236. 377-521
Civilisation négro-arabo-berbère. 93, 353, 358, 375 377, 379-381, 390, 391, 405-406, 452, 523
CJUE. 121, 232
CMDT. 284-304
CNRDRE. 4, 307, 320, 498
CNUCED. 517
Commandements privés. 469
Complexe du 26 mars. 245-246
Compté-pour-un. 261, 282, 374, 432-433, 459-460, 470, 473, 488
— comptant-pour-un. 433
Concept à contenu variable. 96
Conseil d'État français. 54, 121, 314-319, 519
— décision du 28 février 1997. 316
— principes généraux du droit. 315-317, 319
— décision du 29 novembre 2002. 315
Consensus de Washington. 94, 185-193, 200, 209, 219, 266, 286, 323-324
Consensus national. 252, 266-287
Constitution.
— Acte fondamental du 31 mars 1991. 246, 253, 259, 268
— Constitution du 1er juillet 1974. 246, 274
— Constitution [malienne] du 25 février 1992. 27, 68, 274-275, 352, 379-383, 388, 394, 397, 414, 447-448, 466, 468-471, 486

Textes et pratiques constitutionnels étrangers
— arrêt n° 2011 – EP-36 du 4 mai 2011 du Conseil constitutionnel ivoirien. 505
– Conseil constitutionnel français. 121
— Constitution béninoise. 500
— Constitution bissau-guinéenne. 500
— Constitution burkinabé. 500
— Constitution ivoirienne. 505
— Constitution nigérienne. 505
— Constitution de la quatrième République française. 247, 453
Contrat social malien. 5, 22
Cour constitutionnelle. 27, 268, 319, 320, 381, 394, 400, 436, 464-465, 478, 480, 484-486, 498
— arrêt du 10 avril 2012 relatif à la vacance de la présidence de la République. 487, 498
— arrêt du 14 février 1997 portant appréciation de la légalité de la loi portant création des communes rurales. 484
— arrêt du 2 avril 2004 de la Cour constitutionnelle. 464-465
— arrêt du 5 mai 2016 portant contrôle de la constitutionnalité de la loi n° 2016-11 n° 2016-11/AN-RM du 31 mars 2016. 472
— arrêt du 5 mai 2016 portant sur le contrôle de la constitutionnalité de la loi n° 2016-11 n° 2016-11/AN-RM du 31 mars 2016 portant modification de la loi n° 2012-007 portant Code des Collectivités territoriales. 484
— avis du 13 mars 2012 et du 4 octobre 2001 traitant respectivement de la loi portant révision de la Constitution du 25 février 1992 et du décret du 8 février 2012 portant convocation du collège électoral, ouverture et clôture de la campagne électorale à l'occasion du référendum constitutionnel. 486
— *l'amparo* constitutionnel. 480
Cour d'assises de Bamako. 154, 213
Cour de justice de l'UEMOA. 496
— avis du 18 mars 2003 relatif à la création d'une Cour des comptes au Mali. 496
Cour de justice de la CEDEAO
— arrêt du 18 novembre 2010. 504, 509
— arrêt du 22 février 2013 ayant confronté madame Simone EHIVET et monsieur Michel GBAGBO à l'État ivoirien. 503, 510
— l'arrêt du 5 novembre 2013 opposant Hissein HABRÉ à la République du Sénégal. 503
Cour internationale de justice (CIJ). 509
Cour suprême des États-Unis d'Amérique
— concept de *Sister-State* de la Cour suprême. 473
— Marbury versus Madison. 399-400
Crise financière. 93-94, 191, 211, 219
Croyances religieuses. 54, 168, 334, 390-391, 434
CTSP. 249, 255, 266

D

Délinquance constitutionnelle. 154, 250, 252, 258-259, 322, 397, 400, 447, 496
Désengagement. 19, 80, 192, 205, 355, 366, 368
— réengagement. 428

Développement politique. 2, 13, 98, 219, 376, 523
DLC. 371
DNCC. 370-371
— décret du 4 juillet 2011. 370
— loi du 24 juin 2011. 370
Dominium. 10, 40, 355
Doxa. 93, 186, 189, 194, 419, 523
— *doxa* de la transition. 189
Droits subjectifs. 45, 203, 208, 307, 318, 494, 510, 519
Dynamiques du dedans. 14
Dynamiques du dehors. 15, 94, 217, 250, 269

E

Empire du Mali. 15, 22-23, 52-53, 62-64, 70, 219, 359, 375-376, 425, 439
Endogène.
— *endogénéité*. 137
— *endogénisation*. 329, 356, 444
Entreprises publiques. 153, 179-181, 187, 190, 219, 233-234, 238-241, 285, 289, 291, 295, 297, 302, 362
— entreprises nationales. 181, 238, 291, 295
— loi du 11 avril 1969 portant statut général des entreprises nationales. 238
— loi du 11 avril 1969 portant statut général des entreprises publiques. 291
— sociétés d'État. 173, 181
— sociétés nationales. 181, 234, 367
— loi portant statut général des établissements publics à caractère industriel et commercial. 294
État.
— Cité-État. 415
— comme stock machine de capture. 10
— comme une personne. 6
— coup d'État. 4, 109, 184, 186-187, 208, 249, 255-256, 270, 319-320, 400, 437
— crise de l'État. 19, 523
— crise de la théorie de l'État. 40
— *estat*. 38, 40
— État islamique. 46
— fondations axiomatiques de la logique politique. 163
— homéomorphes fonctionnels du concept d'État. 32
— nouvel axiome. 107
— *persona*. 404
— réflexion d'État. 40
— *stato*. 38, 40
— statolatrie malienne. 163
— statophobie. 93
— *status*. 38, 46, 80
— *théocratisation* de l'État. 391
- État importé. 6, 422
— étatisation malienne. 3, 6, 8, 92, 93, 334, 343, 422, 431, 435, 441, 444, 450

Expressions de la langue arabe
— Al-Jamāhīriyyah. 35
— Al-Jumhūriyya. 35
— Bilal El Sudan. 63, 88
— *dawara*. 35
— *jàma*. 38
— *Jihad*. 63
Expressions de la langue bambara
— *barika*. 36, 50, 58
— *bùlon*. 91
— *bɛ́ɛjɛfanga*. 247
— *bɛ́nkan*. 450-457
— *faama*. 11
— *fanga*. 15, 27, 36, 50, 58
— *fàso*. 32, 36-37, 64, 90, 216, 524
— *fòròba*. 163, 180, 209, 227, 284, 305, 342
— *fòròba fanga*. 27,
— *grɛ́ns* occidentalisés. 265
— jàmàna. 32, 33, 35
— *jɛmùfanga*. 247, 252
— *jó*. 50, 64, 78
— *kafo*. 33-35
— *kánnajuru*. 151
— *kokadjè*. 307
— *Kon gbèn wolo*. 403
— *mɔgɔya*. 167-168, 175, 218, 362, 392, 521, 523
— *Mansa Dabaga*. 53, 62
— *nyàmakala*. 36, 347, 349-353, 380
— *nyaras*. 353, 394
— sanankunya. 394
— *tanamanyoya*. 394
— *tinyè*. 50-51
— *tɔgɔ*. 62
— *wèlèkubali*. 51
Expressions de la langue peule
— *burkinabè*. 36
— *potal*. 247
Expressions de la langue swahilie
— *Jua Kali*. 338
Expressions de la langue touarègue
— *aménoukal*. 398
Expressions de la langue wolof
— *Moodu-moodu*. 341

F

Fédération.
— Fédération et polygamie. 473
— Fédération par association. 434 488, 500, 520

— Fédération par dissociation. 434-437, 440, 459, 473, 476, 483, 488
— Fédération du Mali. 23, 46, 68, 68, 74-78, 158, 161, 226, 226, 436, 439, 499-501, 521
Férekenyágami. 21, 81, 84, 86, 210, 286, 296-304
FMI. 113, 143, 158, 187, 197, 203-206, 208, 516
***Fondamentalisme* constitutionnel.** 13
Forces extérieures. 153-156
Forme de vie. 3, 7, 17, 20, 25, 60, 69, 163, 329, 361, 469, 481, 512, 517, 524

G

Gouvernance.
— bonne gouvernance. 94, 96, 103, 187-188, 324-325, 490, 506, 523
— gouvernance malienne. 398
Gouvernement des juges. 110, 487
Grammaire comparative. 415
Grundnorm. 45, 53

H

Habitus. 3, 44, 70, 85, 96, 130, 157, 328, 335, 340-341, 376, 473, 497, 521
— habitus pragmatique. 497
Haut conseil des collectivités. 462-468
Haute cour de justice. 398
Histoire.
— histoire nationale. 2, 358, 406, 414, 418-420, 423, 426-429
— histoire universelle. 126, 348, 417
— Encyclopédisme. 426
HUICOMA. 170, 286, 291, 296-304
Hyperprésidence. 398

I

Imperium. 10, 40, 189, 355
Indémontrabilité. 29
Indo-Européens. 49, 52, 359

J

Jeu. 83, 109, 142-143, 153, 157-158, 189, 195, 217, 250, 256, 263, 295, 322, 324, 331, 339, 345, 355-356, 408-409, 448
— *jeu* institutionnel. 350, 436, 495
— *jeu* procédural. 143
— *jouer.* 339
Juge administratif malien. 307-308, 317-321

L

L'officiel. 1, 87, 89, 134, 153, 157, 192, 334, 339-340, 387, 440, 524
— diploma. 518
— informel. 1, 44, 157, 171, 191, 199, 216, 258, 260, 270, 280, 328, 330, 332, 334-350, 354, 364, 367, 372, 389-390, 423, 427, 430-431, 438-439, 444, 451, 473, 479, 498, 508, 512, 516, 519

Légicentrisme. 204, 246, 347
Léviathan. 10, 56, 171, 409, 433, 469, 473, 490, 521
Lex mercatoria. 362
Logique
— cadre logique. 28, 51-52, 59-60, 70, 230
— contradiction logique. 261, 267
— *logos*. 44, 51

M

Maîtrise de l'exception. 54, 322, 388, 394, 408, 433, 453, 457, 460-461, 469-470, 473, 474, 501, 503, 506-511
Manière d'être.
— *manière d'être* par défaut. 23, 325
Médiateur de la République. 350, 372
Métaphysique. 22, 28, 36, 48-50, 54-55, 168, 387, 394, 410, 414, 429
Mimétisme. 168, 185, 192, 194-195, 197, 237, 321, 343, 345, 347, 375, 394, 398, 414, 436, 453, 490, 508
Minorités. 79, 341, 383, 429, 437, 440, 443, 473, 512
Mitra. 48, 52, 76, 80
MNLA. 4, 19, 456
Modalité d'être. 94, 134, 141, 162, 182, 195, 257, 259, 269, 324, 340-341, 343, 356-357, 388, 402, 405, 429, 442
Modes alternatifs de règlement des conflits. 370, 451
Muthos. 51

N

Nation traditionnelle malienne. 332, 452
Natte
— *natte* de la raison occidentale. 324
— natte des autres. 3, 138, 200, 323, 406, 490, 515
— *natte* instable. 182
— *natte* occidentale. 128, 209, 246, 303, 325, 346, 370, 422
— *natte* rationnelle. 230
— renouvellement de *natte*. 341
Néolibéralisme. 6, 194-195, 197, 202, 248, 330, 333
Nomadisme. 33, 341, 440, 442-445, 449
Nomos. 11, 101, 296
Non-alignés. 517
Normativité. 383, 505
— monde de la normativité. 505
— normativiste. 9, 46, 503
Nouvelle stratégie. 92-93, 186, 193-194, 324

O

Occident
— Occident médiéval. 43
— *occidentalocentré*. 2-3, 5, 17, 95, 130, 168, 181, 183, 237, 348, 496, 512, 523
— mécanismes de commandement *occidentalocentrés*. 512

— *occidentalocentrisme*. 9. 97
— solipsisme occidental. 332, 341, 417
— *occidentalocentriste*. 97
Office du Niger. 176-177
OHADA. 298, 303-304, 342, 496
CCJA: sentence du tribunal arbitral du 8 novembre 2013. 303-304
OMC. 197-201, 516
— GATT. 198, 200
—green-room-meetings. 199, 516
— Organisme de règlement des différends (ORD) : L'affaire du *Coton upland* américain de 2009. 201
—single undertaking global ou le take-it, take-off. 200
ONU. 106, 203, 492, 498, 516, 519
OPAM. 241
Ordolibéralisation. 333, 355-356, 367, 374
Originalisme constitutionnel. 13
OUA. 490, 493-496, 506-507

P

Parlement. 27, 39, 46, 186, 267, 286, 298, 397-398, 402, 465-466, 472, 478
— légitimité du Parlement. 398
— revalorisation du Parlement. 397-398
PAS de la transition malienne. 203
Phénoménologie
— méthode phénoménologique. 9, 18-19
— nature phénoménale. 418, 487, 495, 523
— perspective phénoménologique. 19
Plan Marshall. 100-101, 105-106, 124-128, 130, 134-135, 139, 142, 324
— Plan Marshall pour l'Afrique. 128, 134-138
Pour la consolidation de la démocratie au Mali : Rapport Daba DIAWARA. 69, 350, 378
PPTE. 134, 158, 472
Principaux textes commentés
— Accord d'Alger. 19
— Accord pour la paix et la réconciliation au Mali. 447-448, 456-457, 472, 483
— Accord sur la cessation des hostilités de Tamanrasset du 6 janvier 1991. 447
— Accords de Tamanrasset du 6 janvier 1991 et le Pacte national de Bamako du 11 avril 1992. 457
— arrêté du 4 février 2008 fixant les modalités de création, de fusion et de suppression des villages, fractions et quartiers. 445
— Accord du 22 août 2012 conclu entre le Sénégal et l'UA. 509
— Conférence de Berlin de 1885. 490
— Convention de Vienne de 1969 portant droit des traités. 237
— Convention des Nations-Unies contre la torture et autres peines ou traitements cruels, inhumains ou dégradants du 10 décembre 1984. 509
— Déclaration des droits de l'homme et du citoyen. 57-58, 384
— Décret du 11 août 2008 portant procédures de passation, d'exécution et de règlement des marchés publics et des délégations de service public. 370

— Décret du 15 février 2016 portant statut des artistes. 343, 349, 351
— décret du 30 juin 2011 relatif à la révision de la Constitution. 352, 378-379, 381, 383, 394, 397, 426, 447, 465, 468, 471
— décret du 4 octobre 2004 accordant certains avantages au président et aux membres du Haut conseil des collectivités. 472
— Édit de Fontainebleau de 1685. 57
— Édit de Nantes de 1589. 57
— la loi du 11 février 1997 portant loi organique déterminant les règles d'organisation et de fonctionnement de la Cour constitutionnelle. 480, 484
— loi du 10 août 2009 portant conditions d'intégration des contractuels dans les fonctions publiques d'État et des collectivités territoriales. 311-312
— loi du 15 juillet 1964 déterminant les modalités des légalisations en République du Mali. 334
— loi du 20 août 2001 portant Code pénal en République. 392, 445
— loi du 21 février 1996 portant Statut particulier du District de Bamako. 360
— loi du 23 septembre 1992 portant Code du travail en République du Mali. 344-345
— loi du 27 janvier 1995 portant Codes des collectivités territoriales en République. 445
— loi du 27 juillet 2004 portant modification la loi du 19 octobre 1992 fixant l'organisation, le fonctionnement et les modalités de désignation des membres du Conseil économique, social et culturel. 472
— loi du 3 février 1962 portant Code du mariage et de la tutelle. 274-275
— loi du 30 décembre 2010 portant modification de la loi du 26 juillet 1985 relative à la protection et à la promotion du patrimoine culturel national. 424, 427
— loi du 4 mars 2015 portant statut de l'opposition politique. 402
— loi du 6 novembre 1962 relative à l'élection du Président de la République au suffrage universel. 379
— loi du 7 juin 1960 portant ratification de l'accord des compétences à la République soudanaise. 436
— nouveau Code des personnes et de la famille. 17, 250, 271, 274-275, 278, 445, 473
— loi du 3 février 1962 qui portait Code du mariage et de la tutelle en République. 280
— Protocole à la Charte africaine des droits de l'homme et des peuples relatif aux droits des femmes en Afrique le 13 janvier 2005. 274
— Traité d'Abuja du 3 juin 1991 établissant la Communauté économique africaine. 492
Principe d'égalité. 125, 201, 264, 274, 315-316, 381, 391, 399, 429, 457
Principe de non-rétroactivité. 504
Protestants. 57-58, 410, 433

R

Raison
— arraisonner. 9, 416
Rationalité
— américanocentrée. 153, 243
— américano-occidentale. 105, 142, 187, 198, 207, 210, 324

— nouvelle rationalité universelle. 108, 208
— nouvelle rationalité mondiale. 439
— rationalité économique. 490
— rationalité romano-germanique. 108, 120, 152
RDA. 73, 150, 167, 169, 175, 178, 235, 236, 238, 239
Référendum. 156, 225, 396, 435, 486-487, 501
Régulation
— autorégulation du système politique. 264
— dérégulation. 80, 187, 366
République
— présidence de la République. 320, 395, 397-398, 402, 487, 498
— République française. 22, 77, 136, 182, 247, 436, 453
— *res publica*. 17, 270-271, 276, 358, 376
— *res sacrae*. 17

S

Science du droit. 5, 43, 45, 122
Scientifique. 3, 5-6, 10, 15, 20, 27, 29, 38, 45-48, 55, 98, 113, 122, 412
— fluctuation des définitions scientifiques. 27
— pureté scientifique. 6
Section administrative de la Cour suprême. 264, 269, 308, 310, 314-315, 320-321
— arrêt du 28 décembre 2007 qui avait opposé monsieur Pascal DEMBÉLÉ au ministre de la Fonction publique. 269
— arrêt du 8 février 2007 opposant monsieur Ousmane GUITTEYE et autres à monsieur Jeamille BITTAR. 264
— le recours pour excès de pouvoir du 23 mai 2013. 308, 315
— recours en révision du 28 août 2013. 308
Sénat. 397, 462, 467, 472
Socialisme africain. 93, 95, 109, 160-164, 167, 169-175, 186, 190, 448, 523
— *sŏcĭalis*. 166
— *socialismo*. 166
Souveraineté
— compétence de sa compétence. 107
— souverain dérivé. 251
— souveraineté économique. 189-190, 196, 243-244, 496, 498
— souveraineté en compétences attribuées par la Constitution. 416
— souveraineté nationale. 13, 156, 236, 264, 323, 396
— souverains dérivés. 53
— souverains primaires. 412
Substantia. 410-411, 416, 469
Synarchie. 401, 460
Syndrome du Delaware. 512

T

Technique
— idolâtrie de la technique. 416
— instrument technique. 266, 407
— objet technique. 51, 89, 208, 325, 368, 409, 411, 433, 437, 462

— système de commandement de la technocratie occidentalisée. 405
Touareg. 4, 66, 398, 425, 433, 448, 472
Tribunal de commerce de Bamako. 296, 298, 302
Tribunal des conflits français. 219

U

UA. 490, 497, 516
— UA renouvelée. 518
Ubuntu, le concept sud-africain. 362, 521
UMOA. 223, 225, 240
Union européenne. 121, 156, 159, 205, 229-230
Universel
— histoire universelle. 126, 348, 417
– Universalité de la raison occidentale. 95, 125, 411
Utopie (utopique). 21, 58, 81-83, 88, 91, 94, 96, 99-100, 135, 144, 166, 186, 243-245, 248, 257, 322-324, 366-367, 434, 523-524

V

Varuna. 48, 52-53, 77-80
Vérificateur général. 342, 365, 370, 372
Voie de fait. 58, 260, 400

Y

Yùrùguyurugu. 21, 81, 84-86, 93, 107, 111-112, 157, 161, 164, 168-171, 181, 189, 209-214, 241, 244, 248, 263, 269, 282, 284, 289, 291, 296, 303, 305, 309, 318, 321-324, 332, 336, 338, 341-342, 389, 486-488
— légitimation du *yùrùguyurugu*. 169
— *yùrùguyurugu* anticolonial. 161
— *yùrùguyurugu* colonial. 93, 164, 168, 171
— *yùrùguyurugu* constitutionnel. 248, 486
— *yùrùguyurugu* juridique. 282, 303, 305, 318

Z

Zone euro. 221, 228-229, 232, 516
Zone franc. 219-222, 225, 227-228, 230-233, 408, 497-498
Zones grises. 454

Table des matières

PRÉFACE 7

AVANT-PROPOS 13

PROLÉGOMÈNES :
UNE ARCHÉOLOGIE DES CONCEPTS 19

SECTION 1 : PRÉSENTATION DE LA CONCEPTION ÉLARGIE DE LA PHÉNOMÉNOLOGIEJURIDIQUE 25

§ 1 : Caractéristiques de la conception élargie de la phénoménologie juridique 26

§ 2 : Intérêt contextuel de la conception élargie de la phénoménologie juridique : un engagement pour l'espoir 33

SECTION 2 : L'ÉLUCIDATION DES PROBLÈMES DE SIGNIFICATION 36

§ 1 : La découverte de la nature révolutionnaire de « l'État » ou de la « République » du Mali par la généalogie du concept 36

A/ Définition pragmatique et révolutionnaire de l'État 39

1/ Les dénotations de l'État dans le langage 44

2/ La nature des relations État et droit 52

B/ L'État (ou la République) du Mali : La pâle copie de l'empire 64

§ 2 : La découverte de la spécificité de l'État de la transition par des néologismes décryptant sa grammaire 74

A/ L'utopie : le refuge formel des promoteurs de l'hétéronomie étatique 74

B/le *yùrùguyurugu* et le *férekenyágami* : les anticorps de la vie endogène 76

SECTION 3 : PROBLÉMATIQUE ET PLAN 78

PREMIÈRE PARTIE :
L'HÉTÉRONOMIE DE L'ÉTAT DE LA TRANSITION :
LA RE-OCCIDENTALISATION UTOPIQUE 81

TITRE PREMIER :
L'AIDE AU DÉVELOPPEMENT : LE TERREAU DE LA RE-OCCIDENTALISATION UTOPIQUE DE L'ÉTAT 85

CHAPITRE PREMIER :
POSITIONS : LA RÉNOVATION DE L'ARCHÉTYPE DE L'ÉTAT PAR LE PLAN MARSHALL 89

SECTION 1 : L'INVENTION DE L'APD EXOGÈNE : LE SUPPORT DE L'OCCIDENTALISATION 91

§ 1 : Le plan Marshall : aide à la reconstruction d'une *manière d'être* universelle 92
A/ L'américanisation de la rationalité universelle : la vocation finale de l'aide Marshall 92
1/ Les fondations du solipsisme américain 93
2/ L'américanisation de la conception des instituions internationales : les fondements d'un yùrùguyurugu mondial 95
B/ Le façonnage de l'Europe occidentale : la vocation immédiate de l'aide Marshall 97
1/ La conjuration des circonstances historiques hostiles par l'aide Marshall 97
2/ Les manifestations juridiques du transfert de témoin 99
§ 2 : La confusion stratégique entre aide à la construction (APD) et aide à la reconstruction (aide Marshall) 102
SECTION 2 : LA FACE CACHÉE DE L'APD : ENTRE FAUX-SEMBLANTS ET FAUX ESPOIRS 105
§ 1/La prédominance des objectifs stratégiques de l'APD : les faux-semblants 105
§ 2/Le plan Marshall pour l'Afrique 110
CONCLUSION DU CHAPITRE PREMIER 115
CHAPITRE SECOND :
STRATÉGIES : L'INSTRUMENTALISATION DU FLOU DE L'APD EN VUE DE LA RÉNOVATION DE L'ARCHÉTYPE DE L'ÉTAT 117
SECTION 1 : L'ENTRETIEN DU FLOU CONCEPTUEL AUTOUR DE L'APD 119
§ 1 : La vision occidentale ou officielle de l'aide publique au développement 120
§ 2 : La vision africaine de l'aide publique au développement 121
§ 3 : La vision de « la société civile » africaine de l'aide publique au développement 126
SECTION 2 : L'APD : OUTIL DE STABILISATION DES INVESTISSEMENTS OCCIDENTAUX 129
§ 1 : Le socialisme africain : une *manière d'être* antioccidentale 130
A/Le socialisme africain : un concept à la croisée des chemins entre contestation et conciliation sociales 131
B/L'officialisation du yùrùguyurugu colonial : la spécificité de l'expérience malienne du socialisme 134
§ 2 : L'APD : fonctions des nationalisations et créations d'entreprises d'État 137
A/L'APD : Les nationalisations symboliques 137

B/Les imprécisions juridiques de la notion d'entreprise publique : symbole du succès de l'APD 140
CONCLUSION DU CHAPITRE SECOND 144
CONCLUSION DU TITRE PREMIER 145

TITRE SECOND :
LE CONSENSUS DE WASHINGTON : L'OCCIDENTALISATION UTOPIQUE DE L'ÉTAT 147

CHAPITRE PREMIER :
L'UTOPIE DE L'ÉTAT SANS SOUVERAINETÉ ÉCONOMIQUE 153

SECTION 1 : LES DÉGÂTS DE LA CONDITIONNALITÉ DE LA COOPÉRATION MULTILATÉRALE 156
§ 1 : L'influence de l'américanisation des institutions économiques internationales 159
A/ L'influence du GATT et de l'OMC : l'américanisation de l'étalonnage universel 159
B/ L'influence du FMI et de la Banque mondiale : les conséquences de l'américanisation de l'étalonnage universel 164
§ 2 : Les conséquences du divorce de la démocratie avec le marché 168
A/ L'échec de Zoumana SACKO contre les compagnies aurifères 170
B/ L'acte désespéré de la population de Fourou contre la Société des mines d'or de Syama 174
SECTION 2 : LA MISE SOUS TUTELLE DE L'ÉCONOMIE MALIENNE PAR LE FRANC CFA 176
§1 : Le franc CFA : le moteur de la transition économique 178
A/ Les origines hégémoniques du franc CFA 179
B/ L'instrumentalisation hégémonique du franc CFA dans les décolonisations 181
C/ Le franc CFA : nouvel instrument d'hégémonie occidentale 183
§2 : L'impact des réformes de la Zone franc sur l'État providence malien : le mythe fondateur de la République 187
A/ La désinflation asservissante 187
B/ Le contrôle des entreprises publiques 192
CONCLUSION DU CHAPITRE PREMIER 196

CHAPITRE SECOND :
L'UTOPIE DE L'ÉTAT SANS AUTORITÉ : LA SUPRÉMATIE DU *YÙRÙGUYURUGU* 199

SECTION 1 : LA CONDAMNATION AU *YÙRÙGUYURUGU* CONSTITUTIONNEL 203

§ 1 : La banalisation de la délinquance constitutionnelle 205
A/ La paradoxale sacralisation des événements de mars 1991 205
1/ L'occultation de la portée du Sommet franco-africain de la Baule de 1990 207
2/ L'officialisation du dualisme caractéristique de l'État occidentalisé 209
B/ La marchandisation du système électoral : l'éternel problème de légitimité nationale 213
C/ Le concept de consensus national 217
§ 2 : Le nouveau Code des personnes et de la famille : l'histoire d'une confusion discutable entre *res publica* et *res sacrum* 220
A/ La légalisation inconstitutionnelle de l'inégalité des sexes 221
B/ Les ambiguïtés de la légalisation des mariages religieux 225
SECTION 2 : LA CONDAMNATION AU *YÙRÙGUYURUGU* JURIDICTIONNEL 229
§ 1 : La privatisation rampante de la Compagnie malienne pour le développement des textiles (CMDT) 231
A/ Le yùrùguyurugu du contrat-plan État-CMDT de 1988 233
1/ La révision des statuts de la CMDT 235
2/ L'élargissement de l'autonomie financière de l'entreprise 237
B/ Le férekenyágami du contentieux CMDT/HUICOMA du 18 juin 2008 239
1/ Présentation des faits et des problèmes juridiques 241
2/ Appréciation des solutions du juge et des arbitres du contrat 242
§ 2 : L'étrange réintégration des radiés de la fonction publique 247
A/ L'étonnante qualification juridique des actes abrogés 249
B/ L'inadaptation de l'imitation jurisprudentielle 251
CONCLUSION DU CHAPITRE SECOND 257
CONCLUSION DU TITRE SECOND 258
CONCLUSION DE LA PREMIÈRE PARTIE 259
SECONDE PARTIE : LA TRANSITION DE L'ÉTAT : LA CONDITION DE L'ACHÈVEMENT DE LA RÉVOLUTION 261
TITRE PREMIER : **LA RECONSTRUCTION DE L'ÉTAT-NATION 265**

CHAPITRE PREMIER :
LA RÉAPPROPRIATION DE L'ÉTAT-NATION PAR L'INTRODUCTION DE LA DÉMOCRATIE ÉCONOMIQUE 267
SECTION 1 : L'INCLUSION DE L'INFORMEL DANS L'ÉTAT-NATION 270
§ 1 : La réconciliation de l'État avec la nation par l'officialisation de l'informel 271
A/ L'incohérente mise à l'écart de l'informel 271
B/ L'officialisation du changement de natte 274
§ 2 : Pour une réforme du Code du travail de l'État-nation 276
A/ Les conditions générales d'emploi et de rémunération du personnel de maison 276
B/ La création d'un véritable statut juridique applicable aux fonctions traditionnelles : le cas des nyàmakala 279
SECTION 2 : L'ORDOLIBÉRALISATION DE L'ÉTAT-NATION 284
§ 1 : La nation otage de la conception hétéronome du marché 286
§ 2 : Dysfonctionnements de l'ordre concurrentiel 291
§ 3 : L'*ordolibéralisation* émancipatrice de la nation 294
CONCLUSION DU CHAPITRE PREMIER 299
CHAPITRE SECOND :
LA RÉAPPROPRIATION DE L'ÉTAT-NATION PAR LA DÉFINITION D'UNE RATIONALITÉ ENDOGÈNE 301
SECTION 1 : LA REFONDATION DE LA GOUVERNANCE PAR LA CONSTITUTIONNALISATION DE LA CHARTE DE KURUKAN FUGA DE 1236 303
§ 1 : La rationalisation de la « civilisation négro-arabo-berbère » 305
A/ La normativité de la charte de Kurukan fuga de 1236 306
B/ Récupération de la force symbolique de la charte de Kurukan fuga de 1236 308
C/ Le renforcement de la démocratie et de l'État de droit par la charte de Kurukan fuga de 1236 311
§ 2 : Fin de l'hyperprésidentialisme 313
A/ Renforcement du parlementarisme du régime 314
B/ Du contrôle du pouvoir de nomination du président de la République aux emplois civils et militaires supérieurs 318
SECTION 2 : LA REFONDATION DE LA GOUVERNANCE PAR LE RENOUVELLEMENT DES STRUCTURES MENTALES 322
§ 1 : Le renouvellement des structures mentales par le réexamen de l'universalité des objets techniques occidentaux 325
A/ Le dualisme de la conception occidentale de l'autorité : l'universalisation du politique 326
B/ Le retour à l'unité : l'État intégrateur 328

§ 2 : Le renouvellement des structures mentales par la réappropriation de l'histoire nationale 332
A/ La régénération de la personnalité malienne par la réappropriation de l'histoire nationale 332
B/ La régénération des structures mentales par la revalorisation et la rationalisation de l'histoire nationale 335
CONCLUSION DU CHAPITRE SECOND 339
CONCLUSION DU TITRE SECOND 340
TITRE SECOND :
LA REFONDATION DE L'ÉTAT FÉDÉRAL 343
CHAPITRE PREMIER :
LA REFONDATION DES ÉTATS-UNIS DU MALI PAR LA FÉDÉRATION PAR DISSOCIATION 347
SECTION 1 : LA FONDATION DE LA FÉDÉRATION SUR LA PLURALITÉ DES PRATIQUES ET MANIÈRES D'ÊTRE 351
§ 1 : Le renforcement de la démocratie par l'intégration du nomadisme 353
A/ L'incompatibilité conceptuelle entre nomadisme et État-nation 353
B/ Les apports de la consécration du nomadisme dans la Constitution fédérale 354
§ 2 : Le renforcement de la démocratie par la sécurisation des conventions locales 359
A/ La précarité des bɛnkan (ou conventions locales) dans l'État-nation 359
B/ Les apports de la consécration des conventions locales dans la Constitution de l'État fédéral 362
SECTION 2 : LA FONDATION DE LA FÉDÉRATION SUR UNE BONNE STRATÉGIE DE DISSOCIATION 366
§ 1 : La création d'une seconde chambre législative 367
A/ L'inadéquation de l'actuelle situation du Haut conseil des collectivités 367
B/ Présentation et démonstration de la pertinence de notre proposition de solution 369
§ 2 : La consécration d'une autonomie constitutionnelle maîtrisée 374
A/ Un partage pondéré des compétences institutionnelles 377
B/ Le renforcement de l'indépendance de la Cour constitutionnelle 381
CONCLUSION DU CHAPITRE PREMIER 385

CHAPITRE SECOND :
LA REFONDATION DES ÉTATS-UNIS D'AFRIQUE PAR LA FÉDÉRATION PAR ASSOCIATION **387**
SECTION 1 : LA TRANSFORMATION DES CER EN ÉTATS FÉDÉRAUX : LA CRÉATION DES « BLOCS » 390
§ 1 : L'incompatibilité conceptuelle entre le conservatisme de l'UA et le pragmatisme des CER 391
A/ L'excès de délicatesse de l'Union africaine ou l'omniprésence de la souveraineté politique des États-nations 391
B/ La sacralisation de l'efficacité dans les CER : l'instrumentalisation de la souveraineté économique des États membres 394
§2 : Résolution des problèmes techniques par la transformation des CER en États fédéraux régionaux 396
A/ Refondation des États fédéraux régionaux : cas des États membres de la CEDEAO 397
B/ La légitimation des normes et institutions communautaires par la refondation des États fédéraux 399
SECTION 2 : LA RÉALISATION DES ASPIRATIONS DE « L'AGENDA 63 » PAR L'INTÉGRATION DES FÉDÉRATIONS RÉGIONALES 403
§ 1 : La finalisation de l'émancipation des sociétés politiques africaines 404
A/ La recontinentalisation de la maîtrise des exceptions souveraines 405
B/ La réconciliation de la forme des sociétés politiques locales avec la vie du peuple 408
§ 2 : La réhabilitation de la personnalité africaine 411
A/ Renforcement de la résilience économique par la revalorisation du potentiel humain 412
B/ Renforcement de l'hégémonie diplomatique de l'Afrique 414
CONCLUSION DU CHAPITRE SECOND 417
CONCLUSION DU TITRE SECOND 418
CONCLUSION DE LA SECONDE PARTIE **419**
CONCLUSION GÉNÉRALE **421**
BIBLIOGRAPHIE SÉLECTIVE **425**
INDEX ANALYTIQUE **451**

Structures éditoriales du groupe L'Harmattan

L'Harmattan Italie
Via degli Artisti, 15
10124 Torino
harmattan.italia@gmail.com

L'Harmattan Hongrie
Kossuth l. u. 14-16.
1053 Budapest
harmattan@harmattan.hu

L'Harmattan Sénégal
10 VDN en face Mermoz
BP 45034 Dakar-Fann
senharmattan@gmail.com

L'Harmattan Cameroun
TSINGA/FECAFOOT
BP 11486 Yaoundé
inkoukam@gmail.com

L'Harmattan Burkina Faso
Achille Somé – tengnule@hotmail.fr

L'Harmattan Guinée
Almamya, rue KA 028 OKB Agency
BP 3470 Conakry
harmattanguinee@yahoo.fr

L'Harmattan RDC
185, avenue Nyangwe
Commune de Lingwala – Kinshasa
matangilamusadila@yahoo.fr

L'Harmattan Congo
219, avenue Nelson Mandela
BP 2874 Brazzaville
harmattan.congo@yahoo.fr

L'Harmattan Mali
ACI 2000 - Immeuble Mgr Jean Marie Cisse
Bureau 10
BP 145 Bamako-Mali
mali@harmattan.fr

L'Harmattan Togo
Djidjole – Lomé
Maison Amela
face EPP BATOME
ddamela@aol.com

L'Harmattan Côte d'Ivoire
Résidence Karl – Cité des Arts
Abidjan-Cocody
03 BP 1588 Abidjan
espace_harmattan.ci@hotmail.fr

Nos librairies en France

Librairie internationale
16, rue des Écoles
75005 Paris
librairie.internationale@harmattan.fr
01 40 46 79 11
www.librairieharmattan.com

Librairie des savoirs
21, rue des Écoles
75005 Paris
librairie.sh@harmattan.fr
01 46 34 13 71
www.librairieharmattansh.com

Librairie Le Lucernaire
53, rue Notre-Dame-des-Champs
75006 Paris
librairie@lucernaire.fr
01 42 22 67 13

www.ingramcontent.com/pod-product-compliance
Lightning Source LLC
LaVergne TN
LVHW021142061026
849535LV00002B/319